1986

世界哲学年鉴

THE ANNUAL OF THE WORLD PHILOSOPHY

中国社会科学院哲学研究所编 · 上海人民出版社

本年鉴名誉顾问世界哲学团体联合会主席V·柯希教授访华

美国哲学家T·库恩访问中国社会科学院

本年鉴名誉顾问贺麟教授

本年鉴名誉顾问洪谦教授

本年鉴主编邢贲思研究员（中间者）

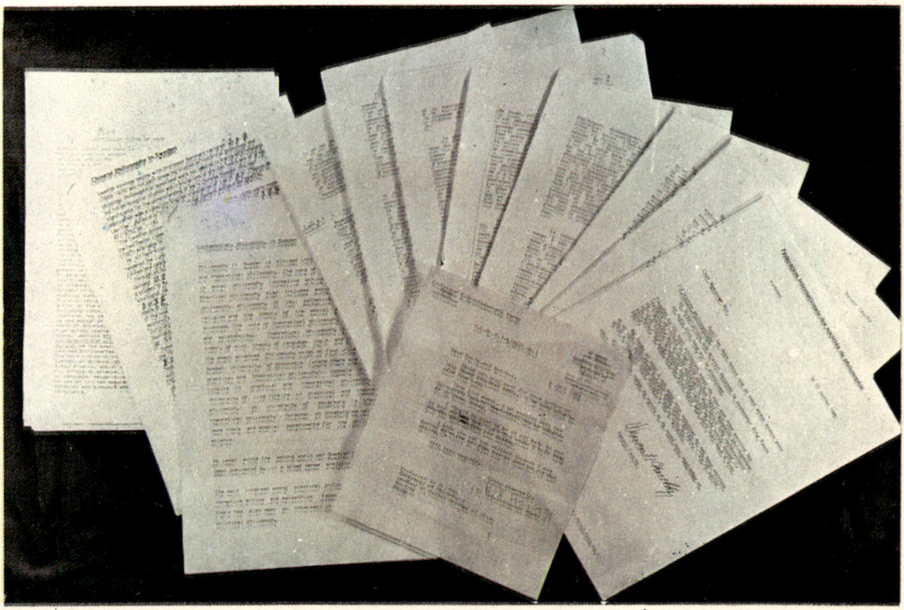

国外来信来稿选登

本年鉴编辑单位所在地中国社会科学院大楼

本年鉴出版单位上海人民出版社

《世界哲学年鉴》顾问、编委、编辑人员

编者的话

《世界哲学年鉴》是一部哲学专业学术工具书，它的主要任务是，逐年连续地反映除中国以外的世界各国哲学界的最新科研状况、进展和重要成果，向读者提供每年最新的、较全面、系统的哲学信息。我们期望它能为中国哲学界的基本资料建设，为它所面临的艰巨任务——开创哲学研究的新局面稍效绵薄之力。

概括地说来，《世界哲学年鉴》将起以下三个作用：

1．窗口作用：通过它可以了望当代世界各国的新思潮、学术动态和学术成果，增进我们对于当代各国最新哲学信息的了解，从而把握时代的脉搏和思潮的嬗变。2．桥梁作用：通过它既可加强中外哲学家、哲学团体的联系、交流与交往，又可推动中国哲学界面向世界，同时又为各国哲学家进行哲学对话架设了一座友谊之桥。3．信息库作用：通过不断积累较全面、系统的哲学资料，形成中国自己的关于世界各国哲学的信息库，这不仅能满足中国哲学界的读者现实需要，也将为今后从事当代哲学史的研究积累大量的基本资料。

由于目前资料条件和国内研究世界各国哲学的队伍尚小，编辑力量也不足，所以目前这本年鉴主要是中国哲学界对世界各国哲学研究的年鉴。今后随着条件的改善，它的内容将会逐步丰富，质量也必将有所提高。

1986年的《世界哲学年鉴》是创刊号，设有11个栏目。本年鉴采用条目和概述文章相结合的方法，按专业和国别两种顺序排列。文内所使用的外文，基本上有英、俄、德、法、日五种，限于排字条件，其他语种仅在必要时使用。

编辑《世界哲学年鉴》是一个十分艰巨的任务。我们恳切地希望得到国内外哲学家和哲学工作者的积极支持，让我们共同努力把这一部年鉴办好。

编　者　　1986年8月

目　录

名誉顾问贺词

祝词……………………………………………V·柯　希（1）
致巫白慧教授的信…………………………K·摩　蒂（2）
祝贺《世界哲学年鉴》创刊……………………竹内良知（2）
热烈的祝贺……………………………………贺　麟（3）
我的期望………………………………………洪　谦（4）

专　文

哲学面向世界的一个窗口……………………邢贲思（5）
积极开展对苏联和欧洲各社会主义国家哲学的研究
……………………………………………贾泽林（8）
深入地了解和研究当代西方哲学……………姚介厚（11）

国外专稿

论多元主义………………………………V·柯　希（15）
法国科学认识论的新思潮……………………李培林（18）
维特根斯坦研究………………………………赵敦华（22）

研究状况和进展

哲学原理和流派……………………………………（35）
苏联近年来对辩证唯物主义的研究……………（35）
近年苏联对社会主义辩证法的研究……………（38）
苏联对社会主义社会矛盾的研究………………（41）
近年民主德国对社会主义矛盾的研究…………（44）
当代日本唯物论研究……………………………（47）

联邦德国马克思主义研究近况……………………………… (50)
法国结构主义研究近况……………………………………… (52)
意大利"新实证主义马克思主义"研究………………………… (54)
美国现象学发展近况………………………………………… (57)
日本新学院派哲学…………………………………………… (60)
存在主义马克思主义研究现状……………………………… (63)
当代实在论与反实在论之争………………………………… (66)
意义问题研究近况…………………………………………… (71)
关于意向性问题的研究……………………………………… (73)
条件句问题研究近况………………………………………… (75)
专名问题研究近况…………………………………………… (78)
可能世界问题研究近况……………………………………… (81)
自然科学中的哲学………………………………………… (83)
苏联科学学研究进展………………………………………… (83)
苏联哲学界科技革命研究现状……………………………… (86)
80年代以来美国全球问题研究……………………………… (90)
80年代以来美国未来学研究………………………………… (93)
苏联的生物学哲学问题研究………………………………… (95)
哲学史……………………………………………………… (98)
美国的康德哲学研究状况与进展…………………………… (98)
欧洲对黑格尔早期思想的研究……………………………… (101)
苏联关于哲学史研究对象的讨论综述……………………… (106)
瑞典的中国哲学研究………………………………………… (110)
芬兰的中国儒学研究………………………………………… (111)
日本研究中国宋明理学近况………………………………… (111)
日本的安藤昌益研究近况…………………………………… (114)
美国的皮尔士哲学研究近况………………………………… (117)
苏联近年对现代西方哲学的研究…………………………… (119)
阿拉伯哲学教育简况………………………………………… (124)
逻辑学　伦理学　美学…………………………………… (126)
80年代苏联现代形式逻辑研究……………………………… (126)

苏联对辩证逻辑的研究……………………………………………(127)
苏联伦理学研究概述……………………………………………(130)
80年代以来的苏联美学研究……………………………………(134)
各国哲学研究概述………………………………………………(137)
印度哲学研究概述………………………………………………(137)
希腊哲学研究近况………………………………………………(142)
瑞典哲学研究概述………………………………………………(144)
芬兰哲学研究概述………………………………………………(146)
丹麦哲学研究近况………………………………………………(150)
墨西哥哲学研究概述……………………………………………(152)
阿根廷哲学研究近况……………………………………………(157)

新学科研究概述

哲学人类学概述…………………………………………………(161)
释义学研究概述…………………………………………………(163)
弗协调逻辑研究近况……………………………………………(166)
接受理论的兴起和研究现状……………………………………(168)
电影符号学概述…………………………………………………(173)
行动功利主义学说概述…………………………………………(175)

新 书 选 介

唯物主义辩证法(五卷本)……[苏]Ф·В·康斯坦丁诺夫主编 (179)
唯物辩证法是发展的一般理论……[苏]Л·Ф·伊利切夫主编 (180)
辩证逻辑:历史和理论概述…………[苏]Э·В·伊林恩考夫著 (182)
国外当代马克思列宁主义哲学…[苏]А·Г·梅斯里夫钦科主编 (183)
性史……………………………………………[法]M·富科著 (186)
68年的思潮——论现代反人道主义…[法]L·费里 A·雷诺著 (188)
"新马克思主义"——当代机会主义的意识形态
……………………………………[苏]Б·Н·别索诺夫著 (191)
理性、真理与历史…………………………[美]H·普特南著 (193)
经验与理解力的增长……………………[英]D·W·海姆伦著 (195)

意向性：心灵哲学方面的论述……………[美]J·R·塞尔著 (196)
驳怀疑论……………………………[英]A·C·格瑞林著 (197)
哲学论文集三卷本………………………[美]H·普特南著 (199)
酸葡萄——对推翻合理性的研究………[挪威]J·爱尔斯特著 (201)
能力和物质——19世纪物理学概念的发展
……………………………………[英]P·M·哈曼著 (203)
物理学和生物学认识中的唯物辩证法
…………………[民主德国]H·赫尔兹 U·罗泽伯克著 (206)
科学学原理…………………[苏]C·P·米库林斯基主编 (208)
科学革命……………………………[美]I·B·科恩著 (210)
科学与文化………………………[苏]B·Ж·凯列著 (212)
知识论……………………………[英]D·W·海姆伦著 (214)
智者运动……………………………[英]G·B·科弗德著 (215)
对近代的哲学讨论……………[联邦德国]J·哈贝马斯著 (217)
论康德二律背反的由来和解决……………[美]V·S·韦克著 (219)
克尔凯戈尔和黑格尔的关系…………[美]N 苏尔斯特鲁普著 (220)
施赖尔马赫的哲学…………………[联邦德国]C·绍尔兹著 (222)
近现代日本哲学…………………[日]古田光 铃木正编著 (224)
维特根斯坦……………………………[英]A·J·艾耶尔著 (225)
维特根斯坦论规则和私人语言………[美]S·A·克瑞普克著 (227)
萨特……………………………………[英]P·考斯著 (229)
智慧之光——第一届佛教和民族文化国际会议论文集
…………………………………………[印]M·蒂代利编 (231)
模态逻辑指南…[新西兰]G·E·胡休斯 M·J·克瑞斯威尔著 (233)
哲学逻辑手册(第一分卷)……[美]D·噶贝 F·迦特纳主编 (235)
哲学逻辑手册(第二分卷)……[美]D·噶贝 F·迦特纳主编 (236)
中国古代的语言和逻辑……………………[美]C·汉森著 (239)
韩国美探索…………………………[南朝鲜]金元龙著 (241)
艺术问题…………………………[联邦德国]O·帕格勒著 (243)
印度伦理哲学……………………[印]I·C·沙尔玛著 (244)
宗教哲学…………………………[印]S·P·卡那尔著 (247)

哲学百科辞典……………………[苏]Л·Ф·伊利切夫等主编 (248)

20世纪以来重要论著选介

希腊哲学史(六卷本)…………………[英]W·K·C·葛士里著 (251)
辩证法史(五卷本)…………………………[苏]集体撰写 (255)
词与对象………………………………[美]W·V·O·蒯因著 (257)
历史和阶级意识……………………………[匈]G·卢卡奇著 (259)
人的现象…………………………[法]P·T·de·夏尔丹著 (261)
逻辑史………………………………[罗]A·杜米特列著 (263)
美的向度…………………………[联邦德国]H·马尔库塞著 (264)
弗洛伊德思想的伟大与局限………………[美]E·弗洛姆著 (266)

论 文 选 介

“后现代主义”和唯物论……………………………[日]浦地富 (271)
后结构主义的状况………………………………[日]宇波彰 (272)
列维-斯特劳斯的超知性主义 …………………[日]涩谷治美 (274)
表层——深层分析的流行与“深层文化论”……[日]岩崎允胤 (275)
日本社会学的新选择……………………………[日]礒村英一 (277)
三大思想体系的新发展…………………………[日]清水多吉 (278)
生命哲学的第三代………………………………[日]坂本百大 (280)
为新的现实构筑新的框架……………………[美]R·N·贝拉 (281)
今日的哲学问题:技术及其批评者………[联邦德国]H·兰克 (283)
信息是新的全世界性的挑战吗?…………[保]A·克利斯捷瓦 (284)
协同学和系统方法…………………………[苏]Г·И·路扎文 (285)
现代科学中跨学科过程的某些发展趋势
……………………………………[苏]C·H·斯米尔诺夫 (286)
爆胀宇宙理论及其哲学意义………………[波]C·布特雷恩 (288)
高度的契合…………[苏]H·H·墨伊谢耶夫　И·T·弗罗洛夫 (289)
卢卡奇和布莱希特孰是孰非?……………[英]B·基腊赖福维 (291)
哲学和哲学史……………………………[美]R·H·波普金 (293)
吠檀多不二论论梦……………………………[美]A·福特 (294)

卡莱尔的"过去与现在",历史和解释学的问题
……………………………………………[美]J·W·奇尔德斯 (295)
日本近代哲学史上佛教形而上学的接受及其展开
……………………………………………………[日]田中久文 (297)
西田几多郎与三浦梅园……………………[日]末木刚博 (299)
批判地分析现代资产阶级哲学………[苏]И·С·弗多维娜等 (300)
审美的历史主义……………………[苏]Л·Ф·捷尼索瓦 (302)
论美学范畴问题的疑难………………[联邦德国]W·亨克曼 (303)
审美价值问题……………………………[日]吉冈健二郎 (305)
想象力中的快感……………………………[美]S·L·费根 (307)

当代哲学家简介

L·阿尔都塞〔法〕………………………………… 李青宜 (309)
E·阿伽齐〔意〕…………………………………… 厚　明 (311)
A·J·艾耶尔〔英〕………………………………… 胡建华 (314)
R·科恩〔美〕……………………………………… 吴　忠 (317)
П·Н·费多谢耶夫〔苏〕………………………… 贾泽林 (320)
P·费耶阿本德〔美〕……………………………… 田云光 (322)
H·G·伽达默尔〔联邦德国〕…………………… 张汝伦 (326)
S·克里普克〔美〕…………………………………涂纪亮 (328)
K·S·摩蒂〔印〕…………………………………… 朱明忠 (331)
M·Ф·奥甫相尼科夫〔苏〕……………………… 涂武生 (333)
A·施密特〔联邦德国〕…………………………… 欧力同 (335)
Г·Л·斯米尔诺夫〔苏〕………………………… 王克千 (339)
竹内良知〔日〕……………………………………卞崇道 (341)
王　浩〔美〕………………………………………吴允曾 (344)

已故著名哲学家传略

R·卡尔纳普传略〔美〕………………………… 涂纪亮 (347)
B·克罗齐传略〔意〕……………………………… 田时纲 (354)
奥罗宾多传略〔印〕………………………………柏　青 (365)

J·卢卡西维茨传略〔波〕……………………………王　路 (374)
Б·М·凯德洛夫传略〔苏〕……………………………贾泽林 (382)

世界哲学界动态

欧美莱布尼茨哲学研究动态……………………………… (391)
美国的康德研究动态……………………………………… (393)
当代丹麦学者的研究课题………………………………… (395)
丹麦的中国问题研究……………………………………… (396)
文化理论的哲学问题讨论会……………………………… (396)
第 10 届国际美学讨论会………………………………… (398)
第 1 届佛教和民族文化国际会议………………………… (400)
联邦德国翻译出版亚里士多德《工具论》………………… (400)
苏联东欧各国1986～1990年哲学研究的方向和学术
　合作问题………………………………………………… (401)
苏联科学院哲学所纪念卢卡奇诞辰 100 周年…………… (404)
关于哲学史研究的迫切问题的讨论会…………………… (405)
日本《新岩波讲座·哲学》大型丛刊开始发行…………… (406)
澳大利亚现象学和社会哲学会议………………………… (407)
新西兰哲学会议…………………………………………… (408)
第 10 届国际维特根斯坦讨论会………………………… (408)
第 18 届苏联和东欧国家哲学和社会学杂志编辑会议……… (408)
印度哲学大会 60 周年纪念会…………………………… (410)
苏联哲学界讨论高校马列主义哲学新大纲草案………… (411)
联合国教科文组织哲学处主持出版的哲学书目(1967～
　1985 年)………………………………………………… (413)

世界哲学组织与机构

国际哲学团体联合会……………………………………… (415)
　附：国际哲学团体联合会会员名单……………………… (415)
国际哲学和人文科学理事会……………………………… (418)
国际哲学学院……………………………………………… (418)

国际法哲学和社会哲学协会…………………………………（419）
国际黑格尔学会…………………………………………………（419）
国际费希特学会…………………………………………………（419）
国际人道主义者和伦理学家联合会……………………………（419）
国际美学委员会…………………………………………………（420）
国际黑格尔协会…………………………………………………（420）
国际现象学学会…………………………………………………（420）
国际中世纪哲学研究学会………………………………………（420）
国际莱布尼茨学会………………………………………………（420）
世界天主教哲学学会联合会……………………………………（421）
国际科学史和科学哲学协会……………………………………（421）
国际法语哲学协会联合会………………………………………（421）
国际中国哲学学会………………………………………………（421）

附　录

1983～1984 年美国、加拿大各大学哲学博士论文题目………（423）
1984～1985 年美国、加拿大各大学哲学博士论文题目………（432）

名誉顾问贺词

祝　　词

V·柯　希*

《世界哲学年鉴》的出版是一项难能可贵的创举。这部年鉴以独特的方式，逐年介绍世界各国的哲学研究的现状，既展现中国的外国哲学研究状况，又可以使中国学者了解外国哲学研究的主要问题和动向，并从中意识到各国哲学研究和哲学思想中所呈现的相同之处与分歧，从而有助于借鉴外国哲学思想、观点和方法，在他们感兴趣的问题上显露出自己的才华。

今年7月，在我携同夫人访问中国之际，通过与中国人民的接触，使我欣喜地感受到中国源远流长的文化传统及深厚的哲学素养。在我任国际哲学团体联合会主席期间，即不久前，这个学术团体接受了中国社会科学院哲学研究所为会员，这标志着东西方思想交流开始了一个新阶段。

国际哲学团体联合会应将理性主义与情感主义和谐融合，开拓视野，别开生面，对当前世界所面临的问题，以自己的方式进行富有教益的探索，克尽哲学的职责。我确信，继承了悠久历史、博大智慧，悉心体现人与人的尊严和自由观念的中国哲学家们，在联合会中将发出独特而充满活力的声音。与此同时，中国人民也可以通过《世界哲学年鉴》来了解联合会及其各成员的研究工作。

毫无疑问，《世界哲学年鉴》将传播跨文化的研究成果，使西方更加了解中国的外国哲学研究。我愉快地接受并衷心感谢聘请我为《世界哲学年鉴》编辑委员会名誉顾问，我愿与你们携手从事这项事

---

* V·柯希(Venant Cauchy)：加拿大蒙特利尔大学教授、国际哲学团体联合会主席。

业。谨此对本年鉴取得成功致以诚挚的祝愿。

1986年7月15日

致巫白慧教授的信

尊敬的巫白慧*教授:

我今日收到您3月18日的来信，喜闻中国社会科学院哲学研究所创办《世界哲学年鉴》，并衷心感谢聘请我为名誉顾问。

我非常愿意竭尽全力协助你们，近期就将印度哲学研究的一些资料寄给你们。

祝愿您和我在访问中国期间所结识的朋友们健康和愉快。

K·萨堤丹那达·摩蒂**

1986年7月4日

祝贺《世界哲学年鉴》创刊

竹内良知***

中国社会科学院哲学研究所编辑的《世界哲学年鉴》即将出版创刊号，我对此表示衷心的祝贺。

《世界哲学年鉴》主要收集各国的哲学动态，我认为这是一个壮举。出版这样一部大型的工具书，将会对推动中国哲学的发展有所帮助。

中国哲学家非常关注世界各国的哲学思想和各学科的研究动向，并且对于国际间的哲学交流持十分积极的态度。这是1985年日本哲学家与在日本访问的邢贲思等各位中国哲学家的接触中所深深

* 巫白慧：中国社会科学院哲学研究所东方哲学研究室主任、研究员，1985年获印度文学博士学位，本年鉴编辑委员。

** 摩蒂：教授，印度哲学大会执行委员会主席。

*** 竹内良知：日本关西大学教授。

感受到的。不久前，我们收到中国社会科学院哲学研究所东方研究室寄来的出版《世界哲学年鉴》征询意见表，对此日本的哲学家们正在积极地响应着。

我确信，《世界哲学年鉴》的出版将促进国际间哲学的交流，同时我也期望《世界哲学年鉴》逐步使其内容更加充实起来。

我已看过东方研究室卞崇道先生寄来的《世界哲学年鉴》创刊号中关于记述日本哲学界动态的目录。其中有一篇题为《新经院主义》的文章，我很高兴你们已注意这一动态。但是，我要坦率地说，《世界哲学年鉴》在记述、介绍日本哲学动态方面还不够全面。当然，这是因为受资料的限制和研究日本当代哲学的人员较少等情况所造成的，不过，我想这一状况不久一定会得到改善的。

在《世界哲学年鉴》创刊之际，我由衷地感谢聘请我为编辑委员会顾问。我愿协助《世界哲学年鉴》取得成功，尽自己的绵薄之力。

1986年6月28日

热烈的祝贺

贺　麟*

经过哲学界许多研究工作者的努力，由中国社会科学院哲学研究所主办的《世界哲学年鉴》出版了，我表示热烈的祝贺！

《世界哲学年鉴》将介绍国外哲学研究的重要情况和著名成果。由于旧中国历代统治者实行闭关锁国的政策，中国学者对外国哲学的认真、系统的介绍与研究还不足百年的历史。我在60年前留学欧美，力求对西方古典哲学与现代哲学作一些研究，并把它们介绍到中国来。60年中，深感建国后在党的领导下国内才有了有组织的并比较系统的研究。近几年来，实行对内搞活、对外开放的方针，中外之间的学术交流增强了。中外学者不仅座谈外国哲学，而且座谈中国

* 贺麟：中国社会科学院哲学研究所研究员、学术委员会主任。

哲学，尤其是中西文化比较研究，更是要求尽可能多地了解外国哲学。在这样的形势下，创办《世界哲学年鉴》，具有很重要的意义。对国外的诸多哲学学派与思潮，进行细致深入的具体分析，将提高和丰富我们的马列主义的哲学和中国哲学某些方面的内容。世界范围的新技术革命所提出的问题，也需要我们从哲学的角度予以解答。中外哲学之间有着某些共同的发展规律，比较参证，融会贯通，这一直是我们在哲学研究中采用的方法。现在，《世界哲学年鉴》将每年向我们提供大量的信息，这必将大大促进国内对外国哲学的了解与研究。我希望《世界哲学年鉴》能够越办越好，内容越来越充实、丰富而富有生命力。

1986年7月8日

我的期望

洪　谦*

《世界哲学年鉴》的创刊，是当前中国哲学界一件大事，也是中外从事哲学教学和研究工作者所期望的。通过它我们不仅能了解当前国际哲学界的形势和面貌，更要紧的是，要认识在这种形势之下，我们中国哲学工作者应该做些什么。

我认为一部较好的《世界哲学年鉴》不仅仅是一本工具书，同时也是一种尺度，一面镜子：我们可以用这种尺度衡量我国和国际的哲学情况，作出鉴别；用这面镜子来映照国内和国际的现实面貌，作出判断。我想，具有多年编辑《中国哲学年鉴》丰富经验的同志们，是会使《世界哲学年鉴》做到这一点的。

1986年6月20日

---

* 洪谦：北京大学教授，前北京大学外国哲学研究所所长。

专 文

哲学面向世界的一个窗口

——为《世界哲学年鉴》的出版而写

邢 贲 思

在当前，和许多其他学科一样，哲学也有一个面向世界的任务。就是说，哲学这门学科应当了解世界上各个国家（无论是西方的还是东方的）的哲学流派、哲学学说的状况，了解各国哲学家所最为关注并正在探索的哲学问题，了解国外的哲学论著、哲学刊物的内容，了解各种双边、多边和国际哲学会议讨论的紧迫课题，一句话就是要掌握世界哲学的现状和发展趋势，掌握来自国外的各种哲学信息，用以开阔我们的眼界，启发我们的思考，为我们自己的哲学发展开拓出一条新的道路。

当然，发展哲学不仅要了解当前世界的动向，还应当研究国内外的实践所提出的重大问题，注意吸取自然科学和社会科学的最新成果，批判地继承我们民族的文化传统，等等，这是不待言的。然而，了解国外哲学毕竟是一个重要的方面，缺此，则所谓发展哲学，所谓赋予哲学这门古老的学问以新的生命，所谓还哲学以智慧之友的本来面貌等等，都只能是一句空话。

在一个封闭的环境里谈论哲学，这在历史上的特定时期曾是不得已的，但即使是那时，哲人之间的对话、交流，乃至唇枪舌剑式的驳难、论战也时有发生，尽管这一切只是在一个比较狭隘的天地里进行的。时至80年代，科学技术高度发展，信息传递空前迅速，在这种情况下，如果有哪一种哲学，有哪一个哲学家想把自己封闭起来，割断同外界的各种联系，包括通向世界的联系，那就会自我孤立，就会自外于世界学术之林。如果这样，那么所谓发展哲学云云又从何谈起。

这种自我封闭、自我孤立的政策，有一个时期在我国曾经奉行过，这就是"四人帮"肆虐的时期。这一个时期，经济上政治上的闭关锁国，学术上的排外主义到了无以复加的地步。其结果，不但大大败坏了我国的哲学事业和整个学术事业，而且几乎把我们的国家拖到了崩溃的边缘。实践宣告了这种偏执的、愚蠢的政策的破产。今天，这股历史的逆流虽然早已成为过去，但它毕竟给我们留下了对一场噩梦的痛苦回忆。

经过了一段历史曲折，我们丧失了一些时间，但是我们从反面也得到了教育，以往的经历使我们对哲学面向世界的重要性和迫切性有了进一步的认识。多年的封闭环境割断了我们同外边的联系，使我们对国外哲学界的情况非常隔膜，以至我们刚从这种环境中走出来时，有些无所适从。我们想了解西方哲学，但现代西方哲学流派众多，学说纷呈，情况究竟怎样，我们摸不透、吃不准。我们既缺乏对现代西方哲学每一个流派、每一种学说、每一个哲学家的具体的研究，也缺乏对现代西方哲学的宏观的、整体的研究。对西方哲学，我们过去曾经习惯于简单地批判。现在，我们感到这种态度是不科学的，必须改弦更张。那么，怎样才算是科学的态度？它可能包括很多内容，但最低限度就是要了解情况，如果连基本情况都不甚了了，那又有什么科学可言。在一定意义上，可以说，观察事实，了解真相是科学的起点。尽管社会科学和自然科学有许多差别，但就这一点而言，它们是相同的。我们对现代西方哲学的研究也应当以此为起点。我们想了解东方哲学，但除了对日本现代哲学我们略有所知以外，我们对印度、阿拉伯以及其他现代东方哲学的知识简直贫乏得可怜。东方哲学似乎离我们更遥远，这和东方国家在地理位置上同我们的相对接近是极不相称的。东方哲学的所在国大都是第三世界的国家，他们的人口占世界上的多数，他们的命运在很大程度上关系到整个人类的命运。他们的精神生活，包括他们的哲学思想，同他们的其他方面一样，理应引起我们的深切关注，并从中汲取积极的成果。此外，我们对苏联、东欧哲学的近年来的发展状况，了解也很肤浅，也有大大加强研究的必要。总之，这些年来的教训使我们认识到，我们必须摆脱封闭的状态，在学术上和在经济上一样采取比较开放的态度，把我国的哲学发展放到一个世界哲学背景下来考虑，通过同国外哲学的经常交流，使国外的哲学信息不断反馈到国内，并通过我们的科学分析，去粗取精，去伪存真，为我国的哲学繁荣打开一条重要的通路。

正是基于这种认识，近年来我们翻译出版了大量国外的哲学论著，我们发行了有关国外哲学动态、哲学信息的专门刊物，我们向国外的大学和其他学术机构派出不少访问学者和进修学生，同时也邀请许多国外学者来我国讲学和进行学术访问，我们加强了同国外哲学机构、哲学团体的学术交流，我们多次出席了双边、多边和国际的哲学学术会议。通过这些活动，大大提高了我们对国外哲学的认识水平。尽管还很不够，还有许多工作需要去做，但是毕竟我们迈出了重要的一步。可以说，和党的十一届三中全会以来的全国整个形势发展一样，我们的哲学面向世界的工作目前也处在建国以来最兴旺发达的时期。

《世界哲学年鉴》正是在这样一个大好形势下应运而生的。它是时代的幸运儿，没有党的十一届三中全会，没有思想领域内的拨乱反正，没有改革和开放，没有这一切所造成的思想解放、学术繁荣的局面，也不可能有它的诞生。我们一定要珍惜这种机会，尽力把它办好。我们不敢奢望它在加强哲学的对外交流方面，在繁荣我国的哲学方面能作出多重要的贡献，我们只是希望它能成为我国学术百花园地中的一朵小花，成为哲学面向世界的一个窗口，使我们在接触国外哲学、了解国外哲学方面多一条小小的渠道。这一条渠道并非多余，年鉴不会同目前已刊行的国外哲学动态、国外哲学信息或国外哲学文摘一类刊物雷同、重复。它更带有系统性和综合性，可以作为我们系统了解国外哲学情况、查阅某些基本资料的一种辅助手段。

《世界哲学年鉴》的宗旨是：力求做到客观地、准确地、系统地反映一年内国外哲学的情况和动向；力求做到覆盖面较宽，信息量较大，内涵较深刻；力求做到深入浅出，雅俗共赏。我们希望这本年鉴不仅对广大读者了解国外哲学情况能够提供某种帮助，而且对哲学专业工作者也有一定的参考价值。

世界哲学纷繁复杂，文献资料浩如烟海，情报信息变化频繁，要把世界哲学一年内的动态汇集起来，进行客观的、科学的述评，是一件非常困难的工作，这就需要多方面的支持。我们期待着一切关心哲学面向世界这一事业的同志们和朋友们的帮助。在《世界哲学年鉴》的筹备过程中，我们得到了国内一些知名学者和中青年哲学工作者的热情关怀，并且得到了一些国际知名学者的赞助。世界哲学团体联合会主席、加拿大著名哲学家 V·柯希教授，日本著名学者竹内良知教授等已欣然同意担任《世界哲学年鉴》的顾问。其他一些国际知名学者也将陆续被聘为年鉴的顾问或荣誉撰稿人。对国内外学者的关心、支持、协助，我们表示衷心的感谢。现在，《世界哲学年鉴》终于和读者见面了。由于工作的难度和编者的水平限制，年鉴创刊号的缺点、疏陋之处一定很多，我们期待着专家们和广大读者的批评。我们相信，在各方面的大力支持下，这本年鉴一定会逐年改善、不断改进，一定会名符其实地成为哲学面向世界的一个窗口，为繁荣我国的哲学事业，尽自己的一分力量。

1986 年 6 月

积极开展对苏联和欧洲各社会主义国家哲学的研究

贾 泽 林

苏联和欧洲各社会主义国家的哲学是现代世界哲学的一个重要组成部分。积极开展对这一领域的研究，是我们的一项重要任务。

近年来我国的现代外国哲学研究有了较大的发展，欧美诸国的一些主要哲学思潮、流派和活动成了人们关注和研究的对象。与此同时，马克思主义哲学在世界各国、特别是在社会主义国家中的存在和发展，也引起了我国哲学工作者的极大兴趣和普遍关注。实际上，马克思主义及其哲学的历史命运始终是我们密切注意和不断思考的问题。

近一二十年来，苏联和欧洲各社会主义国家在宣传和普及、研究和发展马克思列宁主义哲学方面有了较大的进展。以苏联哲学为例，现在我们不能也不应该凭50年代的印象，用那时的眼光去看待它，尽管它至今仍有某些明显的缺点甚至弊病(如教条主义、繁琐哲学、应时主义、简单化、惰性、回避尖锐而迫切的现实问题等等)，但同以往相比，它的变化还是相当显著的。今天的苏联哲学，不仅研究的课题增多了，探讨的范围扩大了，而且有一定的深度。传统性的哲学问题虽然仍是研究的主要对象，但从新的角度出发、站在更高的水平上对其进行拓展和深入钻研，则成了突出的特点。此外，随着社会的急剧变动和科学技术革命的迅速发展，大量新的、非传统性的哲学问题涌现出来了。这些问题也引起了哲学工作者的浓厚兴趣，开展了规模很大的研究工作。苏联记取了历史上曾经发生过的哲学对自然科学不恰当干预的惨痛教训，比较注重总结和概括现代自然科学、社会科学和技术科学的最新成果，特别重视加强哲学同自然科学、技术科学和社会科学的联盟。苏联哲学有较为明确而清晰的理论体系，它以研究和发展马克思列宁主义哲学的基本理论作为自己的主要任务，这样它便能在自己哲学体系的基础上，探讨和研究社会和科学发展遇到的新问题，分析和批判地对待现代世界上各种非马克思主义哲学。

多年来，欧洲各社会主义国家形成了各自独具特色的哲学，其成就也是颇为引人注目的。这些国家由于各自的社会发展阶段、地理环境、民族特性、文化和哲学传统不同，因而所面临的社会发展和精神文明发展的任务也各不相同。这些国家根据各自的具体情况和具体条件侧重地探讨和研究了马克思主义哲学的某些领域或某些方面，譬如保加利亚对马克思主义哲学的认识论(主要是反映论)和哲学方法论的研究，匈牙利对本国社会发展问题和对同卢卡奇哲学有关的所谓“西方马克思主义”问题的探讨，民主德国对社会主义辩证法、对自然科学的哲学问题的考察，捷克斯洛伐克对科学技术革命及其社会方面的研究，罗马尼亚对社会主义意识及个性发展问题的研究，等等。

当然，这些国家的哲学的发展也不是一帆风顺的，它遇到过困难和挫折，它的道路曲折而复杂，它是在意见分歧和争论、观点对立和斗争中存在和发展的。在有的国家中还产生过明显的哲学派别，派别之间进行过尖锐激烈的论战和斗争。这些国家的哲学在其发展中往往受到该国政治斗争和政策变化的影响，哲学领域内发生的学术争论有时受到行政力量的干预。事实表明，发生在一国之内的哲学争论和斗争，往往并不局限该国一国范围内。在现时代的条件下，各国哲学的存在和发展都呈现出极为复杂的局面，往往是国内斗争和国际斗争、现实斗争和历史斗争、哲学斗争和政治斗争，错综交织，紧密相联。所有这些现象及其规律性，都是值得加以认真研究的。

开展对苏联和欧洲各社会主义国家哲学的研究是迫切而必要的。苏联和欧洲各社会主义国家的哲学是我们进行科学研究的对象，对它应进行实事求是的、严肃认真的分析和评价，从中揭示出马克思主义哲学在现时代、在不同国家中存在和发展的那些带有规律性的东西。

研究对象是一种不依人的意志为转移的客观存在，对它的研究不应受暂时的社会政治因素的影响。国与国之间的关系怎样，党与党之间的关系如何，都不应成为我们开展对苏联和欧洲各社会主义国家哲学研究的障碍。

在研究苏联和欧洲各社会主义国家的哲学时，我们要考察它在整个人类哲学思想发展中的地位，要考察它在世界马克思主义哲学发展中的地位，要考察它在当今世界范围内意识形态斗争中的作用。

对研究现代外国哲学来说，有一点是非常重要的，就是要广泛、及时、准确地了解和把握它的发展和变化的动向，为此就必须开展同外国哲学界的广泛的、正常的学术交流，当然也包括同苏联、欧洲以及世界各国马克思主义哲学家的学术交流在内。

马克思主义“绝不是离开世界文明发展大道而产生的固步自封、僵化不变的学说”(《列宁选集》第2卷，第441页)，它现在和今后的发展仍然不能脱离整个世界文明发展的大道。在深入、认真、踏实地研究马克思主义和马克思主义哲学的同时，积极开展对现代外国哲学的研究，必将促进马克思主义哲学本身的发展，必将有助于我们建设有中国特色的社会主义这一伟大的事业。

1986年6月

深入地了解和研究当代西方哲学

姚　介　厚

近些年来，我国哲学界同西方国家的哲学界以多种形式的思想交流日益增加，现代西方哲学较多地为我国知识界所了解。这是可喜的现象，有利于我国的两个文明建设，有利于我们坚持和发展马克思主义。马克思主义历来在同西方哲学的对话中，在研究、剖析各种西方哲学中，丰富、发展自身，显示强盛的生命力。马克思逝世100周年之际，欧美一些哲学团体的学术会议纷纷讨论马克思主义的历史发展及其同西方哲学的关系。他们尽管有种种曲解，但都无法否认马克思主义的巨大威力及其世界性的成就。我们马克思主义哲学工作者，理当面向世界，纵横于西方哲学之林，将深入了解和研究当代西方哲学的工作，作为一项学科建设的重要任务。

由于十年动乱，我国对现代西方哲学的研究一度中断。目前虽已重新起步，进展较快。但从总体上看，我们对本世纪前半叶的西方哲学评述较多，评介、研究第二次世界大战结束以来当代西方哲学的演变，还比较薄弱，亟需加强。当代西方哲学并不是一潭死水，它因社会矛盾和科学知识浪潮的冲击，处在流动、变易之中，触及当代世界的不少重大理论问题和现实问题。及时追踪、把握它的流向和脉搏，是很重要的。

当代西方哲学的演变，有其深刻的社会背景和理论背景。

从第二次世界大战结束至今，西方社会的历史进程呈现出复杂的新特点。一方面，资本主义基本经济规律仍在起作用，60年代一度有局部的政治动荡，西方社会制度的内在矛盾深刻地映射在意识形态领域；另一方面，科学技术的飞速进步带来巨大的生产力并影响到社会结构的变化，国家的干预作用增强，西方社会处在一个相对稳定的和平发展时期。这种社会情势，造成激进的批判理论同维护传统的保守哲学并存、交锋的格局，当代解释哲学中哈贝马斯和伽达默尔围绕传统问题的论战，就是一个实例。而且，学院式的和保守倾向的哲学势力正在增强，这从70年代以来新保守主义政治哲学的抬头，哲学人类学为保守主义提供理论根据等各种倾向中即可看出。科学技术的巨大进展，也深刻地影响当代西方哲学探讨的课题。在高度集约化的社会体制中，思想家们尤为关注从个人、社会和经济政治体制角度，探讨人的本质和价值问题。电子技术和机器代替人的脑力劳动，不仅促进现代逻辑的发展，而且围绕大脑、机器、思维、语言和人的行为等问题，深化了对精神和实在问题的探讨，如有新的还原论和非还原论之争。前沿理论自然科学如宇宙学、基本粒子物理学和遗传工程等种种新突破，对科学史、科学方法论和当代科学实践的加强研究，激发了科学哲学中的形形色色的理论，如证伪主义、历史主义和科学实在论的相互论争。当代各门学科不仅高度细致地分化，而且出现相互交叉、渗透的综合化趋势，自然科学和社会科学也相互渗透、影响，自然世界和人的生活世界并非截然相隔、壁垒分明，当代西方科学主义和人文主义哲学思潮的对立，松动起来，有相互接近、融合的迹象。

哲学思想的演变，又有其自身发展的内在逻辑。不同流派之间的对话和交锋，一种哲学思潮的内在理论矛盾，都促使当代西方哲学流变。20世纪以来西方哲学的基本格局，是英美分析哲学的科学主义和欧洲大陆哲学的人文主义的对峙。这两大哲学思潮的理论渊源、研究对象、基本原则、思维方式以及对科学和社会的态度，都不尽相同。科学主义偏重以自然科学为对象，强调经验事实的证实和逻辑、语言的分析，拒斥本体论的“形而上学”；人文主义偏重以非理性主义原则研究作为“自我”的人的价值和自由。当代西方哲学的流变，尚未从根本上突破这种双峰对峙的格局。然而，这两种哲学思潮已在互相对话和影响，各因内在的理论矛盾和偏颇而谋求解脱困境的伸展之路，因此各流派的哲学从对峙到靠拢，互相渗透、吸收和改造，出现了错综复杂的局面。分析哲学营垒中有了承认本体论的“形而上学”的倾向，并正在吸取某些欧洲大陆哲学的成份；而语言问题成为当代西方哲学的一个中心课题，一些欧洲大陆哲学流派也建立自己的语言哲学，并吸收某些分析哲学的有关日常语义学的内容。德、法两国的解释哲学，就是这样一种杂交品种。一些新的哲学流派或倾向，都有衍生性、融合性和再生性的特点。我们要从当代西方哲学各流派的纵横交错的理论关联中，深入研究它们演变的新特点。

怎样才能深入了解和研究当代西方哲学呢？

我们要以马克思主义观点为指导，做到有分析的批判和吸取某些合理内容相结合。在当代，马克思主义有优于各种西方哲学的丰满的生命力，连萨特也承认马克思主义是不可超越的。它是科学的世界观和方法论，能正确指导我们去具体研究当代各种西方哲学。对当代西方哲学中一些唯心论和反辩证法的基本倾向，当然要批判，但这种批判不应当是简单化的贴标签，而应是作为学术上的对话和论争，具体分析当代各派西方哲学的来龙和去脉，将它们完整的理论体系如实展示出来，加以解剖，作出有说服力的论述。在哲学史上，“批判”这个概念的本义不等于全盘否定，也包含着评估、扬弃的涵义。马克思主义是处在不断发展中的开放性的理论体系，它要吸取人类文明中一切有益的成果来丰富、壮大自身。当代西方哲学的一些内容，往往是生长在人类认识之树上的不结果实的花，它们对当代的自然科学和社会科学的知识，以折射或扭曲的方式有所概括。其中不乏某些合理内容，可供我们吸取。当然，这种吸取并不是将当代西方哲学的某些范畴和术语，简单地加以搬用，而应根据其某些具体内容，经过不同方式的分离、剥取和改造，获得某些有益的东西，或启发我们去探讨一些新的课题。这里似有两种情况。一种情况是剔除其基本哲学观点的错误说明，吸取有价值的科学认识的成果。以分析哲学而言，它研究现代逻辑的可观成果，它的科学哲学对自然科学发展规律和科学方法论的一些论述，它的某些语义学的研究成果，我们如对它们加以改造，使其立足在马克思主义理论基础上，可为我们的科学实践和学科建设服务。欧洲大陆人文哲学中某些研究社会历史现象的方法，也有改造吸取的价值，如结构主义的结构分析方法，解释学中某些研究历史本文的方法（如主张从历史环境去理解本文，对本文作系统连贯的语义分析和逻辑分析，解释者理解和说明本文有主观能动性，等等）。另一种情况是当代西方哲学所暴露或折射出当代西方社会进程中的一些矛盾和问题，有认识价值，可供我们借鉴。如法兰克福学派对当代资本主义社会新特点的分析，存在主义等流派对西方社会中人的异化的研究，都有助于我们加深对当代西方社会的认识和剖析。

我们要及时追踪、掌握当代西方哲学流变的新动向和新特点，研究其演变的根由。当代西方哲学的变动，70年代以来同50～60年代就有所不同。分析哲学中，蒯因发表《经验论的两个教条》，就已有靠拢实用主义的倾向，而当今的罗蒂(Richard Rorty)进而在采撷实用主义及一些大陆哲学成份，形成更强的离心倾向。美国实用主义在同分析哲学抗争中重新崛起，并同存在主义、现象学、过程哲学等有所沟通和联盟，出现微妙局势。存在主义哲学中萨特的声势渐弱，而海德格尔的思想影响在增强，并通过交融其它流派的哲学内容，衍生出当代解释哲学、消解论及新人格主义，正在各学科领域产生渗透性影响。宗教哲学是我们研究的薄弱环节，其中，新托马斯主义正统派与自由派辩证神学之争，以及存在主义、过程哲学、实用主义经验派、神秘主义、分析语言派等各种宗教哲学并立，都包含深刻的社会内容和宗教理论的特点。及时把握当代西方哲学的流向，能使我们的西方哲学研究高瞻远瞩，面向世界和未来，获得参与国际哲学界对话的主动权。为了替这种追踪性的研究创造条件，我们除了有计划地翻译当代西方哲学的一些主要著作之外，还要做好系统的有关情报文献的报导、分析和积累工作。《世界哲学年鉴》将会对此作出贡献。

我们要对当代西方哲学进一步进行系统的专题研究。评介和研究当代西方哲学的工作已做了一些，某些方面也较深入，但多数限于粗线条，且较零散。我们要从评介的层次上升到新的高度和深度，以期取得更大的成效。对一个流派、一位哲学家、一部原著，都要在充分掌握资料、深入理解原意的基础上，予以系统剖析，而不是望文生义、囫囵吞枣、以偏概全和泛泛评述，这样才能据其本来面目，获取确凿、有份量的研究成果。我们还需从总体上系统研究当代西方各流派哲学的内在关联和演变趋向，并研究马克思主义如何面对当代西方哲学的各种挑战，在世界哲学舞台上高屋建瓴地发挥作用。这种研究，要有扎扎实实的学风和功底；精深地理解和运用马克思主义理论；对西方哲学的全部历史发展有贯通的理解，能在研究中"通古今之变"。

1986年6月

国外专稿

论多元主义

V·柯希

我们这里所讨论的多元主义，并不是一种同现实或知识相关联的哲学理论，而是一种对具有不同文化背景、不同时代的哲学观点的多元性所持的开放态度。为了更全面、更深刻地发现现实，这种开放态度正是为了去发现现实的各种场合和方式的多样性和复杂性。

这是1985年11月我在墨西哥的瓜达拉哈拉举行的拉美哲学大会期间所形成的一种看法。在那次会议期间，我曾与多伦多大学教授K·史密斯谈到，在我们去体认哲学所感兴趣的物理的、心理的、社会的和政治的各种现实的复杂方面时，我们应当看到文化差异的重要性和历史经验差异的重要性。我们两人还谈到，在加拿大所存在的双文化、甚至多文化、双语言以及不同的哲学倾向的现实，但是，正如加拿大哲学学会和《对话》杂志所体现的，这些文化、语言和哲学倾向已经形成为一定的和谐。在这个时候，我曾经深切地感觉到，国际哲学团体联合会作为一个国际性的哲学组织，它也应持一种在范围方面更为广泛的、更受欢迎的多元主义的立场，以执行和完成它的使命。

我不认为这一多元主义无需用某一确定的原理来加以概括，正如奥尔特加·卡塞特(*Ortega Y. Gasset*)所说的："一个人、一代人或者一个时代都是不可取代的知识机体。我们只能通过理解他人对自己的认识，以及自己对他人的认识，才能获得全面的真理。这种真正的完善的真理，只能是奉献给上帝的崇高的礼物。"

我们无需把多元主义同奥尔特加·卡塞特的上述论述硬拉在一起。人们完全可以认识到，某些僵化的理论和方法所表现的绝对孤立性，那种对其它观点既不愿加以了解，也不积极努力去掌握的软弱无能的表现，只能产生贫乏和枯燥的结果。我们所说的多元主义就具有明显的优越性，即在国际哲学团体联合会中已使思想交流和多样化形成为一种习惯，不同的语言环境、文化背景和哲学传统，并不是以对立、隔绝和解决同一性问题的不同形式出现的，而是作为具有深度和广度的丰富多采的多样性出现的。在这一多元主义中，值得注意的首先不是它自身和为了它自身，因为这样做会引起对立、隔绝和轻视，实际上，它应当是人类共处的多元主义。

我们是使用不同的方法、不同的思想方法在不同程度上去解决共同面临的心理的、经济的、生态的、社会的和政治的问题的。但是，我们都属于人类并共同居住在同一个星球上分享着人类肩负的责任，分担着共同的忧虑，有着重新结合的需要。如何在我们生活的这一个时代、这一个星球上，生活得更好，就是说，更富有人性呢？我认为，在这种相互理解、尊重和友谊的基础上，可以建立起一种真正的多元主义。这一多元主义不但超越了不同思想观点的简单类比，而且在对话和学术交流中可以充分发展各种观点。当然，这并非是出于对冲突的偏爱，而是确信：对立和隔绝是产生贫乏的根源。因此，重视他人，对别人的想法作出深刻而耐心的思考，对他人的言论表示欢迎，这才能进行细微的体察和理解，纠正和发展我们的哲学的理解方法。

多元主义的意志，在哲学方面同其它方面一样、应引向不断扩展的开放的多样性。首先贯穿于一个学派或一种思想倾向中，然后再向外扩展，逐步使不同的整体范畴加以完善，即使整个世界加以完善。对一些人说来，这种完善是危险的，具有威胁性的，就如同在共同的思想中消融个人的思想和信仰一样。其实，他们不仅仅是担心，而是更热衷于(也许是无意识地)自我突出，一有机会就以排斥他人的态度来强调自己不同于他人的差别。这种理论上的行为，表现为充满敌对和不信任的政治野心的膨胀，为了达到自身的利益而去侵犯他人。这种行为有时会成为知识"黑手党"，竭力去忽视和排斥他们的狭窄眼界中的一切。

多元主义并不等同于怀疑主义、赫拉克利特的流动说和虚无主义，也不等同于相对主义或某种形式的主观主义，尽管它把这些理论都囊括于自己的多样性的观点之中，但是，它唯一不采用的立场是：诡辩论、使智慧服从于权力，以及用财富去诱惑或用别的方法使思想脱离开它的基本目的等恶劣的手段。

多元主义是以对于别的方法和理论不懈地理解为目标的，正象通向许多方向、有许多条道路和用不同方法取得不同的结果一样。环境、文化、时间、地点、经验的多样性，构成掌握这些因素的多种方法，也就是说，一种方法在另一背景中就不会出现或出现得不明显。对社会、政治、人类、个人的哲学理解，正如一个被统治的贫困的殖民地经济小国同一个占统治地位的大国相比，也具有明显的差异。

总之，多元主义是以对他人的理解和为他人所理解为基础的，与其说它是吸引他人传播其哲学观点的热情，勿宁说它是发现他人可以被吸引的独特性。多元主义要求接受多数性，使多数性增长，而不是象我们所谈到的那种折中主义、混合主义和综合主义。我认为，多元主义不是抛弃原则和基本真理，而是接受各种理论和实际问题的一种能力，即理解他人如何克服缺陷、充分理解、减少片面性看法的一种能力，是扩大为自己设身处地去理解的一种状态。从这一基本观点看来，多元主义不只包括他人，而且要使用这些或那些个体深化和进化的阶段和方法，从而有益于自身和他人的发展。

每一个对话者首先都要表达一种“生动的”思想，即“内在”曾有的思想。当人们宣称只拥有过去曾出现过的命题组合的体系、并处于个体的外在时，对话是不可能进行的。相互激励要求有相互渗透的可能，如果这种相互渗透被没有把自己语言内涵真正内在化的判断的“外在”性质所排斥，那么，这种所形成的体系就具有不可侵犯性，就如同柏拉图式的、在想象的天空中不同现实智慧相接触的形式，因为现实智慧只存在于具体的人之中。

正是人，而且只有人，在思考理论问题时将生活与现实加以理论化，并且欢迎不同的思想方法的差异，思考未形成的新的综合问题。在这一未形成的综合中，把最初没有被完全把握的那些现象同细致的差别加以协调，这难道不是各民族、各学术团体进行学术交流的永恒之路吗？但是，如果说有交流，就存在着差异，这是被充分肯定和尊重的差异的话，那么在同一世界上历史、经验相似的问题中表现的超越“外在”的体系，就没有什么可惊讶的了。人类的肯定判断形式是多种多样的，它们决定于历史经验、物质环境和自由抉择，而且这些形式是多种文化所组成的，并且它们的每一种形式都有权利得到承认，因此，它们之间的区别(差别)也应该得到尊重。

最后，我想再强调一点，我所说的多元主义，它要求尊重不同的文化所体现的哲学价值。有一位非洲哲学家说过这样一句话:“自尊的意识是由通过对他人的尊重的意识的认识而获得的。”我认为，对于文化和社会说来也是这样的。多元主义也有这样的要求。它强烈地要求立场的转变，并提出了下面这一道德发展的蓝图:这一蓝图是由人是什么、人应该如何作人以及人在社会上如何更人道地生活所构成的。

寄自加拿大蒙特利尔大学

(渊明译　涂纪亮校)

法国科学认识论的新思潮

李　培　林

70年代末80年代初，科学领域的一些新发现对过去一些公认的理论结论提出了挑战，科学认识论的一些重大问题被重新提出来讨论。在耗散结构理论的创始人和突变论的创始人之间产生了一场科学认识论上的争辩。进入70年代，人们在热力学的革命中倾听到诗的回响，从数学的发展中看到逻辑语言和自然语言的连接，从高技术、高情感的经济学和行政管理学中体会到哲学的真正意义。各个科学领域的研究前沿似乎都在宣告，定量研究的精密科学和非定量研究的人文科学之间的最后分野被打破了，人们最后认识到，文化是一个整体，科学不可能离开文化的土壤抽象发展。

这种新思潮在科学认识论领域的一个重要代表人物就是普利高津(*I. Prigogine*)。普利高津是比利时人，布鲁塞尔自由大学的教授和美国德克萨斯热力学及统计力学研究中心的主任，由于他创立了耗散结构理论以及在非平衡热力学方面的卓越贡献，曾获得1977年的诺贝尔化学奖。他在科学认识论方面的主要著作《新的联盟——科学的形变》一书用法文写成，由法国嘉利玛出版社于1979年出版，而且他亲自参与法国科学认识论方面的论战，所以我们姑且把他算作法国科学认识论新思潮的代表。

古典热力学曾把世界描述成可逆的(如电、磁、热的相互转化)。现代热力学则认为，这些可逆现象只是一些特例，按照热力学第二定律，在一个封闭的系统中(如宇宙)，熵的增长是不可逆过程。熵是无序性的度量，通俗地说就是"混乱性"的度量，当熵达到最高极限时，一切变化和差别都消失了，系统进入绝对的平衡，也就是绝对的"惰性"和"死寂"。普利高津很早就注意到熵的演化方向(系统趋向死寂)和生物的演化方向(系统向更完善的阶段发展)是截然相反的。为了解决这个矛盾，普利高津创立了耗散结构理论，把两种演化统一起来。根据耗散结构理论，在系统由于熵的增大不可逆地走向绝对平衡的过程中，也可以在远距平衡态的地方由于扰动和不稳定因素的作用出现偶然的分叉(*bifurcation*)，从而产生耗散结构(*Structures dissipatives*)，使一个系统开放，通过摄取负熵构成新的复杂组织，借此保持生命力。耗散结构理论带来科学认识论上的概念更新。在西方过去的科学研究中，一个根本的指导思想就是：世界在本质上是稳定的、对称的、有序的，服从于统一的规律和必然性。普利高津的理论却证明，有序来自无序，稳定产生于混乱，那些被过去的科学研究所排斥的概念，如"无序性"、"不稳定性"、"不确定性"、"非对称性"、"偶然性"，今天显示出其更为重要的意义。

耗散结构理论作为一种新的科学方法论在化学、生物学，甚至社会学、经济学等领域产生了重要的影响，成为一种新的普遍解释模式。普利高津代表了西方学术界要求自然科学和社会科学进行新的联盟的思潮，这一思潮在法国有许多推动者，如社会学家莫兰(*E. Morin*)和哲学家塞尔(*M. Serres*)。

莫兰是法国科学研究中心研究主任和法国社会科学高等研究院跨学科研究中心主任。他的著述颇多，涉及的方面也很广，包括心理学、社会学、经济学、历史学和人口学等。莫兰在科学认识论方面的主要著作是《方法》一书，这本书计划写五卷，现已出了两卷，第一卷是《自然的自然》，第二卷是《生命的生命》。莫兰总的抱负是要通过对有序——无序——组织三者间的关系作出新的解释，来创立一种新的跨学科方法论。莫兰认为，只有“有序”的系统会失去创造性和新事物，而只有“无序”的系统无法构成“组织”、适应发展，只有通过“有序”和“无序”的相互作用构成组织，才能使系统进化发展。这种有序——无序——组织的三元公式是理解一切复杂系统的钥匙。莫兰的理论，事实上，是论证一种构成组织的无序性，这也是目前西方物理学、生物学和控制论等领域研究的主题之一。莫兰认为，他的“方法论”与理性主义的鼻祖笛卡儿的“方法论”完全不同，笛卡儿是想从一些原则出发演绎出一种方法，而他是要寻找那些原则本身。他还认为，笛卡儿把清晰、明确当作真理的概念标准，但今天的科学证明不可能把个人和社会、主体和客体明确分开，不可能再有一种清晰的宇宙观，因为已知的圆圈越大，它就更多地感触到未知的宇宙，我们思考和认识真理不再是仅仅借助于清晰明白，也要借助于或然性(如概率论)和模糊性(如模糊数学)。莫兰实际上是把普利高津的命题扩散开来。

塞尔是巴黎第一大学的科学史教授，但他对文学和绘画也极感兴趣，文笔颇好。他在美国的影响似乎比在法国还大。他在科学认识论方面的著作主要有《海尔梅斯》(共五卷)和《起源》等。海尔梅斯(*Hermès*)是希腊神话中司道路、辩论、商业等方面的神，塞尔借此表示世界的最终真理可通过各种被视为根本不相容的语言来揭示。塞尔以他诗一般的描述在各种学科之间纵横驰骋，倡导精密科学和人文科学的统一，强调无序和混沌是一切事物的起源。他说世界不再是均质的。只有一个真理，世界成为一个复杂系统，科学研究象从大海的一个岛屿走向另一个岛屿，在不同的知识之间寻找连接通道，就象寻找远古时代连接大西洋和太平洋的迷宫似的冰川。事实上，塞尔的工作是在一定的文化系统中寻找各种描述语言的共同结构，他的主题也是呼吁科学和诗的联盟。

以普利高津、莫兰和塞尔等人为代表的这种科学认识论的新思潮，在法国哲学界、科学界引起极大的震动和争辩，持异议者大有人在，其中最具代表性的是托姆(*R. Thom*)。

托姆是法国布莱苏伊维特省高等科学研究院的教授、法国科学院院士、微分拓扑学的主要奠基人之一和突变论的创始人。托姆不仅是一个杰出的数学家，也是一个出色的哲学家，他的科学认识论著作有《形态生成的数学模式》(1981)和《抛物线与突变》(1983)。托姆是从研究微分拓扑学开始进而创立突变论的。他认为，突变论是一种数学的理论(*theorie mathematigue*)，但不只是一种属于数学的理论(*theorie de la mathematigue*)，因为突变论是一种方法论，可以作为普遍的解释模式。突变论(*la theorie des catastrophes*)最初称作间断论(*la theorie des discontinuites*)，因为它是解释和预见间断性现象的理论，为了更能暗示一种潜在动力的观念，所以选用了突变一词。所谓突变论，最简单地说就是描述间断性现象怎样在一个连续的过程中自发产生。间断性现象包括的面很广，如悬崖的倒塌、海浪的冲击、监狱中的骚动和经济突变等。水结冰的过程也是这样一种突变，冰不是随温度降低一步步生成，而是在某一时刻突然扩展开来。过去解释这类现象都用因果律，也就是把一个间断性现象当作原因，而把另一个间断性现象当作结果。突变论则表明，间断产生于连续，偶然出自必然。托姆鲜明地表示，他反对当代科学认识论的一个重要趋势，即认为科学概念将发生根本性的变革，规律决定论将被“有序产生于无序、稳定产生于混沌”的命题所取代。托姆同普利高津、莫兰和塞尔等人进行了公开的论战，由于论战涉及到哲学和科学的一些重大问题，所以引起整个学术界的关注。大家都承认，世界是无序和有序、变化和稳定共同组成的，但问题是什么东西更为根本一些。过去的科学一直认为世界是有序的、稳定的，受统一规律的支配，科学的任务就是排除偶然性，揭示必然性，然后从这些规律和必然性出发去解释现象。普利高津等人认为，传统的科学方法有它的局限性，在一定条件下会束缚人的创造力。新的科学发现表明，“偶然性”、“无序性”、“不稳定性”、“复杂性”等概念在科学研究中具有更为重要的意义。与此相反，托姆认为，这种思潮看来是要打破科学在当代社会的神化地位，强调人对社会过程的责任，但实质上代表了一种反科学倾向。在托姆看来，世界首先是有规律的而不是混乱的，所谓偶然性只是未知的代名词，科学领域不存在打不开的“黑箱”，技术和科学的每一进步都是对“黑箱”的打破，人类应继续科学的使命，建立普遍的解释公式，沿着康德的足迹，更精密地规定人类思维的范畴。

这场在两位科学巨人（耗散结构理论创始人和突变论创始人）之间进行的有关科学认识论的争辩远没有平息。1986年初，《新的联盟》一书在法国再版，普利高津写了再版前言并加了两个附录，再次提出科学概念面临着相对论和量子力学以后的全面更新，那种寻求解释世界的万能语言的幻想破灭了，世界对我们重新成为陌生的，科学不是即将达到完美的境界，而是象刚刚起步。在论战的另一方，托姆也于1986年5、6月间在巴黎哲学国际学院等处多次进行讲演，表示对那种想打破现有科学体系的“反科学”倾向感到不安。托姆的周围聚集着一批既有哲学头脑又有数学头脑的杰出人物，他们的论证十分严谨。

然而，总的看来，似乎普利高津等人代表了法国科学认识论思潮的总趋势，这一趋势从法国新认识论的奠基人巴斯拉尔（*G. Bachelard*）写《科学新思想》（1937）一书时就开始了，至今不仅方兴未艾，且大有开辟科学认识论新时代的气势。

寄自法国巴黎

维特根斯坦研究

赵　敦　华

维特根斯坦是分析哲学的两大流派——逻辑实证主义（或逻辑经验主义）以及常规语言哲学的创始人和主要代表人物。对他的哲学的研究和评论是分析哲学一个重要方面。但是，维特根斯坦研究（*Wittgensteinian Scholarship*）作为一门学科并不局限于分析哲学，它还包括一些超越哲学争论的著作和工作，如关于他的回忆录，对他的手稿及书信的编辑和整理等等。

一、维特根斯坦的性格和他的思想的关系

维特根斯坦逝世后，他的学生和亲朋纷纷撰写回忆录，栩栩如生地刻画了维特根斯坦的性格特征。评论家们越来越倾向于把维特根斯坦思想同他的性格联系在一起研究，视维特根斯坦为哲学史上的“怪才”。他的个性和他的思想一样奇特，不理解他的性格也就不能理解他的思想。

维特根斯坦出身于奥地利一个百万富翁的家庭，他把全部遗产都捐献出来资助艺术家们，自己却过着朴素得近乎清贫的生活。他的《逻辑哲学论》曾为他带来了盛誉，他却远离哲学界到边远的村庄中当小学教员。当他重返哲学界并登上了剑桥大学首席哲学教授之位之后，他又辞去职务，独自到渔村中去沉思。维特根斯坦是一个愤世嫉俗的人，他说自己处在一个“黑暗的时代”。他的三个哥哥都因为不能忍受一种无可名状的精神痛苦而自杀，他也承认自己也曾几次走到了自我毁灭的边缘。他从事哲学或许就是为了寻求精神解脱，以求达到一种摆脱一切困惑的大彻大悟的境界。有的评论家们认为，在这一点上，他的哲学同佛教禅宗不无相似之处。维特根斯坦把传统的哲学当作困惑思想、束缚精神的最高、最精巧的方式，但又包含着深刻的真理。他时时感到摆脱不了这种矛盾的痛苦。在给罗素的信件中他写道：“我真希望上帝能给我更多的智慧，让一切都明白地昭示于我，否则，我真不能再活下去了。”他向自己的学生说：“哲学是一个地狱，学哲学如下地狱一般艰难。”他从事哲学研究并不是为了著书立说，而是追求思想上的“明晰”境界。记笔记是他唯一的研究方式，他的笔记中既有瞬间的思想火花，又有深思熟虑的结论；既有警句般的箴言，又有童话式的幻想；既有严肃的辩论，又有俏皮的玩笑。

维特根斯坦对功名成就看得很恬淡，不喜出头露面，又不致力于创立体系。在他生前，很少有人能够了解他的思想。他生前只出过两本书：一本是《逻辑哲学论》，另一本是他在当小学教员时编写的与哲学无关的《学生词典》。他不愿出书，因为他认为他的《逻辑哲学论》已经被歪曲，即使那些自称他的学生的人也不能理解他；他因此预言：他的思想在将来也不会有更好的命运。他曾说，他感到自己好象是为那些有着不同的生活方式和文化传统，生活在不同的时代的人们写作的。他在剑桥任教期间，也曾向为数很少的学生讲授哲学。但他讲课象他作笔记一样，只是表达他个人的思想斗争。他不用讲稿，只是一边思索，一边口述，既无条理，又无结论。他的一个学生回忆说，我们很少理解他，只感到他在讲一些非常重要的东西。维特根斯坦的哲学思想，主要是靠对他身后所出版的笔记的研究和评论而逐渐为人所了解的。

二、维特根斯坦的思想演变及主要著作

维特根斯坦的手稿现在剑桥大学三一学院的图书馆集中保存，共238件，由它们的版权所有人安斯康伯(*Anscombe*)等和维特根斯坦生前私人图书馆管理员雷斯(*Rhees*)共同管理。经过他们的编辑、整理，维特根斯坦的部分手稿已经陆续出版。这些著作可分为三部分：

(一)早期(*1914～1929*年)

1．早期代表作《逻辑哲学论》 该书是维特根斯坦在1918～1919年被关在战俘营期间写成的，但他早在1914年在剑桥当罗素学生期间，就酝酿了用符号逻辑来解决传统哲学问题的思想。在书中，他描述了一幅关于世界的逻辑图画：世界的基质是简单物体；简单物体组合成原子事件；原子事件的存在状态是事件；事件组合成世界。在此基础上，他提出了“图画论”：思想和语言是描绘世界的图画，单词代表简单物体；基本命题描述原子事件；一般命题描述存在的或不存在的事件。他的结论是，不能描述现实的命题是无意义的命题。传统形而上学、伦理学和美学都是由无意义命题组成的。因为它们研究的对象不是语言所能描述的神秘之物。

2．《1914～1916年笔记》(*Notebooks*: *1914—1916*) 维特根斯坦在写《逻辑哲学论》之前，作了大量笔记。在他逝世前，他的亲属根据他的嘱咐烧毁了大部分笔记。只是由于侥幸，留下三本，于1961年整理出版。这些笔记是理解《逻辑哲学论》的重要参考材料。

3．《维特根斯坦和维也纳小组》 《逻辑哲学论》出版后，立即引起了维也纳小组的强烈兴趣。1927年，石里克找到了当时居住在维也纳的维特根斯坦，与卡尔纳普等人一起会晤，讨论哲学问题。在讨论中，维特根斯坦解释、发挥了他的早期思想，并指出其中不足之处。在讨论中，维特根斯坦的思想和逻辑实证主义之间的分歧也暴露出来。这些讨论由维也纳小组成员魏斯曼记录，于1967年整理出版。

（二）过渡期（1930～1932年）

《哲学语法》(*Philosophical Grammar*)和《哲学刍论》(*Philosophical Remarks*)。分别于1969年和1965年整理出版，根据维特根斯坦在此期间的笔记编辑而成。在这些笔记中，维特根斯坦认为他的早期思想和罗素的逻辑原子论一样，过分迷信逻辑的作用，追求一种尽善尽美的理想语言或逻辑结构来解决日常语言的模糊、混乱。他认为，逻辑只是人们认识事物和表达思想的一种特殊方式，是受日常语言中概念所制约，而不是概念的源头。日常语言在特定的环境与背景下意义自明，无需逻辑来匡正。迷信整齐划一，追求尽善尽美是传统形而上学的通病，而他的《逻辑哲学论》正是这一痼疾的表现。在这一时期，维特根斯坦感到需要另辟蹊径来解决哲学问题，但尚未明确通过何种途径和方法来从日常语言中挖掘出哲学道理。

（三）后期（1933～1951年）

1．《蓝皮书和褐皮书》(*Blue Book and Brown Book*)　1933～1934年，维特根斯坦根据学生记录和课堂笔记整理出两份打字稿。1958年出版时，编者根据打字稿的封面颜色，题名为《蓝皮书和褐皮书》。该书包含了他后期主要思想的萌芽。如“语言游戏”的概念，就是在这本书中首次提出的。

2．《哲学探索》(*Philosophical Investigations*)　1936年起维特根斯坦用12年时间，完成了他后期思想的代表作《哲学探索》，但直到1952年才出版，全书主旨有三条：(1)语言意义问题。他提出了“词的意义在于运用”的口号，提出要用语义的“家族相似”的特点来代替概念的内涵。这些思想是针对逻辑实证主义而提出的。(2)语言规则问题。他反驳了语言规则存在于逻辑之中的观点，指出，语言规则是生活方式和社会风俗决定的，是在学习、训练过程中掌握的，因此，遵守语言规则不是一个理论问题，而是养成一种思维和表达习惯的实践过程。(3)语言和心理的关系问题。维特根斯坦针对词语是对心理活动的表述的传统经验论观点，提出了“反隐私语言论证”，指出语言总是公共的、社会的语言，语言不是个人心理活动的外在形式，而是一定生活方式下的社会集团对外界事物的一种反应方式。语言和人们对外界事物以及自身的共同看法是相辅相成的、互为表里地交织在一起的。维特根斯坦把生活、语言和世界的这种不可分割的内在关系称作“语法”，把他的日常语言哲学称作“对语法的探索”。

3.《关于数学基础的刍议》(*Remarks on the Foundations of Mathematics*) 维特根斯坦由逻辑规则的局限性而想到数学的局限性。他在1936～1940年间，对数学的基础进行了哲学的思考。这方面的笔记于1967年整理成此书出版。在这本书中，维特根斯坦把“语言游戏”的概念从日常语言推广到了精确科学领域，指出，数学系统、数学公式和语言规则一样，是出自生活需要而约定俗成的，是受生活方式和日常语言制约、影响的。数学和逻辑的必然性是人们不能任意选择和改变现存生活方式的必然性，但不是永恒不变的。当人们的行为和交往方式改变之后，语言和思维方式也要随之变化，而作为语言规则的逻辑和数学也要改变其内容和形式。必然真理和事实真理，精确的定量分析和模糊的定性说明的区分，不是固定不变的，而是互相转化的。

4.《卡片》(*Zettel*)和《关于心理学的刍议》 这是由维特根斯坦在写《哲学探索》中有关语言和心理关系部分时所用的原始手稿组成的，分别于1967和1980年整理出版。

5.《论确定性》(*On Certainty*) 是维特根斯坦在逝世前两个月写成的，于1969年出版。穆尔在反驳唯心主义时用了一个简单的证明：他举着一只手说：“我知道这是我的手”，由此可知在我的心灵之外至少有一只手存在，因此，“心无外物”是荒谬的。维特根斯坦说，穆尔不该用“我知道”这样的句式，因为“我知道”这种句式是对“为什么”的回答。既然“为什么这是我的手”是无意义的问题，“我知道这是我的手”也是无意义的判断。“这是我的手”是确定无疑的命题，不是怀疑的对象，因此也不是认识的对象。“这是我的手”和日常生活中其他一些命题，如“我的名字是维特根斯坦”，“我头痛”等，是知识的前提和规范，而不是知识的一部分；正是它们，规定了什么可以算作事实和证据，规定了论证和观察的过程和手段，也限定了怀疑的范围。对这些命题的确定就是对我们生活和行为的确定，这是知识的前提和基础。

三、围绕维特根斯坦著作展开的争论

维特根斯坦著作属于哲学史上最难理解的经典的行列，其所以难读，倒不是因为语言晦涩、含义深奥，相反，他的著作语言平易近人，特别是他的后期著作，全是用通俗的日常语言写成的。维特根斯坦说，“我所说的一切都是琐碎的，容易理解的，但要理解为什么我要说却是很困难的。”事实也是如此。他的著作看起来是一个个缀合的片断，没有对问题的明确划分，缺乏完整的论证，没有明显的结论。《逻辑哲学论》是以箴言体写的。美国评论家范恩(*Fann*)曾把此书比作西方的《道德经》；而另一位评论家则说，与维特根斯坦关于逻辑的书的难度相比较，黑格尔的逻辑学倒成为明白易懂的书了。《哲学探索》的议论更是漫无边际，杂乱无章。维特根斯坦在其中用了大量篇幅分析“我感到疼痛”这样的句子，解决“什么叫‘看书’”这样的问题，反问“为什么狗不会说谎？”“为什么椅子不会思维？”；他的意思全是通过实际事例来说明的，这些事例中有使用最简单语言的原始部落、正在学算术的小学生、装在匣子中的甲虫、图画中的水壶、没有摩擦力的机器、太阳上的时间、似兔似鸭的图画，等等。正如他在前言中所说，这本书是旅行中画的一组风景画，是一本相册。

维特根斯坦的写作风格在哲学史上是独一无二的，人们很难把他的著作系统化。1964年马克斯伯拉克(*Maxblack*)写了《〈逻辑哲学论〉指南》，1977年哈里特(*Hallett*)写了《〈哲学探索〉指南》，对这两本书作了逐句逐段的诠释，但却不能说明各段之间的有机联系，并没有起到指导作用。关于维特根斯坦思想的评介著作绝大多数是采取轮廓性介绍的方针。惟其这种评论是轮廓性的，评论家自已的立场、观点便不可避免地先入为主；更有一些哲学家有意识地采取“六经注我”的方法来解释维特根斯坦的著作，使得维特根斯坦研究中观点纷纭交错，争论无休无止。下面对《逻辑哲学论》和《哲学探索》评论中的分歧与争论作一大致的介绍。

(一)对《逻辑哲学论》评论的几种倾向

1．逻辑实证主义者的评论　　维也纳小组曾认为《逻辑哲学论》第一次表达了“证实原则”，是“逻辑实证主义的宣言书”。站在逻辑实证主义立场上，《逻辑哲学论》的主要目的有二：(1) 说明世界和语言的逻辑结构；(2) 反对形而上学命题。但后来维也纳小组在与维特根斯坦接触之后，感到了在维特根斯坦的逻辑分析方法背后，隐藏着一种新的形而上学体系和神秘主义的伦理观。正如卡尔纳普后来在其《自述》中说的，“他的观点以及对人对事，包括对待理论问题的态度，与其说是科学家式的，不如说是创造性的艺术家式的。”

2. 逻辑原子论的评论倾向　大部分评论家认为，《逻辑哲学论》的实质是把罗素创立的数理逻辑推广到了哲学本体论和语义学的领域。维特根斯坦并不全盘否认形而上学，而只是用逻辑原子论的本体论代替传统的本体论。安斯唐伯的《维特根斯坦的〈逻辑哲学论〉介绍》和格里夫英的《维特根斯坦的逻辑原子论》两本书皆持此说。但这种解释也面临不少困难。维特根斯坦对他书中的基本概念如“物体”、“事件”、“基本命题”等仅作了逻辑上的说明；至于这种逻辑内涵是与什么层次、什么性质的事物相符合，他认为这并不重要。当评论家们赋予这些概念以本体论意义时，这一问题便突出了。他们对于这些基本概念的解释分歧很大，无法统一。比如，有人说，“物体”指的是“感觉要素”；有人说它是事物的“基质”，而本身不具备任何性质；有人说它是柏拉图式的“理念”；有人说它是几何上的“点”。考丕将有关方面的各种论点收集在《关于维特根斯坦〈逻辑哲学论〉的论文集》中。由于种种分歧无法统一，逻辑原子论的解释至今不能深入下去。

3. 先验主义的解释　维特根斯坦自己说，《逻辑实证论》实质上是一本伦理学的书。他的基本立场是，语言只能描述事实，而逻辑结构、必然规律、伦理感情、自我意识只能靠逻辑符号或神秘的感情来显示。描述和显示的区别是哲学的根本问题。评论家们由此注意到了叔本华的伦理思想对维特根斯坦的影响，又由叔本华追溯到了康德在《逻辑哲学论》中的痕迹。斯蒂纽斯(*Stenius*)在《维特根斯坦的〈逻辑哲学论〉》中指出，该书的实质是先验哲学，维特根斯坦和康德一样，企图在先验领域中寻求语言和思维的可能性条件。德国评论家们也倾向于把维特根斯坦看作是继承了大陆哲学传统，而不是英国哲学传统的哲学家。

(二)围绕《哲学探索》的讨论

多年来，对《哲学探索》的评论和讨论主要围绕一个单独的主题展开的，比较重要的有四次。(1)关于"意义就是用法"口号的讨论 大多数评论家认为这一口号把维特根斯坦思想简单化了。赖里指出维特根斯坦本人没有明确区分词的意思和句子的意义。后者不光取决于每个单词的用法，而且包括单词之间的联结规律。现代语义学家们都强调"整体大于部分的总和"的思想，强调词和符号之所以能构成有意义的语言单位，主要是依靠某种规律性的东西在起作用。乔姆斯基把这种规律称之为与生俱来的"发生语法"；杜麦特指出句子的意义涉及的是"论断性条件"，而不只是提供真理。语言的用法是一个包含着交流者意图和反应等诸因素在内的范畴。另一方面，有些哲学家坚持和发展了用法对语义的决定作用。奥斯汀指出意义是一种表达希望、传达信息、流露感情的"言语行为"。格里斯提出词义的首要条件是说者与听者在从对方的反应中所取得的意图的一致性。(2)关于"家族制度"概念的讨论 皮切尔(*Pitcher*)和伯特姆(*Putuam*)等评论家们认为，只承认意义的"家族相似"特征而否认词有单一的意义，也就是否认了概念的概括作用，重蹈唯名论覆辙。有些词，如标明种类和个体的姓名，显然只具有单一意义。"家族相似"并不是对所有词的意义都适用。以伯姆利夫为代表的少数评论家认为，"家族相似"的特征是普遍适用的，词的作用不是概括，而是比较；它的意义不是指示事物的单一特征，而是展示事物之间有同有异的关系。(3)关于"反隐私语言论证"的讨论 这是一场旷日持久的争论，从50年代延续到70年代。艾耶尔和斯特劳森首先发难，指出隐私语言是可能的，每人都有能力为自己制订语言规则，并把它传授给其他人。漂泊在孤岛上的鲁滨逊就是这样做的。公共语言可能就是这样从隐私语言过渡而来的。马尔科姆(Malcolm)则维护维特根斯坦的论证，指明这一论证的实质是否认个人心理状态能成为使用语言的标准，是坚持只有社会交流才能保证在同一语言环境中始终如一地运用同一标准。另外，还有些人认为维特根斯坦过于强调外在标准、外在环境，完全否定了个人的心理过程而陷入了行为主义。例如，赫威(*Hervey*)和孟德利(*Mundle*)说维特根斯坦是用行为主义来反对笛卡儿的二元论。但更多的评论家认为，维特根斯坦并没有否定个人的心理过程，而只是否认个人心理过程能成为使用语言的标准。荷尔伯柔(*Holborow*)区分了“隐私”的本义和引申义。前者是语言的隐私，后者是心理活动的隐私。维特根斯坦否认前者而不是后者；行为主义者否认后者而不是前者。有些评论家则区分“反隐私语言论证”的温和立场和极端立场，前者只是否认语言的隐私性而承认心理的隐私性；后者否认所有隐私行为。维特根斯坦的温和立场是可信的，极端立场则是从正确前提中得出了错误的结论。(4) 关于“语言规则问题”的讨论 是近年来发生的并正在开展的一场讨论。1982年，美国哲学家克里伯克(*Kripke*)发表了《维特根斯坦论规则和隐私语言》，说遵守规则问题是《哲学探索》全书的中心，其他问题都是围绕这一中心而展开的。例如，“反隐私语言论证”可以看作是对遵守规则问题的伸延和补充，而遵守规则问题的核心是“怀疑论的悖论及其解决”。“怀疑论的悖论”指的是对怀疑论者提出的“什么是遵守规则标准？”这类问题，理性不能提供圆满的回答。我们时刻都在遵守规则而又却不知遵守规则的标准，这是一个悖论。悖论的解决是把语言实践、把社会的约定看作是标准。我们能够有效地表达思想、社会承认个人使用语言的能力，这就是对遵守语言规则的最好证明。这一观点引起了强烈的反应。伯克和哈克(*Baker & Hacker*)说，用“怀疑论的悖论及其解决”来概括维特根斯坦思想，不符合原著精神，降低了原著的深度。麦克金(*MeGinn*)说，把社会约定当作遵守规则的最后依据是约定主义和相对主义的观点，它没有看到理解力在语言中的作用。伯拉克薄恩(*Blackburn*)说，社会约定只是理论上的假设，而不是历史事实。如果每个人都要有待于社会来决定语言规则，社会又如何能决定每个人所决定不了的问题呢？约定论的假设是无用的。

四、维特根斯坦研究中的两种对立倾向

研究维特根斯坦的著作、文章汗牛充栋，各种观点层出不穷，但现在只有两种明显的倾向占主导地位。这两种倾向的对立在40～50年代就已见端倪。当时，受到维特根斯坦哲学影响的英国分析哲学

分成剑桥学派和牛津学派。前者以威士德莫(*Wisdom*)等为代表，自称“治疗性的实证主义”(*Therapeutic postitivism*)，其目的是治疗形而上学带来的思想毛病，恢复日常语言的正常机能。另外以赖里、奥斯汀和斯特劳森为首的牛津学派，又称哲学语言学，其目的是建立语义学的哲学基础，从而系统地阐明语言和思维的关系。现在维特根斯坦研究中两种对立倾向则表现在对维特根斯坦哲学性质的看法之上，第一种倾向把维特根斯坦哲学比作弗洛伊德的精神分析疗法，它是一种方法，而不是理论体系；维特根斯坦没有用一种理论体系代替传统的形而上学，而是创立了语言分析方法来挖掘一切形而上学的根基。第二种倾向强调维特根斯坦哲学中的本体论、认识论和伦理学的内涵，强调它是整个哲学发展的一个阶段，而不标志着哲学传统的断裂。这种对立表现在许多方面。现把两种倾向的主要观点表述如下：

(一)关于维特根斯坦早期思想和后期思想的关系问题

1．后期思想是对早期思想的否定。前期哲学试图通过分析语言的逻辑结构，精确地描述现实。后期哲学则转向对常规语言的用法进行描述的方法，并且否定了前期哲学中的本体论和认识论因素。

2．维特根斯坦后期思想是他前期思想的继续和发展。他后期哲学中强调的“语法”并不和前期的“逻辑”相对立，而是包含了后者，是把后者放到更广阔的背景中去考察的产物。肯尼(*Kenny*)在《维特根斯坦》一书中列举了前、后期思想中8点在“图画论”方面的相似之处和6点在本体论和认识论方面的相似之处。范恩(*Fann*)在《维特根斯坦关于哲学的概念》一书中强调他的前后期思想在目的上是一致的，差异只是表现在方法论上。

(二)关于维特根斯坦哲学能否系统化的问题

1．维特根斯坦是旧哲学的掘墓人，而不是新理论的创造者。即使象《逻辑哲学论》这样关于逻辑结构的著作，也不是按照逻辑推理来展开其内容的，后期著作更不能说有任何体系。马尔科姆说：“任何概括《哲学探索》的企图是徒劳无益的。”

2．维特根斯坦思想是有体系的，只是他不愿意建立理论体系罢了。评论家的目的就是要把这种隐藏的条理和结构揭示出来。伯克和哈克正在对《哲学探索》全书进行系统的、逐段逐句的评论，把书的内在结构揭示出来。现在已完成了两卷，对全书的1/3篇幅作了评论。桑克尔（*Shanker*）1986年把有关维特根斯坦的104篇著名论文编辑成四卷书，按照前期、后期，世界观、数学哲学次序排列，在一定程度上表现了维特根斯坦思想的系统性。

（三）神秘主义还是理性主义？ 1．支配维特根斯坦思想的是他的神秘主义伦理观，爱德华滋(*Edwards*)在《没有哲学的伦理学》中说维特根斯坦终生都在探索人生的意义。语言分析的作用只是为了证明理性和不足之处，从而为神秘主义开辟道路。2．维特根斯坦致力于达到一种明晰的世界观。伯克和哈克认为理解力和内在关系是维特根斯坦哲学的关键所在。现实和语言是在理解力基础上内在地交织在一起的。语言分析的目的是为了认识世界。

（四）维特根斯坦和其他哲学家的关系 1.维特根斯坦在哲学上是前无古人的，以往的哲学家对他基本上没有什么影响。对他思想有影响的是象叔本华、托尔斯泰、妥思耶夫斯基这样一些游离在传统主流之外的思想家。维特根斯坦哲学的风格是苏格拉底或基尔凯戈尔式的对话或漫谈，而不是传统意义上的理论。2．维特根斯坦虽然不大了解哲学史，很少读哲学经典著作，但他的思想可以和其它哲学体系相比较；不但可以和他之前的休谟、康德相比，更可以和他同时的罗素、弗莱格、穆尔相比，也可以和其他德国哲学家如胡塞尔、海德格尔作比较。当前，这种比较性研究还比较时髦。

（五）关于相对主义和约定主义的问题 1.维特根斯坦是“现代智者”，他通过反诘的方法揭示人的认识能力的不足，否定了必然性思想，避免了独断论，得出了类似“人是万物的尺度”的结论。杜麦特在评论维特根斯坦数学、哲学时说，他把规则，必然性，真理，包括数学，逻辑都看成是约定的产物，是彻头彻尾的约定主义者。2．斯特罗德(*Stroud*)不同意把维特根斯坦看作是约定主义者，因为“约定”和“必然”在他哲学中并不构成二律背反。约定并不是主观选择。正如人们不能自由选择他们的生活方式一样，人们也不能自由选择他们的语言和概念体系。给定生活条件和环境，人们“必然地”“约定”什么是真理，什么是谬误。因此，强调约定在语言中的作用并不是约定主义。

(六)维特根斯坦哲学和社会学的关系　1.维特根斯坦哲学是建立在社会学基础上的，因为它强调的是社会生活、行为和习惯的决定作用。汶其(*Winch*)在《关于社会科学的观念》一文中说，维特根斯坦把社会学变成了哲学，他的哲学结论归根结底要依靠社会学的知识来支持和证明。2.社会因素在维特根斯坦哲学中所起的作用是原则的、一般的，而不是实际的、具体的，应该和社会学研究对象区别开来。维特根斯坦并不注重民族的文化差异，并不关心历史因素对语言的影响。他并不需要经验科学作为哲学的依据，因为他一再声称，哲学不是科学，哲学的方法不是科学的方法，而是概念的、"语法"的方法。

(七)维特根斯坦的根本立场是保守的，还是进步的？　维特根斯坦不关心政治，也没有明显宗教信仰，人们评论他的哲学时很少联系他的政治立场和宗教背景。但也有人把他的哲学放在当时社会背景和社会思潮中来考察它的性质。1.曼哈姆(*Mannheim*)和纽里(*Nyiri*)把维特根斯坦哲学放在欧洲文化启蒙运动和古典浪漫主义的对立中去考察，认为他的哲学具有浪漫主义精神，属于第二次世界大战前出现的新保守主义思潮，它反对历史进步观，反对个人理性和权利，反对科学技术产生的变革，而强调历史传统、风俗习惯的作用，崇尚社会的权威，这些都是保守主义的特征。2.维特根斯坦有进步、变革的思想，他对资本主义社会的弊病强烈不满，认为时代的弊病只有依靠改变人类的生活方式才能铲除，而不是靠转变个人的思维来根治。罗宾斯坦因(*Rubistein*)在《马克思和维特根斯坦》一书中说，维特根斯坦哲学和马克思主义哲学有相似之处，两者都强调社会实践，强调改变社会生活方式的重要性；两者都运用了辩证的方法来阐述身和心、物质和精神，语言和思维的统一；两者都有关于人的社会性的学说。

寄自比利时卢汶大学

研究状况和进展

哲学原理和流派

【苏联近年来对辩证唯物主义的研究】 在苏联，对辩证唯物主义进行认真而较有成效的研究，是从50年代中期开始的。哲学家们对辩证唯物主义所涉及的广泛问题（辩证法基本规律、范畴、概念等等）进行了多方面的探讨，围绕这一研究领域，出版了许多专著和教科书。哲学家们早已感到有必要使唯物辩证法形成为一门完整的、科学的理论体系。

1967年8月14日苏共中央《关于进一步发展社会科学和提高其在共产主义建设中的作用的措施》的决议，把制定唯物辩证法理论体系正式确定为苏联哲学研究的首要任务，这对促进和推动这方面的研究起到了关键性的作用。苏联的一些重要的哲学研究中心（如：莫斯科、列宁格勒、基辅、阿拉木图、明斯克等）相继组建了研究和撰写唯物辩证法理论的写作集体，开展了大规模的学术研究活动。苏联哲学界对研究和制定唯物辩证法理论体系的重要性和必要性的认识，基本上是一致的，但对什么是唯物辩证法、如何研究、制定和叙述唯物辩证法理论体系等问题，却存在着严重的、甚至根本性的分歧。

经过相当长的一段难产时期之后，终于在80年代初的5年里，取得了一些可观的成绩。一批有关唯物辩证法理论体系的大型总结性专著陆续出版。

从1967年决议以来，其间尽管发生了党的主要领导人的三次更替（安德罗波夫——契尔年科——戈尔巴乔夫），但制定唯物辩证法理论体系，对哲学界来说，却始终是一项中心任务，而且一再得到强调。

苏联哲学界对辩证唯物主义（唯物辩证法）的研究，主要是从以下几个方面进行的：

一、对马克思列宁主义经典作家的唯物辩证法思想的研究 苏联哲学家历来重视发掘马克思、恩格斯和列宁的精神遗产，研究其中丰富的哲学思想，这是进一步发展辩证唯物主义的重要途径之一。这一研究从两方面入手：（一）研究马克思列宁主义的唯物辩证法孕育、形成和发展的历史过程。这方面的重要著作有1971年出版的《马克思主义辩证法史（从马克思主义产生到列宁阶段）》（M·M·罗森塔尔主编）和1973年出版的《马克思主义辩证法史（列宁阶段）》（Г·A·库尔萨诺夫主编）。（二）对马克思、恩格斯和列宁著作中唯物辩证法思想的研究。这方面的代表性作品有罗森塔尔的《马克思〈资本论〉中的辩证法问题》(1955),Э·В·伊里因科夫的《马克思〈资本论〉中抽象东西和具体东西的辩证法》(1960),В·П·库兹明的《马克思的理论和方法论中系统性原则》(1976,1983第2版),Б·М·凯德洛夫的《论辩证法的叙述方法》(1983)。这四本著作分别对马克思主义经典作家著作中极其丰富的唯物辩证法思想,进行了深入的探讨,把马克思主义辩证法的有关原理作了进一步的深化和具体化。

二、对建立马克思主义的唯物辩证法理论体系的探讨 在制定唯物辩证法理论体系时,苏联哲学家在三个主要问题上存在着尖锐分歧:(1)有关唯物辩证法的对象;(2)有关其制定的方法和途径;(3)有关整个辩证唯物主义的结构。分歧的观点基本上有三类:(1)"本体论观点"或"本体论主义";(2)"认识论观点"或"认识论主义";(3)综合观点。阐述唯物辩证法理论体系的重要著作,已出版的有:《唯物辩证法(理论概要)》(П·Н·费多谢耶夫主编,1980);《唯物辩证法》(Ф·В·康斯坦丁诺夫主编,共五卷,1981～1985);《唯物辩证法是发展的一般理论》(Л·Ф·伊利切夫主编,共四卷,1982～1983出版了前三卷);《马克思列宁主义辩证法》(М·Б·米丁主编,共八卷,已出版第一卷,1983;第五卷,1984);《马克思列宁主义的历史过程理论》(康斯坦丁诺夫主编,第一卷,1981;第二卷,1983)。上面提到的康斯坦丁诺夫主编的《唯物辩证法》和米丁主编的《马克思列宁主义辩证法》两部大型著作,带有较浓厚的"本体论主义"色彩,明确肯定客观辩证法就是辩证唯物主义的本体论。坚持此种观点的主要是列宁格勒大学和莫斯科的一些哲学家。而凯德洛夫、科普宁、伊里因科夫和阿拉木图的一些哲学家则坚持相反观点,反对对马克思主义哲学作"本体论主义"的解释。他们在自己的著作和文章中表述了以下一些观点:马克思主义哲学就是辩证唯物主义,也就是唯物辩证法;其对象是辩证法(客观辩证法)和辩证逻辑(即人的意识中所反映的客观辩证法,亦即主观辩证法),所有其他一切都已归到有关自然界、历史和人的思维的部门的实证科学中去了;对唯物辩证法的研究和叙述本身也应当是辩证的,即紧紧地把握住辩证法、逻辑和唯物主义认识论三者一致的思想,采用马克思、恩格斯和列宁一致强调的从抽象上升到具体的辩证方法来叙述辩证法理论体系,为此首先应找出该体系的出发点即"细胞",然后逐步全面展现辩证法理论体系。叙述辩证法可以从"任何一个命题"或判断开始,但决不能象以往那样,把辩证法当作"实例的总和",对它的叙述采用"原理加例子"的方法。目前这两种对立观点的争论仍在继续。

苏联哲学家认为,把唯物辩证法的诸范畴加以系统化是使唯物辩证法形成完整体系的途径之一,但这决不意味着只要把现有有关范畴的知识或现存诸范畴按照某种标准重新加以排列组合就行了，这样做并不能解决认识、文化和社会实践发展提出的种种世界观和方法论问题。这种做法不能提供任何新知识，因此是不足取的。

三、从辩证法角度对一般认识论、现代自然科学、社会科学和技术科学的认识论、方法论和逻辑的研究

从辩证法角度研究认识论，这指的是要揭示认识过程中的内在矛盾和辩证法。具体说来，就是要把认识看成是具有许多阶段、层次、方面的复杂过程，要对这一过程的结构进行研究，从中区分出感性方面和理性方面，研究作为科学知识两个不同阶段的经验阶段和理论阶段，研究形式研究方法同内容研究方法之间的相互关系，研究认识对象与认识主体的辩证法。

许多苏联哲学家坚持认为，列宁的反映论是整个认识论的基础。现代科学为哲学提供了进一步发展反映原则的崭新材料，而且出现了前所未有的情况，即以前研究反映论的主要是哲学家，现在则有许多专门科学领域中的学者用非哲学的方法来研究这些问题，如从高级神经活动生理学、信息论、心理学、心理语言学、语言学、对语言和科学理论语言的形式逻辑分析等方面对认识和反映理论进行研究。对超前反映、反映与时间的关系、对脑与心理、有意识和无意识关系等等也进行了进一步的探索。在现今的条件下，认识、思想越来越不直接地同客体打交道，认识客体越来越多地借助于各种复杂的抽象化手段和建立理想的多测度的模型等方式，也就是说逻辑和“纯”逻辑结构的作用明显增大了。这些已向哲学提出了许多新的、从前根本不曾遇到过的问题。

随着自然科学、社会科学和技术科学的飞速发展及其在人类社会发展中作用的增强，这些科学涉及的逻辑、方法论、认识论问题，日益引起人们的关注。科学知识发展的规律性、科学知识的形式和结构、研究的手段和方式、科学认识活动的机制成了加紧研究的对象。科学知识发展问题，在今天已被看成是作为方法论和认识论的辩证法的“生长点”之一。

苏联一些权威人士指出：社会科学在发展，然而对社会科学的方法论问题的研究却一直做得很不够。对社会人文知识的哲学方法论问题的研究如不给以足够的重视，将会限制唯物辩证法（作为完整的世界观和方法论体系）有成效的发展的可能性。

四、对社会发展辩证法的研究

对当代世界社会发展的辩证法、特别是对社会主义社会发展的辩证法的研究，是辩证法理论研究的一个重要方面。近年来，尤其是从安德罗波夫成为苏共主要领导人之后，社会辩证法研究一直被突出地加以强调，而苏联社会发展现阶段的辩证法则是重点中的重点。

苏联科学院哲学所所长 Г·Л·斯米尔诺夫曾指出：研究辩证唯物主义的著作，往往只注意概括自然科学成果而不去分析和概括社会生活的紧要问题；在讲述马克思主义哲学时，把辩证唯物主义和历史唯物主义割裂开

来，辩证唯物主义成了主要论述自然界的学说而把论述社会历史发展的哲学问题的任务置于不顾；不能正确看待社会主义社会中的矛盾的情况依然存在，对矛盾问题虽然讨论很多，但"仍然存在着一般反对矛盾的某种'偏见'的残余"，由此出发，人们把矛盾分成"积极的"和"消极的"，"动力性的"与"非动力性的"。(《苏联哲学当前的任务和问题》，《哲学问题》1984年第5期)戈尔巴乔夫指出：不把"生产力和生产关系的客观辩证法看成是加速社会的社会经济发展最重要源泉"的"教条主义观念"仍没有得到彻底克服，这将妨碍及时揭露和解决不断产生的矛盾。(《人民的生气勃勃的创造精神》，1984)

五、对辩证法史的研究　要想深入研究唯物辩证法理论、形成科学的唯物辩证法理论体系，就不能不对人类辩证思维发展史进行概括和总结。苏联哲学界在这方面做了长期的努力，对辩证法的历史发展进行了认真而深入的研究，这方面的成果有：1971～1978年陆续出版的五本辩证法史：《古希腊罗马辩证法史》(1972)；《14～18世纪辩证法史》(1974)；《辩证法史(德国古典哲学)》(1978)；《马克思主义辩证法史（从马克思主义产生到列宁阶段）》(1971)；《马克思主义辩证法史(列宁阶段)》(1973)。

六、苏联哲学界除了对辩证唯物主义本身进行研究之外，还注意加强对世界上存在着的反对辩证唯物主义哲学的潮流及其论点的分析和批判这方面写了许多反击对辩证唯物主义哲学及其辩证法进行歪曲、攻击的作品，例如И·T·雅库舍夫斯基的《列宁主义、革命和"苏联学"》、《辩证法与"苏联学"》及《辩证法与反辩证法》(1984)，等等。

苏联近年来已出版和将出版的多卷本的辩证法理论著作，不仅在阐述辩证法具体问题时要连带批判资产阶级哲学家和修正主义哲学家的有关观点，而且往往都要专门撰写一卷批判资产阶级或非马克思主义的辩证法观点的作品。（贾泽林）

【近年苏联对社会主义辩证法的研究】 从苏联宣布阶级斗争不再是社会主义社会发展的动力之后(30年代中期)，哲学家们一直重视探讨社会主义辩证法问题。80年代以来，研究有了进一步的深入，出现了一些专门的学术著作，如Ю·克拉辛等编著的《社会主义社会发展的辩证法》，С·杜杰尔等编著的《成熟社会主义的辩证法问题》等。不仅如此，在80年代初陆续出版的П·费多谢耶夫主编的《唯物辩证法理论概要》，М·米丁主编的八卷本《马列主义辩证法》，Ф·康斯坦丁诺夫主编的五卷本《唯物辩证法》，Л·伊利切夫主编的四卷本《唯物辩证法是发展的一般理论》等关于辩证法的大部头著作中也都辟专卷、专章或专节论述社会主义社会发展的辩证法。

在60年代，还有一些哲学家错误地认为，在社会主义社会中起作用的是另一种独特类型的辩证法，其特点是“没有冲突”、“和谐的、无矛盾的发展”。到了80年代，苏联学术界已普遍认为，矛盾是一切社会进步的动力，尤其是社会主义社会发展的动力。苏联哲学家们强调说：“只有统一的马克思主义的辩证法，而没有什么所谓原则上类型根本不同的辩证法……将辩证法划分类型的任何企图，都必然会使人们怀疑马克思主义辩证法所具有的普遍性质。”（E·科兹洛夫斯基：《社会主义条件下的矛盾》，《哲学问题》，1984年第8期）社会主义辩证法尽管有其质的新特点，但它仍然是整个社会的辩证法的一种具体的历史的表现形式。有的学者认为研究社会主义辩证法不仅要研究辩证法的规律和范畴应用于社会主义条件下的特点，而且要看到共产主义社会的辩证法的某些标志和特点。费多谢耶夫在其主编的书中说：“社会主义不仅有自己特殊的规律性，作为共产主义的初级阶段，它已具有整个共产主义社会形态所固有的某些特征。”（《唯物辩证法理论概要》，1980。中译本，1983，第118页）因此，在社会主义辩证法中就包含着整个共产主义社会形态所具有的某些特征。

关于社会主义辩证法具有哪些特点，费多谢耶夫、克拉辛共同编写的著作以及其他苏联哲学家的著述中，作了比较系统的阐述。

一、根本社会关系中的非对抗性类型的矛盾 这是社会主义辩证法的决定性特点。在社会主义社会对抗性矛盾已失去它在社会发展中原来的作用。生产资料私有制和剥削阶级的被消灭，导致阶级对抗性矛盾的被克服。作为社会主义的发展源泉和动力的社会主义所固有的矛盾，是非对抗性矛盾。在这种类型的矛盾中，也存在着相互对立的两个方面、两种倾向，而且通过斗争来展开并获得解决，但斗争的性质和解决的形式已发生根本的变化。其表现是：（一）非对抗性矛盾是在社会主义社会中存在各阶级和社会集团的根本利益的一致、相符合的条件下产生和解决的。由于根本利益的一致，这种性质的矛盾往往在差别阶段就得到解决，即在它们转化为社会冲突之前就得到解决。（二）非对抗性矛盾的解决，不是削弱而是加强社会主义作为一种社会制度，使其更加发达、更加成熟的状态再现。如果说，资本主义社会的对抗性矛盾的彻底解决，只能通过对资本主义社会制度的革命否定，导致它的灭亡，那么社会主义的非对抗性矛盾则是在自己本身的基础上解决，这种解决使得这个基础得到扩大和巩固。（三）社会主义的非对抗性矛盾的解决，要通过不同阶级和社会集团的意志统一和行动协调来实现，而不是象在资本主义制度下那样通过矛盾的对峙来实现。社会主义的社会生活各种矛盾的解决必须有社会的联合力量，有党和人民的一致，有不同集体、组织和个人的协同活动，所受益的主体也不是个别阶级和社会集团，而是整个社会。苏联哲学界认为，上述这种和缩小用强制方法解决矛盾的范围相适应，使得马克思的“社会进化不再是政治革命”的意见逐步得以实现。

二、社会主义发展的辩证法是巩固社会的政治和思想统一的辩证法 这是在这种统一的条件下克服各种矛盾的辩证法。社会在政治上思想上的统一绝不排除其中的各种内部矛盾，也不是否认矛盾作为社会主义发展的源泉和动力。科兹洛夫斯基指出了在社会主义条件下，社会统一和矛盾的相互作用的辩证法，它在于：“统一乃是及时发现矛盾和解决矛盾的决定性条件，而矛盾的解决又巩固了统一，加速了社会主义在不断臻于完善的道路上向前推进”。与这种特点相联系，苏联哲学界强调社会主义社会的和谐发展，但这正如伊利切夫所指出的是“建立在科学预见和管理基础之上的，是以及时暴露矛盾，揭示其进一步发展的倾向和选择及时解决其他相应形式和方法为前提的”。（伊利切夫主编：《唯物辩证法是发展的一般理论》，1982，第273页）因此苏联学者认为，社会主义辩证法的重要特点是正确解决矛盾与社会统一、与社会和谐的辩证关系。

三、自觉地有计划地解决发展中的矛盾 与资本主义辩证法的自发的表现不同，社会主义社会的辩证法是在人们自觉地、有科学根据地、有计划地活动的基础上发展的，能根据矛盾的客观性质自觉地控制、调节对立面的斗争。苏联哲学界普遍认为，列宁关于把对立面结合起来的思想是自觉地对待新社会中的矛盾的光辉典范。如劳动的物质刺激与精神刺激的结合，积累和消费的结合，民主与集中的结合，一长制与集体领导的结合，脑力劳动与体力劳动的结合，社会利益、集体利益和个人利益的结合，经济发展方面中央部门与地方的结合，自主权和责任的结合，等等，把这些对立面合理地结合起来，突出的表现了在社会主义社会中对各种矛盾有可能自觉地有计划地进行调节和解决。

四、出现了社会关系质变的新形式 社会主义社会渐进性不仅是量变而且是质变的形式，是实现飞跃的形式。在社会主义以前的社会形态的发展中，渐进的量变和质的飞跃在时间中互相交替进行，而在由社会主义向共产主义过渡的过程中，渐进与飞跃表现在辩证统一中，也就是说，飞跃可以不经过社会震荡，以较为渐进的方式实现。但是，就变革的深度而言，这种飞跃不仅不亚于以往的社会革命，而且还大大超过。

五、主观因素作用的增长 这表现在群众的自觉性与组织性、党的领导作用与所有社会团体和国家机构的活动意义的提高，表现在有可能自觉地组织国民经济和全部社会生活。主观因素是一种能动力量，但是这并不意味着它可以成为现实的创造者，它必须要以认识客观规律和根据这一规律产生作用为前提，要受客观条件的制约。社会主义建设的成就主要依赖于运用社会规律的主观形式与这些规律起作用的客观机制的一致程度。苏

联学术界认为，研究社会主义社会中客观因素和主观因素辩证法是深入研究社会主义辩证法的重要课题。

克拉辛等学者还认为，社会主义辩证法，这是一个哲学问题，因此，研究的重点应当放在唯物主义辩证法的一般规律和范畴以及它们在社会主义制度下的特点和机制上。但是要取得有益效果和避免不切实际的空谈理论，这种哲学研究就必须建立在对社会主义社会的经济、社会关系、意识形态和文化的具体发展过程的分析之上。所以他们还就社会主义条件下的经济生活、社会阶级结构、社会政治制度、本国事物和国际事物的相互作用，以及精神文明的发展、意识形态、社会心理和个人道德在社会主义社会的发展等方面，来具体论证社会主义社会辩证法表现的特点（克拉辛等集体编著：《社会主义社会发展的辩证法》，1980）。由此可见，在80年代，苏联学术界对社会主义辩证法的研究，已从对其一般特点的探讨深入到具体结合各方面的问题。（马积华）

【苏联对社会主义社会矛盾的研究】

一、研究概况　关于社会主义社会的矛盾问题，苏联学术界曾展开过广泛的讨论。80年代以来，对这个问题的争论又活跃起来。苏联《哲学问题》1983年第7期、第9期和第10期，发表该刊主编B·谢苗诺夫《社会主义条件下的矛盾问题》和A·布坚科《社会主义社会制度发展中的矛盾》两篇文章，引起了苏联学术界广泛的反响，许多高等院校和科研部门参加了讨论。《哲学问题》1984年第2期又发表了《现实问题的争论》的述评，同时刊载了谢苗诺夫和布坚科针对不同意见所写的答辩文章：《如何使发达社会主义矛盾问题的分析深入和具体化》，《再论社会主义的矛盾》。苏联科学院副院长П·费多谢耶夫在《和平和社会主义问题》1981年第9期上发表了《社会生活的辩证法》；《共产党人》杂志主编P·科索拉波夫在《真理报》1984年7月20日发表了《社会主义和矛盾》，这两篇文章也都全面地阐述了作者关于社会主义矛盾问题的观点。这次讨论已从抽象地探讨矛盾在社会主义发展中的意义和作用，深入到具体分析社会主义条件下的现实矛盾，尤其对社会主义社会基本矛盾、对抗性矛盾和非对抗性矛盾相互关系这两个问题的认识有了新的进展。

二、社会主义基本矛盾　在50～60年代，还有一些哲学家根本否认社会主义条件下存在基本矛盾，而在80年代，苏联学术界已普遍认为，社会主义社会也存在基本矛盾，并主张基本矛盾只有一个，但对究竟是哪一个，却产生了分歧。大多数学者认为，生产力和生产关系之间的矛盾是社会主义基本矛盾，它是社会主义条件下生产方式发展的源泉和动力，是社会主义一切经济、社会、政治和思想问题的基础并决定着所有其他矛盾。但对这个基本矛盾的具体表述则各有不同。谢苗诺夫表述为：“生产和生产力的某种社会性与社会主义所有制和生产关系的几种(或一种)具体社会形式之间的矛盾”(《社会主义条件下的矛盾问题》,《现代外国哲学社会科学文摘》1983年第10期);布坚科的表述是:“不断增长的社会生产力(当然,还有与之同时扩大的生产过程的社会性)与社会中现行的社会主义生产关系体系之间的矛盾”,这里所指的生产关系体系包括“业已形成的社会主义所有制各种形式的一定比例关系、与包括已确立了的分配、交换和消费的方式以及计划、管理及鼓励劳动的办法在内的整个具体经济制度。”(《社会主义社会制度发展的矛盾》,同上)Г·施特拉克斯、В·谢尔比娜、Н·柯列索夫分别表述为:“生产的社会主义社会化与社会主义所有制内容之间的矛盾”,“用全民性生产资料进行商品生产……隐藏着社会主义生产力与生产关系的最深刻的辩证关系”,“生产的直接社会性与社会主义公有——个体占有之间的矛盾。”将以上几种关于社会主义基本矛盾是生产力和生产关系的矛盾的表述加以比较,谢苗诺夫和布坚科的表述,不只是限于所有制问题或生产关系的某一方面,而是触及到生产关系的各个方面,提出了生产力发展与生产关系体系和整个具体经济体制的矛盾问题,因而较为全面,并较为适合于经济体制改革的要求,赞同者也较多。

苏共中央总书记M·戈尔巴乔夫把“生产力和生产关系的客观辩证法看成是加速社会的社会经济发展最重要源泉。”他在苏共27大政治报告中强调指出:“社会主义生产关系为发展生产力开辟了广阔的天地。但是为了做到这一点,生产关系应当经常加以完善”,而“目前的生产关系形式、经营和管理体系基本上是在经济粗放发展的条件下形成的。渐渐地它们过时了”,因此“要努力改变经济机制的方向性,消除它的消耗性,以提高质量和效率,加速科学技术进步和加强人的因素的作用为目的。”

布坚科虽然认为社会主义基本矛盾表现在生产方式内部,但也承认它与上层建筑、社会的政治组织有关,因为生产力的发展要求自觉地调节生产关系,要求把个人利益、集体利益和整个社会利益有机地结合起来,这个任务只有执政党和国家机构才能完成。除此以外,还有其他一些关于社会主义基本矛盾的看法,如现有的不够高的生产发展水平和全社会不断增长的需求之间的矛盾;生产和需求之间的矛盾;人们在生产资料方面的平等关系与分配领域和财产状况中的不平等之间的矛盾;按能力进行劳动和按劳力进行分配的矛盾,即各尽所能与按劳分配之间的矛盾;共产主义因素与现存的资本主义“痕迹”之间的矛盾等等,这些看法在苏联学术界中支持的人并不多。

三、非对抗性矛盾和对抗性矛盾

苏联学术界一致认为,非对抗性矛盾是社会主义社会矛盾的主要类型,反映了社会主义社会发展的本质。但是社会主义条件下有无对抗性矛盾,非对抗性矛盾能否转化为对抗性矛盾?在80年代以前,对这些问题的回答是否定的。1980～1981年在波兰发生的“政治危机”事件影响了苏联学术界对上述问题的看法,形成了两种根本对立的观点。

一种观点以费多谢耶夫、谢苗诺夫、布坚科为代表,他们认为,非对抗性矛盾在一定条件下有可能转化为对抗性矛盾。费多谢耶夫说,对列宁关于在社会主义条件下,对抗将会消失,矛盾仍将存在的说法“需要作必要的补充,从方法论观点看;不能排除在一定条件下,由于经济建设,文化建设……等长期积累下来的缺点未得到克服,非对抗性矛盾有可能具有对抗性矛盾的特征”。(《社会生活的辩证法》)谢苗诺夫支持这种观点,全面分析了非对抗性矛盾转化为对抗性矛盾的五种因素,并认为导致对抗的主要因素是主观上犯错误。他说:“在一定历史时期,暂时部分地背离了社会主义本质,背离和破坏了社会主义原则,主观上犯错误,是导致这一切的主要原因。”(《社会主义条件下的矛盾问题》)同时,谢苗诺夫强调指出,某些对抗性矛盾,对各社会主义国家来说,带有暂时性,并往往是局部性的;冲突状况的发生,非对抗性矛盾发展成对抗性矛盾乃是极个别的现象,与此相反,危机和对抗是资本主义的合乎规律的伴侣。他还说,当建成发达的社会主义社会后,就不致出现危机性的表现,更不用说对抗性表现了。布坚科注意矛盾和利益的相互联系,他认为,当矛盾双方的利益发生了实质性变化,转变为具有对抗性质,非对抗性矛盾就转化为对抗性矛盾。(《社会主义社会制度发展的矛盾》)

谢苗诺夫在1982年发表的文章中曾主张矛盾转化的观点,但在1984年写的文章中又提出了更正,他写道:“更正确的说法,不应该说是非对抗性矛盾转变为对抗性矛盾,而应该是:在一定条件下,除了社会主义所固有的非对抗性矛盾,由于内部和外部反革命力量的活动,有可能出现对抗性矛盾。”(《如何使发达社会主义矛盾问题的分析深入和具体化》,《哲学译丛》,1984年第4期)在这里他已不承认非对抗性矛盾有可能转化为对抗性矛盾的提法,但仍主张在社会主义条件下存在对抗性矛盾,这一点与费多谢耶夫和布坚科是共同的。

另一种观点以科索拉波夫、Ю·日丹诺夫、Ц·斯捷潘年、В·梅德维杰夫为代表,他们主要以列宁关于对抗和矛盾不是一回事的论断为理论依据,认为社会主义条件下不存在对抗性矛盾,反对用“对抗”、“对抗性”的概念来分析社会主义社会矛盾,并批评前一种观点的错误,在于没有把从资本主义到社会主义的过渡时期与社会主义发展阶段区分开来,没有把社会对抗和个人对抗区分开来。科索拉波夫指出,必须区别社会对抗和个人对抗,在社会主义社会前者已经消失,而后者仍然存在。但“个人对抗不是在社会主义社会关系中兴起的,它的体现者既不构成特殊的社会集团,也不是社会主义社会的必不可少的社会结构成分。那么，我们也就可以说社会主义制度下的矛盾是非对抗性质的。”(《社会主义和矛盾》)他虽然否认有社会对抗，但又说“绝不能掩饰可能爆发的冲突”。(同上)

梅德维杰夫说，全部问题在于：某些社会主义国家中的阶级斗争极端激化的危机局势，并不是由社会主义本身产生的，相反，是由于在从资本主义向社会主义过渡时期社会主义还不够成熟以及这一时期所固有的阶级斗争所产生的。要说在社会主义社会的非对抗性矛盾有可能具有对抗性，既无理论-方法论的根据，又无实践的根据。(《发达社会主义辩证法的关键问题》，《哲学问题》，1984 年第 8 期)

在苏联学术界中也有人认为这是术语之争：“关于在社会主义社会是否存在着对抗性矛盾的问题，很大程度上带有术语的性质。如果对抗性矛盾这个术语指的是对抗阶级的矛盾，那么当然，它们在社会主义条件下是不存在的。而如果这个术语指的是与社会主义实质相抵触的现象，指的是在客观上不能顺应社会主义的社会政治制度的现象，那么，对这个问题的回答就将有另外的答案。”(克里莫夫等：《现实问题的争论》，《哲学问题》1984 年第 2 期)

四、社会主义的现实矛盾 苏联学术界强调要研究社会主义的现实矛盾，着重解决产生于社会主义制度本身的矛盾。布尔拉茨基说，现实存在的社会主义矛盾有：怎样把最能说明社会主义根本特点的计划和商品货币关系巧妙地结合起来，怎样把劳动的尺度和消费的尺度有机地联系在一起，怎样把社会主义公正原则和生产效率原则、社会平等原则和劳动报酬有区别的原则结合起来，怎样利用经济竞赛和劳动团结的机制、物质刺激和精神刺激的机制、专业化和群众参加生产管理的机制等等。(《完善发达社会主义是通向共产主义道路的重要阶段》，《哲学问题》1984 年第 6 期)

科索拉波夫提出在社会主义有三类矛盾：(一)集体主义原则、社会主义生活方式准则与私有制关系的残余、资本主义的“胎记”之间的矛盾；(二)共产主义的萌芽、集体主义的最成熟形式与曾是社会主义本身产生的，但现在已经过时的，不适应已变化的条件的那些东西之间的矛盾，应把主要力量集中在研究这类矛盾；(三)自觉性与自发性的矛盾，这类矛盾过去表现得十分有限，而现在开始在社会范围起作用并大量涌现出来。(《社会主义与矛盾》)

(马积华)

【近年民主德国对社会主义矛盾的研究】 民主德国哲学界在 70 年代末 80 年代初对社会主义辩证法及其核心——矛盾问题的研究有了很大的进展，尤其注重探讨下列问题：

一、社会主义辩证法的概念和特点 民主德国科学院院士 A·科辛主编的《社会主义辩证法》(1981)一书，对这个问题作了深入的阐述。作者认为，在马克思列宁主义的著作中，对“社会主义辩证法”的概念，至少有三种解释。第一种解释，社会主义辩证法主要应理解为从社会主义向共产主义过渡时期的辩证法。第二种解释的实质在于，把社会主义辩证法看成是辩证法的普遍规律在社会主义社会的表现形式和特殊作用。这两种解释有其合理性，但科辛等人认为，第三种解释更恰当、更全面地概括了社会主义社会的辩证法，即这种辩证法是“普遍社会辩证法的特殊形式”。他们认为，应该把社会主义辩证法理解为“普遍社会辩证法在共产主义社会形态发展第一阶段的质的特殊表现。”(《国外社会科学著作提要》，1982年第12辑《哲学》第79页）社会主义辩证法的特殊的质大致表现为以下三个方面：(一)社会主义作为一种社会制度，是一个在自己本身基础上发展并在这个基础上向共产主义过渡的完整而统一的社会机体。“到达共产主义的道路并不是通过轻视、忘记甚至忽略社会主义的原则而实现的，恰恰只有通过最广泛的运用和发展社会主义的原则才能得以实现”。(同上）(二)社会主义社会生活中主客观条件辩证法具有特殊性。他们认为，新的东西并不在于社会主义条件下客观规律仍起决定作用，也不在于历史条件决定一定的人类活动。而在于，“这些彼此多样化地和全面地相联系的环节不再‘背着’活动的个体而形成，……不再以意外的、不可预知的和不合意的结果出现，而是在进行一定的行动时就可以被认识和注意到”，因而，社会主义社会主观方面的成熟性、效能和能力的主要标准就是“自觉地运用作为整个社会进步基础的各种规律性。”(同上，第80～81页）(三)“社会主义条件下矛盾的特殊的质在于，这些矛盾就其本身的性质来说是非对抗性的。”因此，“非对抗性矛盾这个概念表明了社会主义各种矛盾的新质”。(同上，第82页)无论社会主义的基本矛盾，或者非基本矛盾，都具有这种质。

二、社会主义社会发展的动力

民主德国哲学家第四次代表大会(1974)在讨论的总结中认为，社会主义社会的矛盾是合乎规律的，它既是社会进步的客观动力，又是社会进步的主观动力。但是以后的情况表明，对这个问题有不同看法。1977年G·斯蒂勒主张把辩证矛盾概念与社会主义社会发展动力的概念加以区别。在他看来，那种认为只有辩证矛盾才是社会主义动力的观点，犯了简单化的毛病。他写道：“在社会主义社会运动和发展动因的整体中，矛盾是不可分割的因素，而不是特殊的独立的实体。”社会主义的主要动力是工人阶级在与其他社会阶层的联盟中的有组织活动。这些活动的内容是利用和自觉地实现社会客观规律，以有利于满足劳动人民物质上和文化上的需求。

1983年W·施利塞尔提出新的见解。他在考察了社会、集体和个人三者之间的关系在新的历史条件下的表现后得出结论说：“社会、集体和个人利益之间的矛盾以及为使它们不断地、持久地保持一致所进行的斗争，应当被看作是社会主义社会的‘法定推动力’。”(《社会主义政治经济学中的发达社会主义学说》,《经济科学》1983年第3期)他认为,在这个社会里,社会、集体和个人利益之间的矛盾是非对抗性的。这就要求对社会各方面的关系进行调节,全面地发展那些能够促使社会利益相一致的因素,有意识地建立一种综合性的社会机制,并有计划地加以运用。

三、生产力与生产关系的矛盾

民主德国学者在研究作为社会发展源泉的生产力与生产关系矛盾时,比较强调生产关系在发展和完善生产方式中的积极作用。民主德国科学院院士W·艾希霍恩认为,生产力和生产关系的辩证法决定着各个社会经济形态形成、发展和更替的过程。这对社会主义社会也不例外。他指出:“在社会主义条件下,生产力与生产关系之间也存在两种决定性的、相互制约而同时又彼此矛盾的关系。一方面,这时生产关系的发展也依赖于生产力的发展”,“另一方面,生产关系也并不是生产力的一个消极外壳。恰恰是在社会主义制度下,生产关系成为工人阶级实现其全世界历史性作用的物质的、社会的形式,……成了生产力发展的社会目的、动因、方向、范围、结构、速度。两个环节——生产关系对生产力的依赖性和生产关系对生产力发展的能动影响——组成统一的合乎规律的联系。”(《社会主义制度下生产力和生产关系的相互作用》,《社会主义社会发展的辩证法》,1984)他还认为,社会主义生产力和生产关系的这种相互的辩证法使“社会的生产力即人及其躯体和精神的需要,它的创造积极性有可能得到充分而全面的发展”,并“决定着生产力的迅速全面的发展。”(同上书,第95～96页)艾希霍恩提出两个表明社会主义生产关系成熟程度的一般性的、相互制约的标准:第一个是“看经济实力的发展,国民经济的生产率和效率,生产机构的科学技术改造的速度和规模,同时劳动人民的劳动条件和生活条件要有不断的改善”。第二个标准应“从培养社会主义的主体,培养社会主义和共产主义的创造者方面去找。”(同上书,第107页)

施利塞尔对发达的社会主义生产关系与现代的生产力的矛盾运动作了研究。他指出,发达社会主义是“在它自身的社会经济基础(社会主义生产关系)上发展着”,而“根据当今的认识,将来逐步进入共产主义社会形态的第二阶段,不是通过共产主义生产关系取代社会主义生产关系,而是通过全面发展社会主义生产关系并在这一基础上改变它的社会经济质量的途径来实现的。”他还认为,发达的社会主义生产关系与现代生产力构成一对矛盾,它以“高度的并日益增强的活力为特征”,并表现在,当代生产力的发展越来越多地取决于科学的作用,以及主要由它所引起的生产资料、工艺和产品的深刻而又迅速的变化,取决于科技革命。在科技革命过程中,将产生一种较高的生产力,这种生产力又要求有一个与其相适应的社会主义生产关系。反之，社会主义生产关系也要求生产力的快速发展。因此他主张：(一)必须把生产力和社会主义生产关系的相互影响当作社会主义政治经济学的对象并从新的认识高度来加以阐述；(二)应从本质上说明生产力和社会主义生产关系的相互影响的特殊性质以及两者的相互影响必将日益增强的特点。

四、社会主义生活中的现实矛盾 科辛等学者在《社会主义辩证法》一书中，从80年代的实际情况出发，提出了社会主义社会下列六个基本的辩证矛盾：社会主义和资本主义之间的矛盾，这是对发达社会主义社会的形成性质发生影响的当代的主要矛盾；自然界和社会之间的矛盾，这个矛盾既是社会主义的内部矛盾，又是社会主义的外部矛盾；生产和消费之间的矛盾；社会主义社会作为非对抗性阶级社会的社会结构同这个社会所产生的一切问题的矛盾；社会主义社会政治组织方面的矛盾，尤其是中央集权制和群众的民主积极性之间的矛盾；社会意识发展中的矛盾，其中包括社会主义思想与资产阶级思想残余之间的矛盾。作者还分析了社会主义条件下国家与国际的关系，认为它们不是互相对立的，而是互相联系的，变动的和相互转移的，也就是说，国家的可以在发展过程中变成国际的，而国际的又可以成为个别国家的发展因素。它们之间的关系就是内部和外部、部分和整体的关系，在这里，作者特别强调指出社会主义的国际主义本质，社会主义的发展既根据普遍规律，又根据个别国家生活的具体条件而进行。

（马积华）

【当代日本唯物论研究】 日本自1978年重建唯物论研究协会（简称“全国唯研”），翌年11月协会杂志《唯物论研究》（半年刊）创刊以来，广泛团结全国的唯物论研究者，开展了丰富多彩的活动，努力以唯物论哲学为武器，从理论上阐明时代和社会实践中提出的各种思想课题，并在这一过程中加深唯物论哲学自身的发展，取得了颇为丰硕的成果。截至1984年10月，《唯物论研究》共出版11期，根据同年10月召开的“全国唯研”第七次研究大会的决定，从1985年开始把《唯物论研究》杂志更名为《思想与现代》（季刊），同时每年出一本《唯物论研究年报》。下面仅就1984年春至1985年上半年日本唯物论研究的最新动向做一简单的介绍。

一、从“全国唯研”的活动上看，这一年是战后日本唯研运动史上重要的一年，其标志之一就是协会杂志的更名。当然，这并不意味着更改办刊宗旨和内容，而是试图把唯物论研究推进到一个新的阶段。“全国唯研”委员长秋间实在《思想与现代》创刊词中指出，新刊仍然遵循《唯物论研究》的办刊宗旨，也就是重新认识充满复杂矛盾的日本社会现实，阐明由现实和科学、文化、社会、政治、经济的发展所提出的各种问题，但是，正如新刊刊名所示，在由经济高速增长所带来的物质文明中，同时在向高度信息化社会的急速过渡中，唯物论研究者要更敏锐、更大胆地抓取现实社会的种种问题，在阐述这些问题的过程中建立唯物主义关于生活和文化的理论体系，从而既锻炼唯物主义本身，又以事实证明唯物主义的正确性。

二、从研究成果上看，这一年发表了不少论著，内容主要集中在三个方面：

(一)重新认识战后思想。在日本迎来战后40年(正值1985年)之际，各个方面都以各自立场对战后40年进行总结这一背景下，唯物论研究者提出的这一课题，其目的在于通过与战前思想的比较，重新正确地认识战后思想。对这个课题作了较好回答的有吉田杰俊著的《战后思想论》(1984)。该书试图从辩证法的角度，把战后思想理解为由战后精神自身所形成的一个完整的精神实体，认为战后思想的基本特征在于“反战、和平和民主主义的原则”。在使它转变为国民意识的过程中，主要表现为三种思潮：民主主义思想的形成(丸山真男、竹内好)、国家主义的民族主义思想的复兴(小林秀雄、江藤淳)和国际主义的产生(森有正、加藤周一)。第一种思潮是战后思想的主流，第二种思潮是为对抗前者而产生的，第三种思潮是作为民主主义思想在今天的发展形态而产生的。该书不仅提出战后思想的整体结构，而且对所举出的六名代表性思想家作了实证性的研究，体现了思想论特有的风格。此外，作为丸山真男论，还有小池直人发表在《哲学与现代》第八期上的《日本启蒙知识分子的思想——丸山真男论》(名古屋哲学研究会编，1985)。相对于吉田着重批判丸山民主主义论的市民主义界限来说，该文以评价丸山民主主义论中强调主体问题为前提，最大限度地捕捉包含有批判马克思主义的丸山思想的“可能性和前途”，明确应该继承的问题。关于丸山真男论的这种微妙差别，是由如何评价战后民主主义与民主主义中的主体性问题的关系而产生的。换言之，是如何评价在资本主义社会中民主主义的特殊形态与普遍性相互纠葛的问题。从这一点看，这也是与社会主义社会中民主主义问题相联系的有意义的问题。关于对加藤周一的自由与平等思想的理解，还有吉崎祥司的论文《关于能力与平等》(《札幌唯物论》第30期，1985)。该文主要针对加藤关于日本传统的平等主义虽然是彻底的，但尊重少数人的权利和个人的自由却是极不彻底的观点展开论述，认为恰是在平等问题上，仍然应深刻理解形式上的平等与实质上的平等之间的关系，积极展开争取真正平等的斗争。

(二)分析和批判所谓新学院派哲学。这个问题是从战后思想与现代思想的相继关系来考察的。和平与民主主义思想本是日本战后思想的主流，可是，近年来蜚声论坛的所谓新学院派思潮，却以非理性主义、神秘主义和不可知论与之抗衡。因此，从唯物主义立场上对这一思潮进行分析批判，便成为当前日本唯物主义哲学战线的一个重要课题。最近出版的鯵坂真的《现代思想的潮流》(1985)，分析批判了在今天的日本思想界所表现的种种似是而非的马克思主义思想，同时也分析了以浅田彰的《结构与力》为标志的新学院派思潮。而《新学院派的虚像与实像》(1985)则是一本集中分析、批判新学院派的论文集。本书由三部分构成，第一部分由听涛弘和足立正恒从总的方面分析和批判新学院派的特征；第二部分中北村实分析了新学院派流行的经过。他认为制造“浅田现象”的不外是日本的宣传工具，因此，剥去它的现象，便可知它的实质是“商品化了的思想热这一新的社会现象”。他还在《符号论是万能的吗?》一文中，批判了对符号论的过高评价以及把它扩展到整个文化论研究中所导致的错误。第三部分中尾关周二的论文《现代的人生观、语言观探索》，不仅批判了存在于浅田彰等人思想根底的悲观主义人生观、语言观，而且提出了与之相对的人生观和语言观。他认为应该根据各门科学关于人的研究成果，具体分析浅田把人理解为“被错乱了的人”的错误，从本质上否定人学中的这些虚无主义观点。

(三)在和平与民主主义面临危机的今天，从理论上探索人生方式。这是在批判新学院派虚无主义思想的同时，从唯物主义方面努力建立与之相对的新的人生观和伦理观的问题。岩崎允胤编著的《现代的伦理》(1985)，就是力图完成这一任务的尝试。伦理问题一直是日本马克思主义研究中比较落后的领域，因此该书由八名研究者集体协作完成。这一做法本身就是有意义的，并且如书名所示，它在内容上的显著特征是试图从伦理观上把现代和平与民主主义思想化为人的内在精神。岩崎在开篇论文中指出:“马克思主义者也不大重视现实课题，往往埋头于研究过去的伦理思想史。我认为现代伦理学的中心课题在于建立和平与民主主义的伦理”。(《现代伦理学的课题》)从这一观点出发，他认为应该在社会价值和人格价值的区别与统一中来把握人的价值(伦理的价值)。因为这两个方面是互为媒介的，含有人格特性的人格价值是在与社会价值的联系中实现的，而且人格价值只有在与和平与民主主义的联系中才能化为社会价值。高田纯在《个人与社会》、《伦理的价值》和《伦理的自由》三节中，从理论上深入论述了个人与社会的关系问题。他从强调主体的人格价值这一方面来理解二者的关系，认为“人格价值的自我实现不能融化于社会的共同利益之中，而具有主体的个性内容”。岩佐茂在《人及其生活》和《生活与伦理》二节中，从人的生活立场出发来理解文化和道德问题，认为应该重视源于每个生活者个人的生活感觉、生活感情的“生活伦理”，强调和平问题也必须深入到这样的生活伦理之中。

关于伦理学著作，还有鯵坂真主编的《何谓人》(1984)。与《现代的伦理》比较，这本书的学术性更强。

除了上述三个主要课题之外，日本唯物论研究者还写了一些具有新意的通俗性哲学著作，从正面引导现代青年认清非理性主义，为献身于社会进步事业而努力学习和工作。如佐藤和夫的《咖啡馆里的苏格拉底》(1984)，是以现代青年的生活感受为素材，探索积极的人生价值，引导青年走变革社会的道路。仲本章夫的《恢复理性的权威》(1985)，阐明了理性在生活中的作用和重要性，并且批判了浅田彰等人的非理性主义思想。高田求的《新人生论笔记点滴之二》(1985)，是从人的日常思考中阐述哲学思维的重要性。值得提及的还有日本著名哲学家真下信一于1985年2月逝世。他是在战前战后日本哲学界试图从唯物论立场上展开多方面活动的思想家。为纪念他，铃木正发表了题为《哲学的战后精神》(《思想与现代》1985年创刊号)一文，认为真下严格区别理性与知性(悟性)的不同，强调追求事物的总体联系这一关于知识体系的理性主义立场，正是现代唯物论研究者应该学习和掌握的东西。

(卞崇道)

【联邦德国马克思主义研究近况】 本世纪50年代初，联邦德国正值百废待兴的建设时期。也正是在这一时期，联邦德国对马克思主义的研究开始了一次很有意义的转折，即对马克思主义的研究不再局限于“社会主义阵营”，而是开始进入西方学术界，说明马克思主义在资产阶级的思想理论界也占有了一席之地。不少学者声称要“客观地”把马克思作为一位哲学家和社会学家来对待，郑重宣告要对马克思的生平著述和思想作“非阶级性”的和“非政治意识形态”的分析。这些学者的代表人物当首推 I. 费彻尔(*Iring Fetscher*)，其主要著作有《卡尔·马克思和马克思主义》、《马克思主义的基本概念》、《社会主义——从阶级斗争到福利社会》、《共产主义——从马克思到毛泽东》、《马克思主义史》等。费彻尔以法兰克福大学社会学系和哲学系为基地，不仅以其观点影响了青年学生和知识分子，而且影响了不少社会民主党人。可以认为，以费彻尔为代表的这些学者虽然未能全面、准确地理解马克思主义，甚至在某些方面犯有原则性的理论错误，但却在客观上起了宣传马克思主义的作用，并且已以其“从纯学术角度”“客观地”研究马克思主义而别树一帜。

联邦德国研究马克思主义者中还有一批激进的资产阶级知识分子，其主要构成部分即是法兰克福的社会批判理论家们。他们对资本主义社会不满，对知识分子地位的不稳定和下降感到忧虑不安，有强烈的改变现状的愿望但又力不从心，故而想在马克思的著作中寻觅变革的思想武器和精神力量。他们把马克思主义的本质解释为“批判的”，指责苏联马克思主义者把马克思主义变成了“官方科学”，从而把马克思主义的批判性、革命性和科学性人为地割裂开来。同时，他们也从左的方面激进地批判了现代资本主义社会，以他们特有的方式揭示了表面繁荣的现代资本主义社会对人的压抑和奴役，对如何治愈资本主义社会的弊病和关于未来社会发展等问题作了一些颇有启发性的探索。他们在此基础上形成的社会批判理论曾在西方社会引起了一定程度的反响，曾在60年代末、70年代初风起云涌的学潮、工潮中受到左派学生的崇拜和信奉，其中有的人(如马尔库塞)甚至被大学生奉为其“精神领袖”。但是随着大学生运动的低落，他们的社会批判理论也开始走下坡路。尤其是第一代社会批判理论家们(如豪克海默(Horkheimer)、阿多诺、马尔库塞等)的陆续谢世，使社会批判理论开始解体。现在活着的第一代罗文塔尔(*Löwenthal*)、第二代施密特和哈贝马斯等人，虽力图再次举起社会批判理论的大旗，但毕竟势单力薄、时过境迁，难尽人意了。他们曾于1983年9月在法兰克福大学举行了纪念阿多诺80诞辰的学术讨论会，到会者达3000人之多。《南德意志报》载文评论说：“阿多诺讨论会既不是对死者的悼念，也不是哲学的生日庆典。它是对非理性时代中的理性事业的生动的理解。与会者之多出乎人们的意料，令人欣喜；这表明坚持和继续启蒙主题的需要是何等的迫切。”但是一位与会者的发言也表明了人们对社会批判理论的冷眼相看：“不要以为社会批判理论提出了批判和解放的口号就掌握了真理!”

到了80年代，联邦德国仍有不少人在研究马克思主义。特利尔市布吕根街10号马克思故居辟为博物馆并于1981年在它的附近建成的马克思研究中心，即是实例。众所周知，马克思故居在第二次世界大战之后才回到德国社会民主党手中。1968年5月5日，即马克思诞辰150周年之际，德国社会民主党主席W·勃兰特主持了马克思故居辟为博物馆的庆典仪式，并委托F.艾伯特基金会管理马克思故居。1981年底又建成了马克思研究中心，其中包括办公室、工作间、档案库和图书馆。到80年代初，马克思故居和研究中心的工作人员“所作的历史与批判性的研究专门着重于现在社会主义的渊源与早期国际民主主义的发展。历史与批判性的研究即是将马克思与恩格斯的著作原文尽可能地以当时的观点与概念加以解释。这里，1840～1848年的这一段时期尤为重要，因它所代表的是马克思与恩格斯先进潮流的开始时期。”

马克思故居和研究中心的工作人员在“与著名的专门研究马克思与恩格斯的学院和学者的合作下，作了如下各问题的研究：共产主义者联盟的创立与发展历史以及在这之前成立的工人运动；1840～1848年的国际民主主义运动者和组织历史；意识形态的历史。尤其注重的是马克思与普鲁东的关系；早期民主主义和社会主义与革命述语对马克思与恩格斯之影响问题；精细研究马克思与恩格斯的生活史和他们的著作与言论典籍。”

马克思故居图书馆是一间向公众

开放的图书馆，共有藏书约三万本。

该图书馆的藏书范围是注重于马克思与恩格斯历史与批判研究的书籍。最为重要的收藏是马克思与恩格斯的著作，尤其是早期出版的各种语言版本，目的是方便考查出其真确性，同时也能够推测与了解马克思与恩格斯著作中的见解，从而确定马克思主义对国际工人运动的影响。

该馆的另一个藏书范围是与马克思和恩格斯直接或间接有关的文学著作。从与马克思和恩格斯两人同一时代的学者的研究著作中，尤其是从当时的时势中，我们更可以确定他们两人的著作价值与地位。

该图书馆的第三个主要藏书对象是马克思与恩格斯所阅读过的书籍，其中包含了他们两人所拥有的、参考与研究过的、精选或列入其著作典籍中的资料和索引等。他们两人的阅读范围包罗了约一万部各种不同的著作：包括了历史、哲学、经济学、自然科学、人种学、经典、统计、定期杂志、记录档案以及小说等等。所有这些被确定为他们两人所用过的著作，大约有三分之二是外国语言。——他们都设法搜集，使之成为一个不可缺乏的研究整体。此外，从这些藏书中，我们更可以见识到现代社会主义者的始祖的广泛兴趣之一般。

恩格斯在乌培尔河谷的故居的规模则要小得多，只是陈列了恩格斯的故物和恩格斯部分著作的版本。乌培尔河谷市还在恩格斯故居前立碑纪念。

联邦德国研究马克思的名家还有：法兰克福大学的施密特和哈贝马斯，波恩大学的施密特和波斯特(*Post*)，波鸿大学的萨斯，不来梅大学的奈格特和弗赖舍尔 (*Fleischer*) 以及柏林自由大学的托伊尼森 (*Teunissen*)。上述各大学几乎每年都开有关于马克思的课程，如《青年马克思和费尔巴哈》、《马克思的早期思想与黑格尔的宗教哲学》、《作为青年黑格尔派的马克思和恩格斯》、《马克思主义诞生前的费尔巴哈环节》、《马克思的〈黑格尔法哲学批判〉》等。从60年代以来，联邦德国陆续出版了《马克思选集》《马克思早期著作专集》《恩格斯选集》等书籍，并且各大学都购进了民主德国出版的《马克思恩格斯全集》。每年都有一定数量的博士论文写关于马克思主义的题目，每年都有一定数量专著论述有关马克思主义的问题，如《异化概念和历史唯物主义的历史发展》、《马尔库塞的马克思论研究》《论马克思的解放概念》等。近年来也出版了一些系统研究马克思主义的著作，如《马克思主义史》《马克思主义的主要潮流》等。另外，关于“新马克思主义”的著作大量涌现，如《马尔库塞选集》《阿多诺选集》《科尔施选集》《本雅明选集》《布洛赫选集》等。

（李忠尚）

【法国结构主义研究近况】 结构主义思潮从60年代中期登上法国哲学的舞台至今已有20多年的历史了。在这期间内，结构主义得到了充分的发展，从70年代后期起，它便开始衰退了。80年代之后，有些结构主义代表人物相继谢世，如拉康和富科。其他的结构主义的代表人物仍在特定的领域内进行具体的深入研究，如列维-斯特劳斯，他于1985年下半年以77岁的高龄还出版了一本力作——《妒嫉的女陶瓷工》。这本书是想通过对南北美洲离奇的神话的研究回答如下问题：在仅凭本能生活的鸟儿、陶瓷工艺和夫妻的妒嫉之间是否有共同的东西？在野蛮人的凝思和精神分析学家的沉思之间是否有共同的东西？"指示"这个动词究竟是什么意思？列维-斯特劳斯继续了他以前对原始神话所进行的结构主义的研究，并对此略有新的发展。其他的还有德雷达、德勒兹、利奥达尔等等。

20多年来，结构主义经历了很大的变化。从受索绪尔影响的语言学的"经典的结构主义"发展到现在的"新结构主义"或"后结构主义"或"解构主义"。法国(及德国、美国等)对结构主义的研究也经历了几番变化——60年代末70年代初对结构主义思想进行注释介绍；70年代初期和中期用结构主义方法在广泛的人文科学领域内进行扩充研究，与此同时对结构主义进行了多方面的批判和责难；80年代以来对结构主义作重新评价与研究。下面我们拟从三个方面对80年代以来法国对结构主义研究进展的状况作一概述。

一、结构主义和马克思主义 所谓结构主义和马克思主义的关系问题，归根到底也就是结构主义的分析方法与唯物辩证法的关系问题。结构主义是以反主体、反历史辩证法的面目出现的。富科当时就扬言："一种没有辩证法的文化正在形成"；德勒兹也声称："辩证法思想的退却有利于结构主义"。这样，很明显，结构主义哲学及其方法的出现不但是对萨特的现象学和存在主义的主观历史辩证法的挑战，也是对马克思主义辩证法的反动。因此，正当60年代中期结构主义兴起之时，它不仅受到了萨特的诘难，而且也引起了法国马克思主义哲学家们的强烈的反应。1967年10月，法共的《思想》杂志就出了专号讨论结构主义(结构主义的方法)与马克思主义(辩证法)的关系问题。这些"马克思主义的"哲学家对结构主义方法与辩证法的关系问题有两种看法。一种看法将结构主义分为两个部分，即"结构主义的方法"和"结构主义的意识形态"。这种看法认为，结构主义的方法无可争辩地是人文科学研究的最现代化的方法，是可以与辩证法交替使用的方法。而对于"结构主义的意识形态"，这种看法认为它是对结构主义方法所作的随意的和错误的哲学解释，所以马克思主义哲学应对之加以批判。另一种看法认为，将结构主义作如上两种区分是不正确的，认为结构主义意识形态是结构主义方法的必然结果。这种看法在对"结构概念的运用"和"结构主义方法"之间进行了区分，认为前者是社会科学中常用的和有效的方法。在马克思那里，结构分析的方法就构成了他的历史研究方法的一个方面，但是，特定意义上的“结构主义的方法”则是另外一回事。他们认为，结构主义方法无法与马克思主义的辩证法并存和替换，而勿宁说结构主义的方法是辩证法的前期或低级阶段，两者之间的真实关系正如牛顿力学与爱因斯坦力学之间的关系一样。

对马克思主义(辩证法)与结构主义（结构主义的方法）之间的关系问题，目前在法国学术界已很少被提及。

二、后结构主义问题 “后结构主义”这个术语似乎是英、美、德等国的研究家们首先使用的，法国研究界较少使用这个词。因为在他们看来，被称为“后结构主义”的那些代表人物，尤其是他们后期的思想，很难再说属于结构主义的范围了。

一般说来，“后结构主义”一词是指目前在法国流行的一种研究倾向，这个倾向批判了经典的结构主义，否认“结构是可以封闭的”观点，因此否认了关于符号学原理的语义学的同一性的教条。“后结构主义”公认的代表人物有富科、德雷达、德勒兹、利奥达等人。他们与经典的结构主义作了分裂，同时也放弃了西方哲学的传统，抛弃了人的观念、主体观念和历史观念。

目前将“后结构主义”与“解释学”结合起来加以研究，是一种新的趋势。所谓“解释学”是指由海德格尔等人创立的、与法兰克福学派的批判理论相结合的一种哲学理论，这种理论主要传播于德语国家。解释学在十分广泛的意义下对人类的“理解活动”进行分析研究，它的基本观点是：所有人类精神活动的实现都是基于对意义的建构和解释的活动之上的。研究家们认为，上述两种思潮有不少共同特点：(1)两者都认为语言学的译解是理论活动的基础，因此它们的研究都注重言语图式(*Paradigme du Langage*)；(2)两者都认为有必要清算从黑格尔以来的西方形而上学理论所引起的现代思想的深刻危机；否认意义的理解活动可以在所谓的“绝对观念”中完成；(3)两者都源于尼采与海德格尔的基本理论。但两者之间也有很大的差别：解释学认为主体性观念和意识的观念是西方哲学传统的重要因素，因而应加以保留；但多数后结构主义者认为，主体性等概念阻碍了西方文化的差异性和多样性的发展，而应予以抛弃。但是，两者又都对审美现象加以关注，尤其是对文学批评理论发生浓厚兴趣。所以他们大部分人的著作都涉及到美学和文学批评等问题。

德国哲学家 M. 富兰克试图从德国的浪漫主义和席赖尔马赫的理论中为解释学和后结构主义找到共同的根源，以便找出一条途径使两者进行对话和互相渗透，这的确不失为一个有益的尝试。 （杜声锋）

【意大利“新实证主义马克思主义”研究】 第二次世界大战以后，在“西方马克思主义”中出现了一股“科学主义”思潮，“新实证主义马克思主义”就是其中的一个流派。

在政治上，这个流派认为，无产阶

级革命在发达资本主义国家的失败，是由于对现代资本主义作了不正确的理解，用含糊的人道主义和黑格尔的说教取代了科学政策的缘故；在理论上，这个流派指出，苏联模式的辩证唯物主义和从卢卡奇到法兰克福学派的人道主义马克思主义，虽然各自感兴趣的领域有很大的不同，在对待苏联政权和资产阶级文化的态度上分歧也很大，但两者又有着相同的哲学源泉和根据——同一个黑格尔母体，它们都假定在黑格尔和马克思主义之间存在着辩证法这种连续性，但马克思主义却因此失去了它同历史唯物主义最有决定性的方面之一的接触，即对社会生产的具体过程的批判和科学的分析，对资本主义及其社会阶级的历史发展的具体研究。为此，这个流派就反其道而行之，断然否认在马克思辩证法和黑格尔辩证法之间有任何连续性。

新实证主义马克思主义的创始人、意大利墨西拿省立大学教授德拉-沃尔佩(*Galvano Della-Volpe*)，企图把马克思主义建设成为一门最高级的经验的社会科学——非教条的、非形而上学的和按照事实来确定方向的社会科学，而又不牺牲其革命潜能，为此，他主张把马克思主义的方法和认识论、科学的逻辑联系起来，主张人文科学和自然科学相互补充，并把它们的共同的认识论基础建立在逻辑经验上。他从否定马克思主义同黑格尔之间的连续性入手来展开其观点。

在《卢梭和马克思》等著作中，德拉-沃尔佩认为，在黑格尔和马克思主义之间存在着辩证法的连续性这种看法，根源于恩格斯的《路德维希·费尔巴哈和德国古典哲学的终结》。恩格斯在那里区分了黑格尔的保守体系和辩证方法，认为必须拒绝其体系而拯救其方法，马克思继承了现成的黑格尔辩证方法，而剔除了它的作为体系的反动果实。但是，德拉-沃尔佩指出，对黑格尔的体系和方法作这样的分割是不可能的，因为马克思始终认为黑格尔的辩证法和他的保守的哲学体系之间有着直接的联系。他说，马克思的辩证法是一般的科学实验方法。

德拉-沃尔佩说，马克思的《黑格尔法哲学批判》不仅“剥掉了先验的、唯心主义的和思辨辩证法的神秘性”，而且“在批判黑格尔逻辑的形式中包含有一种新哲学方法的最一般的前提”，就是说，提出了一种和黑格尔的思辨相反的方法，用一种特别的抽象、确定的抽象来反对黑格尔的一般的抽象、不确定的抽象。马克思的《1844年经济学哲学手稿》进一步详细说明了确定的抽象和不确定的抽象，充分揭露了思辨辩证法对主体和宾词的颠倒。马克思的《哲学的贫困》尖锐地揭露了思辨辩证法保守的政治含意。马克思在致施韦泽的信中，把他所说的确定的抽象称作“科学的辩证法”，而在《政治经济学批判导言》中则展开了它同黑格尔思辨辩证法对立的各个方面。

德拉-沃尔佩认为，可以把马克思

的正确方法描写为一个从具体的现实到抽象或观念以及从后者回到前者的循环运动。所以，科学辩证法只是实验方法本身，它总是从一个现实的、具体的问题出发，前进到一个合理的(以及在这个意义上"抽象的")假设，在最后为了证实而回到具体性，这就是"现代的实验科学的唯物主义逻辑"，"其符号是具体——抽象——具体的循环"。他的结论是：马克思的方法是使抽象不断历史化的方法，是揭示抽象的历史规定性的方法，而揭示抽象的历史规定性，也就是循环往复运动(具体——抽象——具体)的实际意义。

德拉-沃尔佩的这些观点发表以后，在意大利理论界引起热烈争论。意大利《再生》周刊发表了近20篇文章，批评德拉-沃尔佩过于强调甚至激化马克思辩证法与黑格尔辩证法的对立，批评他只强调马克思同黑格尔决裂的一面，并对马克思主义进行典型地宗派的和封闭的解释，批评他相信客观实在是可以在经验的抽象(或科学的具体)的基础上简单地推演出来的，从而把《资本论》的方法和伽利略的方法等同起来，等等。而德拉-沃尔佩则在意大利《再生》杂志1962年第19期上发表《论辩证法——答同志们及其它》一文，坚持其观点。

从德拉-沃尔佩的上述观点中，可以看出他在竭力保持马克思辩证法的科学性、使之免遭黑格尔唯心主义的污染时，沿着新实证主义的路线，把马克思辩证法归结和溶解为诸如归纳、演绎那样的逻辑范畴了。

德拉-沃尔佩的学生、意大利罗马大学教授科来蒂(*Lucio Colletti*)进一步发挥了德拉-沃尔佩的观点。在《马克思主义和黑格尔》一书中，科来蒂认为，马克思所说黑格尔辩证法的"合理内核"，是指的黑格尔关于理性的理论，即通过加宽埃利亚主义而达到的，发现理性是存在又是非存在，无限内的有限和无限；而"神秘外壳"则是指把理性直接译为实证的要素，指理性的实体化，这是一个从认为理性必须是理性和现实、即基督教的逻各斯的命题中产生的实体化。因而，马克思所说把黑格尔辩证法颠倒过来，以便发现神秘外壳中的合理内核，只能是指"恢复同一性和非矛盾的原则，或者换句话说，恢复唯物主义的观点"。

科来蒂指责恩格斯关于黑格尔的体系和方法的矛盾的说法，是由恩格斯投影到黑格尔哲学中去，而不是为它所固有的；他指责恩格斯和列宁所阐述的物质辩证法是从黑格尔那里抄袭来的，指责辩证唯物主义是一种没有觉察到自己本质的唯心主义。尔后，在英国《新左派评论》杂志1975年9～10月号上发表的《矛盾和对立：马克思主义和辩证法》一文中，科来蒂又进而提出了"无矛盾原理"。

科来蒂用康德的"真正(或实在)的对立"论，来否定马克思主义的矛盾观，他宣称要把康德的"真正的对立"同辩证的对立或矛盾的对立这样两种在性质上根本不同的对立区别开来，因为前者是非矛盾的对立，而在实在中却只能包含这种非矛盾的"真正的对立",不能包含辩证的矛盾。

科来蒂展开了"真正的对立"同矛盾的对立两者之间区分的各个方面,并把事情说成似乎马克思崇尚康德的"真正的对立",而恩格斯则继承了黑格尔的矛盾辩证法,科来蒂还据此而指责恩格斯以后的马克思主义者把这两种对立混淆起来,指责马克思主义的矛盾观同科学原则、同形式逻辑的矛盾律不相容:"唯物主义和科学的基本原则,是矛盾律。实在不能包含辩证矛盾,而只能包含真正的对立、力量之间的冲突和对立的关系,后者是没有矛盾的,就是说,非矛盾的对立,而不是辩证的矛盾,必须支持这个断言,因为它们构成科学本身的原则"。

科来蒂的"无矛盾原理",在意大利和其它一些西方国家的哲学界引起了热烈的争论。有人批评科来蒂之所以会提出这个原理,是因为没有很好地阅读黑格尔和马克思的著作,有的人批评科来蒂没有研究康德的著作,有的人指责科来蒂的这个错误,是从巴门尼德到科来蒂的整个哲学界的一大错误。

但是,科来蒂在答辩中仍然坚持他的"无矛盾原理":"马克思主义也连续不断地谈到'矛盾',即存在于自然界和社会中的矛盾。但是,对于科学来说,矛盾永远而且只能是应予排除的'主观错误'。科学包含了无矛盾原理,对于科学来说,是不存在客观矛盾,即现实中的矛盾的。科学只承认那些能称其为'理论'的矛盾。但是,当理论自相矛盾时,科学会立刻宣判理论的虚伪性"。(意大利《信使报》1978年12月17日)

显然,科来蒂之所以坚持无矛盾原理,是由于他用新实证主义的观点去理解矛盾、理解科学的缘故。

(徐崇温)

【美国现象学发展近况】 从本世纪初胡塞尔写作《逻辑研究》开始,到1938年胡塞尔和1941年普凡达前后去世,德国现象学的第一代人的努力已经完成。从法伯和一些流亡到美国的德国现象学家共同努力成立"国际现象学学会"和创立《哲学和现象学研究》杂志开始,到斯皮尔伯格发表《现象学运动》(1959)一书止,是现象学在美国发展的第一阶段。60～80年代初,法伯去世,《现象学运动》经过较大改动第三版问世,美国现象学发展经历了第二阶段。

80年代美国现象学发展进入了新阶段。但是,由于现象学是"胡塞尔著作各种说法和源自胡塞尔的各种异议的总和",美国现象学有着强烈的大陆哲学色彩,同时又受着几十年发展传统和本国文化的影响,所以近几年现象学的发展在基本继承前几十年发展传统的基础上,有了一些新特点:研究和介绍胡塞尔现象学工作的重点有了转移,研究本身更深入普及;学者们更多地是根据自己的哲学倾向,强调发挥胡塞尔某个时期的思想,积极促进各个流派的融合;在各种哲学接近的大趋势下,美国现象学家还在现象学和中国哲学的对话方面，做出了开拓性的工作。

美国现象学研究重点的转移从70年代就已开始。斯皮尔伯格在《现象学运动》1980年第三版序言中承认，他的观点已有了变化，认为胡塞尔的《欧洲科学的危机》更重要，而且"这一最后时期比前些时期重要得多"。1980年还有人指出，美国学者在研究现象学时，是要"从《胡塞尔现象学》内部重新解释"胡塞尔。重新解释的根据也是胡塞尔最后的那本书。(《现象学信息通报》卷4，1980)他们对晚年胡塞尔研究的关注，集中在胡塞尔从先验现象学到生活世界的转变。正统现象学家认为，"回到现实世界"是"他为先验哲学找到了一种新途径"，"不仅为科学而且为西方文明提出了解决问题的答案"。1984年《人与世界》第二期的《辩证现象学：从悬搁到怀疑》一文，在分析胡塞尔《笛卡儿沉思》到《欧洲科学的危机》的思想发展时指出，胡塞尔晚年"重新发现生活世界是所有思想的基础"，这不仅解决了主客体的矛盾，而且解决了部分和整体的矛盾，"使我们的探索有了取之不尽的源泉"。注重美国哲学传统的现象学家则认为，这种转移可以有助于把现象学和注重自然、过程、变化、个性和创造性的美国哲学传统调和起来。"美国哲学思想的这些方面和胡塞尔原来只限于遗觉本质和意向性的研究格格不入，只有转到生活世界中来，以生活世界的历史和终极目标(*Telos*)为出发点，现象学才有出路。"

美国现象学研究重点的转移，还在于在近几十年大陆哲学其他流派的影响下，在社会学、心理学等行为科学发展的推动下，注重在理论上对现象学有关主体间性问题的研究。60年代末，法伯所著《现象学和存在》一书从自然主义角度大量论述了哲学人类学，主体性等问题，但没有涉及主体间性。到1970年美国有了专著《现象学和主体间性》，该书重点是对萨特、舍勒和海尔德布兰德的主体间性观点的介绍。70年代末美国著名现象学家马利奥拉在其专著《现象学和文学》中，已把主体间性作为文学理论中的重要课题进行研究。进入80年代以来，人们从一般介绍，转向深入、广泛研究这个问题。P．哈奇森在1986年《胡塞尔关于主体间性的问题》和《1982年〈胡塞尔的第五沉思〉》两篇文章中批判了胡塞尔在《笛卡儿沉思》中有关主体间性的观点，但同时指出，"胡塞尔试图靠论述主体间性问题，阐明现象学本身的意义和地位，"所以主体间性的论述对胡塞尔来说是至关重要的，另一方面，"我们可以从胡塞尔那里了解主体间性的哲学意义"，"改造和补充它，可以找到解决主体间性问题的准胡塞尔观点的方法"。1983年出版的第十五卷《胡塞尔年报：道德、人权和社会科学的基础》有专文论述主体间性。文章作者认为，主体间性不仅是全部社会科学的理论基础，而且还是主体性的基础。由于这个问题的重要，美国"现象学和存在主义哲学学会"在其年会中，曾专设主体间性的讨论会。现在许多现象学家在论述雅斯贝尔斯的交往、舍勒的知识社会学、巴伯的我-你情境、伽达默尔的解释学和哈贝马斯的社会批判理论时，都要谈到主体间性的问题。

近年来，哲学研究领域的一个重要动向是各个学派的融合和接近。美国现象学研究的发展也走着同样的道路。在这方面，美国现象学家面对两大任务：(1)澄清美国现象学与大陆哲学的渊源关系；(2)把这种来源于欧洲大陆的哲学与美国土生土长的实用主义哲学紧紧联系起来。美国学者对现象学和欧洲大陆古典哲学关系的研究涉及了许多重要哲学家，从笛卡儿到黑格尔。出版了这方面专著和论文集有《休谟和胡塞尔》(1980)，此书就胡塞尔自己认为笛卡儿和休谟对他发展现象学有最大影响这一点，对休谟的经验论、怀疑论和胡塞尔现象学之间的关系进行了深入的研究；《多元环境中的现象学》(1983)，此论文集主要从多方面论述了康德和现象学的关系；《康德和现象学》(1985)则是一部反映最新研究成果的论文集。现象学和当代各种哲学流派的比较研究，集中在两方面：(一)比较源自现象学传统的各种思想，例如：《现象学运动的环境》(1981)，这本论文集中的大部分文章谈到胡塞尔和布伦塔诺，普凡达，萨特的承继关系；《胡塞尔和海德格尔》(1983)着重论述胡塞尔现象学与海德格尔存在主义之间的共性。(二)比较现象学与分析哲学的异同。这方面研究最近大都集中在胡塞尔和维特根斯坦及弗雷格的关系上。斯皮尔伯格在1980年认识到：他过去忽视了现象学和维氏哲学的联系，在思想上有了最重要的转变。维氏的《逻辑哲学研究》和《蓝皮书》中的一些偶然论述表现出对现象学的兴趣。在《哲学规范》时期可以找到更多的例子证明，维氏和胡塞尔之间不仅有术语的巧合，而且有比平行发展更多的联系。对胡塞尔和弗雷格关系的研究原来主要在欧洲大陆的学者中进行，后来影响到美国，美国学者也有了独立而显著的研究成果。其中有 J.莫汉特《胡塞尔与弗雷格》(1982)，D. 史密斯和 R. 麦金太尔用10年时间写成的《胡塞尔和意向性》(1982)，H. 德赖弗斯编《胡塞尔、意向性和认知科学》(1984)等著作。这些研究都从胡塞尔 noesis 及 noema 和弗雷格 sinn 及 Bedeutung 之间相似性入手，找出现象学和分析哲学之间的联系，为它们的接近寻找共同基础。

再一个重要方面，美国现象学家为现象学与实用主义的接近作了大量的工作。这种工作无疑最早始于法伯和斯皮尔伯格。但他们的出发点是不同的：法伯是本着美国思想传统，力图吸收消化现象学；后者则是站在胡塞尔现象学的立场上，试图得到美国思想界的认可。斯皮尔伯格曾对胡塞尔与皮尔士、詹姆士的关系，进行了大量的文献研究，他的研究成果颇具权威性。近年美国杂志上时常可以看到论证现象学和实用主义关系的论文。新奥尔良的洛尤拉大学两位学者 S. 罗森塔尔和 P. 布儒瓦对现象学和实用主义的关系进行了比较系统的研究。1980 年他们写成了《实用主义和现象学：哲学上的相遇》一书。1983 年他们在原来简单罗列观点、机械比较的研究基础上，又出版了《现象学和实用主义中的主题研究》一书，使研究大大深入一步。

80 年代以来，美国现象学在和其他哲学流派对话的同时，还在积极地和其他国家的哲学对话，使自己走向世界。推动这一潮流的是美国“国际高级现象学研究学会”。这一潮流的一个重要方向是面对中国哲学的。隶属于该协会的“波士顿讲坛”曾于 1980 年和 1982 年举办过两次现象学和东方哲学讨论会，涉及这样一些主题：“中国思想中的意向性”，“意向性概念和新儒学思想”，以及“现象学和中国哲学中的精神和意识问题”等。中国社会科学院哲学所汝信教授参加了 1982 年的会议。该机构还在 1980 年和 1982 年分别在香港中文大学、台湾东海大学举办了两届讨论现象学和中国哲学的专题会议。在这些活动的基础上，第 17 卷《胡塞尔年报》以《中国和西方哲学对话中的生活现象学》为主题发表了有关的论文。在这些活动中发挥重要作用的“国际高级现象学研究学会”主席 A.-T. 蒂曼尼卡夫人在该书引言中指出，虽然活动参加者“各有所好”，而活动要达到这样的目的：既使现象学成为文化沟通与哲学反思的中心，又使各种文化的哲学占据自己应有的地位。为此目的，她本人曾多次亲赴东方参加各种学术活动，1982 年到中国社会科学院哲学所访问。这是第一位外国现象学家和中国哲学界进行的学术交流。在美国，该机构还在 1983 年和 1985 年继续举办了专题会议，讨论“现象学和中国哲学中的自发性和道德起源”及“中国哲学和现象学中的人性”。在美国现象学家深入开展这种对话式研究的同时，其他文化的哲学也给了他们积极的反馈，美国现象学有了新的研究发展领域。（高　地）

【日本新学院派哲学】 近年来在日本正兴起一股新的哲学思潮，这就是利用结构主义和符号学手法宣扬反理性主义、反科学主义的所谓“新学院派”哲学。这股思潮不仅在哲学、而且在诸如经济人类学、文化学、艺术学、文学理论等领域流行，作为一种新的文化现象，影响较大。

结构主义、后结构主义和符号学是在 60～70 年代产生并流行于法国的一种人文思潮。这一思潮很快于 70 年代传播到日本，80 年代盛行，以至形成以结构主义和符号学为理论支柱的所谓“新学院派”。这一思潮的出现，一方面是由于日本自 70 年代进入后工业化社会之后，为保持经济的低速持续增长，开始实行以微电子技术为核心的新技术革命，从而加速了向信息化社会的过渡。伴随社会的变化，人们的价值观念也改变了，符号化了的信息价值远远大于实物的价值。于是复制文化、信息文化和符号文化大为流行。这样，含有非理性主义因素的结构主义和符号学也就应时而起，以“最新知识”的面貌登上社会科学论坛。另一方面，新技术革命也带来消费物质的“高性能化”和“多样化”。商品质量平均化消灭了商品不足的价值，人们不仅注意商品质量，更注重于其款式和情感度。这样就引导一部分青年追求名牌商标和商品文化。新学院派迎合青年人的这种心理，以貌似新颖的理论把青年人吸引到自己的周围。

新学院派的主要代表有浅田彰、粟本慎一郎和山口昌男等人。浅田彰生于1957年，是一位初出茅庐的青年。1981年他从京都大学经济学部大学院退学，弃读博士课程；不久进入京大人文科学研究所，专事经济学和社会思想史研究。1983年他的处女作《结构与力》(劲草书房)问世，该书出版后半年内再版17次，销量达十多万册。继之他又出版了论文集《逃走论》。

浅田在其著作中以巧妙的手法把从西方涌入的新思潮介绍给日本当代青年。他在《结构与力》一书中，大量摘引以索绪尔、列维·斯特劳斯、拉康、克里斯托夫、波德莱尔、多尔斯、加塔里等人为主要代表的现代法国结构主义者和文化符号学者的著作片断，以青年能够接受的文体、方式和情感剪贴这些资料，制造出知识的表象，给人以新鲜感。在该书中，他首先提出了自己的世界观。他认为世界是生命的世界。生命是动的开放系统，它是依靠信息来控制自身的结构及其内外诸过程的。这样，按照遗传信息形成有机体的结构，有机体又以种种形态构成环境。由此他得出结论：“所谓生命不外是赋予无规律扩散下去的‘物’的世界以‘形式’，其结果环境便成为以无机世界为‘地’、以各种纹式编织成的一幅生命的图画。”(《结构与力》，1984)显然，这里潜在着这样一种前提，就是预先存在着一个“先验的形式”，然后把这一“形式”赋予无机界，再以此“形式”在无机界上绘制出有机界，从而世界才成为生命的世界。

从这种世界观出发，他进而阐述了自己的人类学思想。当有机界发展到一定阶段而出现人类之后，人类和自然又是一种什么关系呢？浅田断定人类是“发疯的生物”。之所以如此，是因为人类和“生活的自然所编织的有机秩序”发生“龃龉”。这里所谓“龃龉”，是以符号学的方式来看待自然的有机秩序和人类的生存方式，借以说明自然界的代码和人类生存的代码发生“龃龉”、不相对应的状态。他说，“和生活着的自然的龃龉，……这正是人类和社会之学的出发点。人类是在生态系统中不得安身的有缺陷的生物，不具有确定的生活意识，换句话说，是已经孕育了过剩意识的反自然的存在。”(同上书)

浅田的人类学是以不相信人类为其理论前提，他认为人类自身从一开始就是“有缺陷的生物”。他在引证法国思想家莫兰的话之后，进而指出，“人类的自然是被错乱了的自然，是不自然。”(同上书)所以人类是缺乏理性的，是被错乱了的人类。

在《逃走论》一书中，浅田表述了他对人类所创造的现代文明的看法。他认为现代是“从文明逃走”的时代，提出要把“住的文明”转换为“逃走的文明”。所谓“住的文明”，就是家庭中心主义的文明，即以一家一户为单位，积蓄财产，娶妻育子，力求家庭的发展和幸福。但现在人们开始认识到他们不断积蓄的不是幸福，而是“辛苦”，因而想从这种“住的文明”中逃脱出来。浅田进而分析，追求“住的文明”的人们属“偏狂型”，追求“逃走的文明”的人们属“分裂型”。因此，在从“住的文明”向“逃走的文明”转变的今天，时代的主人也相应地由“偏狂型”转向“分裂型”。基于这种认识，他劝诱青年们说：“逃跑吧，逃跑，不管在什么地方！”从而道破了《逃走论》一书的主题。

以经济人类学自诩的粟本慎一郎同浅田一样，恣意引用法国的结构主义和符号学，倡导经济学的“革新”，鼓吹经济学的非理性化和神秘化。他的代表作有《经济人类学》、《幻想的经济》、《穿短裤的猴》和《城市在发疯》等。

粟本所谓经济学的“革新”，其基本内容是要以原始社会为模式来重新看待“作为生物的人类”，重建新的经济学。他依据列维-斯特劳斯的文化人类学、波拉尼的经济人类学和马赛·莫尔斯的原始社会“馈赠论”等理论，把原始社会经济制度的各种因素加以引申，用来批判其中包括马克思经济学的作为科学的经济学。他认为在原始社会的经济活动中不存在类似近代社会的纯粹经济现象，政治现象也和宗教符咒融合、纠缠在一起，影响着经济活动。譬如在交易上，近代社会只有按等价原则来买卖产品，而原始社会从事交易的当事人不单是买卖关系，还具有完全的人格关系，这是一种以“沉默交易”为代表的特殊交换方式。一般经济学只是注重于论述商品或商品的生产，流通和分配等合目的活动。粟本认为这都是表面现象，在这日常表面的深处存在着非理性的非日常性的部分，亦即“传统的、习惯的、宗教的部分。”由于原始社会不是商品社会和市场社会，所以能够清楚地看到这深层的“非理性的”部分。反之，在近代社会，经济合理性以市场机制的形式掩盖了整个社会，难以看到这深层结构。从而粟本认为，原始社会是比近代社会“更普遍的社会”、“更根本的社会”。这也就是他要以原始社会为模式构筑新的经济学的理论根据。(日本《经济》杂志1985年第5期)

粟本还根据莫尔斯在《馈赠论》中提出的“波特拉奇”(奇努克族语中“消费”的意思)这一原始社会的特殊例子，过分强调了交换中的不合理因素，并把这一特殊例子无限制地加以普遍化，向经济学中塞进不合理的因素。

在文化学和艺术学领域采用结构主义和符号学手法的是山口昌男。他在《文化和两义性》一书中，援用现象学方法，分析文化所具有的两重意义的特性，试图建立新的文化理论。但他在自己的很多论著中，大量罗列诸如“神话世界”、“祭祀的空间”、“道德感化的世界”、“中心和边缘”、“魔术师”、“替罪羊”等符号学的概念来处理各种各样的文化现象和社会现象，给人以肤浅地观察世态民情的感觉。

新学院派在各个领域里所宣传的内容虽然因研究对象不同而异，但他们所表现出的基本哲学观却都是唯心主义的先验论，在方法论上都采用结构主义和符号学的方法，宣传非理性主义思潮。

新学院派哲学思潮的出现和泛滥，自然引起日本唯物论哲学研究者的重视，他们把分析和批判这一思潮视为自己的任务，发表了不少研究论著。正如进步哲学家鲹坂真所指出：“这种思潮，虽然批判了现代科学在资本主义制度下横遭歪曲、畸形发展、恶性膨胀直至破坏自然，毁灭人性的现状，但却不去批判歪曲现代科学的真正祸根现代资本主义，而仅仅批判科学现状本身，这是不彻底的表现。换言之，这依然是对当代社会现状的容忍和宽恕，但对现实中破坏自然和毁灭人性的现状又无法视而不见，因而把破坏的责任归咎于现代的科学与技术。这种思想倾向极易为当代的青年学生所接受，因为近年升学竞争激烈，学科学不是去掌握科学知识，而是机械地填鸭式地记忆书本公式，影响学生脱离自然和社会实际。”这种思潮“正得到部分人的支持，可以说反映了日本目前思想状况的特点”（《经济》杂志1985年第5期）。（苏　阳）

【存在主义马克思主义研究现状】 存在主义马克思主义，是第二次世界大战以后在法国出现的一种思潮。它猛烈抨击决定论，而认为人的主要本质在于人的自我创造的实践；它强调个人实践应当成为辩证方法的基本出发点，个人自主和自由意志能够成为马克思主义所向往的未来的阶级斗争的源泉；所以，它主张在马克思主义从人类活动的结果的角度去理解历史的客观方面的框架内，用存在主义去理解个人主观的生活经验。

存在主义马克思主义的主要代表在50年代是梅洛-庞蒂，在60年代是萨特，在70～80年代是高兹（*Andre Gorz*）。

早在萨特发表其存在主义代表作《存在与虚无》一书以后，梅洛-庞蒂就一面肯定它的存在主义观点，一面又惋惜它缺乏一种社会哲学，并在《知觉现象学》和《人道主义和恐怖》等著作中致力于修正存在主义的自由观和阐述存在主义马克思主义的历史观。

梅洛-庞蒂一方面主张把个人和他人在一起的存在变成自由的中心结构，认为不仅要理解个人的自由选择，更要理解集团通过各个个人的主观之间的相互作用而结合起来的方式；另一方面，他又认为存在主义马克思主义是一种植根在人类自主性之中的历史变革理论。人们既被他们在过去所认可的东西所决定，又在创造新的历史的综合中自由地改造那个过去；只有理解革命斗争的唯意志论基础，才能避免决定论，否则的话，就会把马克思主义变成一种把革命当作象太阳从东方升起一样的自然事实的、全然是机械论的假设体系。

萨特深受梅洛-庞蒂这种把存在主义同马克思主义结合起来的尝试的影响。在他的推动下，萨特按照相同的方式去修改自己的观点，并在梅洛-庞蒂逐渐抛弃了这条思想路线之后，在《对于一种方法的探求》《辩证理性批判》等著作中，继续全面发挥和系统展开这条路线。

萨特声称马克思主义是“我们时代不可超越的哲学”，存在主义只是“生活在知识边缘‘的’寄生的思想体系”。但是，他又认为，在当代马克思主义者那里，马克思主义患有排斥人、把人吞没在观念里的“贫血症”，而存在主义则到处寻找人，因此，必须用存在主义去补充马克思主义，马克思主义必须把存在主义“当作人学的基础”吸收过去，“把人恢复到马克思主义之中”。(《对于一种方法的探求》，1963年纽约版，第83、181页)

萨特的“存在主义马克思主义”涉及马克思主义哲学的各个方面：

在世界本原的问题上，萨特抨击唯物主义把无生气的物质的规律照抄到人的现实之中，从而剥夺了人的主观性，排除了人的自由，把人当作物、当作一套预先假定好的反映。他说，唯物主义是“那些对自己的主观性感到羞愧的人的主观性”。(《唯物主义和革命》，《文学和哲学论文集》，1967年纽约版，第212页）他说他不能理解为什么马克思要给自己的哲学贴上唯物主义的标签。与此相反，萨特主张从“我思故我在”出发，以主观性为出发点去建立一个价值模式的、有别于物质世界的人的王国；据此，他认为世界不是作为自身而存在着，而是作为思想的对象存在着。意识都是关于某事某物的意识。

在认识论的问题上，萨特指责马克思主义的能动的反映论只是“简单的被动性”，说它“把自己当作客观的眼光而且自以为在静观那个绝对为其本来面目的自然”，它“把自己同化于纯粹的客观真理，所以只能在一个居住着人的物质对象的世界里徘徊”。为此，他主张“把反映当作无用的和使人糊涂的中介者而加以取消”。(《对于一种方法的探求》第32页注13)在萨特那里，客观世界被称作“自在”，人的意识则被称作“自为”。他认为，自在无条件地存在着，但在认识论上却完全被自为所规定；反之，自为却是自己规定自己的、主观自生的内心体验和直觉，没有任何事物是意识的原因。

在辩证法的问题上，萨特断然否定自然辩证法，说它是“由人们导入自然之中”的、剥夺了辩证理性合理性的、偶然的辩证法；说它使“人的本性脱离了人而寓于先验规律、超人的自然界之中”。(《辩证理性批判》，1976年伦敦版，第31、27页)他认为，承认自然辩证法就陷入了十足的神学，因为只有上帝才能创造这样一种规律。与此相适应，萨特说，从辩证法的来源看，它只能来源于个人实践；从辩证法的实质和内容看，辩证法就是总体化，而总体化仅仅存在于人类社会，而不存在于自然界；从辩证法的可理解性来看，只有立足于总体化的观点之上，才能找到辩证法。归纳起来，萨特把辩证理性局限于生物学上个人的需要、劳动和享受，使之只同个人意识、人的有意识的实践领域相联系，（《科学和辩证法》，《人和世界(国际哲学评论)》，1976年2月号）他把这种辩证法叫作"人学辩证法"。（《辩证理性批判》，第18页）

在历史观的问题上，萨特宣称"历史唯物主义提供了对历史的唯一合理的解释"，但他所说的历史唯物主义却是指的"历史人学"。这种历史人学把匮乏(首先是生活资料的不足)当作社会发展的动力，认为它推动着人们从个人实践经由"群集"而结合成各种形式的集团："融合集团"、"誓愿集团"、"组织集团"和"制度集团"，就是说，推动着人们为克服匮乏而服从于一种社会秩序。但是，由于"制度集团"使个人丧失自由、陷入新的异化，于是，个人重新起来反抗。就是说，个人为恢复人性而奋起反抗这种社会秩序。这样，萨特就得出了"异化——造反——再异化——再造反"的无限循环的社会发展图式。（《辩证理性批判》，第256～664页）

萨特的"存在主义马克思主义"对于在1968年"五月风暴"中达到顶峰的法国新左派运动有过强烈的影响，以致被有些人称作是适合于理解发达工业社会的矛盾和条件，成为正在产生的激进联盟的意识形态的思潮。然而，"五月风暴"的实践证明，它并没有能够为西方的新左派运动指出一条改变现状的正确道路。

萨特的学生高兹，先是在60年代末期，把存在主义马克思主义系统地运用于法国的新左派运动，接着，在总结"五月风暴"的经验时，得出结论说，一场成功的革命需要有一个以生产点上的工人管理为基础的群众性的政党，在此之后，他转入到对工厂劳动分工的研究和对技术的作用的分析，从而打开了将政治生态学领域作为发达工业社会基本矛盾领域加以研究的通道。随后，高兹又用其存在主义马克思主义去分析当代发达资本主义的状况，在《告别无产阶级》一书中，提出了"后工业革命"和"后工业社会主义"的理论。

高兹认为，在当代西方，生产力的发展和阶级对立的发展之间的联系被打破了。生产力的发展只是符合于资本的逻辑和需要发挥作用，而没有为建立社会主义创造物质前提和社会关系；而在另一方面，在后工业社会，人们的大部分劳动时间又多半花费在生产和出售人们并不绝对需要的商品上面，如化妆品、电子游戏机以及私人小汽车等等，以迎合这个社会所产生的独特需要。据此，他提出了以"时间的解放，劳动的废除"为中心命题，以"扩展个人自主领域，限制经济、政治必然领域"为主要目标的"工业革命"。

高兹的这种"后工业革命"和"后

工业社会主义”，和梅洛-庞蒂、萨特的存在主义马克思主义一样，仍然强调个人主权的首要性。

“工业制度的危机没有宣告什么新世界，这里没有什么东西指出赎救的改造；现在没有从未来接受任何意义。所以，历史的沉默使个人回到他们自己，他们被迫回到他们自己的主观性，他们必须代表他们自己说话，没有通过他们的嘴说出任何未来社会，因为在我们眼皮底下分解的那个社会并不宣告什么新社会。由今天社会的分解所产生的非阶级，只能被设想为其预示的非社会。当然，非阶级不应意味着没有社会关系和社会组织，而是被用来意指社会领域中扣除一个在经济合理性和外部强制的彼岸的个人主权领域的过程”。(高兹《告别无产阶级》，1982年伦敦版，第75页)

(徐崇温)

【当代实在论与反实在论之争】

一、问题的提出 目前，在英美哲学中存在着理解真理概念的两种基本方式，即传统上的实在论方式和对这种传统方式提出强有力挑战的反实在论方式，前者以美国哲学家戴维森(*D. Davidson*)为代表，后者以英国哲学家达米特(*M. A. E. Dummett*)为代表，在关于真理这一认识论问题上的这两种解释之间的争论实质上是实在论与反实在论这两种形而上学观之间的论战。

1967年，戴维森发表了他的《真理与意义》这一著名论文，他在文中提出了所谓的“戴维森纲领”，即把真理概念作为意义理论的基本概念，要根据真理概念阐释意义，根据语句的真值条件规定语句的意义，而戴维森的真理概念是一种实在论的真理概念。戴维森的建议一提出便引起热烈反响，赞同、修正、反对，莫衷一是，而对戴维森纲领提出最强有力挑战的，莫过于以达米特为代表的一批反实在论者对其釜底抽薪式的批判。

二、争论的几个要点 实在论认为，世界具有独立于任何关于它的知识或经验的特性，因此，不论我们是否能获知事物在世界中的存在方式，不论我们是否能获知有关世界的语句的真假，那些语句都会根据它所述说的事物在世界中的存在状况而以一种确定的方式要么是真、要么是假。这也就是说，一个给定语句类中的语句的真值条件可以超越人们对于这些真值条件的识别能力而存在，二值性原理(即每个有意义的陈述句要么是真、要么是假)对于这个语句类成立而不管我们是否能够说出其中的语句具有什么样的真值。

达米特坚决反对意义要根据这样一种实在论的真理概念加以解释的看法，这恰恰是因为，这样一种真理概念把语言中的许多语句置于我们对真假的识别能力之外，把二值性原理应用到了不可判定命题上面。在达米特看来，这种超越的真理概念是行不通的，这是因为：一种有效的意义理论一方面必须是对使用某种语言的人所具有的命题知识的理论表现；另一方面，它还必须表明，那种知识是如何使说话者能够使用这种语言中的语句的。意义理论必须满足这样两个要求：一是显示性要求，即要能显示出我们关于意义的知识；一是获得性要求，即我们关于语言意义的知识必须是在公共语境中可获得的。因此，如果真理被当作是意义理论中的基本概念，那么，意义理论就必须要对关于真值条件的知识与语言的实际使用的关联方式作出解释，否则就无法满足上述两个要求。但是，超越的真理概念无法对此作出解释，因为它不可能把掌握某些语句的那种超越的真值条件与辨认出这些语句的真值条件的能力联系起来。因此，任何一种建立在超越人们认识能力的真理概念基础之上的意义理论都是无效的。但是，这并不是说真理概念与意义理论无关，达米特认为，需要对真理概念进行修正，应把真理仅仅看作是证实的结果，作为我们对世界探索之过程的结果，以这种方式解释真理便是否定实在论。达米特所抛弃的是二值性原理，因为在他看来，实在论的意义理论陷入困境的原因在于把二值性原理应用到了不可判定的陈述上。他试图为抛弃了二值性的语句类建立一种并非依据真值条件的语义学。他所提出的是一种反实在论的选择，其基本思路是：用证实这一概念取代真理作为意义理论的最基本概念，具体些讲，他依据那种对数学陈述的意义作出直觉解释的原始型把数学中的辨认证明的能力这一想法推广到日常语言中来，把特殊的数学证明的概念推广为一般的证实概念。达米特说："证明是为确立一个陈述为真而存在于数学中的唯一手段；因此，所需要的一般概念便是证实概念。在这方面，理解一个陈述在于能够识别出被算作对该陈述做出证实（即最终确立其为真）的那种东西。这并不是说我们必须具有判定该陈述之真假的手段，而仅仅是说，当这个陈述的真实性业经确立时我们能够辨认出这一点。"（《意义理论是什么?(II)》，G.埃文斯编《真理与意义》，1976年英文版第110～111页）这样，就直接把关于语言的知识与对语言的实际使用联系在一起了。

但是，达米特所提出的"反实在论的选择"马上也引起了一系列非议。例如，斯特劳森对达米特的几个提法在语义上进行诘难，比如，到底什么才算作"确定的证实"等等。（《斯克拉顿和赖特论反实在论》）达米特承认，他所提出的选择迄今为止仅仅是一个建议而已，还没有对它做出足够详细的专门研究，但是，那种建立在真理概念基础上的意义理论所面对的困难是原则上的困难，而他的理论则不然，因此，证实论的意义理论比起彻底的实在论的意义理论是一笔更能打赢的赌注。（《意义理论是什么?(II)》）

对反实在论的建议的另一个反对意见是，这个建议是一个要对日常语言进行修改的建议，因为，它抛弃了二值性原理，这就意味着对于一部分语句要放弃传统的推理形式；但人们总是认为那种证明现存语言的正当性、不进行修改的理论，是更可取的理论。达米特则认为，我们没有理由事先就假定我们的现存语言在各方面都是完美无缺而又井然有序的，进行修改的可能性依然存在，这不仅因为语言本身需要进行调整，而且因为我们所使用的推理原则可能也需要重新进行估价。

对达米特建议的另一种更加有力的异议是由麦金(*C. McGinn*)提出的。达米特注意到，就行为主义反对关于精神过程的实在论观点而论，它是一种反实在论观点；就现象主义反对物理对象和物理过程的实在论观点而论，它也是一种反实在论观点。那么，是否有可能以一种相容的方式在这两方面同时坚持一种反实在论立场呢？他承认，一种"总括的"反实在论也许是不大可能的。麦金抓住这一点对之进行反驳，他认为，达米特所提及的那些反实在论观点合在一起则是不相容的；在一种情况下的反实在论观点是在另外一种情况下的实在论观点，这样的反实在论观点也同样是不相容的；因此，唯一的选择便是在这两种情况下都持一种实在论观点。(《对实在论的先验论证》)麦金所做的这番论证的中心论点是把反实在论等同于一种还原论。而反实在论者则认为这种等同是错误的。因为，在他们看来，否定实在论无需事先对还原论作出承诺，达米特说："尽管还原论在一些反实在论哲学(例如，现象论)中发挥着显著作用，但它对反实在论既不是充分的也不是必要的。"(《真理与其他难解之谜》，1978年英文版第361页)

达米特常常把这样两个实在论的论点相提并论，即二值性原理适用于某个给定的陈述类和该陈述类中的陈述独立于我们辨认其真假的能力而以确定的方式要么是真要么是假。可是，尽管对二值性原理作出承诺会导致对"某些语句的真值是超越的"这一点作出承诺，但反题至少不会自然而然地成立。麦克道尔(*J. McDowell*)抓住这一点对达米特进行抨击。(我们不妨按照反实在论的另一个代表人物赖特(*C. Wright*)的说法，把坚持二值性原理的人称为"传统的实在论者"，而把坚持真值是能够超越辨认的这一见解的人称为"显露的实在论者"。)麦克道尔通过在显露的实在论与传统的实在论之间的区分、以显露的实在论观点为内核提出所谓"中立的实在论"即一方面承认反实在论者对二值性原理所持的保留态度，同时又维护超越辨认的真理概念。但在反实在论者看来，这并没对反实在论立场造成难题。因为，尽管显露的实在论显然独立于传统的实在论，但两者在坚持超越的真理概念这一根本立场上是相容的，而反实在论对各种实在论进行攻讦的最终目标正是那种显露的实在论的内核。

三、争论双方的形而上学承诺

在真理和意义问题上，无论是实在论的解释还是反实在论的解释，都是以作出某种形而上学承诺为前提的。达米特对此直言不讳，他说："我的看法的全部目的……已表明意义理论是以

形而上学为基础的。”(《真理与其他难解之谜》序言)

关于实在论的形而上学承诺，普拉茨(*M. Platts*)对它作了概括的描述，他说，实在论“体现着一幅关于我们的能达及外部世界(或与之关联)的语言的图景，而我们的语言是以(至少)超出我们目前实际理解范围的一些方式达及外部世界的。那个实在总会超出我们的认识能力：我们能够努力获得关于那个实在的一些近似真的信念。但是我们不得不归于这种近似的信念，并最终陷入无知：因为，由我们的语言对其特性进行朴素描述的那个世界总会超出我们的辨认能力。”(《意义面面观》，1979年英文版第237～238页)这也就是说，存在有独立于我们经验和语言的外部世界，它是我们的语言具有涵义的根据。在反实在论者看来，只要略一深思，实在论的形而上学描述就会暴露出惊人的疵漏，因为在实在论的图景与我们据以掌握这幅图景的那些方式以及我们据以表明我们掌握有这幅图景的那些方式之间有一道神秘的鸿沟，而这道鸿沟是为前面所提到的那种获得性要求和显示性要求所不容的。就连普拉茨也承认，象以真理概念为基础的实在论语义学那样的描述，易于受到证实论的严重挑战。

关于反实在论的形而上学承诺，有两种主要选择：相对主义和观念论。如果真理不独立于我们的发现，而是作为人们对世界探索过程的结果，那么，相对主义似乎是反实在论的一种自然结果。但这一结论遭到反实在论者自己的激烈反对，他们认为，如果诚如蒯因或更极端的费耶阿本德等人的论证所表明的那样，语言是不确定的或语言之间是不可翻译的，每种语言的说话者都禁锢在该种语言自身的概念图式之内，那么，相对主义无疑是正确的。但是，我们之所以能把一种相异的语言辨认为一种语言、把我们的语言与相异的语言之间的差别辨认为差别，就在于它们都必须在具备相互可理解性和共同的信念或假定这一共同背景下出现，语言的标准就在于能译成我们自己的语言的可翻译性，因而，就只存在有一种概念图式。所以他们认为反实在论与相对主义毫无关系。

那么，观念论又如何呢？哲学史上有各种不同形式的观念论，它们基本上都有这样一个共同的见解，即，世界的存在在某种含义上取决于经验主体对它的认识或构想。而反实在论是一种从认识论角度，特别是从经验主义的认识论角度来理解语言的见解，它认为语词的意义是由获得它和使用它的那些经验条件所确定的。因此，某种形式的观念论似乎是反实在论的自然结果。但反实在论的主要倡导者达米特和赖特两人之中没有一个对任何形式的观念论明确作出承诺，达米特对于反实在论到底正导致什么样的形而上学结论始终持谨慎态度。

事实上，近年来英、美一批年轻的分析哲学家在达米特对实在论观点的批判的启迪下，正在为创立一种反实在论的形而上学观而努力。其中有一种看法认为，反实在论的形而上学观应是某种形式的观念论，但这种观念论决不是康德所说的那种“经验的观念论”，而是在某种含义上类似康德的“先验观念论”的东西。在康德那里，现象（即经验对象）先验地看是观念的，但经验地看是实在的，关于这种对象的经验是真正直接的，只有借助于这种经验，内部的(或主观的)经验才是可能的。因此，康德的先验观念论便构成一种经验实在论，正是在借用经过修正的康德术语的含义上，可以把实在论表征为“先验实在论”，而把反实在论表征为“经验实在论”或“先验观念论”(这当然不是在康德的先验自我学说的框架内理解相应概念的)。在这种经验实在论看来，作为感觉经验之宾格的有序集合的世界时时处处都是以感觉经验的性质为条件的，这也就是说，关于世界的话语的任何意义在本质上总是相对于能够据以掌握并在话语中显示出那种意义的条件而言的。这并不是说，没有独立于经验而存在的世界，而是说没有任何一种为实在论所承诺的、人们能据以谈论超出经验之外的世界的感觉方式；严格地说，“有一个独立于经验的世界”和“没有一个独立于经验的世界”这两种说法都是讲不通的，因为我们所具有的只是一个实际上被经验到的或可被经验到的世界。这种反实在论看法试图两全其美，为实在论的假定留下一席之地，它承认，关于“对象未被感知地存在”这一信念是我们进行思维和谈话的必要条件，或者说，如果我们的思想和谈话是融贯的，我们就必定是认识论上(乃至本体论上)的实在论者，但是，“我们必定是实在论者”这个说法并不是一个关于实在论对世界的看法的真实性的断言，而是一个对于采取一种实在论看法的必然性的断言，从中不可能得出任何关于这种看法的真实性和虚假性的断言。这正说明反实在论是在康德的含义上的一种经验实在论。（上述这种看法见格雷林《哲学逻辑导论》）

四、这场争论的自然科学背景

当前这场实在论与反实在论之间的争论有着深刻的自然科学背景，明确地讲，它是与本世纪由相对论和量子力学的发展在物理学界所引起的关于物理实在本性的论战相一致的。爱因斯坦是量子力学的创始人之一，但他始终对量子力学的统计特征不满，对观察结果依赖于测量方式不快，他坚信“上帝不是在掷骰子”，坚信宇宙不依赖于观察者而独立存在，（《爱因斯坦文集》第1卷，1977年中文版第221页）并提出EPR论证以期证明量子力学对物理实在的描述是不完备的。而哥本哈根学派的代表人物玻尔认为“每个物理过程都可以说有其客观和主观特色”，他认为“实在”是一种“经验实在”;另一个代表人物海森堡认为，不依赖于我们的那种经典意义上的客观世界在原子尺度上是不存在的，“‘客观真实的东西’这个经典观念在这里在某种程度上必须放弃。”（转引自《哥本哈根学派量子论考释》，1984

年中文版）而在近十多年来用真实仪器去实现EPR思想实验的实验结果却绝大多数对于实在论者是不利的，以致于有些反实在论者欢呼EPR实验驳倒了“定域实在论”(即EPR所提出的物理实在判据)。当然，得出这一结论为时尚早，由EPR实验引出的关于物理实在观的争论目前还在持续，但它向哲学家提出的问题是发人深省的。由于在处理有关的量子关联上陷入困境，有的物理学家对哲学家寄予厚望，认为实在观的问题可能是一个最好由哲学家来解决的问题。

（牟　博）

【意义问题研究近况】　意义问题是语言哲学的核心问题。自弗雷格以来，围绕着意义问题，提出了各种各样的理论学说，有指称理论、想象理论、因果理论、图画理论、证实理论、用法理论和意向性理论等。80年代以来，英美语言哲学家们对意义问题的研究更加深入细致，他们的研究和讨论主要是围绕着以下几个方面的问题进行的。

一、意义与指称　1972年，克里普克发表了《命名与必然性》(1972)，对弗雷格、罗素以来通行的关于语词的意义理论提出了挑战。克里普克认为，专名并不具有传统意义理论所理解的那种内涵，专名的外延(指称)不是由内涵(属性)决定的，专名的命名是一种因果联系，专名的意义就在于其指称。他还把这一理论推广到通名理论，认为名称的意义就在于它的指称。普特南也独立地提出了与克里普克相似的观点。克里普克、普特南的理论成了当代语言哲学讨论的焦点之一。1977年，史华茨编辑出版了《命名，必然性，与自然种类》，收集了克里普克、普特南、唐纳奈(Donnellan)和蒯因等人有关这一理论的论文。编者在导言中介绍了传统的意义理论和克里普克、普特南的新的意义理论，并且指出，传统的理论与新的理论并不是完全互相排斥的，新的理论对自然种类词而言是正确的，而传统理论的正确运用范围是非自然种类词。布洛德的《克里普克论专名》(1979)对克里普克的学说进行了扩展，将其推广到新的哲学问题之中；卡茨(*J. Katz*)的《新古典主义的指称理论》和卡斯塔那达(*Hector-Neri Castaneda*)的《论交际理论的哲学基础：指称》提出了不同的看法，他们指出，克里普克的专名理论存在着与穆勒理论相同的缺陷，而弗雷格、罗素的理论只要加以修改便能克服这种缺陷。汉弗林的《科学的实在论与日常用法》(《哲学探索》，1984年第6期)细致地分析了克里普克及其追随者的有关论证，指出其中存在着明显的错误，并进而证明，意义与内涵是不可分离的，一方面，意义的改变是由内涵的改变来说明的；另一方面，内涵改变后，意义也不能仍旧保持不变。

二、意义与为真条件　戴维森1967年发表的《真理与意义》(《综合》，1967年，第304～324页)发展了弗莱格的理论，认为一种成功的意义理论必须解释语句的意义如何可能依赖语词的意义，即应指出语句在语言系统中的为真条件。认识一语句的意义就是认识它的为真条件，而这种为真条件的确定只有在整个语言体系中才能达到。戴维森承认自己的理论与塔斯基的真理理论有相同之处，但又对它进行了限制，因为戴维森的意义理论最后要求有经验的证实。泰勒(*K. A. Taylor*)的《戴维森的意义理论:一些疑问》(《哲学研究》,1985年7月)指出,戴维森对塔斯基真理理论的限制是不合理的，因为它只考虑了一个可能的世界，而没有考虑到所有的可能世界,所以,这种理论不具备模态投影能力(*model projectibility*)，称不上真正的意义理论。杜麦特曾从另一角度批判了戴维森的意义理论。杜麦特认为，戴维森的为真条件理论所要求的对语句和语词的最终经验证实是不可能达到的,因此,戴维森所要求的整体的为真条件的确定是不可能实现的。库里(*C. Currie*) 和埃金伯格(*P. Eggenberger*) 的《意义的知识》(《精神》,1983年第5期) 对杜麦特的批判进行了再批判,他们指出,杜麦特所指责的戴维森理论的原则性困难是可以克服的，问题在于杜麦特的批判是不合适的，杜麦特对经验证实的理解就违背了戴维森的原意，按照这种苛刻的要求，杜麦特自己的意义理论也会遇到同样的困难。

三、意义与经验　自弗雷格、罗素、维特根斯坦以来，每个学派、每个人对意义和意义理论都有自己的不同看法,但有一点是基本相同的:意义最终要从经验层次得到解释。近年来,有些语言哲学家对这一似乎是理所当然的论点提出了疑问,普拉德汉 (*R. C. Pradhan*)在他的《意义、经验与理解》(《国际哲学季刊》,1983年9月)一文中,分析了蒯因、戴维森、格赖斯(*H. P. Grice*) 等人的经验主义意义理论的局限性,并企图建立一种理性主义、整体主义的意义理论。他认为，意义是初始的、自主的,从经验问题中推不出意义问题,意义也不是经验的函项,意义是通过对语言和世界的整体理解把经验放到世界表现的整体结构中去的先验原则。科伯恩 (*D. Cockburn*) 的《经验主义与意义理论》(《哲学探索》,1985年1月)指出,杜麦特的意义理论是以经验主义原则为基础的，但这些原则并不是最基本的，完全可以加以拒斥。人类的最基本的反应形式是不依赖于经验的，它们不依赖任何东西,自身就是最基本、最初始的，意义最终应该从这一层次得到解释。

四、意义与意向性　最早把意义与意向性联系起来的是胡塞尔。后来,格赖斯发展了这一理论,他在1957年发表的《意义》(《哲学评论》，第337页)一文中提出,言语的意义就在于说话者的意向——即在听者身上产生某种效果的意愿。1962年,胡塞尔在他的《什么是言语行为?》(《哲学在美国》,伦敦) 一文中对格赖斯的理论提出了修正。他认为，言语的意义不仅在于说话者的意向,还在于约定、规则和习惯等等。仅有意向而不遵守约定，意义是无法表达、传递的。1983年，胡塞尔出版了专著《意向性》(1983)，他进一步提出，语言哲学只是心灵哲学的一个分支，必须从更一般的心灵和行为的理论来谈论意义与言语行为。意义是意向性初始形式的一种特殊发展，因此，意义应该可以通过意向性的初始形式完全得到定义。齐硕姆的《意向第一》(《综合》，1984年10月)一文发展了胡塞尔的理论。传统的语言哲学家认为，思想的意向性是通过语言的指称得到澄清的，而根据“意向第一的原则”，语言的指称是通过思想的意向性而得到确定的。意义、指称、言语行为等等都可以用意向性来进行定义。(朱国均)

【关于意向性问题的研究】 一向为欧洲大陆哲学界重视的意向性问题，近年来在美国哲学界成为时髦的课题，引起人们的广泛讨论。这表明美国分析哲学与欧洲大陆哲学在几乎半个世纪断绝往来后的今天，重新意识到相互对话、互补长短的必要性。下面概要介绍80年代以来，美国哲学界对意向性问题的研究情况。

一、意向性的性质及其地位 自从德国哲学家布伦坦诺把意向性一词从中世纪的使用借入到现代哲学以来，深深影响着许多哲学家甚至整个哲学运动。在意向性的性质问题上，布伦坦诺和胡塞尔等传统观点认为，所有精神状态都具有“指向”或“涉及”的特性，这种特性就叫意向性，凡意识都具有意向性。美国哲学家塞尔不同意这种观点，认为意向性只是某些精神状态和事件的特性，“只有某些而不是全部精神状态与事件具有意向性。”(《意向性》，1983年版，第1页)例如：“相信、害怕、希望和愿望是意向的，神情不安、洋洋得意、无名的烦恼不是意向的。”(同上书，第1页)“意向性是不同于意识的，许多意识状态不是意向的，许多意向状态不是意识的。”(同上书，第2页)在此基础上，塞尔对意向性的归属问题进行了四个区分，认为不区分就会导致混乱。1．意向现象被满足与未被满足的区分；2．意向状态与意向事件的区分；3．内部的意向性与派生的意向性的区分；4．意向性字面的归属与隐喻的归属的区分。(《意向性和它在自然中的位置》，《综合》1984年10月第61卷)

关于意向性的地位问题，同一理论(如物理主义、行为主义和功能主义等)均否认世界内部精神特性的存在。他们当中有的认为具有意向状态的心灵是某种抽象物，就象计算机程序或流程图一样；有的认为精神状态没有任何内部的精神特性，可以按其因果性规定它们。胡塞尔坚决反对这种观点，认为内部的精神状态和事件是存在于世界之中的，意向的精神现象是我们自然生活史中的一部分。内部的意向现象是由大脑的神经生理过程所引起的，出现在大脑的结构中并得以实现。

胡塞尔对否认内部精神特性的观点进行了原因分析，认为从笛卡儿以来，人们为“心/物”问题所烦恼，以为承认了意识现象的实在性就会承认某种神秘现象的存在，因此，否认任何精神实体。胡塞尔坚持朴素实在论的立场，认为朴素的精神主义和朴素的物理主义并不是水火不相容的。世界既存在具有内部精神状态的心灵，又存在由物理微粒构成的真实事物，可以同时接受这两种观点，第一个观点仅仅是第二个观点的特殊情况。(同上书，第10页)胡塞尔自认为解决了传统"心/物"问题的争论，然而正如W.莱恩斯(*Willam Lyons*)指出的，他并没有解决。(《论胡塞尔关于"心物"问题的结论》，《哲学研究》1985年9月第48卷)

二、感性知觉的意向性 感性知觉为什么能"涉及"或"指向"某个对象呢？感觉经验与其对象之间的关系是什么？这是感性知觉的意向性理论所关注的问题。通常人们对真实的感性知觉进行了大量的研究，它指向或涉及某种真实存在的对象。然而一个经验也可以指向或涉及某种非真实存在的东西。近年来许多人对这种不真实的感性知觉(如幻觉和错觉等)进行了探讨，例如，D. W. 史密斯(*David Woodruff Smith*)就进行了这方面的研究。(《眼前我看到是匕首吗?》，《综合》1983年1月第1期)

目前对感性知觉的意向性研究主要有以下三种观点：(一)内在主义理论。主要代表人物有 Bolzano、Twardowski、梅农、胡塞尔、弗雷格以及西方哲学史上的先行者们如亚里士多德、阿奎那、洛克与康德。他们认为经验对象与经验内容不同。内容是一个概念的实体(弗雷格和胡塞尔称之为"意义")，在经验中得以具体化。一个经验可以有内容但无对象，两个经验可以有不同的内容但有同一个对象。内容由出现在不同时间、地点和意识流中的不同经验所分享。内容是抽象的实体。总之，这种理论认为："一个感性知觉真正具有一个对象当且仅当对象满足感性知觉的内容或被内容所规定。"(D. 史密斯：《知觉的内容和情境》，《综合》1984年10月第61卷，第65页)即内容决定对象。

(二)现象学的感觉情境主义理论。这种理论否认传统的"内容"研究，认为它不能解决两个感性知觉的内容相同但是对象不同的现象。感性知觉可以出现在不同的环境中，感知者可以遇到不同的对象，然而心理状态相同。如当两个人都说"这"时，二者可以处于同一种心理状态但指称对象不同，因此该指称不是心理状态的一个功能，"内容"不能决定对象。这一点被克拉克、普特南、卡普兰和比瑞注意到。他们提出感性知觉认识依赖于外部的情境、用"情境"研究取代了"内容"研究。

(三)感性认识的指示内容理论。这种理论一方面认为感性知觉有一个内部"指示的"特性，经验结构或内容预先规定了对象，它不依靠感性知觉行为实际有无对象。另一方面又认为感性知觉认识的确以某种方式依赖其外部特性，依赖各感性知觉的"可能性条件"。因此，必须把握意向内容和物理内容之间的相互作用，不可偏废一方。该理论的代表人物史密斯认为：我们的感性认识的指示内容理论能被视为既对内在主义理论(如胡塞尔)的进一步发展，又对现象学的感觉情境主义理论(克拉克)的进一步发展。前者忽视了“情境”，后者排除了“内容”，所以在经验认识中必须把内容与情境联系起来，这样才能为统一的意向性理论奠定基础。

三、意向性与因果性 意向性和因果性的关系问题讨论得相当热烈。普遍倾向是反对绝对的自然主义观点，即认为自然只有因果性而无意向性。同时也反对绝对的整体主义观点，如黑格尔的“绝对精神”以及理查德·罗蒂的“人类对话”。人们提出各种中间形式的理论或更能容忍的观点，试图解决意向性与因果性的关系问题。有这样几种观点：1.自然主义观点，认为“在自然中只有因果性而没有意向性”，“作为相互联系的无缝隙的因果秩序的自然没有为意向性留下任何空间。”2.唯心主义观点，认为“意向性表示正在构成的秩序的特征，实际的、自然的因果性表示已构成的秩序的特征。”3. 意向性表示现象界的特性，而因果性表示基本实在的特性。4.完全相同的事件既允许因果的描述，又允许意向的描述。5.正是人们的意向投射把“原因”评价授与关于行为的客观事态(萨特)。6. 从现象学上考虑，因果性是意向经验的一个成分。7.因果性本身是一个意向的关系。

四、意向性与语言 在思想的意向性与语言的指称何者为首位的问题上，以前多数语言哲学家认为，思想的意向性要按照语言的指称来说明。例如，他们认为我们的思想之所以能指向“马”，是因为我们以某种方式使用“马”这个词，该词独立于人的思想，有意味和指称马的特性。然而，一些语言哲学家认为，语言的指称是按照思想的意向性来解释的。词“马”之所以指称马是因为它被用来表达指向马的思想。塞尔认为语言是从意向性派生的而不是相反。因此这些语言学家提出意向的首位原理。齐硕姆就赞同这一理论。

在意向性与意义问题上，格赖斯(*Paul Grice*)对意义概念进行了意向分析，认为语言交流是以听者识别说者意向的方式进行的。说者用x意指某物其含义是：说者通过让听者识别其意向的方法，使x的说出在听者那里产生某种效果。塞尔修改和补充了格赖斯的意义理论。塞尔认为，一方面意义与意向性之间有着密切的联系，语言的描述能力来自心灵的意向性，言语行为论要建立在意向性理论基础上。另一方面，意义不仅与意向性有关，还与规则、惯例和约定有关，语言本身所意指的东西与人们在具体的环境中用它实际意指的东西之间是不完全一致的。总之把语言研究与意向性研究结合起来，这是80年代美国语言哲学的一个新趋向。 （梁　骏）

【条件句问题研究近况】 模态逻辑及其形式语义学的提出和发展，为条件句逻辑的研究提供了必要的手段。近年来，围绕着条件句问题哲学家们展开了热烈的争论，其中最突出的争论是在斯特内克和刘易斯之间展开的。

斯特内克和刘易斯有许多共同之点。他们不再象早些年古德曼和齐硕姆等人那样，把注意力集中于我们关于反事实条件句的语言直觉所具有的模糊性和极大的语境依赖性之上，从而证明谈论各种不同的可能性是值得怀疑的。反之，他们力图构造一些抽象的模型，并把那些哲学家看作有问题的各种不同的可能性，当作这些模型的出发点。他们用这些模型来阐明各种新的、令人感兴趣的问题，并用它们来提出各种例证检验语言的直觉，使我们的语言直觉得以澄清和精确。

斯特内克在《条件句的理论》一文中提出了自己的观点。他赞成莱姆赛(*Frank Ramsey*)为假设陈述的可接受性所提出的赋值标准，即"为使前件得以接受而对信念所做的最小修正，是为使前件为真而对一个世界所做的最小修正。"斯特内克将这一标准中的前件看作是反事实的，然后基本上照抄了莱姆赛标准："首先，为假定该前件而对你的信念群做一定的最小修正。然后，在此修正过的信念群的基础上为后件的可接受性赋值"。斯特内克认为，对条件句的真值条件的恰当解释，应当符合莱姆赛标准对可接受性条件所做的解释，即是说，只有后件在为使前件真而对实际世界所做的最小修正中也真，这种条件句才真。他用一个选择函数 f 来代表对世界所做的最小修正，这个函数为每个世界 w 和语句 A 指派了一个世界 f(A, w)，它被解释为为使语句 A 真而对世界 w 所做的最小修正。这样，设 $A>B$ 是具有前件 A 和后件 B 的条件式，则 $A>B$ 真当且仅当 B 在 f(A, w) 中真。这使得条件句的语义内容与选择一个最接近的世界相关。斯特内克提出了一些选择最接近的前件世界的合理方法所应具备的一般条件，并在此基础上提出了他的条件句逻辑。

刘易斯在《反事实条件句与比较可能性》一文中，对斯特内克的观点提出了批评。他指出，在比较各种可能世界的相似性时，不能假定总能找到一个唯一最接近的前件世界。为接受同一前件，可能会产生两个与现实世界同样接近的前件世界。倘若如此，那么，选择一个而不要另一个，可能就变成完全任意的了。为解决这一问题，刘易斯提出了"would"条件句和"might"条件句的区分。以 $A\Box\!\!\rightarrow B$ 代表"would"条件句，即"假若有 A，就会(would)有 B"，则 $A\Box\!\!\rightarrow B$ 的真值条件是：$A\Box\!\!\rightarrow B$ 在 w 中为真，当且仅当某个($A\wedge B$)世界比任何($A\wedge\sim B$)世界更接近 w。在这种情况下，若前件 A 是不可能的，则该条件句是空洞地真；若存在唯一一个最接近的 A 世界，则若 B 在其中真，该条件句真，反之则假；若存在两个同样接近的 A 世界，则只有当每个最接近的 A 世界都是 B 世界时，该条件式才能为真。另一方面，以 $A\Diamond\!\!\rightarrow B$ 代表"might"条件句，即"假若有 A，则可能有 B"，那么，

"would"条件句和"might"条件句之间的关系就自然应该表达为"$\sim(A \square\!\!\rightarrow B)$ 当且仅当 $(A \Diamond\!\!\rightarrow \sim B)$。"这样，就避免了斯特内克观点所可能导致的矛盾。

斯特内克在《保卫条件排中律》一文中，回答了刘易斯的批评。一方面，他承认没有理由假定总会存在一个唯一最接近的前件世界；另一方面，他又认为，把条件式相对化为选择函数，这与将量词相对化为论域及把谓词相对化为命题函项是同一类方法。在这每一种情况下，抽象的语义理论都假定了具有明确分界的良定义集合，但实际的应用却又都呈现出不确定性。斯特内克提出，为解决量词和谓词理论中的这类问题而做出的对模糊性的解释，也能为他的条件句语义学解决这一问题。他引证了范·弗拉森（*Van Fraassen*）对模糊性所做的一般解释。根据这种解释，一个具有不确定性的语境是由一组明确的赋值——即所有各种可能的任意确定这种不确定性的方式——来代表的。一个语句只有当它在每一个这样的明确赋值中真（或假），它才在这种模糊的语境下是真的（或假的），否则它就是不确定的。根据这种解释，两个具有同样前件而又有彼此矛盾的后件的虚拟条件句都应当是不确定的，但它们的析取式却可以确定为真。

斯特内克和刘易斯争论的另一个主要问题，是主观概率与条件式的关系。

在《概率与条件句》一文中，斯特内克提出了著名的"斯特内克假设"，把条件陈述的语义理论同条件概率理论联系起来。他认为，理性行为者依据莱姆赛标准对一条件句所做的主观概率赋值，应完全等同于他在给定前件下对其后件所赋的主观条件概率。设 $P(A>B)$ 是行为者对条件式 $A>B$ 的相信程度，设 $P(B|A)$ 是他在给定A的前提下相信B的条件程度，则"斯特内克假设"可以表达为"$P(A>B) \equiv P(B|A)$"。

作为对斯特内克这一观点的反击，刘易斯在《条件句的概率和条件概率》一文中，提出了一个惊人的平凡化结果。他证明，没有任何与斯特内克的条件相符合的概率函数能够把一个确定的概率赋予三个以上的成对不相容陈述。这表明，斯特内克的条件信念函数不能代表非平凡的信念陈述。刘易斯的平凡化结果并不依赖于斯特内克把条件信念扩张包括了反事实条件概率，所以，根据这一结果，对任何二元联结词⟶来说，任何满足斯特内克假设和由此假设扩展到条件概率所导致的假设"若 $P(A\wedge C)\neq 0$，则 $P(A\rightarrow B|C)=P(B|A\wedge C)$"的概率函数，都是平凡的。这一结论是近来把概率与条件句联系起来的种种企图难以实现的主要障碍之一。它似乎表明，把莱姆赛标准承认为范式，或者会使条件句彻底依赖语境，或者就要完全放弃条件命题，并赞同对条件句做条件断定的解释。

刘易斯的结果引起了极大的关注。许多人试图用各种方法解决平凡

化问题。范·弗拉森在《条件句的概率》中，提出了一种能与非平凡的信念系统相结合的斯特内克假设条件式。他使该条件式完全依赖语境，这样，为赋予非条件概率 P(A>B)而受评价的条件命题，不必与在赋予条件概率 P(A>B|C)中受评价的条件命题完全相同。他证明，如果斯特内克逻辑去掉条件前件的替代原则 (A>B)∧(B>A)∧(A>C)⊃(B>C)而被弱化，则斯特内克假设就能非平凡地成立。他还表明，如果斯特内克逻辑中包括条件式的复合式限制在A>B、(A>B)>C 和 A>(B>C)，(其中 A、B、C 中均不包括条件式)，则斯特内克假设就可以在整个斯特内克逻辑中非平凡的成立。

斯特内克自已也证明，如果人们允许任意真值函项复合式中包括条件式，则整个斯特内克逻辑就不能避免平凡化。

艾丹(*Ernest Adam*)在《条件句逻辑》中指出，英语直陈条件句是用来做出条件断定的，不是用来断定条件命题的。就直陈条件句的可断定性要依据相应的条件概率而言，莱姆赛的检验范式是正确的，但这不应被解释为条件命题为真的概率。

围绕条件句问题还有一些其它方面的争论。比如，关于决策条件句问题(*Conditionals for Decision Making*)，关于直陈条件句与虚拟条件句的关系问题，以及关于机会、时间与虚拟条件句的问题。目前，条件句问题的研究正在不断深入发展，并得到越来越广泛的注意。它已成为哲学逻辑和逻辑哲学中一个新的重要领域。

(常　健)

【专名问题研究近况】 柏拉图在《泰阿泰德》中第一次讨论了专名问题并提出了专名无涵义理论。这派观点最著名的代表是穆勒，他认为，通名既有内涵也有外延；专名则只指称其载体。这派观点有三个困难：(1)不能解释专名在同一性陈述中的出现；(2)不能解释专名在存在陈述中的出现；(3)不能解释专名指称的对象的存在。

弗莱格于 19 世纪末 20 世纪初提出了专名有涵义的理论。他认为，除了名称和名称指称的对象，还有名称的“涵义”，名称通过此涵义并仅通过此涵义指称对象。专名实际上是伪装的或缩略的摹状词，在意义上等值于把名称的涵义明确陈述出来的摹状词。维特根斯坦和罗素后来承认并发展了这种理论。这种理论能解决无涵义理论的困难，但本身也有困难：(1)与一个专名相联系的摹状词往往很多，无法确定它是其中一个的缩写还是它们全体的缩写；(2)摹状词描述的属性对于对象来说往往是偶然的，因此，一组摹状词不可能是专名的同义词；(3)满足一组摹状词的对象不一定是专名的载体。

为了解决弗莱格理论在专名与摹状词的意义联系问题上遇到的困难，塞尔发展了维特根斯坦的观点，于 1958 年提出了“集束”摹状词理论。他认为　名称的指称不是由单个的摹状词决定，而是由一簇摹状词决定。满足一组摹状词的足够多数的对象就是与这组摹状词相联系的专名的所指。对于“专名有涵义吗?”这个问题，如果它问的是专名是否被用于描述对象的特征，答案是“没有”;如果它问的是专名是否与它指称的对象的特征有逻辑联系，答案是“有，以一种松散的方式联系着”。塞尔承认他的观点调和了穆勒和弗莱格的理论，一方面承认专名不蕴涵摹状词，另一方面承认专名必然在一种意义上有涵义。

1970年，克里普克在他的关于命名和必然性的讲演中，批判了胡塞尔的观点。克里普克认为，胡塞尔的理论不能从根本上解决弗莱格理论的困难，因为我们不能用一簇摹状词代替专名。满足一定数目的摹状词对于专名的载体来说不是必然的。克里普克把专名和摹状词叫做“特指号”(*designator*)，特指号有两种，严格的和非严格的，在一切可能世界中都特指同一个对象的特指号是严格特指号，其它特指号是非严格的。严格特指号的严格性又有强弱之分，在一切可能世界中特指同一对象的特指号是强严格的，在对象存在于其中的一切可能世界中特指同一对象的特指号是弱严格的。克里普克认为，专名和一部分摹状词是严格特指号。专名与不是严格特指号的摹状词不是同义的，与是严格特指号的摹状词也不是同义的，因为，我们使用专名时，心中往往没有这样的摹状词，也没有任何仅适用于所谈论的对象的摹状词。摹状词不仅不与专名同义，也不为专名确定指称。虽然我们有时确实用摹状词确定名称的指称，但事实是，我们从我们生活于其中的社会那里接受名称，这名称是带有指称的完全名称，但不附带任何特殊的摹状词。决定名称的指称的是把个体与我们对我们用以称呼他的那个名字的使用联系起来的偶然的因果—历史链条。(克里普克《同一性与必然性》，米耐兹编《同一性与个体性》，1971；克里普克《命名与必然性》，1980)

克里普克的专名理论推翻了弗莱格理论的统治，在语言哲学界产生了广泛深入的影响。近几年，关于克里普克的专名理论的研究主要集中在两个问题上，一是它与弗莱格理论的关系，一是严格性问题。

布洛第认为，克里普克并未象许多人认为的那样驳倒关于专名的摹状词理论。他认为，克里普克并未证明专名与摹状词在意义上不等值，只证明了二者的特指方式不同：专名永远严格特指，摹状词有时严格特指。

布洛第提出一种新专名理论：在谈论现实世界时，使用专名的语句与使用摹状词的语句等值。包含用于谈论可能世界的摹状词的语句是歧义的，因为这里的特指可能严格，也可能不严格。在用于谈论可能世界的语句中使用专名，只表示这个语句与相应的包含被理解为严格特指号的摹状词的语句等值。他认为，这种理论既能对名称与对象的联结方式作出简单的解释，又能解释专名在可能世界中的

使用。(《克里普克论专名》,《当代语言哲学展望》,1979)

哈里森于1982年提出一种专名的摹状词理论,他认为这种理论可以容纳克里普克认为专名是严格特指号的观点,因为它把能支持专名的使用的摹状词限制为一类是严格特指号的摹状词。哈里森列举并分析了一些摹状词,认为它们是严格特指号,与专名的指称相同。莱克曼批评了哈里森的观点,认为他的摹状词实际上不是严格特指号。莱克曼指出,为了把严格性观念与摹状词理论结合起来,人们已经试验了两种方法,一是要求支持名称的使用的摹状词表达名称的所指的本质,二是规定这样的摹状词在模态语句中具有最大的辖域。莱克曼认为,哈里森的方法是行不通的。(哈里森《摹状与同一》,《精神》1982年第61卷;莱克曼《论哈里森和确定的摹状》,《精神》1984年第63卷)

莫尔和里斯顿讨论了严格性的标准问题。莫尔认为,克里普克使用了两条标准:(A)“E”(表达式)是严格的,如果“E可能不是E”表达一个虚假,即如果是E是E的本质属性;(B)“E”是严格的,如果它在每个可能世界中都指称同一个对象,它在这些世界中有特指并意谓E。莫尔认为,(A)和(B)在一些情况下是不等价的。里斯顿认为,莫尔的观点虽然无可争议,但与克里普克对严格性的处理无关。里斯顿认为,克里普克不主张用“B”标准,他用的是(B′):“E”是严格的,如果它在一事物存在于其中的每个可能世界中都特指这同一个事物。里斯顿认为,我们不应该问(A)和(B′)是否等值,因为(A)只是大致的直觉检验,(B′)则给出了严格性的可精确表述的概念,克里普克不可能让它们等值。他认为,在克里普克那里,(A)不是判定指称表达式是否严格的严格检验手段,它只促使我们承认,按照英语的规约,专名是严格特指的,这里的严格性由(B′)给出的形式模态语义学术语定义。(莫尔《贯通可能世界的严格性和同一性》,《分析》1982年第42卷;里斯顿《莫尔论严格性与同一性》,《分析》1983年第43卷)

史密斯从可能世界语义学的角度对严格性进行了分析。他认为,按照克里普克对弱严格性和强严格性的区分以及主张专名是弱严格特指号的观点,我们无法运用语义学再现个体的偶然性,因而克里普克对强弱两种严格性的区分不是真正语义学的区分。史密斯认为,专名实际上是卡普兰意义上的严格特指号。斯台曼指出,克里普克说的严格特指号,指的是这样的表达式,它相对于事物存在于其中的每个可能世界都特指同一个事物,并且相对于事物不存在于其中的可能世界不特指任何事物,专名是这个意义上的特指号。卡普兰在《指示词》中提出的严格性是说,严格特指号在一切可能世界中都特指同一个对象,不论这对象是否存在于其中。斯台曼认为,在克里普克于1963年发展起来的量化模态逻辑的可能世界语义学中,必须把自由变项理解为卡普兰意义上的严格特指号，但这并不证明专名是卡普兰意义上的特指号。他认为，(1)卡普兰的严格性观点不能一致地处理语义地再现个体的偶然性这个问题；(2)卡普兰的观点会导致一个关于名称的载体的悖论；(3)卡普兰的观点与克里普克关于同一性的观点是不一致的。(史密斯《严格性和辖域》，《精神》1984年第63卷；斯台曼《与卡普兰严格性相对的克里普克的严格性》，《精神》1985年第64卷)

(李连江)

【可能世界问题研究近况】 可能世界语义学是一种模态逻辑的形式语义学，是康哲(*S. Kanger*)、克里普克和欣梯卡(*K. J. J. Hintikka*)分别于1957年、1963年和1969年提出的。可能世界语义学提出后，围绕可能世界的含义和这种语义学的应用，引起了广泛的争论。在可能世界的含义和内容方面，争论主要集中在这样一些方面：什么是可能世界？什么是可能世界中的个体？个体在不同的可能世界中是如何同一的？可能世界语义学是否增加了实体的数目？在可能世界的应用方面，涉及的主要领域有：真理逻辑、认知和信念逻辑、道义和命令句逻辑、行动逻辑、虚构逻辑以及近来讨论的感知逻辑、条件句逻辑和概率逻辑，等等。近几年来，这种讨论仍在继续，主要研究以下几个问题。

一、可能世界的性质 在如何规定可能世界的性质这个问题上，已有三种观点：(一)语言学观点。这种观点是由欣梯卡提出的。他认为，谈论可能世界就如同谈论语句的最大相容集，这既可以是句法相容集，也可以是语义相容集。(《作为模态性的模态词》)(二)概念论观点。这种观点是克里普克所主张的。他认为，谈论可能世界就是谈论我们构想世界的不同方式。(《命名和必然性》)(三)实在论观点。这种观点是刘易斯提出的。他认为，谈论可能世界就是在谈论完全独立于我们的语言或思想的真实的抽象实体。(《对应事实》)针对刘易斯的观点，斯特斯·马柯在《基于实在可能世界的反事实条件句》(《努斯》1983年5月第2期和1984年9月第3期)一文中，提出了自已的观点。他认为，刘易斯的实在论观点包括以下原则：(一)可能世界存在；(二)其它可能世界与现实世界是同样的；(三)对现实一词的指标学分析是正确的，即可能世界的居民也可以正确地称他们的世界是现实的；(四)可能世界不能被还原为某种更基本的东西。马柯不同意其中的第三点原则，同时又补充了另外一条，即“每个世界的内容以及这种世界间的明确关系，都是一种经验事实。在此基础上，他这样来定义可能世界：“设 S 是一最初状态，我将把与 S 相关的所有物理上可能的(不是逻辑上可能的)事件，都称为可能世界”。他进一步用这种理论来确定反事实条件句的真值条件：“反事实条件句 A□→B 为真，当且仅当每个最接近的 A 世界都是 B 世界(即每个 A 在其中成立的最接近的世界，都是 B 在其中成立的世界)。”

二、可能世界中个体的性质　在关于可能世界的讨论中，一个长期争论不休的问题，就是个体在不同的可能世界中如何同一的问题。在讨论中已有四种观点：(一)传统的本质主义观点认为，个体的某些性质对个体的存在是本质性的。在不同的可能世界中，个体是否具有同一性，其标准就是看其是否具有这些性质。蒯因、齐硕姆(*R. Chisholm*)和卡普兰(*D. Kaplan*)所持的观点与此有某些相似之处。他们认为，“苏格拉底必然是人”，这在模态框架中意味着，在苏格拉底存在的所有世界上，他都具有“是人”的性质，而他的其它性质却会随世界的不同而有所变化。(齐硕姆《同一性思想，可能世界》；蒯因《从逻辑的观点》，《悖论的方式及其它论文》；卡普兰《量化“在内”》)(二)克里普克认为，上述观点混淆了形而上学问题和认识论问题。他指出，个体的专名是固定记号，它在意义上并不等值于任何一组关于其指称物的摹状词。它在任何世界上都直接指称同一个体，不需要任何证同描述作中介。只是在我们要知道什么是我们所说的对象时，我们才需要证同标准，需要一些唯一性的证同描述。(《同一性与必然性》，《命名与必然性》)(三)普兰廷卡(*A. Plantinga*)进一步认为，为了使个体在不同的世界中是同一的这种说法有意义，根本不需要任何为“挑出”该个体而制定的证同标准。提供这种标准不仅没有必要，而且也不可能。然而，即使我们挑不出该个体，也不能确定它的性质，我们的这类说法还是有意义的。(四)刘易斯提出了所谓的“副本理论”，它与莱布尼兹关于个体的观点很相近。他认为，同一个体不能在不同的可能世界中存在，而只能在一个可能世界中存在。但它在其它的可能世界中可以有副本。副本关系既不对称也不传递，更不是一一关系。(《对应理论和量化的模态逻辑》)维森色在《从可能世界语义学的观点来看视觉空间》(《综合》1983年8月第2期和1985年8月第2期)一文中，又提出个体是一个概念，而不是某个领域的固定个体。这一观点是从对视觉空间的语义分析中产生的。他认为，视觉空间并不是人能一下子全都看到的，而是一部分一部分看到的。每个这样的部分都被称为一个视域，也就是一个可能世界。我们在某个视域中看到了视觉空间中的一个点 P，而我们在另外一个视域 F′中也可能再看到 P。这样，人可能经常在不同的视域中经验到 P。所有这些经验和可能经验的总和，就决定了个体。因此，给定的个体是一个概念，它是给定个体的所有实例的集合。

三、实体数目增加问题　卡尔纳普、丘奇、蒙塔古(*R. Montague*)、布瑞森(*A. Bressan*)和卡普兰等人曾经认为，模态论述都是间接的论述。它们谈论的不是关于词项的通常指称，而是关于意义这样的内涵对象。但另一些人对这种观点提出了批评。他们认为，这种观点实际上又设立了一类新的实体，即内涵实体，这是不符合奥康剃刀精神的。史密斯(*D.W.Smith*)在《眼前我看到的是匕首吗?》(《综合》1983年1月第1期)一文中，批评可能世界语义学恢复了梅农的形而上学。作者从分析幻想的结构出发，认为可能世界的理论把“金山”、“圆方形”这类想象也看作是有对象的，这个对象虽然不在现实世界中存在，却在其它的世界中存在。史密斯指出，起码素朴的幻想是没有对象的，不仅在这个世界上没有对象，就是在其它的可能世界上，它们也没有对象。

四、情境语义学与可能世界语义学的关系 情境语义学是1981年由巴怀思和培瑞提出的。他们认为，情境语义学能够比别的语义学为象“Fred See Mary Enter”这样的无to不定式的感知句提供更好的语义解释，而且它能解决一系列可能世界语义学未能解决的问题。欣梯卡在《情境、可能世界和态度》(《综合》1983年1月第1期)一文中，探讨了这两种语义学之间的联系。欣梯卡认为，可能世界语义学与情境语义学并非一定要一个“吃掉”另一个，它们可能是互相补充的。情境语义学把不同的情境进行相互比较，并将它们彼此联系起来，这是以前可能世界语义学所忽略的。因此，在这方面，情境语义学补充了可能世界语义学。由此引出的关于自我中心的小情境怎样能同更大的世界客观图景一致起来的问题，将是一个令人感兴趣的题目。但另一方面，欣梯卡又认为，情境语义学并没有象其作者所说的那样，解决了可能世界语义学所不能解决的问题。它们二者并非彼此对立，而是彼此相容的。欣梯卡指出，可能世界语义学所讨论的种种不同世界，不必是宇宙或世界历史的状况，而是实验可能会采纳的各种程序，是各种可能的情境。所以，如果他当初更明智些的话，会把可能世界语义学叫做“可能情境语义学，”这会避免许多近来的误解。（常 健）

自然科学中的哲学

【苏联科学学研究进展】 80年代以来，苏联科学学正在向理论探索和应用开发的广度和深度进军，取得了许多研究成果。1985年，苏联出版和发表了科学学文献9891篇。现将有关研究进展概述如下:

一、研究领域的拓宽，使科学社会学探讨的深化 苏联科学学的研究领域已拓宽至11个方面:(一)马克思列宁主义创始人论科学和科技进步;(二)科学学理论、历史和现状;(三)科学哲学、科学逻辑学和科学方法论;(四)当代科学的发展、科学的未来;(五)科学与社会，科学社会学问题;(六)科学活动，科学创造;(七)科学组织，科学领域的政策;(八)研究工作的方法和技术;(九)科学人才;(十)科学经济学;(十一)国际科学合作。上述第五方面即科学与社会，科学社会学问题所研究的第二层次的课题包括:1．作为社会现象的科学;2．科学在社会发展中的作用，科技革命;3．科学与意识形态，科学与政治；4．科学与文化：5．科学与道德，科学家伦理学；6．科学与宗教；7．科学和科学成果的宣传和普及；8．科学家与社会。最后一题展开的第三层次的课题有：(1)科学家的社会地位；(2)法的状况和物质状况；(3)科学家的社会责任，为和平而斗争；(4)科学家参与社会政治生活；(5)科学活动的奖励。

1982年，苏联学者向第10届世界社会学大会科学社会学研究委员会的学术讨论会(墨西哥城)提交的论文为：《科学的社会模型》、《技术革新中的社会因素》、《技术变化和社会革新》、《科技革命条件下的管理》、《科技革命与语言》等。Н·И·拉宾在《技术革新中的社会因素》一文考察了技术革新与文化、社会组织、知识分子等的关系，探讨了技术革新的社会目标、技术革新潜力的社会参数、革新过程参加者之间的社会关系(《科学学与社会学》，1982)。1984年在苏联举行国际社会学联合会科学社会学研究委员会的国际学术讨论会，苏联学者B.M·凯勒和E．З．米尔斯卡娅对资产阶级科学社会学的立场和观点进行了批判。

二、坚持科学学基础理论的研究 1985年，苏联全年出版和发表的有关科学学理论、历史和现状的文章达340篇。其中涉及：(一)科学学的理论和方法论，科学学研究的方法，科学计量学；(二)科学学研究史，人名索引；(三)科学学发展和各门科学学分支；(四)科学学家的各种会议；(五)科学学家，科学学问题的学位论文，教材。

苏联科学院自然科学史和技术史研究所所长C.米库林斯基主编、苏联和东欧21位专家的集体著作《科学学原理》(1985)正式出版，这是苏联科学学基础研究的最新成果，反映了科学学理论水平的提高。该书除序言外共有10章：(一)科学学的对象、任务和方法；(二)社会生活再生产系统中的科学；(三)科学活动的特点和结构；(四)科学创造中的个人和集体；(五)科学潜力；(六)社会管理系统中的科学政策；(七)科学发展的规划；(八)科学活动的组织和管理；(九)国际科学技术联系；(十)科学家的社会责任和道德。作者们从研究科学的各种观点和各种学派内在有机统一的必然性思想出发，形成了研究科学的综合观，进而把这种综合性思想作为科学探索的方向。人们从理论和实践两个方面去研究和完善这门学科，从而使科学学富有更强的生命力。作者们并不期望对有争议的问题作出定论，只是对这些问题的进一步探讨起一点推动作用。

三、注重应用开发，促进科技管理集约化 苏联科学学界始终把应用开发作为重点，其研究领域直接涉及五个方面：科学组织和科学政策，研究工作的方法和技术，科学人才，科学经济学，国际科学合作。1985年，全年出版和发表的有关科学组织和科学政策以及科学经济学的文献4,348篇，占文献总量的44%。如果把科学组织和科学政策作为第一层次的话，则第二层次的课题如下：（一）科学领域的政策，国家级科学组织；（二）科学和国民经济各部门研究的组织、管理和计划；（三）科研机构和集体研究的组织、管理和计划；（四）工厂的科学部门，工业企业和公司的科学集体；（五）学会和协会；（六）科学的调节和合作；（七）科学与实践的联系，科学成果的应用；（八）科学和生产联系的形式；（九）科学活动的质量和效率；（十）科学活动的情报保障；（十一）科研辅助机构的活动；（十二）科学的物质技术保障。列入科学领域的政策和国家级科学管理的第三层次课题是：1.社会主义国家；2.资本主义国家；3.科学的国土配置，科学的区域管理；4.科学潜力；5.科学的预测和规划；6.有目标的综合性科技纲要；7.科学的法组织；8.发明者的和专利证书工作的组织。仅第三层次的第一个课题，每年生产和发表的文献100篇以上。这些科研成果直接用于改善科技活动的组织管理，推动科学技术、经济、社会的管理活动向集约化过渡。

四、定量分析法的运用和科学计量学的发展 近年来，苏联科学学家进一步采用定量分析方法，来进行科学的整体研究，科学计量学的文献量迅速增多。据统计，1985年苏联探讨科学学理论的科学计量学的文献约30篇。苏联科学院自然科学史和技术史研究所С·Д·海童的专著《科学计量学：《现状和前景》(1983)，是这一分支的最新研究成果。该书共分七章：1.科学计量学和计量问题：科学活动的非高斯性；2.统计方法；3.出版物数量计算方法；4.“引文索引”方法；5.“上下文分析”方法和总词表分析方法；6.单词分析方法；7.基本的科学计量规律性。代结束语：在研究科学总背景下的科学计量学。全书附图表197篇，参考文献632篇。该书的基本任务，乃是探讨由于综合地运用各种不同的科学学方法，科学计量方法能够对整个科学学作出的贡献。作者提出了一种新思想：科学集约化就意味着科学最佳化，科学发展一定阶段的最佳化是以数量为前提的，数量又必须要有科学分析的数量方法。科学学作为科学集约化的科学基础应当依靠数量方法。作者定义科学计量学乃是对科学活动进行复制性计量和揭示其客观的数量规律性的一门科学学分支学科。

五、科学学人才的培养 近20多年来，在各相关学科领域，攻读有关科学学学位的青年学者不断增加。据统计，1965～1984年期间，通过答辩的有关科学学的学位论文达1,465篇，其中副博士论文1,304篇，博士论文161篇。这些学位论文分布的学科和领域及其在全部论文总数中所占的比重可分别列举如下：科学哲学、科学逻辑学和科学方法，27.8%；科学经济学，25.5%；科学活动管理，20.1%；科学社会学，14.3%；科学人才，8.2%；科学劳动和科学创造，4.9%；国际科学联系，4.6%；科学法，3.1%；科研机构建筑学，1.5%；科学史，8.9%。苏联研究生攻读科学哲学等学科的学位论文的比重占首位。科学经济学、科学活动管理、科学人才、国际科学联系、科学法四项比重相加:67.6%。这些数字说明应用科学学仍是苏联研究生攻读的重点领域。

随着时间的推进,科学学的学位论文数呈上升的趋势。以关于科学活动管理的论文数为例,1974年以前,每年6~8篇;1974年开始,每年14~16篇;1979、1980年,均为27篇;1984年,上升为40篇。

六、对国外科学学信息的追踪 苏联科学院社会科学情报研究所编辑出版两种科学学检索和文摘刊物:《国外社会科学新文献索引,科学学》和《国外社会科学文摘杂志,科学学》专门跟踪国外科学学的信息。前者1985年发表国外科学学文献索引9165条,后者同年发表科学学文摘412篇。前者从1974年开始,每月1期,后者从1973年开始,两月1期。这是一项很有学术价值的情报工程,为苏联和世界各国科学学界提供大量宝贵的信息,为推进苏联和各国的科学学事业作出了重要的贡献。

苏联学者 Е·Б·拉什科夫斯基(*Рашковский*)很早就注意研究亚非国家的科学学思想,1977年发表了《论印度科学学思想的形成》。1980年,他出版了《科学学与东方》,1985年出版了《亚非国家科学学思想的产生》。作者对上述两部书加以比较时指出,前者只是对现代知识和现代科学思想渗透到亚非国家社会与文化生活的过程作了最一般解释,而后者研究了这些国家自己的学者怎样认识和解释这一过程,以及现代科学思想的社会文化背景是怎样的。前者多半是"从外部",即通过西方国家和苏联科学学知识形成的某些问题来论述这一过程,后者则主要是"由内部",即通过亚非地区学者所积累的专业知识和社会文化经验来阐述这一过程的。

苏联《国外社会科学文摘杂志,科学学》1982年第1期和1983年第2期先后摘要报导了中国科学学的信息:瑞典科学政策专家 A.埃尔辛加的文章《科学学在中国:一位科学政策专家的报告》,E. 巴尔克和 A. 埃尔辛加的文章《中国科学学的复兴》。这些文摘向苏联读者介绍了发展中的中国科学学。 (王兴成)

【苏联哲学界科技革命研究现状】 苏联哲学工作者对科学技术革命这项重大的综合性课题的研究,在不同时期有不同的侧重点。他们先从人类社会史(特别是经济史和科学技术史)角度探讨现代科技革命的由来,分析它的科学前提和社会前提,继而剖析这场革命的实质、特点和主要方向。70年代后,较集中讨论科技革命的社会后果问题,并以此为线索,论述在科技革命时代里,人类精神文化各个领域——政治学、伦理学、美学、心理学、教育学等方面出现的相应变化,加强对人的问题的研究,并扩展到社会与自然协调发展方面。在整个研究过程里,始终都强调马克思主义方法论原-

则的重要性。

一、研究首先从现代科技革命的前提入手。根据历史唯物主义原理分析历史上的科学革命、技术革命产生的时代背景，苏联学者们指出，科技革命的产生不仅有它的科学技术前提，而且还有它的社会经济前提。虽然它是一种全球性的过程，但具体的实施途径随不同社会—经济条件而异。因此“现代科技革命不能仅归结为科学领域的发展或由于科学发现所导致的技术进步，在它最深刻的本质上说，科技革命就是社会进步。它一方面反映掌握自然规律的程度；另一方面，在本质上取决于掌握社会发展的规律，首先是经济发展的规律。”（Д·格维沙宁《科学技术革命和社会进步》，1977）有的作者把这种观点具体化于科技革命的历史阶段划分中，把现代科技革命演进的年代顺序确定为：1. 19世纪与20世纪之交，当时开始了“自然科学的最新革命”，出现了以后所产生的科技革命的科学前提；2. 十月社会主义革命为科技革命提供了社会—经济前提；3. 20世纪40年代，开始出现科技革命的最初形式；4. 20世纪50年代及下半叶，科技革命开始作为社会过程展开。“当前，由于微电子技术的发展、生物工程的应用和机器人技术的采用等，科学技术革命已进入第二阶段”。（《哲学问题》1985年第2期）

苏联哲学家们认为，从科学发展的趋势来看，“科学革命和技术革命融合成统一的科学-技术革命，是现代科学的基本特征之一。”（H·P·斯塔维斯卡娅《现代自然科学发展的哲学问题》，1974）由于研究对象的复杂性和系统性，因而方法论原则起到重要作用。“只有坚定地依据马列主义的方法论原理，才能对这样一些科技革命的根本性理论问题，如它的实质、主要方向、社会经济后果等给出决定性回答，并确定其基本概念和范畴。科学技术革命的科学分析不能只限于自然科学或社会科学范围内，而需要对它作深刻的哲学概括。”例如，为揭示科技革命在现代社会发展中的历史作用，有的论者认为，应遵循以下三项方法论原则：1. 要考虑生产方式发展继承性一般规律的作用；2. 要根据现阶段特征分析科学技术革命在两种对立社会制度——社会主义制度和资本主义制度发展中的作用；3. 要以科技革命在社会主义社会所出现的主要领域进步及其社会功能的预测分析为依据。

二、一些苏联学者认为，苏联科学院与捷克科学院共同编著的《人—科学—技术》一书，对于现代科技革命的实质作了充分的揭示。该书指出，现代科技革命是：1. 与人类从资本主义过渡到共产主义相联系的规律性的历史过程；2. 科学、技术及广义的生产（不仅指生产工艺，而且也包括生产的组织与管理）的根本性变革；3. 普遍实施工业化基础上所完成的变革，是工业化在更高质量水平上的继续；4. 在科学超前发展和科学日益广泛地转化为直接生产力基础上所完成的变革。该书认为，如果客观地评价目前世界上所发生的过程，就可以认为，科学技术革命是科学和技术、科学与技术的联系及它们的功能的根本变革，由此导致社会生产力结构和动力的普遍性变化；由于科学作为直接的生产力渗透到生产的各个组成部分，因此人在生产力体系中的作用也发生了变化。科学技术革命的实质反映了它为共产主义社会准备物质—技术基础，因而只有在社会主义条件下才能得到充分的实现。

苏联哲学家们认为，在科技革命发展的现阶段，可以指出它在现代社会生产过程中所表现的一系列特征；根据发展继承性的一般规律，它们与工业革命的主要特征相类似，但在科学、技术和生产的原理方面，在它们的社会功能方面，不论从数量还是质量上讲，都不同于以往。概括起来，这些特征主要是：1．与生产机械化、自动化和自动控制化相联系的劳动特征的变化；2．在一切社会生产领域内（通讯，交通运输，服务业，建筑，农业等）过渡到现代综合机械化的大批量生产；3．建立综合机械化和自动化的工业体系作为社会生产的基础。利用电子计算机控制社会生产和其他活动领域；4．科学转变为直接的生产力，建立科学—生产联合体；5．掌握与利用新的自然力(热核能，现代化学过程，电子技术，生物过程等），考虑社会经济发展中的生态问题；6．建立地区性经济联系，建立地区间、国家间的社会化劳动，使社会化劳动达到最佳经济效益；7．社会结构的变化，工人、农民和知识分子差别进一步缩小，社会主义社会的政治统一得到巩固；8．科学技术革命影响资本主义社会结构变化的特征，雇佣劳动在社会生产中的比例迅速增长，由于资本集中和政权掌握在少数极权主义者手中，导致帝国主义国家机器的壮大。

与此同时，一些苏联哲学工作者还批判了西方关于科技革命实质的各种观点。其中包括：本世纪中叶具有决定性意义的把原子能技术作为科技革命的主要图景，并据此认为原子能正决定着或将决定人类生活的几乎一切方面，唯有它才能解决当代各种复杂问题的观点（H．斯梯尔《人类愿意服务吗?》，1966）；控制论的广泛应用和电子计算机及自动化原理作用的不断增长，出现了把科学技术革命归结为控制论革命的新概念，认为控制论是世界上一切变革的起点(R．索巴尔德《抛弃的复仇》，1963)等等。苏联哲学家们指出：20世纪科学和技术方面取得的成就以及力求证明资本主义社会进步性的企图，使之出现为数众多的社会学说和理论，它们的共同性错误在于：作者们站在“技术或工艺决定论的立场上，把技术看作社会发展的决定性甚至唯一的因素，认为技术是自主的，因此社会将随着技术的进步而自动地走向更高级水平。”

三、一些论者认为，对于科技革命的实质和社会后果的解释，两者是互相联系的，它们都是马克思列宁主义意识形态和资产阶级意识形态激烈斗争的领域。他们根据列宁的思想，即随着每一次根本性技术变革而来的必然是社会生产关系的最剧烈的破坏，为了使现代科技革命充分发展，还必需对社会进行根本改造。在社会主义国家，科学技术革命的成果和社会制度的优越性相结合，使前者得到充分的、完善的发展；科技革命为社会进步服务，成为对社会根本改造的自然继续，两者的和谐统一构成社会主义发达、完善化的图景。相反，资本主义国家的科技成果应用首先服从于垄断组织的利益，资本主义需要科学，但又阻碍科学的发展。国家的规划和调节也无法消除资本主义社会固有属性所导致的矛盾。因之他们明确地指出，科学技术革命在不同社会制度国家里有根本不同的后果。

在论述科技革命社会后果时，一些论者严肃地批判了西方技术悲观主义和唯科学主义。指出它们都是片面的，理论上不能自圆其说。用外推法预测未来的方法是有限度的，"零增长"、"增长极限"、"人类生态危机"等技术恐怖症反映了资本主义制度与科学技术的进一步发展不相容；另一方面，如不从根本上改变社会制度，那么不论是"信息革命"还是"计算机革命"，都不能解决对抗性社会的矛盾。

近年来，苏联哲学工作者对于科技革命后果的评估有值得注意的进展：1985年《哲学问题》第9期社论中提出："社会主义社会里，……在规划生产力发展时，不仅要预见它的积极社会后果，而且也要预见其可能的消极后果……。尤其在当前，这种考虑尤为必要。""类似的技术和工艺进步，在不同社会条件下，不仅会产生相似的社会后果，而且也会产生相反的社会后果。这种情况对于当前和未来的全人类来说，具有根本性意义。"这种观点变化与两方面因素有关：一方面是科技革命问题的研究趋向更为广泛、深入，特别是大力探索社会—自然界间的协调发展问题；另一方面反映了近年来苏联理论学术活动的社会气氛有了某种程度的转变。

四、把科学技术革命作为广泛的社会哲学和精神文化问题加以考察。苏联哲学界认为，在现代科技革命的时代里，不仅科学技术及由此导致的社会政治、经济势态发生质变，而且还应重视人类精神生活领域的各类问题，象伦理学、美学、教育学、社会心理学及人本身的问题的研究。几年来，《哲学问题》杂志社曾为此召开多次"圆桌会议"。一些哲学工作者提出，人的问题之所以显得重要，是因为一方面主体在社会发展中的意义急剧增长，另一方面，科学技术的发展对人的生理特征和精神气质将产生强烈影响，包括积极的和消极的影响。哲学不是象一些具体学科那样从不同侧面研究人的生活规律，而应揭示人的本质及其存在的规律，特别要重视人的生物因素和社会因素的关系。

这方面的伦理学研究课题有生态学与伦理学、遗传工程与伦理学及科学技术与伦理学的关系(科学伦理学，技术伦理学，其中包括科学家、工程师的创造活动与道德责任感）等。他们特别强调科技伦理学的重要性和科学性。如弗洛罗夫和尤丁认为，科学伦理学是一门独立的研究领域，它是在科学方法论、科学社会学、科学史及其他科学学分支的紧密交叉过程中形成的。不论从何种角度来认识科学——是人类活动的特殊领域，是一种社会建制，或是一种经验和文化发展的形式，伦理学特征都是科学知识的内在附着物，因此科学伦理学是科学知识结构中不可取代的因素并且是特殊的知识形式和科学的自我认识。（《哲学问题》1985年第2期）在科技革命与伦理学关系探索的推动下，苏联的伦理学理论研究不断吸收现代科学各分支的崭新成就，把它建设成一门科学的学科。反映在美学方面，则着重探讨科学与美学、技术与美学的关系。

最后需要指出的是近期以来苏联对自然科学哲学研究的新动向。以往的科学认识论、科学方法论主要是面对自然科学中的基础学科，近年来在“科学为社会主义建设服务”、“把科学转变为直接生产力”方针指导下，许多作者转向对技术科学和工程技术活动的哲学研究。诸如技术科学的形成、技术科学发展的特点、基础科学与应用科学的关系、技术科学的哲学问题、技术结构是认识论分析的对象等一系列研究文章，如雨后春笋般出现在哲学类杂志上。《哲学问题》1985年第6、8期还分别刊登了《认识与设计》、《自然科学和技术科学革命的实质及社会文化背景》两次圆桌会议的材料。所有这些可窥见苏联哲学界为使自己的研究工作有助于本国科技事业和社会进步而努力的意图。（柯礼文）

【80年代以来美国全球问题研究】

全球问题研究主要集中于发达国家，其中美国的研究无论在深度、广度还是在规模上都是名列前茅的。美国不仅具有众多的研究全球问题的机构，如美国世界观察研究所，智力科学研究所，赫得森研究所等等，而且美国政府机构对于全球问题始终极为关注，投入了大量的人力物力从事这项研究。因此，不妨从美国政府的研究和学术性机构的研究入手，对美国80年代以来的全球问题研究作一概述。

一、美国政府的全球问题研究

1980年夏，美国政府的研究报告《公元2000年全球研究》问世。这一报告不仅集中代表了80年代的美国全球问题研究，而且标志着美国的全球问题研究进入了一个新的阶段。这一报告旨在为美国政府在今后几十年的政策制定和政策评价提供基础。报告是根据前总统卡特的指示，由环境质量委员会和国务院与其他有关单位经过三年的通力合作而完成的。报告共分三个部分。第一部分对整个报告作了概述，提出了一些主要发现和结论。第二部分是技术报告。第三部分提供了介绍政府的全球模型的技术文献。

这篇报告的主要特征表现在两个方面：1. 满足人类的需要。报告对于人类需要的现状和未来作出了极为全面的评价。它不仅探讨了解决粮食、能源以及无机物等需要的常规措施，而且探讨了解决人类的环境需要的非常规措施。报告指出，如果技术进步按照1950年以来的发展速度持续到2000年，那么就可能出现严重的资源供求冲突。也就是说，在今后几十年中，人口的增长以及人类日趋增长的需要将给全球的不可再生资源和过度使用的可再生资源带来压力。这种压力可能会削弱全球的生态能力，使之无法在2000年以后维持人类的一般福利水平，更不用说提高福利水平了。报告认为，要使人类的需要与资源供应之间达到平衡，政府必须随时变化其政策，在两者之间作出相应的调整。报告还认为，技术也是解决资源失调的一种手段。不过，技术往往在短期内提高了某些资源的使用效率和供应水平，但是从长远来看却对全球资源造成了更加严重的破坏。报告以满足人类的需要为基本前提，广泛而深入地探讨了人类的各种各样的问题，其中包括人口、收入、粮食、渔业、森林、水、非燃料矿物，能源以及环境。

2．科学预测的重要性及其在政策分析中的应用。这篇报告的另一个特点在于它发现了科学预测日益增长的重要性及其在政策分析中的使用。报告对于科学预测的力量、不足之处、目前的状况以及在人类需要研究中的应用作了详尽的研究。报告认为，通过科学预测来改进资源开发和管理的政策可以在短期内按照一种特殊的资源结构提高人类的福利水平，经过一个长时期之后甚至可以改变资源结构本身。但是，报告令人信服地指出，整个世界的科学预测能力和政策分析能力尚不能胜任今后二、三十年所面临的任务。不过过去十年的种种趋向表明，这种能力在今后十年内将有所提高。

科学预测和政策分析并不是80年代的新事物。但是，《公元2000年全球研究》对科学预测和政策分析赋予了新的意义。以往那种单纯从某一特定部门或学科的角度去进行科学预测已经不符合时代的需要了，目前所需要的是跨部门，跨学科以及跨国家的科学预测。美国80年代全球问题研究最为重要的突破恰恰在于跨越了部门和学科的界线去进行综合而全面的科学预测。因为人们已经越发认识到，资源问题很少是专门部门或专门学科的问题，单纯从某一部门的角度去解决资源问题、往往容易满足了自己而损害了他人，或者满足了一时之需却忽略了长远的后果，因而资源问题非但没有从根本上得以解决，反而会更加严重。因此，在解决某一特定的资源问题时，必须考虑到它对其他方面的影响。《公元2000年全球研究》正是在这方面作出了尝试。

令人遗憾的是，即使在美国这个全球问题研究水平处于世界领先地位的国家，跨部门和学科的科学预测和政策分析方面的进步始终是有限的。尽管《公元2000年全球研究》在这方面作出了尝试，但是它所作的科学预测和政策分析在很大程度上是从各个部门或各个学科的研究成果中拼凑而来，往往带有部门或学科的偏见。美国政府的跨部门和跨学科的研究目前仍处于一种落后的状态。然而比之更加落后的是科学预测对于跨国问题的应用。资源问题不仅跨越了部门和学科的界线，而且跨越了国界。但是发达国家与发展中国家在科学预测技术方面尚存有很大的差距。许多发展中国家目前还不具备进行科学预测所必需的数据库。这样就给跨国家的合作带来了巨大的障碍，而且这一障碍不是短期内可以消除的。所以目前的全球模型基本上只包含了某些发达国家的模型、发展中国家的成分几乎没有。

从这篇报告中可以看出，美国政府认为满足人类的基本需要将是全世界所要面临的挑战。应付这一挑战需要使用科学预测和政策分析，而最为重要的是从跨部门、跨学科、跨国家的角度去进行科学预测和政策分析。

二、美国学术性研究机构的全球问题研究 美国的学术性全球问题研究机构在美国全球问题研究中始终占有举足轻重的地位。尽管它们不去直接制定政策，但却起着极为重要的智囊团的作用。它们提出的一些意见和看法往往是政府制定政策的基础，甚至可以左右政府的决策。进入80年代以后，这些机构在全球问题研究方面同样有了新的发展。其中最有代表性的要属美国世界观察研究所所长莱姆特·R·布朗的新著《建设一个持续发展的社会》。

80年代以前，土壤侵蚀、能源危机、滥伐森林、渔业捕获量停滞以及粮食问题已经相当严重。但是无论是美国官方还是其他研究机构对此都缺乏足够的认识，认为这些只是暂时的现象。1980年，《公元2000年全球研究》的问世说明了美国官方对于这些问题的看法有了彻底的转变，认识到了问题的严重性并且开始寻找对策。正是在这种背景下，《建设一个持续发展的社会》应运而生。

这部著作综述了近几十年全球范围出现的一系列问题并且特别强调解决这些问题不能采取头痛医头脚痛医脚的简单补救办法。这样做只能对人类文明造成新的威胁。例如，用核能代替石油将导致核武器激增、政治动荡甚至自我毁灭。过分依赖于煤作为过渡燃料能使大气充满二氧化碳并使气候发生变化，从而使我们的子孙后代无法生存。这些问题所造成的压力迫使世界必须向一个持续发展的社会过渡。现在全世界各地正在进入这一过渡。关键的问题在于设法在极短的时间内制订出进行这一过渡的行动方针和远景规划。

因此，布朗从人口增长，保护四大生态系统(森林、草原、渔场和耕地)、利用可再生能源(太阳能)，持续发展社会的形态，过渡的方式，公共机构将要面临的挑战以及价值观念和发展重点的变化等方面进行了综合性的研究，初步描绘了一个持续发展社会蓝图以及达到这一社会的途径。布朗提出的种种对策和方案是否可行还有待证实，但是可以肯定的一点是他突出了跨部门、跨学科和跨国家的综合性研究。他不是就资源问题谈资源问题，而是联系到社会、经济、文化、人的价值观念以及同第三世界的关系等众多方面去谈。这确实代表了美国80年代全球研究的新趋向。

美国学术性机构对于其他全球问题同样提出了新看法。例如，在和平问题上，美国智力科学研究所所长威利斯·哈曼从心理学的角度来说明和平不再是梦幻，而是一个可以实现的目标。他认为，以前人们之所以认为和平是一个可望而不可及的目标，主要原因在于一种心理障碍。这种心理障碍一旦消除，人们会感到，经过努力，和平是可以实现的。这说明美国的全球问题研究正在试图从这方面寻找解决问题的突破口。当然有些看法只是一家之言，尚不能代表整个发展趋势。（肖俊明）

【80年代以来美国未来学研究】 美国的未来学研究，在西方未来学界占居最重要的地位，是西方未来学的窗口，素有“世界未来学中心”之称。美国的未来学研究之所以能取得这样的地位，和下列几方面因素有关：1．美国拥有为数众多的智囊机构，如兰德公司、斯坦福胡佛研究所、系统开发公司、赫德森研究所等等。它们为未来学的研究提供了哲学、数学和现代科学基础，设计了各种比较有效的定量和定性的研究方法，促进了未来学的形成和发展。2．美国的未来学研究，无论在理论研究还是在应用研究方面，都比西方各国发达，具有西方国家所无法比拟的深度和广度，研究成果比较显著。3．有实力雄厚的研究队伍。大部分具有世界影响的未来学家都集中在美国，如西堡（诺贝尔奖金获得者）、贝尔、托夫勒、康恩、麦克黑尔、阿西莫夫、米德、哈尔曼、赫尔默、戈登、林斯顿、米都斯、福雷斯特、奈斯比特等等。尽管其中一部分人已经去世，但新一代的具有影响的未来学家仍在不断涌现。4．美国的未来学研究得到了政府部门（总统科技办公室、国会、三军、政府各部），公司企业，教育界和其他各界的认可和支持，有数百个研究机构和学术团体，有比较充裕的财源和其他资源作为未来学研究的后盾。5．未来学的教育已进入美国的中、小学和大专院校，进入成人教育和其他类型的教育，具有继续发展的潜力。

80年代以来，刺激美国未来学研究蓬勃发展的原因，仍然是美国资本主义社会制度不可逆转的固有矛盾和危机。美国国内外的政治冲突、经济危机、扩军备战、失业问题和种族问题、环境的恶化、教育质量的下降，以及其他方面的日益尖锐的矛盾，和美国未来学研究的发展紧密联系在一起。为了寻求解决上述问题的途径，应运而生的美国未来学研究，把提供改良主义和针对矛盾、危机的对策，作为自己的使命。随着美国经济、社会和科学、技术的发展变化，80年代的美国未来学研究，无论在理论研究还是在应用研究方面，都呈现出一些新的特点，显示了新的趋势。

一、理论研究 尽管80年代以来的美国未来学理论研究，没有50年代、60年代和70年代活跃，也没有80年代应用研究所具备的规模，但是它仍然出现了一些值得注意的动向。

(一)重新提出未来学学科建设的问题。由于未来学是一门年轻的新兴学科，尚处于不断发展和不断完善的过程当中，因此它在许多理论问题，其中包括未来学的定义和界限问题上，并没有形成一致的看法。美国未来研究所所长R·阿马拉对此提出了新的观点。他把“未来领域”，作为“未来主义”、“未来学”的同义词和更好的替换词，并且认为当一门学科处于形成阶段时，不对它作出严格的定义和划分明确的界限，可以鼓励探讨和实验，从而促进它的发展。然而，当未来领域发展到成熟阶段，我们现在就应当开始就这一学科的定义和内容达成一致的看法。他所主张的“未来领域”，……甚至包括了“未来研究”。这种情况表明，未来学本身的建设问题，在沉默了十几年以后，在80年代被作为一个重要问题提交给美国未来学界，并且在理论研究上已经获得新的进展。“未来领域”理论的提出，表明对未来学的研究对象“未来”作了更明确、具体的区分，“未来”的三分法——可能的未来、或然的未来和可取的未来——已经发展到一定的深度。

(二)在理论和方法论的研究方面，出现了综合、整理、归纳的趋势。在80年代以来有关未来学理论、方法论和技术方法的出版物中，这种趋势得到了明确的体现。例如，它们或者归纳、整理作为产生未来形象的一种方式的科幻小说与控制论(人工智能)的联系，如S·沃里克的《科学幻想小说中的控制论想象力》(1980)；编纂有关预测、未来研究的年鉴，如M·玛利安主编的《1980—81年未来研究年鉴：趋势、预测、政策性建议最新文献指南》(1982)；或者对未来学的预测方法(系统方法、模型法等)进行收集和比较，如D·米都斯等的《在黑暗中摸索：全球模型的最初十年》(1982)和B·施华兹等的《未来研究的方法：问题和应用》(1982)等。

(三)在未来学的理论和方法论研究中，引进了更多的自然科学理论，利用它们来作为未来学的分析方法。其中，比较新颖的是量子论的引进和应用。和过去引进的系统论、信息论和控制论比较，量子论的引进具有新的特色。世界未来研究联合会秘书长、夏威夷大学政治系教授戴特认为，量子论强调的不是(由不相干的部分编织而成的)系统，也不是肯定性、有序性、结构性和静止性，它对未来研究的概念和方法的贡献在于，它“强调，世界并不是决定论的世界。相反，量子论的不肯定性、互补性、或然性和其他原则，是和‘各种可供选择的未来’而不是和‘未来’的概念极其一致的。”(《量子论和政治计划》，《不断变化的生活方式是体现新价值和文化价值的指标》，世界未来研究联合会1983年出版，第63页)他主张，未来学应当采用量子论的原则，不是去预言未来，而是去研究各种可供选择的未来。

二、应用研究 美国未来学的应用研究在整个未来学研究中居于主导地位。80年代以来，应用研究继续向纵深发展，渗透到社会预测、企事业管理、通讯、经济、教育、能源、环境与资源、粮食、住房、卫生、人的价值、生活方式、公共政策、科学技术、空间、工作、全球问题等各个领域。在各种未来学著作中，应用研究的著作占百分之九十以上。近几年来，应用研究的主要成果和基本特征是：

(一)在经济、社会预测方面，提出了一些重要理论，如J·奈斯比特的(来自D·贝尔的)信息社会理论(《大趋势——改变我们生活的十个新方向》)；A·托夫勒的第三次浪潮理论(《第三次浪潮》)等等。这些理论在美国和西方世界产生了重大社会影响。

(二)在科学、技术预测方面，应用研究主要围绕新的科学技术革命、尤其是信息技术革命进行。它通过这种预测，研究科学技术的发展趋势和发展前景，它们所产生的经济、社会和军事影响，为制定科技发展计划、发展战略和有关政策服务。《对科学技术的看法：下一个五年》(1982)、《在宇宙之中：一门开发人的智力的新科学》(1982)、《计算机犯罪：未来的浪潮》(1982)、《微电子革命：新技术及其社会影响指南全书》(1981)等著作，便是其中的几个例子。

(三)美国政府部门的应用研究开始从单纯注意国内问题，转向国内问题和全球问题并举。由美国政府组织的《公元2000年的地球》研究计划是表明这种趋势的一个典型事例。(《致总统的全球2000年报告：进入二十一世纪》，1980)此外，政府还邀请J·奈斯比特、E·柯尼什(世界未来学会主席)、D·贝尔(美国文理科学院2000年委员会主席)等先后任白宫顾问，里根邀请A·托夫勒在白宫讨论"技术与社会的未来"(A·托夫勒《后工业时代社会的政治》，《国外社会科学动态》1986年第1期)等形式，获得咨询性意见。

三、存在问题和发展趋势 尽管美国未来学的理论研究在预测方法和技术的改进和创新方面取得了较大的成就，但由于没有从哲学的高度解决未来学的逻辑起点问题，因而对研究对象看法不一致的情况将继续存在下去。这种情况阻碍了美国未来学理论研究的深入发展和完整的学科体系的形成。因而，它将在相当长的时期内，停留在"理论未来学从事所有重要预测和估计的收集、整理和协调，应用未来学集中研究计划和编制程序"的水平上。(A·伯尼施：《资产阶级未来研究的新趋势》，《国外社会科学动态》1986年第1期) (秦麟征)

【苏联的生物学哲学问题研究】

数十年前，苏联哲学界和生物学界曾对现代遗传学进行过错误的批判。在这次大波折之后，近年来，苏联在生物学哲学问题研究中已出现新的局面和取得了新的成果。

一、对理论生物学问题的研讨

苏联学者很重视对理论生物学问题的研讨，从不同角度研究了与理论生物学有关的问题：理论生物学的对象，一般生物学和具体的生物学理论的相互关系，理论和方法的相互关系，经验知识和理论知识的相互关系，在理论生物学的形式中形式方法与非形式方法的相互关系，建立理论生物学的哲学前提等。理论生物学是生物学哲学问题最集中、最前沿而又最基本的领域。

1971年12月苏联《哲学问题》杂志和《普通生物学杂志》联合召开了讨论理论生物学问题的圆桌会议。《哲学问题》杂志于1972年第3期就此发表了题为《方法论问题和建立理论生物学的道路》的长篇报道。这一期《哲学研究》是纪念列宁《论战斗唯物主义的意义》一文发表50周年的专号，组织这次圆桌会议，表明苏联生物学界和哲学界对理论生物学问题的讨论的重视和苏联为使自然科学家和唯物主义哲学家的联盟建立在科学发展的新水平上所作的努力。

对于理论生物学的对象，对于理论生物学能否成为一门独立的学科在苏联学者中存在着分歧甚至对立的意见。有人认为，理论生物学应建设为生物学认识的方法论。如A·A·马林诺夫斯基认为，理论生物学同其它生物学门类的区别不在于研究对象而在于方法，这样的理论生物学从达尔文时代就存在了。宏观进化等许多生物学问题原则上是不可能从实验上解决的。他反对那种认为理论生物学应建立关于生命对象的一般观念、给出把所有方面结合在一起的统一的一般图景的观点。另一些学者则不赞成，如Γ·A·尤盖伊认为，当我们说理论生物学是一门独特的科学时，我们指的不仅是方法而是这门科学的对象，这门科学首先以自己的对象与现有的生物学理论相区别，必须建立作为生命的一般理论的理论生物学。

苏联学者中也有人反对“理论生物学”这个概念。如A·B·雅布洛柯夫认为，理论生物学一方面同系统论的发展相联系，另一方面，它又同进化论等量齐观；既然已经有了进化生物学和系统论，为什么还需要有理论生物学呢？“生命的理论”不可能是“理论生命学”，因为全部生物科学都研究生命。

二、生命现象的哲学分析和生物学方法论问题 对立统一规律是辩证法的实质和核心。B·C·戈特和H·Д·捷宾楚科立足于丰富的科学材料比较深入地分析了从非生命向生命的转变中对称和非对称的问题。他们认为，对称反映了在事物界限内相对稳定、平衡的方面，而不对称则反映了由于相互作用中存在着矛盾的解决而绝对运动的方面，并且表现为事物存在的条件。在生物界和非生物界都存在着对称和非对称，但是非生物以对称为特征，而生物中不对称占优势。若无分子的不对称则生命过程的发展、生命的起源都是不可能的。建成生物机体的基本物质、最积极地参与生命活动的物质是不对称的光学活性物质。

Э·C·巴乌艾尔在《理论生物

学》(1935)一书中提出了稳定的不平衡原则:“只有生命系统才无时不在平衡之中,并且靠自己的自由能逆现存外界条件下物理和化学规律所要求的平衡而不断工作。”但是,P·M·艾津尼扬指出,稳定的不平衡或动态平衡原则是有不足之处的。烟草花叶病毒可以结晶,病毒晶体不会繁殖,可是一旦把这“无生命物”的晶体放入烟草组织中,病毒马上“活起来”,迅速繁殖并杀死植物。细菌芽孢可以忍受有极大破坏力的环境的作用。牛胚胎可以在-196°冷冻许多天之后重新放入母牛子宫,并且可以生出健康的牛犊。艾津尼扬认为,“进入失活状态的现象可以称为稳定不平衡的否定原则或稳定平衡原则。从辩证思维的观点来看这是正确的。“在自然界中每一事物、每一现象都有自己的对立面,自己的否定。因而“每一个正确的、但在某种程度上是单方面的科学原则都应有作为辩证否定自己的对立原则”。在生物的发展过程中,有机体服从稳定的不平衡原则的程度合规律地增长,但此增长的值无论何时也不会达到1;另一方面,有机体服从稳定平衡原则的程度在减小,但此减小的值也不会达到零。

苏联学者非常重视生物学的认识论和方法论问题,进行了多方面的研究。И·T·弗罗洛夫提出,统一的生命理论,一般地说理论生物学只有同时作为生物学认识的理论才有可能建立起来。他批评了著名物理学家N·波尔的观点。波尔认为,“生物学研究的任何结果,都不可能用不同于物理学及化学的方式来清楚地加以描述”,“生命本身的存在,不论就它的定义还是就它的观测来说,都应该看成生物学的一个不能进一步加以分析的基本假说,”(《原子物理学和人类知识》,1978)在波尔看来,理论方法同传统的生物学方法是互补的。弗罗洛夫认为,我们拥有的不是孤立的仅仅在外部互补的研究生物的方法的封闭、不动的系统,而是一个动态的、开放的、发展的方法系统,其中每一种方法都有其决定应用范围的认识论特点,每种方法都作为系统的成分而存在。弗罗洛夫还阐述了生物学认识的数学化、现代“生物学思维”的本质等问题。

历史的和逻辑的统一和从抽象上升到具体是辩证逻辑的重要原则。一些苏联学者很重视这两个辩证逻辑方法的作用和意义。有人认为,运用这些方法是解决生物学认识问题的方法论前提。(P·伊斯拉伊洛瓦《生物学的认识实现综合中的辩证唯物主义原则》,《现代自然科学的哲学问题论文集》第56辑,1984)

三、社会因素、生物因素和人

人组成了社会,人是社会存在,人的发展受社会因素的制约;另一方面,人是一个物种,人也是生物存在,人的发展要受生物因素的制约。在苏联,生物因素和人的发展的相互关系的哲学讨论曾经是一个禁区,现在,这早已成为一个为许多人所关心的研究领域了。对于生物因素、社会因素和人的哲学讨论，苏联学者从人的进化、人类遗传学、自然环境、社会环境、心理个性、教育、科学技术革命等许多方面进行了探讨，意见纷纭。但是，对于这个问题的极端重要性苏联学者是一致公认的。

著名遗传学家 Н·П·杜比宁提出了社会遗传(人类的文化传统)的概念。杜比宁认为人类的进化有四个主要的阶段：人类的前史、人的起源、现代人、人的未来问题。他说："遗传学面临的最重大的任务是保持人的遗传性，认识人的遗传程序的本质，掌握那些深处的生物学规律，教育和医学都是靠这些规律达到造成健康的、和谐发展的人的高度水平的。完成这项工作应以如下理解为基础：人的进步的质的特点是同人的社会程序的出现和发展相联系的。"(《现代人的社会的方面和生物学的方面》，《哲学问题》1972年第10、11期)。

四、无生命的自然界是否存在信息　这是一个重要而有趣的问题，是研究信息的本质时必须回答的一个重要问题。苏联学者对此有两种截然不同的观点：有些人认为信息是所有物质对象的属性，是所有无生命的物理和化学对象都有的属性；另一些人则认为，只有组成生物和社会运动形式的自控系统才有信息。信息、反映、控制是三个相互联系又各有特点的概念，对于在无生命自然界中这三者的相互关系可能持有的观点是：(1)无信息、无反映、无控制；(2)无信息、无反映、有控制；(3)无信息、有反映、无控制；(4)有信息、无反映、无控制；(5)无信息、有反映、有控制；(6)有信息、无反映、有控制；(7)有信息、有反映、无控制；(8)有信息、有反映、有控制。目前我们在文献中见到的仅是这八种可能观点中的四种：第一、第三、第七和第八种观点。А·乌尔苏尔认为："哲学家的任务在于揭示这种或那种观点形成的逻辑根据和认识论前提，并指出将其贯彻到底时导致的结果。"(《现代科学的信息问题》，1975年)

(李伯聪)

哲　学　史

【美国的康德哲学研究状况与进展】　围绕18世纪伟大的德国哲学家康德，美国哲学界正在进行着活跃、持久的研究工作。1981年为纪念康德的《纯粹理性批判》出版二百周年而举行的一系列学术活动，以及同年在美因兹召开的"第五届国际康德会议"把美国哲学界对康德哲学的研究推向高潮。

关于康德的著作，近年来争论最激烈的当属《纯粹理性批判》和《任何一种能够作为科学出现的未来形而上学导论》(以下简称《导论》)。由于《道德形而上学探本》和《导论》分别扼要通俗地阐述了康德的道德和认识论思想，它们显然分别是《实践理性批判》和《纯粹理性批判》的姊妹篇，因而在美国出现了这样一种倾向：许多注释家用《实践理性批判》和《道德形而上学探本》的关系的类比，来解释《纯粹理性批判》和《导论》的关系。美国哲学博士C·A·柯尔在《〈纯粹理性批判〉和〈导论〉的关系》(《第五届国际康德大会论文集》,1981)一文中对这种观点提出了异议。柯尔着力对《导论》的性质及其与《纯粹理性批判》之间的关系的特点予以重新考察。他认为,康德《导论》的第一个目的就是澄清和维护《纯粹理性批判》,它在年代上紧随《纯粹理性批判》,在理论上依靠《纯粹理性批判》。《导论》既可看作是对《纯粹理性批判》中一个复杂问题的某些方面进行一种有选择的X光透视,又可看作是一个大纲或一位导游,引导我们进入批判哲学的某一位置,或使我们看见整个批判哲学的性质。而《道德形而上学探本》则不同,它是一部有着自己独立职责的著作,它从属于研究和建立道德的最高原则。在《道德形而上学探本》的职责范围内,它根本用不着从属于《实践理性批判》。

在康德的著作中,人本主义思想占了相当重要的地位。在康德那里,"人是什么?"这个哲学的首要问题概括了其他问题,如:我能知道什么?我应该做什么?我可以希望什么?康德的三个批判和通俗文章合在一起就在于解决这个哲学的首要问题。美国哲学家L·W·贝克在《我们从康德那里学到了些什么?》(《康德研究》1981年第1期)一文中,通过对康德的认识论、道德哲学和美学的分析概述得出,康德的全部著作,基本上都是这个唯一主题的变种。这个主题就是,人类的精神乃是一个自主的创造者。康德对"人是什么"这个问题的答案就是人是创造者。贝克认为,康德引起了哲学人本学中的一场普罗米修斯式的革命。但他又指出了康德在这个问题上的妥协性。康德始终没有忘记,人是一种无限而又有限的存在,人所创造的世界是一种人间而又人间的世界,人不是神,但人借助于他的创造能力,人又是一个神的缩影。

与康德的人本主义思想联系密切的"自由"概念也是美国哲学界争论的焦点。美国有些哲学家认为,分析康德的自由概念应从康德区分人的双重性开始,即人既是现象又是本体或实在,现象的人是物质世界的一部分,是受自然规律制约的,但人也是"自在之物",因此人有选择的自由。人的自由是受理性支配的,人的自由只能被看作为理性的自由。在自由和道德关系上,自由是道德责任感的基础和源泉。康德的自由是主观的,他没有把自由同自由的人的行为结合起来。近年来,美国一些哲学家对康德的自由概念的研究有所突破。1981年《第五届国际康德大会论文集》中有一篇M·B·赛尔勒的《康德自由概念的几个方面》的论文,这位美国学者认为,康德的自由应分为三种:自由是一种概念即先验的自由;自由是一种事实即实践的自由;自由是一种假定。先验的自由乃是一种自我推动的因果作用,能够产生一种原始运动,但并不破坏各种自然原因的联系。先验的自由作为一种先验的观念仅仅在逻辑上是可能的,在理性之实践应用方面,为了理性之实践体系的目标，增进或获得“至善”，先验的自由之观念也是必要的。实践的自由在康德的著作中有三种意义。1．指选择意志的那种特性，从消极意义上说，这种意志的决定能够不依赖于感性的冲动，从积极的意义上说，这种意志的决定只能通过那些仅仅由理性所体现的动机。2．能够摆脱直接的感性压力之独立性，即康德所谓的“比较的自由”。3．康德心目中的那种建立在先验的自由基础上的实践的自由。这种自由如果没有先验的自由，是不能存在的。关于自由作为一种假定，康德主张，确信人类选择意志的自由之实在性，乃是一个有理性的人所必需坚持的信念，这一信念并不是从理论上被认识的命题，这种信念为真的根据纯粹是实践的。实践的理性之三个假定即自由、灵魂、上帝和自由的假定之间既有联系又有区别的，就自由的观念是道德的象征而论，是能够通过艺术间接地掌握自由的观念的。

康德的二律背反思想在其批判哲学体系中占有相当重要的地位。美国哲学界在康德的二律背反问题上一直存在着激烈的争论。近年来，V·S·威克在这方面的研究取得了较大的进展，他在《论康德二律背反的由来和解决》(1982)一书中，针对过去某些学者把二律背反的起因归结为一个历史的问题，归结为一场19世纪形而上学不同主张的冲突。他指出，企图从表面上寻求一种历史上的先例会导致对二律背反的作用与任务的误解。他认为，二律背反的起因不只是一个历史问题，更主要的是一个哲学问题。康德本人根据先验理性的本性及其对象即无条件事物，确定了二律背反的产生。在康德的体系中，无条件事物的两个规定性产生了理性二律背反中呈现的冲突。四个二律背反基本上以下面这个问题为依据:“无条件事物是无限系列的总体，还是该系列中统辖所有其他部分的那个部分呢？二律背反的由来可以归结为理性对象的两种不同意义的混淆。”(同上书，第51页)在二律背反的解决上，威克的独到之处在于他把《纯粹理性批判》和《实践理性批判》结合起来。《纯粹理性批判》中的二律背反的解决为《实践理性批判》中的二律背反的解决提供了启示，二律背反的解决的基本途径是把现象世界和“自在之物”世界划分开来。

康德对现象世界和“自在之物”世界的划分，以及他在哲学上向先验论的转变，是康德在许多问题上陷入进退两难境地的原因。康德在他的著作中对先天知识和后天知识加以区别。先天知识或是纯粹的，或是混杂的，但无论如何都不会变为后天知识。美国学者J·彼德逊在《康德在认识和真理问题上进退两难》一文中认为，康德一旦把先天知识和后天知识进行区分，就会在认识和真理问题上陷入两难推理的境地。因为先天知识和后天知识的区分迫使康德在实在论和唯心主义之间采取折衷态度。康德或断定知识可指先天知识，又完全可指后天知识；或者知识仅仅指先天知识，在他看来，后天知识不过是真实的见解或真实的信念。如果他选择前者，他就会陷入知识既在于认识对象服从于意志，又在于意志服从于对象的矛盾之中；如果他选择后者，他就会陷入真理既是知识又不是知识这个矛盾之中。彼德逊还指出，今日康德哲学历久常新，概念问题是康德哲学的基础。不重视基本概念的含义，就很难解决康德哲学中的重大问题。把康德的三个《批判》采用相互启示、相互阐明的研究方式，也将对美国对康德哲学的研究工作起一定的推动作用。

（侯西岭）

【欧洲对黑格尔早期思想的研究】 黑格尔早期著作这一提法，并不是来自他本人。所谓早期著作，除一篇外，其余的都是手稿、残篇，没有完整的东西。许多手稿虽然几经加工，但显然都不是为了发表，而是黑格尔为了廓清思想，或者改变了原有的一些想法而作的修改和补充。唯一的例外是他将一个名叫 J·卡特的瑞士律师的一篇政治文章，《关于瓦得州对伯尔尼城的旧国法关系的密信》，由法文译成德文，并在他认为重要的地方加上他自己的评论，然后，于 1788 年春季在法兰克福匿名发表。但黑格尔作为该文的译者，直到 1909 年才为人们所知。

黑格尔早期著作这一提法的由来要追溯到本世纪初著名哲学家狄尔泰和他的学生诺尔所从事的工作。黑格尔的亲属分别于 1885 年和 1889 年两次将他的所有尚存遗稿交给了当时的普鲁士王国图书馆，即现在的柏林普鲁士国家文化遗产图书馆。狄尔泰当时是柏林大学的哲学教授和国家科学院的院士。他怀着极大的兴趣读了这些早期著作，凭着他敏锐的历史眼光，他认识到这些手稿对研究黑格尔哲学思想的重要价值。于是他张榜告示，提供资金，希望有人来从事这方面研究。由于他对别人所提交的研究成果都不满意，遂决定自己亲自动手从事这方面研究。

1905 年，狄尔泰在科学院的会议上宣读了研究成果，然后整理成书，以《青年黑格尔的历史》为题，于 1907 年公诸于世。在狄尔泰的赞助和领导下，诺尔仔细读完了黑格尔遗稿中的早期作品，并将他们整理出来，又通过鉴定黑格尔的字迹尽可能地判断出了写作年代；然后以《黑格尔早期神学著作》为名，于 1907 年在图宾根出版。

狄尔泰和诺尔都认为早期黑格尔应包括四个阶段，即 1770～1788 年在斯图加特，1788～1793 年在图宾根大学，1793～1795 年在瑞士伯尔尼任家庭教师，1797～1800 年在法兰克福任家庭教师。1800 年黑格尔在他31岁时不担任家庭教师一职后，赴耶拿大学任教师，这应看作早期黑格尔的终结。这种分法一直没有人提出异议，当时人们习惯把 1770～1800 年称为黑格尔的青年时期，把他在这一阶段所写的内容庞杂、文体随便的著作统称为黑格尔青年著作。直到 1942 年，卢卡奇在他的《青年黑格尔》一书对这种分法提出异议，主张青年黑格尔阶段应一直延续到1806年，即以黑格尔在他36岁所完成的《精神现象学》一书作为这一阶段结束的标志。他的理由是，《精神现象学》是黑格尔哲学体系的导言，它标志着黑格尔思想的成熟，那么以前的作品，包括导言都应属于青年阶段，即不成熟阶段。

这场争议的实质实际是在于如何看待黑格尔耶拿时期(1801～1806)的活动和著作，具体说，是将该阶段看作青年黑格尔的终结，还是将它视为黑格尔人生旅程中的一个新起点。产生分歧的原因，在于以什么作为划分的标准。狄尔泰显然对黑格尔早期著作的内容感兴趣。黑格尔大学毕业后，不是对理论哲学，而是对实践哲学感兴趣，他想当作家或者教育家，以便对民众进行启蒙教育。因此，直到1800年，他的作品所涉及的范围主要在宗教批判、历史研究、以及社会的经济和政治现状研究等方面，没有一篇严格意义上的哲学文章。他的第一篇哲学著作发表于1801年，也正是在这一年里，他开始了自己的哲学教学生涯，从私人教师、讲师、编外教授、中学校长直到教授，从耶拿转到纽伦堡，再到海德堡，直到柏林，几乎没有间断。因此，1801年对黑格尔本人来说，具有决定性意义。

卢卡奇显然把重点放在黑格尔的哲学体系上，认为体系的形成才能代表青年黑格尔的结束和成年黑格尔的开始。他这种看法不无道理，但问题在于，难道黑格尔在将《精神现象学》一书宣布为他的未来哲学体系的导言时，就已经拥有一个成熟的理论体系吗？如果还没有写在纸上，那么至少在他头脑里就已形成了一个大概轮廓吗？从目前的研究水平来看，那种认为黑格尔在1807年就已经有了一个成熟哲学体系的说法是不妥当的。第一，黑格尔虽然从1802年开始就试图建立一个科学的哲学体系，但他当时的构思和以后在纽伦堡期间所完成的哲学体系以及在柏林期间趋于完善的体系是有区别的；第二，黑格尔本人对《精神现象学》一书在哲学体系里所具有的作用和应有的地位的看法，也是前后不一致的。研究黑格尔的专家珀格勒尔教授认为，在耶拿，黑格尔还将《精神现象学》作为通向哲学体系的入门，但以后则将它从体系中排挤出来，精神现象的任务即作为理性思辨的向导，已由理性自身承担下来。换句话说，理性不再需要精神现象学，它可以自己认识自己，自己走向科学体系；精神现象学仅从理智和历史角度揭示了升华到一个思辨的理性体系的必要性。因此，按照黑格尔著作的内容和黑格尔本人的职业意向来划分他的成长阶段，是比较妥当的。早期黑格尔致力于哲学的实践运用，其作品主要涉及神学、政治、历史等领域。从耶拿开始，他致力于创立一个新的科学的思辨体系，以便为实践哲学建立逻辑的、形而上学的理论基础，以后他终身都在为此奋斗。

黑格尔早期著作的出版可回溯到

1844年。1844年，罗生克兰茨作为第一个写黑格尔传的人，在他的《黑格尔生平》中第一次发表了黑格尔早年所写的一些文章的片断。1854年道鲁编辑出版了黑格尔读文科中学时所写的一些作文和读书摘要。1906年路奎斯把黑格尔在伯尔尼期间研究圣经所写的一些手稿以《耶稣传》为题出版。1907年诺尔编辑的《黑格尔早期神学著作》一书问世。该书基本收入了黑格尔1792～1800年期间的大部分作品，因此具有权威的地位。1909年法尔肯海门弄清了黑格尔是翻译和评论瑞士律师卡特的那篇文章的人。1913年拉松汇编出版《黑格尔的政治和法哲学著作》，其中包括黑格尔在1899年杜撰的关于德意志宪法讨论的一些手稿。以后，拉松又发表黑格尔读中学时写的一篇文章。1917年罗生茨威格发表了《德意志唯心主义的第一个体系纲领》，该纲领的发表引起了一场旷日持久的有关谁是这篇纲领的真正作者的争论。1938年荷夫麦斯特编辑出版《黑格尔发展的文献》，该书收集了一些当时还未发表过的黑格尔早期作品。1952年出版的《黑格尔书信集》刊登了29封黑格尔早年与友人来往的信件。1959年开始筹备出版一套较完整的历史评论版《黑格尔全集》。按照出版计划，第1卷包括黑格尔在斯图加特、图宾根大学以及瑞士居留期间所写的一系列作品；第2卷则包括他在法兰克福居留期间的一系列作品；第3卷收集了他在1785～1800年所作的读书摘要。第1卷目前正在编辑中，即将问世；第2、第3卷的工作因受人力、财力限制，还未开始。值得一提的是，舒勒运用字母鉴定比较法，对所有尚存的黑格尔早期手稿重新作了考查，在此基础上重新确定了每篇手稿的写作年代。1961年她把自己的研究成果写成黑格尔早期著作编年表发表。该表纠正了以前的有关写作年代的一些错误说法，并廓清了一些疑点。从那以后，人们开始对诺尔版本的准确性发生怀疑，因为诺尔常将一些文章的前后几稿不加区别地混在一起发表，因此，要想弄清他的发展过程和经历的重大转折就必须区分他就同一题目所写的底稿和以后的修正稿。60年代以后，出现了一股研究黑格尔手稿的热潮，当时的口号是："回到黑格尔手稿中去，重新拼读黑格尔"，于是一批有积极意义的成果相继问世。譬如哈马赫的《基督教精神》一书，它出版于1978年。哈马赫在柏林图书馆重新读了黑格尔早期著作中的一部分手稿，然后将它们加以整理在这本书里发表。他力求恢复黑格尔手稿的真实面目，因而去掉了诺尔给这些手稿所加的小标题。雅默专门研究了"爱"这篇手稿，他精确区分了第一稿和第二稿，将两稿以对照形式发表在《黑格尔研究》第17卷上。从总体上看，目前较为流行的黑格尔早期著作版本主要有两个，一个是诺尔版本，它一直被研究者们所引用；二是苏尔坎普出版社出版的20卷《黑格尔全集》（理论版）的第1卷。这两个版本收入的文章虽有所不同，但基本上包括了黑格尔早期的大部分重要著作。未被它们收入的作品则要通过上述的其它出版物加以补充。

黑格尔早期思想研究也经历了一个复杂的历史发展过程。人们不断意识和克服研究中所产生的片面性和偏激立场，使得研究方向和题目不断丰富和多样化。当今，研究黑格尔早期著作，就必须同时考察这一研究的历史发展过程，浏览它的著述。这一过程用六个小阶段来加以描述。

从19世纪40年代起到该世纪末，黑格尔的学生们只对成年和老年黑格尔感兴趣，而对早期黑格尔丝毫没有注意。当时青年黑格尔派和马克思主义对黑格尔的批判，都是针对着黑格尔的成熟思想，马克思那时无从看到黑格尔在1800年前未发表的作品。这一段时期只有罗生克兰茨和海谋两人例外，他们注意到了黑格尔的早期思想，分别在自己的著述里发表了一些在当时还能看到、而以后被失散了的黑格尔未发表过的手稿片断，并加上了自己的评论，因而为后人研究早期黑格尔提供了珍贵的参考资料。在这个意义上，人们常说他们开研究早期黑格尔之先河。但他们却根本忽视了黑格尔青年时代在黑格尔一生的发展中所应具有的重大意义，而将这一阶段完全看作黑格尔哲学体系建立前的预备阶段，把其中的每一思想都和以后的成熟体系联系起来加以对照和分析。

狄尔泰的《青年黑格尔的历史》一书标志着科学地研究黑格尔的开端。他第一个尝试从历史发展线索入手来研究黑格尔，因此青年黑格尔对他来说就具有重大意义。他设法对这些早期著作进行总体的、有联系的解说和介绍，其中特别注意黑格尔思想的内在联系和历史发展。但是狄尔泰的观点也不失片面之处，他把注意力集中在黑格尔的宗教思想上，而忽视了这些著作里所包含的其它一些思想。因此，他的研究虽然具有划时代的意义，但某些片面观点却影响了早期黑格尔研究的发展方向达几十年之久，直到卢卡奇在《青年黑格尔》一书中向他提出挑战。

在卢卡奇以前还有罗生茨威格、克罗勒、格罗克和海尔林等人的专著较有价值。罗生茨威格的《黑格尔和国家》一书实际完成于1912年，出版于1920年。他详细研究了黑格尔从出生到1807年所处的社会生活环境以及黑格尔在这一期间对社会和国家所持有的政治态度，着重指出了青年黑格尔所具有的经验主义倾向和广博的历史眼光，这些和他以后的思辨哲学体系形成鲜明对比。海尔林的两大厚本专著是在20世纪20年代末经济危机年代里问世的。这本书以年代为历史发展线索，把黑格尔的生平、思想和语言三者联系起来考察。第1卷主要探讨了青年黑格尔的发展。他强调指出，青年黑格尔不是一个以理论和体系为发展方向的哲学家，而是一个对实践哲学、特别是对民众教育感兴趣的经验主义者。至今没有人象海尔林那样单独对黑格尔作过这么详细的研究，但他的见解有很多是片面的、牵强附会的。克罗勒《从康德到黑格尔》一书的特色在于：他设法通过分析辩证法这一概念从康德到黑格尔的发展，介绍德国古典哲学的过程。这种从总体出发的做法，导致了许多细节的本质被歪曲。另外德国古典哲学从康德经过费希特、谢林，再到黑格尔的这一发展线索，至今已不再被人们所相信。人们认识到，除此以外，启蒙运动、狂飙突进运动、浪漫主义思潮都对青年黑格尔产生了不可估量的影响。格罗克对青年黑格尔的理解在他的两卷本的《黑格尔传》里前后的不一致，反映了他自己的思想变化，到写第2卷时，他终于意识到了青年黑格尔的巨大意义。

卢卡奇的《青年黑格尔》一书是在1938年写完的，但由于受第二次世界大战影响，直至战后才出版。他完全推翻了黑格尔早期思想研究中由狄尔泰和诺尔所开创的只重宗教思想的研究方向。他重点研究其中的政治、经济学思想，并指出黑格尔的辩证法就起源于此。卢卡奇的这一见解毫无疑问地开创了一个新研究方向。但是，如同大多数学者所提出的，他的许多看法太片面，有时牵强附会，因为他当时受法西斯主义的迫害，不可能也不愿意对被视为“普鲁士官方哲学家”的黑格尔进行全面的公正分析，所以很易忽视其中的一些进步因素。譬如他对法兰克福时期的黑格尔研究得既不够又片面，因而把这一时代黑格尔的思想发展贬之为“神秘主义、含混、不清楚。”

第二次世界大战后，早期黑格尔研究才呈现真正的生机。阿斯菲尔德、彼帕尔扎克和珀格勒尔等一方面致力于继续发展由狄尔泰和卢卡奇所开创的研究工作，另一方面又注意将两人的不同研究方向有机结合起来，以便实事求是、恰如其份地评价早期黑格尔。珀格勒尔考察了黑格尔早期著作及其意义，指出：要想明白黑格尔为什么创作《精神现象学》，就不仅要弄清他在耶拿时期的一系列哲学体系草案，而且要重新解释他的早期作品，这些作品提供了通向《精神现象学》的钥匙。除上所述外，亨利希又开创了一个新的研究方向，他着重研究早期黑格尔的本体论和形而上学的原则的新开端。这些原则是通过批评费希特而形成的。

进入70年代，人们开始强烈要求对早期黑格尔进行中立性研究，就是说，不受某种先入为主的固定观点所支配，不去牵强附会地给黑格尔贴标签，而是从哲学、政治、宗教、美学和科学理论等各个领域对他进行全面地研究，用黑格尔自己的思想来说明黑格尔。在此期间有一批新的研究成果相继问世。其总的特点是不再就早期黑格尔泛泛而论，或用某种主义加以笼统概括，而是抓小问题、做大文章。他们或者研究黑格尔早期的某一小阶段，或者早期著作中的某一篇著作，或者某一个概念在早期的形成、变化及其发展并与晚期进行对照，譬如罗帕斯道克专门研究了黑格尔对神话的看法，他把这些看法都汇编在一起，然后对他们加以详细评论。康迪里斯着重考察了黑格尔辩证法产生的问题，他把重点放在法兰克福到耶拿这一过渡时期，详细论述了赫尔德林、谢林和黑格尔的相互影响及其共同的思想发展。雅默全面研究了黑格尔和赫尔德林的友好往来，特别是他们在法兰克福的交往和思想发展的同异。他把自己的研究成果按照人类学、历史哲学、政治、经济学、宗教和美学等几个方面作了细致的分类介绍。

总之，黑格尔早期著作的出版和黑格尔早期思想的研究是互相影响、互相推动的。由于一些史料的失不复得，有很多问题看来不可能搞清楚。即使是对目前所有史料的研究工作，也不是完全搞透彻了，还值得进一步研究。从根本上来说，只有从早期黑格尔出发，才能理解晚期黑格尔；也只有将黑格尔早期著作和晚期著作相联系，才能真正发掘前者的积极意义。

（张　慎）

【苏联关于哲学史研究对象的讨论综述】 苏联一向比较重视哲学史的研究工作，特别是对西方哲学史的研究，30～40年代已写出了三卷本的哲学史著作（由亚历山大洛夫等主编），但是哲学史研究工作的进展却经历了曲折坎坷的过程。20～30年代，随着意识形态领域的斗争和斯大林“左”的思想的影响，特别是在对德波林及其学派的批判之后，苏共中央(包括斯大林本人）对哲学史的正常研究工作，进行了干预，这方面的表现之一是，从批判德波林把马克思主义辩证法和黑格尔辩证法混同起来到批判亚历山大洛夫、贝霍夫斯基、米丁和尤金等主编的《哲学史》第3卷，指责它“没有足够地批判德国唯心主义及18世纪和19世纪初德国哲学家的民族主义思想的反动的社会政治方面”，乃至到1947年发动了对亚历山大洛夫《西欧哲学史》一书的全面批判。

《西欧哲学史》一书于1945年出版，获斯大林奖金，曾得到苏联哲学界的普遍肯定和好评。但是，日丹诺夫根据“德国古典哲学是对法国革命和法国唯物主义的‘贵族的反动’”的指导思想，指责《西欧哲学史》既没有一个总的确切的定义，又没有党性原则，缺乏科学性和创造性，犯了客观主义和美化剥削阶级思想家的错误。日丹诺夫给哲学史下的定义是：“科学的哲学史，是科学的唯物主义世界观及其规律的胚胎、发生和发展的历史，那末，哲学史也就是唯物主义与唯心主义斗争的历史。”(《关于亚历山大洛夫著〈西欧哲学史〉一书讨论会上的发言》，第4～5页)这个定义把丰富复杂的哲学史简单化了，否定了唯心主义作为哲学史发展环节的意义以及唯心主义哲学体系中所包含的合理的因素。

此后，哲学史的研究工作进行得极其缓慢，甚至处于停滞状态。委托亚历山大洛夫主编的哲学史一直未能问世。但是，日丹诺夫的定义实际上也并未被遵循。50年代初，关于哲学史的定义又出现了两种倾向：一种是把哲学史的对象扩大化，把哲学史看作是“关于整个世界观点的体系”，是“一幅世界的科学图画”，即整个精神文化史；（亚历山大洛夫主编《辩证唯物主义》，第1～5页）另一种则把哲学史归结为认识论和逻辑，即归结为关于思维及其规律的科学。这两种观点都曾受到批评。哲学史研究的沉闷状况一直持续到1955年。

1955年《哲学问题》编辑部发表《提高哲学史研究的思想理论水平》社论，开始承认“对于外国的文化和科学的成就，同时对于西方哲学思想史……相当普遍地采取同样错误的、虚无主义的态度。否定过去创造的一切宝贵东西的虚无主义立场，实质上是庸俗化和取消派的立场”，“这是对文化、科学和技术的发展，对哲学的发展采取反历史观点的表现，是拒绝既不美化也不丑化历史而是客观地真实地阐明历史这一马克思列宁主义的要求的表现。”（《哲学问题》1955年第3期）1956年，苏联哲学界对哲学史的对象问题又开始了讨论，对日丹诺夫的定义提出了不同意见。恰洛杨提出《苏联各民族的哲学和社会政治思想史纲》沿用日丹诺夫的定义是不正确的。他认为，“把哲学史归结为唯物主义史，从而从哲学史中删去了所有的唯心主义，然而如果不通晓唯心主义的历史，也就不会有完整的哲学史，也不会对唯物主义史有正确的认识。哲学史不仅是唯物主义和唯心主义斗争的过程，而且是一个派别跟着另一个派别上升的过程，是一个派别吸取另一个派别所取得的成果而丰富的过程。”（《哲学问题》1956年第6期）

1957年出版了敦尼克等主编的《哲学史》第1卷，该书在导言中对日丹诺夫的定义作了修正，提出“科学的哲学史的对象是：社会各阶段上的哲学思想的发展史，首先是哲学的基本派别即唯物主义和唯心主义孕育、形成、发展以及它们相互间的斗争的历史。”而且“也包括辩证法和形而上学孕育、形成、发展以及它们相互间斗争的历史”。（《哲学史》第1卷，第2～3页）德夫楚克对上述的定义作了解释和发挥。他强调，哲学史的对象是存在和认识的一般规律的各种哲学概念的历史发展，包括各不同哲学体系的思维方法的形成和发展过程，并直接批评了日丹诺夫的定义。（《哲学史的若干方法论问题》，《哲学问题》1959年第11期）

1962年出版的《哲学史》第6卷中承认30～40年代斯大林个人崇拜的影响曾是哲学史研究的一个重大障碍。特别是在1947年哲学讨论会以后，对康德、费希特和黑格尔哲学的片面否定，使辩证唯物主义脱离了它的理论来源，从而导致了它的贫乏化，造成一切都企图从生产关系的结构中引伸出哲学思想的发展，而不考虑哲学是受社会历史、思想理论所制约的，是相对独立的认识现实的特殊形式，是同科学和其他社会意识形态相联系的。日丹诺夫在对待哲学史的态度方面，也表现出某种片面性，没有考虑到在哲学史中正象在其他科学中一样，问题涉及的是对客观真理的继承性的认识，断言马克思主义以前的全部哲学“决不能成为实践上影响世界的工具，也决不能成为认识世界的工具”，似乎过去各种哲学体系的创造者是“不能帮助自然科学发展的”。因此，作者认为，日丹诺夫的定义没有强调哲学史过程的认识本质，有些话还限制了哲学史的对象，把哲学思想的发展仅仅用唯物主义学说联系起来，低估了唯心主义体系中的辩证法的价值。

1962年，《苏联哲学百科全书》给哲学史的对象下了一个新的定义：“哲学史这门科学的对象是人类在其历史的不同阶段的哲学思想的产生和发展，是关于存在和思维一般规律的学说的历史，首先是哲学的两个主要派别——唯物主义和唯心主义——的形成、发展和相互斗争的历史，以及与之密切联系的辩证法和形而上学的形成、发展和相互斗争的历史。”（《哲学百科全书》第2卷，1962年俄文版第376页）这个定义把日丹诺夫定义的核心部分否定了。

1965年，日丹诺夫的定义又受到进一步的批评，波格丹诺夫和约夫楚克在《关于苏联哲学科学发展的阶段》一文中指出：“日丹诺夫给哲学史的对象和任务下的定义是片面的，没有揭示出哲学史过程的认识本质，也没有赋予哲学史中的继承性以应有的意义”，从而“引起对一些唯心主义思想家在哲学史的作用估计过低。”（《哲学问题》1965年第8期）

70年代开始，苏联哲学界进一步扩大了哲学史对象的范围。Б·格里戈里扬提出，哲学史除了首先被看作是两个基本哲学派别形成、发展和斗争的历史外，还应该“被看作是人对世界和自身存在的理论认识的历史”。（《关于人的本质的哲学》，第26页）奥伊则尔曼提出，要把“哲学的发展看作是科学哲学史的对象”，哲学史可以规定为“形成——发展”公式。（《哲学史和社会思想史的方法论问题》，1977年俄文版第156页）

奥伊则尔曼和希帕诺夫编写的《简明哲学史纲》则从认识论角度为哲学史下了定义，他们提出：“作为科学的哲学史，过去和现在一向是研究各种哲学学说的产生和发展，这些学说对哲学的各种问题给与这样或那样的解决，对于存在和认识的普遍规律给与这样或那样的、唯物主义或唯心主义、辩证法或形而上学的解释”，作者认为，“既然哲学是认识现实的一定的特殊形式，是以逻辑范畴、哲学概念和理论来反映的，哲学史也应研究最重要的认识范畴的孕育，形成和发展。”（同上书，第8页）

80年代，这种认识论的倾向有所增强。1984年，A·雅科夫列夫在《解释作为哲学史方法论的问题》中认为，“哲学作为一种社会意识形式，在其演变过程中有相对的独立性，因此可以说，在这方面哲学有自己的历史，它是自身的再现和发展。然而要再现，它就需要——在自己存在的每一个新的圆圈里——在自身中重复和表现出那些在以往圆圈中曾存在过的问题和思维。如果这种情况不发生，即如果这些问题和相应的思维过程不发生，那么文化的传统就会中断。哲学史就是表现为保持和再现思维的机制。因此哲学史的职能就在于使哲学思维中产生问题的状况得到恢复，指出解决这些问题的思维本身”。(《哲学问题》1984年第8期，第76页)

3·卡缅斯基在《作为历史编辑学和作为科学的哲学史》一文中也强调哲学史作为认识史的意义，他提出："哲学史首先是哲学知识发展的客观过程，即使之在哲学思想和哲学体系中客观化的历史的哲学过程。"但同时"哲学史也是使这种过程通过客观地描写和分析在意识中再现，即通过语词和历史编辑学来再现"。卡缅斯基把前者称为"客观的哲学史"，把后者称为"认识论的哲学史"。卡缅斯基还具体地论述了作为历史编辑学即认识论的哲学史的内容和意义。(《哲学问题》1984年第11期)

总起来说，苏联哲学界关于哲学史对象的讨论大体有以下几种观点：(一)本体论观点，即把"存在"本身作为哲学研究的主要对象，或者说"哲学的对象就是绝对的无条件的存在"。因此哲学是关于自然界、人类社会和思维的普遍规律的科学，哲学史也就是关于世界、实体等观念更替的历史；(二)逻辑认识论的观点，即研究人类的思维逻辑(特别是辩证逻辑)和认识过程，"反映人类思维中存在的普遍规律"。哲学就是关于这种反映的特殊科学。哲学史也就是关于"存在在人类思维中的反映的普遍规律"的观念的更替；(三)哲学社会学和活动的观点，即研究社会、人们之间及其对自然界的关系的学说的哲学基础，这种观点的哲学对象与社会学的对象一致，哲学史也就是关于作为生命活动的社会生活观念的更替；(四)综合的观点，即哲学是一种特殊的认识世界的形式，是关于存在和认识的最一般观点的体系，首先是关于思维对存在、精神对自然界的关系问题，哲学史也就是研究存在和认识、思维对存在、精神对自然界的关系的过程。(M·热日诺夫《哲学史上的哲学对象》，1981年俄文版，第53～60页)

苏联哲学界在哲学史的研究工作方面，60年代以后有了较大的进展，特别是70～80年代以来成绩较明显，出版了许多具有学术价值的哲学史著作，除以上提到的外，还出版了《苏联哲学史》(五卷本)、《辩证法史》(五套，1971～1978)、《简明哲学史纲》(1960-1981共出四版)、《哲学和社会思想史的方法论问题》(奥伊则尔曼，1977)、《辩证唯物主义与哲学史》(奥伊则尔曼，1979)、《辩证法、逻辑、科学》(利普宁)、《哲学史中哲学的对象》(热日诺夫，1981)、《哲学的开端》(1982)、《黑格尔通向〈逻辑学〉的道路》(瓦西里耶夫娜，1984)，等等。

但苏联哲学界在哲学史的研究方面仍然存在着缺点和消极方面，由于把哲学史和现实生活、特别是政治斗争的任务联系起来，而"对历史的哲学知识采取一种看风使舵的态度”,使人们怀疑它的科学性，不能给予社会中意识形态的斗争以有益的影响；在哲学史著作中有公式化的倾向，使得哲学史的著作变得彼此相似，把一些思想家变成孪生兄弟。(索克洛夫《哲学史中的党性和历史主义》,《哲学问题》1968年第4期)苏联哲学界有人认为敦尼克等主编的《哲学史》就有类似的缺点。苏联哲学界有人批评这部著作模糊了哲学思想历史发展的逻辑，把哲学思想发展的逻辑淹没在历史的哲学的细节之中，它不能给人们以科学的理论思维和制定科学的理论思维范畴，它主要讲述发生在某时某地的思想生活中的各种事件；还有的人批评它没有全面、深刻地把历史上各个时期和所有国家的思想家都包括进来，没能提供全世界哲学思想发展和斗争的历史图景，等等。(科普宁《辩证法、逻辑、科学》,第271页)

(王永江)

【瑞典的中国哲学研究】 瑞典的汉学研究,始于高本汉教授(*Benhard Karlgren 1889～1979*)以及他对历史语音学和语言学的开创性研究。哲学问题虽不是高本汉的研究中心，但他的语言学研究和对先秦典籍的翻译，对理解中国的古代思想无疑是具有重要意义的。他的最后一本著作是《老子》的英译本(1975)。

瑞典传教士 E·福尔克(*Erik Folke 1862～1939*)在20年代曾首次将道家经典《庄子》和《道德经》译为瑞典文,介绍给瑞典读者。

A·亨利克森(*Alf Hennriksson*)和黄祖瑜(*Hwang Tsu-Yü*)合作，于1949年曾将《论语》译为瑞典文。1952年，他们还将另外的儒家典籍译为瑞典文。

G·马悦然教授(*Göran Malmqvist*)从语言学的角度对《谷梁传》和《公羊传》作了分析和注释。这位高本汉的学生目前是瑞典汉学界的领袖。他还通过对《春秋繁露》的作者的语言，哲学思想的分析，给瑞典的《春秋繁露》研究打下基础。马悦然教授通过语言分析，认为《春秋繁露》不是董仲舒所作(《公羊·谷梁传研究》,1977)。

马悦然的弟子们目前已开始了对中国哲学和思想史的研究。戴安理博士(*Henri Day*)根据日本竹内实编辑的《毛泽东集》,将毛泽东解放前的著作译为英文。T·罗多弼博士(*Torbjörn Lodén*)则从事戴震哲学思想研究，并将戴震的《孟子字义疏证》译为英文。龙德(*Bertil Lundahl*)目前正结合先秦的思想背景,完成有关《韩非子》的哲学思想的博士论文。班大为博士(*David Pankenier*)正研究“天命”概念的演变。L·罗斯博士(*Lars Rayvald*)则研究解放以来中国文学观的现状。1978年，他发表了题目为《文艺理论家和批评家姚文元——中国日丹诺夫主义的出现》的博士论文。夏谷(*Göran Sommardal*)正在做以中国传统文学概念形成为题的博士论文。

在瑞典隆德大学，G·斯约赫姆博士于1982年发表了有关墨子的博士论文：《读〈墨子·天志篇〉（上中下）》。

在哥德堡大学，黄祖瑜将公元前4世纪佚名典籍《尹子》译为英文。

除汉学家以外，杰出的政治学家，C·A·赫塞勒教授专攻瑞典政治和思想史。退休后，他开始对中国政治思想的研究，近年出版《君子之乡——古代中国政治思想》（1979），对原始时代到宋末的中国政治思想史进行研究。目前他正在写这本书的下篇。（T·罗多弼 *Torbjörn Lodén*）（渊　明译）

【芬兰的中国儒学研究】　在芬兰，中国研究是一个十分年青的学科。1949年以前，有关中国的历史材料大部份是驻中国的芬兰基督教新教传教士们所写的报告。中华人民共和国成立后，两国的关系很快实现了正常化，(1951)，在50年代和60年代曾进行了小规模的留学生和研究人员的交流。"文化革命"使这些交流中断，1973年交流在正常的基础上重新开始。

现已有两篇博士学位论文表现出对中国知识界历史的关注。

1. P·尼基拉（*Pertti Nikkilä*），《从论语的术语看早期儒家及后继思想：I·苏秦和荀卿的术语》，（《东方研究》第53辑，赫尔辛基，1982年，第275页）赫尔辛基大学神学学位论文，《儒家和基督教思想比较》。

2. K·郎蒂南（*Kanko Laitinen*）《中国晚清的民族主义研究：反满宣传家章炳麟》（东京大学社会学系，1985）。这篇论文研究了反满主义特点和章炳麟的人格。

还有其它的研究工作和几部著作正在准备中。P·塞帕拉（*Pertti Seppälä*）正在编辑一本道教手册。并且他也和T·O·豪塔里（*Tauno-Olavi Houtari*）在筹备编辑一部中国历史和文化的手册。

此外，H·霍伦（*Harry Halén*），在赫尔辛基大学亚非研究系，分类整理和编制在芬兰使用的有关中国的资料索引。W·考普兰（*Willian Copeland*）在赫尔辛基大学的政治史系讲授有关中国的课程。在土库大学，M·西卡（*Marita Siika*）正在从事于中国政治史的研究。　（考柯·凯费宁 *Kauko Caifinen*）（张敦敏译）

【日本研究中国宋明理学近况】　战后40年来，日本学者对中国哲学研究的视点集中于新儒学即宋明理学。

一、日本学者研究宋代哲学的近况　日本战后第一代学者研究宋学的情况与战前相比，具有以下三个特点：1. 战前的儒学研究、朱子研究，往往被国家主义所利用。战后虽然部分地保留了朱子学做为正统思想的观念，但更多的是从思想史的角度，根据实际资料叙述朱子学的形成过程及其内部的逻辑结构。2. 战前的宋学研究，对朱熹以外的研究对象，多偏重于周敦颐、程颢和程颐。战后，则发展到对北宋五子的邵雍和张载等人的研究。3. 与战前相比较，还有一些学者视五子以外的道学系统的士大夫为研究对象。如冈田武彦对胡宏和朱熹的思想关系作了详细的论述;佐藤仁对李侗、朱松、刘子翚等人以及有关朱熹的父亲及其老师的论考等。战后第二代学者对宋学研究,出现了三个新动向:

第一是从前被看作是居于辅助位置的《朱子语类》的资料价值,现在已被重新重视起来。这方面的研究者很多,代表作有:三浦国雄的《朱子》(1979)和山田庆儿的《朱子的自然学》(1978)。前者根据朱熹的书信和《语类》,记叙了他的弟子和友人之间的交往及朱熹的日常生活。后者通过分析整理《语类》的片断记述,在批判继承安田二郎关于"气"的研究的基础上,从宇宙论、天文学、气象学各个方面重新构筑了朱熹"气"的自然哲学。吉川幸次郎和三浦国雄的《朱子集》(1976)是《语类》的抄译和细微的注解,对日本学者研究朱熹是很有意义的。

第二是对朱熹思想研究向多样性开拓。如从朱熹与佛道二教关系以及朱熹的文学观、历史观、经学观各个角度进行研究。关于多样性研究的著作,可列举几例:从道教和"气"的方面研究朱熹思想的论文有三浦国雄的《朱子与呼吸》(1982)和《气数和势——朱熹的历史意识》(1984),吾妻重二的《朱熹有关〈周易参同契考异〉》(1984)和末木恭彦的《阴符经考异的思想》(1984);从佛教方面研究朱熹思想的论文有柳田圣三的《佛教和朱子的周围》(1976);关于朱熹文学观的论文有冈本不二明的《语言和身体——朱熹的文学论》(1979),小南一郎的《朱熹〈楚辞集注〉考》(1981)等;关于朱熹哲学思想的著作有大滨皓的《朱子的哲学》(1983),如果说此书找到了朱熹从理气的合与离两个方面把握事物的思维方法,那么佐野公治的《朱子经书学的构造——四书学的成立》(1984)则阐明了这种思维方法贯串于朱熹对经书解释的始末这一观点。关于礼学方面的论文有上山春平的《朱子的〈家礼〉》和《仪礼经传通解》(1982);关于史学方面的论文有石田肇的《唐仲友觉书》(1975),衣川强的《朱熹和唐仲友》(1980),吉原文昭的《陈亮其人和生活》(1980)。

第三是把宋代儒学做为整体来研究。关于北宋五子和朱陆以外的人物和思想,从前没有作为主题从广义的道学系统来研究,现在,一方面研究了他们之间的相互关系,另一方面也考查了他们本身的思想,发表了不少填补思想史空白的论文。如:久须本文雄的《宋代儒学的禅思想研究》(1980)对周、张(载)、程、朱、陆(九渊)等人与禅家的交往情况进行了论述,市来津由彦的《吕大临的思想》(1980)置吕大临为张、程两学体现者之地位;关于程门的杨时,有土田健次郎的《杨时的立场》,论述了杨龟山在扬程抑王中的作用。南宋时期,对朱熹思想形成有影响的是胡安国的胡南学。关于胡氏哲学研究的论文有福田殖的《胡安国小论》(1982),高畑常信的《胡氏知言和朱子的批判》(1974)等。在陆学研究方面,也出现了一批专论。这些论文有牛尾弘孝的《杨慈湖的思想》(1975)，石田和夫的《关于钱融堂》(1976)，近藤一成的《道学派的形成和福建》(1980)及福田殖的译注《陆象山文集》(1972)。其中《道学派的形成和福建》从史学领域，分析了道学系统士大夫的经济思想，这是值得注意的。总之，日本学者近年来在宋学研究上出现了一个新倾向，即注意到了儒释道三教虽然在表面上相互排斥、相互批判，但支撑三教的思维结构和“气”的世界观是共同的。

二、日本学者研究明代哲学的近况　明代哲学的主角是阳明学。关于阳明学的研究，在日本哲学界影响较大的学者首推岛田虔次。他的《中国近代思维的挫折》(1949)一书放眼于宋明清哲学，解析了明代后期的王阳明——泰州学派——李贽的思想及其行动，揭示了近代思维的萌芽。它不仅对思维结构进行了逻辑性的分析，而且把驱使他们行动的原动力做为思想来论述。这是以前明代哲学研究中未有的一个很大的特色。它不仅影响了研究中国哲学的学者，而且也影响了中国史学家。如果说岛田开拓了日本和中国的近代儒学思想研究的新世界，那么与之相峙，楠本正继的《宋明时代儒学思想的研究》(1962)则继承了传统的学风，他的这部著作至今仍被评为研究宋明哲学的古典名著。楠本门下人才济济，如冈田武彦、荒木见悟、佐藤仁、福田殖等。其中冈田的《王阳明与明末的儒学》(1970)以明末儒学为主题进行了完整的阐述。荒木见悟的《佛教与儒教》(1965)，对楠木著作中很少涉及的佛教思想进行了深入研究，把贯彻于华严、园觉、朱子、王阳明等人思想之中的“本来主义——现实主义”做为研究的一个角度，对他们的思维构造进行了详密的剖析。现在，《中国近代思维的挫折》和《佛教和儒教》被日本学者视为研究中国宋明思想史和哲学史的两部必读书。倘若把《佛教与儒教》做为荒木研究明代哲学的原论，那么以下三部书则是他深入研究的展开:《明代思想研究——佛教和儒教的交流》(1969)、《明末宗教思想研究——管东溟的生涯及其思想》(1979)和《阳明学的发展与佛教》(1984)。此外，他的《佛教和阳明学》(1979)也是明代思想概论的优秀著作。荒木见悟的研究特色在于他正确地评价了近代思想领域中佛教思想所起的历史作用。他把朱子学、阳明学的思维结构与佛教禅宗进行了比较，由此扩大了明代思想研究领域，展示了明代思想的丰富内容。

与岛田和荒木相殊，山井涌提出了“气的哲学”。他把宋明哲学分成三类:朱子“理”的哲学，王阳明“心”的哲学和“气”的哲学，由此提出了宋明理学的思维结构和系谱。其研究成果收录在《明清思想研究》(1984)一书中。另外，研究明代哲学的专著还有志贺一郎的《湛甘泉的研究》(1980)，《湛甘泉的学说》(1984)和松川健二的《宋明的思想诗》(1982)。有关明代哲学研究的论文有:福田殖的《陈白沙思想的性格》(1981)，佐野公治著的《周汝登的四书学》(1980),《关于题为‹青云堂›的明代末期的四书》(1980)等。这些论文摆正了四书在明末思想史中的位置,成为别具风格的研究成果。除此之外还有吉田公平关于吴康斋、王阳明、王一庵、李见罗的论文。他的《王阳明关于‹朱子晚年定论›》(1982)分析了朱陆论争,《利玛窦的有关‹天主实义›》(1981)进行了西欧基督教和中国神观、人性观的比较研究。

从上述可以归纳出日本学者对明代哲学研究的四个特色:其一是岛田虔次的著作提出的"近代思维"概念,即从政治、社会、思想史的角度对宋明理学进行综合性的研究。这在研究界引起很大反响。其二是楠本正继及其学派有力地证明了本质性的理解是至关重要的。其三是冲破了以前"明学即阳明学"的框框,将明代思想研究领域拓宽至佛教、道教和基督教,并在研究中打破了"教"学的框框,开始研究零星的思想家。其四是对于宋明理学不再象过去那样只作为实践伦理来研究,而是作为伟大的文化遗产,作为历史研究的对象来对待。在这种新思想指导下,日本学者对中国新儒学的研究必将出现新气象。 (李甦平)

【日本的安藤昌益研究近况】 安藤昌益是18世纪日本杰出的唯物主义者。由于他哲学上的唯物主义和思想上强烈的反封建性质,他的著作被视为"谋反"的书。在他死后,他的名字、思想连同著作,被埋没了100多年,直到1899年才被狩野亨吉博士重新发现。

战前,虽经狩野亨吉、渡边大涛、永田广志、三枝博音、丸山真男、羽仁五郎等学者从不同角度进行了研究和评论,但在当时,由于受到法西斯主义思想的压抑,对昌益革命思想不可能作系统深入的研究。战后,昌益研究有了发展。1950年诺曼的《被遗忘的思想家安藤昌益》(日译本)出版,把昌益思想称为"农本民主主义",对他的唯物主义及"互性活真"的辩证法思想,给以极高的评价,使得更多的人了解了昌益的思想,这对战后日本思想界产生了不小的冲击。家永三郎、平林康之、逆井孝仁、西尾阳太郎、尾藤正英、奈良本辰也、安永寿延等学者发表了众多的著作。他们从哲学、社会、经济、文学等各个角度,对昌益的唯物论、自然法思想、社会思想、革命思想及和平思想、乌托邦思想等进行了研究。在此期间,昌益的主要著作被收入《日本哲学思想全书》《日本古典文学大系》《近代日本名著》《日本的思想》等书中。昌益在日本思想史上的地位越来越得到大家的公认。

进入70年代,昌益研究进一步活跃起来,1974年是标志昌益研究大转机的一年。这一年青森县八户市图书馆编辑了有关昌益研究的文献目录索引,东京开办了寺小屋安藤昌益讲座,千叶县创办了《季刊昌益研究》,秋田县发现了昌益晚年的有关资料,并涌现出了一大批新的昌益研究者。这在日本哲学思想史上是空前的。此间,安永寿延、寺尾五郎、石垣忠吉、三宅正彦、野口武彦、石渡博明等人发表了众多的著作和论文。这时出版的《日本思想大系》《日本名著》分别收录了昌益的著作及新发现的资料。从1982年开始出版《安藤昌益全集》，为昌益研究揭开了新的一页。

目前日本已经出版有关安藤昌益的原著、专著及论文近千种，其中有近600多种是进入70年代以后发表的。这些著作及论文的观点和新资料大致可分为以下几个方面。

一、生平的新发现 关于昌益的生平，至今还是个谜。在50年代，有生于1703年（野田说）及1707年（羽贺说），出生于江户（羽贺说）及秋田（奈良本辰也说）的不同看法。1974年秋田县大馆市在为编辑市史所进行的调查中，发现了《石碑铭》、《掠职手记》等资料，并在二井田村岩松山温泉寺发现了昌益的墓及“过去账”（灵簿）。据此，有人认为昌益远祖世代为秋田二井田村半农半士世家，在他之前一、二代发生了变化，地位下降，家族“离散邻国、他国”。40岁以前的经历尚不清楚。40岁以后，他在八户（青森县）当“町医”（乡村医生），并从事写作。55岁昌益只身回到故乡二井田村，一面从事写作，一面在乡里宣传唯物论思想。此间，昌益的门人曾于此集会，研究实践昌益的思想。1762年昌益病故于二井田村。1764年二井田村的农民为了纪念昌益，为他建立了“守农大神确龙堂良中先生”的石碑。官府追究此事，村民们进行了斗争，最终石碑被迫打碎。这样，对昌益晚年的活动较为清楚了，但整个生平，终究还是个谜。

二、关于昌益思想的发展阶段

寺尾五郎将它分为早、中、晚三个时期。50岁以前为早期，已经形成自己特有的唯物主义理论，主张五行说和无神论，重视物质的运动和联系的辩证方法。对《易经》中的不可知论和神秘主义进行了批判。通过对传统医学的批判，建立起自己的新医学和自然哲学。站在劳动者立场上，对封建社会作了激烈的批判，表现了“社会正义派的革命气概”。《自然真营道》（刊本）是这一时期的作品。50～55岁为中期，这时的思想特点是从对《易经》的批判扩大到对整个儒学、佛教和其它传统学说的批判，比初期更富于战斗性。所关注的问题从自然转移到社会，从初期的“社会正义派”变成“对封建社会全面的、激进的批判派，更进一步向革命派发展。”从物质的运动和有机联系中看到了矛盾，提出了“二别一真”的概念。《统道真传》和《自然真营道》（稿本）的1～10卷是此期的作品。55～60岁为晚期，这时昌益思想更臻成熟，更加富于战斗性。在理论上抛弃了以前的“五行说”，以“四行说”（以“土”来统率金、木、水、火）为基础重新构思他的体系，把人类和自然、人与人之间揉成一个纲，统一思考自然哲学和社会哲学。提出了“互性活真”的概念，完成了他的辩证法理论。《自然真营道》（稿本）的35～37、24、25、大序卷是此期的作品。从“刊本”——→《统道真传》——→“稿本”反映了昌益思想发展、成熟的过程。这就纠正了过去认为“刊本”是从“稿本”中摘录较温和的部分辑成的说法。昌益死后,“稿本”由他杰出的门人神山仙确秘密转移到外地,最后编辑、誊清而成。这也纠正了发现的“稿本”是昌益亲笔本的说法。

三、对昌益思想的新评价　对于昌益思想传统的评价是“一种社会主义”、“农本共产主义”(狩野亨吉);“倡导以农为本的共产主义”(渡边大涛)。战后,对他的评价有褒有贬。进入70年代,一批研究者认为:战后的昌益研究,虽然从文献学角度来说取得了很大的进展,但在观点方面反而比战前倒退了;忽视了“农本共产主义”和“互性活真”的辩证法等积极因素,较多地重视其消极方面。这些研究者对昌益的评价愈来愈高,观点愈来愈新,并与当前社会问题结合较紧。主要的评价有下面几个方面:

1. 关于昌益哲学的社会基础。他们认为,“昌益的思想是百姓的思想”,“他是农民思想家”,“他把当时劳动农民的喜悦和悲哀思想化,把他们的自尊心和愿望高度理论化,充分代表他们的利害和意向。”“他是被压迫者的哲学,生产阶级的诗人,农民的天才。”(寺尾五郎《关于安藤昌益的存在和思想与现代的关系》)

2. 认为昌益哲学是“以土为基础的唯物论哲学”。昌益是“以土为万物本源的唯物论者”。(寺尾五郎《先驱安藤昌益》)三宅正彦把“活真之土”译成现代日语为“根本实在”,就是现代哲学上独立于感觉之外的客观存在的“物质”概念。

3. 认为昌益“互性活真”的思想方法,展开了前人从未达到的辩证法的逻辑。“它是黑格尔《逻辑学》之前50年,日本农民产生的‘大逻辑学’。是毛泽东《矛盾论》之前150年,日本人头脑中的‘矛盾论’”。(寺尾五郎《关于安藤昌益的存在和思想与现代的关系》)

4. 认为昌益关于自然世──→法世──→自然世的思想,“概括和展望了无阶级社会──→阶级社会──→无阶级社会”的过程,“理论内容接近马克思,形成了独特的辩证法和唯物史观,……并且是在比马克思早100年的封建制度下的日本”。(寺尾五郎《先驱安藤昌益》)

5. 与当前日本存在的社会问题相联系,认为昌益“确实是妇女解放思想的先驱”,“他是最早认为妇女能顶半边天的思想家”;认为昌益在德川时代就主张“完全废除军备”;他们把昌益“人食谷为粪,谷食粪结实,谷与人互食常也”的思想看作是强调自然界生态的良性循环,称“昌益是生态学的先驱,日本最早的环境保护论者”;他们还将昌益主张把“自然真营道”推广到中国和印度等国,看作是“一种世界革命的观点”。(寺尾五郎《关于安藤昌益的存在和思想与现代的关系》)

当然,持相反观点的也不乏其人。上述这些观点,虽然不免牵强附会,但是与当前存在的社会问题联系起来进行研究的趋势,是值得我们重视的。

目前日本专门研究安藤昌益的学术团体“安藤昌益研究会”，有会员200多人。《季刊昌益研究》是专门研究昌益的刊物，主编泉博幸。该会出版的《安藤昌益全集》（全21卷）即将出齐。它将把日本及世界各国的昌益研究推向一个新阶段。（王守华）

【美国的皮尔士哲学研究近况】在美国，对皮尔士哲学的研究一直久盛不衰。自30年代以来，有关皮尔士(*Charles Peirce*)哲学的最重要的研究著作有：比勒(*Buehler*)的《皮尔士的经验主义》(1939)、菲布尔曼(*Feibleman*)的《皮尔士哲学引论》(1946)、古奇特(*Goudgt*)的《皮尔士的思想》(1950)、马费(*Marphey*)的《皮尔士哲学的发展》(1961)。自80年代以来，对皮尔士哲学的研究更加全面、深入，对皮尔士哲学的历史发展、本体论、认识论、上帝观和科学哲学都有高质量的研究专著。从下述几本书的内容中，可以看到80年代以来皮尔士哲学研究状况的大致面貌。

K·阿佩尔(*Karl Otto Apel*)的《皮尔士：从实用主义到实效主义》(1981)一书提出，在这个动荡变化的世界里，最为迫切的哲学问题就是去发现理论和实践的中介。有三种哲学思潮——马克思主义、存在主义和实用主义都企图解决这一哲学问题。在东方，马克思主义通过使个人服从于集体来统一理论与实践；在西方，出现了个人与集体的分离，在公众事务中所奉行的是实用原则；而存在主义的原则则控制了个人生活。皮尔士哲学的最大贡献之一就是创造并发展了一种理论与实践相结合的方法，既可以克服整体主义的教条，又可以避免个人与集体的分离。以往的研究者对这一贡献都未给予应有的重视。阿佩尔在最后一章中强调指出，无论是大陆的、还是英美的哲学家都应该研究：一种理论与实践的辩证综合是否可能。

阿佩尔追溯了皮尔士60年哲学生涯的思想发展，将其分成四个主要时期：

1．1855～1871年：皮尔士与传统：从对知识的批判到对意义的批判；阿佩尔分析了皮尔士的《新的范畴表》(1867)、在1868年的《思辨哲学杂志》上发表的论文、以及在《北美书评》上发表的书评。这一时期形成的“意义——批判的实在论”直到他哲学的最后时期也仍是他的“实效主义”的中心。

2．1871～1883年：意义的起源：批判的实用主义；阿佩尔重点研究了皮尔士在《通俗科学月刊》上发表的系列文章。在这些文章中，“实用主义箴言”第一次得到表述。阿佩尔认为，这种意义标准的表述既肯定了赖特(*C. Wright*)的实证主义原则，又没有完全陷入实证主义。

3．1883～1893(1902)年：从实用主义到进化的形而上学；皮尔士试图为他的论点“现实是可以认识的，这种认识需要一个无限长的过程”作本体论的证明。这主要见于他发表于1890年《一元论》杂志上的一些论文中。在这些论文中，他对一些基本概念作了本体论的说明，并且认为宇宙通过连续性（规律、规律性）的中介从纯粹可能性的非决定性发展成现实的决定性。

4．1893(1902)～1914年：从实用主义到实效主义；在晚期，皮尔士力图把他自己与詹姆士的实用主义观点区分开。阿佩尔列举了皮尔士1903年在哈佛大学的关于实用主义的演讲以及1905至1906年在《一元论》杂志上发表的文章，作为说明。

R·阿尔芒特(*Robert Almeder*)的《皮尔士哲学批判导言》(1980)著作，对皮尔士的认识论作了前所未有的系统研究。首先，他考察了这样一些重要而又存在着分歧的问题：怀疑——信念、意义、可误论、真理、终极观点、共同感觉。阿尔芒特认为，皮尔士的认识论与他的连续性的本体论既有一致，也有背离；皮尔士的理论提出了科学与共同感觉的合理综合，但是，他没有给出令人信服的理由，使人相信科学研究将无限地继续下去。阿尔芒特认为，皮尔士的认识论学说对于经验主义传统中各种唯心主义的现代形式(蒯因、古德曼、普特南)来说，无异于一剂有助于健康的解毒药。

阿尔芒特还考察了皮尔士关于外部世界存在的论证以及外在性的标准，考察了皮尔士有关知觉问题的研究。阿尔芒特认为，说皮尔士在认识论上是现象主义和唯心主义都是缺乏根据的。皮尔士的哲学是认识论的实在论和客观的唯心主义的结合，但他未能始终一贯地坚持这一点。

J·埃斯波西托(*Joseph L. Esposito*)的《进化的形而上学：皮尔士范畴理论的发展》(1980)一书，对皮尔士的形而上学作了批判的、历史的研究。埃斯波西托不赞成传统的观点，即皮尔士的哲学是由关系不密切的两个部分——认识论和形而上学构成的；同时，他也不赞成说皮尔士的思想发展的方向是从认识论到宇宙论。他认为，皮尔士象亚里士多德、莱布尼茨、康德、黑格尔一样，是一位有着完整本体论的系统的哲学家。

埃斯波西托追溯了皮尔士范畴理论的最早的表述，以及第一次将这些范畴运用于逻辑学和符号学。这些范畴不仅影响了皮尔士后来形成的实用主义，而且影响很大。皮尔士早期形成的范畴理论对他成熟期的客观唯心主义和实效主义也产生了相当大的影响。以范畴理论为核心的进化的形而上学贯穿了皮尔士哲学的始终。

在D·奥林奇(*Donna Orange*)的《皮尔士的上帝概念——发展性的研究》(1984)中企图回答三个问题：(1)皮尔士的上帝概念是什么？(2)它是如何发展的？(3)这一概念怎样与他的科学哲学结合起来？奥林奇按照时间顺序考察了皮尔士在各个时期对上帝概念的看法。在皮尔士看来，上帝是理性或理性化的产物，是进化过程中的理想结果。作为美学理想的至美、作为伦理理想的自我控制的行为、作为逻辑理想的真理，都可以叫作上帝。因此，上帝是人格的、无限的、绝对的，它是所有的美、权力和思想的创造者。奥林奇认为，皮尔士把宗教术语和哲学术语看成是同一对象的不同符号，这是正确的。真理、至美、理想化以及上帝都是相对于不同场合的经验的不同方面。

在奥林奇之前，也有不少的研究者注意到皮尔士关于宗教的思想是其哲学体系的一部分。但他们大都把注意力放在皮尔士晚期发表的《关于上帝实在的否定证明》(1908)上。奥林奇用大量已发表的和未发表的材料证明，从大学时期起，皮尔士就开始对宗教问题感兴趣。皮尔士一直都在探索关于上帝或无限的本质、关于宗教概念的认识形象这样一些问题。

《皮尔士科学哲学和数学哲学研究》(1979)是一部研究论文集，共有30篇论文。这些文章从各个角度对皮尔士的科学哲学和数学哲学进行了独到而深入的研究。文章的涉及面很广，有生物学、历史学、数学、科学、哲学等等。编者在序言中说，通过阅读这些文章，皮尔士的知识之渊博、思想之深邃便可略见一斑。从皮尔士的科学和数学研究中，从皮尔士深刻的哲学思想中，便可看出，皮尔士一直站在他所处的时代的科学和哲学的前列，并常常超越了时代。

《"你知我的方法"：皮尔士与福尔摩斯之比较》(1980)这是一本很别致的书。作者认识到科学研究与侦探工作有许多相同之处，对最伟大的侦探——柯南·道尔笔下的福尔摩斯与伟大的逻辑学家——查理·皮尔士二者的方法进行了比较研究，其中特别注意了不明的(回归的)推论方法——即"天才地猜想"的作用。福尔摩斯很好地运用了这种方法，但对方法本身却缺乏研究；相反，皮尔士在运用上不及福尔摩斯，但却从理论上、逻辑上对方法进行了细致的研究。在皮尔士看来，对现实世界的研究都不是纯演绎的，总是包含着三种推论：不明推论、演绎、归纳。这就对福尔摩斯的"方法"从逻辑上进行了证明，对科学研究也很有启发。这种"理智的猜想"并不是纯动物式的直觉，作为一种推论形式，它是由理性来控制的。（朱国均）

【苏联近年对现代西方哲学的研究】 苏联对现代西方哲学的研究和批判工作，经历了以下几个发展过程：

一、逐步克服在现代西方哲学研究中的教条主义 十月革命后直到第二次世界大战以前，苏联学术界基本上未把现代西方哲学当作研究对象。二次世界大战后，特别是批判亚历山大洛夫《西欧哲学史》之后，才开始注意研究现代西方哲学，但那时的目的在于批判和与之作斗争。尤其在斯大林"左"的思想影响下，把所有的西方哲学流派都简单地加以批判和痛斥，如把新实证主义、新黑格尔主义、新康德主义、唯意志论、现象学、马赫主义、生命哲学、实用主义等流派都一律称之为"帝国主义反动派的哲学"，是"科学和进步的敌人"等等。这种情况一直到1955年仍无变化。罗森塔尔、尤金编的《简明哲学辞典》第四版，基

本上重复了上面的一些观点。

苏共20大以后，苏联哲学界才逐步发生变化，对西方哲学的研究和批判工作有了一些改变。苏联理论界明确指出“杜绝死啃书本”和“克服教条主义”的问题，并在《哲学科学》杂志上对现代资产阶级哲学的研究和批判工作展开了讨论（1961～1963）。由发表保加利亚科学院哲学研究所鲍利卡洛夫的《现代唯心主义的一般特点和对其批判方针》一文开始，着重讨论了批判现代资产阶级哲学方法论的问题。纳尔斯基和斯利沃尔佐夫的《批判现代资产阶级哲学的迫切问题》一文对讨论作了总结。文章认为，斯大林时期批判现代资产阶级哲学的工作，总的来说是正确的，但并不总是深刻的和有说服力的；给被批判者往往贴上这样或那样的标签，对所有现代资产阶级哲学流派都以思想腐朽、反动没落称之，而对它们的整个哲学体系和所提出的新的论据却缺乏言之有据的驳斥，或者用列宁对马赫的批判来对付新的流派。苏联哲学界认为这次讨论是有益的。

此后，苏联对现代资产阶级哲学的研究和批判工作大体上是从克服斯大林时期存在的缺点方面进行的，并加强了对现代资产阶级哲学的研究活动和出版工作。每年都有批判现代资产阶级哲学的论文和专著发表。同时，召开和参加了国际上举行的有关哲学会议。例如，1964年11月在莫斯科召开了“马克思主义与存在主义哲学讨论会”；1968年讨论了现代资产阶级思想家伪造马克思的问题和逻辑实证主义在评价伦理和实践之间的相互关系方面的问题；1972年召开了“苏捷批判法兰克福学派”的专题座谈会；1973年参加了在瓦尔纳（保）召开的第15届世界哲学会议，讨论了资产阶级哲学的基本观点；1974年召开了全苏高校报告会，批判存在主义的道德教育观；1975年参加了在波兰召开的“马克思主义对现象学的批判和P·英加尔登(*Pomar Ingargen*)的哲学”会议。

这个时期讨论最多的问题是：关于西方哲学的评价问题，即现代资产阶级哲学中有无“合理内核”的问题；关于研究批评现代资产阶级哲学的方法论问题(包括阶级分析问题)；关于西方哲学发展趋势的问题。

二、开始研究现代西方哲学中某些有价值的理论问题 苏联哲学界认为，应该肯定现代西方哲学中包含着“合理内核”，因为有“许多唯心主义哲学体系，由于反映了客观现实的某些方面，尽管是以非科学的形式反映的，却能够包含而且确也包含着‘合理内核’。”（米丁《哲学史和历史哲学》）苏联哲学界对一些现代西方哲学流派也提出了看法，认为新实证主义在认识论上的活动是围绕着现代科学的真正问题进行的，这些问题要求以辩证唯物主义观点作出回答；新实证主义注意的方法论问题“抓住了现代科学的需要”。结构主义的方法“促使人类学变成了一门严格的科学”，“揭示了秩序性和规律性以及人类知识的积极性最隐秘表现的某些规则的属性”(П·Н·基利波夫);实用主义把人类活动问题当作哲学的主要原则作了充分的研究,在最大的程度上对人的积极行动及其结果作出了应有的评价(Ю·К·梅里维里);存在主义哲学家萨特提出了人的自由和责任的不同方面的问题,等等。

但总的来说,苏联哲学界对现代西方哲学“合理内核”的肯定比较笼统,而且到了60年代末,即1968年捷克斯洛伐克事件以后,对现代资产阶级哲学的批判又有所加强,认为现代资产阶级哲学的主要倾向是反科学的。1978年出版的《现代资产阶级哲学》一书认为,现代资产阶级哲学家们之所以能提出一些值得注意研究的问题,那是因为他们的阶级正在为自己在两种制度的对抗和科学技术革命条件下的生存而积极斗争;有的哲学家之取得某些成果,不是作为哲学家,而是作为具体学术领域的科学家,而且不应当认为现代资产阶级哲学家提出的问题都是值得注意的。

在方法论问题上,经过1961~1963年关于“内在”批判法的讨论,苏联哲学界强调把社会经济和阶级分析、历史比较、哲学和自然科学的关系以及“内在”批判(即逻辑分析)的方法结合起来,服从党性的统一目标,并提出分析和批判资产阶级哲学时应注意的问题。

在阶级分析上,苏联哲学界改变了把一切资产阶级哲学流派都统称之为帝国主义反动哲学的“左”的简单说法,认为“资产阶级哲学也不是铁板一块”(纳尔斯基·斯利沃尔佐夫),由于垄断统治集团的形成,使中等阶层和小资产阶级的利益受到威胁,出现了一些激进的资产阶级知识分子,哲学界在政治立场和哲学观点上发生了分化,“资产阶级和小资产阶级的某些代表人物逐渐看到了资本主义不可避免的崩溃,开始向进步的方面转化。”(梅里维里《现代资产阶级哲学的问题和方法》,《哲学问题》1979年第9期,第115页)苏联哲学界认为,现代西方哲学流派的哲学基础可分为三种情况:(1)资产阶级的:如新托马斯主义、新实证主义、结构主义,其中有的公开站在反动资产阶级一边(新托马斯主义),有的标榜是超阶级的(新实证主义)。(2)中小资产阶级的:如存在主义、法兰克福学派、人格主义、美国的自然主义。他们认为,存在主义“从20年代起在西方就吸引了相当广大的居民阶层,尤其对自由的小资产阶级知识分子就更有吸引力”(索洛维约夫);法兰克福学派是“马克思主义在小资产阶级意识中的反映”的形式之一(奥伊则尔曼);法国的人格主义“在很大程度上反映左翼天主教小资产阶级知识分子的观点”;美国的自然主义哲学超出了资产阶级的哲学范围(博戈莫洛夫)。(3)公认的资产阶级哲学也发生了变化,或其中有一部分思想反映了下层劳动群众的要求:如实用主义,“它充分地反映了美国市民的利益、情绪和世界观”(梅里维尔);新托马斯主义由于“批评社会不平等、阶级和种族歧视，因而在某种程度上反映了天主教教徒中广大劳动群众的情绪”(格列科夫)；新弗洛伊德主义由于有时描绘出资本主义制度的“社会弊病”，也吸引了西方的反叛的知识界，首先是青年人。不过，苏联哲学界认为，尽管现代西方哲学流派的阶级基础是复杂的，但它们仍属于资产阶级意识形态的范畴，因而仍把它们统称为资产阶级哲学是理所当然的。

三、注意研究现代西方哲学中出现的几种新的发展趋势 从70年代末起，苏联哲学界认为，由于资本主义危机进一步加深和尖锐化，社会主义制度的胜利，劳动人民摆脱资本主义剥削取得成就，自然科学的普及，马克思主义哲学威望的增长以及对资产阶级的批判取得成效，资产阶级哲学的危机也日益加深了。西方哲学出现了这样两种新的发展趋势：

一种趋势是资产阶级哲学家们竭力不把自己说成是唯心主义者，避免批判唯物主义，甚至还打着唯物主义的旗号。如萨特宣称自己是唯物主义者(历史唯物主义)；科学哲学家巴施拉尔提出“合理的唯物主义”；神学家舍纽声称坚决拥护“方法论上的唯物主义”；除结构主义，许多哲学流派把自己的诡辩和相对主义观点说成是辩证法，他们表示自己的哲学更接近于马克思主义(波宾斯基)，萨特甚至宣称马克思主义是我们时代的哲学，只有在马克思主义的基础上才能取得发展，法兰克福学派甚至说他们才是真正的马克思主义者。另一种趋势是现代资产阶级哲学各流派之间出现了互相接近和融合的情况，如新实证主义和存在主义以各自的方式力图回答同样的问题，因而“在体系上和结构上都可以发现许多共同点”(别基阿施维里)；新托马斯主义和存在主义也是如此，新托马斯主义说在旧约和新约中已经包含了非理性主义和存在主义的世界观，“现代存在主义被看作是基督教世界观的代表”。(库兹米茨卡斯)

鉴于上述情况，苏联哲学界提出：1974年以前把西方哲学分为“科学主义”和“人文主义”两大类不妥。因为这两类对科学及其功能的解释在很多方面都是相同的，而且这种分类会“转移人们对于哲学中真正阶级力量配置的注意”；(《现代资产阶级哲学》，1978)再者，这两类也容纳不了所有的学派，有的流派如宗教存在主义又可以同属于两类。(梅里维里《现代资产阶级哲学的问题和方法》，《哲学问题》1979年第9期)因此，苏联哲学家们提出对于现代资产阶级哲学的研究和批判，不应一个一个地孤立地进行，而应综合起来按问题进行研究和批判，着重研究各流派的共同问题以及他们对待这些问题的态度。A·Ю·梅里维里还提出三个方面的问题：对待马克思主义的态度问题；对待资本主义的态度问题；关于人的问题。

从80年代开始，这种综合性的研究和批判越来越多，发表了许多论文和专著，例如：П·С·古列维奇的《资产阶级的意识形态和群众意识》(1980)、A·B·帕宁的《辩证唯物主义和新实证主义》(1981)、A·Ю·梅里维里等的《反文化和“新”保守主义》(1981)、Г·С·霍津的《现代全球性问题(资产阶级观念批判)》(1982)、Н·А·邦达尔丘克的《批判现代资产阶级的辩证法观念》(1982)、Ю·К·梅里维里的《20世纪资产阶级哲学的道路》(1983)、В·И·沙姆舒宁的《资产阶级政治哲学方法论基础批判》(1985)、О·П·沃尔科果诺夫的《对资产阶级未来观的批判分析》(《哲学科学》，1984年第4期)等等。Б·Т·格里戈里扬的《西方资产阶级的现实状况》(《哲学问题》1985年第1期)和И·С·弗多维娜等的《批判地分析现代资产阶级哲学》(《哲学问题》1985年第12期)很有代表性。这两篇文章充分反映了苏联哲学界80年代以来研究批判现代西方哲学的状况和趋势。

格里戈里扬在他的文章中通过对西方哲学基本流派进行回顾性研究，揭示出一系列重要倾向。他以“科学主义和反科学主义:相反相成”、“给形而上学恢复名誉的途径”、“试图克服非历史的和反进化主义的基本立场”、“寻求完整的哲学世界观”等题目概述了西方哲学的现实状况。格里戈里扬认为,原来对立的哲学派别,如新实证主义和存在主义开始互为补充，出现了相反相成的现象,“当代唯心主义的最新形式是在资产阶级基本流派分解和聚合的基础上形成的”。他引证W·斯台克谬勒的看法,认为“这些不相同的流派中已经或者正在发生明显的接近过程”,“流派之间原有的对抗有了一些缓解，也导致产生了许多有局部意义的观念”,出现了“类似”思想家的一些集团,他们或者围绕讨论某个问题、围绕一场争论联合起来，或者以与哲学本身无关的另外的方式联合起来。(《西方资产阶级哲学的现实状况》)过去，西方哲学以反形而上学为其基本原则，而现在西方哲学的最新现象和观念的许多特点都是在修正反形而上学的立场过程中形成的。新实证主义由于这种变化(或进化)，导致产生了说明当代资产阶级哲学和科学方法论性质的各种概念。在“科学实在论”和“科学唯物主义”产生和传播的情况下，唯物主义倾向在或明或暗地复兴和发展，这是当代西方思想发展中的一个积极因素，因为它本身包含着形成更彻底的和更辩证的唯物主义形式的某些前提和趋势。西方哲学在努力修正和弱化非历史主义和反进化主义的哲学研究方法，复兴各种哲学的历史主义和进化主义，从而也大大改变了现代西方哲学的面貌。科学哲学开始把注意的中心转向科学发展的规律性问题。一些主要流派都以各自的方式提出和解答某些共同性的理论和方法论问题，制定和确立某些总的哲学世界观立场。

И·С·弗多维娜等在《批判地分析现代资产阶级哲学》一文中，从“现代全球性问题”、“社会哲学”、“历史哲学和历史方法论”、“哲学史批判工作的方法论”等许多方面，总结了苏联1981年以来批判现代资产阶级哲学所取得的一些成果，并作出了分析和评论。И·С·弗多维娜等同意格里戈里扬的现代西方哲学各流派开始互为补充、互相接近因而应按问题进行批判研究的这一总的看法。他们认为，"今天应当进行批判研究的是一些主要的问题或思维方式，而不仅仅是传统意义上的一些流派或学派"；西方哲学由于发生危机出现了积极的倾向，有了一定的进步。他们提出，苏联著作界应当"采取探讨问题的态度来研究和批判西方各国的现代哲学"；要把解决问题过程中有价值的东西同"毒草"区分开来。他们根据苏联哲学界研究的结果认为，现代西方哲学在"寻找摆脱出路时，时而也有正确的和有意义的提法，有时含有辩证的甚至是唯物主义的因素，否认这些因素的价值就会陷入偏见的幼稚病，违背马克思主义的党性原则和客观性原则；英美哲学中"科学唯物主义"提出的一些论点，对于辩证唯物主义和马克思主义认识论来说是极其重要的；也可以把分析哲学的方法应用于社会领域；把解释学的方法应用于社会学、管理理论和实践；结构主义的方法也具有很大的科学意义；拉丁美洲的"解释神学"也包含有马克思主义因素，等等。

因此，И·С·弗多维娜等强调，"同资产阶级哲学的论战不能仅限于对资产阶级哲学的答案作纯肯定的评价。现代唯心主义以歪曲的形式所表现出来的现实生活和科学的问题，应当成为我们正面考察的对象，而且要从马克思列宁主义的哲学立场出发使其得到恰如其分的阐释。马克思主义批判分析现代资产阶级哲学方面的研究，是辩证唯物主义哲学领域全部积极活动的一个不可分割的有机组成部分。……非常重要的是，对现代资产阶级思想和学说的批判，应当以积极地、创造性地发展社会科学和马克思列宁主义理论为依据。"(《哲学问题》1985年第12期，第35页)

弗多维娜等人的这些主张，无疑地反映了苏联哲学界对现代西方哲学研究和批判的新的认识，表明苏联哲学界对现代西方哲学的研究进入了一个新的阶段。 (王永江)

【阿拉伯哲学教育简况】 阿拉伯哲学在阿拉伯国家是文科高等院校的重要课程。在西方国家一些大学的哲学系、伊斯兰与中东系和宗教系也开设这门课程。

根据埃及开罗大学知识学院教学规划规定："阿拉伯哲学教育的目标是继承阿拉伯文化遗产，培养和提高学生理性思维能力，进一步掌握和发展伊斯兰教思想。"

埃及开罗大学文学院哲学系开设的课程如下：一年级：希腊哲学及其史料，伊斯兰哲学入门，心理学，社会学。二年级：亚里士多德以来的希腊哲学学派，伊斯兰教神学及神学家的原著，形式逻辑，伦理学，美学，中世纪的西方哲学。三年级：17、18世纪的近代哲学，伊斯兰教东、西方的哲学家及其原著，近代逻辑学，政治哲学，伦理学及伦理问题。四年级：19、20世纪的近现代哲学，伊斯兰教苏非派哲学及其原著，形而上学，伦理学与伦理价值，历史哲学。

从以上课程安排上可以看出阿拉伯哲学教育内容的广泛和丰富。它包括了西方近现代哲学、古希腊哲学，然而最主要的特点是与伊斯兰思想紧密相联。因为阿拉伯哲学的产生体现了阿拉伯思想发展的阶段和规律。阿拉伯人从最初的盲目信仰、绝对服从到产生疑问、继而用理性解释和论证宗教，其间又受到古希腊哲学思想的影响，形成各种学派和学说。

当代的哲学教育依然保留着历史发展中的这些特点。在教授西方哲学和其它基础课的同时，仍然以阿拉伯思想为主题。社会哲学、历史哲学、政治哲学也是以教授阿拉伯的社会、历史、政治哲学为主。例如：贝鲁特美国大学阿拉伯文学及伊斯兰思想学科在教授社会哲学方面，主要依据著名阿拉伯哲学家伊本·赫尔东、伊本·西那、法拉比和“精诚同志社”的理论。认为他们的思想和活动是阿拉伯社会哲学的开端。把人类社会的发展解释为原始社会、现代社会和理想社会三个阶段。只是在谈到他们受希腊思想影响的时候才讲到柏拉图理想国的理论。又如：在伦理学方面，主要讲授蒙昧时期阿拉伯人由半岛生活环境决定而形成的性格特点和行为道德，在伊斯兰教诞生后教法所规定的道德准则，以及在神学争论中关于道德基础和道德标准的问题。在此基础上讲授古希腊思想中的伦理哲学。如：苏格拉底、柏拉图和亚里士多德的美学学说。所谓伊斯兰教思想中的道德，是指把希腊哲学的原理同伊斯兰教原则结合的结果。在伊斯兰伦理学研究中比较有价值的著作是阿巴斯时期著名思想家阿布·阿里·哈津(迈斯凯维)的《道德修养》一书。他的研究有阿拉伯式的原理，伊斯兰教式的精神，希腊式的纲领和程序。使阿拉伯伦理学成为一种调合的哲学。

阿拉伯哲学教育的主要特点还在于有伊斯兰教的色彩。埃及伊斯兰研究学院教授的伊斯兰教哲学及苏非主义哲学科目繁多，内容详尽，主要讲授伊斯兰教精神生活的产生、发展及其意义，苏非主义与苏非派别，苏非主义思想的特点，苏非主义与哲学的关系。伊斯兰哲学主要讲授伊斯兰思想的起源，伊斯兰思想与其它各种文化的交融，伊斯兰各派哲学学说的主要倾向，以及近代伊斯兰教思想的革新运动等。在开罗大学知识学院哲学系的学士、硕士生研读科目中就包括有伊斯兰哲学和苏非主义。该院图书馆内仅有关伊斯兰哲学和逻辑学、心理学的图书有三千册左右。

另一方面，许多大学的教授、专家和学者在从事哲学教育的同时，还开展阿拉伯哲学的研究工作，如：黎巴嫩的凯麦勒·亚兹，加米勒·萨里巴，尤哈那·古麦尔，埃及的伊布拉欣·麦德库尔，扎基·纳吉布·马哈茂德，法塔希·奥斯曼，伊拉克的亚信·哈利勒，哲阿法尔·亚信，突尼斯的麦哈鸠布·本·米梁德，利比亚的欧默尔·穆罕默德·西巴尼等，都是当代阿拉

伯哲学教育与研究方面的专家。他们论著的内容主要有阿拉伯哲学史，阿拉伯思想意识形态，阿拉伯思想革新的几个方面。（王俊荣）

逻辑学　伦理学　美学

【80年代苏联现代形式逻辑研究】 80年代以来，苏联逻辑学界的现代形式逻辑的研究工作，大致从纯粹逻辑、逻辑应用和哲学问题三方面进行。

一、纯粹逻辑方面的研究　这个领域的研究大致沿着四个方向发展。

(一)标准逻辑系统的建立和研究，尤其是谓词演算及其语义学，研究得最充分，推进这个方向研究就是以这二者为重要环节的。这个方向研究有两个趋势：(1)力图使逻辑形式系统接近于日常推理方式，这具有重要的认识意义和教学方法意义；(2)随着科学研究大量应用现代计算技术，需要建立足够简捷的寻求证明的算法。这同上述趋势密切相关。

(二)发展非标准逻辑系统，以扩大逻辑的表达能力和丰富推理手段。主要研究和发展了模态逻辑和相关逻辑。探究模态(必然、可能、不可能)、义务模态(应当、允许、禁止)以及认识表征和时态表征等在逻辑结构上的共同性，利用模态逻辑的概念概括这些不同的逻辑系统，并对它们应用共同的研究手段，并揭示了模态逻辑可运用于许多数学分支乃至程序设计。相关逻辑的研究方面，研究了已有的相关逻辑系统的形式表征和内容解释；给它们构造了语义学，用自然推理技术表述了相关逻辑系统，以及证明了某些相关逻辑系统的可解释性。此外，还研究和发展了超直觉主义逻辑和算法逻辑等。

(三)建立具有新量词的逻辑演算和具有所谓无限长公式的演算，它们能比标准逻辑更好地精确表达自然科学和数学中的命题。这个非标准逻辑方向实际上也是致力于扩大逻辑的表达能力。

(四)研究了自然语言的逻辑。自然语言作为构造和传递信息的手段，对于理智把握世界、科学和日常交际，都具有重要意义。这方面研究主要有四类问题：(1)把现代形式逻辑尤其是内涵逻辑的方法运用于自然语言研究所取得的新成果和前景，以及这种研究对逻辑理论和工具发展的影响；(2)逻辑语义学运用于自然语言研究，这有助于弄清实际思维的内在结构，提高自然语言形式化的有效性；(3)自然语言研究中，逻辑方法和语言学方法的相互关系；(4)语言、思维和社会文化三种结构的相互关系。

二、逻辑的应用　现代形式逻辑，从根本上来说，是一种科学认识的工具。在这个意义上，科学逻辑是它(以及辩证逻辑)的应用研究的延长。不过，这个研究领域已经不是一般的应用研究，而已成为独立的学科。纯粹逻辑的一般应用，其研究大致沿两个方向进行。

(一)现代形式逻辑应用于哲学研究作为逻辑分析工具。现代形式逻辑的应用范围已从数学、经验科学向更广阔的领域、尤其是向哲学研究扩展。现代形式逻辑手段，如形式化、理想化和抽象等都可以应用于研究哲学上的重要问题，例如真理 价值、因果性、时间、必然性等范畴。现代形式逻辑的作用是使这种研究达到精密。不过，在哲学研究中，形式逻辑的手段带有局部的、辅助的性质，用它研究的仅仅是认识过程的个别方面。

（二）现代形式逻辑研究的新成果及时付诸应用。这方面可以提到，模态逻辑和内涵逻辑应用于分析方法学和伦理学系统；算法逻辑不仅应用于理论程序设计，而且还应用于对概念和人类行动的结构的研究；符号逻辑系统运用于人类实际思维之本质特征的研究，比如揭示了推理过程不是以直线方式进行，而是具有树状结构。

三、逻辑学的哲学问题 这方面的研究，大致从三个方向进行。

（一）现代形式逻辑作为形式逻辑之发展到符号逻辑阶段所带来的哲学问题。总的来说，这就是现代形式逻辑同哲学的关系问题。这里，尤其重要的是现代形式逻辑成果的哲学意义。例如，它们对于揭示认识过程的意义。另一方面，也研究哲学对于解决现代形式逻辑内部问题的意义以及逻辑规律的特征问题。

（二）现代形式逻辑的特点在于这个知识领域发生大分化，形成许多相对独立的分支：相关逻辑、模态逻辑、算法逻辑、时态逻辑、或然逻辑、评价逻辑、多值逻辑、超直觉主义逻辑等等。这种“离心倾向”导致逻辑学家们只埋头于自己研究的专一狭隘领域。因此，有必要把各个“基本的”和“外国的”逻辑理论和学说紧密结合起来，以便给处于整合之中的现代科学提供坚实的方法论基础，而为此，研究逻辑学的哲学问题，便成为紧迫的任务。这方面的主要研究课题有：逻辑与现实的关系、逻辑规律的本质和逻辑形式的特点、语言和逻辑的关系、逻辑分析方法的观念、逻辑知识的理论模型的观念，等等。

（三）探讨现代形式逻辑同辩证逻辑的关系。这方面的意见大致可归结为两点：(1) 辩证逻辑和形式逻辑有不同的研究对象，应当把形而上学而不是形式逻辑同辩证逻辑对立起来。(2)象任何别的科学一样，形式逻辑的研究不可能不使用辩证逻辑。同样，辩证逻辑问题的解决也应当建立在现代逻辑成就的基础之上、 （周昌忠）

【苏联对辩证逻辑的研究】 苏联从20年代起，就开始了对辩证逻辑的研究。在60年代以前，苏联理论界基本上停留在根据黑格尔的《逻辑学》、马克思的《资本论》、恩格斯的《自然辩证法》、列宁的《哲学笔记》等著作，对辩证逻辑与辩证法、认识论三者一致的原理，对辩证逻辑的对象和性质，以及对经典作家有关辩证逻辑的其他许多原则和思想开展研究和论述。这一时期的主要任务就是要把辩证逻辑作为一门独立的学科建立起来。在1960年，罗森塔尔写出了第一本系统论述辩证逻辑的著作:《辩证逻辑原理》。这本书是这一时期研究成果的总结。这本书的出版表明，在经过多年的研究之后，苏联学术界初步明确了辩证逻辑所涉及的一些基本的思维形式、规律和方法。随之，自1959年起，苏联在一些综合性大学的哲学系开设了辩证逻辑课程，并在高年级学生中设置了辩证逻辑选修课。

自60年代起，由于自然科学的迅猛发展，引起了苏联哲学界对当代科学技术进步及科学方法论的普遍关注，加强了对科学认识方法的研究。这种情况也反映在辩证逻辑的研究工作上，从而把辩证逻辑的研究引上更深入、更富有内容的方向发展。在这个时期，辩证逻辑的研究有这样明显的转变，即这种研究已不再仅仅限于对经典著作进行泛泛的注释和解释，而转向了结合科学中所取得的新成果和科学认识的方法来从事具体的研究，以便从中总结出辩证逻辑的内容；此外，这种转变还表现在许多长期从事辩证逻辑研究的人已不赞同再把辩证逻辑与唯物辩证法完全等同起来的做法，强调在它们一致的前提下，辩证逻辑应着重于对认识、思维辩证法的研究，加强对理论思维自身规律和形式的研究。经过一段时期的研究，到了70年代就有一批反映这方面成果的辩证逻辑专著问世。例如，苏联科学院哲学研究所集体撰写的《科学认识的辩证法：辩证逻辑概论》(1978)等，这些著作的发表进一步明确了辩证逻辑的内容。比较多的人认为，辩证逻辑的内容应包括思维形式（概念、判断、推理、范畴等）、规律（除唯物辩证法的基本规律起有一般方法论作用外，还存在着思维自身特有的规律）、方法(归纳与演绎、分析与综合、逻辑与历史、从抽象上升到具体等)、科学理论；有的著作还把辩证矛盾、真理与逻辑、实践与证明作为单独的章节放进自己的著作之中。目前一些苏联学者认为，苏联辩证逻辑研究的主要方向和任务是建立和发展辩证逻辑的范畴体系，对此他们特别强调建立辩证法范畴理论体系的重要意义。与此同时，他们还加强了对二律背反、逻辑悖论、逻辑矛盾与辩证矛盾关系的研究，并取得了一些成就。由于这一时期开展了多方面的、而且也是比较深入的研究，因此他们讨论问题的空气比较浓厚，学术活动也比较活跃，举行了多次辩证逻辑的学术会议。尽管苏联学者在学术观点上还存在分歧，但他们所论述的问题比前一时期要具体，且有内容。为了进一步加强对辩证逻辑的研究，苏联科学院哲学研究所还专门设置了辩证逻辑研究组。但在这一时期也存在着明显的不足，即在苏联学术界尚未形成对辩证逻辑的对象及其内容和结构等问题的一致看法，因而也未能编写出一部普遍公认并可供高等学校使用的辩证逻辑教科书。

进入80年代亦即最近五年来，苏联哲学界集中力量正在撰写多套的多卷本的唯物辩证法理论专著，因而辩证逻辑的文章和著作与前一时期相比有所减少。其实，他们通过撰写唯物辩证法理论著作，正在更深入地探讨辩证逻辑与唯物辩证法的关系，以及辩证逻辑本身包括哪些内容问题。这从下述情形中反映出来：一些学者把辩证逻辑这部分内容作为单独一卷列入自己多卷本的唯物辩证法理论著作之中，例如，米丁主编的《唯物辩证法理论》中有一卷就叫作《辩证逻辑》；有的学者写法与此相同，即没有分出单独一卷来写辩证逻辑，但也将其有关内容写进了自己多卷本的相应卷中，例如，康斯坦丁诺夫主编的《唯物辩证法》的第2卷《主观辩证法》和伊利切夫主编的《唯物辩证法是一般的发展理论》的第2卷《科学知识发展的辩证法》就采取了这种写法。此外，在这期间，苏联学者还出版了有关辩证逻辑方面的其他著作：1985年苏联科学院哲学研究所撰写了一本辩证逻辑专著并已交出版社；1982年出版了A·C·鲍戈莫洛夫的《辩证逻各斯：古希腊辩证法的形成》；1984年再版了经过增补的伊里因科夫的《辩证逻辑：历史和理论概述》(1974)；1985年出版的Л·Я·斯塔尼斯主编的《辩证唯物主义概论》有专门章节论述辩证逻辑内容。这一时期还发表了论述有关古代哲学家的辩证逻辑思想及论述辩证逻辑方法等文章。

苏联许多学者深感有必要继续加强对辩证逻辑的研究，有的人甚至把对辩证逻辑的研究看作是发展唯物辩证法的一个重要环节，并呼吁要在各综合性大学的哲学系设置辩证逻辑教研室，以加强辩证逻辑的教学和科研工作，还希望理论界能早日编写出一部高质量并为大家一致公认的辩证逻辑教科书。

苏联学者由于对辩证法、逻辑和认识论三者一致持有不同看法，因而引起他们对辩证逻辑的研究对象有不同看法。

一部分人把辩证法、逻辑和认识论三者的一致理解为完全的等同，这样就把辩证法的对象看作为辩证逻辑的对象。例如，E·西特科夫斯基写道："唯物辩证法，或者同样，辩证唯物主义、辩证唯物主义逻辑学乃是关于自然界、社会和人类思维发展的最一般规律的科学。"(《辩证逻辑问题》，1968) 康斯坦丁诺夫主编的《哲学百科全书》第3卷(1964)把辩证逻辑也定义为"关于自然界、社会和思维发展的最一般规律的科学"。新的即第三版的《苏联百科全书》(1972)也持有这样的观点。

另一部分人即多数人认为，辩证法、逻辑和认识论三者的一致是相对的，除了一致外，它们之间还存在着差别。因此，这部分人在承认唯物辩证法的普遍作用这个前提下，又指明辩证逻辑有着自己特有的研究领域即思维领域。例如，高尔斯基说道："辩证逻辑依据唯物辩证法的规律，把认识、思维的规律性作为自己的对象。"(《辩证法和逻辑：思维形式》，1962)在这部分人之中，对辩证逻辑的对象的看法又可以分作以下几种不同观点：

1. 自50年代中期和60年代

起，一些人曾提出辩证逻辑的对象是辩证思维的看法，如阿列克谢也夫在《辩证逻辑(概论)》(1960)中就提出辩证思维和思维辩证法都是辩证逻辑研究的对象的观点；A·米纳相主编的《辩证逻辑》(1966)指出，辩证逻辑是“研究理性的辩证思维的规律、形式和方法”的。

2. 自70年代以后，比较多的人认为，辩证逻辑是关于理论思维发展规律和形式的科学。例如，奥鲁杰夫认为“辩证逻辑是关于理论思维运动发展的规律和形式的科学”。(《辩证逻辑：基本原则和问题》，1979)

3. 舍普图林认为，“辩证逻辑是研究作为客观现实和认识发展的普遍规律的反映的思维规律和形式的科学”，(《辩证逻辑的对象》，《1984年苏联哲学协会年鉴》)他过去还认为辩证逻辑是认识的辩证方法的理论。

4. 有人把辩证逻辑看作为思维理论和方法的统一。例如，维亚凯列夫和维金把辩证逻辑规定为“科学认识理论和方法论的统一”，并说“辩证逻辑的这两个方面不是互相排斥，而是互相补充的”。(康斯坦丁诺夫主编《唯物辩证法：主观辩证法》，1982)

5. 罗任认为辩证逻辑有广义与狭义之分。他在50年代把辩证逻辑看作为认识论的一部分，到了70年代，他把辩证逻辑区分为广义的和狭义的，认为前者是完全意义的唯物辩证法，后者是关于思维的规律和形式的科学。有人批评罗任的观点是调和的观点。

6. 再有一种观点认为，辩证逻辑是辩证法的一个方面即它是作为逻辑的辩证法(此外，辩证法还有作为认识论的另一方面)。伊利切夫主编的《哲学百科辞典》(1983)就持有这样的观点。

(金顺福)

【苏联伦理学研究概述】 在60年代苏联伦理学的研究和教学主要是对道德及其规范进行解释和描述，缺乏理论论证。60年代后半期苏联伦理学界意识到这一欠缺，开始注重理论的研究和探索。80年代以来，苏联伦理学界特别强调应用伦理学和道德教育理论问题，并将伦理学的方法论作为伦理学研究的一个重要问题。据不完全统计，自1960年以来出版的各种伦理学著作(不计论文)共230部，其研究的主要方面是：

一、关于苏联社会主义社会的道德的研究　这方面的著作有7部。重要的有：茹拉夫科夫的：《社会主义与道德》(1974)；克瓦索夫的《发达社会主义社会的伦理学问题》(1974)；《发达社会主义的道德》(1976)。

苏联伦理学界认为，共产主义道德形成和发展经历三个阶段：产生于资本主义社会的无产阶级道德、社会主义道德和狭义的共产主义道德。社会主义道德与狭义共产主义道德有统一的基本原则：忠于共产主义事业、爱国主义与国际主义、集体主义、人道主义。但是它们之间也有区别：对上述统一的共产主义道德原则实际实现的水平不同，人们对它们掌握的程度不同；在社会主义制度下存在反映共产主义第一阶段实际的规范，例如，不仅要有精神鼓励，还要有物质鼓励；在社会主义制度下，要保证按劳分配的平等，同时社会主义道德也反映着具体劳动的物质报酬的实际不平等。

苏联伦理学家在社会主义社会的道德的研究中还注意研究道德与社会经济、政治、法、文化、宗教等方面的联系；道德与各种社会活动(劳动、社会活动、日常生活、休息等)的相互影响；工人、农民、知识分子、青年、妇女、各种集体的道德状况、发展变化以及各种旧道德残余存在和发生作用的原因及克服的途径。

苏联伦理学家从70年代开始就注意研究道德与消费的问题，目的是要同消费主义倾向、消费道德作斗争，培养科学的、符合共产主义道德要求的消费观念。

二、关于伦理学一般理论问题的研究　这方面的著作有86部，其中大部分是在70年代出版的。重要的有：德罗勃尼茨基的《道德概念》(1974)和《道德问题》(1977)；苏保学者合著的《伦理学的对象和体系》(1973)；吉塔连柯的《道德意识的结构》(1974)；苏德学者合著的《道德结构与个人》；阿尼西莫夫的《道德与行为》(1979)；巴科什塔诺夫斯基的《个人道德选择：目的、手段、结果》(1977)和《个人道德选择：选择和决定》(1983)；吉塔连柯主编的《道德选择》(1980)；阿尔汉格尔斯基的《马克思主义伦理学：对象、结构、基本方面》(1985)等。

1．苏联伦理学界对马克思主义伦理学对象、结构、体系等问题提出一些理论观点，但尚无统一的意见。首先，对伦理学的对象理解就不一致。1982年叶菲莫夫提出在伦理学之外建立“道德学”的主张。苏联大多数伦理学家不同意他的意见，认为伦理学就是关于道德的理论，为了联系实际，用不着去建立一门独立的“道德学”。其次，关于伦理学的性质，叶菲莫夫认为，作为道德哲学的伦理学是哲学性的知识，而作为道德理论的“道德学”是非哲学性质的知识。阿尔汉格尔斯基等人则断言道德理论不可能不是哲学性质的知识。“伦理学有机地成为哲学世界观，并在哲学中起着不可替代的作用”。第三，关于伦理学的体系和结构，也有不同的看法。阿尔汉格尔斯基认为伦理学由伦理学的哲学、心理、规范、社会学、应用研究等方面构成，而吉塔连柯则主张伦理学由道德学、哲学——理论伦理学和规范伦理学组成。

2．苏联学者在道德理论研究中提出许多新的观点。在60年代，他们主要把道德定义为社会意识形式，通过信念和舆论调节人们行为的工具。后来，他们认为这样的道德定义没有充分反映道德的特点。在70年代，他们开始把道德看作是把握世界的实践-精神方式，一种精神-实践活动。在他们看来，这一点能更清楚地揭示道德作为精神关系的实践定向形式的特点。同时他们认为只有把道德作为社会意识形式和作为把握世界的精神-实践方式二者协调起来，才能理解道德的本质。其次，关于道德的结构，他们提出由道德意识、道德关系和道德实践（行为）三要素构成。

苏联伦理学界在理论方面研究了道德价值、道德功能、道德选择、道德起源、道德规范和范畴、道德进步的标准、道德主体的能动性、道德作用的范围、道德与文化、道德与其他意识形态的关系，并提出了一些从前未曾提出过的理论观点。近几年又研究了生活的意义、价值、生与死、不朽等道德伦理问题。同时他们也很重视研究个人道德问题，如个人道德结构、个人道德意识、个人道德心理机制、个人道德形成的规律性、个人道德选择、个人道德与文化等。

三、关于科学技术革命与道德的问题的研究 近年来出版了11部这方面的著作，主要有：科勃良科夫的《科学技术进步与道德》（1973）；《科学技术革命与社会-伦理问题》（1977）；《科学技术革命与道德》（1975）；弗洛罗夫的《人的前景》（1983）。

苏联学者论述了科学技术革命对道德的影响，并批判了西方学者夸大科技革命对道德的影响的观点：有人认为科技革命能解决西方的道德危机，有人认为科技革命造成了社会道德堕落。苏联学者认为，科技革命不能直接影响道德，它必须通过社会经济制度的性质和人本身的精神发展两个因素才能影响道德。其次他们指出：科技革命扩大了伦理道德影响的范围，道德、伦理学对科技发展和应用的方向可以而且应该起指导和调节的作用。

四、关于伦理学应用方面的研究 应用研究包括“职业伦理学、道德教育理论、道德教育‘管理’方面”。这类著作有49部，其中道德教育和管理理论方面有28部，职业及特种伦理学方面有21部。重要的有：哈尔切夫的《生活方式、道德、教育》（1977）；《道德教育》（1979）；《道德教育过程管理》（1979）；《应用伦理学与道德教育管理》（1980）；《个人道德教育问题》（1981）；巴克什塔诺夫斯基的《道德教育的科学管理》（1982）；《道德过程的科学管理与应用伦理学研究》（1980）。费多连柯的《职业伦理学》（1983）；《斯坦尼斯拉夫斯基舞台伦理学》（1972）；《审判伦理学》（1973）；《律师伦理学》（1974）；《军人伦理学》（1976、1980）；《工程师伦理学》（1975、1982）；《医生伦理学与医务道义学》（1982）；《行政伦理学》（1980）；《教师伦理学》（1984）；《伦理学与生态学》（1984）；《科学伦理学》（1985）。

苏联伦理学界认为，应用伦理学研究是伦理学理论转化为实践的必要环节。道德教育理论和道德过程管理理论是培养具有道德素养的人的理论，其任务是研究培养人的道德品质的原则、方法、途径和手段。它作为一门相对独立的学科，目前正处在形成阶段。关于道德教育和管理的问题，苏联1979年在巴库举行过讨论会。

1977年和1979年，苏联和其他一些社会主义国家在民主德国和保加利亚召开过两次会议，把个人的道德发展和道德教育作为大会的主要议题。

职业伦理学也是苏联学者近年注重研究的方面。1980年在弗拉基米尔举行了全苏职业伦理学学术会议，强调了职业伦理学的意义并号召加强这方面的研究。1983年出版了费多连柯的《职业伦理学》。总的说来，苏联学者认为，职业伦理学是在伦理学的理论、规范和应用三方面的交叉点上发展的，其内容是由人的具体活动形式的特殊任务所决定的。职业伦理学是研究一定的职业活动所具有的专门规范、专门调节功能、它和社会基本道德规范体系的关系等。他们还认为，按照现代的劳动分工和专门化，可以把专门化的伦理学体系分为两类：职业伦理学体系和专门的、但不是职业的伦理学体系，因为它们不涉及职业活动中的关系。

五、关于伦理学研究方法论的研究　80年代出版的重要著作是：阿尔汉格尔斯基主编的《伦理学研究的方法论》(1982)和《辩证法与伦理学》(1983)。苏联学者认为，许多伦理学理论和实践问题的解决有赖于方法论的研究。在方法论研究中，他们首先把马克思主义辩证法、认识论、历史唯物主义原则应用到道德和伦理学研究中去，并找出其表现特点。他们论述了道德中的主体和客体、主观因素和客观因素、绝对和相对、内在和外在、存在和应该、认识与价值、偶然与必然、自由与必然等的关系，研究和论述了道德的社会决定论。他们还研究了道德和伦理学中的认识论和逻辑问题，具体科学方法应用于伦理学研究的问题，如心理分析方法、社会学调查和统计方法、逻辑分析方法、系统方法、人类学方法、历史方法、生物学方法等。

六、对西方现代伦理学流派和思潮的分析批判　这方面近年出版了33部著作，重要的有：《现代资产阶级伦理学观念批判》(1967)；《现代资产阶级伦理学哲学基础批判》(1973)；《现代资产阶级伦理学发展新趋势》(1977)；《现代资产阶级伦理学：幻想与现实》(1983)；《人的本性与道德》(1979)；《伦理学与意识形态》(1983)。

在70年代前半期，苏联学者主要是针对老的、流行比较广的西方伦理学流派进行分析批判。70年代后半期至今，开始注意研究西方伦理学发展的新变化、出现的新派别，同时也从其发展变化的整体上去分析，探讨它的发展和变化的规律性。以前对西方伦理学大都持批判和否定的态度，而现在则开始注意区别糟粕与精华，吸收或指出其合理的、有意义的成份。

七、伦理思想史的研究　这方面近年出版了23部著作。要者有：《伦理学史概论》(1969)；《苏联马克思列宁主义伦理学简史》(1972)；《俄国伦理思想史论丛》(1976)；《古代世界伦理学史》(1980)；《中世纪伦理学史》(1984)；《伦理学导论》(1985)。伦理思想史的研究是他们比较薄弱的部分。70年代以前出版的著作主要是文集、断代史、个别人物伦理思想史。进入80年代后出版了伊万诺夫两部伦理学史，其特点是不仅有欧洲部分，而且有中国、印度、中近东、拜占庭的伦理思想。古谢诺夫的《伦理学导论》则把伦理思想史和马克思主义伦理思想的产生联系起来了。

八、关于苏联伦理学教材(不计职业伦理学教材) 近年出版了18部，其中包括4部教学法。重要的有：阿尔汉格尔斯基的《马克思列宁主义伦理学教程》(1974)；阿尼西莫夫主编的《马克思列宁主义伦理学教程》，共六册(从1972年起出版)；吉塔连柯主编的《马克思主义伦理学》(1976，1980)。

(杨 远)

【80年代以来的苏联美学研究】

80年代以来，苏联美学研究有显著的进展，出版和发表了数量可观的著作和论文。据不完全统计，近年来苏联出版的各种美学专著，每年平均在30种以上(不包括关于各门艺术的美学问题著作和翻译的外国美学著作)。在各种报刊上也发表了诸多有关美学问题的文章，提出了一些以前未曾涉猎或很少进行专门研究的理论问题，使美学研究的领域不断扩展。

近年来，苏联美学研究日益转向于对现实问题的关注，提出了一些关于“发达的社会主义社会”的美学问题。1980年出版这方面的著作有：《发达的社会主义社会的审美需求》(Э·希库诺瓦)，《青年的审美文化发展》(А·谢玛什科、У·苏娜合著)，《艺术对苏联爱国主义的培养》(Б·萨普诺夫)等。1981年出版了《发达的社会主义美学和伦理学问题》(论文集)，《个人的伦理、审美观的形成》(А·卡尔金)，《艺术和人的世界观》(Д·哈宁)等。此后又陆续出版了《社会主义的生活形象和审美文化的发展》(Е·维齐捷伊)，《发达社会主义社会中个人的审美文化》(В·卡纳科夫斯基)，《社会主义的生活形象与艺术》(论文集)，《审美创造：关于发达社会主义社会中的审美创造问题》(Н·基亚什科、Н·列伊泽罗夫)以及《社会主义的艺术文化》(Г·阿普列相)等著作。《哲学问题》1980年第3期上，还以《美育的理论和实践》为题，专门报道了苏联召开的一次“发达的社会主义时代美育的理论和实践”的理论讨论会。这些论著的共同之处，是强调在社会主义社会的条件下，个人应当、而且有可能得到自由的、和谐的、全面的发展，而美育则是培养这种新人的共产主义教育中特殊的重要的组成部分。把美育和德育、智育、体育等和谐地、完美地结合起来，这不仅是发达的社会主义的目的，而且也是美育继续发展的前提。这里既有马克思主义的理论问题，又有建设社会主义和共产主义的实践问题。

与此相联系，苏联美学还加强了对审美理想问题的探讨。卡林金强调了以马克思主义的认识论来探讨审美理想的意义。他指出，审美理想是一个复杂的结构，它是感性和理性的反映形态，如表象和概念的不可分离的联系和互相渗透。伊里因科夫则着重从辩证法的角度论述了审美理想和共产主义理想等问题。他认为，共产主义的实现同时便意味着每一个人都能成为全面发展的人；因此，共产主义理想的实现无论如何也不能看成只是将来的事，它必须从现在、今天开始，而实现共产主义的理想则包括社会生活的许多方面，要从各个方面同时努力进行。克鲁托乌斯研究了审美理想范畴在康德、黑格尔、别林斯基、车尔尼雪夫斯基等美学理论中的变迁和发展，同时又分析了苏联美学中的各种不同看法。他认为，审美理想并不是各种具体审美现象的镜子式的反映，而是这些现象集中的、“人的社会的”、最高层次的概括，因此，可以认为它是任何审美评价的最高的标准；但是审美理想的实现、它要履行具体的评价职能，又必须通过一系列更低层次的、中介的标准。

克鲁托乌斯于1981年出版的《论艺术的决定论》，是对艺术中的“论证”概念和论证性原则进行美学分析的新著。它论述的是艺术的因果性问题，亦即艺术作品所描绘的形象相互之间的有规律的联系。作者认为，“论证”作为美学概念，是艺术因果性的表现形式；它既是艺术概括和评价的现实手段，又是艺术形象的思想性的揭示。苏联美学家M·奥甫相尼科夫专为此书写的“序言”说，苏联艺术理论家对于象“艺术时间”、“艺术空间”这类概念曾经作过不少探讨，但至今却没有关于“艺术决定论”的专门著作。虽然这个概念在某种意义上间接地也曾在美学和心理学中得到过分析。然而，这却是一个不容忽视的、有意义的美学问题。

C·普洛特尼科夫写的《艺术文化的社会学问题》，涉及的也是美学科学的新领域。从70年代开始，苏联美学界普遍认为，应当在美学中把“审美文化”和“艺术文化”这两个概念区别开来，后者只是前者的一个组成部分。但专门以“艺术文化”作为美学对象来进行研究的著作，却非常少见。普洛特尼科夫的著作把“艺术文化”作为一个复杂的、多种活动的系统，把它纳入文化社会学中进行探讨。他认为，对于“艺术文化”，也要象对一般文化社会学作为科学那样，分为三个独立的部分来进行研究。这就是：社会管理、计划和预测。为了使“艺术文化”能够得到科学的、合乎规律的发展，作者在书中提出了若干基本的原则。例如，关于计划的原则有五条：科学的根据、研究的水平、研究的系统性、指标的类型以及实践的定向性。只有在科学的计划管理的基础上，“艺术文化”才有可能得到迅速的发展和繁荣。作者认为，可以把这种关于“艺术文化”社会学的科学称之为“艺术的艺术”。

在方法论研究的领域方面，特别是对系统论、控制论、信息论在美学中的应用问题，苏联美学界进行了较为深入、具体的研究。从1980年以来，已出版的有关这方面的主要著作有：《控制论和艺术创作》（Э·米特罗法诺夫),《控制论,逻辑学,艺术》(E·法因贝格),《美学的方法论问题》(H·泽列诺夫、Г·库利科夫),《美学范畴——系统研究和历史研究的经验》(Ф·舍斯塔科夫),《哲学知识系统中的美学》(Г·维日列佐夫),《西方艺术学中的方法论探求》(A·齐西、斯塔费茨卡娅),《美学:思想体系和方法论》(A·齐西)等。泽列诺夫和库利科夫在《美学的方法论问题》一书中提出,"方法论"这个术语既有广义的理解,也有狭义的解释。因此,科学学有时指的就是科学的方法论,有时则是指方法论+对象学+系统学+规律学+术语学+历史编纂学+实践学等等。不过,"方法论"这一概念一般地还是在狭义上来使用比较合适,也就是要把它作为方法的学说、理论,并把它看作是科学的一个分支。美学方法论就是美学研究方法的学说和理论。目前,在美学科学领域中,对象学、术语学、历史编纂学的课题已经相当明确并且得到了研究,而方法论、系统学、规律学等等的研究,则显得比较薄弱。在美学史上,实际上存在着多种多样的方法,如主观的或客观的方法、描写的或规范化的方法、社会学的或心理学的方法、逻辑的或历史的方法、分析的或综合的方法、经验的或理论的方法等等。而现代美学又从认识论和社会学、反映论和信息论、心理学和控制论、符号学和行为理论、一般系统论和价值哲学、模式理论和数学理论的观点去理解审美活动。作者强调,由于美学本身及其对象的错综复杂,因而应当在辩证唯物主义方法论的基础上,通过各种具体方法、手段和方式来进行美学研究。

美学和科学技术革命以及技术美学问题的研究,在苏联学术界继续得到极大的重视。80年代以来已经出版的重要论著有:《美育和科学技术的进步》(H·基亚辛科),《科学技术革命和艺术的审美分析》(T·马赫穆多夫),《科学技术革命对于文艺的影响》(A·安德列叶夫),《艺术种类和科学技术革命》(A·坎托尔),《科学技术革命和艺术学的方法论》(H·帕尔萨达诺夫),《社会设计》(K·托辛科),《艺术设计方法论》《人类工程学:原则和评介》(全苏技术美学科学研究所),《艺术设计原理》(A·巴尔塔舍维奇),《人和机器》(A·耶尔绍夫)等。全苏技术美学科学研究所所长Ю·索洛维耶夫在《科学技术进步和迪扎因》(苏联《技术美学》1985年第6期)中说,工业艺术设计是与科学技术进步及其职能、为着人的利益充分利用科学和技术的成果紧密相联的。在与现代艺术文化相适应的各种产品的外观形态中,现代艺术设计展示着科学技术进步的成就,展示着工业企业为着消费而产生的最终效果,并且在相当大的程度上决定着产品在国内外市场上的成效。因此,当前需要提高技术美学研究的水平。

在美学史的研究上也取得了显著的成果,有些著作已在国际上产生了一定的影响。A·洛谢夫撰写的多卷本大型《古代美学史》已经出版六卷,每卷篇幅都在30万字以上；由M·卡冈主编、列宁格勒大学出版社出版的《美学史讲稿》(共有4卷5册)，也于80年代初出齐；它与过去的美学史著作的区别在于，它对20世纪的美学思想、特别是对各国马克思主义美学和苏维埃时代的美学作了详尽的阐述。由M·奥甫相尼科夫主编的六卷本大型《美学思想史》，第一、二卷已于1985年出版，其他各卷也将陆续问世。这部世界美学史新著，不仅包括从古代希腊罗马一直到当代苏联美学几千年的西方美学发展的历史，而且还涉及到中国、印度、日本、伊拉克、土耳其以及美国、远东、中亚、阿拉伯等国的美学思想；马克思主义美学和20世纪的资产阶级美学，都将在这部书中占据显著的地位。苏联各民族的美学思想发展史，在80年代的苏联美学研究中也已得到更多的重视，并且开始出版一整套《苏联各民族的美学思想》大型丛书。

此外，80年代以来，苏联还出版了不少批判资产阶级美学思想的论著以及各种类型的美学论文集。

(涂　途)

各国哲学研究概述

【印度哲学研究概述】 最近几年，印度哲学界显得相当活跃。印度哲学工作者受到现代自然科学发展的影响，正在试图结合现代科学的成就来解释印度传统哲学中的某些理论；介绍包括马克思主义哲学在内的近、现代西方各国哲学流派，开展东西方哲学比较研究。他们几乎每年都举办一次或两次哲学专业的、或包括哲学在内的综合性学术会议。这些会议反映出印度哲学的最新研究成果和研究动向。他们还邀请外国哲学工作者前来参加会议，并和他们交流研究经验，互通学术信息。

一、吠陀哲学研究　吠陀，一般是指四种吠陀，但这里是特指它们中最古一种——《梨俱吠陀》。《梨俱吠陀》哲学是印度哲学思想的萌芽，它们虽然尚未形成任何形式的哲学体系，但印度古今哲学流派都可以在那里找到其根源。印度和印度以外的各国印度学家关于《梨俱吠陀》研究的著作犹如汗牛充栋。近年来，这些学者的研究似有新的突破。他们从逻辑角度来考察吠陀神学，认为吠陀神话本身是一个在时间上跨度很长的神话结构：从原始的印欧神话时期、经过吠陀神话时期，直至《摩诃婆罗多》史诗神话时期。这是说，他们的研究不仅不局限于《梨俱吠陀》宇宙生成论的神话，而且还涉及这一神话的历史及其结构。他们把这个神话结构归结为一个抽象的逻辑公式：两个对当关系。即，(1)混沌状态对明朗状态；(2)升天的火神对下凡的圣者。前一对当由后一对当来说明。所以，这两个对当关系构成如下的序列：A→B→C→D→A。它的意义是：(A)混沌状态；这一状态的消除，变成明朗的状态是通过(B)一个升天的火神推动(C)一个下凡的圣者来实现的；由此创造(D)一个明朗的状态；这一状态，反过来，又产生一个混沌的状态，……。这个序列是一个自动控制的演变进程，表现为一个庞大的神话的逻辑结构。有些学者运用数学方法来探讨吠陀奥义。例如，婆罗蒂黑论师(*Bharati Krishna*)的近著《吠陀的数学》认为，宏观的宇宙或微观的宇宙都有一个基础的数学模式，遵循着数学规律和数学关系。吠陀智者以直觉所体会和描述的宇宙模式也正是这样一个数学模式。吠陀的哲学既可以用数学方法来探索，也可以用来解释数学上的基本问题。基础数学如乘法、除法、因子分解、方程式、分解锥线法、微积分学，等等，在吠陀文献中，虽然尚未形成完整的科学系统，但都若隐若现地掺糅在哲学和神学的论述中。这反映吠陀哲学家在对自然进行哲学和神学上的猜测的同时，部分地和准确地发现自然的某些规律。还有部分吠陀学者运用现代的语言分析方法来研究吠陀语言的逻辑结构和哲学涵义。吠陀文献是人类幼年的直观知识的记录。这些知识是否可以和现代科学知识相比较，是否可以用现代科学方法来证明，这是值得商榷的。但是作为一种探索、一种尝试，似未可厚非。

二、《奥义书》哲学研究 渊源于《奥义书》的正统哲学派别(数论、瑜伽论、正理论、胜论、弥曼差论、吠檀多论)和非正统哲学派别(耆那教哲学、佛教哲学、顺世论)中，现在比较盛行的是吠檀多哲学和佛教哲学。吠檀多哲学是《奥义书》哲学的直接的继承和发展。七世纪时，吠檀多哲学权威商羯罗(*Sankara*)对《奥义书》哲学作了总结性的阐述，对主要的几种《奥义书》和著名的《吠檀多经》(又名《梵经》)作了独具创见的注释。其后，吠檀多哲学虽然出现若干支派，但大多数吠檀多学者仍然遵循商羯罗的理论路线来讲解和传播吠檀多哲学。现代吠檀多哲学家一方面接受商羯罗的观点；另一方面，结合最新的自然科学和社会科学的成就作出新的表述。例如，印度哲学大会执行主席、当代著名的吠檀多哲学家K. 穆尔蒂(*K. Satchidananda Murty*)教授采用量子力学理论来印证《奥义书》的哲学。现代量子力学从整体出发，达到不可分裂的整体的概念。不可分裂的整体是这样一种存在，它包摄一切，一切存在其中。这便是戴维-博姆(*David-Bohm*)所谓纯粹的、无差别的实在，它是最根本的东西。这在穆尔蒂教授看来，是和《奥义书》的理论遥相呼应的。因为《奥义书》所说的"真我"(*Ātman*)是意识性的绝对实在，是一切存在的基础；它存在于一切，一切存在于它；它充遍一切存在形式，然而又超越一切存在形式。一些量子力学家说，自我一致性是全部自然规律的本质，应该从自然的自我一致性来理解自然。又说，量子理论法则离开意识而光靠逻辑方式来描述是困难的。穆尔蒂认为，量子力学这一理论可以印证《奥义书》的类似说法。按照《奥义书》，"真我"绝对唯一，在"真我"中主观和客观完全一致；但"真我"又是与客观有别的主观，因为它是意识性的。另一位印度吠檀多哲学家I.沙尔玛(*I. C. Sharma*)教授，他在1985年印度哲学大会年会上作了题为《当代危机中的哲学》的长篇学术报告。他在报告中提出一个所谓"我——我"(从我到我)的哲学模式，并以此来探讨《奥义书》"我"的奥义。他解释说，《奥义书》的"我"本身是主观性的，但又不是不具有客观性，所以"我"是客观的主观性；在"我"之中，主观和客观完全同一，但不可能离开主观的我，另有客观之物；换句话说，离开客观性的主观，别无客观性的客观。量子力学在一种称为相关体系的EPR效应的实验中，发现微观领域里宇宙并不是离开观察者而独立存在；在那里，客观和主观之间存在着一种不可分离性。量子力学这一发现又可以作为《奥义书》关于主观和客观同一于"我"的理论的一个旁证。当代印度哲学家这些对《奥义书》哲学的诠释也许不易为人接受，但有一点是肯定的：他们已认识到现代自然科学的层出不穷的发现对社会科学，特别是对哲学，如果不是一种强烈的冲击，至少产生了深刻的影响；思辨的科学不可能完全脱离实验的科学而有新的发展和发现。

三、佛教逻辑的研究 佛教作为一种宗教已从印度消失，但作为一种哲学，仍然是印度哲学史上重要哲学流派之一。近年来，印度学术界出现一股佛教哲学热，特别是佛教逻辑学说引起广泛的兴趣。佛教逻辑学说主要是指二世纪龙树(*Nagarjuna*)的辩证逻辑和五世纪陈那(*Dinnaga*)的形式逻辑(因明)。关于龙树的辩证逻辑，有些学者按形式逻辑规律来解释。加尔各答大学教授S·婆达阇利耶(*Sibajiban Bhattacharyya*)在他的论文《佛教逻辑的一些独特的特点》(《第一届佛教和民族文化国际会议论文集》，1984年)中把龙树的逻辑归结为三个特点：(1)离合法；(2)四边否定；(3)自我指称陈述。关于离合法，婆达阇利耶把它作为归谬法，并引证理论的离合法来对比。

论证的问题：事物的可名性和可知性之间的关系。

A．正理论的模式(肯定可知性是可名性之因)：

1．大前提：可名性若违可知性，则可知性不能成为可名性之因。

2．小前提：但人皆承认可知性是可名性之因。

3．结论：故可名性不违可知性。

B．龙树的模式(否定可知性是可名性之因)：

1．大前提：若可知性是可名性之因，则"可名之物亦是可知"这一陈述将是真的。

2．小前提：但这一陈述不可能是真(而且实际上是荒谬的)。

3．结论：故"可知性是可名性之因"这一假设不可能是真。

将上述两个模式作一对照，可以看出，两个模式都有一个与事实相违的假设作为大前提，后者由两部分句子构成：(1)一个已知是假的假设，用作论证；(2)一个后件(结果)，从假设引出。在A(正理论)式中，后件(结果)不是(立方)所希望的，因为它的反面是立敌双方所接受的。在B(龙树)式中，小前提不仅是违反立敌双方正确地或错误地所承认者，而且是荒谬的。这种在前提上的分歧是在两个模式的结论中反映出来：A式的结论仅仅表示否定，而B式的结论则断言大前提的前件的不可能性。因此，实际上，A式是否定后件式，B式是否定前件式。

关于四边否定，婆达阇利耶借用亚里士多德的对当方阵，并按方阵四角的对角线来排列龙树的四个假设：(1)P；(2)−P；(3)P&−P；(4)P_V-P。然后按龙树的否定逻辑，分别予以否定：(1)−(P)；(2)−(−P)；(3)−(P&−P)；(4)～(P_V～P)。关于自我指称陈述问题，婆达阇利耶认为，龙树可能是对这个问题作过详尽考察的印度唯一的哲学家。当代龙树学家对龙树的立场提出不同的解释。婆达阇利耶从龙树的《回诤论》(29)举出两个自我指称的命题来说明："我无命题"和"一切皆空"。西方印度学家认为这是悖论，婆达阇利耶提出不同的看法：

1．"我无命题"(我没有命题可说)。(A)假设这是一个命题，并认为是一种悖论的话，那末需有(B)"我有命题"的命题存在；同时可以从(B)返回到(A)。但是，我们既没有从(A)得到(B)，也没有从(B)倒转到(A)。如果说"无命题是一个命题"，这可能是一个悖论；但是，这无异说"无人便是人"，是违反逻辑的。如果说"没有命题等于有命题"，这同样没有意义。

2．"一切皆空"。如果这个句子本身也包括在"一切"之内，那末便得出"一切皆空是空"。但这也不是悖论，因为"一切皆空是空"并不是"一切皆空"的否定，也不意味着对"一切皆空"的肯定或否定。所以这儿不存在悖论。其次，如果说"一切皆空"不能产生原因效力(即"一切皆空"不能由此得出一切皆空的结论)，这也不会导致任何的悖论；充其量，这只证明"一切皆空"这一命题未被证实。所有自我指称的句子都不会导致(语义学的)悖论，这是不足为奇的。

关于陈那的形式逻辑(新因明的三支论式)，它是在批判和改造正理论和古因明的旧的五支论式基础上发展起来的。陈那和七世纪因明权威法称(*Dharmakirti*)的重要梵文原著几乎完全失传于印度本土，但保存在中国汉藏地区。按藏传佛教，陈那的因明著作共有七种，即：《集量论》、《集量论释》、《观所缘缘论》、《观所缘缘论释》、《观三世论》、《因明入正理论》(作者应为陈那弟子商羯罗主 *Sankarasvami*)和《因抉择论》。按义净的《南海寄归内法传》(卷四)，汉传有八论，即：《观三世论》、《观总相论》、《观境论》、《因门论》、《似因门论》、《理门论》、《取事设施论》和《集量论》。此外，还有一卷《佛母般若波罗密多圆要义论》。藏传七论俱有藏语译本。汉传九论中，除《观三世论》、《因门论》、《似因门论》和《集量论》之外，其余都有汉语译本(1982年法尊根据藏语译本编译了《集量论略解》的汉语本)。法称的因明著作,藏语译本共有七论二注。七论是:《正理滴论》、《释量论》、《净理论》、《量决定论》、《成他相续论》、《观相属论》和《因滴论》。二注是:《释量论注》和《观相属论注》。汉语译本晚近才见两种:一是《正理滴论》(1982),一是《释量论》(1980)。半个世纪以来,上述陈那和法称的因明作品的梵文原本陆续在尼泊尔和我国西藏地区有所发现。业已校刊出版的有:(1)法称的《因一滴论》、《净理论》和《释量论》;(2)这些作品的注解:法尚(*Dharmottara*, 8世纪)的《因一滴论注》智作藏(*Prajnakaragupta*, 8世纪)的《释量论庄严疏》、寂护(*Santiraksita*, 9世纪)的《净理论疏》(和《净理论》合刊)、如意喜(*Manorthanandin*, 10世纪)的《释量论注》。这些有关因明的梵文原本为印度和西方印度学家研究佛家逻辑提供了十分珍贵的原始资料,并恢复了佛家逻辑在印度逻辑史上应有的位置。

四、西方哲学和马克思主义哲学研究 由于历史的原因,印度在1947年独立之前就有研究西方古典哲学和英国哲学的传统。从泰勒、苏格拉底、柏拉图,笛卡儿、休谟、弗雷格、康德、黑格尔,到近现代的罗素、维特根斯坦、萨特、胡塞尔、怀特海等的哲学,印度哲学家是比较熟悉的。近年来,他们在保持和发扬印度哲学传统特点的同时,积极开展比较哲学研究——所谓东西方哲学比较研究。这项研究是由现代著名的新吠檀多哲学家辨喜(*Vivekananda, 1863—1902*)、奥罗宾多(*Sni Aurobindo, 1872—1950*)、拉达克利希南(*S. Radhakrishnan 1888—1975*)等倡导的。尤其是拉达克利希南,他被誉为印度现代比较哲学大师。他的比较研究范围既涉及西方古今哲学,也涉及东方各国哲学(包括中国、日本和阿拉伯哲学)。他的比较方法和研究成就堪称这门学问的圭臬。一些后起的哲学工作者受到拉氏学说的启发,继续从事东西方哲学比较研究,并在广度和深度上有所前进。现任"印度哲学大会"执委会主席、安陀罗大学退休教授K. S. 穆尔蒂既是当代杰出的吠檀多论者,也是有成就的比较哲学的学者。他于1975年发表了他的比较哲学研究成果《远东各国哲学》,并在安陀罗大学为研究生开设中国哲学和日本哲学两门课程。最近,比较哲学研究出现更为蓬勃的势头——亚里士多德逻辑和正理论逻辑、商羯罗哲学和康德黑格尔哲学、商羯罗哲学和斯宾诺莎哲学、维特根斯坦的逻辑和龙树的悖论、胡塞尔哲学和唯识宗、西方形式逻辑和因明学,皮罗主义和中观论、梵和神等等的比较研究,反映着这门学问正在印度方兴未艾。

关于马克思主义哲学研究,应该说,开始于1920年印度共产党诞生那一天。从那时到现在已有60多年。现在,印度已有一批哲学家和历史学家正在学习和运用辩证唯物论和历史唯物论来考察、研究印度文化的各方面——哲学、历史、语言、社会、民族,等等。这些学者中最杰出的是查托波驮耶(*Debiprasad Chattopadhyaya*)教授，他撰写了一系列具有鲜明的马克思主义观点的学术著作，如《顺世论——古代印度唯物论研究》、《印度无神论》、《印度哲学中活着的和死去的》和《印度哲学》，曾在印度国内外学术界受到特别的重视。他的《印度哲学》已于1980年译成汉语，由商务印书馆出版。他的代表作《顺世论——古代印度唯物论研究》也正在汉译中。这部著作为重建印度哲学史上业已消失的唯物论哲学体系，特别是为曾经昙花一现的顺世论的唯物论学派奠定了基础，终于使它作为一个重要的哲学流派恢复在哲学史上应有的位置。

(巫白慧)

【希腊哲学研究近况】 以下分五点对希腊的哲学研究概况作一简介：

一、现代希腊哲学的渊源 希腊是西方哲学的发源地，它的古典哲学的伟大成就对人类的认识发展产生了深远持久的影响。由于外族侵入等种种原因，今日希腊已失去了哲学家园的地位。在漫长的中世纪里，古希腊哲学以柏拉图主义、新柏拉图主义和亚里士多德主义的形式在拜占庭存活下去。在奥托曼占领希腊的几个世纪里，占主导地位的哲学思想是亚里士多德的哲学。对亚里士多德的哲学进行注释的传统在希腊一直持续到17世纪。后来，沃尔夫的一个弟子E·布尔加里(*Eugenius Bulgaris*)将亚里士多德的哲学转变为一种所谓的启蒙哲学。但从严格意义上说来，希腊在18～19世纪是没有启蒙哲学的，这种情况实际上是哲学传统的衰退。这种哲学当时在知识界颇有影响，其激进主义的代表是科德里卡(*Codricas*)，自由主义派的领袖人物则是科拉斯(*Coraes*)和班巴斯(*Bambas*)。亚里士多德的保守主义在这个时期衰落下去了。到19世纪中叶，自由主义右翼的P·布雷拉(*Petros Bralias*)力图把启蒙哲学的自由主义方面同柏拉图和亚里士多德的传统结合起来。从而形成折衷主义哲学。布雷拉的这种折衷主义哲学一直流行到19世纪末年。在此之后，欧洲各种哲学思想传入希腊，从而对希腊的哲学产生了影响。从20世纪初起，希腊涌现了一批哲学家，相继出版了不少哲学论著。

二、希腊哲学思想传统的复兴

希腊的大学教授们持一种复兴说，他们力图证明古希腊的哲学思想仍然存活在他们的著作之中。谢林的弟子A·科兹亚(*Alexander Cotzias*)在19世纪下半叶出版过一部《哲学史》；C·安德鲁措(*Christos Androutsos*)写了一本《斯多葛哲学基本教条的批判的探讨》，还编了一本《哲学教条》。这些著作都以希腊哲学在现代的复兴为主导思想。C·罗格塞特(*Constantine Logothetes*)1905年出版的《皮·布雷拉的哲学体系》一书认为，布雷拉的哲学虽然受到欧洲思想的影响，但总的说来还保持了希腊的传统，因而仍不失为一个典型的希腊哲学家。在后来出版的《教父哲学》《黑格尔哲学》和《复兴的哲学》里，罗格塞特还论证说，无论中世纪哲学还是文艺复兴时期的哲学和德国的浪漫主义，皆源于古希腊的哲学思想。N·路维阿(*Nicolas Louvares*)也写过一本《哲学史》，这部著作强调的是希腊哲学的持久性和永恒性。C·西奥多里德(*Charalampos Theodorides*)的著作有《哲学导论》和《伊壁鸠鲁：古代哲学的真实面貌》，他的著作表现了强烈的唯物主义倾向，但他的哲学思想在希腊受到了批判。B·塔特克(*Basil Ta'akes*)主要研究晚期希腊和中世纪的希腊哲学思想，著有《拜占庭哲学》(1977)，这部著作被认作是对中世纪希腊哲学思想所作的最完整的论述。C·乔戈里(*Constantine Georgoulis*)写了不少论著，他的《希腊哲学史》阐述了从古代到20世纪整个希腊哲学的发展过程。在其所著的《斯塔基亚的亚里士多德》一书中，乔戈里认为，中世纪的希腊哲学思想，已开后来存在主义运动之先河。他的这部著作，在希腊被认作是研究亚里士多德的最好的论著。

三、对哲学的学术探讨　在学术探讨上，希腊哲学界有两种不同的流派：一派被称为说教派，著名代表是雅典大学哲学教授T·鲍里斯(*Theophilos Boreas*)，他使用的是严格的客观陈述的方法，著有《逻辑学》《心理学》《伦理学》和《哲学导论》四部哲学论著。鲍里斯对希腊哲学的最大贡献在于他系统化地整理了哲学的词汇，把古希腊的哲学术语翻译成欧洲语言，从而为希腊哲学在近代的发展打下了基础。另一个学派以I·帕佩诺措为代表。帕佩诺措持18世纪启蒙思想家的观点，其学说在希腊很受欢迎，被认作是进步的思想家。他主要是对柏拉图和亚里士多德进行研究，建立了一个完整的哲学体系。著有彼此独立但又相互联系着的三部著作：《认识论》《美学》和《伦理学》。

四、对哲学的神学探讨　上面提到的那些哲学家同时也都是神学家，至少是对神学作过研究的。在希腊，很多思想家、哲学家和科学家都对如何以基督教的观点解决当今所面临的哲学问题非常感兴趣。这种现象，实际上是中世纪的基督教哲学传统的一种反作用。1946年，在雅典大学教授A·齐林塔那(*A. N. Tsirintanēs*)的领导下，曾发起了一场由数百名科学家签名的所谓基督教信仰哲学运动。这场运动虽然没有取得什么积极的成果，但基督教神学对于希腊哲学研究影响的巨大，于此可见一斑。

五、"海德堡学派"　19世纪20年代，海德堡学派力图把里克特的新康德主义引入希腊。但这种新康德主义一传入希腊，就又马上转变成了柏拉图主义。后来，海德堡学派的J·西奥多拉考普洛(*John Theodorakopoulos*)、C·查措等人出版一种《哲学文献和科学神学》杂志，在希腊颇有影响。西奥多拉考普洛在大学里讲授柏拉图哲学，他善于把古代哲学家的思想同当代青年人的兴趣密切结合起来，因此他的讲课很受欢迎。他的著作《柏拉图导论》和《柏拉图的菲多篇》也都是一版再版的热门书。他所著的《哲学伦理学体系》一书，把古代的伦理学同现代的伦理学融入一个唯心主义的框架。西奥多拉考普洛作为教师，在几十年的时间里，对希腊大学里的学生们影响很大。

六、现代的趋向　希腊新一代的哲学家一般都兴趣广泛，注意吸收各种思想。但他们所提出的思想观点又都可以在以前的哲学发展中找到渊源。现在希腊著名的哲学家是G·博操尼(*George Bozonis*)、A·贝奥那(*Angust Bayonas*)和A·邹波(*Anastasios Zoumpos*)，其中邹波对赫拉克利特哲学的创造性研究尤其受到国内外哲学研究者的重视。此外，欧洲现代的一些哲学思潮也对希腊哲学产生了巨大的影响，受存在主义影响的哲学家有D·西留斯(*Demetrios Koutsoyannopoulos-Theralos*)、J·阿拉万提诺(*John Aravantinos*)、G·考斯塔拉(*Gregory Costaras*)等人；D·年尼亚(*Demetrios Nianias*)和C·鲍多雷(*Constantine Boudoures*)等人的著作则显露出了分析哲学的倾向；G·蒙洛雷(*George Mourelos*)的著作主要是宣扬柏格森主义的；I·莫操波罗则是用结构主义的观点对本体论、美学和历史哲学进行研究。虽然现代欧洲的各种哲学思潮都纷至沓来，以至在希腊安家落户，但柏拉图主义作为根深蒂固的哲学传统在希腊哲学中仍占有相当的地位。每种传入希腊的现代哲学思潮都要发生变形，或多或少地带有柏拉图主义的色彩，成为新思潮与旧传统的结合物。

(杨君游　郭小平)

【瑞典哲学研究概述】　在瑞典，哲学通常分为实践哲学和理论哲学。实践哲学的核心是道德哲学（伦理学和元伦理学），它还包括社会哲学、政治哲学、法哲学、美学、宗教哲学和社会科学以及行为科学的理论。理论哲学的核心是形而上学和认识论，它还包括精神理论、语言理论、逻辑学和精确科学的理论。瑞典的哲学研究一般是在下述几所大学中进行的：斯德哥尔摩大学设有实践哲学和理论哲学的课程，乌普萨拉大学、隆德大学也设有这些课程，哥德堡大学则只设理论哲学的课程。另外，哥德堡大学跟乌梅大学一样还设有科学哲学系。不过至少自从第二次世界大战结束以来，分析哲学在瑞典已占据统治地位。

实践哲学家主要兴趣集中在伦理学和元伦理学方面。特别是，斯德哥尔摩大学哲学系的哲学家们主要兴趣集中在伦理学和政治哲学方面。

许多研究和讨论是围绕行为伦理主义问题是否是一个站住脚的道德立场而进行的。行为伦理主义最近的一位捍卫者是乌普萨拉大学的I·卡敦纽斯教授(*Ingemar Kedinius*)和他的学生L·柏格斯特洛姆副教授(*Lars Bergström*)。但是，这一学说却也受到斯德哥尔摩大学K·奥夫斯塔德教授(*Karald Ofstad*)和R·奥勒逊(*Ragnar Ohlsson*)博士的猛烈批评，

L·柏格斯特洛姆的著作《行为的变数和常数》(1966)，曾引起一场国际性争论，瑞典参加过这一讨论的还有D·普拉维茨(*Dag Prawitz*)，L·阿契维斯特(*Lennard Iqvist*)、W·拉宾诺维克茨(*Wlodzimierz Rabinovicz*)和T·谭思约(*Torbförn Tännsjä*)等几位哲学家。

大多数形而上学的讨论都是关于是否存在客观道德真理或我们对它们是否具有知识这一类问题。持怀疑立场的有隆德大学的已故的I·卡敦纽斯和K·奥夫斯塔德、I·坡逊(*Ingmar Persson*)。道德实在论的捍卫者T·维特尔斯特洛姆(*Tomas Wetterström*)是从语言哲学观点出发来研究形而上学问题的。还有几位哲学家如S·卡尔登(*Sören Kalldën*)、B·康逊(*Bengt Kansson*)、S·康格尔(*Stig Kanger*)、L·阿奇维斯特(*Lennard Aqvist*)、L·柏格斯特洛姆等已应用形式方法和逻辑的方法来分析道德概念。另外，一些哲学家已从事于善的逻辑、比较逻辑和形式逻辑(数理逻辑)的研究。

研究政治哲学的有G·彭塔拉(*Giuliaono Pontara*)，他研究的课题是国际正义、伦理和正义；还有L·埃瑞克逊(*Lars O Ericsson*)，他的课题是经济资源分配上的正义。另外，还有T·谭思约也参加了这方面的研究工作，他的研究课题是“自由概念”。这几位哲学家都是斯德哥尔摩大学教员。此外，G·赫尔维仁(*Gövan Hervieren*)专门从事哲学美学各种问题的研究，如美学价值问题和艺术的传神问题等等。

最近10年理论哲学发生了有趣的变化。直至60年代，全部教授和副教授都在哲学史方面出版了著作，主要的是A·韦伯格(*Anders Wedberg*)教授的《哲学史》一书，在50年代至60年代写成并在瑞典出版，还以英文再版(牛津大学出版社)。今天大多数教授和副教授的主要著作是在逻辑方面，在国际上知名的瑞典逻辑学家有D·普拉维茨，P·罗夫(*Per-Martin Löf*)和G·山德霍姆(*Göran S' undhslm*)。他们都是在斯德哥尔摩大学，并且主要的兴趣都在证明理论方向。S·康格尔(*Stig Kanger*)在乌普萨拉大学(模态逻辑)，P·林德斯通(*Per Lindström*)和D·维斯特透(*Dag Westerstäl*)在哥德堡大学，S·卡尔登教授、B·康逊副教授和P·卡德福(*Peter Gärdenfors*)在兰德大学，P·玛尔纳斯(*Per-Erik Malmnäs*)博士在斯德哥尔摩大学，W·拉奥诺维克茨副教授在乌普萨拉大学，他们各自对概率理论、选择理论和比赛理论方面有所贡献。

M·福尔伯格教授和T·维特斯特洛姆副教授两人在哥德堡大学对语言哲学的传统作出了贡献，语言哲学在演讲活动中的概念是它的出发点，他们也研究了解释学和现象学问题。

在哥德堡和乌玛尔大学，科学学是一个单独的问题被研究的。在哥德堡大学，H·特尼包教授研究范例概念，而A·爱尔金卡(*Aant Elginga*)

从事科学发展史的研究。在乌玛尔大学M·埃德蒙(*Martin Edman*)教授作了伽利略的事例研究，I·约翰逊(*Ingvar Johansson*)副教授进行自然、人、社会诸范畴的研究，爱德蒙教授是计划管理学家，在那里从事人工智能和计算机科学的研究。

瑞典出版的哲学杂志有《理论》(一年出版四次)、英文版《*Filosofisk Tidskrift*》(哲学杂志)也是季刊，瑞典文。(谭思约*Torbjörn Tännsjä*)

(祝　民编译)

【芬兰哲学研究概述】 1640年，当芬兰的第一所大学在土库成立时，对哲学就十分重视，设立了两个教授席位：理论哲学(包括逻辑学和形而上学)；实践哲学(包括道德和政治)。从那时以来，哲学在芬兰的文化生活中一直起着重要作用，并在19世纪民族主义运动中达到高潮；在本世纪独立的芬兰国家学术生活中，再次达到高潮。

芬兰哲学家近年在国际舞台上，在逻辑学、认识论、行为理论和科学哲学方面作出许多贡献。而年青的哲学家正在探索新的领域，如：技术、能源、女权运动和爱的哲学。

唯心主义和自然主义哲学家、记者、教授和政治活动家斯内耳曼(*Joham Vilhelm Snellman 1806～1881*)获得芬兰"民族哲学家"这一荣誉称号。斯内耳曼属于黑格尔学派中"温和的左翼"。他使黑格尔的"绝对精神"概念适合于"民族精神"。

19世纪，斯内耳曼及其大多数追随者属于德国唯心主义学派，而E·韦斯特马克(*Edward Westermark, 1862～1939*)从事的工作则表现了英语国家的自然主义和经验主义传统。1907～1930年他任伦敦经济学院的社会学教授，对婚姻和道德作了研究，从而成为芬兰社会人类学的奠基人之一。最近，人们对他的道德和宗教方面的哲学著作重新感到兴趣。T·斯特劳普(*Timothy Stroup*)编的《爱德华·韦斯特马克：论他的生活和著作》和1939年芬兰首次出版的、反对教权的启蒙思想著作《基督教和道德》等书都表现了这一点。

从30年代～50年代，芬兰重要的哲学家E·凯拉(*Eino Kaila 1890～1958*)是赫尔辛基的理论哲学教授，1948年，他被选为芬兰科学院的12位成员之一。凯拉是美学家和自然哲学家，为了创建他的"整体论"世界观，他开始研究了认识论和自然科学哲学。凯拉的庞大计划并没有完成，但他成功地引进了实验心理学、格式塔心理学、符号逻辑、逻辑经验主义和现代科学哲学，他以自己雄辩的讲演才能和深刻的著作影响着整整一代的人文主义者和科学主义者。凯拉的著作曾在芬兰、瑞典和德国出版。他的四项最重要的、探讨实在概念和感知本性的研究，最近以《实在和经验》为题用英文发表。

一、赖特　1961年赖特(*Georg Herikvon Wright*)继承了芬兰科学院凯拉这一职位。赖特早期在凯拉的影响下曾从事过或然性和归纳法的研究，但维特根斯坦的著作也给他以深刻的印象。1948～1951年，他继维特根斯坦之后，在剑桥大学任教，并且是这位伟大的奥地利哲学家遗著的三位编辑之一。因此，纪念赖特60岁生日出版的国际纪念文集名为《维特根斯坦研究文集——纪念G·H·冯·赖特》是很自然的。

赖特，也可以说是国际上最著名的现代道义逻辑的奠基人，这门学科是内涵逻辑的一个分支，它涉及义务和承诺的性质。1951年以来，他一直在详尽地阐述这一同行为概念相关的思想。1984年，他的三卷本的、论述哲学逻辑的《论文集》出版。

赖特在他的《说明与理解》中，维护"反实证主义"观点。他认为，人文科学和自然科学之间有着重要的差别。他说，对内涵行为的理解同对自然事件在法律上和在因果上的说明是有区别的。L·海尔茨贝格（*Lars Hertzberg 1943～* ）以及R·托迈拉（*Raimo Toumela 1940～* ）在《人的行为及其说明》一书中继续讨论这一论题。与赖特的内涵主义观点相反，他认为，人的行为可以由需求和意向从因果关系上得到说明。赖特在《自由与决定》中阐述了自己的最新观点。因此I·保恩（*Ingmar Pörn 1935～* ）在《行为理论和社会科学》以及托迈拉在《行为理论》中各自都把古典行为理论扩展到社会行为问题。

二、哲学分析 除了赖特，在凯拉的学生中最有影响的是E·斯坦尼乌斯（*Erik Stenius 1911～* ）和O·凯特南（*Oiva Ketone 1913～* ）。他们都有数学和自然科学的基础。斯坦尼乌斯的研究逻辑学、认识论及语言哲学的论文都收入他的《批判论文集》中，并且体现了分析方法。

凯特南早期曾从事数理逻辑、科学史和科学哲学的研究。他在最近的两部文集《论边缘》和《论为人》中讨论了多种课题，包括科学伦理学、医学哲学和精神疗法的本性及人类的命运。

三、可能世界 欣梯卡（*Jaakko Hintikka 1929～* ）在赖特手下从事研究工作。他在促进和指导哲学研究方面是极为成功的。同时，他也是分析运动的权威之一，他的逻辑学和认识论方面的专著在加利福尼加和新西伯利亚都一样著名。欣梯卡从1979年以来，就在佛罗里达州立大学工作，他与D·莱特尔（*D. Reidol*）合办《综合》期刊和《综合文库》丛书，是世界著名的编辑。

欣梯卡是模态逻辑和命题态度理论的可能世界语义学的奠基人之一。他的杰作《知识与信念》是在1962年问世的。因为使用了"周延性的正规形式"这一概念，欣梯卡对语义信息理论和归纳逻辑作出了贡献。由于部分地受到维特根斯坦的"语言游戏"观念的激励，欣梯卡也发展了一种新的用于自然语言的语义学理论，他称之为游戏理论的语义学。在《问题语义学和语义学问题》中，欣梯卡把他的认识逻辑和他的游戏理论语义学结合起来，创立了一种对问题逻辑的新研究。

目前，他正把这一观念扩展到对话逻辑——S·霍尔姆斯(*Sherlock Holmes*)逻辑学，科学发现的逻辑就是应用这种对话逻辑的实例。

四、科学方法　自从凯拉在50年代研究了量子理论基础以来，芬兰哲学家十分注意与科学方法有关的课题：其中一个问题即上面提到的，社会科学与人文科学中说明的本性；另一个问题，部分是继续赖特早期的研究工作，部分是依据欣梯卡对卡尔纳普的归纳逻辑研究的阐述，论述了或然性和归纳推理的本性。除了赖特和欣梯卡外，代表芬兰归纳学派的还有R·希比宁(*Risto Hilpinen 1943～*　)、R·托梅拉(*Raimo Toumela*)、J·皮塔里宁(*Juhani Pitarinen 1938～*　)、I·尼尼罗托(*Ilkka Niinilout 1946～*　)和J·V·柏拉图(*Jan Von Plato 1951～*　)。

70年代，科学理论的结构和动力成为中心的课题，芬兰的哲学家们，特别是托梅拉、尼尼罗托、V·伦塔拉(*Veikko Rantala 1933～*　)和M·辛托宁(*Matti Sintonen 1931～*　)，参加了《关于知识的增长和科学进步》国际讨论。尼尼罗托的《科学是进步的吗?》以"科学实在论"的精神分析了科学的变化，而辛托宁的《科学说明的语言符号论》则分析了关于说明争论的本质。

五、哲学史　在芬兰，哲学史受到广泛地重视。J·坦库(*Jussi Tenkku 1917～*　)、H·塞斯莱夫(*Holger Thesleff 1924～*　)、和欣梯卡都一直在研究柏拉图。L·罗蒂拉(*Lauri Routila 1934～*　)则一直在探讨亚里士多德的《形而上学》。欣梯卡在《时间与必然性》中对亚里士多德的模态理论的说明已被S·努蒂拉(*Simo Knuuttila 1946～*　)扩展为一种亚里士多德派的经院哲学和专名逻辑。现代逻辑史、认识论和心灵哲学——从笛卡儿、莱布尼兹和康德到弗莱格、维特根斯坦和萨特——已经成为许多学者的重要课题。在这些学者中，有R·考比(*Raili Kauppi 1920～*　)和L·艾拉宁(*Lilli Alanen 1941～*　)。

六、唯心主义、马克思主义和结构主义　二次大战后，芬兰哲学虽然在很大程度上是由强调哲学逻辑、语言哲学和科学哲学的所谓分析传统占主导地位，不过其它思潮对哲学界来说也绝非毫无影响。萨洛马(*J. E. Salomaa 1891～1960*)的几部历史学著作都讨论过德国唯心主义，在E·阿尔曼(*Erik Ahlman 1892～1952*)对伦理学和哲学人类学的研究工作中也可看到德国古典唯心主义的影响。S·克隆(*Sven Krohn 1903～*　)受到现象学逻辑运动的鼓舞，最近在《人、自然和逻各斯》一书中发表了他的哲学见解。

R·维莱尼乌斯(*Reijo Wilenius1930～*　)和J·马尼宁(*Juha Maninen1945～*　)一直在研究马克思主义哲学。1977年P·林德弗尔斯(*Pertti Lindfors 1927～*　)在尤伐斯库拉发表了第一篇辩证唯物主义的学术论文。然而，研究马克思主义史最著名的芬兰人无疑是O·V·库西宁(*Otto Ville Kuusinen 1881～1964*)，他曾在赫尔辛基研究美学，20年代初移居苏联，任院士和苏共中央主席团成员，从此，结束了他那传奇般的生涯。库西南是《马克思列宁主义基础》的主编。

西方马克思主义和现代法国哲学也吸引着倾向哲学的年轻一代的社会科学家。在D·斯坦博克(*Dan Steinbock 1954～*)的著作中可以看到法兰克福学派的批判理论和法国结构主义的影响。

作为一个小国，芬兰未能在哲学领域内从事于狭窄的专门研究，因此，芬兰最优秀的学术代表人物也很容易从哲学的一个分支转到另一个分支。同时，芬兰的地理和文化位置有助于建立与不同哲学传统的联结。当前形势的特点是不同哲学思潮令人感兴趣地相互融合，以及试图在以往互相孤立的哲学流派之间彼此沟通。赖特的解释学和欣梯卡对康德和胡塞尔的新见解在"大陆"哲学和分析哲学之间建立起联系。1984年在赫尔辛基召开的国际黑格尔会议表明，辩证传统和分析传统是能够汇合的，并发现能部分地互译它们各自哲学中的学术语言。例如，科学实在论作为科学哲学的一种倾向，结果同马克思主义认识论有亲近的关系。

七、文化哲学 从斯内耳曼的哲学全盛时期以来，芬兰的哲学不仅与大学紧密相关，而且它还通过用芬兰的两种本地语言写的著作对学术界以外产生了重要影响。例如：韦斯特马克论自由思想，凯拉论终极问题，赖特论人权，凯托宁论大学政治，维莱尼乌斯论学校教育。看起来，哲学这种"参与"传统，激发了广阔领域里的兴趣，根据这一特点，可将这一领域叫做人的哲学或文化哲学。

由斯内耳曼继承人T·雷恩(*Thiodolf Rein*) 在1973年建立的芬兰哲学学会，在80年代组织一系列关于真理、价值、爱、事物和自由的"词语"哲学讨论会。上述论题表明，芬兰哲学家现在认识到自己面临的双重任务：一方面要继续培植传统的哲学领域，另一方面则要去征服新的、挑战性问题的领域。

哲学的一个新研究方向是技术哲学，它涉及到社会问题，并引起公众的很大兴趣。近来，赖特、皮塔里南、T·艾拉克希南 (*Timo Airaksinen 1947～*) 和尼尼罗托都讨论过这一问题。这一技术哲学的研究对象，集中于认识逻辑与伦理问题，涉及到人、机器和自然的关系。

另一个实例是 E·萨利宁 (*Esa Saarinen1953～*)写的论萨特的存在主义和女权主义的专著。萨利宁受过逻辑学和语言哲学的训练，但对一般公众说来，他以多产的文化评论家著称。他评论的对象从性到彭克摇滚乐、诗歌和美国生活方式。同阿拉南和尼尼罗托合作，萨利宁也是《爱的哲学》一书的编者之一。这部论文集收入了芬兰21位哲学家论述爱的本性和多样性的著作。 (埃卡·尼尼伦托 *Ilkka Ninilonto*)(张敦敏译)

【丹麦哲学研究近况】 丹麦的哲学研究，基本上是在哥本哈根（*Copenhagen*）、奥尔胡斯(*Aarhus*)、欧登塞(*Odence*)、阿尔鲍格（*Aalborg*）和罗斯基尔德(*Roskilde*)这五所大学里进行的。

在丹麦近代哲学史上，H·贺孚丁(*Harald Hffding 1843～1931*)是有过重要影响的哲学家。他所宣扬的是一种与原来在丹麦占统治地位的黑格尔哲学截然不同的功利主义、经验主义和实证主义的哲学。他的哲学的重要意义在于：推翻了黑格尔哲学在丹麦的一统天下，增强了丹麦哲学发展的活力。但他的学说的缺陷在于把哲学问题和一些经验的问题、特别是和心理学问题混为一谈；他把认识论问题说成是认识的心理学问题；对与伦理学、宗教及形而上学有关的问题，他也没能区分哪些属于哲学方面的问题，哪些属于心理学方面的问题。这样，对哲学的考察，对一个问题解决的正确与否，就完全依赖于心理学的研究，这种把哲学的内在本质与经验科学相混淆的做法，就有使哲学失去自主地位的危险。贺孚丁的这种思想观点和研究方法，直到本世纪50年代中期，一直是丹麦哲学的主流，并且对后来的哲学家也有重要影响。

第二次世界大战以后，丹麦最有独创性且在国际上最为知名的哲学家是J·约根逊(*Jgen Jgenson 1894～1969*)，他和贺孚丁的观点有所不同，在他看来，哲学的本质是双重的，即哲学在本质上既是独立自主的，又不是独立自主的。他对这两个方面都作了论证。约根逊的早期著作是用新康德主义的非心理学的观点来解释康德，但在晚期的著作里，他又改变了原来的观点，而采用心理学的观点来对康德进行解释。他认为，康德所宣称的概念的普遍性和必然性，仅仅对于和人具有同样的心理结构的存在才是适用的。因为象天使这一类的概念是毫无正确性可言的，因而不能说这类概念具有普遍性和必然性，《基于生物学的心理学》一书，在他的解释下，康德的认识论不成其为认识论，只能算是认识心理学。

约根逊著名的著作是三卷本的《形式逻辑文集》。这部著作认为，逻辑的必然性及其原理是植根于人类的心灵结构之中的，如果我们的心灵结构不是现在这个样子，那么诸如矛盾律这样的定律就根本不能算必然的定律了。

在丹麦大学里，哲学教授要给每一届的大学生开一年的哲学导论课，同时还要给研究生开讨论课。约根逊的《哲学讲演集》就是在讲课稿的基础上整理而成的。书里介绍的逻辑推演的思想原则和物理学、生物学、心理学的观点表明，约根逊早期接受的是逻辑实证主义。他的《基于生物学的心理学》一书改变了原来的观点，他把心理学看作是最根本的学科，是一切科学的皇后，因而也是哲学的基础。

在丹麦的五所大学里，哥本哈根大学和奥尔胡斯大学是哲学力量最为雄厚的大学。除了约根逊以外，这两所大学还有几位比较著名的哲学教授，如V·库尔（*Victor· Kuhr 1882～1948*），他著有两本心理学的著作，还写过《审美经验的亚里士多德的标准》一书。在哲学史观上，库尔和贺孚丁非常接近，在他写的一本关于赫拉克利特的小册子里，一反过去心理学著作所讲的赫拉克利特和巴门尼德在人类心灵问题上所持的对立观点，而用黑格尔的有、无、变概念联结的辩证逻辑来表达。

库尔开的哲学导论课很受欢迎，学生感到库尔的课使人兴趣盎然，深受鼓舞。原因在于库尔知识丰富，他在讲课时加进了不少思想史和不同时期文学艺术方面的东西。他给研究生开的讨论班，一般是讲古希腊哲学。库尔的希腊语非常好，这也使得他主持的讨论课具有很高的学术水平。但在讨论中，库尔也强调希腊思想的文化方面的东西，如柏拉图的对话等，而不仅仅是纯粹哲学的论证和概念的逻辑。

另一位哲学家是哥本哈根大学教授F·布兰德（*Frithiof Brand1892～1968*）。他的《霍布斯的机械论自然观》一书使他成为知名的霍布斯学者。布兰德的哲学史和伦理学方面的知识非常渊博，参加他的讨论课的学生在这两方面十分受益。他对斯宾诺莎和康德尤为重视，在伦理学方面，他特别推崇西吉微克和韦斯特马克。布兰德写过一本叫做《青年基尔凯戈尔》的书。这本书是在萨特的《存在与虚无》、海德格尔的《存在与时间》这些著名的存在主义著作问世以前很久发表的。但他这本著作并不把基尔凯戈尔作为存在主义之父来考察，也不是要研究基尔凯戈尔同现代存在主义的关系，而是对基尔凯戈尔的历史发展作心理学上的研究。实际上，丹麦的神学家倒是更热衷于把基尔凯戈尔认作是存在主义和现代存在主义的先驱。

在奥尔胡斯大学，S·拉纽夫（*Swend·Ranulf 1894～1954*）对社会学卓有研究。他受贺孚丁思想的影响，从哲学转向了社会学的研究。他把社会学定义为对社会的描述。1954年，拉纽夫死后，J·哈特奈克（*Justus Hartnack 1912～* ）被任命为继承人。哈特奈克曾在美国执教八年，其哲学思想受英美哲学影响较大，他上哲学导论课就是采取哲学分析的方法。当时在丹麦，罗素、摩尔、维特根斯坦、赖尔等哲学家还无人知晓，日常语言学、牛津哲学也鲜为人知。可是今天这些哲学已在奥尔胡斯大学占有相当的地位。哈特奈克在宣扬这些新哲学方面起了重要的作用。哈特奈克认为自已的目标是要在奥尔胡斯大学实现哲学的自由。

P·秦克那格尔（*Peter Zinkernagel1921～* ）是一位有独创性的哲学家。他于1957年在哥本哈根大学获取博士学位。他的博士论文后来以《描述的条件》的书名出版。秦克那格尔的这部著作受牛津学派的影响，他试图找出构成对实在的所有描述条件的基本规则。秦克那格尔没有从事教学工作，而是把所有的时间都投入到了哲学研究。

欧登塞大学是丹麦的第三所大学，于1964年建立。年轻的哲学家D·法尔霍德（*David Favrholdt 1931～*　）成为该大学任命的第一个教授。法尔霍德受教于哥本哈根大学，原来是学心理学的，但他对哲学的自主本性有充分的理解，成为丹麦今天最有才华的哲学家之一。他的思想也深受奥尔胡斯派哲学家的影响，在哥本哈根大学读书时，他曾以论心灵概念的论文在奥尔胡斯大学获一等奖。在欧登塞大学就职后，他写了一本书，也就是他的博士论文，题目是《对维特根斯坦论文的解释和批判》，这部著作使他赢得了世界声誉。在这本书的序言里，法尔霍德承认，自己对维特根斯坦思想的兴趣是受奥尔胡斯大学一位教授写的关于维特根斯坦的书的影响。法尔霍德在自己写的书里，对维特根斯坦论文的中心观念进行了批评，将它说成是外延的命题和图画理论。

丹麦的几所大学在对哲学的研究上各有侧重。奥尔胡斯大学比较注重语义哲学。N·克利斯坦逊（*Niels Egmont Christensen 1927～*　），以《论意义的本质》的论文获博士学位。这篇论文对语义哲学作了很好的归纳概括。奥尔胡斯大学的毕业生一般都认为哲学的本质是概念分析。而在欧登塞大学毕业的学生，在法尔霍德的指导下，都注重分析哲学。哥本哈根大学正在进行哲学的改革，已注重对世界各种哲学流派的研究。罗斯基尔德大学和阿尔鲍格大学都创办不久，哲学研究的力量还没有上面那几所大学雄厚。

近年来，丹麦哲学的发展受到了一些阻碍。从1968年起，一些大学生们在哥本哈根大学率先闹事，以后迅速蔓延到其它大学，以罗斯基尔德大学最为突出。结果是破坏了正常的教学和科学研究，在学校里造成了分歧，一些教授出走。同时，由于受法兰克福学派的影响，新一代的不少哲学家大都信奉西方马克思主义。

（杨君游　郭小平）

【墨西哥哲学研究概述】　在现代的墨西哥及拉丁美洲哲学中，J·瓦斯贡塞洛斯（*José Vasconcelos 1882～1959*）是一个较为重要的人物。他著作甚丰，涉猎方法论、形而上学、伦理学和美学等领域。他参加过墨西哥革命。20年代早期，他作为教育部长领导过墨西哥的教育改革，还当过国立墨西哥大学的校长，后来曾多次被流放过。其哲学思想的来源主要是柏格森、叔本华、柏拉图和毕达哥拉斯。他的主要著作有《科学实在论》《有机逻辑》等。

瓦斯贡塞洛斯提出的有机逻辑理论，就是把演绎和归纳应用于以有机单位为特征的相似结构的一种方法。他的“科学实在论”是一种在现代科学中找出有机逻辑确证的哲学。他认为，哲学不应当将特殊归纳为普遍而应使特殊与特殊在一个个体得以保存的有机体里相互联系起来。存在就质的方面来说是不能通约的异质，这种特性也可在变化的间断性里发现。由于存在强调的是量，而量的各个单位是异质的，因此，数学并不适于论述存在，美学才是论述存在的正确方法。他把节奏的范畴用于这种间断的变化中，认为一连串的事件都有一种旋律的次序，在这种旋律的次序里，各种不同的特性宣告统一。在他看来，旋律应分为三个层次，即物理的、生命的和精神的，虽然它们之间是相区别的，但它们又在一个可以用和谐的范畴来说明之中共存。理性在对存在的描述中是有限界的，它在创造世界中也是有限界的。造物主是一个超出世界之外的有人格的神。圣经对天国的描述说明，上帝创造世界不是单凭思维，也靠以说话和动作为标志的意志行为。

艺术对这些原理给了生动的例证说明，例如乐曲的音阶是音乐家根据自然景象中的连续统一体构思出来的，声调的间断很象自然现象中的间断。在音乐节奏、旋律与和谐里，差异存在于高度统一之中，艺术向我们指示最高的价值、瓦斯贡塞洛斯把艺术分为两种：太阳神的艺术和酒神的艺术，太阳神的艺术是指正式的艺术或关于观念的艺术。这种艺术将堕入感觉，只有酒神的艺术才能对之进行补充。酒神艺术强调激情，这种艺术是不堕落的激情，或者是破坏人的精神，或者转变为宗教的热情。神秘的艺术就在于这种宗教的热情，在神秘的艺术里，情感超越了人类的对象而专注于上帝。因此，激情并不是命定的毁灭，而是可以在神圣中实现。在瓦斯贡塞洛斯看来，基督教为希腊人对命运的畏惧提供了答案。（瓦斯贡塞洛斯：《有机逻辑》）

另一位墨西哥哲学家A·卡索（*Antonio Caso 1883～1946*），他主要研究伦理学、美学、历史哲学和政治哲学。他担任过国立墨西哥大学的哲学教授，是一个很有影响的教师。他也到过几个国家担任大使。他的著作被汇编为全集出版（共有13卷）。他的重要著作有：《人类个人和极权政府》、《美学原理》等等。卡索主要是受柏格森、叔本华和康德的影响，1934年，他还写过一本论述胡塞尔的现象学的书。

在《人类个人和极权政府》一书中，卡索发展了自由的哲学和人类的人格性。他认为，存在可分为三种：物、个体和人。物是自然的东西，不破坏其状态也可对其分割。它们可以是价值的客体，但不能是价值的主体。个体是活的存在，不破坏它们作为个体的状态就不能对之进行分割，但个体是可以互相替代的。个体是经济价值的主体，这种经济价值的主体以自我为中心，把别的个体都看作是工具。人是精神的存在，人是唯一的，是不能替换的。人在美学领域是价值的创造者。在美学领域，人在沉思的活动中超出了自我；在道德领域，人在爱和自我牺牲的活动中超出了自我。人格的发展，需要一个内心和社会的很好的平衡，人格的高度和自我认识则依赖于内在意识。但是，人又是一种社会存在，是反映着人们的"世代历史延续和道德联系"的人类文化的参加者。

在这三种存在中，都可看到自由是一般的自发性的特征。小的物体往往有同规律和预言不符的不规则运动。规律只适用于类，在类之中，成员的自发性按照统计学的规律相互补偿。在生物界，特别是对人类来说，随着自发和自由的增长，成员的个体性在增加，补偿在减少。对人来说，自由增加了自我决定的特性，这表现在我可以移动我自己的身体和创造价值，而价值的创造是人类自由的顶点。自我决定可能会被公共的压迫所阻碍，特别是在现代形式的集权国家里。按照卡索的观点，极权意识形态是绝对观念的非法贩运，因为绝对观念被看作是从国家存在的普遍原则中产生的某种完善的、必然的、无限的东西。极权意识形态的根源来自霍布斯，不能把它归结为来源于黑格尔。因为黑格尔是把绝对精神，即艺术、宗教和哲学放在国家的客观精神之上的。极权主义的解毒剂不是个人主义，因为个人主义也带着极权主义的自私性。在个人主义的自我之上的是在人类文化之中彼此有机联系着的人，在这种有机的联系中强迫已不复存在。

S·雷蒙斯(1891～1939)是卡索的学生，但两人的观点经常有分歧。雷蒙斯主要研究人的哲学。他生于齐塔库罗，就学于法国和意大利，曾任墨西哥国立大学的教授。他写的《墨西哥哲学史》是一部开创性的著作。其思想主要是受柏格森、舍勒及尼古拉·哈特曼的影响。

在其所著的《趋向新人道主义》(1962)中，他概述了自己的哲学。他认为要把人交给自然，但要带着一个任务，就是要通过自由的文化来发展人性。人是形体与灵魂的结合，是盲目的物质力量与自身无力但却指引方向的精神的综合，他以把精神分为生命力、灵魂和精神三个层次而著称。生命力是与具有内感官和本能的形体相等同的；灵魂是由情感组成的(情感还不是自我，精神才是自我的本质)，精神是由思想和意志构成的。精神的进展靠的是非人格的思维的逻辑规则和意愿的价值准则。由于这种外在的趋向，所以精神是客观的，与带有主观特性的灵魂是相对的。

雷蒙斯的人道主义把精神生活看作是评价和自由。他认为价值要有一种独立的评价行为，价值判断受情感和对象阙失的影响，这些因素并不表明判断是主观主义的，而是表明判断中的错误。没有评价的欲望和没有欲望的评价都是可能的。评价有应该的特性，因为可能会作出这样的判断，某些实在不是它们应该是的样子，因此，必定有一个用来"比较实在的事实的理想模式。"这样，纯粹的价值就构成了一个理想的世界，就象在柏拉图和哈特曼哲学中那样。在雷蒙斯看来，自由有一种非决定的因素；但在另一方面，雷蒙斯又接受了哈特曼的观点，认为自由必须是主动的和作为原因的。人格、意识生命和自然本性构成一系列的等级，在这些等级里，高级的东西要依赖低级的东西，但不能将之降为低级的东西。

E·梅奈兹（*Eduardo García Máynez 1908～ *）是德国伦理学家的追随者，主要研究伦理学和法哲学。他生于墨西哥城，1932—1933年曾在柏林大学和维也纳大学学习过法律和哲学，后在墨西哥国立大学任教。他写了不少关于法哲学、法的本体论和法的逻辑方面的论著。在伦理学和一般价值理论方面，梅奈兹写过一本《伦理学》于1944年出版，到1972年已再版了11次。还写过一本《价值的客观性问题》（1969）。他的伦理学思想受舍勒和哈特曼的影响。他认为，哈特曼的《伦理学》是“本世纪探索伦理学问题的最好的著作”。

梅奈兹将伦理学的问题区分为：绝对的或客观的与相对的或主观的；先验的与经验的；质料的与形式的；目的与手段；行为意向与后果。他认为，有四种伦理学学派：经验论的伦理学，包括无政府主义伦理学、功利主义伦理学和社会主观主义伦理学；最终目的伦理学，快乐、幸福、善都可以成为最终目的；形式主义的伦理学，如康德的伦理学；价值论伦理学，这种伦理学19世纪末在德国发端，本世纪的20～30年代在舍勒和哈特曼的著作中达到其顶点。

梅奈兹认为，经验论的伦理学是一种相对主义的伦理学，它导致怀疑主义和虚无主义。功利主义是一种不择手段的纯功利学说，它会成为以社会幸福作为目的的理论，因而它也是一种最终目的伦理学。社会主观论的提倡者，如杜克海姆，把社会中的价值的一般性与价值的客观性弄混了。梅奈兹发现，胡塞尔在《逻辑研究》一书中对真理的客观性及判断的逻辑内容的客观性的论辩，有对相对主义的驳斥。梅奈兹认为，从苏格拉底到康德，这种目的论伦理学一直是处于支配地位的伦理学思想，幸福论是其主要分支。但幸福的欲望并不是人们追求幸福的证据，而且这种幸福论还包含这样意思，即真正的价值是在具有特色的质里而不是在幸福自身之中。康德的形式主义强调意向，认为意向将道德价值带进其适宜的地方——意志和人之内。但康德伦理学的失误在于，它的形式主义偏爱法律，它的理智主义偏爱理性，而价值又是从应当之中产生出来的。舍勒和哈特曼的价值论伦理学纠正了康德的错误。梅奈兹追随哈特曼，认为价值是确定的或质料的本质，它可为情感直观所认知，价值本身就是来源，而不是从应当中派生出来的。直观本身是先验的。事实的经验并不建立应当是的东西，苏格拉底从例证中对善的概念的归纳是以例证的善的观念为前提的。善在理念存在的模式里或柏拉图的观念中是客观的。

对一种行为或人的道德价值来说，自由是需要的。梅奈兹的《伦理学》的最为精彩的部分是他对意志自由或人的自由的研究。他断言，物理的和心理的决定论，构成一种因果联系，在这种因果联系之上，建立了一种不为因果联系所决定的目的论的联系。高层次的价值是一种要求，但不是强迫性的，就是说，个人应当去实行它，但也可以自由地不去追求这种高层次的价值，即个人对待价值有自由的余地。梅奈兹没有论述哈特曼对与自由有关的价值冲突的深入分析，因为他意识到建立道德自由的困难。他认为，道德自由是一种选择的自由而不是一种简单的行为自由，意志自由是一种形而上学的问题，这个问题可以讨论，但不能由论证或驳斥来解决。他认为有三种自由的表示物：自我确定意识的现象，义务的现象和内疚的现象。这三种现象，一个比一个更能证明一个人的存在，证明这个人是一个与价值相关的自由行动者。这个人不能自由地创造无时间存在的价值本身，但他可以在时间存在的领域里自由创造，实现价值的行为和意愿。

F·萨尔梅伦（*Fernando Salmerón 1925～* ）曾在德国和法国的大学受过教育，1965年在国立墨西哥大学获哲学博士学位，1966年起担任墨西哥大学哲学研究所所长。他的学位论文是《论胡塞尔、哈特曼和海德格尔》。他的《哲学和道德态度》一文，论述了他自己关于方法论和伦理学的观点，他的观点受赖尔等人的影响。

萨尔梅伦把哲学分为宽泛意义上的哲学和严格意义上的哲学。在他看来，宽泛意义上的哲学是由智慧和世界观组成的。哲学家“对自身的命运和世界的意义进行探讨”，同时还探讨带有价值原则的最终实在的交织混杂的观念。对这种哲学是既不能证实也不能驳斥的。世界观不能由经验来检验，因为这些观念是由评价的而非认识的价值态度产生的。他讨论了日常语言及一些国家的心理学的发现，注重世界观经验上的关联，宣称这些观念都植根于价值态度。他并不认为形而上学是毫无意义的，在价值生活和探索可靠知识的功用方面，他倒是给予形而上学以重要地位。他认为，世界观给道德行为指示方向并提供证明。世界观对行为的影响，一方面靠纯粹的自发性，另一方面是靠精确的知识。另外，他认为，严格意义上的哲学是象逻辑学、语义学和认识论这样的方法来进行探讨的学科。它把事实和实在的问题留给科学，它帮助科学进行理论的分类，并帮助理解科学与科学之间及科学与社会的关系。这种哲学不对行为和态度作指示和证明，但它能够获得观念同与观念有关的概念的价值相联合的知识。在宽泛的意义上，价值对哲学的关系是形而上学伦理学和实证伦理学的关系。他认为，伦理学必须考虑人的本性和人的利益，但并不给利己主义提供支持。这表明两种哲学之间的差异也不是绝对的。

在现阶段，墨西哥也有一些人持现象学的观点和存在主义的观点。劳坡多·齐是一位哲学史家，喜好历史的和相对的哲学概念，但不喜欢纯粹概念的和普遍的观点。他在著作《墨西哥的实证主义》(1943)一书中，宣称人类的问题源于历史环境，所以问题的解决也是环境的解决。因此，“哲学的真理依赖于特定的时间和空间”。哲学随着历史的变化而变化，哲学中表现出来的矛盾，仅是在不同的情况下给出的不同的解答。

约瑟·高斯(*Jasé Gaos*)是另一位有影响的哲学史家，他是在内战期间离开西班牙的。他在他的《论人》一书中，探讨了人从原始发展到艺术和哲学的现象学模式。他认为，人是从纯粹的客体状态发展到主体性，再自我客观化，以后又发展到内在的主体性，但这种发展并没有消除在人之中存在的人性与兽性的双重性。约瑟·高斯早年曾将海德格尔的《存在与时间》一书翻译成西班牙文。另外，在穆诺兹(*José Romano Muñoz*)所写的《论存在主义哲学》一书以及巴瑟瑞(*Angnstin Basare*)所写的《存在主义者和存在主义》等书中，表现出作者的存在主义倾向。(杨君游　郭小平)

【阿根廷哲学研究近况】　近年在阿根廷占主导地位的哲学家是弗兰西斯科·内梅罗(*Francisco Remero 1891～1962*)。内梅罗生于西班牙，幼年移居阿根廷。早期曾在军界供职，1931年起在布宜诺斯艾利斯大学和拉普拉塔大学任教。其思想主要是受哈特曼、舍勒、胡塞尔等人的影响，注重哲学人本学的研究，主要著作有《人的理论》、《哲学的任务》。此外，还写了一些哲学史方面的论著。

内梅罗喜欢用“超越”这个概念。在他看来，超越就是不断地超出自身或是超出给定的条件和限界。超越是和内在相对的，是一种精神活动，是积极的创造的原则。内梅罗把超越作为自己的方法论、价值论及对实在进行说明的主要概念。

内梅罗认为，我们关于实在的知识是建立在经验的基础之上的。经验提供引导我们认知的材料，不能把经验局限于感觉和内省，经验也包括对本质和价值的直接意识。

内梅罗把现象的实在分为四个等级：无机的、有机的，有意识的和精神的。随着等级的上升，超越也在增加，无机的和有机的实在是时空中的存在，而意识的和精神的存在则仅仅是时间中的存在；时间中的存在因不受空间的限制，也就有着更多的自由。这样看来，超越又是同自由联系在一起的。这四个等级的实在是相互联系着的，高等的实在依赖于它前面的低等的实在，但是又不能把高等的实在归于低等的实在。无机的实在已经有了一些活力，因此在其内在本性里已有了某种程度的超越。有机的实在已是前意识的活的个体，不过还没有主体与客体的区分。第三级的实在是一种有意识的灵魂，其有意识的活动已到了客体的状态，已有了主体与客体的分别。主观的活动是主体自我的活动。与自我相对应的是世界，世界是客观物体的组织结构，但这种意识阶段上的超越还是不完善的，而这种不完善只有在精神这种第四级的实在中才能消除。在这个阶段上，主体趋向于客体，关心着客体，“主体从客体中产生出自己”。精神的自我是客观的和普遍的，它在与其他精神的关系中保持着自己作为分离的个体的地位，与上面所说第三等级的意识的自我相比较，精神的自我是自由的。由于这种客观性、普遍性和自由，所以精神的自我享有绝对的超越，也享有绝对的价值。

在内梅罗看来，价值是超越的程度，价值是客观的，在精神活动中价值达到其绝对和完善的程度。认识的价值涉及到精神对是什么的沉思，伦理的价值指向对是什么的超越。精神对于伦理的活动给予特别的注意，伦理学教导人们使自己的行为符合于实在的本质方向。

内梅罗认为，我们关于实在的知识，如果可以达到的话，那一定是一种经验的知识。在内梅罗看来，经验是可能的，他认为叔本华和柏格森的错误并不在于接受了经验材料，而在于他们对之所作的解释。内梅罗虽然强调经验和实在，但从上面的分析我们可以看出，他的经验和实在都只是一种精神性的东西。(内梅罗《哲学的任务》)

在阿根廷，另一位从事价值论和哲学人本学研究的是内梅罗的朋友弗朗底兹(*Frondiz 1910～ *)。后者曾就学于密西根大学和墨西哥国立大学，在哈佛大学怀特海和佩里门下学习过，1946～1955年他因政治原因受驱逐，1956～1966年在布宜诺斯艾利斯大学任教授，还担任过校长。1966年又遭驱逐，从1970年起一直在南伊利诺斯大学任教，主要著作有《自我的本性》《什么是价值》等。

弗朗底兹把经验作为自己的出发点，这种经验涉及一个与客体相关的主体。我们可以确信客体的独立存在，也可以确信我们对客体的意识也是存在的。对自我的认识和对外部世界的认识不存在孰先孰后的问题。通过对笛卡儿、洛克、贝克莱、休谟学说的考察，他对实体的概念作了批驳，在他看来，实体只是一种简单的、独立的东西。他喜欢用功能和格式塔的这些概念。在他那里，功能的概念包括过程、运动和关系等观念。在关系里成长起来的观念与过程的观念完全地结合在一起，就是格式塔的观念。格式塔不是各部分的总和，而是一个有机的统一，整体和部分是一种相互依赖的关系。部分与部分之间在种类上是互不相同的，甚至是一种对立的辩证关系。这里弗朗底兹虽似乎讲的也很辩证，但他的思想与唯物辩证法还是有着根本不同的。弗朗底兹对物质、自然的概念根本不予考虑，只是在说明自我和价值等问题时才用到这些概念。

弗朗底兹认为价值是与自我紧密联系在一起的，价值也可以用格式塔原因来说明。他批判了主观价值论。主观价值论一般是将快乐及欲求和感兴趣的对象与价值相等同。在他看来，快乐、欲求和兴趣都不是价值的保证，这些东西和价值可能会是完全分离的。关于客观主义，弗朗底兹认为也是无充分根据的，在这一点上他的观点与舍勒正好相反，他认为价值是不能独立于人之外的，价值是不会改变的，是先天认知的。他说，当穆尔说不能把价值归为自然性质时，他是正确的，但在他认为价值不依赖于自然性质时，他是错误的。价值是依赖于主观特性的，这些主观特性包括快乐、欲望、兴趣以及影响我们评价的价值对象的一些特性。主观特性和客观特性的相互作用就构成了格式塔，格式塔的新性质就是价值。格式塔这个概念可以用物理的、社会的和人的状况来给以说明。（弗朗底兹《什么是价值》）

卡洛斯·阿斯特拉达（*Carlos Astrada 1894～1970*）是存在主义的马克思主义者，持人道主义的观点。他曾在德国胡塞尔和海德格尔门下学习过，后来在布宜诺斯艾利斯和拉普拉塔大学任教。阿斯特拉达曾在1960年来北京作过讲学。从他的著作可以看出，他早期是海德格尔思想的拥护者，后来又转向马克思和黑格尔，对辩证法的问题作了探讨研究。他写过《存在主义的革命》一书，后来经过修订，又以《存在主义和哲学危机》的书名出版。在这本书中，他声称，在海德格尔"非理性的唯我论"里，隐藏着存在主义的本体论。在《人道主义和自由的辩证法》一文里，他阐述了自己强调人的本质自由的人道主义。阿斯特拉达主张，只有通过一种普遍的人道主义，人才能得到真正的自由；只有通过自由，人才能摆脱异化状况，返归自己的人性。阿斯特拉达对毕达哥拉斯、文艺复兴、启蒙运动以及黑格尔的人道主义观点作了考察。他发现，在人道主义的观点上总是伴随着错误，如希腊的奴隶制，文艺复兴时期的贵族和平民，启蒙运动中人的产生和关于人的抽象概念，黑格尔对精神及其观念的强调。但他也认为，历史上对人道主义的探讨都是朝向寻求一种普遍的人道主义，如古希腊提出的人是万物的尺度，黑格尔关于人在历史中成为具体的人的观点，马克思则把历史上关于人道主义的识见与实践结合起来，这样，马克思就得到了一种普遍的人道主义，这种普遍的人道主义，把人从永恒本质与永恒真理的超人的限制里解放出来，也把人从在资本主义经济中仅仅作为生产物质商品的手段的那种非人界限里解放出来。阿斯特拉达认为，黑格尔对自由的理解是不正确的，因为黑格尔把自由说成是理性的必然认识，这就把自由限制在认识的范围之内，而实际上自由应该是社会中的人的日常关系的实践的东西。不仅如此，阿斯特拉达还有些隐晦地把自由的作用和价值同民主自由主义的思想自由、言论自由和选举自由联系起来。

语义学和科学哲学在阿根廷的代表人物是邦格（*Mario Bunge 1919～* ），他生于布宜诺斯艾利斯，1952年在拉普拉斯大学获物理学数学博士学位，1956～1959年在大学任理论物理学教授。以后又成为哲学教授，主要著作有《因果性》，《愚蠢的神秘》、《科学研究》等，现在正在编写七卷本的《基础哲学》，探讨语义学、本体论、认识论、科学哲学和价值论。

邦格认为，哲学从分析开始，结束于理论的创造。对问题的分析应在数理逻辑和数学的帮助下得出证明。哲学应该是一种严密的科学。他说，我们的直接任务就是在严密的哲学里建立自圆其说的理论，这种严密的哲学包括语义学、形而上学、价值论等。邦格自称，他的认识论是批判的实在论，他的本体论是唯物主义的，是多元论的，是带有偶然的决定论。价值是建立在主观因素和客观因素基础之上的，因而价值是相互关联的。伦理学可以通过提出归纳概括和正当的价值判断而建立起来。（杨君游　郭小平）

新学科研究概述

【哲学人类学概述】 哲学人类学(*Philosophische Anthropologie, Philosophical Anthropology*)是现代西方哲学中盛行的一个术语。在它的使用上包含两层不同的含义。广义而言,它是以人为对象的哲学领域,它包括各种关于人的哲学观点、理论和学说(例如:生命哲学、存在主义、人格主义、弗洛伊德主义等等);狭义而言,它是指本世纪初由德国哲学家 M.舍勒(*Max Scheler 1874~1928*)所创立,并在当代(特别是存在主义逐渐衰落的近30年间)迅速发展成一个包括宗教哲学人类学、生物哲学人类学、心理哲学人类学、文化哲学人类学等分支在内的庞大哲学思潮。它以德国为中心,蔓延到整个欧洲大陆,渗透到英美国家,并引起苏联和东欧理论界的高度重视。

在西方哲学史上,哲学人类学的某些思想和观点曾孕育于巴斯卡尔、赫尔德、狄尔泰等哲学家的思想体系中。但是,作为一个现代哲学流派严格意义上来说,哲学人类学的基本思想是由舍勒在1928年首次系统地表述的。

虽然舍勒一生思想发展变化较大,但他认为:人是什么以及他在宇宙中的地位是他一生追求的哲学主题。围绕这一主题,他从经验科学与现象学结合的角度,通过对人的起源与进化,人的生命冲动与精神本质,人的形而上学本体结构,以及人与动物、人与环境、人与世界、人与社会、人与历史、人与文化、人与宗教等关系的探讨,建立人在宇宙中的特殊地位和描述人的完整形象。舍勒的上述思想构成了哲学人类学的基本纲领和方法原则,并广泛地影响了当代哲学人类学的发展。

宗教哲学人类学从"人的现象"或"现象学的人类学"入手,把日常经验和神学反思结合起来,以灵魂和肉体为人的本体论结构,通过这一"本体论意义"来说明人受置于神的必然关系,说明人向神的开放性,从而论证了人的完整结构是神的现实存在这一主题。主要代表人物有:亨斯腾贝格(*H-E Hengstenberg*)、科列特(*E. Coreth*)、哈默(*F. Hammer*)、潘宁贝格(*W. Pannenberg*)等人。

生物哲学人类学从人特殊的生物学领域出发,通过人与动物的比较,把人的未特定化和开放性视为人的基本结构,以此说明人的文化以及一切社会活动。文化是对人生物性匮乏的补偿,因此是人的第二本性。人进入社会和文化是通过伦理来调节的,伦理有着确定的生物学基础。这一派的主要代表人物有:格伦(*A. Gehlen*)、波尔特曼(*A. Portmann*)、尤克斯库(*J. Uexküll*)、鲍腾迪克(*F. J. J. Baytendijk*)等。

心理哲学人类学运用现象学和释义学的方法，把人的精神活动还原为人的某一心理状态(例如：笑和哭、爱和恨、沮丧、恐惧、兴奋、希望等)。普列斯纳称之为失常态，它标志了人与环境的特殊关系，它是人的一切活动的最高表现。人借助失常态达到自身肉体和精神的统一，达到人内在与外在、个人与社会的统一。该派主要代表人物有：普列斯纳(*H. Plessner*)、宾斯万格尔(*L. Binswanger*)等。

文化哲学人类学把人的创造性功能视为人存在的本体论结构，人是功能化的生物，符号的生物，创造性的生物。但完整的人是文化创造者和文化产物的统一，是主观精神和客观精神的统一。主观精神的人是创造文化的中心，他体现于人类一切文化创造的产物中，客观精神的人是文化的、社会的、历史的、传统的存在。该派主要代表人物有：格伦、罗特哈克(*E. Rothacker*)、卡西尔(*E. Cassirer*)、兰德曼(*M. Landmann*)。

现代哲学人类学各分支涉及领域广泛，使用方法不一，出发点相异，结论亦不同，但从构成整个哲学人类学的主题来看，却具有下列理论特征。

(一)与近代哲学把人看作理性存在不同，与现代存在主义把人还原为情感意志的非理性个体相异，哲学人类学讨论的中心是“完整的人”。它试图结合经验科学和形而上学来描述人的完整形象。正如哈贝马斯所描述的：哲学人类学统一或融合全部这些科学的基础——如心理学、社会学、考古学、语义学——，研究人和他的产物；但并不转向一个专门的分支。哲学人类学栖身于经验和理论之间，它以哲学的态度来解释科学的基础，它研究被科学所观察的人和为哲学所理解的人。

(二)哲学人类学用的基本方法是“对人类单个现象的普遍阐释原则”。这个原则指的是，从人的一个典型特征出发，由此问道：如果这个特征是有意义的，那么它是如何构成一个存在的？换言之，即“从科学已发现的某一事实还原到假设性的尚未知的人的整体。例如：宗教哲学人类学从人的有止境性出发；心理哲学人类学从人的心理“失常态”开始；生物哲学人类学以人的“未特定化”为开端；文化哲学人类学以人的“创造功能”为起点，等等。为什么从人的个别特征能导出完整人的形象？因为，在哲学人类学者看来，人的内部成份是可理解的相互联系的结构，在这种结构中，一切成份对整体都有明确的意义。

(三)哲学人类学强调人的本质是“向世界开放”。所谓开放性原则是指，哲学人类学在研究之前或之后都拒绝关于人的僵死规定。人作为一个自我创造和不断形成中的存在，不具备任何特定的和稳定的人本质，任何这种规定都将束缚对人的进一步认识。人通过自己的活动形成自己，通过创造去设计自己，借助对自己的解释去影响人类的自我塑造。

上述特征反映了哲学人类学熔科学主义思潮和人本主义思潮为一炉，含理性主义和非理性主义观点为一体的意图。这种努力标志了当代西方哲学发展的新趋势：哲学与科学互相渗透，科学、人本主义、宗教各思潮间的融合。

从70年代末到80年代初，除了出现一些对哲学人类学一般方法和原则讨论的专著外，哲学人类学呈现大分化的趋势，许多哲学家热衷于对哲学人类学的某一分支进行极为细致的研究，如感官人类学、语言人类学、创造人类学、情感人类学、个性人类学，在注重经验材料的基础上主要还是进行哲学的思辨，由此与经验的人类学具体分支相区别。

近年在瑞士等德语国家里掀起了一股研究格伦后期著作的热潮。格伦的《原始人与晚期文化》成为十分畅销的书。格伦所提出的工业化社会对人类本性的影响引起了人们普遍关注，并由此形成了专门讨论现代核武器对人类在宇宙中的特殊地位的影响，人工智能发展对人性的影响，计算机普及化以及工业高度发达对人的影响，现代社会机构对个体发展的影响等为中心课题的当代哲学人类学。

在以联邦德国为中心的一些国家中，近年来现象学的人类学和宗教哲学人类学也十分活跃。大多数著名的科学家和哲学家转向这一敏感问题的研究。这一研究一方面表明了在现代社会中有重新掀起的宗教哲学化的倾向，另一方面也反映了在新的社会条件下人们试图把宗教世俗化、宗教人格化、宗教科学化的倾向。反过来宗教的现实化也是人类趋向完美化、摆脱现实矛盾的一种心理反映。上述观点十分明显地反映在近期出版的德语版哲学人类学著作之中。

值得重视的是，从德国开始的文化哲学人类学研究，在英语国家产生了普遍的回响。美国、加拿大和英国把这一术语转换为文化哲学，着重讨论人与文化的关系，人的发展与文化的发展，人的类型与文化的类型，等等。

在苏联和东欧一些社会主义国家中，哲学人类学也远比存在主义更引起理论家的重视，其中主要的原因在于，把哲学人类学的研究与马克思主义人类学的研究结合起来，马克思早期著作中的哲学人类学思想成为人们重新审视马克思主义的基点，也成为批判西方哲学人类学的理论武器。

(欧阳光伟)

【释义学研究概述】 释义学(*Hermeneutics*)的历史可以上溯到两千多年以前的古希腊，但作为哲学的释义学引起人们的兴趣与重视却是近二、三十年来的事。据美国哲学家帕尔默(*R. E. Palmer*)的统计，仅仅在1966～1976这十年中，西方学者就举办了十几次同这一学科有关的国际学术讨论会。许多西方学术刊物都编了有关释义学的专辑，研究释义学的学术著作和论文也有增无已，释义学成了许多西方哲学理论探讨的焦点之一。

释义学最初的形态是文献学、法律释义学和圣经诠释学，只作为人文科学的一门辅助学科。德国哲学家施莱尔马赫和狄尔泰在19世纪把释义学作为人文科学的一般方法论和认识论原理引进哲学。但当时，他们的释义学思想并没有受到人们的重视。

作为哲学的释义学在本世纪经历了一次根本的转折，其主要特征是释义学从认识论和方法论问题变成本体论问题。这个转折的奠基人是德国哲学家海德格尔，他不仅使释义学超出了注释和考证的领域，还使它超出了认识论和方法论的领域，扩展为本体论问题。释义不是说明和注释，而是要追问内在的意义。释义学被看成是和那回到了其本体论基础的哲学是同一的。

但是，系统地提出一整套完整的释义学理论，使哲学释义学作为一个新的哲学流派登上当代西方哲学舞台的，是海德格尔的学生伽达默尔(*H-G. Gademer*)。他的代表作《真理与方法》在1960年发表，标志着哲学释义学的诞生。伽达默尔强调释义学问题的普遍性，把释义学作为哲学本身来看待，从存在哲学的本体论角度阐明了理解的历史性和语言性，把释义学经验最终归结为人的世界经验，从而形成了一个完整的理论体系。他将释义学理论运用于思想史、历史、美学、文学、艺术和文化等方面的研究，取得了明显成果。他的工作加强了释义学对各门人文科学的影响。

伽达默尔的哲学释义学理论首先在联邦德国引起人们浓厚的兴趣，同时人们对他的思想也提出了一些批评和责难。其中他和哈贝马斯关于释义学问题的争论最为引人注目。事实上这是近20年来联邦德国哲学界的一件大事。争论双方通过反复的诘难和答辩，推进了对于释义学的研究，而哈贝马斯在此过程中阐明的以他的意识形态批判理论为基础的批判释义学，也丰富了当代释义学思想。

除了哈贝马斯之外，该国著名哲学家阿佩尔(*K-O. Apel*)也对伽达默尔的释义学提出了批评。阿佩尔吸收了英美语言哲学和皮尔士的一些观点，提出了自己的释义学思想。他的工作反映了释义学与英美哲学日益接近的趋势。

释义学在法国是以利科(*Panl Riceour*)和德利达(*Jacques Derrida*)的工作为标志的。利科在其早期著作中已表现出释义学的因素，弗洛伊德的思想更使他看到了释义问题的重要性，而结构主义和英美日常语言哲学的一些思想，则进一步启发他以语言作为释义学研究的中心。他对于隐喻、对话与文本的释义学研究别具特色。当然，利科和伽达默尔一样，学识渊博，涉猎广泛，他的文本理论实际上超出了纯粹语言作品的范围，而包括人的行动。这样，他就为社会科学领域里的释义学研究奠定了基础。利科是一个多产的作家，这一点也与伽达默尔相似。近20年来他发表了许多论文，研究文史哲各个领域里的释义学问题。利科还是一个能同分析哲学家对话的大陆哲学家，他语言分析的能力得到了英美哲学家的肯定。他不仅自己接受了一些分析哲学的研究成果，而且也有意识地要让英美哲学家了解大陆哲学家的工作。利科的哲学造诣和成就，使他在英美哲学界也颇有影响。1985 年美国《今日哲学》杂志连续发表几篇文章介绍他近年来的思想和著作，如 1985 年第 1 期发表罗伯特·斯文尼的《近年利科文学》一文，和重新发表了利科本人于 1975 年发表的《科学和诗》，第 3 期发表利科的《作为叙述和实践的历史》一文，在第 49 期还刊出他的《叙述的时间》一文。

虽然德利达是否是一位严格的释义学哲学家还没有一致的看法，但他关心和研究的问题如文本、书写文字和符号等，实际上都是释义学研究的主要问题，而且他所表现出来的思想倾向也无疑属于广义上的释义学传统。利科经常同当代法国哲学的各个流派进行对话和论战；德利达则更着重对整个西方传统哲学思想进行批判。虽然他的许多观点比较激烈，但他的独特的见解仍使他在西方哲学界非常引人注目。

法国著名哲学家富科（*M. Foucault*）虽不是释义学哲学家，但他的思想和所研究的问题也常常同释义学有关。他并不赞成一些释义学的基本观点，但对这一学科有关问题还是比较重视的。

由于利科、德利达和富科都是当代法国有影响的哲学家，所以他们思维活动的焦点——释义学，也就成了法国哲学界经常讨论和研究的问题。法国哲学家们往往将结构主义和符号学的一些观点同释义学结合起来，写出了不少具有法国特色的释义学研究的论文和专著。上述三位法国哲学家的著作，代表了法国哲学界在这方面的成就和新的进展。

在 50～60 年代，美国哲学界曾是分析哲学的一统天下。到了 60 年代后期，美国人渐渐开始对大陆哲学如胡塞尔的现象学和海德格尔的存在哲学感兴趣，这实际上为释义学在美国的流传作了思想上理论上的准备。在 70 年代，随着伽达默尔、利科等在美国的讲学活动，释义学开始对美国思想界产生影响。《新文学史》《批判的探索》《哲学与文学》《今日哲学》等杂志纷纷刊载有关文章。一些哲学释义学的重要著作如海德格尔的《到语言之路》；伽达默尔的《真理与方法》和《哲学释义学》；利科的《释义的冲突》《弗洛伊德和哲学》《隐喻的规则》等，也在这时陆续翻译出版。美国学术界还举行了一系列有关释义学问题的学术讨论会，如 1970 年在锡拉丘兹大学举行的第四届释义学讨论会，1973 年在波士顿大学举行的释义学和批判理论座谈会，并出了一本专集：《文化释义学(4)》，以及 1979 年在迪金森大学举行的《文本和时间：H-G．伽达默尔思想》专题会议。到 80 年代，释义学在美国思想界仍保持上升的势头。

美国哲学家默里(*M. Murry*)甚至说在今日美国伽达默尔和德利达是最广泛地被人阅读的当代哲学家。然而许多美国大学的哲学系还比较保守，所以开设有关释义学的课的还不多。倒是历史系、人类学系、比较文学系和英语系在开这方面的课。这也说明，释义学在美国的影响在一定程度上是通过对其它人文科学的影响实现的。如释义学在美国文学界就很有影响，出版了一些用释义学观点研究文学理论的较有份量的著作。

当然，美国哲学家中也有一些人宣扬释义学的重要性，一个显著的例子就是罗蒂(*R. Rorty*)。他在自己的主要著作中高度评价了伽达默尔的思想。他对于他心目中的哲学的种种论述表明，他实际上在某种意义上把释义学看作是哲学的方向。虽然罗蒂这本书刚出版时引起很大的争论，但现在持与罗蒂近似观点的人已不少了。有的美国哲学家甚至还认为释义学可能是西方哲学的出路所在。

另外，苏联和东欧一些国家如波兰近年来也出现了一些介绍和研究释义学的文章。

总之，释义学近年来日渐上升的势头，已证明了它的重要性和生命力。由于各门人文科学都有释义学问题，所以西方对释义学感兴趣的人越来越多，以至于帕尔默说，人们对释义学的兴趣“快要达到爆炸的程度了”。

（张汝伦）

【弗协调逻辑研究近况】 弗协调逻辑的思想起源虽可以追溯到亚里士多德，但它的实际创立者是巴西逻辑学家科斯塔(Costa)。他从1958年起就开始构造了一系列的弗协调逻辑系统，不仅有命题层次的，而且也有谓词层次的（包括带等词的和带摹状词的）。1964年以来，科斯塔的逻辑系统已经为许多逻辑学家所研究和推广，成了研究最多的弗协调系统。科斯塔及其合作者还研究了其它一些弗协调逻辑系统，其中有一些跟相干逻辑有直接联系。从70年代早期起，澳大利亚、波兰和美国等国逻辑学家也开始研究弗协调逻辑，有关弗协调逻辑论文主要收集在《南美第一届数理逻辑会议论文集》(1980)。

理论要用语言来表达，也要有某种逻辑作基础。用来表达给定理论T的语言L也就是一堆公式，这些公式都是由初始概念的符号和逻辑符号按一定规则形成的；理论T本身也可看成是对于基础逻辑的规则封闭的一组公式，这些公式被称为T的定理。如果语言L中的任何一个公式都是T的定理，则理论T是不足道的；否则，称T为足道的。如果语言L有表示否定的符号$\neg$，则称公式$\neg A$为公式A的否定；如果有一公式A与其否定$\neg A$同时都是T的定理，则T是不协调的；否则，称T为协调的。

如果基础逻辑中包含有从互相否定的二公式可推出一切公式的规则，那末不协调的理论一定是不足道的。因此，通常以古典逻辑为基础的理论，如果它是不协调的，那它也就一定是不足道的。这一现象表明，古典逻辑虽可用于研究协调的理论，但不适用于研究不协调而又不足道的理论。从逻辑上来说，不足道的理论并无研究的必要。

如果某种逻辑能用作不协调而又不足道的理论的基础逻辑，我们就称之为弗协调逻辑。相应地，以弗协调逻辑为基础的理论就称作弗协调理论。在弗协调逻辑中，矛盾律不一定无效，但是从A和$\neg A$一般都不能推出一切公式。弗协调逻辑有许多种，基本上可分成强弱二类：强的弗协调逻辑可用作弗协调理论的基础逻辑，但不可用作弗协调理论的基础逻辑。弱的弗协调逻辑既可用作弗协调理论的基础逻辑，又可用作弗协调理论的基础理论。科斯塔的一系列弗协调逻辑系统 C_n，$1\leqslant n\leqslant\omega$，属于后一类。

科斯塔的系统 C_n，$1\leqslant n<\omega$，有下列公理模式和规则：

(1) $A\supset(B\supset A)$

(2) $(A\supset B)\supset((A\supset(B\supset C))\supset(A\supset C))$

(3) $A\supset(B\supset A\&B)$

(4) $A\&B\supset A$

(5) $A\&B\supset B$

(6) $(A\supset C)\supset((B\supset C)\supset(A\vee B\supset C))$

(7) $A\supset A\vee B$

(8) $B\supset A\vee B$

(9) $A, A\supset B/B$

(10) $\neg\neg A\supset A$

(11) $A\vee\neg A$

(12) $B^{(n)}\supset((A\supset B)\supset((A\supset\neg B)\supset\neg A))$

(13) $A^{(n)}\&B^{(n)}\supset(A\supset B)^{(n)}\&(A\&B)^{(n)}\&(A\vee B)^{(n)}$

在(12)和(13)中出现形如 $X^{(n)}$ 的公式，它的定义如下：

$$\begin{cases} X^{(n)}=_{df}\neg X^0\&X^{00}\&\cdots\&X^n \\ X^0=_{df}\neg(X\&\neg X) \\ X^{k+1}=df(X^k)^0,\ k=0,1,\cdots,n-1。\end{cases}$$

系统 C_ω 的公理模式及规则，就由上面的(1)至(11)组成。

古典正命题逻辑(即，古典命题逻辑中不涉及否定的那一部分) 中所有的规则和定理模式在 $C_n(1\leqslant n\leqslant\omega)$ 中也都有效。令A是古典命题逻辑中的一个定理，A^*是将 A 中的$\neg$换成$\neg^*$(公式$\neg^*B$ 指$\neg B\&B^{(n)}$)后的结果，那末A^*就是系统 C_n的一个定理。如将古典命题系统记成 C_0，那末系列 $C_0, C_1, \cdots, C_n, \cdots, C_\omega$中的任一个都严格地强于紧随其后的一个。系统 C_n $(1\leqslant n\leqslant\omega)$都是可判定的；但是，都不可用有穷模表来判定。此外，矛盾律$\neg(A\&\neg A)$在 C_n 中一般都无效，而且从二个互相否定的命题一般也推不出一切命题。C_n 还被推广成一系列一阶谓词演算 $C_n^*(1\leqslant n\leqslant\omega)$、带等词的一阶谓词演算 $C_n^=(1\leqslant n\leqslant\omega)$、以及带摹状词的一阶谓词演算 $D_n(1\leqslant n\leqslant\omega)$。$C_n(1\leqslant n<\omega)$ 系统有一种亨金式的语义，其定义如下：

定义. 令 F 是由 C_n 的全体公式组成的一个集合，$1\leqslant n<\omega$。所谓 C_n 的一个赋值，是指满足下列条件的一个映射 ν: $F\to(0,1)$:

(1) 如果 $\nu(A)=0$

则 $\nu(\neg A)=1$,

(2) 如果 $\nu(\neg\neg A)=1$

则 $\nu(A)=1$,

(3) 如果 $\nu(B^{(n)})=\nu(A\supset B)$

$=\nu(A\supset\neg B)=1$

则 $\nu(A)=0$,

(4) $\nu(A\supset B)=1$ 当且仅当

$\nu(A)=0$ 或 $\nu(B)=1$,

(5) $\nu(A\&B)=1$ 当且仅当

$\nu(A)=\nu(B)=1$,

(6) $\nu(A\vee B)=1$ 当且仅当

$\nu(A)=1$ 或 $\nu(B)=1$,

(7) 如果 $\nu(A^{(n)})=\nu(B^{(n)})=1$

则 $\nu((A\supset B)^{(n)})$

$=\nu((A\&B)^{(n)})$

$=\nu((A\vee B)^{(n)})=1$。

称一个赋值 ν 为某个公式集 Γ 的一个模型，当且仅当，对于 Γ 中的每一个公式 A 我们有 $\nu(A)=1$。$\Gamma\models A$ 意指，对于 Γ 的每一个模型 ν 有 $\nu(A)=1$。系统 $C_n(1\leqslant n<\omega)$ 相对于这种语义是可靠而完全的，也就是说，A 在 C_n 中可由 Γ 推出当且仅当 $\Gamma\models A$ 成立。

(张清宇)

【接受理论的兴起和研究现状】

一、接受理论的产生 接受理论(*Rezeptionstheorie*)是兴起于本世纪70年代的一种新的文艺理论。例如1979年召开的《第九届国际比较文学会议》的中心议题就是《文学交流与接受》。该会于1980年发表的论文集表明，许多作者关注的中心已转移到读者和接受者一方。他们运用这一理论来分析和研究法国行吟诗人的抒情诗、英国小说的传统、新小说、超现实主义、甚至分析具体的作品《尼伯龙根之歌》，歌德的《少年维特之烦恼》和布莱希特的戏剧等。接受理论在80年代风靡全欧洲和世界。接受理论与接受美学(*Rezeptionsästhetik*)不同，它泛指一种与心理主义思潮(认为艺术的本质应追溯到作家创作心理和动机)和新批评主义思潮(强调艺术的本质存在于作品本文内在结构中)相对立的一种文艺思潮。它极力强调的是，要从作品同观众的交流中去寻找艺术的本质，把着眼点和关注的中心放到读者和接受者一方。因此，它既包括其主要创立者 H·R·姚斯和沃尔夫岗·伊瑟尔的理论，又包括一切从接受者或读者的经验角度出发的理论(包括传统中一切强调作品之效果和影响的理论)。接受美学的范围则狭窄得多，它仅指姚斯个人的早期的美学主张。

二、接受理论的先驱 正如姚斯所说，接受理论不是从天上掉下来的，而是从历史中产生的。实际上，它的出现主要是因为60年代文学研究方法已不能适应当时的文学创作实践，也是德国经济奇迹结束、陷入危机之后，人们开始反思过去、寻找新途径和重视方法论的一种具体反应。它一方面同资本主义社会重视消费和消费者的总体态度相对应，另一方面又与同一个时期的记实性文学潮流相一致。例如，当时出现的许多作品，罗尔夫·霍克哈特的《代理人》(1963)、海内·吉卜哈特的《J. 罗伯特·奥本海默之事》(1964)、以及彼得·韦斯的《探索》(1965)等，均把注意力从创作转移到作品的效果和反应上。汉斯·玛格纳斯的戏剧《哈瓦那的消息》(1970)则在演出结尾时让观众参加讨论，电视台整晚予以转播，通过观众的介入，增加了戏剧效果。在某些小说中，作者还运用某些手法，竭力置读者于作品之中，包括不断有意地暗示"假设读者"。这样一来，观众与舞台表演、读者阅读与本文的界限便被打破了。

接受理论先驱有：

(1)俄国形式主义。其开创者什克洛夫斯基首次把形式的概念扩大到审美感知，认为意象(形象)本身不是文学的构成要素，而是一种最佳表达工具。因此，一种产生最佳效果的诗学设计，不应从隐喻和意象等着手，而应从感觉的一般规律着手。他认为，日常语言往往使感觉趋于习惯性和自动化(或使感觉代数化)，导致"视而不见、听而不闻"的效果。而艺术的功能恰恰在于使感觉非习惯化，从而"复活"对象，这就要遵循"陌生化原则"，造成形式的困难，增加感觉的难度和时间，延长艺术的感觉过程，并把这一过程本身作为目的。什克洛夫斯基极力强调接受者的重要性，认为正是接受者决定着作品的性质。接受者既可以把散文当成诗去读，又可以把诗作为散文来感受。总之，只有感知和接受，而不是创造，才成为艺术的构成因素。

(2)现象学美学。该派代表人物罗曼·茵格顿在其代表作《文学作品》中把作品的本文作为研究重点，但决没有忽视对阅读过程的研究。他认为，文学作品是一种纯意向性的、受外界支配的未定性结构。它有四个层次和两个维面，即：文学的原始材料、语音、语音系统；意义单位，即单词、句子、复合句等；再现的对象；使再现得以完成的图式化内容。以上四个层次构成第一维面，具有复调多音与和谐的美学价值。第二维面即时间维面，由文学作品中含有的句子、段落及音节的系列构成。茵格顿认为，由上述多个层次和维面所构成的整体，仅是一个框架，即"图式结构"，这个结构中还有大量未定点和非自足性的空白，有待读者去填补、充实。这一过程即"具体化过程"，具体化常因各个人之行为、心境和潜在因素的不同而繁纷多样。

(3)布拉格结构主义。其代表人物穆卡洛夫斯基。他认为艺术作品乃是一个复杂的符号，用于调节艺术家和观众之间的符号学事实。因此，艺术不等同于艺术家，也不能把它混同于主体的思想和意志，更不是社会现实的机械反映。艺术作品作为符号有两种功能：一种是交流功能，另一种是自足功能。前者指作品即信息，是一个无意义的容器内装填着的内容；后者则指它是一种自足的结构，这个结构又可分为两部分：作为创造物的作品，是一个与索绪尔语言学术语中的"能指"相一致的感性象征；一个存在于社会意识之中、具有"意义"功能的审美对象与"所指物"发生关系。这样一来，他就把接受者置于其分析构架中。这种理论的特点是：强调接受者不是一个自足的、理想的个体，而是社会的、或集体中的一员。认为接受实则是一种集体接受过程。

(4) 伽达默尔的阐释学。伽达默尔在《真理与方法》中，对作品本文之意义的阐释作了深入探讨。他继承海德格尔“理解乃人类生命存在的基本特点”的看法，把阐释学建立在强调理解的历史本质上。他认为，理解不是用所谓科学方法分析出本文的所谓意义，它的本质在于其先验的结构。现实存在以其偏见与先入为主的见解，使理解成为可能。我们所以将某事理解为某事，基点乃建立在先有、先见和先概念之上。解释决不是一种对显现于我们面前之事物的没有先决因素的领悟，意义总是从先有、先见和先概念中获得自己的存在。先见(偏见)本身又是历史的产物，是合理的。解释者的历史并非理解的障碍。只有“效应史意识”才是阐释活动的主导意识，这是观察角度的立足点。“视野”则指我们在世界中处的位置，界定视野的是无时不在的偏见，超出了视野，我们就一无所见。因此，理解活动乃是个人视野与历史视野的融合，是诸视野在内部融合后生发出的大视野，它不仅超越了现时的世界，而且追溯到自我意识的历史深层，因此，理解又是历史意识对自身的反映。伽达默尔的独特贡献就在于他对意识之能动性的深刻理解。他认为，任何一种解释同时又是一种应用。这种应用不是指实际物理操作或日常实用，而是指一种类似茵格顿说的“具体化活动”。即阐释者将本文现实化或具体化的过程。人们面对着一篇古文，便进入到与过去的对话中。因此，应用乃过去与现在、他人与自我之间的调节。只有在这种给予与获得、提问与回答中，才能导致真正的理解。

(5) 文学社会学。以列奥·洛文达尔为主要代表人物。在其《心理社会学》中，他通过对作家、作品及接受者构成的“心理三角”的研究，以妥斯陀耶夫斯基作品在第一次世界大战前的影响为例，论证了一部文学作品的效果才是它真实存在的思想。他强调，文学作品的本质，是由人们经验它的方式决定的，而经验本身又是先定的，因此，对文学作品的理解要涉及到它在社会中“生命过程”的理解。他提出的“艺术构造原则上包含着对现存秩序的反叛与对立”的命题亦很著名。在这一派中，莱文·苏金的《趣味社会学》影响亦很大。他指出，趣味与时代精神是紧密相连的。他还认为，对创作过程和本文的观察必需让位于对公众、公众爱好和阅读习惯的探讨，让作者及作品退出前景，使消费和消费者发生的条件走上前台。上述五种理论各从不同侧面强调了接受活动的重要性，为接受理论的正式出现准备了条件。

三、接受理论的主要代表人物及其理论构架 接受理论的主要代表人物是姚斯和伊瑟尔。姚斯于1970年发表的《文学史作为文学科学的挑战》一文，震动了当时的文坛，后被作为接受美学的代表作和接受理论的基石。这篇文章极力贬斥实证主义，认为它一味模仿自然科学方法，把文学作品看成是某种可以证实和可以测量的原因的必然结果。他指责形式主义虽然引进了“审美接受”的概念，却有着“为艺术而艺术”的倾向。他宣称，如果把艺术感知过程作为目的，把形式的质感作为艺术的特征，把构图发现作为理论原则，就势必会放弃历史知识，使艺术批评沦为一种纯理性的方法，而这种方法是极不合宜的。他主张建立一种新的文学史，即从读者或消费者的观点来研究文学和艺术，这就是接受美学。接受美学不允许以对艺术品的描述和单纯强调艺术的生产，来抹杀艺术品的历史。相反，应把文学艺术看作是生产和接受的辩证过程，只有当作品的延续不再从生产主体思考，而从消费主体方面思考，即从作品与公众相联系的角度思考，才能把握住文学和艺术的历史实质。这样一来，他就把文学置于一个较大的事件和过程中考虑，使观察和接受主体成为这种研究的核心，历史和美学有机地结合起来了。姚斯认为，接受本文的过程，不是一连串牵强的主观印象，而是具有明确方向的感知过程中特殊指令的实行，因此，只有根据其构成动机和触发信号，我们才能理解它。所谓接受过程，只能是在一系列发展和矫正之间进行着某种符号系统的扩展。只有以本文和一般暗示的方式去考察这一视野连续不断的建立和改变的过程，才会消除反应主体的各异性，建立起一个理解的“超主体视野”。姚斯还进一步提出了文学之“社会构成”功能的设想，认为文学作品一般是在其他艺术形式和日常生活的经验背景下被人们接受和评价的，一部作品的容量，使它可能在接受中起积极的建设作用，如通过内容和形式提出的问题，改变社会的常规惯例等。即使一部小说“也能激化和提出新的社会生活问题”。

接受理论的另一个代表人物是伊瑟尔，其代表作是1970年发表的《本文的召唤性结构》，英文译名为《散文小说的未定性和读者的反应》。伊瑟尔与姚斯的主要区别是，后者注重宏观方面的考察，前者则注重微观方面的考察。伊瑟尔的主要主张是，本文的意义乃是本文与读者相互交流的结果，本文只能是“经验的结果”，而不是“被解释的客体”。因此，研究者一般应注重于从下面三个领域着眼：(1)处于潜势的本文，有待于意义的生产；(2)阅读本文的过程，其中最重要的是在构成一个完整一致的审美客体时形成的思维形象；(3)文学的传达结构，主要考察产生和左右本文与读者之间相互作用的条件。伊瑟尔不仅注重于弄清意义是如何产生的，还想澄清文学对读者的种种影响。他指出，读者只有自己生产，才能产生快感。主体在阅读过程中往往自身被分解，当他们适应了本文焦点区的生疏经验时，以前的经验便隐入背景，从而在吸收他人的经验中疏远了自己。疏远意味着对人们至今未认识到的东西的意识，阅读实际上是造成“自我意识的提高”，是对我们迄今未发现的内在世界的发现。

四．近年的发展 姚斯在“挑战”一文中提出的观点，至70年代后期已逐渐受到冷落，而这一理论的经验主义一翼却相对活跃起来。姚斯在1982年发表的《审美经验与文学阐释学》一书标明，接受理论现在正向着更加微细和精益求精的方向发展。这部作品是在同否定美学的论战中产生的。否定美学的代表人物阿多诺认为，艺术只有否定了产生它的特定社会，才具有明确的社会功能，因此根本就不存在什么肯定文学，艺术与快乐无缘，接触艺术的所谓快乐仅是一种瞬间遁世的状态，因此，作为艺术之构成因素的艺术愉悦这一概念一定要破除。姚斯批评阿多诺根本未注意古典名著的愉悦效果，致使他沦为艺术领域的清教徒和孤家寡人。姚斯还正面地区分出审美经验的三种表现，对它们作了详细地描述，这就是生产的审美经验——诗；接受的审美经验——愉悦；交流的审美经验——净化。他还进而区别了五种不同的接受式样，即：联系的识别；敬慕的识别；同情的识别；净化的识别；反讽的识别。这些论述对接受理论的建设，无疑起了积极的作用。

除姚斯之外，其他文艺理论家的经验主义研究亦很出色，如民主德国一批接受理论家通过搜集读者大众的需要和调查大众对某作品的主人公和其他方面的反应，对社会主义国家的阅读习惯作了精细的分析；联邦德国的诺伯特·葛罗本则通过读者的阅读试验，对古典诗与现代诗的可交流性进行了比较，认为由于现代诗的可交流性差，才导致了主体对本文之空白的具体化活动的盛行。其他如沃尔纳·法奥斯梯在其《接受分析领域》中以询问信的方式对读者之阅读兴趣和习惯的研究，亦很重要。

随着接受理论的深入，它引起了更多的争论和招致更多的批评。具有经验主义倾向的人坚持观察人们的实际阅读本文的活动；信奉阐释学和现象学的人则侧重于启示性结构的多样化。另有一批激进的人(如费什)则主张本文已消失在读者的阅读活动中，本文对阐释没有作用，一切均取决于读者。在费什看来，承认意义产生于本文与读者的相互关系中，就等于承认了本文的存在，而这又等于把幻觉当作真实。受这种思潮影响，近年来德国文坛出现了一股“研究读者”的热浪，如“意向的读者”(即作者为其作品设想的读者)、想象的读者、现实的读者、理想的读者，被理想化的读者、内在读者(沃尔夫)，还有什么“超级读者”(里法代尔)、“认识的读者”(费什)等等。总之，读者似乎已成为一部新的文学史的见证人。与此同时，罗德·布鲁姆还提出“每个有能力的诗人必需曲解他的先驱者”的命题，认为阅读不是复述一首诗，也不是去接受它的本意，而是构成另一首诗。因此，只存在曲解，不存在阐释，一切批评均是散文诗，批评即第一次创造活动后的一系列偏离等。

总之，接受理论正在发展，不管它有多少不足之处，但它代表着一种新的潮流。它的出现和发展，证明当代

文化已进入了研究人类精神产品之消费过程的层次，它比研究物质消费更为复杂，因而也更诱人。（滕守尧）

【电影符号学概述】 20世纪是部门美学广泛发展的时期，二次大战以后部门美学日趋重要。除文学、绘画、戏剧、音乐、舞蹈等门类的艺术哲学外，电影美学一跃成为部门美学的领先学科。电影是工业时代的艺术，因此最具有时代特点，电影美学的创立和发展是工业时代文化的必然结果。

从本世纪初直到50年代，电影理论和美学一直在发展之中，先后出现了苏联蒙太奇理论流派（它对西方电影理论发生了深远影响），早期法、德先锋派电影理论和四、五十年代的意大利新现实主义理论，以及50年代法国的电影作者论。同一时期也出现了不少从哲学、心理学、社会学角度研究电影艺术的专著。法国电影理论家米特里在多年研究的基础上完成了古典电影理论的集大成之作《电影美学和心理学》。

从60年代初开始，法国出现了结构主义人文思潮，其主要特点是运用符号学分析法和强调跨学科研究。结构主义和符号学对当时法国各门人文科学都产生了强烈影响，电影研究也不例外，结果，法国电影美学研究发生了质的改变，主要表现为电影语言研究和电影本文分析方面。

结构主义时期的电影美学与同时的文学理论关系密切，或者说受到后者很大的影响。电影语言概念不再象以往几十年中那样用在实用和比喻方面，就是说不再被当成“好的电影表现技法”的同义词，而被当成影片表达面形式因素的结构分析。这一领域的主要代表人物是法国电影理论家麦茨，他是文学结构主义者巴尔特的学生。麦茨仿效文学叙事结构的分析，把影片画面流程分为若干类，提出了视象大组合段概念，从而为影片的形式分析奠定了基础。几年之后，他又对电影语言做了本体论分析，既考察了电影的文化功能，又分析了电影基本概念的丰富内涵。麦茨电影语言研究分别收入《电影语言》和《语言和电影》两部书中。

电影语言研究由于大量运用符号学概念和分析方法，所以又被称作电影符号学。电影符号学不同于以往经验性和实用性电影研究，它与哲学、心理学、语言学、文化人类学有多方面关联，故被看作一种理论性电影美学。在这一领域中除麦茨以外，还有意大利符号学家艾柯和导演兼理论家帕索里尼较为知名。电影符号学目前既是当代西方美学中的重要分支，又是电影研究的基本工具之一。

60年代电影美学的另一发展是影片内容的结构分析，其理论模型是法国结构主义者列维—斯特劳斯的神话学分析。影片的内容和表现形式被看作是由导演按双元对立原则加以组织的，这正是列维—斯特劳斯神话本文分析所运用的方法。电影本文分析很快传到英国，成为英国电影理论的基本模型之一。英国研究者为了调和影片结构组织和创作者个性表现("作者论"的根据)的冲突，提出了"作者结构主义"的折衷理论，一时颇有影响。其代表人物是沃仑和诺威尔—史密斯等。

60年代是法国电影制作和电影理论同时发展的时期。60年代末"五月风暴"前后，法国电影理论迅速左倾，侧重于电影意识形态问题探讨。这与结构主义马克思派的阿尔杜塞理论的影响直接相关，研究者开始探索电影艺术与资产阶级社会中占统治地位的意识形态的关系，目的在于不使电影成为统治阶级的思想控制工具。从60年代末到70年代初这几年中，电影研究的政治色彩增强，但与此同时也扩大了电影文化与整个社会关系的认识。

70年代是电影符号学调整方向的时期，先前的语言问题不再占据主要地位，这时出现了电影深层理论研究，或称精神分析的电影符号学，其代表人物除麦茨外，还有鲍得里和欧达尔。这一理论其实主要与观众的深层心理分析有关，他们根据结构主义精神分析学家拉康的镜像结构论来分析观众的"看"行为和银幕框面之间的相互作用关系，以期了解电影艺术的本质。精神分析的电影符号学在70年代中期成为西欧美学生活中的热门题目，其影响波及意大利、英国和美国。电影深层美学从观众与银幕关系论(麦茨的《想象的能指》奠定基础)，进而扩展到所谓"电影机构论"，分析的对象包括与电影有关的文化的各个方面。因为电影是一种与科技、企业、商业、消费、心理、社会文化背景和政治环境密切交融的综合活动，电影研究者打算从社会心理学角度探索其功用和本质。这类研究的学理性日渐增强，表述日益抽象，与电影实践活动关系却越来越疏远，在这一领域里研究不再针对具体影片，而是针对电影的一般心理与社会文化作用，其哲学意味十分突出。

70年代是法国文学叙事学进一步发展的时期，与此同时出现了所谓电影叙事学。电影叙事学不再限于具体影片叙事结构分析，而是扩展到一般电影叙事结构的问题，形式性和抽象性更加明显。电影叙事学的兴起与后期文学结构主义关系密切，巴尔特、托多洛夫、克莉思特娃等文学理论家都是这一研究的主要理论来源。

在90年来的西方电影史上，现代派和先锋派电影的实践和理论探索始终是电影美学的组成部分之一，60年代以来有了新的发展，在西欧以法国现代派电影运动和英国及德国先锋派电影运动最有代表性。现代派和先锋派电影具有反传统艺术特点，注重内容和形式的革新，对于美学思考很有激发作用。内容和形式关系问题是20世纪西方美学的主要思考对象之一，先锋派实验电影从艺术创作上提供了有用的范例，而且从理论上扩大了美学思考的眼界。由于电影是综合性艺术，先锋派和现代派电影的创新大大丰富了传统的美学内涵，并与音乐、美术、舞蹈、摄影、戏剧、文学等部门美学密切联系了起来。

在美、法、意、英、德等西方电影大国中，法国长时期处于电影美学探讨的中心地位，结构主义运动以来，这一地位又进一步强化。当代西欧电影理论在法国影响下已成为独立于电影制作的知识活动，正如文学研究成为独立于文学创作的知识活动一样，这是部门艺术文化发展的必然趋势。电影美学今日已成为西方美学的有机构成部分了。 (李幼蒸)

【行动功利主义学说概述】 J.斯马特(*J. C. Smart* 1920～)是澳大利亚的哲学家、功利主义伦理学家。他曾在英国牛津和剑桥专攻哲学，深受英国哲学传统的影响。斯马特研究过自然科学的哲学问题，出版了《哲学与科学实在论》(1963)、《科学与哲学的关系》(1968)，其哲学立场是科学实在论，承认宇宙和作为自然界的一部分——人的存在。但是，他认为人高于自然界，因为人有理性。他把这种世界观看作是建立人道主义伦理学的坚实基础，这种伦理学体系能保证每个人的幸福。斯马特所建立的伦理学体系，就是现代功利主义的一种类型，美国密执安大学教授，准则功利主义者 R·B·布兰特(*Brandt*)称之为"行动功利主义"。

在本世纪60年代，斯马特发表的有关功利主义的文章，特别是他的著作《功利主义伦理学体系概论》(1961)，引起了人们对功利主义伦理学的重新注意和讨论，近年斯马特著有《伦理学、信仰与真理》(1984)等。

早已沉寂的功利主义，近20年来又成为西方哲学、伦理学界热烈讨论的议题。他们把它说成是最有内容和生命力的规范体系，企图依靠效用原则来确定道德选择的标准和解决道德根据的问题，以调和个人利益和社会利益的矛盾，缓和西方社会的道德冲突。现代功利主义分成许多派别，其中行动功利主义在西方是影响较大的一派。

斯马特的行动功利主义，用他自己的话来表达，就是"按行动本身的效果(好或坏)去断定一个行动是正当或是不正当"(*J*.斯马特 *B*.威廉《赞成还是反对行动功利主义》，1983)而它与准则功利主义不同之处在于：准则功利主义者强调要按每个人在同类境况中行动必须履行的准则的效果(好或坏)来判定行动的正当或不正当。从依据行动"效果"来评价行为的价值这一点来说，行动功利主义和准则功利主义，以及同边沁、穆勒等老功利主义者，都是一致的。斯马特与准则功利主义者的分歧主要在于，对待准则规范的态度上。在他看来，由于所有的人及其处境都不相同，因此不可能有"勿杀人"、"勿说谎"等行为的绝对准则。而对边沁、穆勒伦理学，斯马特则对他们的快乐论功利主义的计算和分析提出了批评和修正。

斯马特宣称，他的伦理学体系同神学和传统的功利主义没有联系，而是继承了西季威克的功利主义思想，并接受了斯蒂文森、黑尔等人的"非认识主义"元伦理学的"分析真理"。因此，他放弃对行动功利主义体系进行证明的任何尝试，而只关心"用一种对某些人也许有说服力的方法，来陈述行动功利主义"(同上书)。他把行动功利主义只当作分析个人行动的理论根据，而不同意把它用于评价社会政治制度和设施的活动。

行动功利主义抨击义务论伦理学，认为：义务论者只要求行为符合某些责任规则，而不管行为所产生的效果如何，因此常常导致人间不应有的痛苦。义务论是一种对"混淆不清的准则"的迷信和盲目崇拜。

斯马特对准则功利主义也持批评态度，认为它也是"不合理的"。因为，既然明知道在当前情况下，遵守某种准则并不是最有益的，那么为什么还要推崇这种准则，要人们去遵守呢？因此，他说这也是"准则崇拜"，实际上是排除了人们在各种不同行动之间进行选择的可能性。斯马特强调，行动功利主义是把在具体境况之下，每一单个行动看作是评价的对象，而不是把类行动当作评价的对象。他只考虑在某种特定的境况中，行动的正当或不正当，至于将来在类似的条件下是否还应该如此行动，这是另外的事。在他看来，如果在某一具体境况中，一个行动的选择能比另一行动能产生更好的效果，那么这一行动就是正当的、善的。行动功利主义只让人把自己的选择服从于当时当地的具体境遇，否定从过去经验中得出来的任何道德准则和规范。他认为，任何强调死板地遵守道德准则和规范的主张，都会损害行动的效果，并使人养成盲从的品质和习惯。

行动功利主义在强调必须根据行动的好坏效果来评定行动的正当与否的同时，对以快乐感、幸福感为衡量效果好坏的快乐论功利主义提出了异议。斯马特认为，不能把个人的快乐、幸福感看作是评价效果的标准，因为傻子的快乐与哲学家的快乐、感官的快乐与精神上的快乐并不都具有同等的内在价值，而且快乐和满足也不是任何时候对人真有益处。他正确地指出，沉醉于声色口腹之感官快乐，虽然现时是感到快乐，但它必将有损于未来的快乐。斯马特提出，在确定行动的正确性时，必须考虑某行动可能产生的全部结果对个人的实际利害，而不是行动可能产生的一般快乐和幸福的主观感受。他认为，这样可以保证评价行动的客观性，即不是根据个人的观念和感受，而是根据能够实际观察和进行经验检验的境遇因素及其结果。分析比较各种境遇对个人利益产生的结果，确定行动选择方向。斯马特认为，行动功利主义比古典功利主义更有"效用"，就表现在这里。

但当斯马特谈到行动的具体效果，把行动与人的需要联系起来时，就表现出他对待人的行为的纯粹功利主义态度。首先，他没有把需要与人的道德价值联系起来。其次，他也只强调效果，不注意动机。这样，对行动的道德评价，实际上被利益和效用原则所代替，这就意味着拒绝任何道德义务。

行动功利主义极力表明，它注意捍卫个人的“最高价值”。斯马特说，行为的正当性要看它在多大程度上比任何别的行为更能使人兴旺发达，更能使人的有关世界的知识得到发展。他认为这个标准表达了所有人的共同目的，因此可以使人联合团结，是人行动统一的尺度。但是，人的兴旺发达和完善是有具体历史内容的，而且是与时代、与人的社会阶级地位等都有着密切联系的。有的人会把个人的兴旺发达与财富和权力的占有相等同；也有人是把个人的兴旺发达看作是体力、智力和品德的完善等等，而斯马特对此没有提供什么具体的内容和客观的标准。

斯马特认为，行动功利主义是完全符合决定论的。然而，他对决定论的理解只局限于人在各种实在的事实因素、行动之间有选择的可能性上。所以，他说：“功利主义观点和决定论是完全相吻合的。我们规定‘他本来是可以做别的’的唯一涵义是，‘如果他选择了，他就可以做别的’。”（同上书）这样理解道德上的决定论，显然是改变了决定论的原义。因为道德上的决定论意味着承认选择是受主体之外的情况和条件制约的。人在选择时不仅应该从自己的意志和愿望出发，而且应该从客观标准，即从一定的客观价值体系出发。因为一定的价值体系归根到底是由社会发展规律、社会制度的性质决定的。

行动功利主义把自己的伦理学说说成是能够指导人在一定境遇中选择行动的方法论体系。斯马特强调说，如果一个行动比其他在同一境况下可实现的行动能获得更好的效果，那么这一行动在其客观内容上就是善的、道德的。这样，人对行动的选择只根据此时此地的情况，只选择当时境遇所提供的东西。这一点斯马特与杜威实用主义境遇伦理学有相似之处。选择失去道德理想，同时也就失去了道德意义。正象 A.G. 尤因所指出：行动功利主义原则如果按照逻辑贯彻下去，必将导致更多的欺诈、说谎和不公正行为，为任何善良的人所无法容忍。

（史　洋）

新书选介

唯物主义辩证法(五卷本)(Материалистическая Диалектика)

[苏] Ф·В·康斯坦丁诺夫(*Ф. В. Константинов*)主编

Мысль издат 1981～1985年版

由苏联科学院院士康斯坦丁诺夫主编的《唯物主义辩证法》(五卷本)的宗旨,是要对作为一般的发展理论、作为逻辑和认识论的唯物主义辩证法进行系统的阐述。作者认为,发展原则是辩证法的最基本的特征。这个原则既是客观辩证法的基础,也是主观辩证法的基础,而且发展原则对于作为发展理论的辩证法本身也是适用的。辩证法的发展不仅同自然科学领域的成就有紧密的联系,而且也同社会科学以及整个社会实践的成就有紧密的联系。

本书第一卷为《客观辩证法》。这一卷阐述了唯物主义辩证法理论的原则和对象,关于物质是发展的承担者的辩证理论、关于辩证法是物质客体的发展理论等问题。作者认为,这一卷是讲客观的、现实的世界的唯物主义辩证法,所以对物质概念的分析就是研究的出发点。但是这里讲的不是一般物质,而是物质客体,即作为实践和认识活动对象的那个客观实在领域。这一卷十分注重对作为实体的物质及其属性的辩证理解问题。作者以列宁的物质观为依据,阐明了实体的概念、物质的不可穷尽性、有限和无限的相互关系的辩证法,以及质量、度、运动、空间和时间、规律、可能性和现实、必然性和偶然性、因果性和相互作用等范畴。与其他著作不同的是,作者试图以综合方法把辩证法的范畴归纳成为体系。作者还从辩证法是物质世界的发展理论这个角度,着重阐明了物质客体的功能发挥和发展的相互关系、发展规律的可变性问题,把发展看作是量变和质变相互转化的过程、矛盾产生、展开和解决的过程、定向变化的过程。作者根据大量现代自然科学材料对这些问题进行了研究。

本书第二卷为《主观辩证法》。作者认为,主观辩证法就是逻辑和认识论的辩证法;由于现代科学的发展,由于科学革命以及科学知识同社会历史实践的相互作用,应当特别重视认识过程的辩证法。第二卷从探讨辩证唯物主义认识论的一般问题开始,把主要注意力放在研究科学认识的辩证法上。作者认为,这是因为,研究同"科学时代"、共产主义文明形成时代相适应的现代认识形式,已是刻不容缓的事。作者把马克思列宁主义辩证法看作是在任何一种(理论的、经验的)水平上的现代科学认识的理论基础和方法论基础,并分析了科学认识中主体和客体、主观和客观的辩证法,方法、理论和实践的相互联系,揭示了辩证法、逻辑和认识论的统一。第二卷还专门探讨了辩证法应用于实践的问题，分析了辩证法的原则、规律和范畴对于现代科学认识、特别是对于组织科学探索所具有的世界观的、方法论的、规范性的和启发性的功能。

本书第三卷为《自然界和自然科学的辩证法》。这一卷考察了自然过程的辩证法及其在现代自然科学中的反映，物质活动的各种形式及其相互转化，自然界的统一和联系的多样性，自然过程的决定和组织的层次及其标准，专门分析了自然客体的存在、实在性、直观性。作者着重研究了在自然科学反映物质运动形式的过程中主观辩证法和客观辩证法的统一，探讨了在客观实在过程的辩证性质的直接影响下产生的各门具体科学的问题，揭示了用各门具体科学(数学、物理学、化学、地质学、天文学、控制论、生物学、遗传学、生理学、医学、社会学)的手段和方法反映辩证法客观规律的过程。作者把对人、人的意识的形成过程的阐释，同社会过程的辩证法直接关联起来。

本书第四卷为《社会发展的辩证法》，这一卷专门阐明了那些构成现时代主要内容的社会过程的客观辩证法，社会的自然历史发展的物质基础，工业和其他经济部门的历史的辩证法。作者把社会看作是物质运动的特殊的、高质量的和高度复杂的形式，阐明了人、劳动在社会生活体系中的地位、作用。作者还揭示了现代社会发展的性质、方向和速度，分析了在社会发展中进化和革命、民族关系和阶级关系、科学技术进步和社会进步等等的客观辩证法，同时也分析了社会决定论的内容，客观因素和主观因素在历史中的作用。

本书第五卷为《对唯心主义辩证法观念的批判》。这一卷揭示了唯心主义辩证法的基本特点及其在现代资产阶级哲学中的地位，把唯心主义辩证法观念作了科学的分类，全面分析批判了下列各种唯心主义辩证法观念:“批判理性主义”、“新科学哲学”、认识论“无政府主义”、“存在主义”辩证法、J·哈贝马斯的“对话论”、新托马斯主义的辩证法，等等，作者还批判了现代西方社会学的主要“辩证法”观念: R·阿隆的“现时代的辩证法”、G·古尔维奇的“超验的辩证法”、美国资产阶级政治学中的“辩证”范式、R·达连多夫的“冲突”论、拉丁美洲的“一体化社会”和“一体化革命”论，等等。

(李　真)

唯物辩证法是发展的一般理论(Материалистическая диалектика как общая теория развития)

[苏] Л·Ф·伊利切夫(*Л. Ф. Ильичев*)主编

Наука Издат 1982～1983 年版

本书是集体撰写的大部头著作(多卷本，已出版三卷。)，是目前苏联理论界正在撰写的多套唯物辩证法理论著作中的一套。

这套唯物辩证法理论专著，以列宁所说的唯物辩证法是“最完整深刻而无片面性弊病的关于发展的学说”为指导思想,从“发展学说”这个角度全面而系统地阐述唯物辩证法理论及其在自然界、社会历史和人的认识各个领域中的具体展开。

作者在该书第一卷《发展理论的哲学基础》(1982)中,论证发展理论的哲学基础时,强调了辩证法的世界观方面和方法论方面的统一。该卷第一篇主要论证了列宁的辩证法定义、唯物辩证法的世界观职能和方法论职能及辩证法与逻辑、认识论的统一问题。作者批评了苏联哲学界有人把哲学世界观原则“驱赶到”具体科学材料中去的做法,指出存在着关于“整个世界”这一问题应不应该列为哲学对象问题的争论,作者自己对此给予了肯定的回答。作者认为,辩证法与逻辑、认识论在客观内容上是一致的,因为它们都研究一切存在发展的普遍规律,它们的区别则在于它们研究着同一东西的不同方面,亦即同一些普遍规律在现实不同领域中作用的不同方式。关于三者的一致,应该理解为对哲学知识的每一方面的研讨和叙述都不能撇开其余的方面。辩证法的原则既是世界发展的规律,又是认识的原则,也是思维的逻辑形式。

作者在该卷第二篇中分析了发展学说的基本原则,其中分析了世界物质统一原则、反映原则、唯物主义决定论以及发展中的进步和退步、发展与时间的关系;在第三篇中分析了发展的普遍规律:对立面的统一和斗争规律、质量互变规律、否之否定规律。此外,在这篇中还分析了发展过程在辩证法范畴中的反映;在第四篇中,作者批判了现代资产阶级和修正主义关于发展的各种观点。

本书第二、三、四各卷乃是总的发展理论的进一步的论证和具体化。

第二卷《科学知识发展的辩证法》(1982)共分三篇,各篇又分若干章节。第一篇是论述实践与认识的关系,作者对实践与认识的关系作了历史的考察,分析了影响科学认识发展的社会历史决定作用以及科学革命与科技革命发展的辩证法。第二篇是论述科学理论思维的辩证法,作者考察了作为辩证过程的真理问题,分析了认识过程中众多矛盾的存在,认为理论与事实之间的矛盾是科学认识发展的基本动力。除了认识的一般规律外,作者还分析了认识的特殊规律如理想化和抽象化等等。作者对认识中的逻辑与历史、抽象与具体的方法也作了考察,但却认为“整个说来,马克思的上升法乃是洛克方法和黑格尔方法在其‘抽象的规定上’的综合”。此外,这篇还包括了科学知识发展中的内容和形式的辩证法以及精确化的问题。第三篇是论述现代科学中理论研究形式发展的特点,作者考察了从假说到理论发展的辩证法,分析了哲学范畴和原则在世界科学图景发展中的地位和作用。作者还对一些一般的科学方法如数学模型、公理演绎方法在科学认识中的作用和意义作了分析。

第三卷《现代科学中的发展问题》共有二篇,第一篇《自然科学中的发展思想》,第二篇《社会科学中的发展思想》。第一篇是按照各门自然科学中的发展思想来分章的，这样分章的学科就有物理学、天文学、化学、地质学、生物学、生命和人的起源、生态学、控制现象和信息。第二篇是按照各门社会科学中的发展思想来分章的，这样分章的学科就有政治经济学、历史、法学、军事史、考古学、美学、伦理学。

根据《哲学问题》杂志上发表的文章介绍，本书第四卷是《社会发展的辩证法》。该卷分为两篇，第一篇论述社会发展的辩证唯物主义观念，其中有关于唯物史观和社会发展的特点、社会发展的动力、社会革命发展的特点、社会进步的实质、马列主义关于资本主义发展的理论等内容；第二篇论述社会主义前进发展的辩证法，其中有关于现时代发展的辩证法，社会主义发展中的普遍和特殊的问题，社会主义条件下发展的辩证法、计划性与管理及个人发展的特点，共产主义社会经济形态发展的辩证法等内容。 （金顺福）

辩证逻辑：历史和理论概述 (Диалектическая логика. Оиерки истории и теории)

［苏］ Э · В · 伊林恩考夫(*Э. В. Ильенков*)著

Политиздат 1984 年版 320 页

本书于 1974 年初版，1984 年出第二版即补充版。由于作者已去世多年，新版补充部分是由别人将他生前发表的文章编进去的。旧版分两部分共 11 篇，新版扩充为三部分共 16 篇。

Л · К · 诺曼柯在为本书写的前言中指出，本书出版后已被译成多国文字，再版的原因，一方面是因为本书所论及的问题目前尚未失去意义，它代表了一部分人的观点；另一方面也是为了更完整的反映作者本人对辩证逻辑的研究成果，从而进一步充实旧版内容。

作者在自己写的序中认为，与研究思维有关的逻辑学应该指明思维是如何发展的。辩证逻辑不仅是创造性地改造自然界活动的普遍图式，同时也是改变与此活动密切联系的任何自然界和社会历史材料的普遍图式。列宁说的关于现代科学即唯物主义世界观的辩证法、逻辑和认识论的同一原理的真正含义也正在于此。这种看法也包含了恩格斯给辩证法下定义的意思，即辩证法就是关于一切发展的普遍形式和规律的科学，而不是关于思维的特殊的主观形式和规律的科学。因而，作为辩证法的逻辑学不仅是关于思维的科学，而且是关于包括物质和精神在内的一切事物的发展的科学。

基于上述观点，作者考察了从亚里士多德到马克思主义哲学在对待思维的性质、逻辑学的对象问题上的各种不同观点，在这些问题上，唯物主义和唯心主义、辩证法和形而上学一直展开着争论和斗争。

作者认为，亚里士多德本人并没有使用过后人所赋予的那种意义上的“逻辑学”，也没有使用过不同于存在普遍形式的“思维形式”。把逻辑学作为思维科学首先是由斯多葛派使用的。作者分析了中世纪经院哲学家、近代哲学家、特别是分析了德国古典哲学家在这些问题上的观点，他认为，康德第一次把范畴作为逻辑学的对象，并将其看作思维的主要逻辑形式；康德的辩证法肯定了思维中的矛盾、二律背反的存在；黑格尔对思维不限于对语辞的考察，他把这种考察扩大到了对思维在现实各方面的表现的考察，即把思维与其对象化的这种现实联系起来，并从这样的角度考察了思维形式。黑格尔把辩证法看作是思维的形式，而这种辩证法包含对矛盾的揭露和解决的过程。黑格尔的逻辑学包括：(1)抽象的或知性的，(2)辩证的或否定的，(3)思辨的或肯定的，这样三方面的内容，也即包括关于存在、本质和概念、观念三部分学说。

作者指出，只有马克思和恩格斯才真正批判地改造了黑格尔的逻辑学，保存了它的积极的成果而去掉了神秘的东西。辩证唯物主义认为，观念的东西无非就是为个别人所意识到了的人类活动普遍形式的总和。外部世界对于直观的个人来说，并不是以它现成的样子而被感知的，而是在改变它的过程中被感知的。相应的思维形式、范畴不能被理解为是对非历史的感性物的简单抽象，它们首先是被反映在意识中的社会人的感性对象活动的普遍形式。作者认为，正是马克思、恩格斯和列宁的辩证法才是适应于现代思维过程的真正的逻辑学，也正是这种辩证法才是现代科学的“生长点”。就对象和范畴的构成而言，逻辑(认识论)与辩证法完全是同一的。

在新版的第二部分中补充了《资本论》的逻辑、辩证逻辑中的抽象与具体、逻辑与历史的辩证联系这三篇。这些内容是作者多年研究《资本论》中辩证逻辑问题的具体成果。

作者把矛盾看作辩证逻辑的重要范畴，认为作为逻辑的辩证法就是解决矛盾的手段。

此外，作者还对辩证逻辑中的普遍性范畴作了分析。新版中的第三部分有两篇：战斗的唯物主义就是辩证唯物主义和辩证法与世界观。

作者还认为，创立辩证逻辑的直接途径就是要总结人类思维发展的历史经验，唯物主义地改造德国古典哲学的思维成果和阐明马克思、恩格斯、列宁的有关论断；建立系统的辩证逻辑体系需要依靠集体力量才能完成，这就需要依靠辩证法的研究者和具体科学家的联盟来完成。 (金顺福)

国外当代马克思列宁主义哲学(Совреиенная Марксистско-Ленинская Философия в Зарубежных Странах)

[苏] А·Г·梅斯里夫钦科(*А. Г. Мысливчснко*)主编

Наука издат 1984年版 608页

苏联近年来，除了出版许多阐述马克思列宁主义哲学基本原理的大部头著作之外，还发表一些有关马克思列宁主义哲学发展史的重要著作。譬如，1979年出版的《19世纪的马克思主义哲学》和1984年出版的《19世纪末到20世纪初国际工人运动中的马克思主义哲学》都属此列。苏联准备继续出版有关马克思主义哲学发展中的列宁阶段和列宁以后到目前的马克思列宁主义哲学发展史的专著，本书则是其中之一。它的重点在于：阐述从第二次世界大战结束到目前马克思列宁主义哲学在欧洲各社会主义国家和在西欧美洲一系列资本主义国家中发展的主要阶段和趋势。

本书由苏联科学院哲学研究所、苏共中央社会科学院、苏共中央社会科学研究所、莫斯科大学、苏联科学院世界社会主义体系经济研究所、社会学研究所和卢蒙巴各国人民友好大学的学者们集体撰写，由苏联科学院哲学所国外当代马克思主义哲学部(研究室)主任梅斯里夫钦科教授主编。该书在写作过程中，曾听取保加利亚、匈牙利、民主德国、波兰、捷克斯洛伐克、意大利、联邦德国、奥地利、加拿大等国学者的意见和建议。

本书包括两个部分，共15章。第一部分包括7章，分别对欧洲各社会主义国家(保加利亚、匈牙利、民主德国、波兰、罗马尼亚、捷克斯洛伐克和南斯拉夫)的马列主义哲学做了专门而系统的叙述；第二部分包括8章，分别对资本主义各国(英国、法国、意大利、联邦德国、奥地利、美国、加拿大和阿根廷)的马克思列宁主义哲学做了系统的阐述。

本书有以下特点：第一，本书是苏联哲学家经过长期努力、克服重重困难写成的第一部综合而系统地概述从第二次世界大战结束到目前马克思列宁主义哲学在欧洲社会主义国家和欧美主要资本主义国家中的存在和发展的专著。苏联从60年代以来在这方面做过一些有益的尝试。六卷本的《哲学史》就包括这个内容，而1964年出版的《西欧和美洲各国当代哲学和社会学》和1965年出版的《苏联和欧洲各社会主义国家的马克思列宁主义哲学和社会学》则在这方面进行了进一步探索。但是，后面两部著作只涉及50年代到60年代初这段很短时期内的苏联和苏联以外一些国家的马克思主义哲学研究和发展的概况，并带有明显的综述和介绍性质。在这两部著作出版后，直到1984年，苏联再没有就这个课题出版过概括性的专著。

第二，本书根据所研究对象的特点确定了按国别、历史和问题进行叙述的原则。按国别设置各章，每章就该国哲学研究的主要方向和问题进行了逻辑的和历史的叙述。其总的目的在于向人们提供有关当代世界上马克思列宁主义哲学发展的现状和趋势的完整图景，并为最终撰写国际范围内的马克思列宁主义哲学发展史作准备。

第三，本书第一部分的7章对欧洲社会主义各国哲学思想的发展做了分析，第一次把南斯拉夫的马克思主义哲学列入"欧洲各社会主义国家的马克思列宁主义哲学"这一范畴之中。这部分除着重谈到这些国家中马克思主义哲学发展的总趋势之外，还对各国哲学发展的某些独具的特点进行了阐述。譬如指出：对反映论的深入研究是保加利亚哲学发展的主要方向和最鲜明的特点；对形式逻辑的研究是波兰哲学的一个重要传统，许多马克思主义哲学家在战后特别重视对唯物辩证法与形式逻辑、思维和认识的辩证方法与形式逻辑方法之间的相互关系的论证，重视对辩证方法与部门科学的方法之间的联系和区别的阐明；发展卢卡奇奠定的传统，重视对劳动问题、目的性问题、社会存在和社会意识问题、美学问题的研究是匈牙利哲学的特点；民主德国哲学的一个主导方向是对历史过程的辩证法、社会主义辩证法的研究；捷克斯洛伐克哲学则在研究把科技革命成果与社会主义优越性结合起来的问题方面做出了重要贡献，等等。

第四，本书第二部分探讨了欧美主要资本主义国家马克思主义哲学的发展。这是人们普遍关注的一个问题。在英国、法国、意大利 联邦德国、美国、加拿大这样一些发达的资本主义国家中，究竟有没有马克思主义哲学的地位，是人们迫切需要了解的问题。本书对此作了一定程度的回答。作者指出，这些国家的共产党和工人党及马克思主义哲学家，密切结合该国共产主义运动和工人运动面临的任务，在传播、创造性运用和发展辩证唯物主义历史唯物主义、研究社会发展的迫切问题、批判资产阶级哲学和修正主义方面作了大量工作。他们对探讨社会哲学和社会政治问题(如：有关向社会主义实现革命转化的途径和形式、有关资产阶级社会社会阶级结构和政治制度的变化、有关民主的阶级本质、有关马克思主义者与基督教人士进行对话的哲学方面等)作出了巨大的努力。

本书第二部分辟有专门一节谈有关国家的马克思主义者对资产阶级哲学和社会学的批判，说明他们是在同形形色色的资产阶级哲学进行尖锐斗争中坚持和发展马克思主义哲学的，从而为读者提供了有关这方面情况的最新信息。书中介绍了英国马克思主义哲学家(康福斯、霍夫曼等)对新实证主义、语言哲学、波普哲学、新托马斯主义的批判；介绍了法国马克思主义哲学家与萨特、伊波利特等就辩证法的客观性和普遍性的争论、与修正主义者列斐弗尔和伽罗弟就反映论的争论、与近年来出现的"新哲学"的斗争；介绍了联邦德国马克思主义者(R·施太格瓦尔特、J·施莱夫施太因等)同"新左派"、法兰克福学派和"新马克思主义"(马尔库塞、霍克海默、阿多尔诺、弗洛姆等)的斗争；介绍了美国马克思主义者(谢尔萨姆、威尔斯、达涅姆等)与实用主义、逻辑实证主义、语义学、存在主义的斗争。

本书没有涉及亚洲、非洲、欧洲另一些国家和大多数拉丁美洲国家的马克思主义哲学，缺少对这些国家马克思列宁主义哲学发展的分析，很难给人们提供有关当今世界上马克思主义哲学发展的全貌。但是，本书在一定程度上反映出苏

联对苏联以外马克思主义哲学的总的看法和态度，这是值得重视的。（贾泽林）

性史(Histoire de la Sexualité)

[法]M·富科(*M. Foucault*)著

Gallimard 1976～1984年版

《性史》共分四卷，作者生前只出版了前三卷。第一卷《知识的意愿》；第二卷《快感的运用》；第三卷《自我的关切》；第四卷《肉体的承诺》。

多卷本《性史》出版后，人们不仅对富科的观点的改变感到惊奇，更慑服于他的追求真理、不断创新的精神。法国历史学家魏勒(*Paul Veyne*)说，由于富科从对性的历史的分析入手，进而分析了性与政权、性与语言、性与真理的关系，从崭新的角度对古希腊直到现代的欧洲文化作了一番考察。因此，无论从哲学的角度还是从历史学的角度来看，富科都成功地开辟了一个新的研究领域。

富科是以写作《词与物》(1966)、《知识考古学》(1969)和《监督与惩罚》(1975)等书而成名的。在这些书中，富科的主要研究对象可以说是认识论的、政治的、宏观的。更明显的是，在这些著述中富科深受当时盛行的结构主义思潮的影响，以客观性外在性抹杀主体性内在性。而《性史》一书则是历史地重建人的伦理主体性的尝试。同时随着《性史》一书的出现，富科的研究也由宏观(政治、权力、社会变迁)的研究转入微观(主体、性关系、某个特定社会)的研究，即对“文化的小循环”的研究。

关于《性史》的系列研究，富科并非想重建性的行为与实践的历史，也不想分析人们表现这些行为的观念(科学的、宗教的或哲学的)；而是想理解在近代西方社会诸如“性欲”的“经验”等是何以构成的。而要谈论作为历史地形成的一种特殊经验的性关系，就必须梳理清楚作为“欲望主体”的人的谱系学的起源及其发展；这不仅要追溯到基督教传统的开端，而且也要追溯到古代哲学的有关论著中去。通过渐次地回溯到近代、基督教时代直至古代，富科遇到了这样的既简单又普遍的问题：为什么性的行为以及由它引起的活动和快感成了道德学研究的主要对象之一？为什么这种对性关系的伦理学的关切，随着时代的不同表现为比对其他领域的关切要更重要些(或更不重要些)？这种生存的问题化在古希腊和罗马文化中是与“生存的艺术”或“自我培养的技巧”紧紧地联在一起的。在富科看来，这个问题的重要性值得花费很大的精力去研究。这样就构成了《性史》三卷的主题：对从古代直到基督教公元一世纪这段时间里“欲望的人”的谱系学的研究。

第一卷《知识的意愿》。“对知识的意愿”与“性的关系”两者之间又有什么特殊的关系呢？这里的“知识”，富科指的是与我们的身体有关的知识和那种容忍一种政权作用于自身之上的知识。《知识的意愿》主要是研究政权、性关系、语言、知识之间的关系，尤其是前两者之间的关系。富科摈弃了以往人们认为政权对性关系只有一种压抑、压制、否定、消极作用的成见，而认为，尽管政权无处不有，无时不在，威力无穷，但它对性的态度也有建设性和积极性的一面。两者之间有着复杂的相互作用。《知识的意愿》所研究的对象从时间上说是近代资本主义社会，即从17世纪中叶的维多利亚时代以来的近现代西方社会。在这本书中，富科也从性关系的角度将东西方文化(文明)作了一个对比。他认为有两种对待性的真理的方法，一种是在中国、印度、日本和伊斯兰教世界发展起来的“性爱的艺术”；另一种是在西方文化中发展起来的“性的科学”。在东方的“性爱的艺术”中，性的真理来自作为经验的性的快感本身。它强调快感、和谐以及持续时间等。在东方，这种“性爱的艺术”是秘传的而不是理性地学习的。西方的“性的科学”也是在漫长的历史中发展起来的，其目的不是强调性的快感等经验，而是为了对性关系进行科学的研究，得出其真理。它发展起来了一整套与秘传、神秘般的启示相对立的政权—知识—性关系的程式，这种程式的主要特点是公开承诺、供认、忏悔。

富科还分析了“性”是怎样成为科学的研究对象的，他因此阐述了近代精神分析学的历史诞生，也分析了近现代西方的一系列与性有关的重大社会问题：妇女的精神病化、儿童的早熟及其性问题、同性恋、对传统婚姻的冲击、人口与健康问题等等。从而为我们勾划出了一幅近现代西方社会欲望、政权、知识相互作用的、既有宏观把握又有微观分析的多彩图。

第二卷《快感的运用》。这一卷主要研究的是古希腊思想通过什么样的途径把性行为看成道德评价和道德选择的特殊领域的；研究在古希腊思想中人的主体化的方式：伦理载体、约束的型式、自我设计的方法以及道德的目的性；研究古希腊的医学和哲学思想是怎样建立起这种“快感的运用”和“节制”(节欲)概念的，后者是一个极为重要的概念，它与如下四者都有极为密切的关系：与妻子的关系、与年轻小伙子的关系、与身体的关系和与真理的关系。富科通过对浩瀚的古代希腊思想家(色诺芬、柏拉图、亚里士多德)的文献的抉疏挖掘而研究这些问题。富科认为，在古希腊人那里，他们对生活的态度、生活艺术、生活技巧，最根本的是强调“自我建立”，即使是那些贵族，为了治理国家、支配奴隶、统治妇女，他们也得首先控制好自己，使自身完善。希腊文化创立的是这样一种生活观：“自己成为自己行为的主人，就是说使自己成为自己的灵巧的和谨慎的向导，以便使自己适合于适当的范围和场合”(本书第156页)。这很有点象中国古代的“己所不欲，勿施于人”、“欲立人先立己”云云。在古希腊人的道德和性行为中，还有一个极重要的概念就是节制，饮食的节制、财富的节制、性欲的节制等等。他们认为只有这样才能产生健康、美德、完善的人(本书第140、151页)。而且在柏拉图那里，自我完成、节欲的道德，是通向真理的唯一途径。在《真正的爱情》一章中，富科说，古希腊人的节欲并没有损害爱情，而使爱情变成了真正的爱情，使它获得了真正的“快感的用途”。

第三卷《自我的关切》。其研究对象从时间上说为公元1～2世纪，主要资料来源是这个时间的希腊文和拉丁文文献。这一卷的研究是从对公元2世纪时阿尔特米多尔(*Artémidore*)的《梦的钥匙》一书的考察开始的。富科认为这是一本使哲学和医学得以更新的书。通过对这本书的研究，富科试图重建当时对梦的解释和对梦的性问题进行道德评价。富科认为，这里性的道德评价仍然是与一般的社会评价紧密相联的:“只要告诉我是什么问题烦扰着你(性关系上的)，我就可以说出你是什么样的人(社会关系上说的)。”富科认为，关于“自身文化”这一点，基督教传统与古希腊也有相似之处:“起初几个世纪的基督教苦行运动也是极力强调自身与自身的关系的”，所不同的是，在基督教那里，这种关系扼杀了“私人生活”的价值(本书第57页)。从此，西方的性关系就从“快感的美学”转变到“对欲望的解释学”。

从“自我文化的技巧”方面说，第三卷与第二卷的结构基本相似，即也分为三大部分:饮食学、经济学、爱情学(这是第二卷其中三章的题目)。所不同的是，以前是“饮食学”的现在成了医学和哲学；以前是“经济学”的现在成了在与他人关系中的“自我伦理学”，而且这里的所谓与他人的关系主要是指夫妻关系；以前是“爱情学”的现在成了“存在的风格学”。但是在这里“节制”(节欲)的要求变得更加强烈。古希腊那种对“少年小伙子的爱情”得到了限制和遗弃。然后，富科分《身体》、《妇女》和《小伙子》三章进行了详细的分析研究。在古希腊和罗马时代，所谓“自我的关切”就是说人“必须自我忧虑，但不是对他们的财富忧虑，不是对他们的幸福忧虑，而是对他们自身忧虑，对他们的灵魂忧虑”(本书第58页)。在“结论”中，富科说道:总之，与古希腊相比，在公元后的前几个世纪中，“节欲”变得更加严厉，古希腊的那种主要是“快感的运用”的伦理学变成了主要是“对自我的关切”的伦理学。

《性史》的第四卷《肉体的承诺》还未正式出版。但根据第三卷结尾时的预告，它将研究基督教文化的初期对“肉体经验”的态度(基督教把人的肉体看作是一切恶的根源)，以及“欲望的解释学”和对欲望的清洗的要求在这个“肉体的经验”中所起的作用。(杜声锋)

68年的思潮——论现代反人道主义(La pensée 68——Essai sur L'Antihumanisme Contemporain)

[法]L·费里 A·雷诺(*L. Ferry and A. Renaut*)著

Gallimard 1985年版

60年代以来，以结构主义为代表的法国哲学的反人道主义倾向日益明显。

例如，结构主义的马克思主义者阿尔杜塞就将马克思的思想划分为青年与老年两个时期，认为前者是“意识形态的”、“人道主义的”，因而是不科学的，而后者是成熟的、科学的。他据此提出了自己的“理论上的反人道主义”的主张。本书就是近来讨论这个问题的一本较有影响的专著。这本书是由两位法国年轻哲学家执笔的，它出版以来，在法国学术界引起了较大的反响与争议。本书分为七章，另有《前言》和《结论》。

作者在《前言》中指出：法国60年代的哲学当然不能归为本书所特指的反人道主义的“68年的思潮”。例如当时萨特还健在、还在进行写作，还有里克尔的解释学，以及塞尔等人对认识论的研究。作者所说的“68年的思潮”是特指“68年五月风暴”的一股以结构主义为代表的反人道主义思潮，其著名代表人物有富科、德里达、拉康、阿尔杜塞和布蒂埃等人。作者认为，以上述哲学家为代表的所谓“68年的思潮”，尽管千姿百态，有极大的差别，但其共同的本质特征是对历史、主体性的反动，是反人道主义的。富科以“人的死亡”这句挑战性的口号作为其代表作《词与物》的结尾；拉康断言，根据弗洛伊德的发现，“人类的真正中心从今以后就全然不是人道主义传统给它指定的那个地方”。为了对一种已经过去了的思潮进行分析与总结，更重要的是为了通过批评与总结来建立一种新形势下的人道主义哲学，作者认为有必要对68年以来的反人道主义思潮作一清算。

作者对于1968年以来的各种反人道主义的思想并不是作现象的描述和辞句的堆砌，而是首先找出它们的思想来源，再将它们作内在的客观的分析，最后指出它们的失误之处和不能自圆其说的原因。

作者认为，从根本上说对68年的法国哲学影响最大的虽然是尼采、海德格尔、马克思和弗洛伊德。但他分析说：法国结构主义的马克思主义者阿尔杜塞的理论来自对马克思思想整体的肢解与歪曲；法国尼采主义者富科＝海德格尔＋尼采；法国弗洛伊德主义者拉康＝海德格尔＋弗洛伊德；法国海德格尔主义者德里达＝海德格尔＋德里达自己的风格，如此等等。但是法国的反人道主义者不仅仅是对其德国思想先驱们进行效仿，而是对他们的夸大、膨胀，而导出一系列反主体、反历史，总之反人道主义的谬论。

《前言》开宗明义地指出，从本质上看，“68年的思潮”是反人道主义的。并指出，从表面上看，1968年的学生造反运动似乎是为了维护人的尊严、争取人权、反对专制体制，似乎是人道主义的。但作者的分析否认了这一点，而认为68年的运动与其说是与人道主义传统相联系的，勿宁说是与“现代个人主义”思潮相联系的。个人主义强调的是“自然的自由”，是同动物区别不大的为所欲为；而人道主义强调的是“道德的自由”，是人的义务、责任和道德的自主性。是“道德的自由”而非“自然的自由”使人性区别于动物性（作者援引了卢梭的观点）。因此人道主义与个人主义是有本质区别的。

作者在第一章分析了60年代法国哲学的理想型式以及“68年思潮”产生的知识、理论和社会背景，说明这种情况何以导致对主体性的否定。

第二章引述了当时的许多学者(如萨特、阿隆等)对68年五月风暴所作的各种解释，得出结论说:“五月风暴”的结局是宣告了主体的死亡。

第三章的标题是法国的尼采主义——富科，其中分析了富科是怎样从尼采的“上帝死了”的论断导出“人也死了”的结论的。但这个结论将富科引入了一条死胡同，以致后期的富科被迫又选择了被他判了死刑的“人”、“主体性”等主题来作为研究对象。《性史》是想通过对从古希腊到近代的“主体史”的研究，重新确定一种人的主体性的伦理学，来为现代的人提供一个行之有效的“生存的美学”或“自我关切的伦理学”。这里很明显有一个巨大的转折——从反人道主义到重新关心人的伦理主体性问题。这正好说明了现代反人道主义是怎样陷于泥坑而不能自拔，最后又被迫接受主体性等概念的窘迫境地。但在作者看来，由于富科对其前期思想难以忘怀，所以他的“返回主体”是不彻底的，仍存在着内在的矛盾。

第四章的标题是法国的海德格尔主义——德里达。作者指出，德里达等于海德格尔加他自已的风格，这就是说德里达并非忠实于海德格尔。之所以说德里达是海德格尔主义者，是因为他借用了海德格尔的“差异”概念，并比他走得更远。在海德格尔那里，“差异”是从本体论上说的，是一义的，而在德里达那里“差异”是多样的，捉摸不定的，有性别的差异、文字的差异、种族的差异等。海德格尔尽管批判了“形而上的人道主义”，用“定在”来规定人，但他至少还认为人有其自身的特性。因此，德里达指责海德格尔仍为传统的人道主义的俘虏，而他自已则通过对差异与文字的研究来摧毁一切人道主义。但是，作者也指出了德里达的功绩在于通过对差异与文字的研究建立了一种文学批评的理论。

第五章的标题是法国的马克思主义者——布蒂埃。布蒂埃是法国“马克思主义的”社会学家，同时也是M·韦伯的信徒。作者认为，他的理论是独断的，不可争论和证伪的(作者援引波普语)，因而是不客观的和不科学的。布蒂埃的理论孤芳自赏，不允许论敌存在，不给论敌以应有地位，从这一点说，它也是反对科学研究的人道主义的。

第六章的标题是法国的弗洛伊德主义——拉康。拉康通过重新解释弗洛伊德，将主体与“自我”对立起来，认为:1．自我是与想象联在一起的，主体是与象征联在一起的;2．主体主要是欲望，而自我主要是静观;3．自我是被物化的，它甚至变成了对象，而真正的主体是离异的和不稳定的。接着拉康用“真正的主体”来反对“自我”，将“自我”解构，最后“主体”也肢解了。因此拉康总结说:“黑格尔还囿于人类学的限制，但弗洛伊德摆脱了这一点。弗洛伊德的发现在于，人并非全部存在于人之中，因此弗洛伊德不是一个人道主义者。”更广泛地说，整个精神分析学也不是属于人道主义的。作者指出，如将这种观点带到精神分析学的实践中去会后患无穷。

第七章题为回到主体，作者认为以“68年的思潮”为代表的现代反人道主义皆陷于矛盾和无出路的境地，因此80年代以来在法国又有一种重新回到人道主义的势头。作者认为，“68年的思潮”对这个势头还是有点益处的，因为它成功地反对了“形而上的人道主义”，反对了它的教条，如用“再现”、“意志”和“意志的意志”等来规定人道主义的教条。这一成果可供新的人道主义者参考。最后作者在《结论》中指出重写“主体的历史”和“主体性的现代表现”的迫切性，指出《68年的思潮》一书主旨在于“破”，但还应有一本“立”的书，下一本书将承担上述任务。（杜声锋）

“新马克思主义”——当代机会主义的意识形态（«Неомарксизм» — Идеолошя Современноı о Опаортунизма）

［苏］Б·Н·别索诺夫（*Б. Н. Бессонов*）著

Мысльиздат 1983年版 285页

全书共分五章，书的开篇是“序言”，首句便是：“资产阶级的意识形态正经历着深刻的危机。帝国主义的主要的思想政治武器——反共产主义是资产阶级意识形态极端退化的表现”。即是说，本书的作者并未局限在“新马克思主义”的某些理论细节、某些理论结构，而是把“新马克思主义”放到意识形态的高度加以剖析，认为它是“当代的机会主义的意识形态”。作者从分析当代社会的时代本质入手，即本书的第一章：批判对当前时代本质的“新马克思主义的”解释。书中所批评的“新马克思主义者”的观点，主要指的是法兰克福学派代表人物马尔库塞、弗洛姆、施密特、哈贝马斯等人“批判”马克思的《资本论》中剩余价值学说的观点，同时也包括存在主义哲学家萨特、“希望哲学”创建者布洛赫，现象学、人类学的代表人物以及卢卡奇的观点，特别是卢卡奇《历史和阶级意识》一书中有关主客体的观点。书中把法国加罗迪（*R. Garaudy*）列入修正主义者一栏。作者认为“新马克思主义者”所提出的“晚期资本主义”概念是不科学的，它既掩盖了资本主义时代的本质，又是他们为资本主义所作的辩护的专门的术语。在作者看来，20世纪仍然是资本主义必然过渡到社会主义的时代，这是时代本质的特点；作者认为，在20世纪资本主义社会的生产有了极大的发展，但它并未改变垄断资本的私有制与社会化生产之间的矛盾性质，“资本和劳动之间的矛盾仍然是资产阶级社会发展的动力。”（本书第96页）作者批判马尔库塞的如下观点：“今天，资本主义的结构改变了，并为西方世界建立了新的经济基础和政治组织，生产无政府状态为有计划的调节所取代，西方各国人民之间的竞争逐步为整体化所代替。”（本书第38页）作者认为，在当前垄断资本的条件下，资本和劳动之间的矛盾不仅表现在资本家和工人之间,而且也表现在它同所有劳动者、知识分子、小资产阶级以及中等资产阶级之间。生产力和生产关系之间存在着不可克服的矛盾。作者认为,既然如此,我们这个时代必然是从资本主义过渡到社会主义,那么,在这个过渡中,就有哪个阶级起领导作用的问题。于是,书的第二章便是:“新马克思主义者否定工人阶级及其先锋队的社会领导作用的破产。”(本书第48页)作者认为,“新马克思主义者”用资本主义社会中工人阶级已经“整体化”的神话来否定工人阶级及其先锋队的领导作用。作者针对“新马克思主义”认为知识分子起领导作用的观点,强调知识分子和其他服务阶层在社会中是有相当作用的,但在无产阶级与资产阶级两大阶级矛盾中,知识分子不能改变两大阶级矛盾的性质,“知识分子从未成为,也不可能成为一个社会阶级”(本书第49页),他们只能是脑力劳动的阶层,在资本主义社会中,知识分子首先依赖于资产阶级代表人物,而在社会主义社会中——依赖劳动人民。与此同时,作者批判“新马克思主义者”对马克思主义政党的组织原则的批评,认为他们的批评是无根据的。第三章,作者批评“新马克思主义者”分裂反帝力量的企图,认为国家垄断资本的现实和发展,客观上提出一种要求,并促使各种反帝力量的统一。而“新马克思主义者”正好破坏了这种统一。它表现为两点:(1)“新马克思主义者”把知识分子、其他服务阶层同工人阶级对立起来;(2)使民族解放运动同劳动群众的阶级斗争脱离开来。第四章,作者批判“新马克思主义者”伪造马克思列宁主义关于社会革命的社会内容;揭露“新马克思主义者”推行左倾机会主义的改良主义,以取代马克思主义关于阶级斗争的理论;指责他们宣传唯意志论 对革命过程缺少客观的、科学的分析。第五章,批判“新马克思主义者”对社会主义现实所作的伪科学的批判的阶级本质。作者在本章从三个方面进行了剖析:(1)“新马克思主义者”否认社会主义建设的共同的规律;(2)对马克思列宁主义关于工人阶级专政的歪曲的理解;(3)把抽象的、空想的社会主义理论同现实的社会主义对立起来。

本书认为,“新马克思主义”在当代是一股很大的思潮,是反对共产主义运动的危险力量,也是资产阶级意识形态破产的鲜明征兆。他们提出的理论观点,既包含左倾的、空想的因素,又有右倾的保守的成分,它们的本质是资产阶级和小资产阶级的,并给机会主义的实践开辟道路。作者在书的结论中指出:社会历史实践,是决定某种观点正确与否的标准。历史经验表明:任何拒绝马克思主义原则的企图,任何在“回到马克思主义”旗帜下拒绝它的国际主义本质,在实际上,都意味着拒绝整个马克思主义的学说,它必然陷入到同革命工人运动的历史目标冲突之中,陷入到与社会主义根本目的相冲突中。”(本书第279页)

作者的结论是:20世纪是社会激烈动荡的世纪,是从根本上革命的改变人类命运的世纪,是马克思主义及其对历史进程增强影响取得辉煌胜利的世纪(本

书第276页)。 (王克千)

理性、真理与历史(Reason, Truth and History)

[美]H·普特南(*H. Putnam*)著

Cambridge University Press 1981年版 222页

在库恩和费耶尔阿本德以后，分析哲学家特别重视意义、指称、真理、理性、实在论和相对主义的讨论，这些问题是相互联系的。普特南的这本书目的在于破除客观的真理理性观和主观的真理理性观的传统区分，对合理性作出一种新解释，使其既有可能足够灵活地容纳理论多元论，又足以排除相对主义。为此，本书的任务是既反对形而上学实在论，又反对相对主义。在批评这两种观点时，本书全面涉及了分析哲学家目前重视的上述问题。

普特南在本书中称形而上学实在论为外部实在论。外部实在论认为，世界是由某种固定的独立于人心的对象总体组成的，对"世界的状况"只有一种真实的完全的描述。真理意味着词或思想符号与外部事物及其总体的某种符合。外部实在论者认为，只有这种关于真理的看法才能确保客观性。显然，这种看法不能容许理论的多元论。普特南反对这种外部实在论。他的依据是他对语言的看法。其主要论点是，外部实在论者不能对指称作出恰当的解释。内涵不能确定指称，因为内涵预设了指称。我们共同通过操作限制和理论限制也不能确定指称，因为对一种语言的谓词总会有无穷多不同的解释，这些解释在一切可能世界中赋予我们的语句以"正确的"真值。普特南以他的模型-理论论证为依据来支持这一论点，指出，外部实在论者不能在词句和外部对象之间确立唯一的符合关系。按照普特南的指称的因果理论，对于同一对象可以作出不同的描述，这便容许了理论多元论。但为了能够指称将我们因果地联系起来的同一对象，必须有一个对事物进行分类的范畴体系。因此，世界是由什么对象组成的，这个问题只有在一个理论或概念框架内才有意义，对象并非独立于概念框架而存在。这便是普特南在本书中提出的"内部实在论"。

内部实在论反对真理的符合论。后者认为，理论的真是因为它描述了所指称的对象。而普特南认为，只有在一个概念框架内部，指称才有意义。这种观点会导致放弃真理和客观性、导致"怎么都行"的极端相对主义吗？普特南认为不会。他认为他的内部实在论在形而上学实在论和相对主义之间开辟了一条中间道路，不必在形而上学实在论者的先验符合关系中或在相对主义者的一致赞同中确立客观性的来源，同时也有助于解决这个问题。

内部实在论与外部实在论的不同在于，它不承认有人类理论可以追求的"上帝的观点"，没有可据以对理论进行中性评价的阿基米德点。"心灵和世界共同构造了心灵和世界"。在确立世界的结构时，理论是不可分割的，事实本身总是同理论、价值、期望交织在一起的。普特南认为，这样便打破了事实和价值的传统区分，表明科学在某种程度上掺有人类价值和约定选择的成份，同时也恢复了某种程度的客观性和理性对伦理学、美学以及其他“非科学的”学科的尊重。

内部实在论的中心论点是所谓“理想化的真理论”。关于合理性与真理的关系，传统的看法是，合理的可接受性在于接受真实的理论。但由于真理的符合论不能成立，便不能用真理来定义合理性，必须将次序颠倒过来，真理是某种合理的可接受性，而不是相反。更确切地说，真理是在理想的认识条件下的合理的可接受性。什么是“合理的可接受性”，普特南作了明确回答，科学理论的合理的可接受性主要取决于我们的各种信念相互之间的一致性、以及这些信念与我们的经验的一致性。普特南认为，什么可以算作一致性和可接受性，这是与我们的心理学、生物学和文化交织在一起的。对于人类来说，可接受性和一致性摆脱不了价值的影响。但它们的确限定了一种客观性，即对人类而言的客观性。从人类的观点来看，客观性和合理性是人类所具有的东西。那么，什么是“理想的认识条件”呢？普特南指出，理想的认识条件很象物理学中的无摩擦力的平面概念。我们实际上不能获得理想化的条件，但我们确知我们可以接近它。这样便可以避免相对主义，从而在形而上学和相对主义之间开辟出一条道路。

普特南进一步阐述了他最富独创性的指称的因果说，并发展了由该学说导出的一些必然结论，还提出了非形式的合理性概念。为了避免相对主义，普特南提出，理想化理论的一个关键思想是，真理应该是稳定的或向某个极限“收敛的”，但这与他否定真理的符合论是很难相容的。他认为真理是在理想条件下的合理的可接受性，对于这种具有实用主义精神的真理观，前面的分析已经表明，它并不能保证真理向着某个极限收敛，或者不能使我们认识到这种收敛。因此，它不足以避免相对主义。为了反对相对主义，必须允许形而上学真理，然而普特南的观点不允许他这样做。实际上，普特南为了反对形而上学实在论，已经陷入了康德式的先验论。他认为，世界是由什么对象组成的，这个问题只有在一个概念框架内才有意义，心灵和世界共同构造了心灵和世界。这种“内部实在论”即使不是一种先验唯心论，也是一种反实在论。由于不愿承认形而上学真理，使普特南无法有力地反对相对主义。当碰到与我们持有的概念框架极为不同的其他框架时，普特南经常将其斥责为“病态的”或“狂想的”。但是问题在于，根据谁的观点来看，它是“病态的”或“狂想的”？如果是根据我们的观点，那么，难道我们的观点将来就不可能成为“病态的”或“狂想的”吗？肯定的回答将无法避免相对主义，否定的回答将导致独断论。正如有人评论的那样，为了避免文化相对主义，普特南陷入了文化帝国主义。

（兰　征）

经验与理解力的增长(Experience and the Growth of Understanding)

[英]D·W·海姆伦(*D. W. Hamlyn*)著

Routledge & Kegan Paul 1978年版 159页

近年来,在欧美各国,无论是在哲学系攻读的大学生中,还是在教育工作者那里,对教育哲学的兴趣都在增长。虽然从古希腊柏拉图时代以来,哲学家们就已经注意到教育中的哲学问题,然而只是最近,教育哲学才在欧美被承认为哲学的一个分支学科。

本书为英国《教育哲学国际丛书》之一种,它的宗旨是在这一教育哲学领域内,创建起这一门学科的著作的主体。著者海姆伦是伦敦大学布尔格别尔学院的哲学教授,1972年任《精神》杂志的编者。近年来他为教育哲学的创立作出了不少贡献。他在本书中提出的问题,看起来是老生常谈,如"孩子们是怎样获得知识的","语言和经验在其中起什么作用?"然而,经过他的思考以后,却作出了不同凡响的回答。他一直对知识问题感到极大的兴趣。他从事这一教育哲学的研究,起源于几年前参加"经验和理解力的增长"专题讨论,那时他以此为题在伦敦大学教育学院作过一次演讲,以后写了《逻辑的和心理的知识》一书,后又参加同心理学家进行讨论的会议,又写了《认识的发展和认识论》一书。此后在英、美、加各国的城市作过演讲,本书是这些讲演的结集,也是他的教育哲学研究的成果之一。

全书共分十章,除导言和结论外,第一章,没有结构的起源;第二章,没有起源的结构;第三章,有结构的起源;第四章,经验和理解力,(一)表象;第五章,经验和理解力,(二)概念和它们的条件;第六章,理解力的开端;第七章,语言;第八章,后天的学习;第九章,教与学。

作者十分赞同皮亚杰的观点,即"有起源的结构"说,但皮亚杰的论述被他的心理学的模式所限,在处理客体性问题上失败了,而海姆伦在本书第二部分,对一些十分困难的问题作出了自己的贡献。他首先注意到"没有结构的起源"这一经验性命题,接着对相反的理论,即乔姆斯基所代表的"没有起源的结构"进行了反驳,提出了自己的看法,这一看法在很多方面比许多哲学家关于"知识的起源"中论儿童在前语言社会、经验在理解力起源上的影响更大、更强烈。他最为关心的和论述的重点是如何表述这一点以及理解力后来的增长是如何可能的。

这里涉及到这样一个观点,即认识和理解力在某个人身上是如何发展的。在他看来,它的增长或发展,不与任何一般原则相一致。这就是说,它们是象经验那样出现的,而且这是偶然出现的。按照这一观点,这就等于说:所有新知识都是出生时就有的,与生俱来的。这就是所谓"没有起源的结构"理论。

在论述语言、早期学习和晚期学习等章中,作者的目的是提供一个一般的理解力，不是个人的智力发展的详细细节，而是使之成为可能的原则，以及它们在不同阶段工作的区别。

(殷　泽)

意向性：心灵哲学方面的论述(Intentionality: An Essay in the Philosophy of Mind)

[美]J·R·塞尔(*J. R. Searle*)著

Cambridge University Press 1983年版 278页

贯穿于这本书的一个基本假设是："语言哲学是心灵哲学的一个分支"。作者通过他在前期对言语行为的大量研究，逐步认识到言语行为只是人类各种行为的一个方面。言语描述对象与事态的能力只是把有机体与世界联系起来的心灵能力的一个部分。对语言和言语的全面阐述必须说明心灵(或大脑)是如何把有机体与实在联系起来的。换言之，心灵是比语言更基本的东西，对语言的说明依赖于对心灵的了解。

作者之所以从前期的言语行为研究转向后来的意向性研究，主要是基于两个原因。其一，语言哲学家们一直试图解决语言与实在的关系问题，然而结果不能令人满意。作者认为要想真正解决这一问题，不了解精神状态是如何表示世界事态的问题，不弄清语言与精神之间的关系问题，是绝对办不到的。后两个问题的解决是前一个问题解决的基础。因此语言哲学与心灵哲学是紧密联系的，联结二者的中介是意向性，正如作者指出的："语言哲学与心灵哲学在意向性问题上相汇合。"(布朗·麦吉《理性的人》，1982年版，第168页)其二，本世纪以来，人们对人类行为的本质问题进行了大量的研究，他们试图运用自然科学的方法解决人类行为的各种现象，因而产生了各种理论与学说，如行为主义、物理主义和功能主义。然而这些努力颇令人失望，这是因为他们忽视了精神状态的许多特性，把关于人的行为的许多复杂问题简单化、机械化。因此，作者认为，必须对意向性进行研究才能真正揭示人类行为的本质，才能说明精神的种种特性。

按照作者的说法，"意向性是许多精神状态和事件的特性，它使得这些精神状态和事件指向、涉及对象和世界的事态。"例如信仰、打算、期望、害怕，总是指向或涉及某些自身之外的东西。作者按哲学传统把这种指向或涉及的特性称为"意向性"。然而他认为不是所有的精神状态和事件都具有意向性，例如痛苦、发痒、无名的烦恼等等都不是意向的，因为它们不指向自身之外的东西。作者在本书中通过提出一系列的概念，如意向内容、心理方式、满足条件、适应方向、因果的自我指称、网状、背景等等，试图阐明意向性的特征。经过分析表明，意向性是心灵的不可还原的特性，"不能在给予必要和充分条件的意义上用更简单的观念加以规定或分析"。此外，作者还认为，意向状态和言语行为之间有很大的差别。前者具有内在的意向性，其指向自身之外的能力是心灵本身所固有的；后者只具有派生的意向性,是前者赋予的。假设约翰相信迪克要爬梯子,这个信念的意向内容是内在于该信念的。但是如果约翰大声宣称迪克要爬梯子,他所做的是把他的信念的意向内容施加于他所说的句子,他相信该句子能表达他的信念。作者认为,由某人口中发出的一串声音或在纸上写出的一串符号只不过是物理现象,为什么这些物理现象获得了惊人的描述世界事态的能力呢?这是因为:心灵通过从意向上把某意向状态的满足条件转移给相应对象的方法,把意向性施加给不具有内在意向的实体。因而语言的"描述"与心灵的"描述"具有同样的意义,但层次不同,后者更为根本。

全书共分十章,第一章,分析意向状态的性质,第二、三章,研究感性知觉的意向性和行为的意向性,第四章,论述意向的因果联系,第五章,介绍意向性的网状结构和背景,第六章,解释精神意向性和语言意向性之间的关系,第七章,讨论意向性与内涵性之间的关系,第八、九章,批判几种流行的指称与意义的观点,第十章,对所谓"心/物"或"心/脑"问题提出解决办法。

意向性问题在欧洲大陆是引人注目的问题,可以说整个现象学运动就是建立在意向性理论基础之上的。作者对于意向性的研究不同于欧洲大陆传统,正如他所说的,回答传统的意向性问题不是本书的目的。因此本书很少涉及布伦坦诺、梅农、胡塞尔、梅洛—庞蒂等人及其著作。透过表面现象可以看出,尽管作者与传统学者对意向性问题的研究所走的路是极为不同的,前者是从语言哲学入手,通过对言语行为的分析逐步深入到意向性问题,而后者则一直关注人类心灵的意向性,然而二者的许多看法与结论却是颇为一致的。从作者试图把语言理论建立在意向性理论的基础上,认为语言哲学是心灵哲学的一个分支方面,我们可以看出一种合流的趋势,即与欧洲大陆断绝交往几乎达半个世纪的英美语言分析哲学,目前又与欧洲大陆哲学在意向性问题上重新汇合,使英美分析哲学家能够重新与欧洲大陆的现象学和解释学的哲学家展开对话,共同交流,相互促进学术的研究,这是值得人们注意的动向。 (梁 骏)

驳怀疑论(The Refutation of Scepticism)

[英]A·C·格瑞林(*A. C. Grayling*)著

Gerald Duckworth & Co. Ltd 1985 年版 150 页

西方哲学史上的怀疑论源远流长,古希腊哲人皮浪可看作是一大代表。近代的笛卡儿、休谟更使怀疑论兴盛一时。这种怀疑论并未因时代进步和不少著名哲学家反复批驳而销声匿迹,它象幽灵一样困扰着当代西方哲学家。在本世纪初,英国著名分析哲学家摩尔在其论文《对外部世界的证明》和《捍卫常识》中主张,只要我们伸出自己的一只手,并说:"我知道这是一只手",就证明了世界上至少存在一件事物,从而驳倒唯心主义怀疑论。维特根斯坦在后期的《论确定性》中表示不同意摩尔的观点。他主张，我们日常生活中的一些不言而喻的信念是其他一些信念的基础和前提，不能利用这些日常信念来引出本体论和认识论的结论。从70年代起，当代西方语言哲学家联系到语言哲学中意义问题的研究探讨了怀疑论问题。《驳怀疑论》一书正反映了这种动向。

本书的主要目的是要利用当代语言哲学的最新研究成果来回答怀疑论提出的挑战：证明确实有独立于人们知觉的外部世界。人们在日常生活中把外部世界的客观存在当成不言而喻的自明之理，但怀疑论者却认为这种直觉信念并未在人们的经验中得到证实，他们要求对这个信念做出理性的证明。作者继承了康德和斯特劳森的先验证明的传统，分别分析、批判、借鉴了包括维特根斯坦、赖尔、奥斯汀、斯特劳森、蒯因、戴维森、克里普克、奎因顿、达麦特等一系列语言哲学家的观点，特别是利用了当前英国流行的所谓"反实在论"的一些论据，来正面回答怀疑论提出的挑战。

本书对于西方哲学史上和现代语言哲学中关于怀疑论的有关问题，如经验论、先天性、知识、信念、实在论、确定性等作了详细剖析。为了使论证不致太分散，作者将本书分为两部分，把对上述问题的阐述作为长篇附录分列于书后。正文分四章。

作者申明，他要加以驳斥的怀疑论不是那种否认知识的怀疑论，而是本体论的怀疑论。这种怀疑论认为：我们对于世界作出了论断并提出了支持论断的证据，但这些证据同时又否定了这种论断，这种情况并不是自相矛盾的。可以把这种怀疑论归纳为这个口号："(e, －p)不是矛盾"，其中e是对p的最好证据，p是关于世界或事物在世界中存在方式的断定。

作者分两个步骤，在两个层次上驳斥这种怀疑论。第一步是要证明，人们日常的经验判断是以一种先验模式为基础的，这个模式使这些判断有理由成立，这就在传统哲学争论的层次上反驳了怀疑论。在这之后，怀疑论者将不得不死死盯住先验模式的说法，并对之发起攻击。作者的第二步论证就是证明关于先验模式的主张是正确的，并且这种先验论证的方法也是合理的，这样就在较高的层次上驳斥了怀疑论。

作者首先指出，为了使我们的经验是融贯一致和可以理解的，我们必须依靠这样的先验信念，即有在时空中存在的，以因果关系相互联系和影响的物体，它们的存在独立于人们对它们的知觉，这是我们谈论一个可知觉的世界提出任何关于它的理论的前提。我们的任何经验判断都预先设定了这样的前提。

怀疑论者常常要人们相信，对人们习以为常、坚信不疑的信念加以怀疑是有理由的。他们的论据是：感官知觉是不可靠的、相对的，常常随知觉条件的变化而改变，因此在经验证据和判断之间有很大的差距，甚至隔着一条鸿沟。一般人面临这种怀疑论的质疑，不会依靠重复他所看到、听到的东西作为反驳的理由。

他只能说，人们都有一整套世界观，这世界观必须当成是稳定的、有规则的，这保证了人们在日常生活中的行动取得成功。任何知觉判断都以这一套模式为前提。休谟曾经承认，对于我们的身体存在，对于我们正在吃饭、呼吸等提出怀疑和要求证明，是不恰当的。维特根斯坦在《论确定性》中也指出，人们的信念和一整套规则联系在一起，这些规则是信念和言谈的前提条件，不能对之提出质疑，因为不在事先有一些预设就什么也没法说。因此，在某种重要的意义上，说物理客体存在或不存在是没有意义的。这一套先验的信念本身并不构成关于世界的理论，但它们是任何理论的条件。

现象主义者(如艾耶尔)主张感觉经验在本体论上先于客体，斯特劳森首先反对这种主张。他认为，宣称知道一个人自己的经验就确实包含了对于客体的指称。只有预先假设了存在客体这种先验信念，才能理解和辨别知觉判断。

作者的第二步回答怀疑论者这种问题：什么是概念模式？只有一个，还是有许多个概念模式？

作者指出，概念模式的提法由来已久。康德早就主张人利用先天概念模式组织经验，从而使得人类的经验知识得以可能。卡尔纳普早已区分知识的"内部"问题和"外部"问题，提出语言框架的说法，在60和70年代，由于蒯因和斯特劳森的主张，概念模式的说法广为流行。费耶尔阿本德、汉森等人主张在观察经验中渗透着科学理论，更是特别强调概念框架的作用。

怎么才算掌握了一种概念呢？作者主张，认识主体要能够对事物分类和辨认，或能够报告、推断、描述，借助于某种方法"安置"它们，或细致地区别某个事物，就可以说他(它)具有对于这些事物的概念。可以把概念模式的特征表述为，它是经验的组织形式。概念模式是有结构的，其中的信念之间存在着依存和推论关系。关于概念模式的内部结构，有某种相对主义的因素，但概念模式只有一个，这就避免了怀疑论的相对主义。

作者指出，先验论证的方法有其合理性。康德首先在《纯粹理性批判》中对此赋予了哲学上的重要意义。但使用先验论证方法的决非康德一人，比如奥斯汀也使用先验论证方法。事实证明，怀疑论者的怀疑是不得要领和无益的，因为他们要求人们加以证明的信念对于我们思维和谈论世界是必不可少的。事实上，怀疑论者的怀疑并不能使人烦恼，因为我们大家都不得不相信在概念模式的基础上相信的东西，这就是休谟面对这种情况无可奈何的原因。 (徐友渔)

哲学论文集三卷本(Philosophical Papers, 3Vols)

[美]H·普特南(*H.Putnam*)著

Cambridge University Press 1975～1983 年版

本书收集了普特南从50年代末到80年代初的重要哲学论文56篇。《哲学论文集》是集中体现普特南哲学思想的重要著作，从中既可以了解普特南哲学的主要思想观点，也可以了解普特南哲学思想形成、发展和转变的过程。它是研究当代美国哲学的重要参考著作。

在《哲学论文集》这个总书名下，各卷都有自己的标题和不同的论述中心。

第一卷的标题是《数学、物质和方法》，共有论文18篇。这一卷主要涉及数学哲学、科学哲学以及哲学研究和科学研究的本质等问题。从这一卷所包括的论文中可以看出，普特南的基本立场是捍卫实在论，他从各种不同的(物理学的、几何学的、数学的)角度，来论证他的实在论观点。数学哲学是本卷的论述重点之一。在《数学中的真理和必然性》一文中，普特南提出了"数学是假设性学说"这样一个原则，这种假设性学说包含了这样的命题：如果任一结构被如此这般的属性所确定，则它也被如此那般的属性所确定。在另一篇论文《没有基础的数学》中，他批判了这样一种思想：看待数学有一种并且只有一种正确的方法，或者说，关于这一学科只有一串基本的真理。普特南举例说明，某一陈述既可以看作是关于数的陈述，也可以看作是纯模态逻辑的陈述，对数学的理解可以是多样的。从实在论的立场出发，他又认为，不能把数学断言当成是与真理无关的重言式，数学也有它的实在论基础，从物理学领域的实在论就可以推论出数学领域中的实在论，因为许多物理学实体是由数字(符号)来标志的。《什么是数学真理?》一文就专门论述了这一问题。"确认理论"是本卷的另一论述重点。《或然性与确认》等几篇文章对这一问题进行详细的论述。他认为，基于测量函数之上的卡尔纳普式的确认理论是完全错误的，其理由有两条：(1) 卡尔纳普如何解释他的确认函数，这不是完全独立于人们已有的理论的；(2) 以测量为基础的任何归纳逻辑都不可能满足一些必要的基础原则。

《哲学论文集》第二卷的标题是《心灵、语言与实在》，共收有论文22篇。本卷的核心是语言哲学和心灵哲学，它主要涉及了以下几个方面的问题：(1) 证实主义的缺陷。证实主义的缺陷之一就是曲解了科学方法和推论的性质，把或然推论当成是逻辑等式、当成是纯约定意义的等式。它的另一缺陷就是认为理论中任何意义的改变都是理论的构成词和陈述的意义的改变。作为一个实在论者，普特南认为，无论理论如何转变，词的意义中总有一个因素是不变的，这就是指称，这种指称是由因果联系决定的。(2) 心灵哲学。对于"疼痛"之类的感觉词的解释是哲学中最困难的问题之一，无论是行为主义的、还是唯物主义的解释都面临着不可解决的困难。普特南从因果理论出发，把这类感觉词看成是名称，但它们既不是物质的名称，也不是生理现象的名称、更不是行为的名称，而是心理功能的名称。他把这种理论叫做"功能主义"。(3) 先验的与分析-综合的区别。蒯因对传统的先验与经验、分析与综合的区分进行了批判，认为这种区分不是来源于经验主义，而是来源于形而上学。普特南认为，分析与综合的区别是存在的、传统理论(包括蒯因)的错误在于认为分析的就是先验的、综合的就是经验的。分析真理是否存在的问题与先验真理是否存在的问题必须加以区分。(4)约定论。在《对约定论的驳斥》一文中，普特南指出约定论的基础是混淆了先验真理与分析真理，从错误基础上建立起来的理论必然也逃避不了错误。对约定论的批判也涉及到指称问题，这见于他的《说明与指称》和《“意义”的意义》两篇论文。

《哲学论文集》第三卷的标题是《实在论与理性》，共收论文16篇。1975年以前，普特南毫无保留地坚持实在论，在本卷中，他的观点有所变化。虽然他并没有完全放弃实在论的观点，但他已认识到，从严格的指称术语中推出真理和意义的理论是不合适的。这一卷主要讨论了以下几个方面的问题：(1)作为符合的真理观念所存在的问题。坚持严格的实在论立场，就必须坚持语词与确定的对象相符合，然而，“符合论”是屡遭质疑、困难重重的。普特南认为，指称关系是无数的、多样的，不能把指称关系仅仅看作是符合关系，也不能认为自然本身就完全决定了我们的语言代表什么。(2)本体论的相对性。普特南的指称理论曾认为，名称所指称的是在所有可能世界保持不变的对象自身。现在，他认识到，这种理论在一定意义上又回到了柏拉图的抽象实体，必须加以修正。但他又不完全接受蒯因的理论，因为蒯因把对象概念完全当成了一个本体论概念。(3)真理和指称的消引号理论。按照这种理论，我们理解“真”这个词，不是通过把词与属性联系起来，而是通过学习下述观察事实：“雪是白的”是真的，当且仅当雪是白的；我们理解“指称”时，也不是通过联系“指称”与“符合”，而是通过学习这样的断定条件：“猫”指称对象 x，当且仅当 x 是猫。普特南认为，这种理论虽然在一定程度上避免了实在论的困难，但它实际上已经完全抛弃了真理和指称的理论。(4)作为辩护的真理。按照杜麦特(*M. Dummett*)的理论，一句子为真就是得到辩护，指称并不先于真理，相反，知道了包含某个词的句子为真的条件就知道了这个词的指称。普特南认为，如果是从理想的、而不是现实证据的角度来谈论辩护，可以说真理与辩护同一。但是，按照杜麦特的理论，为真条件和可断定条件是不可传达的，那么，我们就无法知道什么是真理、什么是断定了。

(朱国均)

酸葡萄——对推翻合理性的研究 (Sour Grapes——Studies in the Subversion of Rationality)

[挪威] J·爱尔斯特(*J. Elester*)著

Cambridge University Press 1983年版 177页

本书是作者另一篇著作《尤利西斯和塞壬》的续篇。

合理性问题是哲学中的一个重要问题，本书的目的在于通过对各种非理性的行为方式的研究，对传统的合理性理论提出批评。行为是处于某些限制之下所能作出的某种选择的结果。按照正统的观点，选择包含有自由的成分，限制因素则是必然的。然而对某些案例的分析却表明并非如此，在《尤利西斯和塞壬》中，作者认为人们有时能够自由选择他们的限制因素；而且构成选择的偏好也许是由限制所决定的。这两种现象足以使我们认为正统的观点确是需要作某些基本性的修改。

本书共分四章。第一章，合理性。本书在很大程度上是一本关于非理性的书，但却以对合理性的概念的分析作为开始，因为这对后面的论述将是必不可少的。作者从两条途径来分析合理性概念：从较形式的（如效率、一致）到较实质的(如自主性或自我决定)；从个人的到群体的。

对于个人的合理性，作者首先给出了狭义的理论。信仰和愿望本来是构成我们要评价其合理性的行为的原因，但事实上，作者并没有对这些作出细致的分析，论述仅限于一致性问题。广义的个人合理性理论超出了狭义的形式的要求，不仅仅包括基于一致的信仰，愿望一致性的行为，进而要求信仰和愿望具有更实质的合理性。所谓实质上合理的信仰是指有证据基础的信仰，在此，信仰与判断概念很接近。要对应地定义一个实质上合理的愿望则比较困难，作者的解决方法是借助于自主性。自主性之于愿望正如判断之于信仰。

对于群体合理性理论，在狭义水平上，群体合理性既可理解为群体决策，又可理解为个人决策的聚生效果。在这两种情况下，个人愿望都被看成是给定的，合理性主要意义在于偏好和社会效果之间的关系。广义的群体合理性理论还得考虑社会系统或群体决策机构使个人的偏好与广义的个人合理性概念相协调的能力，因此，一个群体上合理的安排就是鼓励自主愿望或能去掉非自主的愿望。

第二章，行为副结果的状态。有些精神和社会状态似乎只能以基于其他目的行为的副结果而出现，作者主要论述的是能这样出现的状态。引用了一些社会学的、政治学的及心理学的例证，对一些典型的反对意见作出了反驳，最后得出了一些普遍的结论。认为没有必要对所有的社会现象都寻求它的意义，即看它是否有好的结果、能否对行动给出说明。

第三章，酸葡萄。酸葡萄是指人们的一种行为机制，即吃不到葡萄就说葡萄是酸的。对于功利主义者来说，如果狐狸不可能吃到葡萄，那么对他就不存在任何利益损失，他可以认为葡萄是酸的，其原因就在于他相信他将不可能吃到它，因此想借助于偏好来判定分配是否合理是困难的，本章的目的最终是要解决作为功利主义理论的基础而提出的问题：当个人的愿望本身可能通过一个先于选择的过程而变化时，为什么个人愿望的满足仍是正义和社会选择的标准。特别是，如果人们倾向于根据他们的可能性来调整他们的愿望，为什么在各种可行性之间的选择，仅仅需要考虑个人偏好。作者把酸葡萄现象看作适应性偏好形成机制。因此变化过程中形成的偏好称之为适应性偏好。为阐明这个概念，作者首先将它与其它一些关系密切而又易于混淆的机制进行了比较，如逆反性偏好、学习所致偏好变化、个性设计、操纵等等。然后又借助于人们关于自由的长期争论来解释。作者认为酸葡萄是减少认识的不和谐的方式，不仅对于社会主义上的评价方式，而且对于个人行为的理解也是同样重要的。

第四章，信仰、偏见和意识形态。思想意识形态是一系列的信仰和价值，所有这些都能用社会群体的地位或非认识的利益来说明。前面一章重点说明偏好的形成过程，尽管有时也提到价值。这里所说的信仰是更普遍的带偏见的信仰中的一种。地位说明和利益说明之间有一定的区别，即作为不同的偏见形式的幻觉和歪曲之间的区别，在社会心理学中，类似的区别被表达为信仰的"冷"导致和"热"导致之间的对立，或心理学的或心理动力学之间的对立。

某些合理的精神活动、过程能够被某些不直接相关的因素所消弱。不合理的信仰形成和不合理的偏好形成之间有很大的相似性，例如与酸葡萄机制类似，本章中的许多现象也是意在消除不和谐。作者提出，我们没有任何理由认为：由社会地位决定的信仰势必符合处于该地位的人的利益，或者符合统治与其集团的利益；由利益决定的信仰势力符合这些利益；与某些利益相符合的信仰还能用这些利益来说明。

本章的第二个目的是为马克思主义的意识形态理论提供一个更强的基础。作者认为，马克思主义的意识形态理论潜在地具有极大的重要性，它至今未能得到充分的发展，其主要原因是对于需要什么种类的证据和说明没有得到正确的理解；有些马克思主义者满足于基于结构同源的信仰和社会结构之间的因果联系，其他人则通过其与阶级利益的一致来说明信仰，既没有定义阶级利益，也没有考察导致信仰的机制。与结构的方法和机能主义的方法相反，作者认为有必要理解意识形态中信仰形成和树立的心理学机制。认识心理学的严密控制的实验可能提供细致的描述，作者主张把心理学的实验的方法和广泛的历史案例研究的方法相互结合起来。 (陈　刚)

能力和物质——19世纪物理学概念的发展(Energy Force and Matter——The Conceptual Devolopment of Nineteenthcentury Physics)

[英] P·M·哈曼(*P. M. Harman*)著

Cambridge University Press 1982 年版　155 页

本书是《剑桥科学史》丛书的一种。哈曼博士系统地阐述了 19 世纪物理学的重要概念和理论的发展，特别强调机械论原则(他认为这一原则不同于牛顿主义)和量化的倾向在物理学家的理论研究活动中的指导意义，并以历史的眼光，从理论发展的角度，追溯了近代物理学向现代物理学转变的内在条件。

关于19世纪物理学发展的理论背景，本书作者认为，19世纪"物理学"具有了更专门的含义，它指的是使用数学和实验方法进行研究的力学、电学、光学等。18世纪的物理学理论，对力学现象借助数学手段进行了研究，对热和电的说明则假定了没有重量的"热流质"、"电流质"及其与物质原子的作用力。这种质的说明，完全不同于量化的力学。18世纪末，出现的对热和电现象的数学说明，才导致了物理学概念的统一化。作者认为，下述四种科学成就直接促成了统一的物理学的诞生。

(一)拉普拉斯关于粒子间作用力的数学理论，不仅被用来说明力学现象，也被用来说明热学和光学现象；

(二)傅立叶热传导理论(1822)，使以前只应用在力学问题上的数学分析也应用到热的研究上。19世纪40年代，汤姆逊用类比方法考察了热学、电学理论和力学理论间的近似性，揭示了不同物理现象的统一性；

(三)菲涅尔的光波说，把光看成是振动着的机械以太的传播，从而把光学也纳入机械论的框架中；

(四)18世纪40年代的能量守恒定律，概括了处于同一机械论框架中的热、光、电、磁现象，进一步表明了物理学的统一性。H·C·奥斯特、法拉弟、焦耳、赫尔姆霍兹的工作对探讨热光、电磁、热功的相互转化有重要的意义。到1856年，能量守恒定律对以机械论观点为基础的物理学提供了新的框架，以前的各种不规则的物质运动形式，现在则被看成是能的不同表现，而运动着的物质粒子被认为是物理学理论的基础；同时，对热、光、电等问题的数学化，也使人们看到了物理学的统一性。

关于能物理学和机械论说明，作者认为，对热和机械功关系的研究，在19世纪物理学中有着重要的意义。因为，在18世纪，物理学家把机械过程和非机械过程看成是互不相干的两个过程，而热力学定律建立了机械现象与热现象的联系。在阐述热力学的概念基础时，克劳修斯解决了"汤姆逊问题"。他认为卡诺的理论，即热机作功的关键在于热机存在着温差，能使热从高温物体流向低温物体，与焦尔的论断，即在作功时要消耗相当量的热是一致的，如果放弃在热机作机械功过程中，热量守恒的假定的话，焦尔的热功当量原则和修正后的卡诺理论为两个热力学定律奠定了基础。

从机械论的观点出发，汤姆逊和克劳修斯强调热功相当的原则与热的机械论观点(热就是物体粒子的运动)是一致的。汤姆逊认为理解热力学的关键就在于说明热过程的不可逆性。实际上，在不可逆过程中，热的耗散只表明热转化成了其他能量形式，热并没有消灭。汤姆逊力图把能量原则确立为机械论观点的核心，他认为一切能量形式都可以归结为机械形式。与汤姆逊不同，克劳修斯则借助分子运动的机械模型来说明热力学定律。他提出熵的概念作为热力学过程的测度，同时又把对熵的说明建立在分子排列和运动的机械模型上。尽管熵和这种模型的关系还有争论，但物理学家们都认为热力学定律是机械论观点的一种表述。

关于物质和力：以太和场理论，作者认为，“场”的概念是法拉第“力线概念”的发展，它表明电力和磁力在空间的分布和传播是借助一种叫做物理场的媒介的。在说明场的物理结构时，汤姆逊认为场就是以太中的分子涡漩。在19世纪50和60年代麦克斯韦在法拉第和汤姆逊研究的基础上提出一系列场的物理理论和数学理论，系统地说明了电力和磁力的传播。尽管他继续坚持机械解释，强调电磁现象是物质粒子在以太中运动的结果，但他却放弃了提出某种关于场的机械模型的企图。相反，他采用了与机械模型没有任何关系的拉格朗日的分析力学的方法。不管怎样，麦克斯韦的电磁理论确实带来了出人意料的结果：光的电磁理论：电磁波在以太中的传播速度与光速是等同的，它表明光学和电磁学在以太的机械理论基础上是统一的。

到19世纪90年代物理学家对物理场的概念作了多种多样的解释。有的物理学家从非机械以太模型出发，提出了不少电磁场方程式。最突出的是洛伦兹，他纯粹从电磁概念出发建立了一种物理理论，他完全除去了以太的机械性质。

到1900年，以太和场理论的发展，对机械论的霸主地位提出了严峻的挑战。

关于物质论：分子物理学问题。机械论的自然观，在19世纪50、60年代，克劳修斯和麦克斯韦的气体动力学获得了新支持。物理学家开始重视物质的分子说，并从气体动力学出发来研究物质的性质，但是这种理论显然不能说明分子结构，这就导致了对分子模型性质的大量争论，从而动摇了机械论的自然观。

分子论问题与对热力学的解释是有关的。麦克斯韦的气体理论，是以他在讨论热力学第二定律时提出的分子运动的统计理论为基础的。玻尔兹曼在1877年也确定了熵与分子运动的统计分析之间的关系，把熵增加的不可逆过程理解为统计规律。他试图以这种说明来为自然界是由运动着的物质粒子组成的机械论观点作辩护。

在19世纪90年代，对热力学的这种解释受到了普朗克的批判。普朗克认为熵的概念是十分清楚的，他对从气体动力学出发对熵作出的说明提出了质疑。他的批判动摇了机械说明的整个纲领。

关于机械论说明的地位。机械论或动力学的世界观，把运动的物质粒子看成是物理实在的根本基础，它制约着整个19世纪物理理论的发展。然而，科学家还看到这种假定与用以说明物理现象的具体的机械模型之间存在着难以吻合之处。而物理实在与符号描述(理论说明)的关系又有着至关重要的意义。实际上，正是对这种关系的思考，即关于机械模型地位的讨论及关于物理实在性质的争论，使机械论成为人们说明问题时起主导作用的、统一的指导思想。当然，与此同时也暴露了机械论的局限性。

物理学家在下列三种意义上对应用机械论进行说明：(1) 用物质粒子的构形、运动、作用力来说明自然现象；(2) 假定某种机械模型，说明自然现象原则上是可以为机械论描述的，但它并不一定就反映实在的本质；(3) 排除对机械体系的物理结构的猜测。实际上，要提出一个对任何现象都适用的独一无二的机械模型是不可能的，但是可以应用拉格朗日的分析力学方法，而由此得出的运动方程与机械结构论是无关的，它没有借助任何特殊的、可见的机械模型，但它仍然是符合机械论原则的。

关于物理学的编史。人们通常把 20 世纪物理学概念的根本变化描述为从"古典的"或"牛顿主义"物理学转变成"现代的"物理学，把 18 世纪、19 世纪的物理学理解为铁板一块，应用着统一的概念结构，只是现代物理学的出现，才破坏了这种统一。这种看法是对"17 世纪革命"误解的结果。实际上，人们对 17 世纪"科学革命"是从哲学意义上来理解的，即可以从机械规律出发对自然现象作出说明。同时认为牛顿力学和天文学的成功及随之而来的机械论说明的确立为后来的两个世纪的"古典的"物理学提供了一种框架。诚然 17 世纪人们的思想发生了深刻的变化，但如果把这种变化的意义，理解为后来的科学发展可以被概括在这一时期所提出的科学范畴中，那就难以理解后来的科学发展。事实上，18 世纪理论力学的发展偏离了牛顿自然哲学中力学的和数学的假定，关于元重要流体及活性实体的物理思想与牛顿的自然论也是不同的，尽管牛顿的思想或许影响了这些思想的形成。虽然 19 世纪的物理学传统仍是机械主义的，但当概括 19 世纪的物理学时，用"牛顿主义"一词显然是不恰当的。"能量守恒"、"物理场"、"光的电磁振动"、"熵"这些理论和概念显然不能被概括为"牛顿主义"。把古典的物理学看成是钢板一块，完全是忽视了 18、19 世纪物理学的重大进步。

(郑　华)

物理学和生物学认识中的唯物辩证法 (Materialistische Dialektik in der Physikalischen und biologischen Erkenntnis)

[民主德国]H·赫尔兹　U·罗泽伯克(*H. Hörz und U. Roseberg*)主编

Akaedemie-Verlag 1981 年版　502 页

本书是德意志民主共和国科学院中央哲学研究所多年集体研究的成果。主编在前言中指出，唯物辩证法作为哲学的理论和方法，对于认识马克思列宁主义哲学的意识形态的、世界观的和现实的职能，具有极为重大的意义。它有助于解决在科学研究中和在确定新知识的哲学意义方面存在的世界观的、认识论的和方法论等诸问题。为此需要对社会发展和自然发展的社会经验和科学知识进行分析，对唯物辩证法作出准确的陈述。为从哲学上来处理两门科学的发展，我们挑选了物理学和生物学，因为从19世纪以来，围绕这两门知识的哲学争论十分引人注目，已为哲学提供了重要的材料，对于回答其它自然科学的哲学问题具有普遍的意义。此外，为了解决这些科学的哲学问题，国际上马克思列宁主义哲学家同自然科学家的合作所作出的贡献，现在也有了巨大的进步。我们把这一研究成果看作是对围绕作为自然科学研究的理论、方法和方法论的唯物辩证法的意义和围绕自然科学知识对发展唯物辩证法本身的作用的广泛争论的一个贡献。

全书共分六章。第一章，唯物辩证法和自然科学。作者从马克思列宁主义经典作家的观点出发，论证了本书所依据的理论观点。主要包括：唯物辩证法的发展对自然科学的意义；从理论、方法和方法论的统一看唯物辩证法；空间—时间和运动（空间作为结构，时间的方向和不可逆性）；从机械的决定论到辩证的决定论（因果关系和规律，系统规律，结构和功能）；自然的进化，客观的发展和哲学的发展论。

第二章，辩证法在物理学和生物学中的发展。阐述了当代自然科学和哲学研究中一些尖端问题的历史背景。主要包括：自然辩证法从思辨到科学的发展（古希腊哲学中的辩证法要素和部门科学的开端，伊斯兰中世纪和中世纪神学桎梏下的辩证法，自然科学的解放）；历史上的辩证法和物理学（自然科学思维方式的形成，它与哲学思维方式的关系；古典机械力学形成时辩证法的局限，形而上学的思维和物理学研究课题的实现及其界限）；历史上的生物学和辩证法（自发的原初生殖，史前神话传说，生物的阶段序列和自然科学形成前关于发展的思想，物种起源论即形态学和分类学的自然科学前提之逐步成熟，从发展的思想到发展的理论，辩证唯物主义发展论和生物进化论的统一）。

第三章和第四章主要阐述了当今物理学和生物学研究中对唯物辩证法理论有重大贡献的一些成果，第三章唯物辩证法和物理学的研究，把古典物理学理论大厦的革命性变化同相对论和量子论联结起来，主要探讨了相对论中相对与绝对的辩证法（新东西的形成，狭义相对论，广义相对论，物质、空间、时间和相对性、相对性原则）；量子论中连续性和间断性的辩证法（普朗克作用量子假说的哲学世界观的背景，非可能性和普朗克作用量子无矛盾地引入古典物理学，非相对论性的量子力学和主客观的辩证法，唯物辩证法和相对论性量子理论的联系问题）；现今高能物理学中的原子主义疑难（原子结构，"基本粒子"的综合性，原子主义的抉择，艾森贝尔克的统一场论，丘的靴襻假说，高能物理学内部的宇宙学构想，辩证的原子主义结构的必要性）；现今天体物理学中的无限疑难（宇宙学的问题，宇宙学的模型，宇宙—无限—进化，天体物理学中的观察、实验和模型）；物理学的统一（建立物理学统一理论的尝试，关于世界图象的设想，物理学和其它科学)。第四章哲学的发展论和生物学的进化论，主要探讨了由于物理学、化学、信息论、控制论和其它科学分支的强大发展，在分子生物学中所带来的一些成果对达尔文生物进化论的发展。其中包括：分子领域的进化(化学进化的一般规律性，生命形成的客观可能性，催化，凝聚和化学进化的方向，前生物进化具体进程的复原试验：蛋白质的形成，遗传系统的形成)；信息和进化(生物学中的信息理解，反映、再生产、相应的反应和信息，较高发展和信息：行为概念，有机体和环境的关系与进化，行为进化的信息，反映和信息是较高发展的客观标准)；微观进化、宏观进化和唯物辩证法(进化的进化，微观进化中新东西的形成，生物进化和否定之否定的规律)。

在第五章自然科学认识过程的辩证法中，作者着重研究了有关加深和精确辩证唯物论的认识论的一些重大问题。主要包括：实验—模型—理论(认识论和自然科学研究，实验—模型和理论在认识过程中的地位，模型和反映)；物理学中的模型(物理认识过程中的观念模型，物理学理论形成过程中的模型理论，直观问题)；生物学中的模型(模型化和生物学，模型化在生物学中的应用，生物学中的物质模型和观念模型)；逻辑和形式化(象征化，形式化，形式系统和计算，形式系统和理论，形式化和逻辑语言分析)；数学化(数学化的本质何在？应用数学是数学化的前提，数学的模型化)；控制论科学的辩证法(控制论是科学，客观辩证法在控制论理论中的反映类型和方式，抽象的简单化和控制论中对综合性的认识)。

第六章资产阶级自然哲学和科学哲学中的反辩证法和伪辩证法。主要批判了批判实在论和新托马斯主义的反辩证法，现代资产阶级科学哲学的还原主义，以及存在主义(海德格尔、萨特)和法兰克福学派等的反辩证法。 (李醒尘)

科学学原理(Основы Науковеаения)

[苏] C·P·米库林斯基(*С. Р. Микулинский*)主编

Наукаиздат 1985 年版 431 页

本书由苏联科学院科学和技术史研究所审定出版，参予本书写作的有苏联、保加利亚、民主德国、波兰、捷克斯洛伐克的21位学者。

从世界范围来看，对科学学问题的广泛探讨起始于20世纪60年代。据称首次使用(1926年)“科学学”这一术语的是苏联的研究者 И·A·鲍里切夫斯基，但该术语得到广泛使用则是在 C·米库林斯基和H·罗得内伊的文章《科学是专门研究的对象》(《哲学问题》1966年第5期)发表之后。

60年代和70年代苏联、欧洲社会主义国家和西方国家曾就科学和技术的形成和发展问题发表过许多作品。对这些作品在研究科学和技术发展的历史和规律方面所取得的成果进行概括，已经势在必行。在这方面做出最初尝试的有

Γ·M·道布洛夫的《关于科学的科学》(1966)和H·斯迭法诺夫主编的《科学学的基本问题》(1973)，在西方则有 I. Spiqel-Rösing 的《科学、技术和社会》(1977)。但这些论著都属于对作为一门独立学科的科学学的形成所作的准备。

《科学学原理》一书则是对科学学这一学科发展的初步总结。该书对科学学做了全面而系统的阐述，共分 10 章：(1)科学学的对象、任务和方法；(2) 社会生活在生产体系中的科学；(3) 科学活动的特点和结构；(4) 科学创造中的个人和集体；(5) 科学潜能；(6) 社会管理体系中的科学政策；(7) 对科学发展的规划；(8) 科学活动的组织和管理；(9) 国际科学技术的相互联系；(10) 科学家的社会责任和伦理。

本书指出，科学是一种极为复杂而又多方面的现象。科学首先被看成而且实际上也就是知识的体系。科学同时又是社会意识形式之一。但是新知识不会自行产生，而需要努力去获取。这些知识是劳动的特殊而专门的形式即科学活动的产物。由此可见，科学乃是一种复杂的社会活动领域，这种活动所得到的结果是发展着的知识的体系(即社会发展的一般精神产品)。这样一来，便可以从知识体系、社会意识形态和特殊类型的活动形式这三个主要方面来对科学进行考察。在本书中，按照对科学学对象的理解，把科学看成是生产科学知识的一种特殊的活动形式，从这个角度出发，对科学进行全面的考察。科学这种现象从一产生就引起了人们的关注。哲学始终重视对自然界的思考和对科学知识的阐述，而科学史的侧重点则在于对科学发展过程进行具体描述和对科学创造进行分析。到了20世纪，由于科学对社会生活的影响不断增长，科学活动因之也成为经济学家、社会学家和心理学家研究的对象。随着科学逐步成为群众性的职业，许多与对科学活动进行组织和管理相联系的问题逐渐突出出来。在此种情况下，到了20世纪中期，便愈来愈意识到要对科学本身进行专门的研究，这样便形成了一个单独的、专门的研究领域——科学学。本书认为，科学学在社会主义国家的发展是以辩证唯物主义哲学、马克思列宁主义的科学发展理论为依据的。

《科学学原理》一书的前三章阐述了科学学的理论基础；科学学的对象、方法和任务；科学在社会中的地位及其与其他各种社会现象的相互作用；科学活动的特点和结构。进而阐明了科学活动的直接主体，个人和集体在科学创造中的作用，并考察了科学交流和对科学集体进行领导的问题。该书给科学学下的定义是："科学学不仅是关于科学活动的科学，而且是关于对科学(作为一种特殊复杂的体系)发展起决定性作用的那些因素之间相互作用的科学，是关于揭示这些因素对整个体系(一种特定的整体)的行为发生作用和影响的科学。"(本书第19页)科学学研究当前是从以下五个主要方面进行的：(1) 一般科学学；(2) 科学社会学；(3) 科学心理学；(4) 科学经济学；(5) 科学组织。

《科学学原理》一书从第四章开始阐述如何把对科学所进行科学学分析加以

实际应用的问题。在阐明了科学潜能问题之后，指出了如何使这种潜能得到最佳发挥的途径和手段的问题。本书第五章阐述了科学活动的社会伦理问题。

本书还对苏联和欧洲社会主义国家以及欧美国家科学学形成和发展的历史作了简要的叙述。苏联的科学学最初是在科学史研究基础上确立起来的，继而发展成为综合的、跨学科的知识领域。60年代苏联形成了一种观点：应当把科学的作为一种特殊活动形式看成是科学学的对象。60年代中期，苏联明确了科学学发展的一般立场。科学学形成的重要标志之一是在一些科学机构中建立起科学学研究的专门组织。苏联科学学的研究中心是苏联科学院自然科学和技术史研究所和基辅的科学学和情报学研究部。在波兰，对科学学形成起了决定性作用的是1963年建立波兰科学学委员会和1965年《科学学研究》杂志的创刊。匈牙利在60年代中期也建立了科学学研究机构。60年代末期，匈牙利科学院组建了研究科学政策、组织、管理和预测的专门工作班子。保加利亚于1968年建立了科学学研究中心，此后又陆续地建立了一些有关机构。科学学在保加利亚目前已有较大发展。民主德国是从60年代末开始对科学学进行系统的研究，1970年成立了科学理论和科学组织研究所。捷克斯洛伐克科学院于1962年建立了科学规划研究所，开展了对科学学的研究。

从60年代中期起，一批科学学研究机构在资本主义国家也飞快地建立起来，不过在那些国家中并不用科学学这一术语，那里通常把科学学称之为"科学的科学"，"科学社会学"等等。 (贯泽林)

科学革命(Revolution in Science)

［美］I·B·科恩(*I. B. Cohn*)著

The Belknap Press of Harvard University Press 1985年版 711页

柯恩的研究与科学哲学家和科学社会学家们的研究不同，他不是讨论科学革命的某些特征，如托马斯·库恩的《科学革命的结构》；而是对一切科学革命进行批判的和分析的历史研究。他提出了区分科学革命发展的诸阶段和判断科学革命是否已经发生的一系列标准。全书6章30节就是以此为基本框架，对四个世纪的近代科学中的主要革命进行全面考查。

本书的核心观点是作者提出的科学革命发展的四阶段论和科学革命发生的四重历史判据。柯恩把整个科学革命的进程，从革命思想的产生到它被大多数科学家接受和运用，划分为明确可区分的四个阶段。第一个阶段是革命发生的阶段。每当一个科学家或一个科学家小组，对若干主要问题或诸问题，提出一个根本的解答，找到一个利用信息的方法，创立一个新的知识框架，引进一组改变已有知识特征的概念，提出一个革命性的新理论，革命就发生了。第二个阶段是把新思想或新发现以日记或笔记的形式记载下来，这些记载中的有些可能是一组笔记、一个报告、或者已经过充分考虑有可能作为论文或书发表的手稿；这个阶段还常常包含写出一个研究计划或设想。第三个阶段是公开发表，无论是口头的还是书面的；前两个阶段是个人的或私有的，而这个阶段是在朋友、助手、同事和科学界传播个人的新思想。在一切科学革命中，一个新的革命性的思想，都可能在这头三个阶段中的每一个阶段夭折，而不发生革命。第四个阶段是科学革命的最后阶段，经过前三个阶段后，新的思想被广泛接受和运用，形成革命。柯恩认为判断一个革命是否已经发生可由四种历史证据，即四条判据来检验。第一条判据是调查当时人的证言、当时的文献，看是否有人提到"革命"。第二条判据是后来的文献证据，看是否有人提到革命已经发生。第三条判据是有资格的历史学家、著名的科学史家和哲学史家的判断，不仅是现代的，而且包括以前的。第四是当代科学家的一般见解，它虽然不是与前三条相独立的，但是它涉及实践科学家不同的认识论态度，所以是很重要的。

本书的第一个特点，也是最重要的特点，就是把科学革命看作一个复杂的、历史地变化着的存在。柯恩在广泛的社会背景上，从各个角度探索了17～20这四个世纪里科学发展中的主要革命。科学革命不是一个静态的概念，柯恩描述了各个世纪科学革命的情况以及科学革命观的变化。他发现每个科学革命都同当时政治的和社会的革命密切相关，总是以当时政治的、社会的、革命的流行理论和意识为背景。他把科学革命和政治革命作了比较，认为虽然两者都有新的要素和转化出现，但是两者的目的根本不同。政治的和社会的革命是要建立新的社会秩序和政治体制，而科学革命则是要改变以某种方式成为社会秩序基础的某些信仰。由于新的革命的科学思想是对旧有信仰的威胁，它总是遭到普遍的反对。但是科学革命是不可阻挡的，至少要象科学一样长久地继续存在。科学的进步就是通过科学革命实现的。科学家们能意识到科学革命将要发生，但难以确切地预言革命的范围和类型，主要原因在于，科学是一种"艺术"。

本书的第二个特点是区分科学革命的历史的概念和历史学家的概念。前者是客观的历史事实和文献资料，而后者是历史学家的主观判断。柯恩的这本书，在讨论每一个科学革命时，都体现了两者的汇合。他既强调历史的证据，又给出一个主观的历史学家的判断。所以他的这部著作既不是历史资料的堆积，也不是以论代史，而是史论巧妙的结合。

本书的第三个特点是根据历史的证据探索科学革命发生和发展的模式。柯恩不同意库恩的"范式更替"的科学革命模式。他批评库恩的"范式"术语的多意性，指出并不是一切革命都从危机开始，认为范式只对物理学比较适用。但是，他这本书不是一本论战的著作。他的主旨在探索一条研究科学革命的新路。他把每个科学革命当时的科学革命观同后来的历史学家和科学家们的解释（包括现代的）并列讨论。他没有给科学革命下确切的定义，也没在分类学意义上确

定科学革命的模式，而是按照历史证据的检验，找到了一个科学革命发展的四阶段论模式。 (董光壁)

科学与文化(Наука и Культура)

[苏] В·Ж·凯列(*В. Ж. Келле*)著

Наук Аиздат 1984 年版 335 页

这是一本有关科学和文化问题的学术论文汇编。全书分为两大部分，收录了19篇论文。第一部分由9篇文章组成，多为从方法论的角度研究科学与文化的基础理论问题，如《科学是文化现象》，《论科学在文化体系中的地位》，《科学的文化实质》，《文化—知识—科学》，《科学、意识形态、文化》，《作为文化客体的科学知识》，《科学、教育、生产》，《作为文化体系的构成要素的科学》，《科学思维方式是文化学问题》。第二部分由10篇论文组成，大多研究的是文化历史领域的科学，作者通过分析、比较科学在人类文化历史的各个划时代的阶段中的性质、作用、地位及成果，试图由历史事实来揭示科学与文化的关系。如《科学认识的特性和它产生的社会文化前提》，《自然科学史、文化的科学性和价值性的标准》，《古希腊文化时期的科学》，《中世纪文化时期掌握科学的人》，《在传统的印度文化中关于自然客观世界的知识》，《文艺复兴时期科学和艺术的世界图景》，《第一次科学革命的历史文化前提》，《科学和文化起源的启蒙构想》，《科学、文化、社会进步》，《科学的影响和人道主义价值》。

全书始终围绕着科学和文化的互相关系和作用这一主题进行分析，试图揭示科学作为文化现象的概念，阐明科学与意识形态、教育等的互相联系，并用历史的观点研究古希腊、中世纪、文艺复兴、启蒙运动以及资本主义早期各个阶段的科学和文化在不同社会条件下的互相作用，还研究了科学在发达的社会主义阶段的地位。

作者在开宗明义的第一篇论文《科学是文化现象》中首先指出：文化是“第二自然”，即物质价值和精神价值的总和。科学不同于文化的其他现象，就在于科学的内容是客观真理，它不依赖于认识主体；这也不是文化的主要特征。只有当科学转向对人的研究、科学知识成为人类世界的因素时，科学才发挥文化的作用，因而人们可以把它作为一种文化现象来研究。科学的重要作用往往以理论形式来体现，科学理论的影响范围将不仅仅是科学内部，它还将具有世界观和整个文化体系上的意义。作者接着论述了科学和文化的关系。他指出，除了一定水平的经济条件以外，一定质量的文化是产生相应的科学的必要条件。科学与艺术等文化的其它现象相结合，才构成文化体系。科学的作用则是为文化的发展提供最基本的力量。科学与文化的关系不能抽象地加以研究，不能脱离社会制度、文化特征、思想基础和价值体系等因素。

作者在文章的最后部分阐述了科学在社会主义文化中的地位。他认为，社主义文会化是为“每个人的自由发展成为全体人自由发展的条件”这一共产主义文化奠基的，因而人的全面协调的发展将是这一时期文化的体现。科学本身也为人的发展确立了进步方向，因而它自然成为社会主义文化的要素。社会主义文化的总体原则是科学性，但科学并不能代替文化的其它因素。随着科技革命的到来，更显示出科学是文化的现象。科技革命的成果与社会主义优越性结合，为实现社会主义文化的作用提供了最强大的物质基础；科技革命又使人的生产力的性质和自由发展的要求不再分离，因而把科学技术和文化潜力结合起来了。

《论科学在文化系统中的地位》一文，从科学和文化内部结构的角度论证这一问题。作者指出，由于现在对文化的本质有着各种理解，对科学也没有一个统一的定义，因此在对文化和科学关系的解释上，也不尽相同。这种矛盾使我们对文化和科学的研究陷入了方法论的困境。他认为，出路在于提倡系统的思维。在这一系统思维的形成过程中，有两个重要的原则：1．要在系统的背景即合理组织的环境中，考察被研究的客体。2．要从具体的、功能的和历史的三方面辩证结合来考察系统的关系。作者接着对科学和文化进行比较研究。他对文化提出了一个不同的定义，认为文化是人们在自己有意识的、自由的和不断完善的实践活动中创造的东西，以及创造过程的总和。因此，文化具有两重性：一方面，它是人类在一切实践中的活动方法；另一方面，它又是一种物质的和精神的具体内容。科学既是知识体系，又是知识的生产过程，它和文化一样，也具有知识本身和实践过程的两重性。整个科学的体系结构包括三个互相衔接的环节：1．科学研究工作；2．科学研究的成果，即生产的新的科学知识；3．科学知识发挥的功能，它构成了科学活动的新的环节，有三种方式：(1) 知识应用于实践；(2) 知识应用于教育、培养新的一代；(3) 知识应用于科学的自身发展。因此在了解科学活动这种结构的基础之上，才能完整地探讨科学与文化的关系。在科学与文化的总体关系中，科学的每一个环节都是与文化有差别的。之所以在对科学和文化的关系问题上产生根本的矛盾，就是由于忽略了这一差别。作者还认为，文化是社会和人类之间的中间调节者，又是社会和自然界之间的中介。因此，文化应在时间和空间两方面满足人和社会的需要，即在历史的每一阶段保障社会生活，满足人们物质和精神的需要，并且不断地发展和传递人类的知识，表现出“社会继承”的特征。人和他所接触的物质都有潜在的主客观两重性，这种两重性决定了科学的认识活动和认识方法对于文化的关系是不同的，但这两者都是必不可少的。

之后，作者又详细地论述了科学的功能。他认为，总的来说，科学的功能是认识客体，认识客观世界的联系并获得客观真理。但是，科学的这种功能正在分化，一方面是知识对实践具有极大的影响；另一方面是科学获得了罕见的教育力量；

此外，还有一方面也是不可忽视的，即科学能够相对独立地使获得的知识自我发展和成果化。

（李学军）

知识论(The Theory of Knowledge)

[英] D·W·海姆伦(*D. W. Hamlyn*)著

The Macmillan Press 1980年版　308页

这是一部研究认识论问题的教科书。作者在概括总结了西方哲学中最有代表性的认识论流派的基础上，提出了自己对知识的看法。全书共分三个部分，即知识的条件、知识的范围和结论。

第一部分：作者在这一部分中主要探讨了知识是否可能，以及作为知识所必须满足的条件等问题。作者考察了历史上的怀疑论，指出笛卡儿的理性怀疑论只是以怀疑作手段，他并不否定理性直觉的可靠性；而经验主义的怀疑论承认知觉的确定性。所以，完全的怀疑论既是不可能的，也是无意义的，知识的存在是关于它的可能性的理性论证的前提。

作者认为，知识由概念和命题构成。知识本身就假定了认识者具有概念。概念不仅要在逻辑上可以被理解，即对它有确定的形式定义，同时还要有所指称，即它的外延不是虚无，才有认识论意义。一个命题只有在可能被证实的情况下才有意义，即只有在知道一个命题在什么情况下为真时，我们才可以理解它。在作者看来，信念的对象不一定存在，因此信念可能是假的，但知识则必真，信念不等同于知识。但知识包含信念。一个人在回答问题时，如果不确信自己是正确的，就不能说他有知识。猜测或碰巧说对了不能称为知识。在真假问题上，作者指出：一个命题是真的，当且仅当它符合事实。但是事实并非纯粹客观的世界。符合事实指的是人们使用共同约定的特定的语言系统来表述关于世界的知识，命题只有既符合这个系统的约定，又不与经验相违背，才是真的。

第二部分：作者在这一部分中主要探讨了知识的范围及人的认识能力等问题。作者反对消极反映论，认为在感觉经验中，人并没有被给予什么。我们不能从知觉内容推论出一个独立于感知的世界。他也反对唯我论，认为不能把世界看作是知觉本身。在他看来，知觉无非是我们运用概念去感知周围世界所得到的表象。作者认为记忆只是一种知识的表现形式，它本身不是关于过去事件的知识。作者认为知识是普遍的，因为文字是公共约定的，只要我们不把自己限定在个人的理解中，我们是可以获得他人心中的知识的。作者对先验命题作了区分，指出莱布尼茨所主张的在任何可能世界中都真的绝对的先验命题是不存在的，但相对的先验命题是存在的。这种命题与现实世界相关，它们之所以真并不是因为与现实世界相关的东西使它真，而是因为它们特定的意义只有在现实世界同我们的经验的联系中才可以被理解。概念的真理、数学的真理都是相对真理。科学命题也是相对先验的，科学家们把概念化的上层构造物加于事实，得到科学命题。科学理论整体是与经验相关的，但具体命题在并不直接与经验发生关系的情况下，仅同该理论体系中其它命题联系起来就成为必然的。所以，科学命题是先验的。

第三部分：作者在这一部分中概括了全书的观点，并得出了结论。作者认为数学哲学和科学哲学，即本书所讨论的知识，都只是认识论的分支，其它知识还有许多，如关于上帝存在的知识、自然神学等等。他指出：凡是特定的领域都会存在特殊的知识形式，要想找到在任何条件下都能把怀疑论拒之门外的知识成立的基本原则是不可能的。知识总是有限的，而无知是无限的。怀疑论对知识的批判永远是可能的，因此，关于知识论的哲学证明永远无止境。（全　仲）

智者运动(The Sophistic Movement)

[英]G·B·科弗德(*G. B. Kerferd*)著

Cambridge University Press 1981年版 184页

本书批评了西方哲学史界对智者运动的传统观念，充分肯定了智者在人类思想史上的地位和重要作用。全书共分14章。

第1章"引论"指出，要想真正地理解智者运动，必须克服两个障碍：1．要对智者现存的残篇进行历史的考证，力求再现智者思想的原貌，2．要消除柏拉图对智者的敌意的歪曲，克服传统的偏见。智者所处的时代(公元前450—400年)是雅典城邦发生伟大变革的时代。智者从理论上、思想上参与了这场变革，发挥了重要作用。他们提出并试图加以解决的问题之范围和深度，以及这些问题所具有的现代意义是令人吃惊的。然而人们至今仍对智者运动的意义估价不足。

第2章"智者运动的解释史"，对以往西方学术界评价智者的历程作了回顾，指出在柏拉图、亚里士多德及其学派的歪曲和批判的影响下，2000余年来，人们一直认为智者不是思想家，而是一伙卖弄学识的诡辩家、骗子。这是把个别智者的缺点当作整个智者阶层的共性。近代自格罗特以来，学者们开始替智者恢复名誉，试图肯定他们的历史地位。这些智者的捍卫者可以分成两类，一类以格罗特为代表，把智者看作"为理性的进步而奋斗的战士"，"启蒙运动中的实证主义者"。他们认为智者是一个没有统一学说的教师阶层，不能因个别智者的错误而否定整个智者运动。这种做法有效地恢复了整个智者运动的历史地位，同时又带来了另一个问题：既然智者没有统一的学说、原则和方法，那么要把智者当作一个阶层来保护就象把智者当作一个阶层来攻击一样困难。另一类以黑格尔为代表，内斯特、蔡勒都属于这一类。黑格尔把智者当作主观主义者嵌入哲学史。他认为，主观性也是绝对精神自我规定的一个必经阶段。所以，智者的主观性尽管只具有否定性的意义，但毕竟还是有其地位的。黑格尔用这样的办法恢复了智者在希腊哲学史上的地位，但是并没有提高智者的声誉，实际上反倒是进一步肯定了柏拉图、亚里士多德的看法。

作者指出，本世纪的学者几乎都希望把上述两类做法的基本点结合起来，但又都带有自己的倾向性。作者呼吁，应当加强对智者学说的细节研究，同时要避免用黑格尔式的先验公式来估价智者。

第3章探讨了智者运动产生的历史根源，指出："智者是一种社会现象"。雅典是智者运动的活动中心，出现这一现象的主要原因有两个：一是雅典所具备的社会政治条件；二是奴隶主民主派的政治代表伯里克利的直接支持和保护。伯里克利在雅典施行的政治制度为智者提供了适宜发展的场所，而他的支持和保护则吸引了大批智者来到雅典，成为他实施改革的支持者和理论家。伯里克利的政治变革和智者在思想领域内的变革互为表里，不可分割。

"智者"这个名称的含义是什么？怎样看待智者收费授徒？他们的教育方法和教育内容是什么？这些问题对于智者的名声至关重要。第4章"'智者'这一术语的含义"探讨了这些问题，提供了许多新材料和新观点。

第5章"个别智者"分节概述了9个著名智者和两篇匿名著作，为后续章节从总体上探讨智者的理论贡献奠定了基础。

从第6章到第13章，作者分专题研究了智者的学说。第6章"辩证法、反证法与论辩术"探讨了智者的方法。智者继承了爱利亚学派注重逻辑论证的传统，广泛地运用"反证法"作为辩论的方法。柏拉图批判了智者的诡辩倾向，但没有完全否认"反证法"。智者的方法是柏拉图辩证法的理论来源之一。

第7章"语言学理论"概述了智者对语言学的研究和贡献。许多智者把语言作为重要的研究课题，集中探讨名称的正确性，建立了各种语法范畴。他们的努力推动了哲学思维的发展。语言与现实的关系问题成为古希腊哲学的争论问题，引起人们的普遍重视。

第8章从文学理论和修辞学角度评价智者的"逻各斯"学说。智者重视语言的诱导作用，创立了修辞学这门艺术的理论。他们把修辞学理解为人们表述和交流思想的一门艺术。

第9章"智者的相对主义"，探讨智者运动的理论基础。普罗泰戈拉提出："人是万物的尺度"。以往的研究基本正确解释了这一名言的含义，可以把它归为主观主义的命题。最新发现的一些材料表明，整个智者运动可以说都是在"人是万物的尺度"这一学说的指引下进行的。对该学说的积极作用不容忽视。

人类社会的法律制度、风俗习惯的起源是又一重要课题。第10章引用大量材料说明智者开创了这一领域的研究传统。他们从法律制度与人的自然本性之间的对立着手探讨法律的起源，这种方法为后世研究者指明了一条研究途径。

第 11 章研究智者的伦理观。智者出于其职业需要，坚持美德可以传授。他们讲的“美德”不仅指道德品质，而且包括技能和素质。智者的教育对古希腊的伦理道德观念的发展有着重要影响。

第 12 章研究智者的社会历史观。柏拉图的《理想国》是现存古代最早的政治理论著作。有材料表明智者普罗泰戈拉在柏拉图之前已经系统地探讨了社会政治问题，提出了完整的社会政治理论。应当肯定他在政治思想史上的重要地位。

第 13 章“宗教与神”探讨了智者的宗教观念。

作者在第 14 章中对全书作了简要总结。他指出：与柏拉图、亚里士多德这两座基本上完整地保存下来的大厦相比，智者那些由于他人的引用才得以保存下来的少量残篇确实是不显眼的。但我们决不能由此否认或贬低智者的学说。只要象研究前苏格拉底哲学那样，用严谨的科学态度去看待智者的残迹，人类活动的所有方面，所有社会科学的分支都可以看作是智者探讨的主题的继续。

（王晓朝）

对近代的哲学讨论(Der Philosophische Diskurs der Moderne)

［联邦德国］J·哈贝马斯(*J. Habermas*)著

Suhrkamp Verlay Frankfurt am Main 1985 年版　450 页

哈贝马斯是一位多产的哲学家，继两大卷《交往行动理论》之后，1985 年又出版了本书。关于近代社会的讨论已经是一个现实问题，有关争论在哲学、社会学、历史与艺术中已广泛展开，争论是如此之激烈，分歧是如此之深刻，从而使这一问题成了真正意义上的问题。我们必须把近代社会看作一个专门的问题，把近代社会作为一个专门的问题来对待，只有这样，才能估价哈贝马斯的思想。哲学自黑格尔以来，在自己同自己时代的关系上已确立一种自觉的关系，把自己的时代理解为一个哲学问题。在西方哲学家的理解和用语中，“近代”与“现代”是一个意思，一个术语，因此把近代作为一个哲学问题，意味着把今天的时代也作为一个哲学问题。对近代的哲学讨论包含着对今天时代与社会的哲学讨论。因此哈贝马斯的著作所具有的首要意义在于，明确地把近代和现代(按我们的用语与理解)，把早期近代和后期近代(按他们的理解与用语)，作为一个“哲学”问题。而且这是一个正在“讨论”的问题，而不是已经解决的问题。哈贝马斯自己在 1980 年一篇讲演中用了“近代——一项未完成的规划”这样一个标题，这概括了他的哲学问题和研究课题。在《交往行动理论》中他贯彻了这一思考方向，现在在《对近代的哲学讨论》中，这仍然是他的出发点与目标。哈贝马斯说，这个题目一直没有离开他。

《对近代的哲学讨论》这一新著，由 12 篇讲演所构成。(1) 近代的时代意识及其自我确证的需要;(2) 黑格尔关于近代的概念;(3) 三种观点:左派黑格尔主义者、右派黑格尔主义者和尼采;(4) 进入后期近代:尼采之为转折;(5) 启蒙与神话交织:霍克海默尔与阿道诺;(6) 以形而上学批判瓦解西方理性主义:海德格;(7) 超越现时代的本原哲学:德里达对语音中心论的批判;(8) 在性爱主义与普遍经济之间:巴塔利;(9) 人文科学的理性批判揭发:富科;(10) 势力理论具有的困难;(11) 另一条摆脱主体哲学的出路:交往理论与主体中心理性对立;(12) 近代的规范内蕴。

哈贝马斯是在阐述对近代的哲学理解史。关于这点,他自己说:"新结构主义的理性批判因而构成一种前景,从这一前景,我试图一步步复制对近代的哲学讨论。"他在本书中强调这一讨论的哲学性质和哲学方面:"自18世纪后期以来,在这一讨论中近代已被提升为哲学的题目。对近代的哲学讨论多方面涉及美学的讨论。虽然如此,我不能不对这一题目作了限定,这些讲演不讨论艺术与文学中的近代主义。"(本书第7页)作者在复制对近代的哲学讨论史中,阐述和评价了许多哲学家和思想家,提出了许多值得注意的论点。例如他对黑格尔和尼采的评价,他认为黑格尔是第一个使近代成为哲学问题的人,而尼采则使问题的讨论发生根本性转向。但是,我们不能把这本书误解为纯历史的,因为哈贝马斯是从历史的阐释中寻找理解和解决近代难题的道路,或者更贴切些说,他企图论证"意识哲学"向"理解哲学"的转化,企图论证交往行动理论。这是哈贝马斯思想的核心和方向,要加以理解,需要研究这本书以及哈贝马斯的其他著作,例如他关于商谈伦理学的著作,它对于我们也许更容易把握。另外根据经验把哈贝马斯同其他哲学家联系起来,也是把握他的理论的一个途径,例如把他的理论模式同黑格尔《精神现象学》中讲的意识与自我意识的关系作一对比,将会看出许多有意义的东西。总之,对哈贝马斯的哲学,如同对其他重要哲学家的思想一样,需要从整个近代哲学范围加以理解。只有这样,理解才是具体的,而不是抽象的;只有这样,理解也才是可能的,而不落于单纯摭拾或弃绝几个术语,也不落于单纯重复一些熟悉的套话或永远不错的常理。这关乎研究的逻辑,关乎研究的责任,忽视这些,将不可能进入有关近代或现代的哲学讨论,因为这样的哲学讨论同样具有固有机制与内在要求。这里同样要求尊重"对话"与"讨论"的内在含义,至少不能落后于印第安人的谈话模式。但这显得不过是初步的要求。哈贝马斯的理论有一种自我理解和目标,它力求达到"一种理论上建设性的视野,以便我们能把交往行动看作媒介,使整个生活世界能再创造它自己。"(本书第349页)这在他是可能的,而在其他哲学家看来又是困难的。因此摆在我们面前的正是一场有意义的、同时又是极其困难的哲学讨论,对于推进这一讨论,哈贝马斯的理论构成了必须重视的一环。

(薛　华)

论康德二律背反的由来和解决 (Kant's Antinomies: Their Origin and Their Resolution)

[美] V·S·韦克(*V. S. Wike*)著

University Press of America 1982年版 173页

康德在理论理性的发挥上对二律背反的重要性的阐述以及在他详尽阐述其系统的哲学观点中对二律背反的着墨之多是众所周知的，但哲学界在二律背反的问题上一直存在着激烈的争论。本书的主要目的在于从哲学上系统地考察康德的二律背反的由来和解决。本书的结构及主要内容：在序言性的一章里，作者主要考察了康德在三个《批判》中的二律背反之应用，指明康德本人并没有对二律背反作一个简单的统一的规定。然后作者又用了四章的篇幅分别探讨了四个理论理性二律背反的由来及结构；四个理论理性二律背反的解决；实践理性二律背反的由来和结构；实践理性二律背反的解决。

十几年以前，S·J·艾尔阿兹姆在其《康德二律背反中论证的由来》(1972)一书中曾强有力地声称，理论理性二律背反的起因可以追溯到一个历史的问题上。S·J·艾尔阿兹姆认为，康德在《纯粹理性批判》中对四个理论理性二律背反中的正反题的论证分别起源于克拉克和莱布尼兹在他们著名的通信中的见解。康德在构造其四个理论理性二律背反时，抛弃了克拉克和莱布尼兹辩论中的细节和具体背景，将思想论战加以概括，导致了康德二律背反的产生。本书作者通过强调康德所注重的无条件事物即理性的对象的概念的含义而超出了S·J·艾尔阿兹姆对四个理论理性二律背反的历史探源的研究范围。本书作者试图依据先验的系统的和哲学的根源来说明二律背反的由来，他认为，在康德的体系里，可以说，无条件事物的两个规定性产生了理性二律背反中呈现的冲突。四个理论理性二律背反基本上以下面这个问题为依据：无条件事物是无限系列的总体，还是该系列中统辖所有其他部分的那个部分呢？或者更简单地说，什么是理性的对象？理论理性二律背反的由来可以归结为理性对象的两种不同意义的混淆。这样，作者认为，康德理论理性二律背反所显示的自相矛盾不能简单地归结为一场18世纪形而上学独断论主张之间的冲突，从总体上说，毋宁说是把先验的理念应用于现象的客观综合上去的自然结果。

作者在此书中对康德的二律背反的由来和解决的论述上有一个鲜明的特点，即使康德的《纯粹理性批判》和《实践理性批判》相互结合起来。作者指明，《纯粹理性批判》中的四个理论理性二律背反的解决对于《实践理性批判》中的实践理性二律背反的解决起着重要的作用。在《纯粹理性批判》中，现象世界和"自在之物"世界的划分，特别是对于从属于"自在之物"的第三个和第四个二律背反中的绝对自由和绝对的必然存在者的确信，使理论理性二律背反的解决成为可能。

康德坚信，世界作为"自在之物"时，纯粹理性所显示的自相矛盾就属于一种主观的幻相，理论理性的二律背反就会消失。理论理性二律背反解决的可能性为实践理性二律背反的解决提供了可能。关于康德的实践理性二律背反，作者分析说，康德在实践理性二律背反中试图解决幸福和善之间的因果关系。实践理性二律背反阐明，或者把谋求幸福的欲望作为道德行为的动机；或者是认为道德行为可以带来幸福。康德争辩道，第一种情形是绝对不可能的，因为把谋求幸福的欲望作为意志的动机，完全是不道德的。第二种情形也是虚假的，因为我们的经验告诉我们，在幸福和道德之间并不存在必然的联系。但是，实践理性二律背反在康德那里是能够解决的，《纯粹理性批判》中理论理性二律背反的解决已经为《实践理性批判》中实践理性二律背反的解决提供了线索，实践理性二律背反的解决途径同样是把现象世界和"自在之物"世界划分开来，并且仅仅在"自在之物"世界中坚持幸福和道德的统一。

作者在本文中运用的两个《批判》相互启示、相互阐明的研究方式可以说是一种标志，它标志着把康德的哲学作为一个整体来思考、探索的构想。然而令我们感到遗憾的是，作者没有依照这种研究方式对康德的《判断力批判》中的判断的理性二律背反的由来、结构和解决做一个相应的分析，这不能不说是一个缺点。

(侯西岭)

克尔凯戈尔和黑格尔的关系(Kirekegaard's Relation to Hegel)

[美] N·苏尔斯特鲁普(*N. Thulstrup*)著

Princeton university Press 1980 年版 401 页

西方学者普遍把克尔凯戈尔和黑格尔分别看作是现代非理性主义和理性主义的两位先驱，因此，对这两位思想家的关系的研究，成为引人注目的课题。丹麦学者 N·苏尔斯特鲁普所写的这本书代表了这一方面研究的进展和成果。这本书分八个部分综述了两位哲学家的关系，其中不少论述利用了希尔西、路特尔、鲍林等人的研究成果。这八个部分是：1. 到 1835 年夏为止，丹麦的黑格尔学说及克尔凯戈尔与它的关系。2. 1835 年夏～1837 年 11 月，克尔凯戈尔与黑格尔及黑格尔主义的联系。3. 1837 年 11 月～1838 年 9 月期间两者的关系。4. 1838 年 9 月～1840 年 7 月期间两者的关系。5.《论讽刺的概念》。6. 从《论讽刺的概念》到《或此或彼》。7. 1842 年 11 月～1845 年 12 月克尔凯戈尔文献资料中的黑格尔。8. 克尔凯戈尔在《或此或彼》到《非科学的最后附言》中与黑格尔的冲突。

作者提供了克尔凯戈尔在丹麦哥本哈根大学神学院学习期间，黑格尔哲学在丹麦思想界所占的地位及其影响。他着重介绍了当时丹麦的著名作家和文艺评论家 J·L·海堡的黑格尔主义。海堡崇拜黑格尔，把黑格尔和歌德称颂为时代所产生的两颗最伟大的心灵。他认为黑格尔的哲学体系与歌德的文学作品一样，达到了把理想和现实相结合的完善境界。海堡指出，哲学不同于艺术、诗歌和宗教，在艺术、诗歌和宗教中，真理是以各种偶然的形式表现出来的，只有在哲学中真理才以概念的形式表现出来。海堡认为，只有黑格尔的思辨哲学，才能拯救人类。本书还讨论了克尔凯戈尔的哲学老师西本和缪勒尔、以及神学家明斯特和克劳森等人与黑格尔的关系。

作者论述了克尔凯戈尔在1835年夏季以前对黑格尔主义的认识状况。他指出，1829年3月，克尔凯戈尔在给长兄彼得的信中，表明克尔凯戈尔已知道了思辨的唯心主义。但这一时期的资料尚未表明，克尔凯戈尔对一般哲学有很多认识，他的神学视野也并不宽广。直到1835年夏季，克尔凯戈尔才得到一些了解黑格尔哲学的机会，但从资料来看，这些机会并没有结出成果。这个时期的资料还表明，克尔凯戈尔对德国哲学家费希特和神学家施莱尔马哈有了一定的了解。

作者讨论了从1835年夏季～1837年11月克尔凯戈尔与黑格尔哲学可能有的联系。他分别列述了路特尔(*Reuter*)，瓦尔(*Wahl*)及波林(*Bohlin*)的主张。路特尔把这段时期称为克尔凯戈尔的一个过渡时期，认为当时克尔凯戈尔已抛弃了旧观点，但尚未选择一个新观点，他把当时克尔凯戈尔对丹麦自由主义政治家的攻击看作是对黑格尔哲学的攻击。瓦尔则主张，当时克尔凯戈尔与浪漫主义人生观的冲突是被黑格尔哲学所激励的。波林主张，克尔凯戈尔在黑格尔身上看到了一种对付浪漫主义的防御物。本书作者在书中提供，克尔凯戈尔在这期间描述了人生的四阶段：第一阶段是童年的直接性，在这阶段，自我意识还未觉醒，还只是潜伏着。第二阶段是个人的少年时代，这是自我意识觉醒的阶段，也是一个和谐的阶段。第三阶段取消了前一阶段的和谐，克尔凯戈尔称之为浪漫主义的阶段。第四阶段在屈从中给予解决，这事实上等于一种期望，这种期望是基督教的回答。

作者指出，在1837年11月～1838年9月期间，有确凿证据表明，克尔凯戈尔阅读并知道了一些黑格尔的和反对黑格尔的著作和文章，克尔凯戈尔的笔记提要表明他理解黑格尔思想，但他对之显然持批评态度。克尔凯戈尔对黑格尔的批评并非直接针对他个别具体的论点，他的宗教思想与黑格尔学派也全然不同。

作者认为，从1838年9月～1840年7月这段时期尚存的笔记来看，没有任何证据表明克尔凯戈尔与黑格尔或黑格尔派的观点以及与黑格尔派所运用的辩证法有密切的联系，克尔凯戈尔对黑格尔学说没有特别的印象，相反，他讥讽地对待它的拥护者。克尔凯戈尔自己对宗教哲学问题和基督教与哲学的关系问题的回答，完全不同于黑格尔及其信徒。当时的克尔凯戈尔和西本、缪勒尔及克劳森一样，是黑格尔主义的反对者。

克尔凯戈尔在1840年7月参加了他最后的神学考试，并在1841年9月进行毕业论文答辩，他的毕业论文讨论讽刺的概念，这篇论文的全名是《论苏格拉底的讽刺概念》。作者指出，论文中十分频繁地提到黑格尔，特别在后一章节中，大约有30处引证和提到黑格尔著作，克尔凯戈尔较多地讨论了黑格尔的法哲学。作者指出，从克尔凯戈尔对黑格尔各类著作的实际知识来看，他对黑格尔体系的第三部分也就是精神哲学的部分有相当完全的知识，在对浪漫主义的认识和评论方面，他和黑格尔的共同点多于分歧点。不过，黑格尔和克尔凯戈尔有一个重要的区别，在黑格尔看来，单一的个人要选择他对讽刺的态度是没有任何自由的，他唯一的只是理念在时间中展开的或是完善或是不完善的承担者；而在克尔凯戈尔看来，个人有选择的自由，包括错误的和应受指摘的选择的可能性。

克尔凯戈尔在毕业论文答辩之后不久，就去柏林大学听谢林等哲学教授的课，1842年3月，他回到哥本哈根，1843年2月他出版了第一部著作《或此或彼》。作者论述了克尔凯戈尔在这段期间与黑格尔主义的关系，他指出，从1841年10月～1843年2月，克尔凯戈尔继续他对黑格尔、黑格尔主义和一位坚决反黑格尔的思想家谢林的研究。克尔凯戈尔选听谢林的课的主要动机是，他还没有在黑格尔主义者或在黑格尔本人那里找到对他的问题的满意解释，现在他希望在反黑格尔主义的谢林那里得到帮助，谢林已长期准备他的"实证"哲学，打算如愿结束他早期的"否定"哲学，并同时批评黑格尔体系。克尔凯戈尔在柏林大学听谢林讲课时，写了相当完整的笔记，从笔记中看得出，他感兴趣的是谢林对黑格尔的批评。

从1842年11月～1845年12月克尔凯戈尔的文献资料来看，他主要的兴趣放在对亚里士多德、笛卡儿和莱布尼茨等哲学家的研究上，作者指出，从克尔凯戈尔留下的笔记资料中，他只是偶尔提及黑格尔。他认为，克尔凯戈尔的哲学史研究首先是为了获取可以运用到他自己的思想领域中的观点和成分，其次是把这些观点和成分用来对抗思辨唯心主义。

作者最后讨论了克尔凯戈尔在《或此或彼》到《非科学的最后附言》这一时期(即1843年到1846年)的著作中与黑格尔的关系。作者指出，这段时期的著作表明，克尔凯戈尔并没有特别认真地研究黑格尔，他以批评的态度读了黑格尔的《精神现象学》、《逻辑学》等著作。

(翁绍军)

施赖尔马赫的哲学(Die Philosophie Schleiermachers)

[联邦德国] G·绍尔兹(*G. Scholtz*)著

Darmstadt 1984年版 187页

施赖尔马赫这个名字在中国尽管不算陌生，但也并不那么为人熟知。较之康德、黑格尔、费希特和谢林，施赖尔马赫的研究在我们这里显然是块未开垦之地。但是情形似乎已有改变的可能，至少由于解释学的开始传播，施赖尔马赫已被更多地提到，而这是有其理由的。

本书除了前言之外，共有三章：一、导论，分三节讲施赖尔马赫的现实意义和有关施赖尔马赫哲学研究中的问题。二、阐述直到本世纪70年代的施赖尔马赫哲学研究史与理解史。其中突出介绍了狄尔泰的研究，因为狄尔泰给施赖尔马赫研究赋予了新的意义，带来了新的景象，并且直到今天，仍发生着重要影响，构成了这方面研究不能不估量的一大环节。三、阐述有关施赖尔马赫哲学体系的问题。这部分所用篇幅最大，其中最重要的应该说是第三节，在这里作者分科介绍施赖尔马赫的体系，这些科目涉及辩证法、伦理学、宗教哲学、美学、解释学、国家论、教育学、心理学。

不难看出这本书是从两大方面设想的。一方面它要阐述施赖尔马赫哲学的研究史和理解史，展示施赖尔马赫哲学的现实意义，另一方面又要阐述施赖尔马赫哲学的框架和在有关一些哲学学科中的理论见解。把这两个方面巧妙结合起来，构成了本书的一大特点，它体现了施赖尔马赫研究上一个必要的关节点。

作者的工作不但是及时的，而且是合乎"研究逻辑"的要求的。因为如果说今天需要在新的基础上研究施赖尔马赫的哲学，那么除了对他的哲学的研究史作一番总结和估量，特别是对他的重要思想的解释史作分析和评价，还能如何着手呢？如其不然就很难防止在研究中出现两种缺点：或者无根据地提出"新"论点，或者把重复老论点当作提出新论点，从而使研究失去意义。新的研究必须以整个旧的研究为基础和开端。这点不仅对施赖尔马赫研究有效，也不仅对哲学研究有效，而且对整个思想文化研究有效。在这方面恩格斯的一句话值得我们重视，他认为，任何新的学说，都首先必须从已有的思想材料出发。

施赖尔马赫曾被称为"19世纪的教父"，"解释学经典家"，"柏拉图的再发现者"，"近代教育学的开端"，等等。这说明他在不少学科中都产生过不容忽视的影响。通过本书确切而扎实的阐述，我们看到施赖尔马赫的确在哲学上有不少值得重视的东西。他在那个时代的哲学中有自己的特点和贡献，研究他的哲学有助于理解他同代的哲学家们，有助于从总体上更全面地把握那个时代哲学的问题、趋向和成就。这一点还是我们有待着手的课题。如果我们坚持所谓"近代德国哲学"这一用语的内涵，就不能不致力于这一课题的研究。这本书可以在这方面及建立和开展施赖尔马赫的研究方面提供帮助，它勾勒出施赖尔马赫思想的轮廓，勾勒出施赖尔马赫研究史的轮廓，还提供了大量书目。

本书作者指出："施赖尔马赫又成了对话题目，他正获得'新的现实意义'，甚至正'兴盛'起来。对施赖尔马赫思想转向重视，这不单是近时新教神学促成的，而且现在在哲学中也表现出来。事实上在今天的哲学中有一些问题提法，它们在顺利促进人们持这样一种理解接受的态度。”

（薛　华）

近现代日本哲学(近代日本の哲学)

[日]古田光　铃木正编著

北树出版社 1983 年版 254 页

本书是作为《现代哲学选书》第 16 卷出版的。

关于本书的编辑宗旨，作者在“前言”中指出，“本书主要着眼于以现代的观点重新认识近现代日本的哲学思想”。

本书是由八名学者所写日本近现代思想史的十篇论文组成，分两部分。第一编为总论：第一章“近现代日本哲学思想小史”，概略地叙述了现代日本哲学思想的进程，为了解第二部分中所论及的各学派和各学者所具有的主要历史地位提供了线索。第二章“对日本哲学史论的反省研究”，从哲学史是哲学思想发展本身的自觉表现这一观点出发，尝试着重新认识迄今的“日本哲学史”。第二编为分论共八章：第一章日本的启蒙思想，第二章唯物主义的源泉——中江兆民的哲学，第三章唯心主义的产生——井上哲次郎与大西祝，第四章对历史和实存的反省考察——西田几多郎与田边元，第五章抵抗的唯物主义——户坂润与古在由重，第六章日本的实用主义，第七章社会科学的哲学——左右田喜一郎、三木清和本多谦三，第八章反战、和平的哲学——吉野作造与矢内原忠雄。在第二篇中举出了具有各自特点的学派、学者和思想家，试图重新认识他们哲学的内容和意义。

从内容上看，本书具有鲜明的特点。(1) 它既高度评价了中江兆民、户坂润和古由重等唯物主义哲学家，同时也列举了大西祝、桑木严翼、内村鉴三、久野收、鹤见俊辅、左右田喜一郎、三木清、本多谦三、吉野作造和矢内原忠雄等唯心主义者、实用主义者和宗教家(基督教信徒)等各类思想家，评价了他们思想中进步的方面，肯定日本现代哲学思想史上的反抗思想与批判精神。(2) 对各个学派和各类思想家采取实事求是的分析态度，力求避免主观、武断和片面性。譬如在第二编第四章中，作者肯定了西田几多郎和田边元是代表近代日本学院哲学的独创性哲学家。对于田边元“种的辩证法”，作者一方面评价了他主观意图的积极性，认为这是田边基于当时日本现实的实践要求而进行的理论思索；另一方面又指出了“种的辩证法”在客观上所起的相反的社会作用。关于户坂润对西田哲学的批判，作者指出：“我认为户坂的批判是符合实际的，但仍然是不充分的。户坂只倾力于批判西田哲学的虚弱的、消极的方面，……而几乎没有论及它在现实的认识和实践中所具有的积极意义。因此，它给人以现象学和西田哲学几乎是毫无意义的印象。”(3) 纵观已有的近代日本哲学史，其下限都截止于1945年第二次大战战败。而本书则从明治时代开始，一直论述到当代，甚至评述了目前仍然健在的古在由重的哲学思想，分析了他对日本唯物论哲学理论的贡献。这是日本学术界关于现代日本哲学概论的唯一的一本书。

作者在该书后记中写道：“在战前所规划的‘哲学讲座’中，把‘近代日本哲学’单独作为一卷编进去，那完全是不可想象的，至多也不过是给予一章的篇幅。这次编辑部的方针不是把作为传统思想的核心‘日本哲学’编进去，而是把具备了哲学的形式以后的近现代日本哲学作为《现代哲学选书》的最后一卷，我对这种做法给予高度评价。”日本唯物论哲学家笠井忠指出：明治以后，东京大学之所以不设日本哲学讲座，是因为日本的政治领袖们有意识地不让日本思想史接受西欧现代理论所致。对于《近现代日本哲学》中提到的西周和加滕弘之等人走向保守的大倒退及井上哲次郎这样三、四流的思想家作为近代日本哲学的“权威”登上东京大学哲学系教授的宝座等等现象，只要观察一下明治以后日本学院哲学的政治本质就会理解的。即使在战后的今天，这种状况在日本的学院主义中仍然存在着。因此，永田广志关于日本唯物论史、思想史的研究工作几乎没有被日本学院主义所继承和发展。据此，应承认《近现代日本哲学》一书的存在本身，就已经是非常有意义的。(《唯物论研究》1983年9月号) (卞崇道)

维特根斯坦(Wittgenstein)

[英] A·J·艾耶尔(*A. J. Ayer*)著

Weidenfeld and Nicolson 1985年版 155页

本书对维特根斯坦的思想发展过程给予了一个非常详尽的描述，重新考察了他的思想的各个方面，包括他的关于宗教和巫术、数学和心理学的思想。全书共分十大部分。

第一部分“引言：传记概要”，比较详细地介绍了维特根斯坦的生平事迹，包括他的为人，他的性格，他从事教学和哲学研究的情况，他的著作以及他与弗莱格、摩尔、罗素、维也纳小组之间的交往等。

第二部分“《逻辑哲学论》”，介绍了维特根斯坦《逻辑哲学论》这部著作的基本思想；分析了其中存在的困难，对原子命题和简单客体概念提出了两种不同的解释；批评了他的概率理论；讨论了他对“A 相信 P”这类心理命题的解释；批评了他的唯我论，指出其根源在于维特根斯坦接受了叔本华关于眼睛——视野的比喻，认为我的世界需要一个处于它之外的自我来制造它，就象视野需要一个处于它之外的器官来看到它一样；指出了维特根斯坦的神秘主义在于，他把价值判断和对生活意义的评价等同于形而上学，认为它处于语言界限之外，是不可说的神秘的东西，但他并不否认这种神秘的东西的重要性，作者指出，在这一点上，他与康德接近,康德批判形而上学是要为信仰辩护,维特根斯坦批判语言则是为神秘经验做辩护。

第三部分"转折时期",主要包括以下三个方面的内容:1. 考察了《哲学评论》这部著作中关于命题的意义和证实原则的思想,作者指出了这一时期维特根斯坦思想的实用主义倾向;2. 考察了维特根斯坦在《蓝皮书》中列出的哲学家们在符号的本质问题上必然陷入的一些错误,这些错误在于假设一种精神过程或精神图画来说明符号的意义;3. 分析了维特根斯坦在《蓝皮书》中对自我中心主义的论述,对维特根斯坦认为我不能有别人的痛苦,我也不能有我的痛苦这一观点进行了批评。

第四部分《褐皮书》,主要考察维特根斯坦这部著作中关于语言游戏的许多例子;以及维特根斯坦对认知、意愿这类活动的解释,维特根斯坦反对所谓精神活动的观点,主张用字句或其他的物理表达来说明这类活动。最后作者指出《褐皮书》的寓意在于:一个词之应用于许多句子,不依赖于这些句子有一个或一组共同特征,而在于它们具有许多这样的特征,它们构成了维特根斯坦所谓的"家族相似"。

第五部分"数学的基础",考察了维特根斯坦《关于数学基础的评论》这一著作中关于数学的思想。维特根斯坦不象弗莱格和罗素那样要为数学寻求一个基础,在他看来,把数学归结为逻辑是没有用的,因为对于数学存在的困难同样也适合于逻辑。他认为数学根本就不需要什么基础,它需要的是澄清它的规则,他探讨的主要是这样一些问题:数学规则的概念,数学证明的本质,数学中一致性的重要性,数学命题必然真的意义,数学对经验的应用。

第六部分"《哲学研究》",考察了维特根斯坦《哲学研究》这部著作中的这样一些主要观点:语言和组成它的符号的应用是非常多样的;正确运用哲学的结果是揭露哲学家们最容易陷入的这样一种错误,即误解我们的语言起作用的方式;在哲学中,我们必须放弃解释而代之以描述,不要寻求新信息,只是安排我们已经知道了的东西;我们必须避免求助于精神过程来描述"理解"、"打算"这类概念,它什么也不能说明,它的出现是完全不必要的;遵守一个规则这一观念比我们假设的可能要复杂和困难得多;由于一个人不能给他自己一个显定义(*ostensive definition*),不可能有私人语言。作者详细地分析了维特根斯坦提出的各种论据,指出他的大部分论点是站不住脚的。

第七部分"关于巫术与宗教",讨论了维特根斯坦关于巫术和宗教的思想。维特根斯坦强烈反对那种把人类的巫术和宗教观念看作是一些错误,把人类的巫术和宗教实践看成是出于绝顶愚昧的观点。在他看来,宗教信仰只要不是从属于某一种理论,那它就不会是错误的,人们从事宗教实践和表达宗教信仰并不需要服从任何理论,因此不存在错误的问题。巫术也是如此,因为野蛮人的巫术仪式只是一种象征行为，他们并不认真地希望它有任何实际效果。作者指出，维特根斯坦的观点是错误的。宗教信仰决不是与理论无关的，巫术仪式也不仅仅是一种象征行为。作者最后指出，用语言游戏概念解释宗教也是不能令人满意的。

第八部分“心理学的哲学”，考察了维特根斯坦关于心理学的哲学思想。在这方面，他主要是研究了我们对心理学概念的使用问题。他试图区分心理动词应用于第一人称和第三人称时的不同特征，作者指出，他的这种尝试是不合适的。他的许多关于思考、想象、梦等心理学概念的评论在这一部分得到了详细的探讨。他不同意当时很时髦的心理——物理等同理论，怀疑心理——物理规律的可能性，否定在精神过程和物理过程之间有任何逻辑的关联，对心理学概念必须有一个生理学解释这种传统偏见进行了攻击。艾耶尔承认，在这点上，他同情维特根斯坦。

第九部分“知识和确定性”，讨论了维特根斯坦关于知识的观点。维特根斯坦认为，当某个人，例如摩尔，说“我知道……”时，这并不证明他认为他知道的那东西是真的，它最多只证明他确信它这一点是真的。除了在哲学中，说“我知道……”几乎总是无意义的，因为它不表达经验命题，而只是表达了一个语法命题。在事实信念的框架内我们不能谈论我们关于事实的信念的真和假，这只有在某个概念系统中才有可能。这个概念系统包含这样一些假设，它既不符合现实，也不是不符合现实，它决定现实的本质。我们的概念系统会发生变化，但这并不会使它的命题失去确定性，我们调整我们的概念系统就好象我们改变语言游戏的规则。作者指出，维特根斯坦日益接近于詹姆斯和杜威的实用主义。

第十部分“维特根斯坦的影响”，探讨了维特根斯坦对罗素、摩尔、维也纳学派成员、威斯登姆和赖尔等人的影响，以及维特根斯坦对于西方哲学从知识理论向意义研究的转变所起的作用。作者认为维特根斯坦在20世纪哲学家中所处的地位仅次于罗素。

(陈永实撰　郑杭生审定)

维特根斯坦论规则和私人语言 (Wittgenstein on Rules and Private Language)

[美] S·A·克瑞普克(*S. A. Kripke*)著

Harvard University Press 1982 年版　150 页

本书讨论了维特根斯坦《哲学研究》中的遵守规则问题和私人语言论证。作者认为，遵守规则问题是《哲学研究》的核心问题，私人语言论证是关于规则的讨论的必然结果。

本书正文有两部分。第一部分阐述关于遵守规则的“维特根斯坦悖论”；第二部分讨论维特根斯坦对这个悖论的怀疑主义解决。《附录》讨论了维特根斯坦关于其它心灵问题的观点。

维特根斯坦讨论的规则问题是规则与语言实践和数学实践的关系问题，遵守规则的人与实践的关系问题。他的主要观点是：任何定义、规则、指号都可以不止一种的方式被理解，因而都可能被误解；一个人认为自己在遵守规则并不就是在遵守规则，因此不可能私人地遵守规则，否则认为遵守规则和遵守规则就是一回事了。

为了说明维特根斯坦的观点，作者引入了一个数学函项 quus，定义如下：如果 x、y 小于 57，则 x quus y=x+y；否则＝5。假设迄今为止，我做的加法涉及的数都小于 57。作者认为，在维特根斯坦看来，关于我的过去的任何事实都不能确定我用加号意谓 plus(加)，而不意谓 quus。制订指令，规定我用加号意谓 plus，也无济于事。因为这些指令也必须依赖我心中的其它概念或语词。作者以 count(数)为例说明了这一点。

作者认为，上述情况表明："我以一种方式而不以另一种方式回答'68+57'这样的问题时，不可能有任何理由证明我应该这样回答。怀疑主义者认为我意谓的是 quus，由于无法回答他们，所以，没有一个关于我的事实能把我意谓 plus 与我意谓 quus 区别开。实际上，也没有一个关于我的事实能把我用'plus'意谓一种特定的函项(这函项决定我在新情况下的回答)与我不意谓任何东西区别开。"(本书第 21 页)作者认为，维特根斯坦关于遵守规则的悖论："没有一个行为过程可由规则决定，因为可以使任何行为过程符合规则"，说的就是这个意思。

作者批评了一些哲学家提出的解决这个悖论的方法，如求助于可内省的意义和求助于意向分析的方法，并把这个悖论与其它怀疑主义怪论作了比较，如蒯因关于翻译的不确定性的观点和休谟关于归纳和因果性的观点。

求助于意向分析的方法是：尽管我过去的行为本身不能确定我意谓什么，但是，我的行为是意向的表现，意向能确定我意谓什么。作者认为，我们实在主义地加给使用"plus"的普通人的意向不能决定加法运算。因为，第一，人们做加法时有犯错误的意向，人的能力是有限的，加法函数的外延是无限的；第二，意向不能解释意义中的规范成分。

作者认为，维特根斯坦怀疑主义地解决了这个悖论。他把维特根斯坦与休谟作了比较。休谟的怀疑主义主要是从各段时间的逻辑独立性出发，认为一段时间的事件不能决定另一段时间的事件。作者认为，维特根斯坦也是这样做的。休谟怀疑主义地解决了他关于因果性的怀疑。休谟认为，不存在关于个别事件 a 和 b 的构成 a 与 b 的因果纽带的事实。仅当 a 和 b 包含在事件类型 A 和 B 中，并且有一条概括说 A 型的事件都后继 B 型的事件时，我们才能说 a 是 b 的原因。单单考虑 a 和 b 本身，是不能运用因果观念的。作者把休谟的这个结论叫做“私人因果关系的不可能性”。作者认为，维特根斯坦以相似的方式解决了他的怀疑主义悖论。如果我们只考察一个人的语言实践，我们就看不到构成他意谓某物的事实。仅当我们不把他的语言实践看成单独的行动，而看作公共的语言游戏的一部分时，说他用他的话语意谓某物才有意义。在这个语言游戏中，合作、更正、批评和社会承认是最重要的现象，离开它就不能运用意义这个概念。遵守规则和意义都预先假定了一个社会背景，由此必然得出结论：私人语言是不可能的。

作者认为，这种休谟式的解决方法不同于“直截了当的解决”，后者认为可以证明怀疑主义是站不住脚的。“与此相反，对于怀疑主义哲学问题的怀疑主义解决，首先是承认怀疑主义者的否定性论断是无法回答的。但是，我们的日常实践或信念仍然有理由，因为——尽管有相反的现象——它不需要怀疑主义者已证明其站不住脚的那种证明。”（本书第 66 页）

作者在《附录》中讨论了维特根斯坦关于精神过程和我们关于其它心灵的知识的观点。作者认为，维特根斯坦怀疑主义地回答了唯我论提出的一个问题，即按照我们自己的精神生活模式解释他人的精神生活似乎是不可能的。作者认为，维特根斯坦主张：“我们不能问——在‘按照我们自己的模式想象他人的感觉’给出的意义上——他与我是否‘感觉相同’。我们也不应该担心我们的关于他人的感觉的陈述是否会使我们寻找什么‘事实’这个问题变得模糊不清。在任何意义上，缺少这样的‘相应的事实’对于把感觉归给他人这个观念的有意义性都无关紧要。为了明白这个观念是有意义的，我们不应寻找‘相应的事实’，而应寻找我们引入这个术语的条件，以及这个术语发挥的作用。”（本书第 136 页）

作者在著作中加了一百多条脚注，简明扼要地考察了语言哲学的一些理论和问题，如功能主义、戴维森的语义学、条件句问题、意向问题。这些脚注使读者可以以本书的主题为主线，看到当代语言哲学的全貌。（李连江）

萨特(Sartre)

［英］P·考斯(*P. Caws*)著

Routledge & Kegan Paul 1979 年版 210 页

此书是伦敦大学出版的《哲学家评述》丛书之一。这套丛书旨在对历史上著名哲学家的思想和理论进行注解和评论。

作者在“导言”中明确指出，萨特的作品一直是哲学注释和评论的主题之一。而要进行这种评注，则需要参考原著以外的其他一些书籍。此书就是一本有关萨特哲学著作的系统评注，其目的是描述萨特著作中不同于其他哲学家的理论观点，并加以评论。作者力图从哲学的角度出发，把萨特的著作组织成完整的体系，为那些赞同或反对萨特哲学的人提供一些资料。

作者认为，每一位哲学家都是独立地生活于自然和社会中的个体。根据他们的基本观点,大致可以分为三种类型。第一种类型的哲学家认为,哲学仅仅与人们所知觉的事物有关，人的直觉经验构成了知识、真理、自然规律及用来表达真理的语言。这些哲学家遵循的是客观唯心的方向。第二种类型的哲学家则完全不同。他们认为哲学的任务就是回答有关人类的问题,研究人的个体性、主观性、知觉、意志、自我的“疑惑”、“肯定”和对存在的畏惧等人本身的问题。他们认为,如果排除了人本身,那么与自然有关的任何事物都将是毫无意义的。第三种类型的哲学家认为，哲学的任务是研究人的行为与社会、自然界的关系，研究道德伦理、政治、文化、语言等人的社会行为与这些行为的产物(神话、文学、家庭关系)之间的关系。这三类哲学家可以简称为“客观派”、“主观派”和“主客观统一派”。在概览了萨特的大量著作后，作者指出，萨特早期的哲学思想属于“主观派”,后来才逐渐转向“主客观统一派”。

作者还指出,萨特的作品有其显著的特点。首先,他的哲学观点有许多是以隐喻或武断的方式表达出来的，却很少对它们进行论证。萨特曾不止一次地声明要做这项工作，却始终未付诸行动。其次，萨特十分欣赏柏拉图的辩论方法，即苏格拉底的“助产术”。他往往以一个较明确的问题开始，经过几段精悍的争论后,剩下的部分变得越来越冗长,而且逐渐偏离主题,最后甚至戛然而止,得不出任何结论,只是提出了一种永远也不会信守的诺言——写一本续集继续辩论。这种态度和文风使得人们对他著作的评价也相当矛盾：一方面人们钦慕他博识多才,洞察深刻;另一方面人们又指责他的文体松散冗长。一方面人们认为他的“个体存在第一性”和对马克思主义集体理论的“补充”是对人类的贡献；另一方面他那固执己见的文章使人不得不耐着性子去阅读，甚至使人们在批评他时简直不知从何处入手。所以作者给自己提出了两项任务：第一是要对萨特的哲学观点重新进行组织,以便使研究和评注工作能沿着顺利的、清晰的线索进行。第二是根据萨特的全部著作建立一种比他的哲学观涉及面更广、整体性更严密的哲学理论结构，使他的理论观点能在变幻莫测的哲学流派的更替中得以生存延续。

作者对萨特的著作进行了相当全面的研究,不仅阅读了早期的学术文章,还阅读了后来的关于哲学思想理论发展的著作，并涉猎了萨特对福楼拜进行大量研究后写成的《家中的白痴》。作者指出，萨特最主要的两本著作《存在与虚无》和《辩证理性批判》中的许多理论观点在早期著作中就已经出现过。如果把萨特的中期著作(例如《波德莱尔》、《圣者热内》及其他一些政治性文章)也考虑在内，则可以清楚地看到，萨特从《存在与虚无》中的存在主义转变到《辩证理性批判》中的马克思主义经过了一个延续的过渡时期。作者还重点评述了萨特“自由观”的演变，即从马克思主义的“冒险意志自由”转变到几乎对马克思主义的“完全补充”,并对萨特《辩证理性批判》中的“个体”及“社会发展”作了注解。最后，作者涉及了萨特以《辩证理性批判》中尚未解决的历史问题为论点所写的《家中的白痴》一书,对其丰富的内容进行了探讨。

全书共分11章。在第一章中，作者按时间顺序简略地介绍了萨特的作品。在第二章中,作者主要论述了萨特与当代其他哲学家的不同之处。指出,萨特的哲学是本体论和伦理政治论,而不是认识论和逻辑学,所以萨特不属于当代盛行的流派——分析哲学。萨特是一位以作家身份出现的哲学家，他的行动是哲学而不是写作。在以后的几章中,作者分别从想象、情绪和意向性;意识与主观;存在与虚无;盲从与自为存在;他人的存在;自由与存在道德;政治与辩证法;个人与社会——辩证的世界;历史与宇宙单一等诸方面对萨特的观点逐一作了评介。

由于此书的写作目的是要对哲学家的理论进行注解，而不是对哲学家进行系统的评价,所以几乎没有涉及萨特的文学作品。（初少华）

智慧之光(Bodhi-rasmi)

——第一届佛教和民族文化国际会议论文集

〔印〕M·蒂伐利(*Mahesh Tiwary*)编

Pvblished by Indian Couacil of Philosophical Research 1984年149页

1984年10月10～15日,“第一届佛教和民族文化国际会议”在印度首都新德里举行。本书是这次会议所出的论文集。在这本论文集中共收入论文29篇,其中包括四大部类:1．历史和文化,11篇;2．思想和信仰,11篇;3．文学和美学,5篇;4．艺术和肖像研究,2篇。

第一部分“历史和文化”，主要是关于佛教的起源、佛教的教义、佛教内部派别之争以及佛教对印度乃至中国文化的影响。第二部分“思想与信仰”，主要是关于佛教的哲学逻辑学以及佛教与外道的争论。这两部分是本书最重要的部分,也是这次大会讨论的主要哲学问题。下面对这两大部分的重点论文进行综述:

一、关于龙树哲学的探讨　龙树是公元2世纪印度伟大的哲学家、杰出的大乘佛教论师中观学派的创始人。他继承原始佛教哲学的缘起说，创立了“空、假、中”的三谛原理。龙树还改造和完善了小乘哲学的四重逻辑，不仅把这四重逻辑应用于观察主观世界，而且还应用于研究客观世界。在龙树之后中观派分为两派,一为自立量派，一为随应破派，各对龙树哲学持不同观点。有的论文指出,应该运用随应破派的观点来论述龙树哲学的两个主要方面:(1)缘起性空说;(2)四重逻辑模式。他们对后者尤感兴趣。不少论文试图从形式逻辑角度来解释龙树的逻辑模式。他们认为,龙树的四重逻辑是四角否定模式,可以模仿亚里士多德的对当方阵来加以说明。然而，龙树的四角否定逻辑的真正含义是什么呢？这些论文却没有圆满地解决。

二、有我与无我之争　我是印度许多哲学派别的最高哲学范畴，在佛教看来，我即为灵魂，又为事物的主体。诸法无我是佛教三大法印之一，也是佛教之所以区别于印度其它宗教的一个重要特征。原始佛教认为，世界上的一切事物都是依因缘条件而起，依因缘条件而灭，并没有一个独立存在的我体。但是，无论是印度教还是佛教都承认业果相续、轮回流转，那么，是什么承受这生命流转呢？轮回的主体是什么呢？论文《阿特曼：印度教与佛教的基本争论点》对这个问题展开了讨论。该文认为，作为正统六派哲学都一致承认"阿特曼"具有三种含义：(1) 它是一种不为因果或环境所生的永恒的现象。(2) 它是无部分之分的整体。(3) 它是独立的，并不依赖于任何聚合体。然后作者罗列了各派哲学对阿特曼的不同看法。唯物主义的顺世论派认为"身坏命灭"，反对有灵魂存在，只承认阿特曼就是个人的肉体。数论派将一切事物划分为25个范畴(25谛)，前24谛为原初物质(自性)所派生的物质性的产物，第25谛为灵魂(神我)，这是纯粹的精神，无始无终，又无时空与因果；原初物质是认识的客体，神我是认识的主体。吠檀多派认为我是与最高实体"梵"绝对同一的，都是永恒不变的超验体。但阿特曼却又是主观世界的始基，是所有微观个体的灵魂。佛教反对有我论，佛陀释迦牟尼提出的三法印就证明了这一点：(1) 诸行无常；(2) 诸法无我；(3) 寂静涅槃。但后期佛教对这个问题提出了不同看法，却又通过各种途径建立了一个变相的灵魂或我。作者最后得出结论，虽然各派哲学对阿特曼有各种不同的解释，甚至许多宗教对于承认这一点有些困难，但实际上它们都把阿特曼作为其宗教理论的基础加以接受。

三、关于佛教和印度文化的讨论　许多论文认为，佛教的理论和生活准则在公元前300年～公元1000年间对印度的历史和文化产生了根本性的影响。一篇题为《佛教与印度文化》的论文作出了较为详尽的说明。该文认为，自"前吠陀时期"到雅利安人入侵印度以后的"后吠陀·梵书·《奥义书》时期"，统治着印度的都是婆罗门文化。但自佛教诞生以后，处处都可见佛教文化的影响，作者甚至认为在《奥义书》和《薄伽梵歌》这一类婆罗门教的圣典中也可见佛教的痕迹。佛教关于涅槃寂静、自我牺牲、慈悲博爱的思想或术语在印度教的哲学和宗教经典中随处可见。作者特别提到了佛教哲学的影响。乔荼波陀和商羯罗是婆罗门教哲学的宗师，但也深深地受着佛教大乘空宗和唯识宗的影响。例如吠檀多不二论的"幻论"，它认为经验世界只是一种幻相，并非真实的存在。这种理论就相似于佛教的"不生说"。甚至乔荼波陀就直接采用"不生说"来证明现象世界并不存在。作者最后认为，为什么佛教思想能如此地影响印度教呢？恐怕主要有两点原因：第一是佛教理论简单易行、充满活力；第二是印度教的某些先驱们的宽容大量和思想开放。

四、调和正统和非正统两大哲学系统的对立　印度哲学历来划分为两大系统，一是正统六派哲学，包括正理论、胜论、数论、瑜伽派、弥曼差派、吠檀多派；二是非正统哲学，包括顺世论、佛教、耆那教。正统与非正统之分在于是否承认吠陀经典的权威性。承认的为正统，不承认的为非正统。有些论文认为，不同的哲学体系并不是互相抵消，而是互相渗透，这种划分方法实际上是不妥当的。总的说来，婆罗门教哲学在印度哲学中为主流，但在它的长期历史发展过程中也曾派生出过与它自身某些方面相反的哲学流派。而这些派生出来的哲学流派并不是和婆罗门哲学传统泾渭分明，毫无关系。许多论文作者主张废除印度哲学中的正统和非正统的划分，认为不同的哲学派别应按它们在思想上和修技的共同突出的特点重新归类。例如，吠檀多不二论、数论、正理论可以归类为突出知识的哲学；毗湿奴派和湿婆神派可以归类为突出信仰的哲学；瑜伽派和弥曼差派可以归类为突出修技的哲学。显然，这样的分类法是将不同的哲学派别统统包容进了婆罗门教哲学系统之中，从而缓和、取消不同哲学体系间的冲突和斗争。

五、有的论文在谈到哲学和科学的关系时提出：哲学必须对当前现代科学的挑战作出回答。他们认为自然科学和社会科学各有天然的分工范围，虽然二者的界限并非绝对的，但至少不能相互混淆和彼此代替。他们认为自然科学只能研究和解决物质世界的问题，不能研究更不能解决精神世界的问题。精神王国的问题只能由哲学来加以解决。 （孙 晶）

模态逻辑指南（A Companion to Model Logic）

［新西兰］G·E·胡休斯 M·J 克瑞斯威尔（*G. E. Hughes and M. J. Creswell*）著

Methuen & Colfd 1984 年版 203 页

本书是作者另一部著作《模态逻辑引论》的续篇，论述了模态逻辑理论近年来的新进展。用典型模型方法、构架理论、有穷模型理论对正规模态命题逻辑方面的研究成果作了全面的叙述。本书共九章，一至八章都属于模态命题逻辑，第九章对模态谓词逻辑作了简要介绍。每章后面附有习题。

第一章：正规模态命题逻辑系统。通过最重要的一些系统例子K，T，B，S 4 和 S 5 对本书中将要充分论述的正规模态命题逻辑系统作了一般的叙述，说明这几个系统间的关系，并通过模型解释了关于模态公式有效性的概念。说明 K 的定理是在所有模型下都有效的，而 T，B，S 4 和 S 5 的定理分别在所有自反模型、自反且对称的模型、自反且传递的模型和自反对称且传递的模型下有效。

第二章：典型模型和完全性证明。叙述用于证明模态系统完全性的一种灵活有力的典型模型方法，并以此证明了 S，T，B，S 4，S 5及其他一些系统的完全性。

第三章：关于特征性的进一步结果。叙述用统一方式得到的一类模态系统的特征性(可靠性和完全性)，证明了关于它们的一些普遍的特征性定理。论述了条件与特定公理间的对应。每个模态系统都是由 K 添加特定的公理而得到的，每个模态系统又在具有特定条件的模型类下具有特征性，特定的公理(模态公式)与相应的条件间有一个对应。对于每个条件是否都存在一个模态公式 α，使得 $K+\alpha$ 在具该条件的模型类下有效呢？回答是否定的，有时有，有时没有。论述中以不自返性为例作了说明。

第四章：模态逻辑中的完全性与不完全性。前面两章所讨论的完全性都是指某模态系统在特定模型类下的完全性。某系统对某特定模型类是完全的，而对另一特定模型类却可以是不完全的。因此，简单说某模态系统是完全的或不完全的就毫无意义了。必须首先给出绝对含义下的完全性的定义，用以区别某模态系统是完全的还是不完全的。本章首先通过构架概念引出“绝对”含义下的完全性，并叙述证明了由 Van Bethem 给出的一个不完全正规模态命题逻辑系统 VB。接着又叙述了一般构架，说明了模型、普通构架(Kripke 构架)和一般构架的差别及作用。

第五章：构架和模型。论述普通构架与模态系统的关系。首先定义了等价模型、等价构架及模型与构架的 p-同态。接着证明了一个模型或构架若是另一模型或构架的 p-同态映象，则两个模型或构架就是等价的。这也就给出了，在许多情况下，一个系统为某一构架类所特征化也就为另一构架类所特征化的证明技巧。并以证明系统 S 4.3 是为所有线性构架类所特征化为例，说明了这些技巧的运用。还叙述了可特异模型、生成构架及相应的一些结果。

第六章：构架与系统。继续论述构架与系统的关系。系统 S 为构架类 $\mathscr{E}$ 所特征化并不能保证 $\mathscr{E}$ 包含了所有的 S 构架，而知道给定系统的所有构架的类是十分重要的。本章首先论述如何去发现系统的所有构架的类，随后考虑典型模型的构架。说明典型系统虽然都是完全的，但反之则不然，也就是说，完全系统可能是不典型的(即系统典型模型的构架不是系统的构架)，并给以系统 KW 作为实例。最后说明证明一个系统是非典型的另一种方法，即证明该系统不具有紧致性。

第七章：从属构架。解释并研究不使用典型模型证明完全性的另一种方法，即从属方法，以此而作的完全性证明称为亨金(*Henkin*)证明。首先定义了典型从属构架，以此证明了D的完全性。接着定义了从属构架，由此证明包含D的系统的特征性(从而也完全性)。接着论述树形构架，并证明 D，T，S 4，B和S 5 的特征性。用从属方法又重新证明 S 4.3 为所有线性构架类所特征化，最后把从属方法运用于不包含D的正规模态系统。

第八章：有穷模型。在第二章中证明每个正规模态系统都为某些特定模型所特征化，系统的典型模型就是这样的模型。典型模型中的世界集是无穷的，就这个意义而言，典型模型是无穷模型。除了 Triv 和 Ver 系统外，没有一个相容的模态系统能被单个有穷模型所特征化。然而具有有穷模型性质的模态系统能被一模型类所特征化，这模型类中的每个都是有穷模型。许多模态系统，包含所有最为熟悉的系统都具有有穷模型性质。本章论述了这一性质，证明了 K, D, S4、B 和 S5 的有穷模型性。并论述了有穷构架性质及系统的可判定性。最后又论述了不具有穷性质的系统。

第九章：模态谓词逻辑。本章是作为前面各章对模态命题逻辑讨论的附录而写的，只是对模态谓词逻辑作了简单扼要的介绍。（胡耀鼎）

哲学逻辑手册（第一分卷）(Handbook of Philosophical Logic Volume I)

［美］D·噶贝 F·迦特纳(*D. Gabbay and F. Guentner*)主编

D. Reidel Publishing Company 1983 年版 493 页

这部手册是美国 J·欣迪卡主编的综合丛书的第 164 卷，它共分四分卷，前二分卷都已由瑞德出版公司出版，后二分卷待出。每一分卷标题如下：第一分卷：古典逻辑基础；第二分卷：古典逻辑的推广；第三分卷：古典逻辑的候补；第四分卷：语言哲学中的课题。整部手册是首次对哲学逻辑中心领域的系统概述，对哲学逻辑的发展产生相当大的影响。

第一分卷：主要有两个目的，一是简要地概述古典逻辑基础，另一是为读者理解其它各卷的内容提供必要的背景材料。全书共分六章，分别由不同的著者撰写。第一章为阅读本手册其它各章所必要的准备知识，其余五章对第一章所展开或所提示的材料作了较详尽的讨论。

第一章：基本谓词逻辑；本章清晰细致地勾画了谓词逻辑的一般范围。第一部分概述命题逻辑，包括：真值函项、真值表、命题语义、判定方法和形式证明演算。第二部分概述一阶谓词逻辑，包括：量词、等词、一阶语义、一阶语形语义的形式化、一阶逻辑的保守扩张和摹状词。第三部分讨论了一阶逻辑的范围，对于谓词逻辑为何能在数学的形式化、哲学应用及语言学应用的许多领域中起巨大作用的问题提供了一个回答。在这一部分中还详细解释了 Lindström 定理的证明和结论。最后部分是附录，内容包括：形式证明系统、算术和集合论。

第二章：演绎的系统；本章的讨论集中于谓词逻辑的证明论问题，概述了常见的各种证明方法，包括有：希尔伯特—弗雷格型系统、自然演绎和后承演算。语义表列系统是作为后承演算的一个变种而予以介绍的。在概述这些证明方法的同时，指明了它们各自的特点，并作了一些比较。

第三章：标准一阶语义的代用语义；谓词逻辑除了标准的模型论语义外，还可以有其它种类的语义。本章概述了三种这样的语义:代入语义、真值语义和概率语义。在章末的附录中作者补叙了一些有关这三种语义的历史材料。作者就每一种语义定义了逻辑永真及逻辑后承的概念，并证明了有关的定理。作者还阐明了代入语义是标准语义的副产品、真值语义是不带模型的代入语义、以及概率语义是真值语义的推广。

第四章：高阶逻辑；在一阶逻辑中，量词只能适用于个体；取消这一限制使量词也适用于高阶实体，例如集合、函数、集合的集合等等，这也就进入了高阶逻辑的范围。本章概述了有关二阶逻辑及更高阶逻辑的种种结果，以及来自抽象模型论的有关材料。本章首先考虑一阶逻辑，从抽象模型论的角度讨论了它的性质、它的局限性以及它的可能有的扩张，并论述了有关一阶逻辑的一些特征化结果。然后从二阶逻辑出发一直考虑到罗素的有穷类型论。最后表明可以从一个基本观点来看待高阶逻辑，并从所产生的语义中导出了种种结论。

第五章：直谓逻辑；这一章基本上是分支类型论的一个导引，它论述了分支类型论的哲学意义和逻辑意义。作者论述的重点是放在跟分支类型论的解释及应用有关的一般哲学问题上，这些讨论导致作者作出一些有关分支类型论的扩张的推测，特别表现在本章的最后二节中。

第六章：算法和判定问题——递归论的一个速成教程；对于任一学习逻辑的人来说，单纯的语形(及语义)知识并不足以使他上升到所要求的高度，要想达到满意的高度他还必须熟悉诸如对角线化、算术化、自指、可判定性、可枚举性一类的论题。这些论题都属于递归论。本章包含递归论的最为必要的部分，还包含了递归论对逻辑的一些应用。作者首先描述了图灵机，帮助读者用一种机器直观地来看待递归函数。然后论述了原始递归函数和部分递归函数，建立了递归性的基本理论。最后一节包括了递归论的一些常见的应用，主要是对算术理论的应用，其中包括哥德尔第一不定全性定理、一阶逻辑的不可判定性以及一阶算术理论的不可判定性。

(张清宇)

哲学逻辑手册(第二分卷)(Handbook of Philosophical Logic Volume II)

[美] D·嘎贝　F·迦特纳(*D. Gabbay and F. Guentner*)主编

D. Reidel Publishing Company 1984 年版　776 页

本分卷包括 12 篇专著。内容不同于古典的外延逻辑，而属于非古典逻辑范畴。在关于语义的陈述中都是以“可能世界”的概念作为基础的，这就使得所处理的许多问题都涉及到自然语言与人工语言的内涵。对语言中各类语句作逻辑分析而引起的使人迷惑的许多问题，如“可能世界”语义是否给出了正确解答的最终分析？对此，逻辑学家持有不同的看法。本分卷第一～四章的内容是关于命题语言的，第五～八章讨论量化的内涵逻辑，第九、十章是关于一些内涵逻辑系统的应用，第十一、十二章涉及到哲学与语言学上应用模态逻辑而出现的一些问题。

第一章：基本模态逻辑；本章全面综述关于模态命题逻辑(主要是正规模态逻辑)。以现代模态逻辑发展的历史回顾及发展中的几个主要方向作为开始，论述了最重要的一些元数学结果和得出这些结果所使用的技巧，引出将运用于随后各章节中的一些术语及语义手段。对模态语义表列(*Hintikka* 系统)、模态逻辑的自然演绎、模态代数、典型结构及构架理论等都作了论述。

第二章：基本时态逻辑；本文论述了作为模态逻辑特殊类型的(命题)时态逻辑的一些最重大的进展。模态逻辑中的可能世界简单地看作时间(有序的)瞬间。论述了对时间作各种不同假设时所得出的相应时态逻辑系统，诸如偏序、全序、良序、有端点、无端点、稠密和连续等。介绍了证明时态逻辑可判定性的两个基本方法，即来自模态逻辑的使用所谓滤(*Filtration*)的概念去建立有穷模态性质的方法和来自模型论，使用解释以利用有力的拉宾(*Rabin*)定理的方法。还对时态词“自从”、“直至”、“不间断地”、“近来”、“立刻”和时间段作了论述。

第三章：时态和模态的组合；当涉及到历史必然时就出现了复杂情况，这是由于系统中模态与时态算子的同时出现而引起的。本文对历史必然及这方面的技巧作了论述。并对与道义逻辑及条件句逻辑相结合的历史必然也作了论述。

第四章：对应理论；本文综述了模态逻辑(包括严格模态、时态等)系统与一阶谓词及高阶谓词逻辑的关系。主要研究关于可能世界结构(或构架)的条件与表达这些条件的模态公式之间的关系。

第五章：模态逻辑中的量词；本文概述了由模态算子和量词组合而产生的复杂情况及一般看法。叙述了一些熟知的系统并研究了它们间的关系与性质。论述了量化模态逻辑的完全性及证明完全性的困难，还论述了一些量化内涵逻辑的不可公理化性。

第六章：关于时态和模态逻辑中量词的哲学剖析；在模态中加进量词产生了一连串的疑点，引起许多学者对此的批评。对加进量词后的语义，根据不同的哲学观点，学者有许多不同的解释。本文对此作了综述，并通过检查由不同的哲学观点而提出的量化模态逻辑的语义学，比较了它们之间的优劣。

第七章：普遍内涵逻辑；内涵逻辑可以看作是处理如“必然……”、“知道……”、“相信……”这样一些具内涵内容的语句算子的普遍逻辑。本文论述包含这样一些内容的推理的共同逻辑结构——普遍内涵逻辑。介绍将内涵或意义直接包含在语言中的构造内涵逻辑系统的不同方法，主要概述了内涵逻辑的Church 系统和 Montague 系统。

第八章：条件句逻辑；条件句逻辑是关于出现在自然语言中的一类语句的

逻辑与语义性质的研究。本文主要分析日常语言中经常使用的虚拟条件句，论述了最为熟知的一些条件句逻辑系统，特别是反事实条件句逻辑系统。本文虽是以英语为例进行分析的，但经适当处理，也能运用于其它自然语言。

第九章：模态逻辑和自指；本文论述了自指的模态分析，由论述算术中的自指、Löb 可导出条件、Gödel 不完全定理和 Löb 定理出发，接着给出了一个特定的编入自指的模态逻辑系统——PrL(可证性逻辑系统)，用以表达算术中的可证性断定，并对 PrL 中的自指作出分析。作为进一步分析算术可导性，讨论了 PrL 的模型理论及 PrL 的算术解释，介绍了 Solovay 的两个完全性定理。定理之一断定了 PrL 是算术可证性逻辑，在此意义上，模态分析是完全的，定理之二实际上是强不完全性定理。对 PrL 系统所作的详细论述说明了模态逻辑是研究 Gödel 不完全性结果的有用工具。本文还论述了自指的运用理论及如何用模态逻辑去统一许多不同的自指公式。

第十章：程序逻辑；本文详细综述了理论计算机科学和程序逻辑研究中的一些方法，力图给包含在计算机程序推理中的共同功能提供精确的数学基础，说明如何把模态和时态逻辑中的叙述用于表达和证明给定程序的正确性，使之公式化。

第十一章：道义逻辑；道义逻辑是对语言中诸如“义务”、“禁止”、“允许”和“许诺”这样一些概念的规范使用的逻辑研究。本文对运用模态逻辑在这个领域所作的研究进行了详细的综述，并指出了存在和有待解决的问题。文章前一半对把道义逻辑形式系统运用于自然语言诸如英语而产生的困难作了较详细的论述。后一半提供了一系列道义逻辑形式系统的陈述和精确化。介绍了 J · 梯莫希，T · J · 斯米雷，W · H · 汉逊的工作和他们所建立的形式系统。还介绍了 A · 安德逊的工作和他所建立的混合真理论-道义逻辑系统。并指出斯米雷的系统等同于安德逊系统中的义务部分。对这些系统都从公理观点和模型理论的可能世界语义作了研究，用享金的极大相容集技巧证明了斯米雷-汉逊系统的可靠性和完全性。

第十二章：问句逻辑；至今为止，在问题逻辑领域所发展的各种理论的区别不只是在结构上，还在于作为基础的基本概念上。而这些基本概念上的差别则归之于研究的动机。如对于语言学家和心理学家来说，他们只希望去描述一些自然语言的语句，说明这些语句如何能被说这种语言的人理解和使用；而对于某些哲学家和逻辑学家来说，则希望去描述应该如何提问和回答，或者说有理性的人应该如何提问和回答。本文主要是在说明这些不同的动机，与随之而产生的基本概念以及理论化问句逻辑内容的方法。文章并不全面陈述所有可能的理论，而集中讨论在不同的方向上对理论进一步发展具有特别重要意义和富有成果的少数逻辑学家的工作。这些讨论既有属于外延逻辑系统方面的，也有属于内涵逻辑系统方面的。

哲学逻辑是近年来新兴起的一个逻辑分支，发展迅速，内容极为丰富。本分卷是至今为止关于哲学逻辑方面最为详尽的一本专著。（胡耀鼎）

中国古代的语言和逻辑(Language and Logic of the Ancient China)

[美] C·汉森(*C. Hansen*)著

The University of Michigan Press 1983 年版 207 页

本书是密歇根大学中国研究中心所编的中国研究丛书之一。这是一本对研究中国的语言哲学、逻辑史以及语言逻辑具有独特见解的著作。

全书内容包括：前言；第一章，方法论的反思；第二章，汉语和中国人思维中物质名词的假设和抽象；第三章，古代中国语言理论的背景；第四章，后期墨家的语言哲学；第五章，公孙龙和白马悖论。

本书的一大特点是从中西方思想方法的比较中研究中国古代的语言和逻辑。作者认为，中国古代思想家跟现代西方哲学家一样，对语言有强烈的兴趣。

作者从现代西方哲学中汲取了解释学方法，提出了一种关于解释合理性的论证，认为判定一种解释(或者一种哲学观点)的最好方法，就是尽可能完整地、仔细地对它作出安排，然后让这个用以支持战胜已知对手的那一观点的优势显露出来。一个解释直接涉及的是原文，其任务就是要认识那个原文的逻辑结构，使我们做到最好地理解原文。解释并不要求直接认识作者的心理状态。在研究中国古代哲学时，我们几乎完全不知道作者的心理状态，所以，解释不能建立在关于作者任何心理方面的知识的基础上。由于“意义”具有不同的涵义：一是某种语言中一个表达式的客观意义，即涵义；一是某人在使用这个表达式时所赋予的意义，即意向。因而，一种解释只能、也必须关注那个表达式的客观意义。

作者不同意要外国学者在学习与研究中国古典文献时，要“象中国人那样思想”的口号，他认为这个口号作为方法论的建议或者会导致误解，或者根本无法执行。这是因为作者不同意有“特殊的中国逻辑”的说法。这种说法认为，中国的哲学家具有一种“特殊的逻辑”，它是西方人的心理所难以理解的。它是用来要求西方人对中国哲学理论感到费解的一种宽容。新一代的汉学家则证明，中国的思想家事实上都是合乎逻辑的。作者认为，自然有某些直接关于中国逻辑的经验问题，即关于原文或原文的某些章节的存在和内容问题，这些原文或原文的章节在某些解释中讨论了逻辑理论。但是所谓特殊的逻辑理论不是关于这方面的。逻辑是一个非常广泛的主题，它包括对具体表现在名词、形容词、副词以及时态等结构中的推理的研究，也包括对传统的三段论以及标准的命题演算的研究。西方逻辑系统并不是任何特殊的西方语言的逻辑，它本身就是“人工的”语言。即使简单的谓词演算的古典符号逻辑，也不能准确地译为英语。但是，我们正常说话时的逻辑通过翻译，可以用来检验任何语言中的推理。一旦我们将一个英语语句翻译成逻辑符号，我们就能检验其有效性。这一点对德语、斯瓦希利语、法尔西语，以及汉语(古代的和现代的)都同样适用。

本书作者特别指出有两个学者卓越地证明了中国人的思想与西方逻辑不存在根本区别。一个是J·克米厄留斯基，另一个是成中英。成中英继承克米厄留斯基的观点，区别“隐含的”逻辑和“明确的”逻辑，他认为研究隐含的逻辑与研究明确的逻辑，只不过是对同一题材的不同方法而已。他在《中国古典逻辑探究》一书中说道：“中国古典时期的著作，可以研究其推理与论证的逻辑理论方面，以及解释与确证的科学方法论方面问题的明确公式。其次，可以研究其隐含的逻辑语义和综合的联系与分类。最后，可以研究其关于真理、必然性、实在性、经验，以及有关的主题的哲学问题。”在后来的《中国思想的逻辑和语言》一文中，成中英将上述内容概括为：“在三个水平上研究中国逻辑。”

在讨论了中国逻辑问题之后，《中国古代的语言和逻辑》一书又讨论了另一个问题，即中国人是否具有抽象性的问题。作者认为，老一代研究中国思想的人倾向于认为汉语不能形成抽象，而新一代则觉得这种观点过于褊狭，因而大部分人已经抛弃了这种观点。作者认为，这个问题为上述两派所误解。问题不在于什么语言可以做到这一点，而是以什么理论去做。中国的古典哲学理论对形成抽象不起作用。

在“古代中国语言理论的背景”一章中，作者认为，中国古代的哲学争论跟古希腊和欧洲哲学在某些方面是不同的。在中国古代的思想中，占统治地位的兴趣不在于形而上学、认识论和逻辑，即真正定义为“哲学”的那些主题，而是在社会政治理论、伦理学、哲学心理学和语言哲学。对后者具有特殊的兴趣，是因为汉语这种语言本身就十分吸引人。这样语言就成了对哲学传统的发展有一定影响的因素之一。而将语言看作一种解释因素就可以更好地解释所讨论的抽象、心理的形成理论以及语言理论。

作者提出了隐含在古典思想中的关于语言的四个假定：(1)关于语言功能的假定，即语言是为什么的？(2)关于语言与世界相联系的方式的假定，即什么样的现实模型给予认识语言功能的信息？(3)关于语言的起源和状况的假定，即语言是怎样来的，当我们知道怎样使用语言时，我们具有什么种类的知识？(4)关于语言和心理对象或抽象对象如思维、意义、共相、类等关系的各种各样假定的对比。作者的目的就是将关于语言的这四种假定看作一个整体而归之于哲学的传统。这四种关于语言观点的假定既有利于解释中国很多传统的哲学问题，(如正名问题)，也有助于确定对后期墨家和公孙龙作唯名论处理的论证。

文章随后讲到老子的《道德经》，讲到孔子的“正名主义”，以及孟子、荀子、墨子和早期墨家、庄子。并以专门两章讨论了后期墨家的语言哲学，以及公孙龙和他的白马论。作者试图通过对先秦诸子的理论分析，以论证前面所述的关于中国古代的语言和逻辑的各种基本观点。 (李先焜)

韩国美探索(韩国美の探索)

[南朝鲜]金元龙著

日本成甲书店 1982 年版 306 页

本书为作者积 20 余年来有关韩国美术史的研究论文的论集。它共分三部分：(一)“韩国美”部分，其中收入的有《论美》、《韩国美术的特征及其形成》、《韩国美的再发现》、《韩国美》、《民族文化的保存和继承》、《韩国艺术美的风格》、《日本人·柳宗悦的韩国美观》、《纽约人的韩国古美术观》等等。(二)“韩国古美术横断面”部分，收入的有《韩国美术史反省》、《通过〈特别展〉看韩国美术两千年》、《先史时代的美术》、《韩国佛像式样的变迁》、《古代韩国的金铜佛》、《古代韩国的石佛》、《新罗雕刻再评价》、《古美术品礼赞》等文。(三)“古美术散论”部分，收有《加拿大博物馆印象记》、《石窟寺院》、《商灵壁画古坟的意义》、《释迦舍利塔遗物的价值》、《在联邦德国看到的韩国古美术品》、《日本新发现的七支刀》、《白居易古坟的壁画》、《百济文化再评价》、《撒马尔干壁画上的韩国使节》、《韩中日美术关系种种》等文。

“韩国美”这一部分是作者主要研究论文的精粹。开首第一篇文章《论美》一文是作者为此书出版而写的。作者在文中论述了他的主要的美学观点。

什么是美呢？作者说，不同的心理学家、哲学家对美的概念历来有各种不同的解释，可是在根据康德的以美感为前提这一点上是一致的。这就是所谓根据感官(视、听、触觉和知觉)的主体经验，这一美的快感虽然是一般的感觉，但是，作为独立的具体的存在，它是没有目的的意识的纯本质的存在。关于自然美，如山水花草，作者认为，从人的立场看这是一种接受美，而艺术美则是人的创造美。作者说，人生于自然，长于自然，与自然不是对立的，所以，美的概念是以自然作为标准而形成的。美既然是快感，那么人作为生物，首先，在他们的原始快感(如食欲、性欲)得到满足时，就有满足感、安全感。而这种维持人的生命并给予他们以满足快感的东西，如对柔软的毛、毛皮的体验，对象征春天的花的爱，都是和追求保护生命的根源相联系的。因此，人对于维持生命之源的东西有快感或爱好，而对对自己有危害的物体(如尖的岩石、利爪、尖牙)感到厌恶。柔软之物、柔和的声音等所以能给人的视觉、听觉和触觉以快感也是同样的道理。

作者认为，古希腊人十分讲究人体美，对这种美的再现或创作美的意愿，成为西方人进取心的现实基础，而这种进取性是与以肉食为主的生活方式相关的。

与此相反，以菜食为主的东洋人对自然则持消极的顺应态度。老庄的无为自然的思想就是这样。所以，东洋人多以归依自然为美，一切均以自然为尺度。东洋之美归根结底为山水之美；东洋画家访问山水，虽然是访幽探美，进行美的再现，然而这还不能构成美的创作，而只是一种美的发现活动。

作者在《韩国美术的特征及其形成》等许多论文中还论述了韩国美的历史和特点。作者认为，朝鲜半岛的美术活动始于公元300年左右。这一时期的半岛上的高勾丽、百济、新罗三个国家，从公元372年经中国传入佛教而成为美术的中心开始，形成为韩国特具的美术风格。自然，三个国家的美术也各有自己的风格，其特点也不尽相同。如高勾丽的美，由于它地理位置靠近北方，基本上受当时中国华北美术的影响，因而具有北方游牧民族共有的动线的美的特征。这一北方刚健的动力的特点，在高勾丽的瓦当文的处理、古坟壁画的线以及平壤发现的冠形装饰工具的透刻文等都具有很好的表现。同中国汉代以及华北地区的美术相比较，高勾丽的美术在轻快的节奏和装饰性上不足，这也形成韩国的特色。如通沟的舞踊塚的狩猎图，与乐浪遗迹发现的金象箝铜筒的花纹相同，可是合韵律的动作明显的减少，文字面积大大减少，形成安静的、沉着的气氛。这种对空间的爱好，对空间价值的认识成为韩国整个时期美术的特色，厌繁杂，回避人力，同时这也表现出尽可能地返回自然的朝鲜人的根本性格。

这一高勾丽美术的特点，在后来各个时期愈来愈明显，如古坟壁画、佛像雕刻，无论是平安南道出土的、元王里寺遗址出土的泥佛像，还是平川里出土的金铜弥勒半跏像等，都雕刻得十分谦逊，线、面都软，感情平和、安定、圆满，的确表现了韩国美术的特点。

百济的美术也被称为和平、圆满的古代韩国美术的代表。由于它地处朝鲜半岛的南部，气候良好，平原多，谷物丰富，曲折的海岸线长，鱼贝丰富，社会文化较发达，所以它的美术表现出来的是满足、乐天。另外，由于百济从海路通扬子江，与中国的南朝有较深的关系，从梁代开始直接渡来工艺家、雕刻家。南朝的美术是江南美术与北朝华北美术的互相对照，所以百济的美术比高勾丽的美术更柔和、平和和优雅。这一点，同南画与北画的差异是相同的。

在佛像方面，百济的观音具有优雅的线而形成静谧世界，它的外形的特征，作者称之为"百济的微笑"，这是一种圆圆地天真烂漫的乐天的少女的微笑。

新罗由于平原不多，地处多山、山涧地带，另外从北部朝鲜传入青铜、铁器佛像，所以古代新罗美术具有一种威严、古拙的忧郁的风格。由七世纪进入八世纪中叶，在石窟庵雕刻中这一风格犹存。新罗土器也具有自己特色，如色感、表面处理、纹样、几何学的线，巫术的童话图案等，都不同于华北土器。

作者认为，朝鲜三国美术共同的特色就是韩国的自然主义风格，它与中国美术的完璧主义冷严的表现主义不同。正是这种共同的特点成为南部韩族美术的

显著特点，也成为以后占居支配地位的韩国美术的特点。（李今山）

艺术问题(Die Frage nach der Kunst)

［联邦德国］O·帕格勒(*O. Pöggeler*)著

Verlag Karl Alber Freiburg 1984年版 408页

作者在导论中说："本书收集了关于艺术哲学的六篇文章，它们是在近25年中产生的。这些论文与演讲是从为数更多的著作中挑选出来，旨在通过一些有典型意义的题目，说明艺术在歌德时代如何力求把自己和一种新的历史性突破联系起来，但是尔后却在本世纪的种种灾难中必须重新确定解决自己课题的信念。"

非常明显，本书的设想具有相当大的跨度，是从18世纪末一直到本世纪。在这200多年中，西方艺术发生了巨大变化，艺术哲学和艺术理解也经历了自己曲折而艰难的过程。这是一段在美学史和艺术史上非同寻常的过程，它的含义与形态是以往任何时代与时期所不曾具有的，而且直到目前都不能说这一过程的趋势已经明朗化。艺术不能不看到自己面临着一种自己不曾遇到、也不曾把握的情势，同时也不能不重新理解自己的本质、地位与职能，不能不重新估量自己走过的和正在走的行程。一句话，艺术必须重新定向，重新作自我理解，而这一点关系它的生死存亡。因此作者把自己的艺术探讨与美学研究概括为"艺术问题"，这是包含着深刻见地的。他把艺术和艺术理解看作构成问题的问题。对于这种成为问题的问题，首先需要做的是发问，使其能够作为问题提出来，能够作为问题在一定程度上明朗化。在这点上我们可以说作者的探讨是批判性的，一种既对艺术承担义务，又对美学承担义务的批判性。

全书共有六章，由过去发表过的六篇文章及一篇首次发表的讲演构成。第一章以黑格尔为中心立论，谈其所谓的"新神话"观念；第二章讨论叔本华；第三章讲黑格尔与古代学的关系；第四章论海德格尔与荷尔德林；第五章讲建筑同美的关系；第六章讲诗人保罗·采兰(*Paul Celan*)。作者没有构造什么大而全的体系，而是抓了几个重要典型，从而有可能抓住问题。但是，作者有意突出艺术在"歌德时代"和采兰时代的对比，把一个极其严肃的艺术问题和时代问题摆在人们面前。作者问道："现在我们还能把保罗·采兰写的那些短篇抒情诗同歌德时代寄予艺术的希望联系起来吗？"这种联系是成问题的，它导致另一问题："在歌德时代新的突破之后一个半世纪，欧洲作为世界的统治中心，在两次世界大战中衰落了。但是世界并未走向宁静。今天各个个别性文明具有的内在困难，和新的统治势力的超级武器装备，以其毁灭性威胁着整个地球上的生命。这个世界内也还存在着艺术，这可能有什么意义呢？"艺术仍与时代关联，但是在变化了的时代面前，它同时代有另一种关联，并从这种关联中寻求它可能具有的意义。这种可能的意义是什么，这正是需要探索的，因为这一意义作为整体，尚未被现实所掌握。

但是，对于作者来说，问题首先在于艺术在今天的存在，因此他问道："如果说正在描画自己轮廓的世界文明首先是力求通过科学与技术，通过合理化政治保证人的生存和延续，那么它如此一来不会把艺术推到一边去吗？"这一问题之所以值得思考，是因为从歌德时代以来，艺术的历史职能是矛盾的，而不是单义的。这样就产生了叔本华的作用史，产生了海德格尔的艺术探源，产生了对黑格尔关于"艺术终结"的论点的讨论史。艺术的功能，从而艺术的命运，成了一个为人们极为关注的问题。

事情正如阿道诺在《美学理论》中概括的那样，艺术及与艺术有关的一切都不再自明。阿道诺诚然具有过于强烈的否定性倾向，然而重要的是所论问题本身。问题本身不能简单地归结为对艺术发展的悲观主义理解或者乐观主义的看法。问题本身是存在的，具有含义的。本书作者的研究之所以有意义，也在于全力指向问题本身，他认为："人类今天面临一些问题，这些问题是从巴门尼德直到黑格尔的哲学传统还不曾知道的。"

接触问题，而不是回避问题，不是设计堂皇的体系，不是制造翻新的术语，更不是自诩有什么高超的、永恒真理的发现，尤其不是向现代"市民"社会献媚取宠，这正是作者严肃认真的表现。作者只是试图把问题明确化，寻求理解问题的线索和解决问题的种种可能性。在这一过程中，他谈到了许多不为我们所知的情况，对许多过去似乎定形的结论发表了自己的见解，不仅在黑格尔美学研究领域，而且在海德格尔和叔本华美学研究领域，都有新颖的、值得重视的论点。作者对于保罗·采兰创作的分析与阐发，可以说是独到的。这位在1970年自沉于塞纳河的诗人，终于在哲学美学中得到了理解。由此我们看到，本书作者强调的哲学和艺术的合作，在这里是见到成效的。黑格尔认为，哲学和艺术内容上同一，形式上有异。今天哲学和艺术不能从不同的途径，共同面对时代提出的问题，从而为自己的存在找到意义和辩护吗？

（薛　华）

印度伦理哲学(Ethical Philosophies of India)

［印］I·C·沙尔玛(*I.C.Sharma*)著

Johnsen Publishing Company 1985年版　374页

此书是印度伦理哲学研究的首开纪录者。它从吠陀、《奥义书》、《薄伽梵歌》、佛教、耆那教、正统六派哲学以及当代印度哲学流派中挖掘出伦理哲学思想，并对整个印度伦理思想进行了整理、比较和批判。沙尔玛博士运用逻辑的和人道主义的观点来研究从古至今的印度哲学、文化的演变过程，在书中全面地展现出了神学、哲学、社会和伦理的关系，并且与西方哲学思想的演变过程进行了比较。

全书贯穿始终的一个观点就是“精神人道主义”。作者提出这一观点，企图以此来强调印度传统的精神哲学的积极面，抵消它的消极面。这个观点具有反传统的倾向，因为他认为迄今为止的印度哲学，特别是《奥义书》哲学，都鼓吹要摈弃多种多样的世俗物质生活，其中包括个人的活动、个人的存在以及个人活动所遵从的道德规范，这是一种相当普遍的错误观点。而印度哲学的精髓实际上是对一种终极实在的实现，并且对各种变化的情况作出不同的回答，从而始终保持伦理道德的理想。基于这一点，作者认为必须做到下面两点：(1) 洞察出所有人的精神同一性；(2) 辩明每个人的不同社会职责(根据其各人的爱好和职业)。作者认为，只有这样，才能真正地把握住印度伦理学的重点，方能实现伦理道德的理想。作者写作此书的目的，是想对印度和西方文化为未来的科学与人类的精神需求作出的恰如其分的强调进行综合，并且充分地体现出印度哲学已经成为一种精神的洞察力，它可以观察人类的社会生活中的伦理道德。

全书是根据历史年代的顺序来编写的。第一、二章作者首先简述了伦理学的含义、伦理学与其它学科的关系以及印度伦理学的历史背景和特殊之处。作者认为要回答“什么是善”的问题，就要涉及到社会学、心理学、经济学、政治学、宗教甚至包括逻辑学和形而上学。各种学科可能对这个问题有各种不同的回答。但伦理学却是一种特殊的学科，它有自己的规范化的观点。因为伦理学是研究人类的举止行为的，而举止行为却又几乎包括人类所有的经验，于是伦理学这一学科就显得格外庞大，它涉及到了人类知识的所有分支的领域。而其它各门学科仅是人类经验的一个特殊部分，于是对包括人类所有经验的举止行为加以研究的伦理学其范围就更加广泛。作者依次对伦理学与物理学、生物学、心理学、社会学、逻辑学、美学、经济学、政治学、形而上学的哲学和宗教的关系加以论述。

第三章至第十二章，分别阐述了吠陀、《奥义书》、顺世论、耆那教、佛教、正理论、数论、瑜伽派、弥曼差派、吠檀多不二论、《薄伽梵歌》的伦理思想，主要较为详细地论述了各派哲学的中心哲学概念与伦理观的关系，伦理观在其实现哲学最终目的中所起的作用和所走的道路。作者着重论述了耆那教、佛教、数论、吠檀多不二论的伦理观。耆那教哲学把“非暴力”(不杀生)作为生活的最高信条，并借此来达到解脱。耆那教推崇一种禁欲主义的思想，他们判定了五条戒律：(1) 不杀生；(2) 不欺诳；(3) 不偷盗；(4) 不淫；(5) 不占私财。只要做到了这五条，就可以将一切业物从灵魂中驱除，从而达到解脱。佛教伦理观的最基本出发点是“四圣谛”，即苦、集、灭、道四谛。作者认为，苦谛即讲痛苦的现实存在，集谛讲痛苦产生的根源，灭谛讲苦是能灭寂的，道谛是提出解脱的途径。作者详述了摆脱痛苦的方法，佛教所谓的“八正道”——正确的信仰(正见)、正确的决断(正思)、正确的言论(正语)、正确的行为(正业)、正确的生活(正命)、正确的努力(正精进)、正确的思想(正念)、正确的自我专心(正定)。最后作者提出了佛教"涅槃"的性质问题。"涅槃"是神圣的存在的神秘的体验;是一种精神的状态或者是个体生命不可能恢复物质的存在的神性的阶段,这是佛教的最后阶段,也是最完美、吉祥、极乐、自由的阶段。数论伦理观的目的也是为了寻求解决社会苦难的途径。痛苦分为三种:外部的苦、内部的苦和自然的苦。解决苦难的根本途径在于觉知25谛真义。觉知的目的就在领悟到自性和神我本不是一个东西,从而使人们从现实世界中解脱出来,达到所谓自在的境地。商羯罗的吠檀多不二论是一种绝对唯心主义的哲学,他的哲学目的是达到一种自我实现的境界,或者是纯粹精神存在的境界,也是最终的解脱。商羯罗坚持认为,世界是非真实的,解脱就是非存在,也可叫做"空"。商羯罗通过"摩耶"(*Māyā*)这个概念来说明世界的虚幻性。最高绝对精神"梵"通过"摩耶"从而幻化出现象世界,所以唯有"梵"为实有,现象世界为假有。解脱就是至高无上的善,达到这一点就意味着亲证了"梵"和"我"的同一,这是终极的意识、终极的存在和终极的快乐。商羯罗强调对"梵"的认识,这实际上也就是自我的实现,这又是获得解脱的唯一途径。

第十三章作者阐述了印度大诗人泰戈尔作为一个哲学家是如何表述自己的伦理观的。泰戈尔既是诗人又是哲学家,同时又是《奥义书》精神主义者,所以在伦理观上他是一个至善论者。实际上他认为,作为一个具有伦理道德的人所应达到的是把和谐和平衡作为理想来追求。但与此同时泰戈尔又非常实际,并不是一个富于幻想的唯心主义者。第十四章评述了哲学家拉那克里希南的人道主义的类型。拉那克里希南认为,人的精神是中心实在,它是肉体存在的基础,也是生物上的成长、精神上的发展和智力的进化的基础。拉那克里希南强调人的精神的力量,于是他的人道主义又被称为"精神人道主义"。作者对拉那克里希南的观点是很赞赏的。第十五章着重论述了圣雄甘地的"非暴力"思想,以及"非暴力"思想在民族解放斗争和国际事务中的运用。第十六章阐述了尼赫鲁的实在论的唯心主义观点,并提出了尼赫鲁关于行为的五个原则。第十七章为全书的结论,认为印度伦理思想对人类的现实存在有贡献,但现在印度伦理观中存在着神秘主义与现实主义之别,作者又在世界范围内将资本主义与共产主义作比较,提出了伦理观在共产主义中的应用问题。最后指出印度伦理观必将出现精神上的复苏。

作者在此极力想做到的是,在宗教哲学占主导地位的印度思想领域中匡扶人道主义,反对神道主义。他竭力提倡的"人庙"运动,呼吁人们拜"人",而不拜"神",其意就在于此。

(孙　晶)

宗教哲学(The Philosophy of Religion)

[印] S·P·卡那尔(*S. P. Kanal*)著

印度新德里1984年版 480页

《宗教哲学》是一部试图从宗教思想和实践来解决现实问题的著作。作者看到当今世界上存在着难以解决的一系列矛盾：核战争的危险一直威胁着人类的生存；全社会尽管以高度发达的技术代替了繁重的体力劳动，但是人类精神上的痛苦并未解除，相反，从家庭生活的破裂和自杀现象的不断上升说明人的内心极其空虚和不幸；犯罪率的增加和人与人之间的仇视也反映出教育事业的软弱无能。这一切问题究竟应该如何解决，作者提出必须重建宗教哲学来代替目前的分析哲学。

作者认为，宗教和哲学的关系曾经经历过不同的发展阶段。在古代，宗教思想和实践一直占有优势，有神论和绝对论代替了一切科学的观念，哲学从属于宗教，圣人和贤者只是为了说明神学才建立起哲学的一般概念。到了近代，由于科学的发展，哲学才从宗教中分离出来，有神论和绝对论的世界观被分析哲学所代替，甚至于将神学的概念贬低为毫无意义的认识，宗教在认识规律的研究中完全失去了地位。现在的任务则是要在科学的基础上重新建立一种宗教哲学，也就是说，要以现代经验主义的概念为工具来解释自然主义的宗教，它称为“天法”(*Deva Dharma*)。

本书认为“天法”是真正的宗教观念，它不仅承认科学的真理，而且也接受科学的方法，以科学概念来解释神、灵魂、宇宙等一系列的观念。“天法”包含八种真理：①自然界每一事物均由其他事物来说明，神是一种非科学的多余的假设，它既不容推理也不能验证；②生命是自然一力的统一，或是肉体和精神的统一，在自然界中不存在脱离肉体的生命，如灵魂和神；③存在物质一力不灭的法则，因此不存在创造物；④自然界在不停地变化，没有永恒不变的实体、上帝和灵魂；⑤在自然界中各种事物都显示出确实的统一性，它们都具有法则的界限，在这种自然法则的界限内不会产生奇迹；⑥灵魂是生命力，是卵子受精后的成果，它是变化、成长、发展、衰落和死亡的自我，相信灵魂是不生不灭、永恒不变的实体，这是一种欺骗；⑦人类的灵魂象人类的肉体一样，在一定条件下它会中止生存和成长，在另外一种条件下它会生病和死亡。当人纵情享受和坚持做出损害他人的行为时，他的灵魂就会因病而毁灭，相反，当人能约束自己并从事于有利他人的行为时，他的灵魂就会健康茁壮地成长；⑧如果灵魂将肉体的欲望和自私的爱作为自己的目的时，它会产生低级的爱憎，这既损害他人也使自己腐败、毁灭。如果灵魂能抑制自己的欲望，则会产生比较高级的爱憎，这不但对他人有利也使自己强壮。“天法”所提倡的宗教崇拜就是使人类低级爱憎的丑恶意识修炼为高级的美和善的意识，使人类真正获得人的资格。作者认为，只有以这种宗教哲学才能改变人类冷漠的感情，唤起人们对社会生活的责任感，才能消除人类精神上的痛苦，保持人与人之间的健康关系，迎接犯罪情感的挑战，在人类社会中建立一种和平与幸福的生活。

全书共17章，前10章着重从理论上阐述宇宙、人类和神，科学、哲学和宗教，不同范畴之间互相联系的关系，各自发展的历史和不同观点的争论；说明宗教哲学的宗旨，它的本体论、认识论、伦理观和“天法”的精神涵义。后7章着重强调宗教哲学的实践意义，提出它应为教育服务、为世界和平服务，要在人类生活中消除罪恶，免除痛苦等。（宫　静）

哲学百科辞典(Философский Энциклопеаический Словарь)

[苏] Л·Ф·伊利切夫(*Л. Ф. Ильичев*)等主编

*Издательство «Энциклопедия»*1983 年版 839 页

这是苏联一本最新的哲学工具书，收入约2000个词条，近350位撰稿人参加编写。

一、条目设置有两个特点：(一)根据科技革命和现代社会生活提出的哲学问题，增加一系列新的词条，如“系统分析”、“系统方法”、“发生学方法”、“还原论”、“科学技术进步”、“全球问题”、“智慧圈”、“人”等等。这些词条具有时代的气息。例如，“系统分析”这一词条写道：“从广义上说，系统分析是用来为复杂的政治、军事、社会、经济、科学和技术问题准备和论证解决方案的一些方法论手段的总和，从狭义上说，有时用作系统方法的同义词。”词条作者肯定了这种科学方法在各个认识和实践领域富有成效的应用，但同时指出“在辩证法和系统方法之间经常保持着从属关系，因为它们代表不同的方法论层次，系统方法是辩证法原理运用于研究、设计和构筑作为系统的客体的具体化”。又如，“还原论”词条虽然也指出了这种理论的局限性，即导致否认高级物质运动形式的特性的结论，但也充分肯定了还原论作为方法对科学发展所起过的积极作用，认为现今把一系列生物学规律还原为化学的相互作用规律也对认识生命物质有所裨益，因而认为“把复杂的东西归结为较简单的东西本身在许多场合看来是卓有成效的”。本书还第一次设了“人”这个独立的词条，其中写道，人是“地球上生物有机体发展的高级阶段，社会历史活动和文化的主体”，是“一个有机系统，肉体的和精神的，自然的和社会的，遗传的和现世获得的统一体。”一方面分析人的自然属性与系统结构，另一方面从历史唯物主义观点出发，阐明人的社会属性与实践本性；一方面追溯历史上关于人的概念，批判现代资产阶级哲学家在人的本质问题上的反理性主义观点，另一方面说明人只有在共产主义社会里才能自由，那时人不仅是实现社会目标的手段，而且首先表现为目的本身。(二)根据现代西方哲学的最近发展，增加了一系列词条，诸如“科学哲学”、“科学技术乐观论”、“生态悲观论”、“解释学”、“罗马俱乐部”、“后工业社会”、“趋同论”、“新左派”、“新马克思主义”等等。如把“科学哲学”规定为“现代资产阶级哲学中研究科学知识结构、科学认识的手段和方法以及知识论证和知识发展的方式的流派”，一方面肯定了它的“代表人物在追溯科学发展史和利用现代自然科学材料时常常能说出一些有益的思想，提出一些新的方法论问题”，另一方面也指出，由于否定反映论原理，从康德主义、实用主义或约定论观点解释科学认识的本性，它的代表人物便陷入了不可解决的矛盾，从根本上限制了它的一些观念说明认识的可能性，使它不能从科学发展过程的整个辩证的复杂性和多样性上再现这一过程。

二、条目的内容：本书力求概括苏联哲学界研究和争论的结果。这主要表现在两个部分：马列主义哲学与现代资产阶级哲学流派。(一)作者充分地概括了辩证唯物主义和历史唯物主义的基本问题，例如，关于唯物辩证法，过去把它定义为“认识现实的理论和方法，关于自然界、社会和思维的最一般的发展规律的学说”。对于这个定义，苏联哲学界争论已久。以图加林诺夫、罗任等人为代表的本体论观点认为，唯物辩证法的内容是自然界发展的最普遍的规律、社会发展的最普遍的规律和思维发展的最普遍的规律的总和，哲学的对象是整个世界，因此，他们强调的是这个定义中的“关于自然界、社会和思维的最一般的发展规律的学说”。以凯德洛夫等人为代表的认识论观点则认为，当唯物辩证法作为认识世界的全部历史的总结产生出来时，从以往的哲学中能够独立存在的就只有关于思维及其规律的学说，因此，他们特别强调的是这个定义中的“认识现实的理论和方法”。现在，本书吸收了这场争论的积极成果，将唯物辩证法定义为：“关于存在和认识的最一般的合乎规律的联系、它们的形成和发展的学说，和以这个学说为基础进行创造性认识的思维的方法”，认为辩证唯物主义是把一切科学领域中的研究成果归入统一的整体，从而综合了关于存在和思维的普遍规律的知识。又如，关于“历史唯物主义”，本书将它定义为“关于人类社会发展最一般的规律和动力的科学”，并指出它同时又是一般社会学理论。这个定义反映了苏联哲学界关于历史唯物主义与社会学的关系问题的讨论所得到的公认结论。大家知道，在60年代苏联哲学界抛弃了那种认为社会学是资产阶级伪科学的看法以后，曾对这个问题展开了热烈的争论。一种意见认为，在历史唯物主义这门哲学学科之外，还有一门独立的非哲学的学科，即具体社会学；另一种意见认为，历史唯物主义就是马克思主义社会学；第三种意见认为，历史唯物主义本身包含着哲学和社会学两个方面。目前各种意见已经趋于一致，即认为历史唯物主义是一般社会学理论，而社会生活的各个方面则是各门具体社会学研究的对象，这就给马克思主义社会学家研究各个社会领域、建立具体学科，开辟了广阔的前景。(二)本书关于现代资产阶级哲学各流派，较为如实地介绍所述的对象，在批判其错误的倾向的同时并不忽视其中有意义的问题和论点。例如，在谈到新实证主义的功过时,词条作者认为,新实证主义由于其基本哲学观点的荒谬性，没有也不可能对现代科学迫切的哲学方法论问题提供真正的解决办法。同时,它的某些代表人物在研究现代逻辑、符号学和科学方法论的专门问题上有一定的功绩。

(沈　真)

20 世纪以来重要论著选介

希腊哲学史(六卷本)(A History of Greek Philosophy, 6 Vols)

[英]W·K·C·葛士里(*W. K. C. Guthrie*)著

Cambridge University Press 1962～1981 年版

英国剑桥大学葛士里教授的六卷本《希腊哲学史》，是近年来英语国家里出现的一部很有价值、颇富特色的学术巨著。作者写作和出版本书的整个过程持续 25 年之久。最初一卷出版于 1962 年，最后一卷第六卷出版于 1981 年。

葛士里是一位造诣很深的古典学家，长期在剑桥大学执教，对古希腊的语言、文化、哲学、宗教、历史等方面都有长期和深湛的研究，六卷本《希腊哲学史》可以说是他晚年倾注全力的一个科学研究项目，也是他毕生对于古希腊哲学、文化的研究的总结和结晶。

古希腊哲学史这个研究领域，是西方学者长期耕耘的沃土。正如葛士里本人所说，"几乎每一个细节都连续不断地多次地被加以研究。"特别是 19 世纪以来，在德国出现了一大批卓越的古希腊哲学史家，如 H·第尔士(*H. Diels*)，E·蔡勒(*E. Zeller*)，T·龚柏尔兹(*T. Comperz*)，W·耶格尔(*W. Jaeger*)等，在英国，也出现了象 J·伯奈特(*J. Burnef*)，B·周维特(*B. Jowett*)，A·E·泰勒(*A. E. Taylor*)，W·D·罗斯(*W. D. Ross*)，F·M·康福德(*F. M. Cornford*)等一大批有成就的古希腊哲学学者，他们把古希腊哲学的研究工作，大大向前推进了。无论是文献资料的收集、整理、翻译出版，以及专题性和系统性的论著方面都取得了重大的划时代的成就。在这样一种历史条件下来写作一部新的古希腊哲学史，不能说不是一项相当艰巨的任务，而且很难有所突破。

但是，从英语国家的学术研究的进展来看，无疑又需要一部新的希腊哲学史的诞生。因为，在此之前，周维特与其它学者陆续翻译出版了几个版本的英文本《柏拉图全集》。罗斯主编的英译本《亚里士多德全集》的出版，标志着研究工作的重大发展。在著作方面，伯奈特的《早期希腊哲学》和《希腊哲学》(第一部)是很有学术价值的作品，但仍属专题性(如前者)或提要式(如后者)的著作。另一方面，泰勒的《柏拉图其人及其著作》，以及罗斯、康福德等人对亚里士多德的《物理学》、《形而上学》，以及对柏拉图的《国家》、《巴门尼德》、《泰阿泰德》、《智者》、《蒂迈欧》等著作的注释，也标志着这个领域专题研究的纵深发展。至于古希腊哲学史的综合性，系统性的专著方面，影响颇大的则是德国学者蔡勒的多卷本《希腊哲学史》和龚柏尔兹的四卷本《希腊思想家》的英译本。黑格尔的、几乎有一半篇幅是讨论古代哲学的《哲学史讲演录》的英译本，以其唯心主义辩证方法的特色而独树一帜，也受到相当的重视。但是，从出版最晚的龚柏尔兹的《希腊思想家》第四卷(1909)算起，它们也已经是半个多世纪以至一个世纪以前的作品了，而在这一段时间内，对古希腊哲学的研究已经大大推向前进了。这样，一部能反映这一段时间研究进展的、全面系统的、综合性的希腊哲学史新著的需要就显而易见了。

在这种条件下来写作一部新的著作，的确绝非轻易之举。葛士里写道："所需要的(这个需要是不会有争议的)是一部综合性的、系统的考察，它将尽可能公正地对待享有盛誉的学者们的对立的看法，在它们之间进行斡旋，并以一种清楚的流畅的形式作出最合理的结论，这种品质所要求的更多地不是首创性和光辉的才华，而是清醒的头脑、严峻的意识、良好的判断和坚韧不拔的精神"(第1卷，第IX页)。葛士里以坚韧不拔的毅力，完成了这项艰巨的任务，从而标志着古希腊哲学史的研究向前推进到一个新的时期。

这部书的前两卷为《早期苏格拉底哲学家及毕达哥拉斯派》、《巴门尼德到德谟克利特的前苏格拉底的传统》，第3卷包括《智者的世界》和《苏格拉底》两个部分。第4、5卷为《柏拉图，其人及其对话：早期阶段》、《晚期柏拉图与学园》，第6卷为《亚里士多德，一场大会战》。葛士里最初的计划是写五卷，打算写到古代末期的新柏拉图主义为止，以便与中世纪相衔接。后来，在写作过程中，大量的材料使他一方面增加了篇幅和卷数，写成了六卷本；另一方面又收缩了战线，将下限定到亚里士多德为止。

这部著作第一个特点是，它包含了大量的材料与分析。这不仅包括葛士里以其精湛的古希腊文的素养和广博的古希腊文化、历史、宗教、科学等方面的学识，经过搜集、整理、鉴别而提出的材料与分析，而且包括了近一个世纪以来的考古新发现的资料。比如，如何估价东方古代文化对古希腊哲学和文化的影响的问题，是西方学者中一直长期热烈争论的问题。葛士里对这个问题，采取了慎重分析的态度。他利用了20世纪初以来发现的巴比仑楔形文字泥版的材料及有关专家研究的成果，充分肯定埃及与巴比仑在公元前2000至前1000年之间，已有相当发达的数学及天文学的成就。他指出：希腊的数学受惠于埃及和巴比仑，这是希腊人自己也承认的。赫罗多德就说过，几何是在埃及发明的，然后传入希腊，迄今为止对楔形文字泥版文献的研究表明，巴比仑在天文、算术方面甚至更加发达。它在公元前1500年左右可以相当精确地预测天体现象，包括日蚀和月蚀等等，而且最近的研究表明，巴比仑的天文学是依据计算，而不象过去学术界流行的认为，它是仅仅依据于经验观察的。另一方面，葛士里也没有忽略希腊人将东方国家的数学和天文学的成果加以系统化、理论化的伟大功绩。所以他说："我们可以同意诺艾格鲍尔(*Neugebauer*)的说法，希腊人不是在数学的开端而是在它的中间到来的，他们并未发明它，尽管他们作了许多事来使之系统化和把它安置在一个严格的(精确的)和普遍的基础之上。正如在天文学中一样，他们汲取了美索不达米亚文化中的成就，但是发展了它并使之改变了形态”。(第 1 卷，第 218 页）这种论断是立足于坚实的历史材料和科学分析的基础之上。这对于克服过去比较普遍存在的贬低东方文化的影响和无根据地片面地夸大希腊文化的“天才创造”的观点，是具有说服力的。

正是在这一基础之上，葛士里具体地分析了早期希腊哲学家吸收东方文化的必然性和可能性。同时也就比较科学地说明了所谓泰勒士预言公元前 585 年日蚀的可能性，以及所谓“毕达哥拉斯定理”的提出是可能的，针对有些哲学史家和科学史家怀疑在如此早期提出这个“勾股弦定理”是否可能的问题，葛士里指出，根据 20 世纪以来关于楔形文字泥版文献的研究，特别是对 1901 年法国考古队在伊朗苏兹发现的“汉谟拉比法典石柱”的研究表明，早在汉谟拉比时代(公元前 18 至公元前 17 世纪)，巴比仑人就已经知道这个定理了，由此可知，如果毕达哥拉斯陈述或论证它，显然并非不可能。(第 1 卷，第 217 页）

不仅如此，东方的宗教思想(如灵魂不死，轮回转世，等等)或某些关于自然现象的看法(如水为万物之本源等)，对早期希腊哲学思想也有影响。葛士里的这类论述，有力地表明了，人类文化的相互影响是历史上普遍的合乎规律的现象。又如，对于毕达哥拉斯派的数的和谐，灵魂的净化，食物的禁忌等的意义，对于赫拉克利特的“逻各斯”这一范畴在语言上、字源上的考察，对于巴门尼德的“存在论”以及芝诺的悖论等等，葛士里都列举大量材料，作了翔实而饶有兴味的考察和分析。

本书的第二个特点是，作者对一些重点人物、重要问题，集中力量作了分析和论述。这表明了葛士里在研究工作中的重点和深入的思考。比如，第 1 卷中论述毕达哥拉斯及毕达哥拉斯派的篇幅达 200 多页。第 1 卷中的“赫拉克利特”，第 2 卷中的“埃利亚派”、“恩培多克勒”、“德谟克利特”部分，篇幅均在 100 页左右，尤其值得指出的是，葛士里在第 3 卷中用了 319 页篇幅来论述“智者世界”，而该卷余下讨论“苏格拉底部分”仍有 186 页。当然，更为突出和明显的是用第 4、5 两卷达 1053 页的篇幅来讨论柏拉图的哲学，以及用第 6 卷一整卷(正文共 400 页)来讨论亚里士多德的哲学。

如何看待智者及智者派的运动，这自智者派产生以来，从苏格拉底、柏拉图开始，在思想界一直争论颇多。总的来说，评价是否定的。这一方面是由于智者派本身在理论上存在一些片面的观点和弱点(比如，感觉主义、相对主义，等等)；另一方面，他们遭到了象柏拉图、亚里士多德这样的哲学大师的攻击、丑化和嘲笑。柏拉图在《智者》篇中把他们斥之为拥有“形成自我矛盾的”、“造幻像的”、“用语言欺骗人的”技术的人。亚里士多德则攻击“智者的技术就是毫无实在内容的，似是而非的智慧。智者就是靠一种似是而非的智慧赚钱的人。”“智者的学说是一种貌似哲学而并不是哲学的东西”。影响所及，以致于在西方语言中，“Sophism”、“Sophistry”这些字都具有了诡辩、诡辩术的含义。葛士里饶有兴味地考察了自19世纪中期以来西方学术界为此展开的争论。他指出，蔡勒的《希腊哲学史》的第一版(1844—1852)对智者派的评价，也许是持有上述传统看法的最后一位代表。英国历史学家乔治·格罗特的12卷本《希腊史》(第1版1846—1856)与蔡勒的著作大体同时出现。它批评了蔡勒代表的这种在德国哲学史学界流行的传统观点。格罗特给予智者派积极评价的新观点，被亨利·西告威克(*Henry Sidgwick*)称之为一个“最高级的历史发现”。无论如何，格罗特的看法大大促进了对问题的讨论，周维特在1871年为《智者》篇英译本写的导言中，批评了格罗特，而认为主要的智者可能是令人尊敬的好人，但他们的恶名则并非柏拉图的发明。19世纪末20世纪初一批德国学者也接受了格罗特的影响，如龚柏尔兹和尼采都对智者派给与积极的评价，自20世纪30年代以来，在英国学术界又出现了重新评价智者派的倾向，把他们看作“进步和启蒙的战士”。卡尔·波普尔称他们为“伟大的一代”(《开放的社会及其敌人》，1945)。德国纳粹的集权主义政治实践和他们公开宣扬的纲领：要产生“最高的柏拉图意义上的卫国者”，更加速了学术界对柏拉图的集权主义思想的批判和对智者派民主开明思想的赞扬。这场持续的学术争论为葛士里的分析提供了条件。

葛士里认真整理和分析了智者派的资料，从智者派活动的时代的希腊社会政治危机及文化生活的进展方面论述了智者派产生的必然性及其巨大社会意义，他说：“任何智力运动在其后果的永久性方面都不能与它媲美，并且智者派提出的问题在西方思想史中一直到我们今天也并未失去效力”。(第3卷，第3页)而这些问题“对于保持我们今天文化的价值具有如此活生生的重要性。”葛士里没有把智者派运动孤立地看作仅仅是哲学史上与某些智者有关的事件，而把它看作是时代大变革的反映，既是变革的理论的倡导者，又是变革的社会生活需要的产儿。葛士里把智者派运动称为“在希腊的启蒙时代”。他赞同一些学者的提法和比较，把它看作人类历史上的“第一次启蒙运动”，而把17世纪、18世纪西欧的启蒙运动看作是另一次影响人类思想过程的“启蒙运动”。葛士里的这些看法是富有启发性的。

本书的第三个特点是，亲切的讲述的风格与严肃的学术论争的气氛。葛士里的这部“巨著”是一部专著，而不是一部呆板的教科书，但作者力图把它写成一部对于读者有启发的、在某种意义上真正能起到对大学生的研究有指导作用的书。葛士里在书中以一位学者和朋友的态度，向读者讲述他自己的研究心得、争论意见和体会到的甘苦，读来使人感到亲切和很有教益。在一些脚注中，葛士里也常把有关争论各方的意见补充得更加清楚，具体分析而不流于武断。

作为一个中国读者，特别感到有兴趣的是本书中注意到将古希腊哲学思想与中国的古代哲学加以比较。比如，在讲到埃利亚派的芝诺反对运动和多的论证时，葛士里援引了“一尺之棰，日取其半，万世不竭”，和“飞箭有不动不静之时”这两个中国古代的悖论作对比，指出它们与芝诺悖论之间的令人瞩目的相似。葛士里还援引了“日之中即日之斜，物之生即物之死”来与赫拉克利特的辩证法命题相对比。他还指出，在《墨经》中也包括不少值得与芝诺悖论相比较的思想，等等。(第 2 卷，第 100—101 页)

在葛士里的包含大量资料、引证、评论等等的脚注中，我们发现他的讨论也涉及和参考了中国著名古希腊哲学史学者陈康(即陈忠寰)先生的论点。在探讨柏拉图是否主张理念具有分离的存在问题时，葛士里指出：“就我所知，只有陈忠寰怀疑亚里士多德将分离归之于柏拉图；而他似乎误解了在《智者》篇中对理念的朋友们所采取的态度。”(第 5 卷，第 60 页注 1)在讨论亚里士多德的实体学说时，葛士里在列举有影响的学者们提出的各种观点时，也指出：“陈忠寰是那些看到实体概念在《范畴》篇与在《形而上学》中是不可调和的学者之一，并且他们从发生上来解释它们的不相容性，看作是亚里士多德哲学发展的不同年代阶段的表现。他在 1975 年《慎思》(*Phronesis*)杂志上发表的文章，包含了很有价值的论点，尽管我在这里将试图用不同的解释。……”(第 6 卷，第 203 页注 1)这种严肃的学术论争是引人入胜和发人深思的。 (李　真)

辩证法史(五卷本)

[苏]　集体撰写

Мысль издат　1971～1978 年版

此套丛书是苏联第一部系统研究辩证法发展史的专著。它追溯了古希腊罗马素朴辩证思想的产生、发展和中世纪哲学对辩证法的发展，论述了唯心主义辩证法发展的顶峰——德国古典辩证法，并且详细阐述了马克思、恩格斯在批判和改造唯心主义辩证法的基础上创立唯物辩证法的过程以及马克思主义辩证法发展的各个主要阶段。

《古代辩证法史》，本书分为 18 章，第 1、2 章阐述了古希腊罗马素朴辩证法形成的条件；概述了古代自然哲学关于世界本源的要素学说。第 3～16 章分别论述了赫拉克利特、毕达哥拉斯学派、埃利亚学派、德谟克利特、智者学派、苏格拉底、柏拉图、伊壁鸠鲁和斯多葛主义、新柏拉图主义的辩证法思想。比较全面地阐述了马克思主义以前的辩证法史上的第一个阶段，即古希腊罗马辩证法思想的产生和发展。第 17 章，作者介绍了苏联哲学界对古代辩证法的研究情况。最后，批判了现代资产阶级哲学对古代辩证法的曲解。

《14—18 世纪辩证法史》，作者认为，14～18 世纪是马克思主义以前的西欧哲学中辩证法发展史上一个特定的阶段。全书将中世纪辩证法史分为三个时期。第一个时期是文艺复兴时期(14～17世纪初)，追溯了库萨的尼古拉、布鲁诺和波墨等人哲学思想中的辩证法思想的发展。认为这个时期辩证法的特点是:“以神学的形式或以泛神论的形式出现”,“是当作在研究某些哲学本身的问题(主要是本体论和认识论的问题)以及自然科学和社会科学问题时一定原则的总和来运用的。”第二时期是形而上学体系统治时期(17～18世纪初)，论述了培根、笛卡儿、斯宾诺莎和莱布尼茨等人的辩证思想。认为这个时期的辩证法“是在以形而上学为方法论实质的哲学体系范围内发展的，或者是与各种形而上学的公式联系在一起的。”第三个时期是形而上学的危机和辩证法倾向的加强时期(18世纪),论述了伏尔泰、卢梭、狄德罗等人的辩证思想。认为这个时期辩证法的特点是“恢复辩证法的独立存在,不过,这种恢复已经是在更新了的、完善得多的唯物主义和新的自然科学基础上进行的。”书后还附有苏联关于14～18世纪西欧辩证法史研究文献,系统地介绍了苏联哲学界对这一问题的研究成果。

《辩证法史·德国古典哲学》,全书分为4章(第1章:康德,第2章:费希特,第3章:谢林,第4章:黑格尔),比较系统地阐述了由康德开始,费希特、谢林继之，黑格尔最后完成的唯心主义辩证法发展的顶峰——德国古典哲学的辩证方法。作者认为，德国古典哲学的最重要成就，是创立了作为发展理论、认识论和逻辑理论的辩证法，是系统制定的辩证思维方式的理论。作者从辩证法史的角度,评价了康德、费希特、谢林的学说,并着重分析了黑格尔的辩证法。作者在书中写道:“主要考察黑格尔的思维按照他的辩证逻辑的主要范畴的前进运动，而与这些范畴相联系并在这些范畴的基础上，考察他的整个辩证法的规律和方法论原则。”按照这一目的,作者系统地论述了黑格尔的唯心主义辩证法,评价了黑格尔辩证法在辩证法发展史上的地位。

《马克思主义辩证法史,从马克思主义产生到列宁主义阶段之前》,全书分为三篇14章。作者围绕着马克思主义辩证法的形成和发展，着重论述了三个问题:(1)探讨了马克思主义创始人是怎样在批判和唯物主义地改造黑格尔唯心主义辩证法的基础上,形成唯物辩证法基本原理的过程,阐述了马克思主义辩证法与黑格尔辩证法的关系。(2)重点分析了马克思《资本论》对唯物辩证法的发展。这一问题涉及到唯物辩证法的各个范畴，实际上是概括了苏联哲学界在这方面的研究成果。(3)从六个方面论述了恩格斯对唯物辩证法的发展，这六个方面是:对形而上学思维方法的批判;对康德观点的批判;对德国自然哲学的评价;辩证法与哲学的基本问题;认识过程的辩证法;恩格斯与自然科学的一些方法论问题。最后，作者还简略评述了梅林、拉法格、狄慈根和普列汉诺夫等人对辩证法个别方面的发展;批判了现代资产阶级哲学家对唯物辩证法的歪曲;分析了他们对唯物辩证法态度的变化及其原因;这些资产阶级哲学包括教权派、存在主义、现代哲学修正主义和逻辑实证主义。

《马克思主义辩证法史:列宁主义阶段》,本书分为8章。前4章集中论述了列宁的辩证法思想,作者主要阐述了列宁关于作为科学的辩证法对象问题的思想;叙述了列宁提出和研究辩证法问题的历史过程,强调列宁是第一个把辩证法作为逻辑学与认识论理解的马克思主义者;阐述了列宁关于帝国主义的辩证法;特别是系统地阐述了列宁对马克思主义矛盾学说的丰富和发展。作者在论述列宁辩证法思想产生和发展的过程中,批判了各种歪曲和伪造列宁辩证思想的观点(其中也有对毛泽东辩证法思想的歪曲和攻击)。在第5、6、7章中作者概述了辩证法思想在苏联的发展。对斯大林的一些主要著作,如《无政府主义还是社会主义?》、《辩证唯物主义和历史唯物主义》、《论列宁主义基础》等作了评价、指出在斯大林的著作中包含了一些正确原理,但也有一定程度的简单化和不确切的地方甚至错误。作者在此部分中论述了从苏共十大以来所提出的关于过渡时期的社会辩证法等问题。在第8章中作者论述了辩证法在西方资产阶级哲学中的命运和他们对唯物辩证法的曲解。(汤侠声)

词与对象(Word and Object)

[美] W·V·O·蒯因(*W. V. O. Quine*)著

The MIT Press 1960 年版 299 页

1950年,在完成了《逻辑方法》以及《数理逻辑》一书的修订本后,蒯因就考虑写一本具有更广泛的哲学意义的书,这就是《词与对象》。这是蒯因所从事的最艰巨的写作,它花了九年时间。本书的主要目的就是要对"经验论的两个教条"中的认识论加以阐释与精制,要将其中简单的比喻所包含的内容用最通俗的话表述出来。

蒯因的哲学著作有四个贯串始终的思想,它们也毫无例外地表现在《词与对象》中。第一,哲学应该是科学的,没有先于自然科学的第一哲学;第二,哲学的一个基本方法论原则是集中注意语言(从观念到语词,从语词到语句,从语句到语句系统);第三,注重逻辑(主要是普通逻辑)的运用,相信这种运用有助于加深哲学洞见,使问题与答案都更加中肯;第四,论述中用尽可能少的假设(经济原则)。

《词与对象》要解决的一个中心问题是:感官刺激如何通过语言产生人类关于世界的知识?与所有传统认识论纲领相反,蒯因断然宣称,他放弃任何在逻辑上先于科学的第一哲学。他指出,笛卡儿的怀疑不是进行认识论研究的正确方法,我们最好将认识论看作是自然科学之内的事;另一方面他认为,象康德那样假定在从事科学研究并达到一组特定的科学理论之前就可以标出科学的范围是一种无根据的理性主义。因而他指出,关于人的认识及其方法的任何理论发现都开始于、并始终依赖于对人的认识过程的经验研究，离开这种研究而企图从哲学上证明科学知识是不可能的。正是在这个意义上，蒯因十分欣赏纽拉特的这个比喻：水手必须在他的船中整修这只船。用他自己的话来说就是："哲学家和科学家是在同一条船上"。

科学认识论从属于语言理论，甚至在某种意义上两者等同，这是蒯因哲学的一大特点。在他看来，为了说明人是怎样掌握科学理论的，就必须看他是怎样获得理论语言的。语言意义的单位是语句，而不是单个语词，蒯因高度评价语义学中的这个重要转折，把它看作是经验论发展中的一个重要里程碑。不同的语句有着不同的意义，其中观察句与感官刺激的关系最为直接。当我们每次用特定的方式刺激一个人的感官时，他都会予以肯定（或否定）的特定语句就是观察句。如"这是红的"、"那是一只兔子"等等。虽然感觉资料是私人的，而观察句却能很好地指出观察者可以达到一致的东西。这样，《从逻辑的观点看来》一书中的"边界"就被解释为感官刺激，而"靠近边界的句子"则是那些观察性最强的句子。蒯因说，象这样从生理学上提出问题是与他的自然主义一致的。

这样一来，蒯因认识论的中心问题也就成了科学理论语句与观察句之间的关系问题。这个关系有两个方面：一个句子如何为另一个句子提供证据？一个句子是如何获得其意义的？蒯因指出，人们在掌握了观察句之后获得理论语言的途径正是观察句为科学理论提供证据的途径。因为语言是人创造的，而科学理论语言的意义正是我们学会运用它们的过程中所获得的那种意义。因此他建议，我们应采用经验科学方法来研究人们的语言习得过程，从而揭示人类科学知识产生的实质，这就是他自然主义认识论的发生学方法。蒯因认识论的这种自然主义倾向是对传统认识论的背离，同时也是对当代认识论的重新定向，在西方哲学界（尤其是科学哲学界）有很大的影响。

从蒯因的自然化认识论的观点看来，作为科学理论证据的观察句有这样几个特点：1．观察句具有在感官刺激下的主体间一致性。即所有说同一种语言的人在被给予相同的感官刺激时都会对观察句作出相同的判定——肯定或否定。在蒯因看来，使观察句成为"科学理论的最终上诉法庭"的，正是这种主体间一致性。2．观察句与理论句的区别不是绝对的。任何语句都要从属于一定的理论，观察句一旦离开了它在其中产生的那个理论语境就会毫无意义。这样的观察句概念意味着，从根本上来说，一个理论的支撑点是由该理论自身所确立的，这正是自然化认识论的根本核心之所在，它对科学哲学中历史主义学派无疑发生过深刻的影响。

在《词与对象》中，蒯因将科学理论描述为一个在某些点上与感官刺激相联结的语句网。就整个网而言，其经验内容是由处于边缘上的观察句所提供的，而离开了这个网，就根本不可能确定任何语句的意义。正因为如此，当经验要求修改一个理论时，它并不指明修改哪里、怎样修改。这时候，各种系统变化中的任何一种都可能消化那些难以对付的反例。没有神圣不可侵犯的科学陈述，不仅理论科学可在一定程度上离开牢固的经验系泊而漂浮，甚至最基本的常识的逻辑特征也在那同一条船上。而另一方面，理论存在于句子之间牢固的联系之中，它能够抵挡一、两次经验预测的失败。因为人们完全可以把这种失败看作是观察的失误，或者是某种未加说明的因素干扰的结果。这样，蒯因就用一种变换着的系统结构代替了科学的观察基础。

蒯因通过对人的语言行为的考察，提出了著名的译不准论题。这个论题是这样的："可以用不同的方式制定将一种语言翻译为另一种语言的翻译手册，这些手册都与语言趋向的总体一致，而它们之间又是互相矛盾的。"（本书第27页）也就是说，如果有两个人各自独立地进行一种语言的初始翻译，他们可能会得出完全不同却又同样有效的翻译手册。很显然，只有相对于特定的翻译手册，我们才能将例如"gavagai"翻译为"兔子"。而译不准论题的关键就在于，宣称某个特定的翻译手册神圣不可侵犯是毫无根据的。没有必然的确定性，这是蒯因关于语言的自然主义观点和关于意义的行为主义观点的必然结论。译不准论题与蒯因认识论学说的关系是显而易见的，但同时它又是一个心理学和语言学论题，换言之，译不准现象不仅具有认识论意义，而且具有心理学和语言学意义，值得我们进一步研究。

《词与对象》一书还就其它一些哲学问题（如模态逻辑）进行了讨论。

（曹秋华）

历史和阶级意识（History and Class Consciousness）

［匈］G·卢卡奇（*G. Lukács*）著

The MII Press 1971年版 356页

《历史和阶级意识》是匈牙利哲学家卢卡奇在1923年发表的著作，被公认是卢卡奇最重要的著作。马萨诸塞理工学院1971年出版了《历史和阶级意识》的英译本，这个版本收有卢卡奇1967年3月为该书再版写的序言。

全书由八篇论文组成："什么是正统的马克思主义？"，"罗莎·卢森堡的马克思主义"，"阶级意识"，"物化和无产阶级意识"，"历史唯物主义的变革作用"，"合法性和非法性"，"对罗莎·卢森堡的《俄国革命评论》的批评意见"和"关于组织问题的一种方法论"。其中"物化和无产阶级意识"及"关于组织问题的一种方法论"是卢卡奇专门为这本书写的，其余六篇都是1919～1921年期间分别写成的。

本书的副标题是"马克思主义辩证法研究"。卢卡奇强调马克思主义是一种方法。本书不是无批判地去接受马克思的研究结论，不是对一种神圣经文的讲解，相反，它是“对辩证的马克思主义的科学确证，对已形成的具体研究方法的确证”。卢卡奇指出，马克思从黑格尔那里接受过来的方法的本质——也就是辩证法的本质——是具体的总体性范畴。他断言这是规定现实的范畴。他在这里所指的是黑格尔关于最完善的思想形式也具有最高程度的体系化的命题。卢卡奇并不赞成黑格尔关于总体性所说的一切，但他赞成，假如我们要去理解个别的历史事件或过程，我们就必须把它看成是具体的总体的一个方面，如他所说，这一总体是思想和历史的统一。在卢卡奇看来，这种总体性是一种主体意识，这一看法也来自黑格尔，因为黑格尔认为，存在是一个思想着的主体。卢卡奇相信，黑格尔表达了一个重要的真理。

当卢卡奇写作《历史和阶级意识》时，他还不知道马克思在1844年所写的《经济学哲学手稿》，但他关于物化的论述却与马克思在手稿中关于“异化”或“疏远化”的论述十分相似，这一点特别引起了西方学者的兴趣和重视。本书自问世以来一直有着巨大的影响，应当说，这与卢卡奇在这本书中对物化的论述密切相关。

卢卡奇在《物化和无产阶级意识》一文的第一节中讨论了物化的现象，被他作为出发点的是马克思在《资本论》中有关“商品拜物性”的论述。卢卡奇指出，商品拜物性是我们这个时代，即资本主义时代的一个特有的问题，“在这里至关重要的是，正因为这一处境，一个人自己的活动，他自己的劳动成了某种客观的不依赖他的东西，成为依靠一种外在的自律去支配他的东西。这种现象既有客观的一面，也有主观的一面。就客观的一面而言，出现一个物的和物与物关系的世界(商品世界和它们在市场上的流通)。统治这些物的规律，事实上是逐渐被人所揭示；但它们几乎同样作为有着它们自己能量的看不见的力量降临于人。个人能运用他对这些规律的知识去为他自己的利益服务，但他不能通过自己的活动去改变这一过程。就主观的一面而言——这时市场经济已充分发展——一个人的活动跟他自己疏远开来，它变成一种商品，隶属于社会的自然规律的非人的客观现实，恰如一切日用品那样，独立于人运行。”物化过程意味着，合理的机械化和可计算性原理应当包容生活的每一个方面。卢卡奇指出，正是资本主义社会，在历史上第一次使整个社会服从于或趋向服从于统一的经济过程，而且社会每一成员的命运都被统一的规律所决定。

卢卡奇考察了物化给阶级意识带来的影响。他断言，在资本主义社会，物化给人的整个意识打上了它自己的烙印。《物化和无产阶级意识》一文的第二节，讨论了“资产阶级思想的自相矛盾”，卢卡奇考察了代表资产阶级哲学思想的“近代理性主义”，特别是德国古典哲学。他指出，近代理性主义的一个主要矛盾表现为，它一方面强调主体性，一方面又找不到真正的主体。在他看来，近代理性主义的一个特点是，它强调世界不能独立于认识主体，并应当被看作是那主体的产物；理性主义要求提出一种无所不包的体系，这实际上是这种主体意识的表现。因此，以康德的“哥白尼革命”为开端的德国古典哲学面临一个“寻找主体”从而达到主客体同一的问题。康德在《实践理性批判》中表明，主客体同一的障碍必须通过实践去解决；费希特则把实践、行动和活动作为自己哲学体系的核心，他注重于表现“行动”的主体，并假定它与客体相同一；黑格尔提出劳动的概念，并企图在历史中去发现主客体的同一。但所有这些资产阶级哲学家都没有摆脱物化给他们的阶级意识所造成的影响，“他们在自己周围的现实，即他们已创造和产生的现实中建立一种‘第二自然’，它恰恰正是以同样的必然性展开，如同原先以非理性的自然力展开一样。”卢卡奇认为，只有马克思主义辩证法才发现历史中主客体的同一，只有它才寻找到真正的创造主体，即无产阶级。卢卡奇指出，“在当代社会中，无产阶级是唯一革命的阶级”。无产阶级比资产阶级优越的地方就在于它能够产生意识并转化成合乎历史发展“内在意义”的实践。由于无产阶级能“完全深入社会现实并改变它的全体”，并能将社会作为一个总体去把握，所以，在无产阶级的阶级意识中真正实现了主客体的同一。卢卡奇在1924年写的一篇有关列宁的文章中进一步指出，共产党就是“已经获得明显形态的无产阶级阶级意识”。

本书发表不久，就受到苏联哲学家德波林和当时共产国际领导人季诺维也夫的批驳，季诺维也夫认为这本书提出了一种损害共产主义事业的被曲解了的马克思主义，并斥责它是“修正主义的”。卢卡奇在30年代寓居苏联期间，曾对自己的这本书作了措词严厉的自我批评，他承认这本书受了“主观主义能动论”的影响，认为这本书中的唯心主义不仅“在理论上是错误的，而且在实际上也是危险的。”但卢卡奇在1967年为该书写的再版序言中，对这本书作了并非违心的评论，他承认这本书对马克思主义作了“黑格尔式的歪曲”，但他也认为，由于这本书把物化问题当作对资本主义批判的核心问题，所以它才在知识分子中间产生了深远的影响。 （翁绍军）

人的现象(Le Phenomóne Hamain)

［法］P·T·de·夏尔丹(*P. T. de Chardin*)著

Sevil 1959年版 295页

本书是作者的主要代表作。全书除了序言“致读者”外，由前生命、生命、思想和超生命四个部分构成。每一部分(章)又分三节。作者在书中所设置的四章，基本上展现了他作为一位人类学家和基督教进化论者的观点。这四章，亦即他所主张的人类进化的四个阶段。在“致读者”中作者首先强调，他“既不是哲学家，也不是神学家，而是在古希腊人使用的意义上的物理学家(即自然哲学家)——现象学的研究者”，因而，他的这部著作，“既不是形而上学作品，也不是神学论著,而完完全全是一种科学报告”。而这一“科学报告”，中心是对人的现象的研究。把人看成是宇宙演化的一部分和关键。作者认为，宇宙间一切都是一个“完整的现象”,作为科学家就是根据科学材料对宇宙间完整的现象作出“追根求源”的“综合性的科学解释”。通过综合性的解释来“看”在人的身边究竟发生了什么?“看”人在宇宙中的地位与作用。“看”人实际活动的方向。作者称自己这种方法为“现象学”的研究方法,但它根本不同于非理性主义的胡塞尔和梅洛-庞蒂的现象学。他认为他们称不上科学的“现象学”，只不过是宣扬抽象的“描绘”、根据自己的“前反思的思考”来排斥劳动经验和科学思维。本书的第一章，也是作者阐释其进化理论的起点：即从“前生命”考察来“看”人、人类是怎样进化的。书中把包括物质、生命和人类历史在内的世界史的普遍情况看成是进化的现象,而这种进化,不是达尔文的假设,而是一种独特的直生论、即进化是不可逆转的、向上的、不可战胜的生命升华运动。由此,作者认为,“宇宙不是秩序,而是‘过程’,是在宇宙发展中运动着的宇宙”。作者在强调宇宙是个运动着的进化过程的同时,又肯定在这个过程中具有量变转化为质变的飞跃现象:“在任何领域里,当一个量有了充分增长时，它就突然改变了状态或性质的面貌⋯⋯临界点、状态的变换，斜坡上的阶梯，这些都是发展过程中的形形色色的飞跃；对科学来说,今后唯一的、但也是符合实际的方式,就是如何去设想和抓住第一个瞬间”(本书第80页)。作者认为,一部世界史也是一部关于自然科学的历史。在这个历史过程中,从无生命到出现生物,从生命到出现人的精神,等等,都是一个持续不断的“进化现象”和进化过程,即整个宇宙是个巨大的生成过程。这个生成过程,按严格科学分析的一种纯粹自然进化程序来说，机体是从化学中发展而来；生命来源于生命的潜存在。基于这个思想,本书的四个篇章,亦即作者阐释的宇宙进化的四个阶段:

(1) 前生命阶段(有时称地质生成阶段,第一章)。在这个阶段上,宇宙实体开始发生了化学分子和银河的演化，这种演化，从“物之里”中形成了地壳表面、地壳外在方面产生了固体化(结晶化)的世界，产生了适合于形成复杂分子和形成生命最初形式的水——盐溶液——物理——化学介质。

(2) 生命阶段(第二章)。在这阶段上，宇宙实体产生了地球的植被，通过“生命的扩张”出现“生物层”，所形成的生物——从最简单的生物到人的生命都通过“慈母般的地球”在扩张。在这个阶段上，生命的形成标志着宇宙进化完成了一次质的飞跃。从此,生物学规律取代了物理学规律,支配着宇宙进化过程。

(3) 人类生成阶段，亦称思维(思想)阶段(第三章)。在这个阶段上人类产生思维,形成人和人类迄今的历史的发展,进化现象完全集中到人类身上。

(4) 超生命阶段(亦称心智生成阶段，第四章)。在这阶段和人类一起产生了一个新的地层，在这个新的地层中，人类从此有了“心灵”、“精神”、“思维”和

"自我意识"，这就是精神层或"心智层"的出现(它已超出了一般生命阶段)。通过这种"心智层"，人类从此"观看宇宙"、"认识自己"、"创造自己"。"人类成为宇宙结构的中心"。人类这种进化最后就可以达到"欧米伽点"，即是说，都要向其"顶点"(终点)方向发展。

从作者对进化过程所划分的阶段可以看到：生命发生于前生命阶段的化学分子的演化；生命起源的出现成为生物起源；生物起源在进化的高级阶段又转化为心理起源(心智生成)，由之产生思维与理性，从而发展构成人类知识圈和基督创世论。泰亚尔试图调和现代科学和传统基督教观念之间的冲突，革新宗教，使之符合新时代的要求。

(吴宗英)

逻辑史(History of Logic)

[罗] A·杜米特列(*A. Dumitriu*)著

Abacus Press 1977 年版 1275 页

本书是一部大型的逻辑史书，论述各种逻辑类型的发展史。作者认为，逻辑史应当回答以下一些问题：(1) 在逻辑作为一门学科之前，人们是怎样进行逻辑思维的？(2) 逻辑何时成为一种"工具"，这种概念是怎样随时间而变化的？(3) 在每一时期有哪些最重要的逻辑学家和学派？(4) 那些不承认逻辑是一门重要学科甚或完全不承认逻辑的著名思想家对逻辑持何种观点？

全书共分四卷。第一卷重点论述亚里士多德和克里西普斯两大逻辑系统的发展。第一卷第一部分主要论述古代中国和印度的逻辑。作者认为，古代中国哲学没有发展象亚里士多德所发展的那样一种逻辑"工具"，但在逻辑的所有方面都有许多重要的评述。第二部分论述古希腊逻辑，内容包括希腊逻辑的开端、智者派、苏格拉底和柏拉图、小苏格拉底学派、亚里士多德逻辑、逍遥学派、斯多葛逻辑、伊壁鸠鲁学派、怀疑论和新学园等。第三部分论述罗马的逻辑和修辞学以及注释家的逻辑。

第二卷主要论述第三个大的逻辑系统，即经院学者的逻辑，主要内容有：经院逻辑的形成、词项特性、非范畴词、推论学说、不可解命题等。作者认为，经院逻辑不是语义的，不是语形的，也不是符号化的，而是形式逻辑，它是关于第二意念(即事物的抽象理智形式，首先是共相)的逻辑。第二卷第二部分论述了文艺复兴时期的逻辑，主要内容有文艺复兴时期的亚里士多德主义、人文主义逻辑等。作者认为，文艺复兴时期的逻辑虽然提出了一些重要的新观点，但与经院逻辑相比，对逻辑的发展并未作出重大贡献。

第三卷论述从文艺复兴时期以来的方法论逻辑和现代逻辑的发展。本卷主要研究两个问题：(1) 怎样作出科学发现？(2) 由科学所发现的真理的逻辑理论基础是什么？本卷围绕这两个问题，主要阐述以下一些内容：弗兰西斯·培根、笛卡儿、笛卡儿以后的方法论研究、现代科学及其问题、语言科学、归纳和概率、关于研究的逻辑、从莱布尼茨到康德的逻辑、超验逻辑、黑格尔逻辑、唯物主义辩证法、逻辑中的心理主义、现象学和纯逻辑等。

第四卷论述数理逻辑。作者在这一卷中指出，数理逻辑不是突然产生的，而是科学发展以及解决它们所遇到的危机的自然结果。本卷主要讲三个问题：(1)从布尔到胡塞尔的哲学理论对形式化、符号化的数理逻辑的概念提供了理论基础；(2) 数学方法对逻辑的巨大作用；(3) 数学的许多基本问题以及对它的基本概念(数、集合等)的逻辑解释，有必要发展数学工具，以便能严格地用来解决这些问题。作者认为，数理逻辑是在回答逻辑的、哲学的、纯数学的问题中发展起来的。作者将数理逻辑的发展划分为以下几个时期：(1) 先驱者时期：雷蒙德·卢里、莱布尼茨。(2) 逻辑代数时期：布尔、吉芳斯、德摩根、麦科尔、皮尔斯、格拉斯曼、施罗德。(3) 数理逻辑的创始时期：皮亚诺、弗雷格。(4) 数理逻辑的完善时期：罗素、怀特海以及他们合著的《数学原理》。这一时期还有对悖论问题的研究：布拉里-弗蒂、康托尔和罗素。(5) 数理逻辑的发展时期：直觉主义派有布劳维尔、海丁，逻辑主义派有拉姆赛、维特根斯坦、卡尔纳普，形式主义派有希尔伯特、阿克曼和贝尔纳斯；这一时期还有多值和模态逻辑的发展：卢卡西维兹和波兰学派、路易斯。可判定性理论的发展：哥德尔。(6) 形式技术的发展：语形学（卡尔纳普）和语义学（塔尔斯基）。本卷分章论述了以上各时期的主要内容。

全书各卷后附有参考书目、人名索引和主题索引。 (张家龙)

美的向度(The Aesthetic Dimension. Toward a Critique of Marxist Aesthetics)

[联邦德国] H·马尔库塞(*H. Marcuse*)著

Beacon Press 1978 年版 88 页

本书是马尔库塞生前亲自动手写的最后一本著作。它是以批判马克思主义美学为主题的小册子。它的原版是德文版，原题为《艺术的永恒性，对某种马克思主义美学的批判》。

《美的向度》无疑是马尔库塞的一本重要的美学论著。然而在此之前，他已在 1972 年的《反革命与造反》一书中，通过论述“艺术与革命”，概要地提出了他的美学见解。不过，他那时已感到言犹未尽：“当前的文化革命把马克思主义美学问题重又提了出来。我在前面几节试图对这一问题发表一些浅陋之见；要详细讨论这一问题，就需要写一整本书。”于是，《美的向度》就作为这样一种性质的书问世了。本书当然坚持了他在《反革命与造反》中表述的基本美学观点，如美的形式的超现实性、艺术世界的超历史性和异化性、艺术作品对既成社会的否定性、艺术与革命的对立性与超阶级性等。但其特色在于从上述立场出发，集中地对马克思主义美学进行根本性批判。全书除“前言”与“结束语”外，虽分为五个部分，但这五个部分在论述上并无明显的分工，论题交叉、意思重复之处甚多。鉴于这一情况，本文不宜于对该书逐节介绍，仅综述其基本观点。

本书对马克思主义美学的批判，主要从马克思主义关于经济基础与上层建筑的理论入手。它认为马克思主义正统派美学的根本错误，在于从经济基础与上层建筑关系的理论出发，把艺术作品看成是依赖并肯定既成社会的意识形态，“用现行的生产关系的总体来解释艺术作品的质与真理性，特别是认为艺术作品或多或少正确地表现着某特定社会阶级的利益与世界观”，从而把艺术的政治机能和政治的潜力看成是由既成的诸社会关系所赋予的。作者认为，这种观点实际上是把艺术作品与社会关系固定为一个“僵硬的图式”，其结果是明确地拒绝了作为美学的中心范畴的美的概念，“废除了美学”，不肯承认“个人的意识与潜意识所具有的非物质的力”，贬低内在性、感情和想象力的作用，堕落成排斥主观作用的“庸俗唯物论”。作者声明：“我和正统派的马克思主义美学不同，我在艺术本身中、在美的形式本身中看到艺术所具有的政治潜力。我更主张：艺术借助其美的形式对所与的社会诸关系保持着很大的自律性。”

由此，马尔库塞从艺术的本体论角度，否定了马克思主义美学关于“艺术与经济基础、艺术与生产关系的总体之间有明确联系”的观点。他认为这种观点是“把人的主观物化”、奉行“意识还原主义”。在他看来，艺术具有一种“超历史的实质”，尽管“艺术的真理性在于把世界现实表现在艺术作品中”，但是艺术作品所创造的世界是个“艺术虚构的世界”。它与既成的现实世界不同，而是“另一个现实原则的世界、异化的世界”，即艺术所虚构的“他物”。由于它超越出具体的历史状况，是真理的表现，因而“比现实的东西更现实”，使日常的世界显得是“非真实的、迷妄的”。因此，作者认为艺术总是超越“基础”，具有自律性，它不是由社会生产关系的“总体”即由社会经济基础所决定。相反，它“抗议那个社会的诸关系，并超越那个社会的诸关系”，而成为一种“否定的生产力”，从这意义上说，“艺术就是否定”。作者认为马克思主义美学恰恰“没有看到现实的世界和艺术所虚构的世界是冲突的，它们各具自己的真理”。

那末，艺术的“质”及其“自律性”是如何形成的呢？书中认为艺术的“质”（包括艺术具有的真理性、对社会的抗议与制约）只是“由美的形式所构成的”；艺术的“自律性”也根源于“美的形式”，因为艺术作品在“美的形式的规律之下”，对现实进行了“美的升华”，这样，“美的形式就把艺术从阶级斗争的现实中搬移了出来”，产生出“对抗的意识、对现实主义＝顺从主义精神的否定”。作者这里所讲的“美的形式”即是“与内容无关的技法，或是缺乏内容的技法、没有内容的形式”。但他又说：“美的形式和内容不是对立的，在艺术作品中，形式可成为内容，反过来，内容可成为形式”。

书中尤为突出的是指责马克思主义美学把艺术和阶级性联在一起。他认为马克思主义美学的基本观点是“把艺术作为意识形态来看待，强调艺术的阶级性”，从而要求艺术家“明确地表现上升阶级的利益与要求”。在作者看来，“艺术的自律性反映着在不自由的社会中个人的不自由”，喜与怒、祈求与绝望、爱欲与文化等具有广泛的普遍性，而以这些为内容的艺术也就决不是仅属于某个特定阶级的，就是说，“艺术是描绘所谓‘人类’这样一个具体的普遍者，而不是具体地表现某一个阶级”，它提供的是“超历史的普遍真理的意识，不只是某个阶级的意识，而是作为‘类存在’的人的存在之意识”。因而，即使某一艺术品真实地表达了无产阶级的或资产阶级的利益与希望，也决不能据此说它是真正的艺术品，因为“这种‘实质’决非是艺术作品的本质的构成部分”，相反，决定艺术作品的社会机能的东西是它的“美的形式”。同样，“艺术中渗透着悲观主义，但艺术的悲观主义决不是反革命的东西”。

作者进而说：如果讲“文学是革命的”，这“并不意味它是为工人阶级、为‘革命’而写的”，而仅指作为文学内容的东西转化为“形式”，或风格与技法的根本变化。至于艺术与政治实践的关系，实际是：它的美的形式是一种“远离实践的东西”，艺术的政治潜力并非来源于阶级斗争，而是“仅存在于艺术的美的向度之中”，美与政治实践并无直接关系，相反，“政治的倾向性与美的性质是敌对的东西”，“艺术并不受革命战略的规律所支配”。作者断言：马克思主义美学以“艺术必须是变革世界的一个要素”为基本命题，就“把艺术与激进的实践之间的紧张关系平板化了，忽略了艺术自身的美的向度”。（欧力同）

弗洛伊德思想的伟大与局限(Greatness and Limitations of Freud's Thought)

[美] E·弗洛姆(*E. Fromm*)著

Harper & Row 1979 年版 147 页

本书是法兰克福学派著名理论家、新弗洛伊德主义者、德裔美国社会心理学家弗洛姆于 1979 年写成的著作。弗洛姆从青年时代起就被两大思想所吸引：马克思的社会革命理论和弗洛伊德的精神分析学。他一直试图把二者“综合”起来，以之作为研究现代资本主义社会中的人与人性、批判对人的压抑、谋求人的解放、建立“心理健全”的“人道主义社会主义”的理论基础。于是他一方面从精神分析学立场去解释马克思的观点，另一方面又用马克思的社会分析来修正弗洛伊德的观点，克服其生物主义倾向。为此，他曾写了《逃避自由》(1941)、《健全的社会》(1955)、《幻想锁链的彼岸》(1967)、《人性的解剖》(1973) 等一系列著作。《弗洛伊德思想的伟大与局限》这部著作，可以说是他对弗洛伊德进行毕生研究后，对其理论所下的最后结论。在此以前，可以说弗洛姆是由忠实的弗洛伊德主义者逐渐转向补充、引伸、修正乃至批判精神分析学的新弗洛伊德主义者，但那时他对弗洛伊德学说的推崇甚于批判。而在这本书中，他对弗洛伊德的批判则甚于推崇。

本书除短短的“前言”外，共五章。第一章题为“科学知识的限界”，着重论述了弗洛伊德理论的错误根源。书中指出：弗洛伊德作为一个具有创造性思想体系的思想家，同一切伟大的思想家一样，是时代的儿子，“不能不依据他的时代的精神来表现他的新思想”，因而不可避免地要受到时代的制约。制约着弗洛伊德思考的不可克服的时代因素是什么呢？书中实际提出三条。第一是弗洛伊德受了资产阶级唯物主义的约束，以之作为自已学说的生理学之基础。因而他在研究人的精神（心理）过程时，特别注重人的特定的生理根源，把生理的东西和心理的东西结合为一，这就是“性爱”，并以之作为一切动因的根源，从而陷入了生物学主义。第二是“受了他那个时代的极权主义的家长制原则的制约，因此他从不考虑男女平等问题，而信奉男权论”。最重要的是第三，他受了“阶级的制约”。他的理论虽是批判的理论，即是人的意识的批判，但他作为资产阶级思想家不能不受阶级背景的制约，这使他的一些最重要的理论与概念都有其阶级根源。

第二章题为“弗洛伊德的伟大及其局限性”，指出弗洛伊德的伟大之处在于发现了“无意识”（“潜意识”），提出了“俄狄甫斯情结”，论述了“移情”、“自恋”现象，创立了性格结构的四个类型说，揭示了儿童时期对人的性格形成的重要意义。书中在对这些作了分别论述时，也对它们的局限性提出批评。如不赞成把“性爱”仅仅看成是来自生理的性冲动的产物，提出“权力与财富是产生性欲的重要因素”，进而批评弗洛伊德忽视了自由的意识与无意识的不自由、意识的幸福感与无意识的忧郁、爱的意识与无意识的恨等等一系列的“合理而真实的矛盾”；认为关于俄狄甫斯的神话不应仅被看成是母子之间近亲相奸的象征，而应看成是在家长制家庭中儿子对父亲权威的叛逆；不同意把自恋现象仅仅归属于个体，而将它扩大到集体与社会中去，以“集体自恋”去解释政治、宗教团体的形成、社会斗争以至战争等现象；批评弗洛伊德关于儿童期的理论忽视了家庭教育和社会环境在人格形成中的重要作用。

第三章题为“弗洛伊德关于释梦的理论”，认为弗洛伊德即使不创造精神病的理论与治疗方法，单凭他发明了释梦的技术，已足够成为人的科学中最优秀的人物之一，他的释梦理论具有体系的一贯性，各个概念作为治疗作业的假说具有非常的实践有效性。但书中不同意弗洛伊德把梦简单地归结为性愿望的满足之虚假表现。认为梦有多种，它们表现了人的重要感情、愿望、恐惧或思考；梦是人成为真正自由的唯一场所，它是诗，是所有时代、所有文化中最基本的共通的“世界语”，它表达了人在操作世界时的必要观点。作者特别指出：梦虽是通向理解

“无意识”的道路，但“无意识”概念仅仅是人从白天(醒着)的经验这一角度来使用的概念，正象在醒时的经验上讲夜晚的世界是无意识一样，从睡眠时的经验上讲白天的世界也是无意识。因此作者赋予“无意识”概念以相对意义，并认为“无论是意识或无意识都不过是与不同经验状态相关联的不同经验”，即意识乃是人专心于外部现实状态下的精神活动，是行动时的精神状态，而无意识则是与外部世界断绝联系的专心于自己经验状态下的精神活动，是与无行动的生活方式发生关系的经验。这样，作者就把无意识与意识放在同等地位，而这显然与弗洛伊德把整个精神活动归结为无意识过程的观点相悖。

第四章题为“弗洛伊德的本能理论及其批判”。本书认为弗洛伊德最后一个伟大的发现是他的关于生的本能和死的本能的理论，这是他自1920年发表《快乐原则的彼岸》起，对自己旧理论的重大修改，以“爱奴斯”(*Eros*)和死的本能这一新的本能二分法替代早期的自我与性本能这一二分法，把“爱奴斯”与“里必多”(*Libido*)视为同一的。作者认为，“弗洛伊德的本能理论不仅在新旧理论之间存在深刻的不相容的矛盾，而且新理论也内在着许多矛盾，极不统一”。诸如：弗洛伊德把“爱奴斯”与“本能”区别开来，但又经常把“生的本能”和“爱奴斯”等义使用；按弗洛伊德的修改来看，旧理论的“性本能”与新的“生的本能”、“性本能”与“爱奴斯”是不同的，但他又在某些地方断言它们是同一的；弗洛伊德一会儿把“爱奴斯”与“性爱”等同起来，但一会儿又确认它们是不一致的；弗洛伊德一再把“破坏本能”、“攻击本能”当作“死的本能”的同义语，但在《对文化的不满》中又给它们做了区别……等等。作者在这章中还强烈抨击弗洛伊德的“死的本能”概念，认为这一概念的提出违背了他自身理论前提的逻辑发展，是“颠狂状态的产物”，是“一种自我欺骗”。

在最后一章中，作者对弗洛伊德精神分析学的社会作用作了评论，题为“精神分析为什么从激进的理论变为顺从的理论”。书中提出：“弗洛伊德作为在政治上具有强烈保守特色的典型的自由主义者，其理论(包括性的理论)并不是激进主义的”，但他的以“压抑”理论为中心的有关精神生活的无意识部分的理论则是激进主义的，因为“它隐秘地揭示了革命的可能性，使人们面对自己居于其中的现实社会结构张开了眼睛，唤醒人们渴望变革社会，使之符合大多数人的利益与需求”。但他对“无意识”的发现并没带来革命的结果，因为几乎所有的精神分析学家都是中产阶级出身，他们把自由主义的中产阶级看成是健康人的范式，而怀疑一切非中产阶级的政治信条中都具有神经病的因素。所以持激进信条的精神分析学家是屈指可数的，其中著名代表是赖希。赖希认为性压抑产生反革命性，性自由则产生革命性，并规定革命的方向是性解放。但是，在后来的资本主义发展中，连这种激进的性理论也越来越顺从消费主义，因为性消费是最简单、最安全的消费，消费社会不仅认可性消费，而且奖励性消费，以削弱政治的激进主义。于是精神分析学"不可避免地顺从资产阶级的思考倾向，成了消费主义的支持者"，所谓性的完全满足是消费主义的全面胜利。弗洛姆最后提出：马克思对自己的心理学轮廓的描绘，既避免了弗洛伊德的错误，又成为坚持社会方向的精神分析学的基础。

由上可见，弗洛姆在本书中对弗洛伊德的思想确实是持严格的批判态度的。当然，这种批判并非始于本书，正如他自己所说，在他那里这种批判是"有着其自身的连续性"的。而且，从最后一章来看，他的批判实际上也表现了对马尔库塞、赖希等人忠实地追随弗洛伊德的性决定主义理论的不满，尽管他自己也被人们看做是新弗洛伊德主义者。

对于弗洛伊德的精神分析学与人类思想史的联系，本书在"前言"中，通过对思想史上有关对真理与幻想的不同态度的考察，作了说明。在作者看来，成为弗洛伊德诸发现之基础的原理，同福音书所说的"真理使汝得到自由"不同。确实，真理拯救人。这是作为指导人生的伟大导师们以往所洞察出来的结论，虽然最激进、最明确地表达这点的恐怕是佛陀，但是，无论是在犹太教、基督教那里，也无论是在苏格拉底、斯宾诺莎、黑格尔、甚至马克思那里，都有这个共通的思想。但他们对真理与幻想的态度并不相同。在佛教思想中，幻想同憎恨、贪欲一样是恶。贪欲的人既不能是自由的人，也不能是幸福的人。他是奴隶，被物所支配。如果人不希望沉浸在必然产生痛苦的渴求状态之中，就必须抛弃幻想。佛教虽不反对世俗的喜悦与快乐，但这只限于喜与乐并非是渴求与贪欲的结果这一场合。基督教与犹太教在真理与从幻想中解放出来的问题上，态度虽不如佛教那样激进，而当这些宗教与权力相妥协时，又不得不背叛真理。在各个革命的宗派中，虽然真理再次占居重要地位，不过因为同基督教的思想与实践存在着明显矛盾，所以总是受到攻击。斯宾诺莎关于真理与幻想的论述多与佛教相同，而马克思则把真理看成是人获得拯救的条件，对于阻碍建立一个好社会的幻想进行无情地批判：为了改变把幻想当成必要的环境，就必须打破幻想。弗洛伊德也相同，但他毫无道理地扩大了"真实"这个概念的含义，认为"真实"不只是人所信赖、所思考的东西，而且是未经思考因而受到压抑的东西。他的伟大之处是运用了真理对人的精神起着解放、治疗作用的原理，并发现了消除压抑以达到真实的精神境界的治疗法。不过，在人们运用这原理时，又往往歪曲了它，而产生新的幻想。

本书是弗洛姆生前的最后一本著作，其中第四章许多部分采用了《人性的解剖》一书所附的论文。当此书在美国付印之时，日文版译者已同时依据原稿着手翻译了，之所以如此急迫，也许是因为"本书集弗洛姆批判弗洛伊德之大成，使得对现代思想作出伟大贡献的弗洛伊德思想得到了进一步发展"。但弗洛姆并未能见到本书的出版，就在瑞士逝世了，于是此书竟成了他的遗著。

（欧力同）

论文选介

“后现代主义”和唯物论(ポスト・モダンと唯物論)

[日]涌地富

载《思想と现代》1985年第2号

马克思主义的现代主义偏向是其今天衰落的原因。今天形成日本理论界主流的“后现代主义”，企图给马克思主义打上“现代主义”的烙印。把他们一律斥之为非理性主义并不能恢复唯物主义的威信。我们的责任是：要分清什么是现代主义；现代主义与理性主义以及马克思主义有什么不同。日本的马克思主义思想阵营出现现代主义是有其历史根源的。

按照日本左翼的思想观点，战后思想可分为三个时期。

第一个时期为异化论时代(1945～1968年)。这一时期左翼内部的思想特点是，以韦伯思想为依据的市民主义者和现代主义者(大塚久雄、丸山真男等)和马克思主义者之间结成联盟关系，这种合作关系不限于政治，因为在它们之间还存在着相同的思想基础。第一，他们都基于对必须消除曾发动侵略战争的“大日本帝国”的封建性质的认识。从日本的再不要发生战争的思想伦理出发，从理性上明确战争的责任，在知识阶层大力开展反战活动。第二，批判封建制度和资本主义制度的压迫性和侵略性不是马克思主义者的独家特权，而是市民主义者的共同任务。市民主义者所描绘的理想社会“市民社会”和马克思主义者所梦想的“共产主义社会”看起来并没有多大差异。两者都是以“战后民主革命”为口号。同时他们还共同基于对科学和伦理性的确信，毫不怀疑科学与道德的完美统一。

第二个时期是物象化时代(1968～1975年)。由于60年代经济的高速度增长，日本迅速完成了现代化。第一个时期的斗争中心是要和平还是要军国主义。由于安保斗争的胜利，岸信介下台，这象征着左翼的科学与伦理的和平意识形态的胜利，迫使池田内阁也不得不接过这一口号，提出了他的“所得倍增(即收入翻番)”政策。尽管是为了欺骗，也还是把福利社会(伦理)和计划经济(科学)作为理想社会的发展方向。这一时期保守与革新的对立就在于谁能最大限度地兑现其所标榜的理想。

这一时期由理性统一支配的现代主义的社会理想，在高度增长的“竞争社会”面前黯然失色。“竞争社会”的理性成了“国民生产总值”和“生产力”的同义语。大众社会的群众无法接受这种理性。加上苏联以“无产阶级的国际义务”名义入侵捷克，马克思主义的道德威信下降，人们普遍对阶级理论发生怀疑。这时能够起到领导作用的左翼思想，就是能够果敢地批判现代主义的思想。这时产生了两种倾向，一种是对现代主义不彻底清算，而只是补充与修正。把“现代主义”思想的真髓由理性主义改为独立自主。日本马克思主义政党明确提出独立自主的国际路线，开始探索《自由民主宣言》标榜的发达国家的革命道路。另一种倾向是现代主义的解体，这以吉本隆明和广松涉的共同幻想论和共同主观论为代表。他们根据60年代的经验，痛感必须彻底抛弃现代主义理论，认为补充和修正它已无济于事。现代主义者曾认为凭借科学可以达到真理。但是他们发现思想家和政党提出的真理常常是武断的幻想。客观事物常常和认识不统一，认识不是物质的反映，而是意识内部的自我作用。科学和伦理原则上是不能调和的。客观性是人类认识结构中的宿命论的幻想，即人类的共同幻想，共同的主观。

第三个时期是文化学和人类学的时代(1975～1985年)。石油危机使高度增长的神话破产，社会普遍产生了不安定意识，助长了对现行体制的依存心理。由于日本的经济高度增长而被划入高度发达国家之列。日本国民的心理动向不是通过自我批判以加强同第三世界的关系，反而是和发达国家结成共同犯罪关系。政府方面巧妙地利用了国民的这种保守倾向，通过大力缩小经营规模、降低总需求和实行行政改革，向尖端工业部门转移资本，渡过了经济难关，在意识形态上争取了主动。这是左翼深刻地丧失了自信的时期。似乎日本革命也只有牺牲第三世界人民的利益才能实现。

这一时期社会出现了以文化人类学为代表的语言学、符号学、精神分析、动物学、社会史等新的学科，把第三世界问题一直当作是相当于发达资本主义国家内部的资本家与工人的关系的左翼，开始发现过去一直忽略的压迫关系，于是开始揭露医生与患者之间、师生之间、大人与小孩之间、市民与罪犯之间的压迫关系。把理论中心从生产关系转移到压迫关系。

就马克思主义来说，容易犯科学与伦理、理论与实践完美统一的洁癖主义毛病。唯物主义坚决主张物质对于意识是第一性的，然而不论何种知识都不可能是完全的，所以唯物主义经常意识到思想的缺陷。一劳永逸地认识世界是懒汉思想，是完全不可能的。唯物主义思想实际就是通过不断地怀疑和自我怀疑、批判和自我批判来永远保持马克思主义的革命性。我们的任务就是通过不断地自我批判以防止感染上现代主义或主观唯心主义，使唯物主义在后现代能永葆青春。　　(曲翰章)

后结构主义的状况(ポスト構造主義の状況)

[日]宇波彰

载《言语》1985年第10号

由结构主义发展到后结构主义，如果说是出现了一种全新的思想，那么理应采取一种新的名称。后结构主义这种说法本身使人感到是种暂定的说法，后结构主义和结构主义有多种意义上的联系。

如果说后结构主义是后来的结构主义，就需要把后结构主义和本来的结构主义做一对比，看一下结构主义本身究竟是什么？

列维-斯特劳斯的《结构人类学》是结构主义思想的代表作。这本书多处提出"形态"和"形态学"的说法，列维-斯特劳斯把"形态学"看成是由形态稳定的结构构成的模式，是可转换可移动的体系，可以说贯串列维-斯特劳斯结构主义的就是这一交换概念。

结构主义方法本来是运用于语言学上的一种模式，它把语言看作是一种转换体系。所谓转换，就是在某种意义上的相同成分可以互相交换。列维-斯特劳斯写《结构人类学》的主要根据是关于美洲印第安人的资料文献和对巴西印第安人的实地调查。他在书中谈到作为考察的对象必须是从语言和文化的观点看是同质的地区。这表明了他的结构主义思想的本质，说明列维-斯特劳斯从一开始就要求考察对象不可能是不同语言不同文化的，必须是同质成分的集合体。

如果把结构主义的思想原理看作是结构内各种同性质成分可以互相转换，那么，第一，它就排除了"个体"的特殊性，这样的话，就可以把结构主义看作是后存在主义。第二，如果使异质成分进入结构，就会丧失结构的功能，所以暴力、宗教一类事物都不属于结构主义考虑范围。列维-斯特劳斯在《结构人类学》只举出三本他认为是今天社会科学的最重要著作，即《博弈论和经济行为》、《控制论及其他》、《交际的数学理论》，而没有举出关于宗教和咒术方面的著作，就很说明问题。

今天后结构主义的特征虽然还不明显，但至少不再把结构看作是由内在的同质成分组成的集合体，而代之以动态的结构，即由不同性质组成的重叠结构，这是后结构主义的普遍特征，这实际上是与结构主义过分重视形态的思想相对，要求恢复非理性的伦理因素的倾向。

后结构主义重视结构或体系中存在的差异。另一特点是重视伦理和宗教因素。R·吉拉尔在《暴力与神圣》一书中指出："秩序、和平和富裕产生自不同的差别，同一家族或同一社会的人们之间的疯狂敌对关系，无休止地争斗，不是因为存在差别，而是因为差别消失。"乍看起来这违反一般的想法。但如吉拉尔所说，秩序内部存在着差别，没有差别也就消灭了秩序。

后结构主义与后现代主义的关系还不明确，似乎后结构主义主要指思想领域；后现代主义指文化领域，特别是指建筑设计中的具体符号形式，两者都是后工业社会产生的思潮。

当然，结构主义与后结构主义的关系，跟现代主义与后现代主义的关系不是对应的。通常认为现代主义是20世纪前半期产生于欧洲的先锋艺术运动，它的意义在于它是一股极端的思潮，但后来由于刻板化和僵化，于是产生了批判它的后现代主义。后现代主义认为现实是不能用简单的公式来说明的。弗雷德里克·詹姆森在《后现代主义和消费社会》一文中说，“很明显，毕加索、艾略特、普鲁斯特提出的旧模式已经不起作用(或者说已经非常有害)，因为无论谁都不把它当作表现我们的世界和风格的唯一的形式。”这里说的是在现代主义时代尚且有效的个人主义和个人风格，在后现代主义时代已失去作用，这种模式不仅无用而且有害。这种认识和后结构主义是共同的。后结构主义排斥同质性，引进异质性。如果后结构主义把封闭的结构改为开放的结构，不排斥异质因素并且重视重叠结构，它必然会起到后工业社会意识形态的功能。（曲翰章）

列维-斯特劳斯的超知性主义——对人类思维原型的探索（レグィニストロースの超知性主義——人間的思惟の原型を求めて）

[日]涩谷治美

载《思想と现代》1985年第3号

列维-斯特劳斯在社会人类学和文化人类学方面目前最使人感兴趣的是下述三点：1. 打破了旧的知性的“理性”的框子，用知性的眼光看待过去认为是非知性、非理性的事物，因而更全面地认识了人类。2. 他研究的范围广博，用深刻的眼光和冷静的思考来分析时代。研究的地区从高度文明的西欧社会到巴西的未开化部落；研究的范围从社会科学到自然科学。把超客观主义的体验和超主观主义的自我认识结合起来，取得奇妙的一致。文体上既有文学色彩的叙述，也有科学的分析，还夹杂着哲学的思考，简直是包罗万象的优雅文章。3. 文章充满对一切人类深深的信赖和热爱。他的思想特点主要表现在下述一些论点上。

第一，自然界本身并不存在什么理性与非理性，谁也不会无条件地承认“自然界的一切都是合理的”这句话是真理。这只不过是站在“理性主义一元论”立场上的人所假设的一个基本公理。换句话说，这些人认为，自然界不是无秩序的，只是有时人们尚未掌握。但是理性与非理性、秩序与无秩序的区别无非来自人类。人类倾向于不管把什么事物都整理出秩序，所以当事物不符合其事先准备好的框架时，就归之于无秩序一类。如果把人类也看成一种自然，其中也存在无秩序现象，如“无意识”或“精神病理”领域里的现象。或者是某人类集团不合乎其他人类集团的社会文化秩序时，其他人类集团则可按自己的秩序标准，称某人类集团为缺乏理性，如野蛮、不开化、不文明、落后、图腾、咒术等等说法都属此类。只能看到西欧现代文明的“秩序”的人是绝对不会发现超越西欧秩序的“整个人类”的秩序的。列维-斯特劳斯就是为了全面认识人类的本性，而深入到未开化部落中去潜心研究。他认为，只有在被认为是文明落后、跟不上历史的未开化人之间，才能清楚发现人类的原始“理性”。

第二，列维-斯特劳斯在考察人类的自然秩序时，把焦点集中在未开化人的语言秩序和思维结构上，如家族称呼或神话系统。他说：“在乍看起来是随意编造的神话中，在世界的不同地区却带有共同特征，常常连细节都一模一样。”这就是语言的秘密，这是因为在作为一个物种的人类的固有语言能力中，存在一种“共同语法”和“超越个人的东西”（同样动机产生同样产品）。列维-斯特劳斯认为这是“真正的初始逻辑，是精神（或产生思想的大脑）结构的直接表现。”这种看法既与康德的认识的先验论一脉相通，又与现代的脑生理学的见解相一致。

事物间根据差异可细分为无限事物，人类把世界归纳成秩序并不容易，这需要在二分法产生的差异之间找出其共性。换句话，即从不同中找出相同。如动物和人明显是不同的，这是二分法。可是动物是由互不相同的动物组成的，人也是由互不相同的人组成的。在构成成分是互不相同的这一点上，人与动物又是相同的。实际上图腾制度的意义也就在这里。如某一部族以熊为图腾时，该部族的人与熊类似的不是类似点，而是不同点。图腾形象所标志的类似是两个不同体系之间的类似。列维-斯特劳斯把这归结为“由外部的类似性趋向内部的相同性”。

第三，列维-斯特劳斯在《结构人类学》第二章《语言学与人类学中的结构分析》中，把亲属系统分为“名称系统”和“态度系统”。他认为“作为社会上亲属间行为规范的态度系统是为了解决名称系统与婚姻制度（近亲结婚）所发生的矛盾。”列维-斯特劳斯的这种想法不仅来自语言学，也符合马克思的历史唯物主义。“结构主义的辩证法与历史决定论并不矛盾，前者需要后者，并成为后者的新的工具。”

（曲翰章）

表层——深层分析的流行与“深层文化论”（表層——深層分析の流行と深層文化論）

[日]岩崎允胤

载《科学与思想》第60期

作者在第一节“近年表层——深层分析的流行与本文课题”中，介绍了1985年以来日本学研究领域中深层文化论流行的情况。它认为，从整体倾向来看，表层——深层分析不是把对于文化和社会各种现象的分析置于社会科学的基础上，而是片面地还原为从显意识到潜意识的过程，在对这个问题的解决上表现出非理性主义、甚至近于神秘主义的倾向。本文不是从意识形态总体上批判这种分析方法（尽管这是重要课题），只是对采取这种方法的代表性哲学家上山春平的深层文化论进行探讨。

第二节"深层文化论的哲学与方法"是全文的重点。作者首先指出，上山提倡深层文化论始于1969年编著的《照叶树林文化——日本文化的深层》，到《深层文化论序说》一书时则更加明确地提出：所谓"深层文化"，就是指过去繁荣但已消失的各种文化潜在于现今文化的背后，虽然表面上没有表现，但仍然对我们的生活和文化产生影响，这样的文化就是"深层文化"。若把学问分成普遍学、地球学和自我学的话，那么，深层文化论就是以自我学为基础、以地球学为背景而发展的学问。岩崎指出，对于学科的这种分类是不科学的，其中所谓自我学是以我们的意识作为世界的学问。它是立足于弗洛伊德的深层心理学基础上的，因此，关于文化的深层-表层分析方法，也可以说就是处理无意识——→意识的关系。如果从这一观点看，要了解日本古代文化的深层，就必须了解绳文文化，必须了解处于日本人心中的"绳魂"，这是日本人潜在之魂的秘密，它一直残存于弥生时代以后日本人的心底。岩崎认为，对于文化的这种分析显然不是社会科学的分析，因为任何时代的文化都是由那个时代的社会经济基础决定的，撇开对社会经济结构的研究，就不能在物质文明和精神文明的统一中来理解文化。

本文指出：为给深层文化论制造客观基础，上山提出了自己的社会发展阶段论，即人类社会的发展可划分为自然社会阶段——→农耕社会阶段——→工业社会阶段。作者认为，上山对于社会发展的这种分析，没有任何科学理论根据，因为它没有一点关于生产关系以及由此决定的阶级关系的分析观点，亦即没有一点历史唯物主义的观点；而是采取远近法，认为近景是工业社会，中景是农耕社会，远景是自然社会。从文化的重层结构来看，这是按着从表层到深层的顺序来分析的。岩崎认为，问题不在于文化重层论本身，而在于在文化重层论下思考什么和怎样思考。文化重层论中本来蕴含着传统与创造的关系，但上山却把表层和深层理解为象地层那样静止的关系，在这种重层中发挥作用的是一种说不清的、不可思议的力量。因此，作者认为，深层文化论的分析图式在哲学上是唯心的、形而上学的，它表现了非理性主义、神秘主义和宿命论的思想倾向。

在第三节"日本国家论问题"中，作者分析了上山运用深层文化论分析日本国家提出的日本国家三重性结构说，即前律令国家——最深层；律令国家——第二层；立宪国家——最表层。"日本国家的个性，在律令时代已基本形成"。律令遗制渗入明治，昭和宪法，成为这两个宪法的深层。也就是说它们都是以世袭天皇为最高权威的国家体制。岩崎认为，这种分析迎合了当局的"新国家主义"路线。

在最后的结论中，作者提出，对于文化现象和社会现象的表层-深层分析，来源于弗洛伊德和荣格的非理性主义心理分析。深层文化论是模拟深层心理学而提出的，它不是从社会经济关系和阶级关系上把握文化现象、社会现象，不是以科学分析为基础。把这种深层文化论应用于研究日本人、日本文化和日本国家问题，就明显地暴露出其非科学性和伪科学性。 （卞崇道）

日本社会学的新选择（日本社会学の新しい選択）

[日]磯村英一

载《社会学评论》1985年第35卷第4号

所谓日本社会学的新选择，是本文作者在参加1984年日本社会学大会之后，提出的日本社会学界所面临的新课题。作者认为以下课题将作为日本社会学的新选择。

一、社会变动的课题。日本目前面临着三种倾向，第一是社会高龄化的倾向。有些人把这种倾向看作是一种对日本社会的威胁，甚至称为“高龄祸”。但作者认为这是一种偏见。社会是由所有不同年龄层次构成的一个和谐的整体，如果预先想到某个年龄层的增加，社会自然要去适应这种变化。如面对高龄层的增加，社会将要计划延长劳动年限、修正养老金以及在人权方面给予重要的保障等。作者指出，社会学在老龄化问题上首先要解决的是如何使老龄阶层在福利社会中获得可靠的社会保障，并且承担起制定这一社会保障制度的任务。第二是核心家庭化的倾向。这里所指的核心家庭除具有社会学的家庭结构含义外，还意味着家庭机能等方面的缩小化。这种倾向的原因往往是由于作为纽带的家庭户主或其它家庭成员长期在外工作造成的，从而使家庭这一机能出现了新的分化。此外，教育的国际化，使学术交流增多，导致许多年轻人过早脱离家庭外出求学，也是造成家庭从分化走向核化的重要因素。第三是离婚人数增加的倾向。这是目前面临的一个重要的社会问题。作者认为，造成这一倾向的主要原因是由于妇女就业机会增加，使妇女与更多的男性接触并将他们与自已最初的选择进行比较，从而造成妇女提出离婚的人数要多于男性。另外，日本的家庭制度使男性较女性更具权威性，也是当代日本妇女所难以容忍的。因此，在家庭生活中，由于妇女的不满而造成离异也是一个重要因素。

二、社会意识的课题。内容包括三点，第一，根据社会调查表明，80～90%的日本人属中产阶级意识，从这个意识出发去探索日本社会是一个重要的途径。因此，中产阶级意识对于日本社会学界来说，应该是一个重大的研究课题。第二，高学历化社会的意识，这种意识是经过日本几代人流传下来的，对于日本具有深刻的影响。第三，男女平等的社会意识，这表明，在男女平等问题上，日本人从意识方面已经开始发生了变化，并将有可能成为21世纪的社会学的重要课题。

三、技术优先社会所带来的课题。其中包括情报化社会的发展、人工智能化社会的实现和尖端技术城市的实现以及城市化观念的改变等。关于情报化社会的发展,作者认为,情报化的影响已经渗透到日本社会生活和家庭生活的各个方面,因此,这意味着日本人在意识、人际关系等方面的变革,同时,在教育观念和教育体制方面也面临着重大的变革。

关于城市化观念的变革,作者认为,现在的城市化观念已不能仅仅局限于人口的数量方面,而应从包括城市化的生活、技术水平、现代化的程度等方面去进行考察,作者尤其提到,对于城市社会学来说,面对城市人口在质的方面所发生的变革,改革其“城市观念”是一个新的、重要的课题。

四、新的社会创造的课题。过去社会学所研究的对象无非是人类社会和人类生存的环境,也就是说仅局限于生活在地球上的人类。但是科学技术的发展,给社会学带来了一系列新的课题,使它的研究对象也随之发生了变化。这些变化所带来的课题主要包括宇宙空间社会、水域社会和陆地空间社会的生活结构、生活机能和生活场所所带来的新问题。

五、社会问题的课题。对于日本这一工业发达的国家来说,社会问题一直是社会学家所关注的重要方面,但在这里,作者仅探讨了战争与社会的变化,反对核武器运动的发展以及大学纠纷等突出的社会问题。 (胡 健)

三大思想体系的新发展——新学院派之后的课题(三つの“思想系”の新展開——ニエーアカデミズム以後の課題)

[日]清水多吉

载《出版エニエス》1985年11月下旬号

进入80年代以后,日本出现了几种新的思潮,其中新学院派的出现令人耳目为之一新。以浅田彰、伊藤俊治、四方田犬彦和中野新一等为核心的年轻评论家,一扫僵化的旧学院气,展开了自由而活跃的评论活动。打破了过去知识分子的旧思想方法。他们运用法国的结构主义和符号学、文化人类学方法和西藏佛学的思想,开辟了新的思考领域。这种新的思考具有适应青年接受能力的一面,引起了爆炸性的热潮。

新学院派有能力、敏感、受青年欢迎。他们集体创办了《G·S》(有趣的知识)杂志。发表了许多既新颖又很有份量的评论文章。从1985年起,他们陆续从办杂志转向写专著。新学院派的力量至今还不够雄厚,著作也还不是那么多,作为一个团体来领导时代似乎还缺乏出色的接班人。

1985年,各种用语集和解说书的出版物也引人注目。青土社出版的《现代思想》杂志,在70年代和80年代大力引进国外新知识,并加以综合介绍,使其在日本生根。理想社出版的《理想》杂志,在一个统一的题目下,把有关论文和散文汇编在一起,使读者从一本杂志中就可以了解有关专题的所有知识。《宝岛》杂志增刊也采取同样的方针,出版了《现代思想入门》专刊。

用语解说单行本也颇为繁多。其中有浦达也的《了解新人类的关键词》、神津阳的《风靡一世用语辞典》、“我们文化侦探团”的《智能人类的现代用语》等。

思想家编著的用语解说书之一中村雄二郎的《术语集》，1984年底发行了十几万部，1985年的发行量大概已超过了20万部。该书是作者研究现代思想的记录。今村仁司也是研究法国哲学的学者。他从法国的结构主义入手，深入研究了整个西欧的现代思想。他的新作《解体的结构》开辟了分析资本主义社会的新途径。他编著的《现代思想关键词》阐明了现代西欧思想界在哪些问题上产生了对立和争论，阐明了1985年思想界的问题所在，成了畅销书。

类似用语解说集的翻译著作有D·麦克莱伦的《马克思之后》。该书对马克思以后的马克思主义者作了介绍、评论。其中包括西欧、东欧、中国和第三世界的马克思主义者；联邦德国的法兰克福学派的人们；法国的结构主义；美国的斯威奇等。现今世界上还有三分之一的人在关心马克思主义，很需这种概观性的著作。

最近几年，电子计算机化有了显著的发展，有关电子机算机化的著作、电子计算机启蒙书和研究第五代电子计算机的书大量出版。其中有渕一博（新一代电子计算机技术开发机构所长）的《智能科学入门——关于第五代电子计算机》、矢矧晴一郎的《信息化时代的思想》、神田泰典的《电子计算机》、东京大学出版会的《智能科学书选》（第一期共出版了十部）；日本也成立了智能科学学会，并出版了会刊；日本未来学会以第五代电子计算机为题组织了学术讨论会。

电子计算机化和智能科学的产生并不会只给人类的现在和未来带来玫瑰色的希望。克莱格·布洛德的《技术神经紧张》译成日文出版后，反映电子计算机化使人异化的书多了起来。神经科医生墨冈孝的《高技术神经病症》就是其中的一本。对技术造成的神经紧张和神经病症不能只推给心理学家和神经科医生去解决，社会科学家也应发表意见。

除了上述倾向外，1985年还流行“非结构”理论。非结构理论被法国思想系统的人看成是超越现代的思想。上半年翻译出版的有关著作有卡拉的《非结构》、罗泰的《哲学的非结构》、诺利斯的《非结构》等。哈贝马斯的“交往行为理论”也很盛行。哈贝马斯为了纪念他的代表作之一《交往行为理论》在日本出版，在京都和日本全国的有关学者进行了热烈讨论，使纪念会变成了论证他的理论对亚洲社会的适用性和局限性的综合讨论会。会上提出，在发达资本主义国家，占主流的思想是社会系统论和社会工程理论，而能与之相抗衡的则只有交往行为理论。

总之，在现今思想潮流中起主导作用的有三大思想体系，即以超越现代为目标的现代法国思想、与社会系统论相对抗的现代德国思想、旨在促进电子计算机化的智能科学。 （童 斌）

生命哲学的第三代(生命の哲学——その第三世代)

[日]坂本百大

载《哲学》1985年第35号

生命哲学在日本最初被译为"生的哲学",它是以叔本华、尼采、柏格森等人为代表的哲学。从理论上看,它是同德国的观念论以及黑格尔的理性主义相对抗的。它明确主张,人的存在的终极本质是不能用理性主义或者实证科学的方法来把握的,它是人类自身所固有的、非理性的、神秘的、活生生的"生存"事实。生命现象和物质现象是绝对对立的,不相容的。它的基调是悲观主义和虚无主义。我们把这种生命、精神同物质对立的生命哲学叫第一代的生命哲学。

回顾近代历史,可以看到,随着以牛顿物理学为代表的科学的兴起,笛卡儿等人倡导的二元论得到有力的支持。笛卡儿认为,物体必须根据自身的运动规律而存在和运动,而不能依靠物体以外的神秘的动力或作用运动,例如根据灵魂或者生命实体的作用而运动。因此,他主张,必须把神秘的生命现象、精神现象从物体运动的现象中分离出去,从物理学和科学的领域中清除出去。于是关于生命的学问、生命论就只能以同物质现象、物质世界隔离的另外一种知识体系的形式出现了。这种二元论的哲学随着科学的发展而得到了有力的支持。相反,研究生命的哲学、生命论等则以反科学的理论形态出现了。因此,这一时期出现的和科学与哲学相对立的生命哲学叫第二代的生命哲学。

但是,进入到本世纪以后,科学研究由过去"物的科学"反转过来,进一步去研究"生命""精神"现象,出现了新的科学领域,即生命科学。它是以生物化学和分子生物学的产生为标志的。近几年来,生命科学和与之相关的科学得到了巨大发展,如人工智能、遗传学、实验心理学、分子生物学都取得了惊人的新进展,同时也遇到了不少新问题、新困难。例如,他们认为即使是生命和精神现象,在原则上也可以还原为数理的物理化学的客观物质的现象。但这种还原是否真的可能,科学本身的方法是否绝对可靠?这些问题引起了哲学家们的重新思考,于是围绕着生命、人生的问题提出了新的关于生命的价值和意义的哲学观点。他们试图在更为广泛、深刻的哲学世界观的高度上,将现代科学的观点与传统哲学关于生命的价值的观点进行新的概括和评论,并且批判科学对生命的解释,批判科学的哲学认识论、方法论的基础。这就产生了第三代的生命哲学。

本文概述了第三代生命哲学的主要观点:

第一,他们认为科学将生命现象进行物质化的研究取得了公认的成就,第一、二代生命哲学对生命的神秘主义解释过时了。但是,他们认为,当我们用还原主义来解释生命的共同基础是如何发育成特殊的、偶然的、复杂的生命综合性个体时,是否合理呢?这也值得怀疑。

第二，他们对科学认识论方法论的哲学基础——唯物论的反映论和科学的知觉因果说提出了批评。他们指出，一般人认为人的认识产生于对一系列相互作用的物质的反映，这种观点是错误的。例如人们常说，人的视觉是物体反射的光线进入人眼刺激了视网膜，然后传到大脑形成了视觉。但是，他们反驳说，怎么事先就知道“有物体”呢？还不是因为你、或者有人“看见了”它。所以，首先应当有主体人的知觉，然后才能谈到是否看见了什么。他们还认为，有人说物体是具有空间性、客观性、广延性的，但是又说，知觉和观念不具有空间性，是私人性、直接性的东西。那么，怎么能证明前者是引起后者的原因呢？只有假设在知觉之外，存在着一个并不能知觉的物体才是科学研究的础基，这样，科学的知觉因果说和反映论就陷入了自相矛盾。他们认为，科学和生命科学的真正基础不是客观物质世界，也不是反映论，而应将科学建立在人的主体的“活生生的感知”的非物质性的基础之上。因此，他们主张必须对“空间性”“私人性”“因果性”等概念进行重新解释。

第三，他们认为现代“物的科学”排除了人的“意志自由”。应当重新认识“意志自由”、“个人选择”在科学认识中和社会生活中的重要意义。

第四，他们认为，第三代生命哲学是对第一、二代生命哲学的继承、深化和发展，纠正了它们反科学、不合理的内容，清理了术语的混乱。把生命哲学同生命科学联系起来，把“生命”、“生涯”、“生活”的价值观、意义观同认识论方法论联系起来，提出了一种新的关于人类生命体的价值学说。

第五，第三代的生命哲学要求纠正哲学同科学、认识论同本体论、自然科学同精神科学长期分裂的不正常局面。他们试图将分裂的两端融合成一个整体，并且认为这种融合的结合点就是人的身心问题，而这正是生命哲学研究的古老而又崭新的中心问题，也是当代科学和哲学激烈争论的问题。他们预言，在现代科学技术飞速发展、知识的大分化大综合的潮流中，新的生命哲学同生命科学及其有关学科的相互结合，将在未来的学术界起到越来越重大的作用。（毕小辉）

为新的现实构筑新的框架：作为公众哲学的社会科学（Creating A New Framework for New Realities: Social Science as Public Philosophy）

[美] R·N·贝拉

载《*Change*》*1985. No. 3～4*

本文作者系美国加州大学伯克利分校社会学与比较研究学教授。本文是他同R·乌德森，W·M·沙利文，A·斯温德勒和S·M·蒂普顿合写的《精神习俗、美国生活中的个人主义与义务》一书的摘要。该书于1985年由加州大学出版社出版。本文主要探讨了在目前新的现实面前如何恢复社会科学作为公众哲学的传统。

文章首先指出，如果我们想寻找一种对付新现实的新方法，我们决不能靠设想最终创造一种真正具有科学性的社会科学，而只能靠自觉地设法恢复一种较古老的传统，也就是社会科学作为公众哲学的传统。文章指出，过去150年来，没有出现一种"硬"社会科学，倒是出现了一种具有惊人成就的"专业"社会科学。从各个学科的历史及其专业化的过程来看，19世纪的社会由一个社团、一种完整的职业体系转变成为一个围绕着相互竞争的专业组织起来的工业-公司社会。19世纪的大部分时候，美国的大学是按照"把高深的学问组成一种独特统一的文化"这一假设创办起来的，大学教育的目的在于培养"有识之士"。文学、艺术和科学被看成是独特文化的分支。目前我们称之为社会科学的知识，大多归入道德哲学这门高年级必修课，通常由大学校长亲自讲授。19世纪以来，教育机构的变化使带研究性的综合大学取代了一般大学，成为高等教育的模式，由此产生了许多独立自主的院系。这种专业化的社会科学，其学科分支往往彼此毫无联系，更谈不上同民众的交往。就目前专业化的学术界而言，除明显的几个例外，著作全是一套理性的假设，其术语只有同行才能懂。

文章指出，狭隘的专业社会科学不承认整体知识或者超越其严格限定领域的整体的任何一部分知识。它可以推出一种极端的唯名论，把社会看成一批迥然不同的个人和集体，既缺乏共同的文化，也没有统一的社会组织。然而，专业社会科学如果失去对整体社会的兴趣，其自身的专业工作也就难于很好地完成，因为太多的现实是它无法对付的。一位真正称职的"专业社会科学家"决不能只是位专家，应该还是一个"社会的一般公民"，应该认识到社会科学在某种程度上是公众的哲学。公众的社会科学，它所涉及的知识面则是完全超越学科界限的。作为公众哲学的社会科学，目前最需要打破的是近来对社会科学与人文科学之间所设置的相当武断的界限：即人文科学的任务在于传递和阐述哲学、宗教、文学、语言和艺术领域中的文化传统，而社会科学则专心致力于人类行为的科学研究。这种假设认为社会科学不是文化传统，还认为人文科学对人类行为所作的种种探讨都是"印象主义的"和"轶事式的"，不能真正成为知识，除非经过科学方法的"检验"，才能成为站得住脚的知识。文章认为，社会科学是一种传统，或者说是一套传统，深深植根于西方的哲学史和人文科学史中。作为公众哲学的社会科学，通过打破上述界限，将成为社会自我了解和自我阐述的一种形式。它将社会的传统、理想和欲望同社会现实并列起来，向社会展示一面镜子。作为公众哲学的社会科学，公众的意义不仅在于其研究成果可以公开得到或对学术界以外的团体和机构有用，还在于它寻求民众参与对话。

文章指出，要恢复社会科学作为公众哲学的传统，根本问题在于目前社会科学与人文科学之间的分裂。这种分裂如此普遍，不仅表现在大学院系的课程和组织方面，而且还反映在大学教师的头脑中，以致任何制止这种分裂的企图似乎全是徒然的。

最后，文章阐述了美国学术界的分裂情况，并指出，尽管正式的学术组织没有表态，但人们已在过去20年中严肃地对待了这种分裂人类研究的做法。社会科学目前正在回到一些带阐明性质的政治和道德哲学方面的问题，而不再象过去那样，全神贯注于客观的“理论建设和检验”了。

（戴 侃）

今日的哲学问题：技术及其批评者 (Problems of Philosophy Today: Technology and its Critics)

[联邦德国]H·兰克(*H. Lank*)

载《*Universites*》*1985. No. 1*

有关环境、集合城市的工业化和能源的讨论，又一次使批判技术的主题相当流行。对此，本文作者列举了一些技术理论家的论点。例如谢尔斯基主张，技术文明正使得政治权利关系被一种新的“技术方面的统治”所取代，科学与技术的客观规律终将取代政治生活。按照他的说法，在一个完全成熟的“技术社会”里，再也没有什么人实际上受到制度的控制，但每个人又正好适应于技术工具的最理想的运转。不受个人影响的技术的强制力，将以其思想上的公正无私在各个领域表现自己，把技术国家造成一架无瑕的机器，它所需要的只是适当上一些润滑油以保持其运转。伊里奇则相信，人甚至在培养他的内心需要，使自己服从于“工具的逻辑”并在其中得到满足，工具将要使“人变成它的奴隶”，一种“大机器的附属物”，“工程中的齿轮轮牙”。人完全受到“工具的无限威力的威胁”。

作者认为，对包含了如此众多前景和领域的技术这一复杂现象，不宜给予完全否定的批评，但也不能把它看成是无任何副作用的万能药。马尔库塞认为，技术已经完成了它的历史作用，这不仅是不现实的，而且就其后果而言是反社会的。技术的批评家们很少提到技术革新使生活内容丰富多彩的事实，而片面的纲领不是严肃的纲领。

今天对技术的批判已经披上了哲学外衣。60年代和70年代马尔库塞的新的批判观点起了决定性作用。他从内心趋向于一些乌托邦的要求，诸如取消成就原则，代之以一种新的以享乐原则为基础的“娱乐本能的文化”；他甚至想要取消自然界的达尔文主义，排除剥削和适者生存的斗争。然而在某种意义上，马尔库塞通过又一次把重点从经济生活转向技术及其活力，“重新发现了”技术在现代社会的发展中是一个决定因素。如布奇霍兹所指出的，科学进步相对说来是不依赖于社会和政治条件的，而且在不同的社会体制的国家中出现了极其相似的发展阶段及成果，东欧国家也有自己不断增加的环境问题。

一方面马尔库塞提出了对过去与现在的技术世界的分析与批判：技术本身会变成一种社会监督、控制和统治的结构。这意味着专家政治即(生产)工具的统治。另一方面，马尔库塞又自相矛盾地希望更多地利用“科学与技术”，把它作为伟大的“解放的工具”来克服当前的异化和客观化(即服从于生产工具)。他要求一种“解放的技术”，因为，“自由……主要(依赖于)技术进步和科学的继续发展”。他能看到的唯一出路就是把技术人员和专家政治的希望放在自动化的完善上，放在技术和科学的重大进步上，因而放在技术知识分子的活动上。然而，马尔库塞所要求的技术——即不用管理、不用组织、不用监督以及完全由于这一原因而无需统治的技术——是不存在的，也不可能存在的。在可预见到的未来，如果人类要保证大致满足哪怕是最基本的需要，一定的社会压力仍然是不可避免的。这与工业生产过程的压力一步步缓和以及工业条件的人道化是完全一致的。

在圣西蒙的古典纲领中，专家治国论者在国家和社会中都得到荣誉的统治地位。今日的美国专家治国论者维布伦和斯各特的纲领是大不相同的，他们要求由工程师来实行政治统治，即“工程师统治”，他们认为，工程师受过最好的训练，是最有能力的专家，能有效地操纵十分复杂的机器，以获得最大的成功与最完善的控制。

但是关于专家政治的讨论最重要的发现是，复杂的政治决策不能分解为以片面公式处理的明确的技术解决过程，没有政治目标和至少是含蓄的有关目的的价值的讨论，就没有可能获得一种平衡的和可靠的政策。

技术的常规哲学(看来它对专家政治的论点有着重要影响)不适当地忽视了社会因素和历史条件。需要创立一种多方面的(多功能的)技术社会哲学，而由于今天大规模的技术项目经常包括学科间的系统问题——特别在环保技术、能源与运输技术、社会技术和系统技术——在工程师、科学家、社会学家、计划工作者以及政治家之间一种特殊的定向规划的学科之间的合作已成为必不可少了。

作者最后认为，在对未来作规划时，对技术进步的结构与合理控制的有节制的乐观主义，是唯一的既明智又现实的抉择。关于技术和技术知识分子的务实的社会哲学，对人类有着根深蒂固的义务。 (李吟波

信息是新的全世界性的挑战吗？ (Информацията——новото световно предизвикателство?)

[保] A·克利斯捷瓦(*A. Кръстева*)

载«*Философска тисъл*» 1985. T. 41, KH. 3.

目前，信息流的集约化被认为是科学技术革命的一体化的特征和社会进步的重要标志。作者企图通过社会哲学的研究来考察信息问题，揭示发达资本主

义国家内大量利用新的信息工艺的社会问题，分析未来学体系中的“信息社会”观。

在现代西方未来学中可以分成两派：技术统治论的功能主义和文化学的人本主义。前者的社会目标是把效益和最优化的要求提到首位，确定在科学技术进步和社会进步之间有直接的联系，并以技术统治论的“有组织”的人为目标。相反的，后者的社会哲学原则乃是把社会发展的最高目的看作是人的高尚，而不是技术理性。在这里，社会理想是创造者一人，艺术家，他摒弃工业文明的实用主义的价值，与自然、人们和自己和谐地生活着。

作者说，近十年来，西方资产阶级未来学提出了“信息社会”论。“信息社会”被看作是资本主义发展的新的最高阶段。“信息社会”理论家把个别的不重复的个性当作自己理论的中心。预计，信息工艺将腾出时间来使人在精神上提高，发展人的创造能力。但是，分析这种工艺对劳动性质、熟练程度和个性自由的多方面影响，并不能把事情看得那么乐观。资本主义社会里信息工艺的大量运用改变着劳动活动概念本身，熟练程度会失去意义，活动的多样化会转变为死板公式、千篇一律。社会有出现以下三种情况的危险：(一)大批失业者；(二)为机器服务的大量劳动者实际上什么都不生产，而且不参加创造性的劳动；(三)为数极少的“信息社会”论的创造者。

另外，到处都运用的新工艺则同越来越广泛地运用“机器逻辑”即形式逻辑语言相联系。同时，人与人的对话要求比人同机器对话的机会更多。信息工艺的实质不论对经济的集中化还是经济的分散化都是一视同仁的。最后，作者说，信息工艺本身并不能克服异化，不能把“大众意识”的因素灌输到日常意识中去。信息工艺的社会倾向是由社会、经济、政治因素决定的。因此，“信息社会”论集中着资产阶级社会认识的矛盾。未来学证实列宁的如下思想：资产阶级学者通常维护资本主义，企图掩饰帝国主义的全面统治，掩盖其根源，并把局部的、次要的因素提到了首位。

(潘培新)

协同学和系统方法(Синерrетика и систеиний поход)

[苏] *Г. И.* 路扎文(*Г. И. Рузавин*)

载«*философские науки*» 1985. NO. 5

近些年来，叫做协同学的这种新的跨学科研究方向吸引着学者们的注意。协同学研究开放系统中大量子系统相互作用的整体的或合作的效应，力图揭示性质极不相同的系统中新结构产生和自组织的某些一般规律性。

协同学提出的自组织概念不同于以前在控制论和系统技术范围内制定的自组织概念。因为协同学着重揭示组成部分相互作用的具体机制，揭示组成部分有序化和稳定结构的形成。

在协同学出现以前存在着一种趋势，把无机界系统同生命界系统尖锐地对立起来，认为在第一类系统里只能产生使系统解体和崩溃的过程，而在第二类系统里才可以看到自组织和发展。可是科学史表明，这种对立失去了现实的意义。现实的系统是开放的系统，同自己的环境有这样或那样的相互联系。这种相互作用可以促进或者抵抗系统的有序化和组织化。协同学表明，除了生命系统以外，还有物理的、化学的和其他许多的系统具有自组织能力。

协同学发展了系统方法的某些基本思想和原理。这首先涉及部分在整体范围内相互作用的原理。在开放系统中由于大量相互作用的子系统的集体运动所产生的协同效应，实质上表现着一种普遍的规律性，即整体的属性不能归结为部分之和，整体具有部分所没有的系统属性和性质。协同学方面的研究表明，整体和部分的对立在很大的程度上失去了意义，因为自组织系统中有序运动的产生证明，在这里整体反映部分的属性，而部分也反映整体的特点。部分在整体范围内的这种相互作用具有深刻的辩证性质，决不能把部分归结为整体。

协同学的新思想和成就的基本哲学意义在于，这些思想和成就从自然科学方面证明了物质自己运动的基本原理。根据这个原理，物质世界是由于自己内在的能动性而运动和发展的，决不需要什么神的推动。自组织过程是由于物质系统内部固有的原因而产生的，成为这种原因的基础的是两种相互排斥、同时又相互制约的趋势。其中第一种趋势同一定秩序的建立有联系，由于这种趋势而产生自组织，形成某种稳定的结构。在进一步发展的进程中，原先的秩序被破坏，在原来的地方产生新的秩序，形成新的结构。导致自组织的有序的、稳定的结构是在一定的参数值之下自发地形成的。这种从无序到有序、从旧结构到新结构的自发的和飞跃式的转化使得自然界的自组织根本不同于在人创造的组织系统中进行的过程。物理的、化学的和其他的无机系统中自组织过程的发现，证明了物质的内部能动性，证明了物质的自己运动和自己发展。

协同学方面的研究第一次表明，标志物质自己运动的自组织是传统上被认为是“惰性的”、由外力推动的物质所固有的。虽然先进的哲学思想早已提出了物质自己运动的原理，反对个别自然科学家关于上帝第一次推动的神学言论，但是当时的科学还没有具体论证这个原理的可能性。

对物质自我运动原理的辩证唯物主义理解在于承认运动和发展的内部源泉，即一切对象和现象所固有的辩证矛盾。所以，在马克思主义哲学中物质自己运动原理本身是从辩证唯物主义的基本规律——对立面统一和斗争规律——推导出来的一个结论。

（范习新）

现代科学中跨学科过程的某些发展趋势（Некоторые тенденции развития мендисциплинарных прпцессов в современнои наукe)

[苏] С·Н·斯米尔诺夫(С. Н. Смирнов)

载«*Вопросы философии*» 1985. No. 3

本文阐述了现代科学整化过程的趋势和规律，以及未来的跨学科（交叉学科)体系的形式特点。作者首先指出：科学知识的分化和整化并不相互排斥，而是相互交织，彼此转化。这种转化由许多因素决定，主要的有：1. 单一学科研究日益深入，总会表明本学科研究对象客观上含有别的学科研究对象的属性和过程。如语言表达的心理因素和社会因素，这方面的研究导致心理语言学和社会语言学的形成；2.单一学科研究日益详尽，必然能够揭示出现实中不同领域所共有的成分和联系环节；3.每一门科学的自身独立发展，也能提出一些带有一般科学性质的观念、概念和原理，它们是整个科学共有的。如生物学和控制论提出的系统、结构、功能、整体性原理及发展原理等一般科学概念。作者认为：单学科发展为建立多学科的跨学科联系提供依据，跨学科的发展也必然转变为单学科发展。一方面是科学"体"内的跨学科构成物迟早会获得独立学科的全部特点，另一方面是跨学科的协同作用会在科学"体"内诱发出新的学科构成物。

作者接着论述了跨学科发展趋势的三种基本表现：一、基础研究和应用研究的辩证关系：在现代科技革命条件下，基础研究和应用研究之间辩证的协同作用正在消除它们之间的对立，决定着它们的直接相互转化。这一过程实质上成为跨学科过程。应用科学和技术科学本身的基础性已空前加强，目前只有以基础研究的最新成就为依据，才有可能解决带有根本性的技术问题。与此同时，基础学科的应用因素和技术因素也不断加强，结果形成理论知识和实践知识结成一体的、跨学科综合性的科学知识。如生物学介入各种实践性和技术性的课题研究，结果形成控制论、仿生学、生物仪器制造、生物电子学、普通系统论、系统技术、博弈论、决策论、工程心理学，以及生物化学工艺。

二、领域内、领域间、超领域和系统综合性的跨学科过程：领域内跨学科过程的目的是通过简化概括法(*редукционистский подход*)，找到一个领域内最基本的统一，以说明该领域内所研究的一切现象。达到这一目的的办法是把一个领域内的一切现象归结为一门学科的规律性，这门学科成为该领域内基础性最强的学科。现代量子物理学实质上是一种跨学科的简化概括形式，理应成为所有物理现象的说明框架。在化学和生物学中也出现了类似的情况，量子化学和分子生物学越来越起到类似的作用。

领域间跨学科发展是在主要领域的衔接点上探索有关的简化概括方法。比方说，从物理和化学的规律性出发，更深刻地理解某种生物现象。这种简化概括不涉及一个领域的全部现象，只涉及一定范围内的现象。如物理一化学生物学的发展证明，不能从物理学和化学的规律性中得出生物过程的所有特点。超领域的跨学科过程所要说明的是某种具有本身的抽象形式、由许多活动领域共有的特殊系统(或过程)。如控制论研究抽象的、通用的控制系统。就某种生物的、技术的或社会的控制系统而言，它们是同型的。系统综合性的跨学科过程则以另一类客观联系和规律为前提,其特点是:它们是各种不同的、相对独立的客体、分支学科、活动领域相互结合和协同作用的基础，由于它们相互结合和协同作用，形成某种新的、相当普遍的、不可再分的整体构成物，如科学学和全球生态学。

三、一般科学的、科学技术的和社会价值的跨学科过程：除以上所述,跨学科发展趋势还由一系列一般科学整化过程决定,其中最突出的是科学数学化、物理学化(即物理学的认识结构和方法对其他学科的影响)、生物学化(即生物学的认识结构和方法对其他学科的影响)。现代科学中所采用的系统分析综合法、结构功能法、模拟法、自动化实验,都具有一般科学的跨学科性质。

一些重要的科学技术发展趋向也对整个科学体系的跨学科发展起到促进作用,如生物工艺学和生产生物化、微电子技术、生产自动化和机器人化,这些都是现代科学中最广泛、最深刻的跨学科运动。现代科学的普遍社会学化和社会价值学化是意义重大而且值得注意的。任何一种现代科学开始发展和应用，就必须看清相应的社会需求和社会价值,看到它的发展会造成怎样的社会后果。科学的跨学科发展已与全球性问题融为一体。全球性问题的社会实质和人的实质规定这些问题具有特殊的跨学科性质，即科学认识的三个主要分支(社会科学、技术科学和自然科学)全都交织在一起。或者说，这是一种总体性(囊括所有科学分支)的超学科科学。这方面的研究将是哲学方法论的最重要的课题之一。

(亦　舟)

爆胀宇宙理论及其哲学意义 (Теория раздувающейся вселенной и ее философскае знеı ение)

[波] C·布特雷恩

载«*философские науки*» *1985. No. 5*

爆胀宇宙理论的第一个方案是美国宇宙学家 A.古斯在1981年的一篇文章中提出来的。他设想宇宙的演化始于热大爆炸，这时宇宙由极高的温度统治着,处于对称状态。当宇宙的温度达到 10^{27}K 时，宇宙转变为对称破缺的阶段。随着宇宙冷到大大低于这个温度时,宇宙接近于一种特殊状态,叫做假真空。这种真空的压力很大,具有负值。罕见的负压力现象产生引力排斥,引起宇宙膨胀速度加快。膨胀的速度不断地增长,宇宙的规模按指数增大。

苏联学者 A·林德和美国学者 A·奥布雷克特、P·斯坦哈特在1981年底分别提出了爆胀宇宙理论的新方案。新方案不仅摆脱了古斯理论的某些缺点,而且可能解决由于大爆炸模型产生的许多其他问题。可是，这个模型也有严重的缺点。由于该模型引进慢滑型的相变，模型的参数值就局限于狭小的间隔。这个条件是不足信的。爆胀宇宙理论的第三个方案叫做混沌爆胀理论，是由 A·林德发展的，其基本目的在于表明，宇宙爆胀的现象或阶段是比前两个方案更加可能的事件，宇宙的爆胀是初始宇宙中混沌初始条件的自然结果。

对宇宙演化的初始状态的看法始终具有哲学性质。爆胀宇宙理论的头两个方案认为，对称占统治地位的量子力学真空是宇宙演化的初始状态。第三种方案提出了混沌初始条件的思想，认为这种条件既容许存在不均匀性和各向异性，同时又是某种量子力学真空。由此得出，在宇宙的历史上有过一个时期，只存在一种特殊的物质形态——真空和一种物质运动形式——作为场的真空涨落的量子力学运动。这是很重要的哲学结论，有助于对恩格斯关于物质和运动本质上不能消灭的著名观点作某种解释，确认物质产生许多不同运动形式的能力是不可消灭的。

从哲学的观点看，在爆胀宇宙理论范围内起重要作用的假真空思想也是重要的。如果这种思想是对的，这就意味着我们关于宇宙的概念指的是充满新形式的物质世界，它具有完全不同于较早知道的物质客体的属性。这种形式的物质是不寻常的，它是对列宁关于物质不可穷尽思想的再一次证明。

物理学家根据动力学分出两类不同的相变：第一类相变是飞跃式地进行的，第二类相变是平稳地实现的。爆胀宇宙理论所讲的相变属于第一类相变。在宇宙演化的早期阶段还发生过一种相变，它发生在爆胀阶段完成以后，从大爆炸时刻起经过了 10^{-10} 秒，而宇宙变冷到温度 10^{15}K。这是分出弱相互作用和电磁相互作用的相变临界温度。这种转化属于第二类转化，是平稳地进行的。两类相变的概念可能丰富辩证唯物主义的质变观，因为第二类相变是平稳进行的质变。这可能意味着，飞跃的性质不是质变的普遍特性，而只是某些种类的质变所固有的。

爆胀宇宙理论创立了关于宇宙宏观结构的概念，这种概念不同于现在公认的“岛”概念。根据爆胀宇宙理论，“岛”、即星系、星系团或可能的超星系团这样的物质凝结块不是宇宙宏观结构的元素。从最大的范围来看，宇宙不是“岛”的结构。宇宙的结构元素是均匀的、各向同性的各个区域，它们用“壁”、即带有高度不均匀性的部分彼此隔开，应当把这种结构叫做方格。现在我们不能象研究“岛”结构那样研究这种结构。人类在相当长期存在和发展的条件下必定能够从经验上认识其他的区域——宇宙方格结构的元素。

（范习新）

高度的契合：进入微电子技术、信息科学和生物工艺时代的社会、人和自然界（Высокое соприкосновение: общество, человек и природа в век микроэлектроники, информатики и биотехно логии)

［苏］*Н·Н·墨伊谢耶夫 И·Т·弗罗洛夫 (Н. Н. Моисеев, И. Т. Фролов)*

载«*Вопросы философии*» *1984. No. 9*

本文所说的"高度的契合",是指生产技术发展到一个新的更高的水平,跟自然界处于相互作用中的社会和人,也应该达到更高的发展程度,与生产技术的高水平相适应。文章谈了四个方面的问题。

一、科技革命的新阶段:运用微电子技术、信息科学和生物工艺的新工艺可能性及其前景。作者认为,现代科技革命已经进入一个新阶段,这个新阶段涉及科学技术方面的能源革命、信息革命和生物学革命。文章着重分析了信息革命的含义:第一,这场革命不仅同计算机的发明有关,而且同一整套电子设备(包括通讯线路、信息显象系统、各种复印技术)的发明有关;第二,如果没有现代化的信息加工和信息分析手段,要解决现代科学技术和自然科学的重大课题是不可能的。而现代化的信息加工和信息分析手段与数学方法的发展相结合,就把不久以前看来超出人类力所能及的范围的自然科学课题提到日程上来,其中包括人工智能的研究和全球生物圈过程的研究;第三,信息传递和信息分析的新手段可能成为改造人的价值尺度的关键。

文中列举了信息革命史的三件大事:计算机的发明;60年代末第三代计算机(集成电路)的出现;80年代初个人专用计算机(微型计算机)和远程通讯技术的出现。微型计算机是实现生产、管理自动化、机器人化和科学技术进步集约化的关键。远程通讯技术则关系到未来人的培养。作者还谈到现代能源革命的特点、生物工艺的应用及其发展前景等问题。

二、"社会的契合":技术统治论未来学的希望和幻想,"信息社会"乌托邦和社会主义的现实性。作者认为信息科学将成为21世纪主要工艺形态之一。同时指出,资产阶级的未来学家们从这一点出发得出结论,认为资本主义的工业社会将变为"信息社会",那时资本主义世界的基本问题和矛盾都能迎刃而解。作者对托夫勒、布热津斯基、塞尔旺—施赖贝尔等人的"信息社会"乌托邦的主张作了比较切实的分析批判,认为这些主张并没有回避现实问题,其中也有对于新技术和社会结构的高度契合的必要性的理解,然而他们的结论充其量不过是改良主义的。这些主张以曲解的形式反映人类对未来的抉择,他所要走的道路是排除社会主义和共产主义前景的。作者论证了社会主义和共产主义才是新技术、新工艺所需要的新社会和新文明。然而,社会主义的潜在可能不会自己变为现实,而是要求人们付出巨大的努力,采用创造性的方法,克服停滞怠惰和保守主义。

三、"人的契合"：作为生活的含义和历史最终目的的人—创造者的本质力量全面协调发展的必要性。作者认为人的全面协调的发展是"高度的契合"的前提。必须把"人的契合"作为新的价值尺度，因为人、人的发展是"衡量一切事物的尺度"，是历史的最终目的。作者批判了西方和日本学者的一些观点，指出只有在社会主义社会里人才不会变成"多余的人"从生产中被排挤出去。只有全面而且协调发展的人才能与新的工艺达到"高度的契合"。

四、"自然界的契合"：共同进化和智力圈；在解决全球规模和全球性问题时理性和人性的相互适应。作者认为，维尔纳茨基的智力圈观念是正确评价自然界全球过程的理论依据。其要旨是必须合乎理性地发展人类社会，以保证生物圈的定向发展；生物圈的定向发展又反过来保证社会的协调发展。当今任何一个地区的人口重压会影响世界总的生态图景。各行其是的活动最终将使人类无立足之地。然而，即使能制定科学规划，确定生物圈的临界参数，规定生态自我调节的极限，一切仍取决于人是否肯按已有的知识行事。（亦 舟）

卢卡奇和布莱希特孰是孰非？(GeoRg Lukács or Bertolt Brecht?)

[英] B·基腊赖福维(*B. Kiralyfalvi*)

载《*British Journal of Aesthetics*》*1985. Vol. 25. No. 4*

布莱希特与卢卡奇关于社会主义现实主义的争论，被人们认为是形式主义跟现实主义的一场大争论。实际上这场争论的内容比较广泛，它涉及到美学的几个基本问题，如美学影响的性质、形式与内容的定义、主观性对客观性的关系，以及艺术的社会使命问题等。双方之间的争论孰是孰非，长期以来众说纷纭。对这场争论的分析最为公允的也许是评论家米顿兹威。他对各种见解进行了仔细的考察和批判分析，正确地指出了这场争论中最基本的要点是：布莱希特和卢卡奇对现实主义的争论，并不是把它作为风格中的一种倾向，而是作为一个方法论问题。这是许多批评家往往忽略的问题。米顿兹威还就布莱希特与卢卡奇对传统和文学遗产的态度作了客观的分析。但是，他对卢卡奇和布莱希特关于表现、关于现实主义描写理论的评论以及对艺术作品的评论，却未能指出他们之间的某些隐藏的相似之处。

本文作者有感于米顿兹威的评论，受其启发，除介绍了卢卡奇和布莱希特的美学见解之间的某些明显的差异之外，还深入探讨了讫今为人忽视的他们之间在现实主义创作过程中的辩证法，探讨了关于美学影响的移情作用、异化、情感和其他成分等基本问题上的相似之处，并进一步提出了自己的看法。

作者认为，他们之间的一个现实的差异，是布莱希特的马克思主义历史观比卢卡奇要狭窄得多。布莱希特只注重从艺术上理解和描述资本主义和社会主义之间社会关系变化的辩证法；而卢卡奇则致力于探讨从艺术的起源到现在，艺术对个人发展所产生的美学-伦理学影响。布莱希特对已往的艺术成就持否定的态度，甚至在第二次世界大战以后，他还把古希腊人和莎士比亚的成就作为不再适用的东西抛在一边；相反，卢卡奇通过对西方文学遗产的深刻研究之后认为，与过去完全决裂不仅是不需要的，而且是不可能的。卢卡奇确信生活与艺术都在不断地进步，人如果对其同社会的关系缺乏历史观点，他是不能理解自己的；艺术不可能也决不是脱离较早时代成就的基础，而在美学的真空中存在的。

关于艺术的社会使命问题，他们两人在基本方面有着相当多的一致。他们两人都明确地反对为艺术而艺术的美学。当然，这不是说他们反对艺术的娱乐价值，而只应看作他们明确有力地赞成艺术应具有严肃的认识作用。差异在于，布莱希特把艺术——特别是文学和戏剧——的首要作用看做是充当社会阶级斗争的武器。换句话说，文学必须尽可能直接地援助革命事业。卢卡奇则认为，艺术的职能是反映社会重大的进展性的和革命性的变化。由于艺术反映了这种社会变化，也会使个体感受者在道德结构方面产生变化，从而能够促成革命行动。他不愿公开鼓励政治性和宣传性的文学，明确声称诗歌的大众化并不就是遵从特定意识形态的要求来描述世界。从这个意义上来说，艺术具有自主性。

他们对内容和形式的见解也没有什么本质的差别。卢卡奇始终强调艺术内容的首要性。所谓艺术内容的首要性，仅仅是指在创作过程中首先要有未加工的内容，不是指内容必然比形式更重要，也不是指可以把最后的艺术内容与其特定的艺术形式分开来看待或理解。布莱希特同意这一点，他也强调内容的重要性。他们之间所存在的一点差别，则在于彼此对形式看法的个人感受上，以及形式在创作过程中对有创造力的艺术家来说意味着什么。布莱希特把卢卡奇看作是在给艺术家们规定一种法规。卢卡奇则认为布莱希特正在推翻整个风格，至少在理论上是如此，而实际上他自己正按照同一风格的主要特征在创造艺术作品。

关于如何评价现代文学中的某些倾向问题，两人在对现实主义的主要价值的观点上也有着共鸣。他们都关心与美学有关的人的感觉和反映的哲学问题；特别是关心艺术怎样帮助人们理解在日常生活中不易察觉的社会关系问题。此外，他们还一致认为，一切健康的艺术描述的核心，就在于承认客观现实独立于人的感觉之外而存在这一哲学前提。

谈到美学影响的性质问题，本文作者认为两位理论家也基本上是一致的。从表面上看来，他们之间似乎存在着一道很宽的鸿沟；卢卡奇谈论感情净化，而布莱希特则谈论异化作用。但布莱希特真的以理性反对情感吗？他真的在美学的经验中把理性与情感看作是彼此排斥的吗？卢卡奇认为，布莱希特在其早期著作中是接近于持这种观点的，但后来认识到了自己的错误，并给异化作用下了这样的定义:"异化表现是一种允许我们认识其主体的东西，但同时又使它看起来是陌生的。"卢卡奇认为这个关于异化作用的定义与他自己的观点并不矛盾，因为它的目的仅在于使人们丧失虚假的安逸感。这种虚假的安逸感是轻易接受未经细查的表面生活的结果。

作者通过对上述各方面的深入分析，最后得出结论说，卢卡奇与布莱希特最终在理论上并没有重大的分歧，因此没有必要在两者的主张之间进行选择。它们实质上是可以和谐共存的。之所以如此，这在一定程度上是因为布莱希特的观点和艺术实践在30年代与50年代之间有相当大的变化。他在描述和运用语言的技能方面变得直接的说教少了，机敏多了。他们之间的分歧之所以能被有效地弥合起来，还由于卢卡奇在他60年代写的最后著作中能正确地评价对自己的生活与工作充满希望的布莱希特。同时，卢卡奇也变了，在他的批评中，逐步减少了教条主义的色彩。但值得注意的最重要的一点，还是在认识论的基础和对现实主义的重视方面，他们之间从来就没有什么不一致。他们始终只是在对艺术反映与表现中所运用的艺术语言和某些具体技巧的看法上有分歧而已。

（廖惠和）

哲学和哲学史(Philosophy and the History of Philosophy)

[美] R·H·波普金(*R. H. Popkin*)

载《*The Journal of Philosophy*》*1985. No. 11*

本文作者根据他近40年的哲学生涯中的感受，以具体的例证说明了哲学研究和哲学史之间的关系，否认了哲学研究的非历史性。

作者认为，在哲学家们所研究的哲学和哲学史之间似乎有一种奇怪的关系。哲学家们、特别是我们这个世纪的有些哲学家有一种非常强烈的倾向，拒绝对哲学进行任何历史的研究，拒绝任何历史的解释，并且拒绝把哲学史作为哲学事业的一部分。这种反应在其他人文和科学的学科中并没有出现。艺术、文学、历史、音乐的历史被看作是和这些学科的研究相关的。数学、科学和医学的历史，即使不被看作是和这些学科现在的研究相关，至少也被认为是有趣的。那么哲学与它们的区别在哪儿呢？首先，哲学被认为是研究没有时间性的东西，以致于哲学的论断是何时、何地作出的和它是否正确是无关的。第二，从泰勒斯到现在的哲学家们都断言他们已经发现了永恒真理，所以他们对在他们之前或在他们之后发生了什么，没有哲学兴趣。

作者说：多年来，我一直受到挑战：我所搞的是否是哲学。到目前为止，我还不能肯定哲学是什么，但我意识到，那些讨论哲学和哲学史之争的问题的人们是哲学史的一部分。人们一次又一次地告诉我，哲学研究和讨论同已经研究过的东西之间有着本质的区别。第一个活动被认为是非历史的，第二个活动是历史的。然而，第一个活动也明显地是历史的，因为它发生在历史的时间中，一定的历史环境中。有人说，那是不相干的，认为行为的内容不是行为的环境。斯宾诺莎在《神学政治论》中宣称，《圣经》不得不作为一个历史文献来研究，但对欧几里德的《几何原本》却不能这样做。我们不需要研究欧几里德的生平、追求和习惯；不需要研究它是用什么语言写成的、何时写的，也不需要研究书的各种版本，就能理解他的几何学的意义。相反，《圣经》和其它著作则需要历史的注释，以使它们成为可以理解的。因为读者要彻底明白它们的意思，就需要知道它们是什么时候写的，是怎样写成的，人们为什么会写它们。

作者认为，事实证明斯宾诺莎是错误的。《几何原本》写作顺序、"公理"等概念的发展，欧几里德时代的数学的范围等等的分析，都有助于我们理解《几何原本》、理解希腊几何学为什么没有达到非欧几里德几何学的阶段等问题。

作者主张，历史的知识很重要，而且在某些场合至关重要。许多人似乎对哲学著作的历史并不关心，只要求考虑哲学家本人是怎么说的。但是，如果他们没有准确的原著和适当的解释，他们怎么能做到这一点呢？人们可能反复强调这个论断：原著说出了它所说的东西，但是人们还不得不把它所说的东西揭示出来。斯宾诺莎的《神学政治论》决不是某种没有时间的东西，它只能在 17 世纪的荷兰写成，那时在荷兰思想和表达的自由是可能的。这部著作只有根据斯宾诺莎和他那个时代的犹太主义的关系，根据他和教友派的虔诚的无信条的基督教的牵连，并且根据他阅读了那时的丹麦、英国和西班牙的政治历史等著作，才能够被理解。有人可能说《神学政治论》并不是一个纯粹的哲学著作，但即使是《伦理学》，也只有把它放在斯宾诺莎的实际社会环境中，而不是放在他的传奇式的、非历史的隔离中，才更能被人理解。

作者在分析了大量的哲学史事实之后写道：面对这些，还有人能够说哲学史是不需要的或不相关的吗？如果某人(作为一个历史的思想者)发现，他需要考虑其他历史的思想者已经想过什么，他能采取这种非历史的态度吗？我并不是主张以历史的研究代替或取代哲学研究，但是，对历史的哲学思考仍然在历史中发生，无论如何，它总是以历史的著作或先前的历史的思想家为源泉。我们是历史的存在物，不能逃脱我们自己的历史和我们的文化。（冯　俊）

吠檀多不二论论梦(Dreaming in Advaita Vedānta)

[美] A·福特(*A. Fort*)

载《*Philosophy East and West*》*1985. No. 4*

吠檀多不二论哲学是印度正统派哲学的重要代表，其哲学属于一种绝对唯心主义的观点。吠檀多不二论派哲学坚持认为，哲学的唯一本体是绝对真实的梵或自我，其余皆为变幻不实的现象。作者在本文中着重论述了吠檀多不二论派对现象世界的看法。

吠檀多不二论认为，做梦，这既是一种精神的创造活动，又是过去的醒时经验的再创造或再组合。这种观点是从正统经典《奥义书》承袭而来。作者在此文中将不二论的两位重要人物——乔荼波陀和商羯罗的观点作了比较论述。他认为两者共同之处在于，无论是处于醒时、梦时或熟睡时，都和变化不息的日常世界有关，而独一无二的、最终自明的基本存在(阿特曼或梵)却是远离于日常经验世界的。不二论的根本目的就在于解脱对日常世界的执着，达到对非二元的梵的直接亲证。作者着重指出商羯罗的特殊之处，分别分析了商羯罗对醒时境界，梦时境界、醒梦两者的异同之处的论述。商羯罗认为，醒时的对象是粗糙的，外在的，为所有的人共有的。阿特曼通过感觉器官去把握现象世界，换句话说就是：通过由智所把握的感觉渠道或感觉器官，阿特曼表现为外在世界。经验世界是无明所产生的结果，比起纯智来是低级的。但商羯罗承认经验世界的相对实在性。商羯罗在论述做梦时指出梦的三种特性：(1) 做梦是一种精神的创造活动；(2) 创造活动是自由的，但不全面，它根源于醒时经验；(3) 梦境是不同于醒时境界的，比起醒时境界来它更少其真实性。作者指出，商羯罗认为梦中的对象是由精神形象构成，而精神形象又源自醒时境界。做梦的过程是由醒时的行为在智的指导下创造出精神的转移物；而这种精神的转移物就构成了梦中的对象。不过，商羯罗认为这些最终都是不真实的，是虚幻的现象。特别是乔荼波陀，他认为无论是醒时境界还是梦时境界，都为虚幻不实的。而商羯罗还承认醒梦两种境相对实在。首先，在梦中梦境对做梦者来说犹如真实的；其次，在醒时，只要你还未真正地亲证梵我，就会感到实体和感觉的真实性。同时商羯罗又指出了两种境的共同性是：虽然梦中对象在意识之内，醒时对象在意识之外，但两者从上智来看，都是不真实的。这两者的非真实性是由于它们受因果所缠缚和对二元性的执着。于是两者的不同性是两者的特征不同，并无基本差别。

作者认为，为了更好地对不二论关于梦的论述进行分析，有必要对西方心理学界关于梦的分析与其作一比较。西方心理学认为，做梦是人在睡眠中出现的有规律而无意识的精神创造活动，做梦的基本标志就是眼睛的快速运动。梦是一种有符号标志、有图示、有故事情节的幻想，它强调的是过去的属于做梦者个人的情感上的事件。当然，不二论关于梦的看法与此并无直接的冲突，但有一些不同之处。不二论认为做梦的根据是来源于非二元的实在的梵这种形而上学的假设，或者说来源于无明。结论是：不二论者和现代西方心理学对睡眠和做梦的理解反映了不同种类的证据和许诺的影响，不二论者是要阐明非二元的梵，而西方心理学家却承担了对心理功能进行科学探索的任务。 (孙　晶)

卡莱尔的"过去与现在"，历史和解释学的问题(Carlyle's "Past and

Present", History, and a Question of Hermeneutics)

[美] J·W·奇尔德斯(*J. W. Childers*)

载《*A Journal of Literature, History and the Philosophy of History*》*1984. No. 3*

托马斯·卡莱尔今天被认为是他的时代主要的批评者，但是他的声誉真正开始日隆，不是因为他早期的社会问题评论集，例如《时代的征兆》或《特点》，而是因为《法国革命》的出版；作为一种知识力量的，是作为历史学家的卡莱尔。卡莱尔把历史看作推究未来和当代社会批评的基础，他说："……让所有的人把过去作为知识的真正源泉来加以探索，自觉不自觉地运用过去之光，可以解释现在，预测未来。"他的这段话，对于理解卡莱尔的历史观来说，是至关紧要的。在卡莱尔看来，人们可以通过历史窥见"上帝写的复杂的手稿"，"辨认手稿中的一些字、一些话"，但"整个意义是我们无法理解的"。

卡莱尔关于历史的"方法"的条件，关于文本的思想，超越表面意义而达到更有意义的理解，历史在解释存在的过程中所具有的重要性，所有这一切都与现代哲学上的解释学的概念很相似。首先，解释学明显地涉及到文本的解释。保罗·利科认为："……我们所说的解释学，是指支配着注释的规则的理论，也就是说，指支配着解释单一文本或被称为文本的一组符号的规则的理论。"很明显，对利科来说，文本是一组符号，构成可以解释的单位。这个观点跟卡莱尔的很相似：历史和现在都是历史学家的文本，而历史学家的工作，就是揭示符号的意义。历史有连续性以及行动的多面性，解释学也的确有透过文本看到更深的、多方面的意义的能力。还有，卡莱尔在关于解释文本的方法时，也注意到围绕着解释这一事件和意义而出现的本体论和认识论的问题。这跟现代解释学也相似。最后，卡莱尔和今日解释学最重要的联系也许是：二者都重视研究的历史方式。对卡莱尔来说，人是历史的，因而是能进行解释的生物；正确的解释只能在时间的范围中产生；对现在和过去，要进行解释，对未来，要进行预测。但人这个历史学家，不能站在时代之外观察。正如卡莱尔在1842年8月写信给埃默森，谈及他写作《克伦威尔》遇到的困难时说的："我想，我们一个大困难是不能同时写两本书；我不能同时既在17世纪又在19世纪。"但卡莱尔在同年年底和1843年年初，却做了他声称不能办到的事，即在他的著作《过去与现在》中同时写了两本书。

卡莱尔在其早期的历史著作中运用了想象力，为的是把自己的历史情况跟自己所解释的事件联系起来，从而补充而不是减少解释的过程。伽达默尔把卡莱尔这样地运用想象，称做是一种"偏见"。伽达默尔把这比作检查一个学生的教师：事实上没有询问；"谈话"的目的是已经确定好的。

卡莱尔所进行的研究看上去象是解释的过程，他是不断地改变他的期望，以致接近于文本。

卡莱尔对历史的解释总是从现在到过去的中介，也是从过去到现在的中介；对过去事物的理解，不是再现过去的事物，而是分享它现在的意义。如果说卡莱尔研究历史的方法基本上是解释性的，那么怎样说明他对社会的批评本质上也是解释性的呢？卡莱尔对自己的时代最突出的评价是：人对世界的真理已经没有信心，只是对物质感兴趣而已。在他看来，社会生产过剩，并不是因为热爱工作，而是酷爱金钱。人与人之间建立在荣誉、尊严、互相敬佩和责任上的关系已让位于"主仆关系"、"金钱关系"。卡莱尔赞同华兹渥思的话："我们已丧尽良心去攫取肮脏的利益！"但卡莱尔的历史观是宿命论的，最终是解释说明神秘的上帝。虽然他诡称：大脑是绝对价值、真理的所在地，但在他的文章中含沙射影地说，存在着最初的推动者（即上帝），他规定真理只在心灵中透露。因而，卡莱尔关于理解的概念，是建筑在绝对知识的唯心论、先验论的基础之上的。（林　泰）

日本近代哲学史上佛教形而上学的接受及其展开（日本の近代哲学史における佛教形而上开の受容とその展开）

[日]田中久文

载《东洋学术研究》1985年第2号

在近代日本，虽有许多人从各种角度对佛教思想进行研究，但是出现超越单纯教义学和历史学，在自己哲学思索的中心来把握佛教，并把它植根于自己哲学体系之中的哲学家，是进入昭和以后的事。首先是西田几多郎，他写作开创其"无"的"场所"逻辑的《场所》一文正好是昭和元年。接受这种思想的代表性哲学家有田边元、和辻哲郎、九鬼周造、三木清等。他们都在自己的哲学中容纳"无"的概念，构筑各自的哲学。这种动向一直持续到二次大战结束前后。

昭和初年，之所以出现以"无"为中心的哲学有两个原因：第一，进入昭和年代，日本摆脱了单纯介绍和翻译西方哲学的阶段，迎来了建立独立的日本哲学体系的时代。第二，30年代是世界性的对近代精神感到危机和为克服危机进行摸索的时代。即使在西方，"无"的哲学亦被作为重要课题。当时日本的哲学家们注目于佛教的"无"，企图用佛教之"无"来克服虚无主义之"虚无"。本文以西田的"绝对无"为基轴，叙述田边、和辻、九鬼、三木等人是如何批判西田的思想，以及如何摄取佛教思想的。

西田把"个物"与"绝对无"的关系定义为"绝对矛盾的自己同一"，把它的逻辑叫做"绝对辩证法"。本文指出这是摄取了天台宗主张的"空"（绝对无）和"假"（个物）辩证统一的"中"，华严宗主张的"理法界"（绝对无）和"事法界"（个物）辩证统一的"理事无碍法界"，并把它们作为自己模仿思索的对象。此外他还直接受到铃木大拙主张的禅的逻辑"即非逻辑"（"A即A"和"A即非A"辩证统一的逻辑)的影响。文章指出,这些逻辑虽然叫做辩证法,但是都过分重视统一方面,而忽视了矛盾对立方面。在这种影响下的西田“绝对矛盾的自己同一”的“绝对辩证法”,也是强调“自己同一”的方面。对此田边元曾进行了严厉的批判。

田边的“绝对辩证法”认为统一对立的事物是辩证的,而且统一者必定表现为某种对立者。他强调“个物”的“行为”的性格。田边的“绝对无”不是在媒介边际里出现的终极统一者,而是媒介根底里时时刻刻运动的东西。田边基于“绝对辩证法”强调“行为”的思考方法,被认为是和道元的“修证如一”同样的思考方法。田边“种的逻辑”所主张的“个”(人格主体)、“种”(民族)和“类”(人类)三者是以“种”为中心的辩证地互相肯定互相否定,这被认为是对日莲的普遍佛法、国家和个人信仰三者关系的关注和研究。田边后期主张的“忏悔道”哲学,通过批判理性,主张依靠“死变活”(死于自力,复苏于他力)的他力的“行”的立场,被认为是亲鸾思想的影响。虽然田边在许多方面批判了西田,但是从逻辑公理上讲,他们在事先设定了一个形而上学的“绝对无”这一点上是一样的,从中可以看出一种独断的立场。

与此相反,和辻哲郎从分析日常生活的体验出发,运用“现象学”和“解释学”的方法论,阐明人存在的“否定”性和“无我”性,从中提出了“无”的问题(和辻用的是“空”一词)。他以胡塞尔的用语,把佛陀的立场称谓“本质直观的立场”。把佛教将万物看作是“空”的思考方法应用于现实具体的人伦世界,建立自己独特的伦理学体系。他认为人的存在依靠“个人”和“全体性”两个契机而成立(称谓“人存在的二重构造”),两者的根本关系在于“否定性”,即“绝对的否定性”,叫做“空”。由“个人”和“全体性”组成的“否定运动”是向自己的根源(“空”)的回归运动。这样和辻把佛教“空”的原理作为具体的共同原理,并使其再生,使得在西田、田边那里还无位置的各种各样的具体的人伦基础得以成立了。他在把“个人”和“全体性”看成是构成人存在不可缺少的契机的同时,又常常把“个人”编入更高层次的“全体性”里,具有偏重“全体性”的倾向。这样在“个物”的独立性和固有性这一点上,反而比西田和田边后退了。

九鬼周造(日本第一个使“实存”一词固定下来的哲学家),在具体分析“实存”的过程中提出“无”和“绝对无”。虽然九鬼没有集中研究佛教,但在说明其“偶然”性哲学的根本时,屡屡引用亲鸾《教行信证》中的话,说明与佛教的摄理观、命运观是相通的。

三木清把如何克服“不安”、“阁”的“虚无”作为自己哲学的课题。初期他以独自的形式,从主体性的角度摄取西田“绝对无”的思想。晚期与西田的“无”的思想决别,寻求克服自己根底里的“虚无”。先是从支配现代的技术里寻求克服现代的“虚无”,后来又从亲鸾的思想中寻求超克“虚无”。

上述“无”的哲学,一直延续到二次大战结束。其终止的原因,一是此种哲学在战争中被国家主义意识形态所利用而遭到批判；二是随着战后学科分工越来越细，再要想建立包罗东西方思想的哲学体系，几乎是不可能的了。

虽然战后以历史学为中心的佛教研究取得了很大的成绩，但是内在地解读佛教思想，并使它再生于现代哲学的尝试几乎尚未进行。从这种意义上说，批判地继承昭和初期哲学家们的佛教研究，是留给我们的一个重大课题。（王守华）

西田几多郎与三浦梅园（西田幾多郎と三浦梅園）

[日]末木刚博

载《哲学》1985年第35号

作者在本文序言里指出：西田几多郎的思想完全表现在从《善的研究》到《哲学论文集·第七》近20册的庞大著作中。这一方面表现了西田哲学的多样性，同时也表现了极显著的一贯性，即能看出是统一的自觉体系的各个阶段。

西田哲学初期的“纯粹经验”是作为自觉出发点的意识的直接态即自态，是“主观唯心论”；中期的“场所”是自觉发展的阶段，意识自己分裂，自己看自己时，谓语面成为包括主语面全体的是场所，这是客观唯心论；后期在“绝对辩证法”中，象系词把判断的谓语面与主语面结合起来那样……或自觉成了三项关系，无的媒介者把主观与客观两极对立原样结合起来，那不单是意识的自觉而是绝对无的世界的自觉，那是存在论、实在论。

本文考察这个自觉的第三阶段的“绝对辩证法”的基本构造。“全体”的逻辑、“日本的逻辑”以及同日本思想家代表之一——三浦梅园的《玄语》的思想进行对比。

在第一节“西田的绝对辩证法概观”中，作者指出：在西田后期的著作《哲学根本问题·续篇》里已固定的西田的自觉体系是越过意识的、自我自觉的世界的自觉，是后期的绝对辩证法。西田认为：“在论真的现实世界时我们必须从逻辑出发。”而这样逻辑就是辩证法逻辑，是世界自身的说明原理。因而世界是自觉世界自身的形式。从而若无世界的自觉则无逻辑，又若无逻辑则无世界自觉。但这个世界自觉的逻辑不是单纯形式逻辑，而是一种辩证法。对此，西田称为“具体辩证法”或“绝对辩证法”。

这个绝对辩证法是考虑到黑格尔辩证法并与之相对立的。黑格尔的逻辑只论证潜在的实体外化的有机过程，与之相对，西田否定潜在实体，也不承认其外化的过程。西田认为，支配现实社会的、历史地表现世界的这一绝对辩证法的基本特征，是由世界的自觉逻辑决定的。

第一，如果没有媒介，主观与客观对立的东西就不彻底。因为从主观不能直接到客观，客观也不能直接到主观。这个媒介者既不是主观也不是客观，而是必须包括二者。这个媒介者写为“M”，起名叫“场所”或“辩证法的一般者”。这个"绝对无的场所"是无实体包括过程的全体。作为这个无限定的全体的媒介者M,不仅是包括一切的全体,而且因为它是无限定的绝对无,所以是非决定论的。因在其内的个人有"自由意志",由此"辩证法的世界必须是创造下去的世界。"因此,绝对辩证法的体系应是"多层内在论"的构造。

第二,这个绝对无"M"是媒介者,是连结主观与客观的东西。后来它被说成是主客观相互补充的具体关系,即肯定与否定的互相补充性。西田为明确此关系给主观与客观各配置了绝对无"M"的肯定面与否定面。

第三,个物(个人)在这样绝对无"M"中经营心身结合的行为。作为行为者的多数个人相互作用的现实社会的历史的世界"M",在绝对无"M"之中不断地被创造下去,这就是现实世界的"创造"或"形成作用"。

第四,因为绝对无"M"的全体是无限的,所以"M"自身反映自身,当然包含有与自身相似的部分。那是自己照像的体系。以上是西田后期思想的骨架。

在第二节"与梅园的比较"中,作者指出:西田几乎没有受到梅园的影响。但可以看出两者的思想体系有显著的近似性即共同性格,这就是东方的日本固有的想法"日本的逻辑"。(1)两者都从怀疑出发;(2)两者真理的标准都是经验;(3)两者都置根于无限定的全体;(4)作为体系的基本构造,两者都是自己照像的体系,是一全体之中有无数小全体(小宇宙)的体系;(5)这种客观性条理或逻辑的基本形式用西田的话说是"绝对矛盾的自己同一",而梅园式说法则是"一则一一"。两者极为近似。

最后,作者在"结论"中指出:西田晚年的体系概括地说是"绝对辩证法"的自觉的体系。自觉之穷极是达到包含相互补充的相反的两个要素的全体。"自觉的逻辑"、"无基体的"、"绝对无的逻辑"与大乘佛教的逻辑相通,并与其他日本思想近似,具有"日本逻辑"的性格。西田与三浦梅园相比根本特点在于"全体性逻辑",而欧美传统思想的根本则相反,是个别优越于全体。 (赵乃章)

批判地分析现代资产阶级哲学(Критический анализ современной буржуазной философии)

[苏] И·С·弗多维娜等(*И. С. Фидовина и другие*)

载《*Вопросы философии*》 *1985. No. 5*

本文是苏联科学院哲学研究所西方国家现代资产阶级哲学批判组 И·С·弗多维娜等8位研究人员集体撰写的评论文章。从20多个方面综述了苏联批判现代资产阶级哲学的研究成果(1981～1985)。

70年代后半期到80年代初,国际舞台上意识形态的斗争进入了一个新阶段。其特点是帝国主义反动势力从缓和政策转变为"冷战"政策,同和平、民主和社会主义力量积极对抗。现代全球性问题在我们时代具有特别的尖锐性。苏联专门批判资产阶级全球性问题的著作颇为广泛。文章把和平问题、防止核战争问题列为人类生活中的首要问题。

在社会哲学方面，近年来苏联出版了一些批判美、英、法等国社会哲学流派的现代保守主义的新著作。这些著作考察了它的一些流派，如传统主义、自由主义、新保守主义，等等。苏联最近出版的著作批判地分析了关于社会平等的自由改良主义和财产平均主义的观念，以及保守主义者的反财产平均主义。

保守主义往往同工业化主义概念有关。工业化主义是60～70年代社会理论中占统治地位的以工艺决定论为基础的理论。80年代出现了“重新工业化”、“信息社会”、“微电子革命”等概念，于是产生了技术统治论的现代化。苏联出版的著作触及到技术统治论的某些方面。苏联著作还研究了资产阶级文化学并表明西方资产阶级文化危机的最新倾向。

近年来，在资产阶级哲学内部发生了很大的变化。存在主义拒绝认识历史过程的规律性和群众革命行动的可能性，结果使萨特站到了左倾极端主义意识形态的立场上。60年代末，存在主义显露出它的无政府主义的虚无主义。

20世纪的其他传统流派也发生了类似的过程。早在60年代末，资产阶级哲学思想的一些流派，诸如现象学、心理分析哲学、法兰克福学派的批判理论，大部分已失去其过去的影响。但是，50～60年代哲学的原则问题今天仍然是有效的因素，我们可以在法国“新哲学家”那里，发现许多存在主义-人格主义的论调。

在70年代法国产生的“新右派”哲学赞成建立以物理学、生物学、经济学、历史学和社会科学的最新成就为基础的某些“无所不包的世界观”。但是，为“新右派”服务的主要理论纲领是社会生物学。社会生物学是与存在主义、结构主义、德国哲学人类学的某些思想相结合的。

德国人格主义目前已成为广义的哲学人类学的理论根源。文章还列举苏联出版的不少著作，批判了20世纪法国资产阶级哲学有影响的流派——新黑格尔主义和新理性主义以及现象学、结构主义、哲学解释学、现代宗教哲学，等等。

资产阶级哲学近10年来经历了很大的变化。西方出版的现代哲学著作不论在内容和形式上都是多方面的，其数量有明显的增加。60年代初可以把哲学著作按哲学流派来分类，而今天这样做就困难得多，有时简直不可能了。习惯的分类法(诸如)存在主义、新托马斯主义、人格主义、实证主义等等)已经不能把现代资产阶级哲学中现存的多样性包括无遗。

在谈到历史哲学和历史方法论的研究时，文章指出，必须在某种程度上恢复形而上学的名誉，纯程序性地分析历史著作是不够的。文章认为，批判地分析对历史哲学的研究作出的个人贡献，是很迫切的。应分析一些大思想家，如爱因斯坦、罗素、鲍尔、施维策尔、汤因比、甘地、尼赫鲁、马丁·路德·金等人的社会政治观点。

文章认为，西方哲学处于危机状况，为寻找摆脱危机的出路，有时也会提出一些正确的和有意义的提法，从倾向上看，这些研究含有辩证的，甚至是唯物主义的因素。否认这些因素的价值，陷入偏见的幼稚病——就意味着违背马克思主义对资产阶级哲学的分析和批判的基本原则，即党性原则和客观性原则。

20世纪西方非马克思主义哲学的危机状况表现为各派哲学家都注意哲学本身：哲学的对象、概念、方法及其在文化中的作用，哲学同现代社会生活各个领域的关系。文章认为，元哲学已成为现代哲学知识的方法论。英国的《元哲学》杂志存在了20多年，出版了有关元哲学的书籍，讨论着“什么是哲学”这个问题的各个方面。对这个课题应当进行详尽的批判性研究。

文章最后着重指出，同资产阶级哲学的论战不能仅限于对资产阶级哲学的答案作纯否定的评价。实际的迫切的科学问题以现代唯心主义的歪曲形式表现出来，这些问题应当成为我们正面考察的对象，而且要从马克思列宁主义哲学的立场出发使其得到恰如其分的阐释。我们的批判是否有根有据和有说服力，直接依赖于现代马克思主义哲学的成就，直接依赖于马克思主义研究的理论水平的高低及其创造性的程度。非常重要的是，马克思列宁主义的不断的创造性的发展乃是卓有成效地批判敌视马克思主义的意识形态的决定性条件。（潘培新）

审美的历史主义——马克思和恩格斯关于拉萨尔的悲剧《弗兰茨·冯·济金根》的信（Историзм эстетического——переписка Маркса и Энгельса с Лассалем о трагеоии«франц фон Зиккинген)

[苏] Л·Ф·捷尼索瓦 (*Л. Ф. Денисова*)

载《*Вопросн философии*》 *1985. No. 4*

在马克思和恩格斯写给拉萨尔关于《弗兰茨·冯·济金根》的信中，他们都是由美学的分析而进入到历史的分析的。这种美学的和历史的联系的要点，在他们那里明显地就是戏剧中的情节和冲突的分析，是主人公的具体行为和举动。正是这一点在信中占了许多篇幅，并且进行了细致的分析。他们认为美学的鉴定（莎士比亚——席勒，现实主义——诗的激情）依赖于对真实性的理解，依赖于所描写的“国民大众”及其时代的社会阶级斗争的历史内容。

马克思和恩格斯在这里提出的历史的标准，实际上对于正确理解和评价16世纪德国现实的悲剧的任何事件、冲突和人物都是适用的；同时，美学标准也是由这些决定的。借助于美学标准，艺术家便能做到真实地、正确地阐明真正的悲剧冲突及其主人公，在自己的想象中把他们当作正在前台表演的革命者。这种美学的-历史的标准，便是影响戏剧的结构和情节，以及选择主人公的决定因素。

这个标准似乎是一面反射镜，它能照射出美学的光亮和一切表演者及其行为的真实的或虚伪的特征，他们个人的真正利益和情绪。

因此，在马克思和恩格斯那里，对于革命运动的真正动力的认识和理解，绝对不是唯一的政治冲突的观点，而是还有历史的和美学的标准。美学的真实与历史的真实是符合一致的。而这一点正是拉萨尔没有看到的。对拉萨尔来说，美是没有客观的内容的；而社会的历史的现实又是丧失美的特质的，它仅仅被看作为主观的“幻想”。马克思和恩格斯在进行美学的分析时，是以客观的历史真实作为标准的。艺术再现现实的特点，就在于它保留着感性的直观的形象，保留着自然界对象世界的联系和关系的历史具体性，保留着人们所创造的事物的相互关系，以及保留着社会的物质生活和精神生活的多样性。真正的现实主义的艺术形象，总是包含着历史的和美学的多样性的内容；它能克服空间和时间的局限，在认识过去的过程中，便能了解和意识到现在，并且还能揭示出未来的远景，帮助人们继续前进。

马克思和恩格斯对拉萨尔的历史剧提出的异议，不仅仅只是关系到历史的真实的矛盾，而且还审视了这些矛盾斗争的发展规律。这样，也就有可能判明不同的英雄人物的真正革命行为的共同性和区别。这些英雄人物是“历史的动力”的体现者，是作为历史的活动家和历史人物而活动的；他们实现的是客观的历史的运动，体现的是客观的感性的美的品质，即属于社会生活发展的具体阶段、而不是仅仅为个人或其他活动家具有的主观幻想的那种美的品质。即使是戏剧主人公个人的幻想，也并不是剧作家可以随意杜撰出来的，而是社会斗争发展到一定的历史阶段的反映。

作为马克思和恩格斯对历史剧进行美学分析的标准，乃是客观的历史的真实。象拉萨尔所说的那种简单化的“逼真”，对于真正的现实主义来说是远远不够的。艺术家必须认清现实生活中奋斗着的社会力量及其主人公的历史的真实关系，理解他们的斗争和发展的倾向；而要做到这一点，则只能是通过历史认识达到的结果。现实主义和莎士比亚化正在于艺术认识和表现都依据客观的历史的标准。历史的聚光灯能够给予任何社会阶层的任何冲突、事件或人物以真实的美学的说明，这将有效地防止艺术家导致审美相对主义、虚伪的理想化和抽象的说教。（孙 午）

论美学范畴问题的疑难(Über die Problematik der ästhetischen Kategorien)

[联邦德国]W·亨克曼(*W. Henckmann*)

载《*Zeitschrift für Ästhetik und allgemeine Kunstwissenschaft*》1983，*vol.*

本文是作者1982年10月在日本京都为日本美学协会所作的一篇学术报告。作者首先指出，美学范畴的数目和哲学价值问题，一直大有争议。如斯沃博达等人认为，归根到底只有美这一美学范畴；德索阿尔认为有六个：美、俊、喜、丑、悲和崇高。希伯列等人则认为美学范畴无穷多。从问题的哲学价值说，在克鲁格那里，美学概念的分析被看作是不可缺少的；在卡冈那里，美学现象是理想与现实、相对与绝对的一种特殊关系，基本是认识论和社会价值的问题；而对克罗齐来说，这些又根本不关哲学，最多只是心理学问题。所以，美学范畴早就是一个棘手问题。

第一部分，作者扼要地描述了使用"美学范畴"这一术语的历史，指出美的概念在历史上有不同的等级层次，从感官的舒适一直到与道德的善同一，美学范畴的疑难也从感官心理学一直涉及到伦理学。因此，美学范畴的学说目前尚处在一种不成熟的前范例状态，但也不可忽视，它为解决审美的疑难，提供了方法上和理论上的前判断。

第二部分，作者分析了"审美"这一概念，指出审美经验是主客体之间的一种特殊关系，不仅涉及主客体这两极，而且涉及由主客体两极互为中介而成的关系。审美领域解脱掉现实的阶段就是现实世界、幻象世界或游戏世界的集中化。尼采划分出阿波罗的和狄奥尼苏斯的艺术世界，并在"悲"里显示出二者的综合。自此以后，人们有理由怀疑是否主客体关系的因素只能根据一个唯一的模式来解释。不乏这种假定，个别美学范畴间的区别正是建立在主客体相互调解的多样性基础之上，这也就是审美表现出来的多样性。

第三部分，作者对美学范畴作了分类。他认为，从日常语言的术语和相应的审美经验之间的关系看，美学范畴可以不依赖"审美"这个概念。不论社会还是个人，不同的美学范畴都依赖于审美文化发展的程度。如果把审美经验设定为主客体之间的一种特殊关系，就可把审美范畴分成三类：主观的、客观的和共同关系的。共同关系的一类可以狄尔泰的一个术语"诗情"来解释，如悲伤的、抑郁的、快活的、严肃的，等等。它们不应当用于内心温和的态度，但却应当包括阿波罗精神和狄奥尼苏斯精神那类极端的行为。在这些范畴里，主客两极是溶化在共同关系之中的。主观的一类突出表达出经验的存在性，如震动人心的、令人喜悦的、骇人的、令人厌恶的、激动人心的、紧张的、庄严的、压抑的、令人陶醉的、逗乐的等等。这类范畴中客体不引人注意，显得只是一种主观的状态。客观的一类显出审美经验对象的特征，如鲜艳的，奇特的、美丽的、高贵的、造型的、鲜嫩的、柔和的、苗条的、单调的等等。

第四部分，作者研究了美学范畴的体系。他认为，从严格意义说，体系应有三要素：1．原则的统一性，2．区分各种成份的规律，3．各成份的整体。美学范畴至今还谈不上严格的体系，但如果把美学范畴的整体看成开放的、功能性的体系，对于美学范畴多样性等难题的解决或许是有益的。

第五部分，作者从美学的基本任务之一是把审美经验作为客观化的世界经验和人的自我经验加以解释的观点出发，提出了一些解释学的任务。主要是：1．检查语义的推移。指的是确定美学范畴的功能，检查美学范畴的语义内容是否有所扩大或局限，是否有一部分内容转入了其它范畴或者完全接纳了新的内容。2．扩张性。确定个别美学范畴在自然、艺术、艺术种类、艺术风格、艺术史的时代等方面的伸展。这种伸展是在社会历史过程、特别是审美文化发展过程中进行的，并无普遍适用的尺度。3．生动度。美学范畴不只体现审美经验的一定模式，而且体现生动性、事件的丰富性和紧迫性的一定水平。生动度可同其他人的经历相比较，也可同范畴自身内在要求的满足相比较，如果这种区别不是建立在个人气质，而是建立在社会审美经验主导倾向的基础上，那么确定较高或最高的生动度，对于评定审美文化的内在发展动力和发展方向，具有重要意义。4．历史性。如果今天古典范畴如美、崇高、悲已经陈旧，那么喜、怪异、挖苦、猥亵却突出了。不仅要弄清各范畴的历史性，而且要弄清审美经验结构的改造问题。5．审美交流。在个人偏好基础上形成的美学范畴的主观体系，如果得到他人认可，就能组成交流组群。这组群很少纯粹从审美偏好产生，但也不完全由社会阶层形成。应把审美的主观体系解释为审美社会性的形式，从而确定它同社会和社会制度的关系。6．元理论的反思。重要的是把美学作为解释学的分支来理解，而不是把它停留在其他学科的边缘关系上，似乎它是哲学的、心理学的、社会学的或其它学科的分支，因为作为解释学的分支本身就是精神科学，就能延伸到各门科学。 （李醒尘）

审美价值问题（美的価値の问題）

[日]吉冈健二郎

载《哲学研究》1985年第47卷第8号

著名的现象学派美学家M·盖格力图把美学当作审美价值学。他认为审美价值是能够感知、能够体验，能够欣赏到的东西，美学以这种价值作为思考和概念的对象。美学本身是一组矛盾，理性夹杂着非理性，对体验的冲动交织着对认识的冲动。审美价值只存在于个性之中，而认识却以获得普遍概念为目的。济慈的诗、华托的画、舒伯特的音乐之所以是美的，就在于它们是不能还原为普遍概念的唯一的东西，并且是和谐、逼真、深邃等一般价值概念所包括不了的。作为学术的美学只能以普遍概念为基础，而作为审美对象的审美价值却是直观的非概念性体验。

植田寿藏在他的《杰作与平庸之作的逻辑》中把杰作与平庸之作的区别归结为结构的不同。植田认为只有真正具有个性的作品才能获得普遍价值，这种思想与他的老师深田康算的理论一脉相承。深田认为作为学术和道德范畴的问题不是个性而是普遍性，只有艺术范畴才要求有绝对的个性。既是个性它就是独一无二的；只要承认它有价值就又必须具备某种意义的普遍性。学术上和道德上的普遍性是超越个性的，而艺术上的普遍性却寓于个性之中。

深田的理论根据是康德的《判断力批判》。康德认为，艺术只能有天才的艺术，艺术首先要求有独创性，其次是典范性。靠模仿别人不会成为天才，因为天才是自然的宠儿。只有自然的宠儿才能创造出美的艺术，也就是我们现在所说的审美价值。可是康德虽然在这里使用了"价值"一词，但至少审美价值并非《判断力批判》所要讨论的根本问题，他把审美看作是价值，似乎没有必要再特别提出审美价值。本来在康德时代价值观念尚未成为哲学的主要课题。据梅塞说，打下今日价值哲学基础的是洛采。洛采在所著《小宇宙》中说："就象在知性探索的各种规律中经验是不可缺少的工具一样，感情中存在着表现事物价值的理性形式。"他把感情与知性并列，知性是经验中认识现实的器官，感情是认识价值的器官。

科恩写《普通美学》的目的在于明确审美价值。他把美的判断看作是价值判断，提出价值判断必须具备的三个原则：1．必须有成为判断的逻辑主语的被判断的事物；2．美的价值宾语要有区别于其他价值宾语的特征；3．价值判断要有一定种类的合理性。

T·库尔卡在《艺术的艺术价值和美的价值》中，把价值分为两种。他以毕加索的《亚威农少女》为例，这幅画当初曾受到毕加索的友人勃拉克等的批评，毕加索本人对这幅画也不甚满意。但是这幅画却使毕加索成为20世纪绘画的泰斗，开创了一代绘画史的新纪元。人们一方面赞誉这幅画的独创性，同时又批评它运笔枯涩，色彩暗淡，构图紊乱，人物姿态过分夸张。前者是就它在绘画史上与其他作品比较而言；后者是就人对它的观感。两者都属于毕加索绘画的价值问题。前者是艺术史上的价值，后者属于审美价值。审美价值是经久的、稳定的，而艺术价值则需了解不同的历史时代背景及有关其他作品的知识。一幅可以乱真的伪作或赝品，在审美价值上虽然可以与原作相媲美，但缺乏独创性，却毫无艺术价值可言。

如果库尔卡主要是针对现代艺术的状况，根据美术史的历史条件来区别审美价值和艺术价值的，那么胡塞尔的弟子茵加登就是置身于对作品的体验来区分审美价值和艺术价值的。他在《审美价值判断问题笔记》中提出两点：首先，什么是审美价值的本质？其次，审美的主观相对主义在多大程度上是正确的？茵加登提出构成审美的三个因素：第一，被给予的对象在结构和价值性质上具有可以直观掌握的各种因素，这是审美的根本条件；第二，可看到的价值性质与直观交流的情绪因素；第三，根据上述两种条件可以就对象进行种种评价的、对固有价值的认识。茵加登指出艺术价值具有如下特征：1．艺术价值不是在和艺术作品的直接交流中使我们产生的体验、心理状态或契机，即不属于快感一类范畴；2．不是为了使之成为产生快感与否的工具而有意识赋予作品的；3．存在于艺术作品本身的为艺术作品所固有的特殊属性；4．只有在艺术作品的特殊性中有其成立的根据时，它才确实存在；5．当它是实际存在的作品时，这种作品是区别于其他任何文化产物的独特的存在。（曲翰章）

想象力中的快感(Some Pleasures of Imagination)

［美］S·L·费根(*S. L. Feagin*)

载《*Journal of Aesthetics and Art Criticism*》, *Fall. 1984*

作者在文中考察了审美经验的实质，同时，对流行的当代艺术欣赏观念提出了异议。作者认为，现在热门的关于艺术不是为快感服务的说法，使我们容易忘记，在我们的艺术欣赏中很大一部分是由快感组成的。由此作者着重论述了某一想象类型及其他在某一特定艺术欣赏中所起的作用，也就是感知想象力——视觉感知力、听觉感知力和其他一些感知模式的行为——是怎样在小说欣赏中获得快感的。作者强调指出，感知想象力，或者称之想象力，是(至少有时是)小说欣赏经验中不可缺少的一部分。并且分析了两个概念，即“感知想象力”和“想象力”。前者指知觉感受的联想；后者指头脑思维的想象。作者认为，区分知觉的想象、情感的想象以及想象的本身具有一定的困难。因为知觉的想象很难与“内在知觉”区别清楚。所谓内在知觉是类似噁心、头晕等知觉，都是类审美的知觉想象，这些想象的本身与情感想象力之间并不具备清晰的可区分性。让情感想象力清楚地联想到感情的经验不会比“想象其他人的感觉是怎样的”容易。

作者以18世纪经验主义作家惯常使用的想象特征为例，论证了经验主义的作品中所运用的想象方式不是感知的本身，而是一个替代物在起作用。这个替代物所引起的快感是一种虚假的快感。在真正的东西(感觉的本身)无法得到或不可能得到的情况下，从替代物中也许能得到愉悦。由此，作者引出了她对想象与感知的界定和区别：想象的作用是在想象中满足感知的需要。但是，不幸的是想象与感知并没有什么根本区别，它的作用是直接派生的，自身并不具备任何功效。作者认为，快感的产生比想象的内容更能引起人的兴趣。我们已经获知关于快感的两个不同的看法：(1) 想象的快感是感知的快感的替代物；(2) 想象的本身具有快感属性。尽管一时无法证明由想象派生的快感比由知觉提供的快感更强烈些，但仍需要分两步来展开分析。第一步的命题是：想象的行为本身是具有快感属性的，不仅作为感知的替代物，而且是想象行为的本身具有快感因素。作者认为，快感源自想象力行为的自身。可以由想象的行为获得快感而无须考虑行为结果的价值　第二步的命题是：想象可能确定具有快感的属性，但在身体真实感受想象的内容时却又可能并没有快感的作用力。在实际生活中就存在一些不正常的想象，比如一个人怎样在荒岛上孤独地生活。某人自己对死亡的想象以及任何一种社会变态心理或性变态心理的想象都可能引起快感，这一类被称为“病态的好奇心理”的放纵性满足想象，在实际感受中未必具有快感的功用。第二步的论述实际上是第一步的发展和衍变。

通过对快感的分析之后，作者认为，如果欣赏活动必须依赖于读者自己的一部分活动的话，那么作者就处于一种不安定的境地，尽管善辩者吹嘘艺术应该如何控制读者的经验，但是小说的欣赏还是要受到读者对小说价值判断的制约。在艺术欣赏中，批评家可能会直截地提出读者会在读的过程中“完整化”或叫“润饰”他们所读的东西，也就是说他们一边读一边往作品中加入一些自己的东西。但是一旦批评家试图提高或改变读者的知觉力时，发现这一切又是那么不可捉摸。“在艺术欣赏中读者的‘领悟’比要求读者如何进行感知活动要有效得多。”因为“告诉读者如何想象不会比告诉他们注意富于创新的倒叙的手法的使用有更多的理解的可能性。”

对艺术创造和艺术欣赏的审美心理的分析，归结到最终，是为了有利于甚至是易化艺术的批评。批评的目的尽管是多种多样的，最常见的则是作为欣赏的媒介，是艺术欣赏中理解与体验的助产士。无论如何，作者在谈到“想象力”时仍不免感到棘手，因为快感本身是一种无法驾驭的头脑思维现象，就如同情感和欲望一样，不由自主地就存在于我们的判断力之中。“快感的无法驾驭性也反映了美学价值是否具有普遍性的问题。用更为时髦的话说，它投射了对快感（和情感）的解析。”“如何评价（或解释）‘它’的存在的结论，不仅仅反映了天然审美价值和界定某一特定作品的范围，而且也扮演了实用批评技巧的角色。”（曹星原）

当代哲学家简介

L·阿尔都塞〔法〕

李 青 宜

路易·阿尔都塞(*Louis Althusser* 1918～)是当代法国著名的研究马克思主义的哲学家，在60～70年代，他又是风靡于欧、美等地的“结构主义的马克思主义”这一哲学流派的主要代表人物。

1918年10月16日，阿尔都塞出生在阿尔及利亚首都阿尔及尔附近的一个小镇比曼德利，1930年读中学时移居法国，1939年通过会考进入法国著名的高等学府——巴黎高等师范学校。同年，德国法西斯入侵法国，阿尔都塞应征入伍，1940年6月，他在瓦纳斯被德军俘虏，在战俘集中营里被监禁了五年，直到战争结束才被释放。

战后，阿尔都塞返回巴黎，重新进入巴黎高等师范学校学习哲学，在著名哲学家加斯东·白歇拉的指导下完成了题为《黑格尔哲学中内容的观念》的博士论文。1948年任该校的哲学教师，并于同年加入法国共产党。从此他一直在该校执教，成为著名的教授与学者。

阿尔都塞的成名是在60年代中期，当时正是人本主义倾向的马克思主义思潮在法国及国际上广泛漫延的时候，也是结构主义哲学思潮在法国兴起并逐步取代存在主义哲学思潮的时候。他反对人本主义倾向的马克思主义思潮，认为这是一种削弱马克思主义理论作用的危险倾向，属于资产阶级的意识形态，同时他也不完全赞成传统的马克思主义的表述，特别是斯大林主义对马克思主义的解释。于是，他沿用结构主义的观点和方法重新研究和解释马克思的著作。他与大多数“西方马克思主义”者和西方资产阶级“马克思学”家把马克思主义黑格尔化、人道主义化的做法相反，强调马克思与黑格尔的彻底决裂，强调马克思与理论上的人道主义的彻底决裂，强调马克思主义的科学性与客观性。他轻视意识形态与人的主观能动性，因而在当代西方马克思主义研究中独树一帜，产生了广泛的影响。

阿尔都塞的具有代表性的、又引起众多争议的理论观点主要是：

第一，认为在马克思的思想发展中存在着一个科学与意识形态在“认识论上的决裂”。他把马克思的思想发展分为两个(在思想上互不相干的)时期：1844

年以前为前期，他称之为人道主义的意识形态时期；1844年以后为后期，他称之为历史唯物主义的科学时期。在这两个时期之间，存在一个"认识论上的决裂"。在阿尔都塞看来，意识形态和科学不同，它并不给人们提供恰当的认识工具，由意识形态进到科学，首先需要对意识形态的基本结构作彻底的改变，即"认识论上的决裂"。在马克思的思想发展中，这个"决裂"发生在1845年。马克思由前期向后期转变的标志是：无情地批判人的哲学，把它当作旧的哲学垃圾，无情地加以抛弃。

第二，认为马克思主义是"理论上的反人道主义"。在阿尔都塞的整个理论体系中，把马克思主义解释成为一种"理论上的反人道主义"占有核心地位。这是因为他的理论观点基本上都是在与苏共"20大"以后国际共产主义运动中泛滥的人道主义思潮进行斗争中形成的。

"理论上的人道主义"和"理论上的反人道主义"是阿尔都塞创造的两个新术语。他认为，在1845年以前，即在和费尔巴哈决裂前，马克思把人道主义当作理论，这就是所谓"理论上的人道主义"；但在1845年以后，马克思已对自己的费尔巴哈哲学信仰作了清算，不再把人道主义当作理论，而是当作意识形态，这就是所谓"理论上的反人道主义"。

阿尔都塞的这一论点在当时曾引起广泛的反响和争议。针对这一情况，他后来曾做过解释。对于这个论点中的"理论上的"这个定语，他的解释是：把马克思主义称为"理论上的反人道主义"，一方面表明把马克思主义的科学理论——历史唯物主义同把人道主义当作理论的资产阶级意识形态和受费尔巴哈影响的前马克思主义(即青年马克思的人道主义信仰)相区别；另一方面并不排除成熟的马克思主义在实践中包含着深刻的人道主义内容。至于用"反"这个词，他的解释是，这出于论战的需要，旨在把问题提得更尖锐、更引人注目。确切地说，马克思主义在理论上"不是"人道主义。

第三，认为马克思的辩证法与黑格尔的辩证法有本质区别。阿尔都塞认为黑格尔哲学中并没有体系与方法的矛盾，他的辩证法也不是倒置的，同时，不可能从他的哲学体系中发掘出什么合理内核。他认为尽管黑格尔的辩证法与马克思的辩证法都把历史看作是由内在矛盾推动的过程，但它们之间毕竟有一条不可逾越的鸿沟。它们的区别不仅在于唯心主义与唯物主义体系的不同，而且还表现在它们的本质上，即表现在它们本身的规定性和结构上：黑格尔的辩证法是一元决定的，一切事物的发展是由一个单纯的矛盾自始至终地决定的；而马克思的辩证法则是多元决定的。因此，他反对把马克思的辩证法说成是黑格尔的辩证法的唯物主义"颠倒"，认为这种说法没有把马克思主义哲学同黑格尔划清界限，而他的解释则可以把黑格尔的影响从马克思主义中清除出去。

第四，认为"哲学归根到底是理论中的阶级斗争。"阿尔都塞在他的早期著作中曾经把哲学定义为“理论实践的理论”，也就是理论活动(主要是科学活动)的逻辑和方法论，即理论的理论或者超理论。在听到一些批评意见后，他在后来的著作中，对这一定义作了自我批评，认为这是一种“理论主义”倾向，即理论脱离实践的倾向。承认“在过高地估计哲学的理论作用的同时，也就低估了它在阶级斗争中的政治作用”。他给哲学重新下的定义是“哲学归根到底是理论中的阶级斗争。”他解释说，“归根到底”一词意味着归根到底的决定作用，简单地说哲学是阶级斗争，会导致对哲学的过于庸俗的理解，“归根到底是理论中的阶级斗争”则意味着不是简单的阶级斗争。这表示，在哲学中发生的一切，归根到底这样或那样地在政治中、在政治的阶级斗争中引起一定的后果，但这并不表示，哲学是政治的仆从，哲学所讨论的是社会实践的现实问题，这些问题的解决与社会政治问题的解决有联系。

阿尔都塞的主要著作有:《孟德斯鸠：政治和历史》(1959)、《矛盾与多元决定》(1962)、《读〈资本论〉》(与 *E*·巴里巴尔合著，1965)、《保卫马克思》(1965)、《列宁和哲学》(1969)、《自我批评论文集》(1974)、《立场》(1975)等。其中以《保卫马克思》和《读〈资本论〉》最为著名，影响最大，是他的成名之作。这两部著作已被翻译成多种文字，并在法国再版多次。

对于阿尔都塞沿用结构主义方法阅读和解释马克思主义的著作，法国及国际理论界评论不一，毁誉参半。赞扬者认为阿尔都塞把大家从官方注释者的乏味的重复中解放出来，恢复了马克思主义的创造力，为马克思主义研究“闯出了一条新路”；批评者认为阿尔都塞歪曲了马克思主义，甚至是“日益精巧地伪造马克思主义”。阿尔都塞本人从未承认自己是结构主义者，但他在后来所写的《自我批评论文集》中也曾表示在他以前的著作中“同结构主义的‘调情’超过了所能允许的限度”，并作了相应的自我批评。

阿尔都塞于 1980 年 11 月 16 日因精神方面的疾病严重发作掐死其妻子而被送往精神病院监护就医，现在虽然已经出院，但身体情况很坏，一时还难于从事学术活动。

阿尔都塞及其学术著作现在在法国及国际上仍有一定的影响。

E·阿伽齐〔意〕

厚 明

E·阿伽齐(*Evandro Agazzi* 1934—)是意大利著名的科学哲学、数理逻辑家。于 1934 年 10 月 23 日生于意大利。他在米兰天主教大学修完哲学学业，并在米兰州立大学修完物理学学业。之后，他在牛津、马堡和慕尼黑的一些大学从事博士后研究。1963年获科学哲学的“Venia Ieoendi”,1966年获数理逻辑的“Venia Ieoendi”。在任热那亚(*Genoa*)大学的科学哲学终身教授前后,他曾执教于热那亚大学的数学系(高等几何、互补数学、数理逻辑)、比萨国立高等学院(符号逻辑)、米兰天主教大学(科学哲学、数理逻辑),并任杜塞尔多夫、匹茨堡、日内瓦等大学的客座教授。他还两次担任意大利逻辑和科学哲学学会主席,曾任意大利哲学学会主席和一些学术机构的主席。目前,阿伽齐是瑞士弗莱堡大学的哲学人类学、自然哲学和科学哲学的教授,并担任布鲁塞尔的国际科学哲学学院院长,国际哲学团体联合会秘书长,联合国教科文组织的国际哲学和人文科学理事会司库,瑞士逻辑和科学哲学学会主席。他还是国际形而上学学会执行委员会成员,巴黎国际哲学研究所成员,以及不同国家的科学院和学术机构的成员。

阿伽齐的学术著述(包括撰写与主编的)有20部书、250多篇论文和各类文章。他还是意大利的科学哲学刊物《认识论》、国际学术刊物《认识论》、《国际哲学评论》和《医学、道德的一般科学理论》的编者,并且一直是学术辞典和百科全书编委会的成员。

阿伽齐的主要研究领域为:一般科学哲学,某些部门科学(数学、物理学、社会科学、心理学)的哲学,逻辑学、系统理论、科学伦理学、生命科学伦理学、科学史、语言哲学、形而上学和教育学。

阿伽齐的科学哲学理论是建立在对数理逻辑、形而上学、物理科学的深入研究的基础上。他详尽地研究了马克斯韦尔的著作,同时,他还研究了非欧几何和从19世纪末到20世纪初哥德尔的形式逻辑。人们将他对现代科学理论的批判分析归功于他对传统形而上学的广泛了解。

阿伽齐很早就阐明,人们不能只通过观察达到对认识性价值的理解。他指出,人们不能抛弃理论模式,因为理论模式是不可被任何观察的事实所替代。由此,他排除了直到本世纪的约定主义和新实证主义、独断主义等的论断与观点。

根据阿伽齐的理论,任何科学都包括有可确证的理论,但是,这并不等于是绝对性的知识。科学也不同于指出某种方向和意义。所谓某种方向,是指通过与某种价值的联系,在可能的目的之间选择和判定事物。科学把这项任务留给哲学、宗教甚至给理想主义去完成。科学在两重意义上是一种历史事件,它构成历史,同时也为历史所构成。从这个观点来看,科学史需要得到进一步的重视。

大约有10年之久,阿伽齐一直致力于研究数理逻辑和数学的基础,并且持批评极端形式主义的哲学观点。他认为,数学研究有两个方面:一方面,数学研究具有某些“数学对象”性质的“具体理论”;另一方面,数学研究公理化定义的形式结构的“抽象理论”。后一方面适宜于用作其他具体理论(数学的或非数学的)

中的“语言”;然而前一方面在一定条件下(应用数学)也能具有这个功用。

又用了10年时间,阿伽齐研究了经验科学的基本问题,同时,他精心阐述科学哲学。起初,他研究物理学哲学(特别是探讨量子物理学中具有争议的课题),然后转向研究心理学和社会科学的认识论问题。在这些领域中他应用了他的“科学客观性”理论。这一理论由两个明显不同但又完全重叠的特征来体现。在第一种意义上,所谓客观性指的是“主体间性”(*intersubjectivity*),而且客观性是凭借规范化的操作标准达到的。这种规范化的操作标准是在不同历史时期为不同的科学团体所具有的;这些科学团体允许某个人确立所谓“直接资料”,并提供检验程序,通过这一检验程序,每一主体都应当能够检验另一些人的陈述,并把这些陈述作为从原则上认为是普遍真实的陈述,而不仅是作为一种事实来认识。

但是客观性也有另一种意义,即每一门科学只研究它的“科学对象”。这种意义是象下面这样发生的:任一既定的科学学科从一种科学的观点出发来思索日常经验的“事物”,这种思索就等于使用一个经过选择的特殊谓项来谈论的那些“事物”。此外,某些谓项必须具备合适的具有操作性质的指谓标准。这些特殊的谓项从“事物”中剪略了“科学的对象”。当这些操作标准恰巧同那些用以保证主体之间的一致性的标准相同之时,人们就会发现两种“客观性”的意义相符合,尽管它们在概念上是互相区别的。

阿伽齐的这个学说有几点深远的意义:它证明了“科学真理”的合法性,避免了象波普尔的“逼真”和“近似真理”,或分析哲学意义上的“部分真理”观念这样一些不能令人满意的论题。阿伽齐认为,科学真理只是在它被局限于科学对象的意义上才是“部分的”,但科学真理是关于科学对象的真正的真理。操作标准具有一种“指谓的”特性,它并不单纯是一种语义学的特性,“科学实在论”就作为一种容易完善确立的结果而被提出来。这也蕴涵着对波普尔的证伪主义以及拉卡托斯和另一些人所提出的证伪主义的精确的否定,并且,这也提供了一种理论基础来否定库恩和费耶阿本德所倡导的关于科学理论中的“不可公度性”(incommensurability)的学说,引入了一种更为丰富的关于科学动力学的说明,这种科学理论的动力学,深刻地思索和证实了科学进步的不同的可能性。

阿伽齐的分别操作概念和非操作(理论的)概念,也提供了一种新的、内在的区别,这种区别贯穿于旧的、难以成立的关于“观察概念”和“理论概念”的区别之中。后一种区别数十年来一直是分析哲学家们的大量无效努力的主题。这个学说也为“经验理论的语义学”提供了一个新的基础,它避免了以仅使用语义手段为基础的传统的分析语义学中不可解决的困难。

阿伽齐的这个学说,还使单独的“客体化”依赖于“观点”,依赖于工具对概念的操作化、数理技术等等,具备了可行性,而这些都是在确定的历史时期、在历史地存在的文化背景之中所“给定的”，就这一个范围来说，这个科学客观性的理论是一种将自身看作为“历史地决定了的”理论。以这种方式，哲学的、形而上学的、甚至意识形态的前提也表现为同客观性所相容，倘若它们具备了合适的操作检验程序，凭借这种程序，每个人就能处在检验的地位上。实际上，从一种既定的观点可以正确地“观察”到这种检验地位，而毋需分有它。以这样一种方式，库恩的科学“范式”学说的几个积极方面就被包括在这个概念中，而且涉及他的关于科学变化的说明的过分的社会学论和非理性主义。

阿伽齐的这一对对象和方法的特殊性的清晰认识，直接使科学的每一学科赋有自己的特性，这就必须否定任何“还原论”，同时鼓励对一些问题(包括不同学科之间的关系)“作系统的、理论的”探讨。特别是，表现在社会科学中的价值和准则性方面的存在被充分地合法化和加以阐明了。而一种正确的概念的空间，也被赋予一种特殊的非科学知识的形而上学。从所有这些先决前提那里，就导致一种科学哲学的概念，它比纯逻辑-方法论的科学哲学远为丰富，它特别以一种连贯一致的方式包括了关于科学和社会的关系，科学的伦理责任和技术的关系的问题。概而言之，它是与科学的人道主义相关方面的问题。这个学说的一个方面是详尽地阐明了一种对人的哲学理解，这种哲学理解说明在一种系统的理论探讨中同人相关的一切科学的贡献，而未放松和忽视人本身的全部特性。

正是归功于这种学说的强烈肯定的“实在论”，阿伽齐对科学的真理性的证明，他的关于科学的历史主义的概念，他对科学和社会的关系的鉴识，他的关于科学和技术的人道主义的观点，也显示了同一些当代马克思主义哲学家所阐述的科学理论的相似性。阿伽齐曾应邀访问了苏联、匈牙利、保加利亚、德意志民主共和国、波兰和捷克斯洛伐克等社会主义国家的科学家们。在这些场合中上述相似性就更为明显了。 (根据国际哲学团体联合会提供的有关资料编译)

A·J·艾耶尔〔英〕

胡 建 华

艾耶尔(*Alfred Jules Ayer* 1910—)是当代英国逻辑实证主义哲学的主要代表人物。1910年出生在伦敦的一个木材商家庭。他自幼酷爱读书，1923年以优异的成绩进入著名的伊顿公学。1932年毕业于牛津大学基督堂学院，获文学学士学位。在牛津上大学期间，艾耶尔认真研读了休谟的《人性论》以及休谟的其他著作，深受休谟哲学的影响。休谟把知识问题作为自己哲学的中心问题；把感觉印象看成认识的唯一对象和最后界限；认为除了关于数和量的抽象推论和关于实际事件的经验推论之外，一切命题和推论都是胡诌和诡辩。这一切都在年轻的艾耶尔心中引起了共鸣。艾耶尔曾说，他当时就发觉在休谟的著作中隐藏着某种思想，这种思想与后来维也纳学派提出的经验证实原则颇为相似。休谟哲学的影响为艾耶尔接受前期维特根斯坦和维也纳学派的基本哲学主张奠定了基础。

牛津大学的青年哲学家吉尔伯特·赖尔把一本当时在牛津鲜为人知的书——维特根斯坦的《逻辑哲学论》——呈现在行将大学毕业的艾耶尔面前，他立即被这本书吸引住了。艾耶尔对维特根斯坦"对不能说的东西必须保持沉默"的格言拍案叫绝，完全接受了书中关于除逻辑和数学同语反复的陈述以及可被经验证实的陈述外，一切命题都是无意义的胡说的观点。但是，艾耶尔不同意维特根斯坦的"语言图画说"，不赞成他从书中看出的神秘主义倾向。

艾耶尔对牛津沉闷的哲学气氛深为不满，对剑桥哲学却心驰神往。除了接受维特根斯坦的影响外，他对罗素和摩尔的哲学也颇感兴趣。艾耶尔虽然认为罗素把世界分解为最简单的经验元素的做法难以贯彻到底，但他仍然把这种分解看成一个适当的进程。同时，罗素的影响并不妨碍他吸收摩尔保卫常识的观点。此外，艾耶尔还读了詹姆士的《实用主义》和剑桥青年哲学家莱穆塞(*Ramsey*)具有实用主义倾向的著作，觉得实用主义中存在着一些有益的东西。

1932年11月，新婚的艾耶尔带着赖尔给石里克的介绍信前往维也纳，在那里度过了对他哲学思想的形成有着决定性影响的几个月。在石里克的邀请下，艾耶尔多次参加维也纳小组的讨论会，很快地了解了他们的哲学思想。艾耶尔赞同维也纳小组重建哲学和科学之间的桥梁这一哲学目标，接受了他们的经验证实原则和通过对语言的逻辑分析排斥形而上学的哲学纲领。在维也纳小组内部关于科学陈述的对象的争论中，他支持石里克等人观察陈述是对感觉经验的描述的观点，反对纽拉特和卡尔纳普等人的物理主义倾向。

1936年，艾耶尔发表了使他蜚声哲学界的代表作《语言、真理和逻辑》一书，第一次系统地阐述了自己的哲学观点。下笔伊始，艾耶尔便以经验证实原则为武器讨伐形而上学，宣称哲学只有仅仅作为一种分析活动才能对知识作出自己特有的贡献，并把哲学分析归结为寻求定义和检验定义的活动。艾耶尔认为，只存在着两类有意义的命题，即事实命题和形式命题；前者实质上是关于"感觉内容"的命题，可以为经验所证实，后者则是同语反复的命题，它们非真即假。形而上学、神学和道德命题无所谓真假，它们不是关于事实的陈述，充其量不过是感情的表达而已，因此它们是没有意义的伪命题。艾耶尔认为，只要从证实原则出发，通过逻辑分析剔除哲学史长期争论的问题中的形而上学因素，这些问题便可迎刃而解。

艾耶尔后来承认，这本书为求得清晰而牺牲了深度；书中的思想不过是从维也纳学派那里接受的实证主义、从罗素和休谟那里接受的经验还原主义、从摩尔等人那里接受的分析方法以及从莱穆塞那里接受的实用主义的汇合而已，并无多大独特性；书中存在着不少缺陷。但艾耶尔申明，他仍然赞同书中的基本精神，总的说仍然坚持证实原则。

《语言、真理和逻辑》一书使艾耶尔成为逻辑实证主义哲学在英国的主要代表人物。

艾耶尔1935～1944年间在牛津大学基督堂学院任研究员，1936年获文学硕士学位。该年爆发了著名的西班牙内战。张伯伦政府对西班牙内战袖手旁观的态度和对法西斯势力的绥靖政策使艾耶尔忿恨不已。他加入了工党，积极从事反法西斯主义和声援西班牙共和政府的活动。1940年艾耶尔投笔从戎，在英军中服役近六年，后任上尉。

1940年出版的《经验知识的基础》是艾耶尔又一部重要著作。在这本书中，艾耶尔试图"解决那些通常被置于'我们关于外部世界的知识'题目下的哲学问题。"艾耶尔认为，我们关于物理客体的陈述应归诸关于感觉的陈述；一旦我们输入了感觉材料，我们就根据这些材料从事着对物理客体的分析。他看到从感觉材料出发的知识理论面临着"自我中心困境"这一重大问题，并力图解决这个问题。艾耶尔后来承认他做得不很成功并一直未找到满意的答案。

1945年11月，艾耶尔退役回到伦敦，翌年再版了《语言、真理和逻辑》。在这个修订本中，艾耶尔承认至关重要的证实原则在第一版中没有得到恰当的表述。他考虑到主体的个性和时空等因素对主体经验活动的局限，重新阐发了这一原则。艾耶尔提出了或然的证实理论，认为人们根据经验只能得到概率的证实。根据证实的或然性程度，艾耶尔区分出"强"证实和"弱"证实。在回答该书的批评者对证实原则本身的性质和作用的质疑时，艾耶尔指出这一原则是一个约定性的规定，它为人们对常识和科学陈述的理解提供了令人满意的解释。艾耶尔还承认以前把哲学分析看成是提供定义的活动这一哲学观太狭隘，并进行了扩充。此外，艾耶尔还对书中的其他一些观点作了修改。

1946～1959年，艾耶尔担任伦敦大学教授，主讲精神哲学和逻辑学，1948～1949年被聘为纽约大学客座教授，1952年被选为英国研究院研究员。1954年，艾耶尔访问苏联，觉得苏联当时的面貌与维多利亚时代的英国颇为相似。同年，艾耶尔访问了中国并参加了中国建国五周年庆典，他还与中国哲学家们进行了学术交流，在北京大学作了关于当代英国哲学的讲演。

1956年，艾耶尔担任了牛津大学韦克海姆学院逻辑学教授，同年发表了《知识问题》一书。艾耶尔认为，说知道一个事实就是宣称有理由确信它；反击怀疑论对这一声明的非难为知识理论提供了主要话题。他指出：怀疑论者之所以怀疑我们关于物理客体的知识，怀疑我们关于别人的心灵和关于过去、未来的知识，是因为他们坚信这些知识所依赖的前提和它们的结论之间存在着一条鸿沟，人们不可能借助归纳或演绎推理来逾越这条鸿沟。艾耶尔力图排斥怀疑论的异议，为上述知识的合理性进行辩护。但是，艾耶尔现在承认他对怀疑论作了一个让步，即认为归纳法的论证逃不脱循环论证的窠臼；我们力所能及的是依循过去行之有效的方法，这不过是假定过去适用而已。

1956年底，艾耶尔成为英国广播公司“智力之友”节目的主持人之一，在电视中即席选答观众所提出来的各种哲学和社会问题。1957年，艾耶尔在牛津大学华达姆学院任荣誉研究员，五年后被布鲁塞尔大学授予荣誉博士学衔，1970年被封为爵士。除了上面提到的著作外，艾耶尔较为重要的著作还有《哲学论文集》(1954)、《人的概念》(1963)、《实用主义的起源》(1968)、《形而上学和常识》(1969)、《罗素和摩尔：分析的传统》(1971)、《或然性和证据》(1972)、《伯特兰·罗素》(1972)、《哲学的中心问题》(1973)和《维特根斯坦》等。这些著作反映了艾耶尔广泛深入地研究各种哲学问题，在同其他哲学家的争论中捍卫、发展、补充和修改自己哲学观点的具体过程。尤其值得一提的是，艾耶尔晚年对形而上学采取了较为宽容的态度，认为形而上学的探索也可能对知识作出重要贡献，甚至声称某些形而上学研究提出过一些十分重要的逻辑论点。

艾耶尔与国内外著名的作家和社会活动家有着广泛的交往，其中罗素、维特根斯坦、摩尔、赖尔和石里克对他的思想发展有着重大的影响，威斯顿姆、奥斯汀、斯特劳斯和奎因与他在学术上也往来甚多。

哲学中的艾耶尔严肃冷峻，生活中的艾耶尔却不无热情。他喜欢打球、下棋和旅游，对足球和电影评论更是津津乐道。艾耶尔对政治也颇为关心，现已退出了他为之服务了50多年的工党，加入了社会民主党，因为他认为工党再也不是昔日产生艾特利政府的那个党了。艾耶尔目前已载誉退休，但并未终止写作和研究。

R·科　恩〔美〕

吴　　忠

科恩(*Robert S. Cohen* 1923—　)是美国著名的科学哲学家。1923年出生在美国的一个犹太家庭。他的童年和少年时代是在纽约度过的。1939年前后，他进入威斯尼廷大学学习。1943年毕业后，考入美国著名高等学府——耶鲁大学继续攻读，当年即获得“理学硕士”学位。1948年以专攻理论物理学而获得耶鲁大学哲学博士学位。当时，科恩的研究领域除了物理学外，哲学也越来越占重要地位。

1948年后，科恩开始了他的学术生涯。他先后在几所大学和学院教过物理学和哲学，但执教时间都不长。原因在于他思想激进，具有马克思主义倾向，因此，尽管他开设的课程颇受学生欢迎，但校方却拒绝续聘。在麦卡锡主义时期，科恩由于“替马克思主义说好话”而遭到法院的传讯。后来，又曾因为“私自接受共产党国家邮寄的宣传品”，而数度受过美国联邦调查局的“调查”。

1955～1956年，科恩得到美国福特基金会的资助，前往英国剑桥大学访问，进行研究工作。1956～1957年，科恩应聘来到座落在美国文化名城波士顿、思想比较开放的波士顿大学。先在物理系教物理学，后来又到哲学系兼教哲学。从那时起到现在，波士顿大学和波士顿地区一直是他的主要学术活动基地。他先后担任过波士顿大学物理系主任、文理学院院长等行政职务，现在是该校的物理学和哲学教授、“科学哲学与科学史中心”主席。近年来，他还应邀担任了马萨诸塞理工学院的“科学、技术与社会”规划的兼职教授、波士顿科学哲学基金会董事长等校外职务。

1958～1959年，科恩与波士顿大学哲学系教授 M·W·瓦托夫斯基合作，筹办“波士顿科学哲学讲座”，从1960年起，陆续邀请了波士顿地区一些著名的科学哲学、科学史工作者发表讲演。这些讲演颇受听众欢迎，这使他俩受到鼓舞和启发，决心把这个讲座长期开办下去。为此，他们设立了“波士顿大学科学哲学与科学史中心”，由科恩任主席、瓦托夫斯基任副主席，邀请校内外有关学者担任兼职研究人员。该中心的一项主要工作就是主持“波士顿科学哲学讲座”，并从发表的讲演中，择其优者，汇编成册，定期出版，作为《波士顿科学哲学研究》丛书。从该中心成立之日起到现在，“波士顿科学哲学讲座”一年举办一届(一般都在2～10月间)，从未有过间断，但其内容已不再限于科学哲学，还包括科学史、科学社会学等领域；讲演者也不再限于美国的学者，西欧、东欧各国和其他国家的学者都应邀做过讲演。这个讲座在1985年庆祝了它的25周年纪念，并以“25年以后：什么是物理学与社会学中的新问题”为中心讲题，举办了一次纪念性的专题讲座。与这个活动相应，“波士顿大学科学哲学与科学史中心”也逐渐发展成为一个向国际开放的研究中心。迄今为止，它已先后接纳过20多个国家(包括中国)的有关学者作为访问学者或兼职研究人员。

由科恩和瓦托夫斯基主编的《波士顿科学哲学研究》丛书（*Boston studies in the Philosophy of Science, D. Reidel Publishing Co.*)至1985年已出版了94卷，内容已不仅仅是“波士顿科学哲学讲座”上发表的论文，还包括了科学哲学、科学史、科学社会学等领域内的专题著作、专题论文集、著名人物纪念专集(如马赫、菲格尔、弗朗克纪念文集等)、国别论文集(如苏联、匈牙利、日本等国的科学哲学专集)，等等。可以说，《波士顿科学哲学研究》丛书不仅在很大程度上反映了近30年来科学哲学等学科在西方的发展情况，而且从某种意义上说，也反映了在这些领域里国际学术交流的情况。

从1970年以来，科恩又与他人合作，开始编译出版英文版的《维也纳学派文集》(*Vienna Circle Collection, D. Reidel Publishing Co.*)，至今已出版了20卷。该《文集》收入了维也纳学派著名代表人物的哲学著作和手稿，其中有许多是以前未曾发表的。

科恩的教学和研究工作横跨几个领域。他不仅长期从事物理学和哲学的教学工作，近年来他还与其他教授合作，开设了"科学与宗教"、"科学技术与社会"、"科技政策研究"等跨学科课程，颇受学生欢迎。他编撰了大型《物理学》教科书，并撰写了多篇物理学专业论文以及有关马赫和卡尔纳普哲学的长篇论文。他是美国公认的马克思主义哲学权威之一，为大百科全书撰写了马克思和恩格斯传略，还曾发表了《马克思主义与民主》等评述马克思主义的论文。科恩对于科学哲学中的许多问题，都发表过具有独到见解的专题论文。他从哲学的角度，对李约瑟的《中国科学技术史》中有关中西文明比较的观点做出的评论，受到李约瑟的重视。尤其值得指出的是，科恩较早注意到科学与伦理的关系问题。1964年9月，他在南斯拉夫召开的"科学、技术及其对现代社会的影响"学术讨论会上，发表了题为《伦理学与科学》的讲演。在这个讲演以及他稍早些时候发表的《个性与共同目的：科学哲学》等文章中，科恩指出，科学和技术可以被用来造福人类，也可能受到滥用，给人类带来祸害。科学哲学的目的之一就在于，一方面，使科学家认识到科学首先是一项人类的活动，以唤起他们作为人类社会成员的责任感，担负起自己应尽的道义义务；另一方面，使非科学家了解科学、关心科学，共同起来制止对科学的滥用。科恩的这个观点是对弗朗克的"科学哲学是自然科学与人文科学之间的桥梁"这种"广义"的科学哲学观的进一步发展。近年来在西方，科学与社会伦理的关系问题已日益引起人们的注意，科学伦理学正在逐渐从科学哲学中分化出来，趋向于成为一门独立的学科。科恩在这方面的文章受到广泛的重视。

科恩在上述学术领域里的工作和成就，使他赢得同行们的尊敬。许多当代西方著名的科学哲学家、科学史家都与他有密切联系，东欧一些国家的主要学者也与他有交往。1960年初，他就被接收为美国文理科学院(*AAAS*)的成员。1982年9月在美国费城召开的两年一度的全美(西方)科学哲学学会大会上，科恩被选举为该学会1982～1984年度主席。近些年来，他还陆续被几所私立大学和学院聘任为校董事会的教师董事。

科恩曾多次访问苏联、民主德国、匈牙利、南斯拉夫、古巴等国家，为促进这些国家的学者同美国和西方学者之间的正常学术交流而做出了贡献，被誉为"美国科学哲学界的使节"(瓦托夫斯基语)。中美正式建立文化交流关系以后，他多方设法与访美的中国学者和留学生接触，了解中国的改革和建设四个现代化的情况。1985年5～6月间，科恩应中国科学院《自然辩证法通讯》杂志社的邀请，来华进行讲学访问，终于实现了他多年来的访华夙愿。并应邀担任中国科学院科技政策与管理学研究所的客座研究员、西安交通大学社会科学系、南开大学社会学系、北京师范大学哲学系的客座教授。

П·Н·费多谢耶夫〔苏〕

贾泽林

费多谢耶夫((*Петр Николадеич Федосеев* 1908—)是苏联著名哲学家和社会活动家。苏联科学院院士，教授。现任苏联科学院副院长。

费多谢耶夫生于1908年8月。1930年毕业于高尔基师范学院。1936年毕业于莫斯科历史-哲学学院研究生班。1936～1941年任苏联科学院哲学所研究员。1939年加入苏共。1941～1955年在苏共中央机关工作，同时担任《布尔什维克》和《党的生活》杂志主编及苏共中央社会科学院辩证唯物主义教研室主任。1946年当选为苏联科学院通讯院士。1955～1962年出任苏联科学院哲学所所长。1960年当选为苏联科学院院士，同年担任苏联科学院经济、哲学和法学学部院士秘书。1967～1973年出任苏共中央马克思列宁主义研究院院长。1962～1967年、1971年起至今担任苏联科学院副院长。自1961年苏共22大起为苏共中央委员。从1961年起为苏联最高苏维埃代表。1981年因在发展社会科学和研究马克思列宁主义哲学的重大问题方面所做的杰出贡献而荣获苏联科学院最高奖——马克思金质奖章。他还是列宁勋章及其他勋章和奖章获得者。保加利亚、民主德国、波兰、捷克斯洛伐克等国科学院的外国院士。

1986年苏共27大他再次当选为苏共中央委员并为苏共27大政治报告、苏共新纲领和党章决议起草委员会成员。

费多谢耶夫的主要研究领域有：辩证唯物主义和历史唯物主义，科学共产主义，科学无神论，资产阶级哲学和社会学批判。

1945年以前，费多谢耶夫在苏联哲学界并不十分引人注目，著作也不多。1945年起，他就任《布尔什维克》杂志主编。由于他在该杂志上曾经发表过对亚历山大洛夫《西欧哲学史》一书的赞扬性评论，因而在1947年哲学讨论会上受到联共(布)中央宣传鼓动处长尤金的点名批评，指责他不愿组织对亚历山大洛夫《西欧哲学史》的讨论，放弃“布尔什维克式的批评”和搞“无原则性和小圈子作风”等等。此后他又因发表过赞扬经济学家沃兹涅先斯基作品的文章而遭到苏斯洛夫的点名批评。1949年7月，联共(布)中央免除了他的《布尔什维克》杂志主编的职务。

从50年代中期起，费多谢耶夫在苏联哲学社会科学界中的地位日益突出。

60年代初当选为苏联科学院副院长和苏共中央委员以后，他成为哲学界首屈一指的人物，被《哲学问题》杂志称之为“苏联最大的哲学家”，而他的一些著作则被赞誉为“对发展马克思列宁主义科学作出了创造性的贡献。”

费多谢耶夫发表了许多文章，但个人专著并不多。他的作品的特点是：理论视野比较宽广，对理论问题的阐发比较深刻，对当代社会发展和科学发展提出的迫切而重大的理论问题特别重视，强调哲学社会科学要保持与现实生活的密切联系，提出并解决实际问题。由于他的地位显要，他提出的问题和发表的见解，往往对苏联哲学社会科学研究起着指导性的作用，具有很大的权威性。60年代以来，他在苏共党代表大会和中央全会前后发表的文章，反映和体现了苏共对哲学社会科学的指示和要求，是观察和研究苏联理论界动态的重要依据。

费多谢耶夫60～70年代的主要代表作有：《共产主义和哲学》(1961)，《现时代的辩证法》(1965)，《20世纪的马克思主义(马克思、恩格斯、列宁和现时代)》(1972)。这些作品的共同特点是努力运用唯物辩证法来分析社会发展的根本过程，探讨马克思列宁主义阐发的基本规律在从资本主义向社会主义过渡时期和在共产主义建设条件下表现的特殊性，研究社会发展辩证法的新方面。费多谢耶夫强调，“在社会主义社会里对抗阶级消灭了，阶级之间的斗争没有了，社会主义制度下没有发展成为对抗性矛盾的基础”，主张“通过对立面的结合(融合)来克服对立面”，认为“只谈‘统一物分为两个部分’，只谈‘斗争’不谈对立面的统一和相互渗透”，会“使理论粗俗化和简单化”，声称讨论社会主义社会的主要矛盾是什么和有没有的问题是“相当抽象的争论”(《共产主义和哲学》)。他强调说，“对社会主义社会来说，其特点是矛盾在于差别性，它们在转化为社会冲突之前就能得到解决”，“社会主义的辩证法是巩固社会在社会政治上统一和在这种统一条件下克服矛盾的辩证法”(《现时代的辩证法》)。他在1977年版的《20世纪的马克思主义》中，按照苏共24、25大的口径对发达社会主义和共产主义建设问题做了长篇的论证，即认为苏联社会正处在发达社会主义阶段，这一阶段具有长期性，其特点是“从彻底胜利并得到巩固的社会主义向完全的共产主义”的过渡。

80年代以来，他的主要作品有：《列宁与自然科学的哲学问题》(1981)和《哲学和科学认识》(1983)。这两部专著反映了他对进一步加强自然科学家与社会科学家和哲学家联盟，对研究现代科学最重要的方法论问题的充分重视。《哲学和科学认识》是他以往全部研究工作的总结和概括，强调了马克思主义哲学的统一性和整体性，指出马克思主义哲学是科学世界观(即作为哲学、经济学和社会政治观点的完整体系的马克思主义)的主要基础和核心。该书又被认为是总结了苏联哲学最近几十年来取得的主要成果，提出并深入考察了当代最重要而迫切的哲学问题，极大地增进了哲学知识。

由他主编的《唯物辩证法(理论概要)》(1980)一书被认为是苏联近年来以制定唯物辩证法理论体系为目的而撰写的一系列作品中较好的一部。

苏共27大以后，费多谢耶夫发表文章，强调哲学社会科学界要按代表大会的精神和要求进行批评和自我批评，坚决铲除繁琐哲学和教条主义，充分利用“党在生活各个领域中确立的创造性气氛”，主动开展学术研究，大胆地提出问题，创造性地进行理论探讨，同时提醒理论工作者要注意新党纲和27大文件对以往一些理论问题在提法和看法上所作的改变。他还特别强调了对人及人的因素的作用增长问题进行综合研究和制定人学理论的重要性。

费多谢耶夫由于作了大量的科学组织工作而享有盛名。为发展哲学社会科学研究，他在全苏范围内进行了组织、协调和计划工作，加强了苏联哲学社会科学工作者之间的联系，促进了他们与国外学者的交往。

费多谢耶夫多次率领苏联哲学社会科学家代表团出席各种重要的国际学术会议，其中有第14届(1968)、第15届(1973)、第16届(1978)、第17届(1983)世界哲学大会，等等。

P·费耶阿本德〔美〕

田云光

费耶阿本德(*Paul Feyerabend* 1924—)是美国当代著名科学哲学家。1924年出生在奥地利维也纳。1947年进入维也纳大学攻读历史学、物理学和天文学。1951年获博士学位后准备去英国跟维特根斯坦学哲学，维特根斯坦的逝世使他成为波普尔的学生。从1958年至今，他任加利福尼亚大学伯克利分校哲学教授。目前他还任苏黎世工业大学兼职教授。

费耶阿本德目前仍过着独身生活。他性情有些孤僻，较少与人交往。他也很少出席学术会议。费耶阿本德的著作很多。《哲学文集》二卷本收录了他早年的一些文章。意义问题，实则是经验的地位问题构成这部文集的主要论题。70年代出版的《反对方法》是他最主要的一部著作。在这部著作中，他全面展开了其无政府主义认识论的基本观点，并且考察了哥白尼革命的历史作为其科学哲学的事实支持。他的另一部较重要著作是《自由社会中的科学》。在此，费耶阿本德回答了批评意见，并且从社会的角度进一步展开了他的观点。

由意义分析和历史考察到多元主义方法论，并进而论证这种多元主义方法论与人类的自由幸福的一致性，这既是费耶阿本德思想的发展过程，也是我们理解其思想的一条内在线索。

一、费耶阿本德的意义分析。在逻辑经验主义看来，经验观察是纯粹的、客阅的。观察陈述最终是经验观察构成理论陈述的意义基础，观察构成对理论的最终判决。费耶阿本德完全不同意这种观点。他认为，经验观察是一个相当复杂的过程，有许许多多的因素对经验观察施加了影响。观察的结果也许包含有观察对象的贡献，但是观察对象的贡献为其他的因素大大减少了，甚至消除了。费耶阿本德尤为强调理论对于观察的影响。在他看来，科学理论是看待世界的方式。接受某种理论，将影响人们的一般信仰和期待，从而影响人们的经验观察。理论规定人们观察什么和如何观察；理论给予观察结果以表达、解释。因此，实验的证据不是由纯粹和简单的事实组成的，而是按照某个理论分析了的、模型化了的和加工了的事实组成的。没有理论给以描述解释的事实是根本没有意义的。因此对于费耶阿本德来说，观察(观察项)不仅仅渗透了理论，而且是充满了理论。不同的理论将得到不同的证据，观察陈述是分析性真的。

因此，在费耶阿本德看来，不是观察陈述从而是观察给予理论陈述以意义，相反，在观察中充满了理论，理论本身是意义更根本的来源。费耶阿本德的意义分析是激进的，其实质在于否定经验的绝对权威。费耶阿本德认为："一个经验论者，从经验开始，从不后顾地在其基础上建筑。现在他失去了立足的基础。不是地球，'稳定的、牢固确立的地球'，也不是他素日所依赖的事实还仍然是可信的了。使用这样一个可塑的、可变的经验的哲学需要一种新的方法论原则，这种新的原则不再坚持经验对理论的非对称的判定了。"(《反对方法》，1975，第89页)

二、科学发展是一个非理性的复杂过程。费耶阿本德属于科学哲学的历史学派。他极为重视对科学实际发展的考察，提出了"回到史料中去"的主张。费耶阿本德以前的科学哲学家大多认为科学的发展是一个合乎理性的过程。费耶阿本德认为这种描述是不准确的。在他看来，科学的发展是一个非理性过程。一些科学理论得以存活下来，就在于历史上的一些思想家"或者决定不再受明显方法论规则的约束，或者不经意地打破了它们"。

费耶阿本德详细地考察了哥白尼革命的过程。他认为，托勒密学说与当时的整个知识背景是和谐一致的，而哥白尼学说则与之相矛盾。托勒密学说使用了本轮与均轮，哥白尼学说照样使用了本轮与均轮。而且，哥白尼学说刚提出时遭到了比托勒密学说更多的经验事实的反驳。因此如果按照理性主义的标准，我们就应该毫不迟疑地放弃哥白尼学说。

但是哥白尼学说终于作为科学的理论而接受了下来。伽利略是对哥白尼革命的成功作出了主要贡献的人。费耶阿本德认为，伽利略得以成功，就在于他不顾理性规则的束缚，利用一切有用的手段，来维护他坚信的理论。这些手段包括：让不成熟的理论互相支持；面对明若观火的反驳证据，或者置之不理，或者用特设性假说加以解释；通过宣传、暗示，用一套新的自然解释来替换旧的自然解释，并且逐渐改变人们的感觉中心;自始至终,伽利略还利用那个时期人们对旧东西的厌恶和对新东西的渴望心理,如此等等。伽利略使用的这些手段没有一个是严格合乎理性标准的。

费耶阿本德认为,伽利略这样做是对的。固然,哥白尼学说与当时的整个知识背景不相一致,但是并没有什么东西保证构成背景的知识体系是对的。错误就可能存在于那个知识体系之中,因为它处在一个古老的地层。的确,哥白尼学说遭到了经验的反驳,但是经验不是纯粹的、客观的,它是按照旧的理论方式表述的。因此,理论与经验观察的冲突可能反映的是两个世界观的冲突。新的理论有权要求一套新的观察语言、新的观察证据来检验。任何理论都需要一个发展过程。在其历史初期,它必然是不完善的。在这个时期,让它与成熟了的旧理论做比较是不公正的,就象安排一个小孩子与大人搏斗一样不公正。哥白尼学说没有得到象托勒密学说那样多的逻辑与经验支持,但并不能说明它是没有前途的。费耶阿本德总结说:“科学史上的一个新时期开始于一种向后运动,这个运动将我们带到理论更模糊、更缺少经验内容的早期阶段。这种向后运动不止是一个偶然事件,它还具有某种确定的功能。如果我们想搞垮现状,它还是必不可少的,因为它给予我们必须的时间和自由,以便发展主要观点的细节和发展必要的辅助科学。”(同上书,第152页)

三、怎么都行的无政府主义方法论原则 意义分析和对科学发展历史的考察使得费耶阿本德得出这样的结论:“固定方法的概念或者固定理性理论的概念奠基在一个关于人和他的社会环境过于朴素的观点上。对于那些看到了历史提供的材料的丰富性的人,对于那些不想因满足其低级本能而使历史材料变得枯竭的人,对于那些不想用清晰、精确、‘客观’、‘真理’的形式来渴求理智上的安全的人,很清楚,仅只有一条原则可以在一切情况下,使人类发展的所有阶段上可以加以卫护,这就是:怎么都行。”(同上书,第27～28页)费耶阿本德反对传统科学哲学加之于科学和人类一切其他认识活动之上的种种理性限制。他说,旧科学哲学‘为科学的发展提供了一种不适合的描述。这种描述容易阻碍未来科学的发展,因为科学要比它的方法论形象不整齐得多,‘非理性’得多。它们可能阻碍科学的发展,因为象我们已经看到的那样,使科学变得更‘理性’和更精确的企图必将消灭科学。”(同上书,第179页)没有混乱就没有知识;不经常排除理智,就没有进步。“今日构成科学基础的那些思想得以存在,只是由于有偏见、奇想、激情这样一些东西。因为这些东西反对理智 因为它们被允许为所欲为。”(同上书,第179页)费耶阿本德主张一种彻底的无政府主义认识论原则,对于他来说,不存在任何不可能排除的限制,不存在任何不能被使用的方法,不管是理性的,还是非理性的。在他看来,怎么都行的原则不仅仅是为科学的历史发展所确证了的原则,而且它还是鼓励未来知识进步的有效原则。因为解决问题,不管是科学的，还是非科学的，都需要完全的自由。

为了表明任何普遍的方法都是没有局限的，任何方法都是可以使用的，费耶阿本德特别提出反归纳法以与归纳法相对抗。如果与归纳法这样的普遍方法完全相反的方法都是有用的，那么还有什么方法不能够被使用呢？所谓反归纳法就是指：引入并阐述与已经确立的理论和(或)已经确立的事实不相一致的理论，并创造新的经验。他认为，反归纳法是打破旧的意识形态、创新理论的一个很有效的方法。

四、理论多元论。如果在方法上采取"怎么都行"的多元主义原则，必然得到多元的理论。理论的多元论已经蕴含在费耶阿本德的多元主义的方法论之中了。不满足于此，费耶阿本德还提出了达到理论多元论的二种具体机制。这就是韧性原则和增生原则。费耶阿本德说："我把这样一种作法——从许多个理论中选出一个可望取得最好效果的理论，即使遇到最大的困难，还加以坚持——称之为韧性原则。"(《经验主义问题》，1981，第13页)所谓增生就是不断地提出新理论。反归纳法就是一个理论增生的机制。一方面是增生，鼓励提出新的理论；一方面是韧性，要求在理论面临困难时仍然坚持不息。二者的相互作用，一个必然的结果就是理论的多元论。

因此，费耶阿本德所构想的知识，就不是一系列自身一致的、聚向某一理想观点的理论，它不是向真理的逼近；而是一个不断增加的、相互不一致的(甚至是不可能比的)可供选择者的海洋。每一个理论，每一个童话，每一个神话都是迫使其他的作进一步说明的集合的一部分。通过竞争，它们都对意识的发展作出贡献。没有什么东西是永远确定的，没有什么东西可以从一个综合的说明中忽略掉。

方法论的多元论导致理论的多元论，通过多元理论之间的相互批判、竞争，从而达到知识的进步。如果说费耶阿本德也有其科学发展模式的话，那么这就是他的模式了。

五、方法论与人类自由幸福的统一。费耶阿本德是一个彻底的自由主义者，他把自由视为人类幸福的根本前提。通过"怎么都行"的方法论原则，他实现了在科学实践中的自由。通过理论的多元论，他实现了在科学与非科学的意识形态之间，在不同的科学理论之间选择的自由。这样，理论与方法论的多元主义就不仅仅是促进知识进步的有效原则，而且与人类的自由幸福一致起来了。

目前，费耶阿本德正在撰写一部《论相对主义》的专著。

H·G·伽达默尔〔联邦德国〕

张 汝 伦

伽达默尔(*Hans-Georg Gadamer* 1900—)是当代联邦德国著名的哲学家,也是哲学释义学的主要代表人物。他富有创见的思想、渊博的学识和广泛的研究领域,使他在西方哲学界具有一定的影响。

伽达默尔1900年2月11日生于德国的马堡。学生时代先是在慕尼黑大学学习,后来进入马堡大学攻读哲学博士学位。他博士论文的选题是柏拉图,指导教师是新康德主义马堡学派的代表人物那托普。完成博士论文后,他于1923年去弗莱堡大学参加海德格尔主持的"亚里士多德伦理学"讨论班,从此以后,他和海德格尔的关系一直十分密切。海德格尔对他的思想产生了巨大的影响。

伽达默尔先后在马堡大学(1937~1939)、莱比锡大学(1939~1947)、法兰克福大学(1947~1949)和海德堡大学(1949~1968)任教,其间在1946~1947年曾任莱比锡大学的校长。从70年代起,伽达默尔在一些美国大学里担任客座教授。1971年他在波采姆获劳希林奖金,1979年在斯图加特获黑格尔奖金。1977年获加拿大渥太华大学荣誉博士学位。现在是海德堡大学的荣誉教授。伽达默尔50岁才结婚,有一个女儿。

伽达默尔一生都在大学教哲学,他的著作甚丰,至今已撰写了近30部著作,并主编了10部书。这些著作观点独到,内容丰富,不仅包括哲学和哲学史的研究,而且也涉及文化史、音乐、文艺、文学、美学等人文科学研究领域。伽达默尔的主要著作有:《柏拉图的辩证伦理学》(1931)、《柏拉图和诗人》(1934)、《歌德与哲学》(1947)、《真理与方法》(1960)、《柏拉图七封信中的辩证法和诡辩》(1964)、《短篇著作集》(四卷,1967~1977)、《柏拉图的辩证伦理学和其它柏拉图研究》(1968)、《观念史和哲学的语言》(1971)、《黑格尔的辩证法》(1973)、《科学时代的理性》(1976)、《美的现实性》(1977)、《对话和辩证法》(1980)等。其中《真理与方法》一书已被西方哲学界公认为当代哲学的经典著作。

伽达默尔的全部哲学工作都是同释义学问题有关的。对他来说,释义学不只是一个解释与我们隔着一段时代距离的文本的任务,而首先是一个哲学问题。释义学问题对于一切人类经验,无论是历史的还是现时的,都是普遍而基本的。海德格尔对此在和理解的本体论分析对伽达默尔的哲学释义学思想的形成具有决定性的影响。伽达默尔说:"我认为海德格尔的人类存在(此在)的时间的分析令人信服地表明,理解不仅是主体各种可能的行为之一,而且是此在的方式,'释义学'这个术语在这里就是在这个意义上使用的,它表示此在基本的、构成它的有限性和历史性的在动，从而包括了它全部的世界经验。”(《真理和方法》)伽达默尔从海德格尔的释义学思想出发，把释义学作为哲学本身对待，把解释现象看作是人类的世界经验，通过强调理解的普遍性，确立了释义学作为一种以理解问题为核心的哲学的独立地位。

在伽达默尔看来，“对于文本的理解和解释不仅是一个科学关心的问题，而且是整个人类世界经验的一部分。”(同上书)理解现象遍及人和世界的一切关系，理解的过程发生在人类生活的一切方面。因此，“释义学现象基本上不是一个方法的问题”。(同上书)理解活动是人存在最基本的模式，而不是主体认识客体的主观意识的活动，那种狭义的文本理解和释义活动只是从这种本体的理解活动中派生出来的。哲学释义学就是要发现一切理解模式共同的东西，而不是要提供一种一般的释义理论和一种对于解释方法和不同说明，所以，哲学释义学不是一般意义上的方法论。哲学释义学要说明一切理解现象的基本条件，这些条件使理解成为一个最终不是由解释主体操纵的事件，即不是主观意识的活动。哲学释义学通过研究和分析理解的种种条件的特点，来论述作为此在的人在传统、历史和世界中的经验与人的语言本性，最后达到对于世界、历史和人生的理解和解释。

伽达默尔认为，19世纪德国古典释义学最突出的问题就是，它虽然要表明人文科学的合理性，但由于接受了以主客体相分裂为基础的主观和客观的区分，把人的历史性作为妨碍获得客观真理的东西加以排斥和否定。但历史性正是人类存在的基本事实，无论是理解者还是文本，都内在地嵌于历史性中，真正的理解不是去克服历史的局限，而是去正确地评价和适应这一历史性。我们必然要在传统中理解，理解的也是我们传统的一部分，理解的历史性具体体现为传统对理解的制约作用，这种制约作用是通过我们的成见实现的。成见就是那些使人们不可避免地受其制约的当前历史条件中的基本观点，如果我们承认我们总是处于一定的历史条件下，那么这就必然意味着我们总是带着没有反思过的观念去理解。既然没有成见理解就不能发生，那么就应该承认它们本质的价值。实际上正是成见构成了传统的连续性。解释者和文本属于同一个传统，传统不是要用方法来加以克服的前提，而是我们理解行为的产物。解释者的视界在理解和解释文本时向外扩张，同文本的视界融合为一体，从而丰富和扩大了传统。

伽达默尔认为，历史文本成为解释的对象意味着它问了解释者一个问题，文本就是这个问题的答案，或者说，答案必须到文本中去找。文本或传统提出问题当然有其历史视界，我们必须在我们的视界内重新构造这个问题。在重新构造文本或历史提出的问题时，我们的视界必然要进入历史的视界，而发生两个视界的融合。重新构造问题的过程也是突破这两个视界，产生一个新的更大的视界的过程，这种过程是永无穷尽的。一方面，传统在不断地变化；另一方面，我们存在的历史性也使我们无法达到一个完满的理解。一个答案意味着又一个问题;一个问题可以有不同的提法,更会有许多不同的、可能的答案。因此,文本意义的可能性是无限的。

释义学的经验的结构中揭示出来的这种问答辩证法,使理解就象是对话那样一种相互的关系,而不是主观意识的行为。理解对我们"发生"。整个释义学过程是语言性的,在对话完成前我们决不会知道对话将是怎样的。所以,是语言本身在向我们说话。伽达默尔认为,语言不是一种工具,不是一个符号系统。相反,因为语言揭示了我们的世界,所以如果没有语言,我们就没有世界。语言和世界的根本关系并不意味着世界成为语言的对象,倒不如说,知识和陈述的对象已经揭示在语言的视界中。语言实际上是普遍的,超出了它所说和表现的东西的表面。语言有它自己本体论的地位,"能理解的在就是语言"。(《真理和方法》)伽达默尔这么说并不是说在就是语言,而是说我们只能通过语言来理解在。语言表达了人与世界的一切关系,人永远是以语言的方式拥有世界。这当然不能理解为人是通过语言认识世界或人通过语言创造世界,而是说语言带给人一种对于世界特定的态度和关系。

在伽达默尔看来,真正在文本和解释者、过去和现在之间起桥梁和中介作用的,不是心理学的移情,而恰恰是语言。文本和解释者,过去和现在,都只是一个正在进行的语言过程的要素。释义学理解本身就是一个语言现象,语言是释义学问题的起源和最后归宿。语言不能脱离世界,语言的生命与世界是不可分离的。世界只有进入语言才是"世界",语言也只有在世界在它之中得到表现这一事实中才有它真正的在。

伽达默尔近年来在一系列的文章和讲演中反复强调释义学是一种实践哲学。人在进行知与行两方面活动时,都有一些先定的预设,即使是在科学的理论问题和它的应用问题之前,还有一些先在的问题,释义学就是要说明这些问题,这些问题对于人之为之及他们的择善而从是决定性的。释义学使人们认识到自己丰富的可能性和不可避免的有限性,从而对自己的生活作出明智的抉择,使之更合理、更美好。

S·克里普克〔美〕

涂纪亮

克里普克(*Saul kripke* 1942—),美国著名的逻辑学家和哲学家,模态逻辑语义学的创始人之一,70年代后出名的美国年轻一代分析哲学家的重要代表。他少年时期已显露才华,16岁在中学读书时写的一篇关于模态逻辑和直觉主义逻辑的语义学的论文，曾引起美国逻辑学界的注意。大学时期在哈佛学习，受教于蒯因等人门下。其后分别在哈佛大学、哥伦比亚大学、康乃尔大学、伯克利加州大学、洛克菲勒大学、普林斯顿大学任教。1977年在普林斯顿任哲学教授，不久升任麦科什讲座哲学教授。他还主持过牛津大学的洛克讲座。

50年代末至60年代中叶，克里普克偏重于逻辑学、特别是模态逻辑的研究，写了若干篇关于模态逻辑语义学的论文，从而树立了他在这个领域内的重要地位。60年代末到80年代初，他的研究重点转向哲学方面。他在模态逻辑语义学研究的基础上，提出了许多引人注目的新观点，这些新观点在下列论文和著作中得到充分阐述：《同一性和必然性》(1971)、《命名和必然性》(1972)、《真理论概要》(1975)、《说话者的指称和语义学的指称》(1977)、《维特根斯坦论规则和私人语言》(1982)等等。克里普克在当前分析哲学界的影响，部分来自他对模态逻辑语义学的研究，部分来自他在命名和指称、先天性和必然性等问题上提出的一些新观点。

历史的、因果的指称理论。概括说来，在名称的指称问题上，英美分析哲学中有两个重要的理论：一个是由弗雷格、罗素等人提倡的"摹状词的指称理论"，认为专名和通名都具有各自的内涵和涵义，它们实质上是一些简化的或伪装的限定摹状词，或者至少与这些限定摹状词是同义的。命名活动就是在思想上把一组限定摹状词或一组特性与一个名字联到一起，也就是说，它依据于命名的对象具有这一组特性。另一个是由克里普克等人主张的"历史的、因果的指称理论"，认为命名活动依据于某个名字与某种命名活动的因果联系，也就是说，我们在给事物命名时所依据的不是我们对名字意义的了解，而是我们对某些有关历史事件及其因果影响的了解。

克里普克认为，要正确解决指称问题，必须首先把"严格的指示记号"与"非严格的指示记号"区别开来。他说："如果某个指示记号在一切可能的世界里都指示同一个对象，我们就称之为严格的指示记号；如果不是如此，我们就称之为非严格的或偶然的指示记号。"(《命名和必然性》，第48页)他认为专名和通名属于严格的指示记号，摹状词则属于非严格的指示记号，弗雷格、罗素等人在指称问题上的错误正在于不了解这种区别，把专名或通名的涵义与一个或一组限定摹状词的涵义混为一谈。在克里普克看来，一个名字指称某个对象，这不取决于这个对象具有某种独特的识别标记，或者取决于名字的说出者知道或相信这个对象具有这些特性。即使在某些特殊场合下，有时是根据某个摹状词或者某种独特的标记来给这一对象命名的。可是，在这种命名活动中，这种独特的识别标记不是作为命名对象的同义词，也不是作为命名对象的缩写词，只不过借此把指称的对象固定下来，也就是根据对象的某些偶然特征把指称的对象固定下来。在此之后，即使情况发生变化，在对象不具有这些偶然特征的情况下，我们仍然可以用标志这个对象的名字去指称这个对象。这正是因为名字是严格的指示记号，它在一切可能世界里都指称同一对象。例如，"亚里士多德"这个专名，即使在亚里斯多德这个对象不符合通常归诸他的那些特性的情况下，也仍然指称亚里士多德。

按照克里普克的观点，专名或通名是借助于某些与这个名字有关的历史事实而指称某个特定对象的、例如，人们获得各自的名字，部分地通过各人的血缘关系，部分地通过一定的命名活动。"邱吉尔"这个专名之所以被应用到邱吉尔头上，并不是由于邱吉尔这个人体现了"邱吉尔"这个专名的涵义由以构成的那些特性，而是由于邱吉尔出生后就被他的父母取了这个名字，其他人认识他后也用这个名字称呼他，如此建立起一条"传递的链条"，"邱吉尔"这个名字就沿着这条链条一环一环地传递下去。站在这条链条另一端的任何一个人，可以用"邱吉尔"这个名字称呼邱吉尔，而不必知道邱吉尔的种种特性。克里普克强调说，重要的不是名字的说出者如何考虑他是怎样知道这个名字所指的对象，而是这条实际的"传递的链条"的建立。与专名一样，通名一旦被确定下来之后，也可以沿着传递的链条一环一环地传递下去，它们指称的对象也是由一条历史的、因果的传递链条决定的。我们必须记住一个通名的指称被确定的方式和它的涵义之间的区别，不应把一个通名如何确定其指称的方式看作这个通名的同义词。

先验偶然命题和后验必然命题。在真理问题上，康德以来的传统观点认为，先验命题和必然命题是紧密相联的，这就是说，一切先验的知识都是必然命题，一切必然的命题都是先验地知道的。过去的哲学家很少把先验命题和必然命题区分开来，克里普克则强调把这两者严格区别开来，认为"先验的"和"必然的"这两个概念不可交替使用，"先验命题"和"必然命题"并不是两个外延相同的概念。他认为"先验的"是一个认识论概念，"必然的"却是一个形而上学概念。当我们说一个论断先验地有效，这涉及它的认识论性质；而当我们说它必然地有效，这涉及它的形而上学性质。因此，在他看来，决不能把"先验的"和"必然的"这两个概念混为一谈，先验命题和必然命题并不是不可分的，应当承认既可能有偶然的先验命题，也可能有必然的后验命题。

克里普克在《同一性和必然性》一文中首先提出后验命题这个概念，他是从同一性问题着手来论证这个观点的。他首先研究由两个专名组成的同一命题，认为如果组成同一命题的两个专名都是严格的指示记号，而这个同一命题又是真的，那么这个同一命题必然是真的。例如，"长庚星就是启明星"这个同一命题，如果长庚星和启明星是同一个星辰(金星)，那么在其他可能的世界中它们都不可能指两个不同的星辰。"长庚星就是启明星"这个同一命题是必然真理，而且它是通过天文学的观察后验地发现的，因而是一个后验的必然真理。他接着考察科学理论中的同一命题，如"热是分子运动"等等，并认为这类同一命题也是后验的必然真理。因为，在他看来，“热”和“分子运动”都是严格的指示记号，它们在一切可能的世界里都指称同一个对象，“热是分子运动”这一同一命题也是必然真理，而且它是通过科学研究而被后验地发现的。

在《命名和必然性》一书中，克里普克进一步提出先验的偶然命题这个概念。他把维特根斯坦关于标准公尺的言论当作例子，来论证先验偶然命题的存在。他认为“标准公尺在时间 t_0 时是一公尺长”这个命题不是必然真理，因为这个定义并没有说“一公尺”这个词组和“尺子(S)在 t_0 时的长度”这个词组是同义的，毋宁说，我们是通过规定“一公尺”是某个长度的严格指示记号来确定“一公尺”的指称。而且对于那个根据S在 t_0 时的长度而规定公尺制的人来说，“S在 t_0 时是一公尺长”这个命题是先验地知道的。因此，“S这根尺子在 t_0 时是一公尺长”这个命题，既是偶然的，又是先验地知道的。克里普克以此论证先验偶然真理的存在，否认一切先验的真理都是必然的。克里普克的这些观点在西方分析哲学界引起很大反响。

K·S·摩蒂〔印〕

朱明忠

摩蒂(*Kotta Satchidananda Murty* 1924—)是印度当代著名哲学家，现任印度哲学大会执行委员会主席。

1924年9月24日生于印度安得拉邦的贡图尔，青年时代曾获得文学硕士和哲学博士学位。1949年在安得拉大学哲学系任讲师，1960年被提升为哲学教授，1954～1967年担任该校的哲学系主任职务。1967～1971年担任贡图尔大学研究生中心的特派员兼校长。1973～1975年任安得拉大学人文学科评议会主席。1975～1978年任蒂鲁帕提（地名）的室利·温卡特斯瓦拉大学副校长。1968年曾任印度哲学大会(巴特那年会)的总主席。从1980年起，被选为印度哲学大会执行委员会主席.

摩蒂曾以著名学者身份访问过许多国家，并且在欧美、亚洲和非洲的许多所大学讲学或担任客座教授。他曾经讲学的大学有：埃及的开罗大学(1954)，美国的芝加哥大学、威斯康星大学(1956)和哥伦比亚大学(1959)，德国的哥廷根大学和美因兹大学，意大利的波伦亚大学(1959)，伊朗的德黑兰大学，土耳其的安卡拉大学，英国的剑桥大学、牛津大学和伦敦大学（1963），泰国曼谷的三所大学(1978)等。此外，他还访问过法国、希腊、瑞士、加拿大、墨西哥、新西兰、澳大利亚、苏联、日本、印度尼西亚等国。1982年到中国访问，在北京大学作了题为“吠檀多观”的学术讲演。1975年他代表印度参加在意大利召开的“国际宗教和平会议”，1977年参加了在莫斯科召开的“世界宗教工作者大会”。

摩蒂以新吠檀多论者著称。他深入地研究了印度古代的吠檀多哲学，并且运用现代科学的观点对古代吠檀多哲学作了新的解释和阐述，认为吠檀多的许多原理与现代科学理论是协调一致的。1982年他在北京大学所作的“吠檀多观”的学术报告中指出：吠檀多哲学的基本原理就在于确认，宇宙的最高本体和终极原因是一种具有精神或意识性质的、唯一的、纯粹的实在，称之为“梵”或“真我”。世界上任何存在的东西都是它的表现形式。它存在于任何事物之中，任何事物也存在于它之中。它贯穿于万物，而又超越于万物。摩蒂认为现代科学证实了古代吠檀多的这一基本原理，量子力学中关于“每一个粒子都是由所有其他粒子组成的”结论，就证明了奥义书中的“梵在万物之中，万物也在梵之中”的观点。为了说明这一点，摩蒂还列举了一些现代物理学家的观点。例如，量子力学家戴维·博姆认为，量子力学是从整体而不是从部分出发，最终达到一个不可分割的整体概念。不可分割的整体是这样一种“存在”，以至于世界一切事物，包括时间、空间和物质都是它的形式。它包含于每一个事物之中，包含于事物的每一种秩序之中。尽管每一种事物都是它的形式，但是它并不显现于事物的表面上。所以，这种不可分割的整体是不能根据量子科学的思想范畴来描述的，因为被人们思考的东西不是实在，而实在是不能用思想捕捉的。人们需要一种新的思想工具来改变自己的意识，引导自己认识不可分割的整体。博姆最后的结论是：纯粹的、无差别的实在是最根本的东西。摩蒂认为，博姆的结论恰恰证明了印度古代吠檀多哲学中关于唯一、纯粹和无限的“梵”是宇宙终极原因的真理，也证明了人们必须从整体上认识“梵”，体验“梵”的观点。虽然摩蒂竭力说明吠檀多原理与现代科学的一致性，但是他也承认古代吠檀多思想中有关业报轮回和其他一些迷信观念是得不到科学支持的，应当加以摈弃。

摩蒂对目前印度哲学的发展趋势是乐观的，他主张印度哲学家必须继承和建设性地发展传统哲学，使之能够适应当今科学的发展和现代社会生活的需要。他在1985年召开的印度哲学大会的开幕词中指出，印度从来就不反对人类对自然的征服和对非凡力量的获得。印度文化一向期望人们摆脱贫穷、疾病和死亡，期望人们控制各种自然原素，掌握一切生存的形式和所有的科学。正象西方哲学能为西方的技术革新提供形而上学的构架一样，印度哲学也将满意地解决印度所面临的现实问题：如何能够生活在技术时代而又不完全与印度传统相决裂，如何能够既享受最先进技术所带来的益处而又能体验印度传统文化中的那种神圣、庄严、美妙的东西？摩蒂确信，印度各派哲学的伟大思想体系，以及它们深刻的形而上学的见解和有启发性的思维，只要能够得到建设性的发展，就一定能够为当今世界提供一种和平的哲学。

摩蒂除对印度哲学外，对中国和日本哲学也有较深的研究，1975年曾出版

《远东哲学》一书。摩蒂的主要著作有:《吠檀多不二论中的启示和理性》(1959)、《形而上学,人和自由》(1963)、《印度的精神》(1965)、《印度历史,政治和哲学的指南》(1967)、《龙树》(1971)、《远东哲学》(1975)。

M·Φ·奥甫相尼科夫〔苏〕

涂 武 生

奥甫相尼科夫(*Михайл Федович Овсянников* 1915—)是苏联哲学家、美学家。1915年11月出生。1939年毕业于莫斯科列宁教育学院,1943年在莫斯科大学哲学系攻读研究生获副博士学位,1960年他以《黑格尔的哲学》这部论著通过哲学博士学位答辩并获得好评,从1961年起任莫斯科大学教授至今,还先后任该校哲学系美学和伦理学教研室(后改为马克思列宁主义美学教研室)主任,苏联科学院哲学研究所美学研究室主任,《哲学问题》杂志编辑部美学组组长,《哲学科学》杂志编委等职。

1959年,奥甫相尼科夫与索科洛夫合写的《马克思主义以前的外国哲学史》出版;1963年他又与斯米尔诺娃合作撰写了《美学学说史概论》。60年代期间、他还参加了《马克思列宁主义美学原理》、《19世纪哲学和社会学思想史问题》等大型著作的编写,并主编了《美学史·世界美学思想文献》1—5卷(1962～1970),《简明美学辞典》(1963)、《美学》(1966)等。70年代以来,他陆续出版的重要著作有:《马克思恩格斯列宁的美学理论》(1974)、《美学研究什么?》(1976)、《美学思想史》(1978年初版,1984年增订版)、《艺术和资本主义》(1979)、《马克思列宁主义美学》(1983)、《马列主义经典作家论美学和现代性》(1985)等。此外,他还发表了大量关于美学和艺术史、哲学史、现代资产阶级哲学和美学批判的论文、序言、书评等。

奥甫相尼科夫曾多次率领苏联美学家代表团出席国际美学讨论会,并是苏联国内美学学术活动的积极组织者和领导者之一。

目前,奥甫相尼科夫正在主编一套六卷本的《美学思想史:美学作为科学的形成和发展》,第1、2卷已于1985年与读者见面,其他各卷将陆续出版。它将是苏联学术史上最丰富、最完备、规模最大的论述世界美学历史的巨著。

奥甫相尼科夫认为,美学是研究自然界、社会生活、物质和精神生产和生活形象中的美的发展和职能的本质、规律的科学,是研究审美意识的形态以及艺术作为审美的最高表现的产生、发展和功用的基本规律的科学。美育是美学科学的有机组成部分,它不仅是一种合乎人们愿望的过程,而且也是由整个共产主义建设的需要所决定的客观的必要的过程。

奥甫相尼科夫强调马克思列宁主义美学的产生是社会科学中的革命，它为美学研究提供了科学的方法论原则，同时也是艺术批评以及党的文化艺术政策的理论基础。在整个社会主义建设的阶段，党在自己的活动中都应当以马克思列宁主义的美学基本原理，来指导和管理审美文化活动。

奥甫相尼科夫的论著具有强烈的现实性，尤其是与苏联的现实生活联系紧密。他一再指出，在社会主义社会中，创造性的劳动已成为广大劳动群众的事业，人们在创造性劳动中力求发挥自己的能力为整个社会造福。这就决定了美学进入劳动领域，使劳动与美的结合成为一个迫切的问题。美学作为科学在这里日益为千百万劳动者所欢迎，他们把劳动看作是一种按照美的规律进行的创造。同时，在人与人的相互关系中，也应当创造一种特殊的"审美气氛"。美学和伦理学在培养人的美的方面必须携手并进。

照奥甫相尼科夫看来，艺术在美学中占有特殊的重要的地位。艺术具有教育人的巨大作用，赋予人们对美的洞察力和鉴赏力。培养高尚的审美趣味，就是要启发和发展人的审美要求，使他正确地理解美的事物，养成善于正确评价生活美和艺术美的能力，从而激发和巩固他按照美的规律来建设生活的志趣。因此，美学理论是不能、也不应该脱离艺术实践的。

奥甫相尼科夫不赞同在美学中滥用"异化"、"掌握"等概念。他曾在一次美学讨论会上表示，"这类术语在分析美学问题时，抹杀了社会的、阶级的观点，同时，在相当大的程度上使得列宁的认识论的基本原理弄得含糊不清。"他指出，在剥削制度条件下，劳动不可能成为一种使人得到美的享受的需要。如果说，在资本主义社会里工人也在创造具有充分审美价值的产品，那么这完全是受资本主义市场规律支配的结果，这也正是在资本主义条件下劳动与美的鸿沟正日益加深的原因。在社会主义的条件下，劳动已逐渐由不自由的枷锁转变成自由的劳动，它已不仅仅是谋生的手段，而是越来越成为发展人的各种能力和才智，包括发展他"按照美的规律"进行创造的能力的手段。这就意味着资本主义社会由于劳动"异化"而产生的社会"异化"现象问题，已经丧失了它们产生的基础和根源，马克思主义美学应当将"异化"等等术语看作是历史的范畴。

长期以来，奥甫相尼科夫将自己工作的重点放在世界美学思想史的研究和教学上。从 1943 年开始，他就在苏联莫斯科大学讲授西方美学史，并先后出版了多部在国内外产生过重大反响的论著。奥甫相尼科夫认为，科学的美学史的任务，就在于揭示美学思想的产生、发展和作用的内部特性和规律性。马克思主义美学把美学思想看作是同其他社会意识一样的社会现象，它们都是人们生活的现实过程的反映，是整个历史过程的一部分。因此，美学思想产生和发展的根源，以至繁荣和衰落的原因，就不应当在思想本身中去寻求，而是存在于社会生活的物质条件之中，存在于某个国家社会发展的一定具体阶段的阶级斗争的特点之中。但是，与此同时又要充分地看到美学思想是与社会生活的其他方面，例如政治、道德、艺术等等处于活生生的联系之中的。研究美学思想史应当全面地估计到所有有关的社会因素，这是决定着美学史的总的研究方向和研究方法的。

美学思想也有自己相对的独立性，有其发展的内部逻辑，有它产生、形成和发展的基本规律，美学史的任务就在于研究和揭示各种美学思想、美学学说和美学理论的共同的或特殊的历史规律性及其特点。美学思想并不是任何时候都以同样的理论形式表现出来；它们有可能以各种不同的形式出现，有时表现为创作的原则，有时又在艺术学和文艺学或其他观点之中。但是，美学思想最终总是哲学的概括，只有在这样的意义上它才具有自己的特殊性并且有机地与其他有关的具体学科相联系。

奥甫相尼科夫还特别着重指出，在美学思想史的研究中，应当克服欧洲中心论的倾向。他认为，过去的美学史著作大都只是局限于欧洲美学史的范围，忽略了亚洲、非洲、拉丁美洲等许多国家的美学思想；有的或者是将西方美学思想的模式，生搬硬套地借用到东方国家的美学上。世界美学史应当论述和阐明所有有关国家的美学文化发展的特点，公正地指出它们在整个美学思想发展史上的贡献。由奥甫相尼科夫撰写或主编的几部重要的美学史著作，如《美学学说史概论》、《美学思想史》、《美学史·世界美学思想文献》等，都有不少篇章专门涉及中国、印度、阿拉伯等国的美学。中国古代美学思想在这些著作中得到了较高的评价。

奥甫相尼科夫的著作史料翔实，观点明确并有一贯性，同时又善于吸收学术上的最新成果，提出自己独特的看法，因而在国内外受到重视和好评。他主编的五卷本的《美学史·世界美学思想文献》由于收集的原始史料极为广泛丰富，而且很多都是第一次被译为俄文，因而受到了苏联学术界和读者的热烈欢迎，目前已成为苏联美学研究和教学中的必读参考书。他于80年代主编的《马克思列宁主义美学》教科书，已被看作是集中反映苏联美学最新成果、为高等院校普遍选用的优秀的美学教材。

A·施密特〔联邦德国〕

欧力同

施密特（*Alfred Schmidt* 1931—）是联邦德国著名哲学家、社会学家，“西方马克思主义”者，法兰克福学派当代代表之一。1931年生于柏林，50年代初，在法兰克福大学攻读哲学、社会学和古典文献学。1957年起作为法兰克福社会研究所的研究生，在霍克海默尔与阿多诺直接指导下，从事哲学、社会学研究，并学习历史学和文献学。1960年完成《马克思的自然概念》一书，获博士学位。该书以马克思早期的经济学和哲学的手稿以及《资本论》等著作为依据，通过对马克思学说中“自然”概念的探讨，阐释了马克思的唯物主义的性质与特点，并阐发了自己的哲学见解。因而当该书于1962年作为《法兰克福社会学论集》第11卷出版后，引起人们的注目，先后译成英、意、日等文出版。

施密特结束研究生学业后，长期担任社会研究所所长阿多诺的助手，直至1969年阿多诺逝世。在此期间他发表了《尼采认识论中的辩证法问题》(1963)、《康德和黑格尔》(1964)、《论辩证唯物主义中历史和自然的关系》(1965)、《亨利·列斐伏尔和现代对马克思的解释》(1966)、《工业社会的意识形态》(1967)、《经济学批判的认识论概念》(1968)等著述，并翻译出版了马尔库塞、列斐伏尔、梅洛-庞蒂的著作德文本。60年代末，西欧爆发了大规模的学生造反运动。面对这一错综复杂的社会大动乱，法兰克福学派的成员有的公开支持，有的缄默不语，有的公开谴责，因而促成了原先在思想理论上已产生分歧的法兰克福学派陷于分裂的局面。当阿多诺郁郁而死，继任所长哈贝马斯于1971年率其弟子离开社会研究所之后，施密特于1972年出任该研究所所长，苦撑门庭，同时兼任法兰克福大学社会学教授，并在哲学系讲授哲学史。70年代起，他又相继出版了《历史和结构》(1971)、《作为历史哲学的批判的理论》(1976)等著作。鉴于施密特坚定地维护该学派正统的“批判的理论”，断定该理论“是在独特的状况下形成的对马克思的解释”，是新的马克思主义的立论基础，并坚信它对当代资本主义社会的有效性，抨击某些成员对该理论的怀疑与否定，因而他被看成是“对战后西德哲学界具有重要影响的法兰克福学派”的“正统继承者”、“后起之秀”，认为他“肩负着法兰克福学派的未来”。

施密特是通过对马克思著作文献学研究活跃在哲学舞台上的。以对马克思的哲学思想重新解释为主要途径来阐述自己的哲学见解，构成他哲学论述的一大特色。他认为，马克思哲学最根本的特点，是立足于实践，解释了“人与自然以实践为中介的高度统一”问题，而“自然”这个概念在马克思与费尔巴哈那里的含义是不同的。在他看来，费尔巴哈把“自然”看成是自古以来始终如一的、原始的、纯粹的自然，崇尚自然的原始直接性，从而把自然神化了。与此相反，马克思的唯物主义是“以政治经济学批判为本质内容的”，其特点是把“一切自然存在”看成是已被人的劳动加工过的、滤过的，是社会劳动的产物。因此，马克思的“自然”概念“必然是作为最广义的社会范畴出现的”，它具有“社会的历史的性质”(《马克思的自然概念》，1972年日文版，第18页)。施密特认为，如果说“自然”是个社会范畴，那末，社会也是个“自然范畴”。因为自然和人、自然史和人类史是“不可分离地交织在一起的”，主体与客体是不可分离的。由此，施密特把马克思和恩格斯对立起来。他断言：恩格斯所理解的“自然”是费尔巴哈式的“纯粹自然”，以至把自然和人类历史对立起来成为两个分离的领域，从而背离了马克思的自然理论，“倒退成独断的形而上学”。(同上书，第43页)

在施密特看来，辩证唯物主义不应成为本体论哲学，因为所谓世界的统一性命题本身就是唯心主义的命题。恩格斯提出“世界的统一性在于其物质性”这一本体论命题，其所以是错误的，是因为“物质”仅仅是一个抽象概念，它实际上并不存在，而只存在种种具体的物质形态；如果以“物质”作为解释世界、解释“宇宙进化”的“最高原则”，那就“同低劣的唯心主义毫无二致了”。施密特认为，马克思的唯物主义不是从本体论和物理学角度，而是从经济学角度去看待自然的，它是一种“非本体论”哲学，是“经济唯物主义”，它不想探究什么“宇宙之谜”，也几乎不用“世界观”这样的措词，它只想为解除人间的饥饿与痛苦而奋斗，没有恩格斯哲学的“禁欲主义”色彩。事实上，任何“不能给人们带来果腹之物的哲学”，都说不上是什么“科学的世界观”。

那末，应以什么来取代唯物主义的“物质一元论”呢？施密特主张用实践一元论。他认为，既然一切自然存在都是实践的产物，那就无论在哲学上或自然科学上都不能不突出实践对自然的作用，不能离开人的实践去解释自然。这并不是否认马克思所说的自然界的“优先地位”，它在这里仍然保持着，但是，必须看到这种“优先地位”也只能存在于人的实践、人的意识对自然的“中介之中”。自然和人一样，都只是实践的要素；随着工业的发展，自然界还将愈来愈降低它在构成社会活动要素中的地位，它的客观规定性也将“逐渐纳入主观之中”，可以说“凡是能被认识的东西，都是主体所创造的东西”。因此，“实践”对于唯物主义来说是具有头等重要意义的东西，唯物主义不应以抽象的“物质”，而应以具体的“实践”作为自己的“真正的对象和出发点”，“自然”不过是依赖于实践的“第二性的东西”。

据此，施密特对唯物主义的反映论提出了非议。他认为：旧唯物主义主张自然存在是意识的源泉，把认识仅看成是反映自然的镜子。但是，纯粹来自自然的东西和人所干预的东西是无法分离的，因为认识的过程本身就是一种批判的实践活动，它不只是物质关系的再现，而且也高度地规定其性质。因此，他认为，认识并不是象恩格斯所说的对自然界本来面目的“不附加任何外来成份的”素朴的了解，由于社会实践使认识的要素统一起来、相互转化，思想就“潜入”它所反映的现实，成为“其本质的组成部分”。而且，随着实践对自然过程的干预无所不包，对于客观结构的“被动模写”也就越来越贫乏无力。因而，施密特断言认识论的“模写”概念是“站不住脚的”。在他看来，马克思的认识论与恩格斯的不同，“把客观主义与主观主义结合起来，才是马克思唯物主义认识论的根本立场”。(同上书，第123页)

施密特除了对辩证唯物主义的反映论加以非难外，还抨击自然辩证法理论。他认为，自然界本身根本不存在辩证法，因为依马克思的观点来看，脱离实践去谈自然的结构是否是辩证法的，这是一个“纯经院哲学”的问题。实践是人和自然统一的中介，通过实践，自然才和人相互作用，才有辩证法的关系，因而辩证法“只存在于人变革自然的实践中”，它只有作为“历史的方法”才是可能的，它也必将随着人的消失而消失。在辩证法问题上，施密特同样把马克思和恩格斯对立起来。他认为，恩格斯由于把人和自然看成是相互分离的两个领域，就企图离开人的历史实践到自然界去寻求“纯粹客观的辩证法”。他的自然辩证法实际上是追随黑格尔这个“坏的先例”之后，把辩证法扩大到自然界中去的产物。由于恩格斯把来自《自然辩证法》的三条规律加以“本体化”，然后作为解释世界的原则，从而使他陷入了“物活论”；马克思则相反，他从来就不抽象地列举辩证法的“规律”和“原则”。

施密特的上述见解，表明他的哲学观点是归属于人本主义的，并企图用人本主义观点来重新解释马克思的观点。而他的这些观点并非都是他个人的独创，在很大程度上是接受了卢卡奇、柯尔施、布洛赫等人的一些基本观点，而且他的许多论述也和萨特、伊波利特、列斐伏尔、梅洛-庞蒂等人的观点具有血肉联系。当然，施密特也并非对上述一些人的观点采取简单的“拿来主义”，他有所取舍、有所保留、也有所批评。

尽管如此，施密特的观点也不是无懈可击的。相反的，他的许多重要的观点受到来自各方面的批评。如他否定恩格斯的自然辩证法形态，强调“马克思主义理论本身已经包含了自然辩证法”，其实，他所说的自然不外是“在经济上已经加工，因而已经被把握了的”，实际上即质料。如果象施密特那样把自然和历史的连续性作为根据来否认自然界的相对独立，那么，也就极其自然地在事实上拒绝了与社会辩证法相对独立的自然辩证法。联邦德国的马克思主义哲学工作者也是这样批评他的。如 K·贝耶尔茨在《唯物主义自然辩证法的认识论方面和本体论方面》一文中指出：施密特拒绝自然辩证法，必然拒绝唯物主义的实质，这都是由于他把自然看成质料的同义语，以形而上学的质料主义取代辩证唯物主义所致。

施密特之所以被看成是法兰克福学派的正宗继承人，一方面因为施密特所持的上述基本哲学观点也正是法兰克福学派的霍克海默尔、阿多诺、马尔库塞这些元老们所坚持的观点，另一方面还由于施密特忠于这些元老们所创立的“批判的社会理论”。在施密特看来，“批判的理论”并不因70年代资本主义所发生的变化而失去效用，恰恰相反，它是适应资本主义新阶段的“真正的马克思主义历史哲学”，是抛弃了空洞的“世界观”或“形而上学”的“新的历史唯物主义”；它无需担当起说明历史过程是什么的任务，而只是想作为评论历史的根据。施密特根据这一理论，指责当代富裕社会日益增长的繁荣并没有使人达到“人道化”，吸毒、酗酒、不满、犯罪与不安的现象反而在日益增长，人们普遍感到生活没有意义。他认为，使人达到“人道化”是保障与促进人的幸福的宏伟纲领。实现这一纲领的根本途径是发扬“利他主义”，因为“人之爱”才是人道进步的总关键；发扬了博爱、友好和同情精神，就能创造一个和睦、和谐、富于创造性活动的社会。

但是，施密特的上述理想社会仍然具有法兰克福学派共有的乌托邦主义性质，因为他对人类解放的前途是不抱信心的。他认为，人和自然的关系问题也是社会理想的关键性问题。由于社会通过劳动控制自然时，造成了人与自然本能的分裂，证实了弗洛伊德的快乐原则与现实原则的不可解决的对立，因而在一切社会文化都依赖于强制劳动和放弃本能而建立起来的今天，不论物质生产如何发展，也不能达到人的自然本能的完全解放，而只是使得“自然的人化”成为“人的自然化的梦想”。即使在以后建立起“真正的人的世界”之中，人与自然、主体与客体也不能达到完全的和解，因为劳动是永远不能废除的，从而人与其自然本能的分裂也是不能避免的，这意味着人并不能从自然的必然性中最终地解放出来。他断言：今天人类控制自然的技术虽已大大高于往日的乌托邦主义者的梦想，但它反过来转化成一种破坏力，将给人们带来灾难性的后果：毁灭。

Г·Л·斯米尔诺夫〔苏〕

王 克 千

斯米尔诺夫(*Голди Лудин Сиирнов* 1922—)，是当今苏联哲学界享有盛名的哲学家之一。1984 年他曾就当前苏联哲学的任务和问题发表了重要的看法，不久(1985 年 4 月)，又在第 12 届社会主义国家科学院哲学所所长会议上作了题为《苏联科学院哲学研究所 1986 ～ 1990 年哲学研究的重要方面和与社会主义国家科学院哲学研究所的合作问题》的报告。这一报告受到了与会者的重视和热烈讨论。

1981 年 12 月，斯米尔诺夫当选为苏联科学院通讯院士。出任苏联科学院哲学研究所所长(1985)年后，主持苏共中央理论宣传工作。

斯米尔诺夫生于 1922 年，1943 年起为苏共党员。1950 年毕业于萨拉托夫党校；1952 年在伏尔加格勒师范学院历史系工作；1957 年在苏共中央所属社会科学院辩证唯物主义和历史唯物主义研究室工作。这位以研究科学共产主义理论而著称的哲学家，有着深厚的理论修养和社会实践经验。1942～1947 年间从事共青团工作，这使他有可能更好地接触到广大青年人的生活、学习和工作；1947 年起他从事党校和教学工作；斯米尔诺夫还从事过党务和理论宣传工作。

1962～1965年任《共产党人》杂志哲学部编委和编辑。1957年起在苏共中央机关工作，1969年任副主任；1974年起任苏共中央宣传部第一副部长。1976年当选为苏共中央候补委员。苏共27大上再次当选为中央候补委员。

从斯米尔诺夫的理论生涯来看，苏共22大以后更为活跃：他先后撰写了《苏联工人阶级的发展及其在共产主义建设中的作用》(1961)，《共产主义—每个人的事业》(1961)。为配合苏共22大的召开，斯米尔诺夫撰写了通俗性的宣传小册子《共产主义社会关系的形成》(1962)。书中认为，当时苏联进入了展开共产主义社会建设时期，在这一时期，共产主义社会关系的形成是社会主义社会在建设共产主义物质技术基础和教育新人的必要条件。1968年，斯米尔诺夫又出版了《民主、自由和责任》一书。该书把民主、自由和责任放在一个统一的历史现象上来考察，认为这三者是人的生命的主要价值之一，但对自由、民主的解释始终服务于特定的阶级利益；不同阶级、阶层围绕着它们的斗争，是整个社会历史过程中不同阶级、阶层对抗的基本内容。1972年，他又发表了《苏共26大和新人的形成》一书。在斯米尔诺夫90多部学术著作中，最引人注目的是《苏联人：社会主义的个性类型的形成》一书。该书从问世到目前已两次再版，可以说它是这位哲学家全部哲学观点的综合，使他的有关科学共产主义理论进一步系统化、理论化，同时也显示了斯米尔诺夫的哲学才华。作为一位马克思主义的哲学家，在阐述马克思列宁主义关于个性的概念的同时，对社会主义社会个性形成的主要阶段和历史前提进行了历史的和逻辑的分析，并在唯物主义反映论的基础上，指出社会主义社会是个性受到制约的社会环境，同时在这个环境中，苏联社会的社会阶级结构发生变化，社会意识得到发展。《苏联人》一书，是斯米尔诺夫所从事的科学共产主义理论研究结晶。该书强调，苏联人是社会主义个性类型的人，它具有社会主义的定向性：预见性的洞察力、共产主义的观念、社会利益居于首位，为社会劳动是苏联人生活的最高的思想，他们信守集体主义并把国际主义看成是新的个性的特点。书中认为，在社会主义条件下，作为具有社会主义个性类型的苏联人，是通过社会主义制度下个性的整体化体现出来的，它体现了一般个性和个别个性的辩证法，并使一般与个别个性结合于社会主义个性之中。斯米尔诺夫说："新的，即社会主义的个性的形成是由社会历史诸原因综合所引起的合乎规律的现象"，同时，它又是"在社会主义条件下，通过一般现象表现出来的"，而资产阶级某些思想家却尽力歪曲这种合乎规律的现象，歪曲个人和集体、社会、价值之间的关系。他认为，新人形成的苏联经验，"具有世界历史的意义"，这种历史意义就在于：第一，一个大国所形成的典型经验表明，在历史上破天荒地证明，在服务于社会利益和共同的福利事业中，即在集体主义基础上新的个性的形成是可能的；第二，社会主义类型的个性的出现，鲜明地证明了马克思列宁主义关于人是社会关系的总合的论断的生命力和正确性；证明了个性问题在所有劳动群众解放的同时是能够解决的；证明生活条件的改变和改造人的途径存在于社会主义革命与社会主义和共产主义建设之中；第三，苏联的经验、新的类型的人的生活方式和行为，对所有人的意识产生了深远的巨大影响；第四，新的类型的苏联人的出现和发展，还在很大程度上加深了资产阶级的社会和精神价值的深刻危机，生活迫使资产阶级的许多思想家和政治家不得不承认苏联社会在培育新人方面的成就。斯米尔诺夫得出结论说：苏联人一社会主义的个性类型，“在某种意义上说，苏联人是历史、革命和科学的产儿。”

竹内良知〔日〕

卞崇道

竹内良知(1919—)是当代日本著名哲学家。1919年出生于日本大分县，1938年入京都大学文学部哲学科，1941年毕业后留校任助教，翌年转文部省工作，1946年应聘为松本高中教员，1950年为名古屋大学副教授，1977年以后任关西大学哲学与教育哲学教授。

竹内专事哲学研究40多年，专著、论文和译著很多。其中代表性著作有《昭和思想史》(1958)、《国民教育与道德教育》(1959)、《西田几多郎》(1966)、《马克思主义哲学与人》(1972)、《西田几多郎与现代》(1978)和《关于斯宾诺莎的方法》(1979)等。他还翻译了爱尔维修、莱布尼兹、霍尔巴赫的古典哲学，马克思恩格斯全集第3卷，葛兰西著作集以及关于现代西方马克思主义的著作18册。

竹内最初接触的哲学著作是三木清的《巴斯葛关于人的研究》，那是1935年他在高中一年级读书的时候。这本书使他对哲学产生浓厚的兴趣，读书范围也从三木、西田几多郎的著作扩展到康德、黑格尔的著作，并确定了到大学要学习哲学的志向。

在京都大学哲学科学习期间，竹内重点研究斯宾诺莎的《伦理学》，并以此为题作了毕业论文。由于该论文受到田边元的好评，得以在日本《哲学研究》上发表，竹内也因之被选为京大哲学科助教，整理田边的政治哲学课讲义。

在文部省图书局工作初期，由于图书监修官执笔写的“修身”教科书中宣扬超国家主义和军国主义思想，竹内对此不满并上书批评，因而被解职。在几乎没有工作的境况中，他便集中精力研究哲学。在下村寅太郎帮助下，他得以利用东京文理科大学的藏书，继续研究斯宾诺莎，同时阅读黑格尔的《法哲学》和西田哲学。此外，作为“市民社会”的哲学的英国经验论也引起了竹内的关心，因为他认为，日本社会与国家落后于西欧的原因就在于日本“市民社会”的不成熟。战后初期，文部省图书局改编为文教科书局，原大多数图书监修官被解职。此时，竹内在胜田守一(后为东京大学教育学教授)的领导下，为设置新学科“社会”科以取代“修身”科而努力工作。

1941年9月，竹内受聘为松本高中哲学教师，真正开始了哲学研究生涯。他一方面发表过去关于斯宾诺莎的研究论文，同时努力使其研究向纵深发展，并且阅读笛卡儿、爱尔维修、莱布尼兹等人的著作，以确立斯宾诺莎在17世纪欧洲哲学中的地位。竹内还参加了学生们组织的《纯粹理性批判》和黑格尔《精神现象学》研读会，参加热衷于马克思主义的学生们组织的“社会科学研究会”。通过接触费尔巴哈和马克思的著作，特别是马克思的《1844年经济学哲学手稿》，使竹内深受启发，此后他渐渐把马克思作为自己的研究课题之一。

这个时期，竹内通过参与组织长野县教职员工工会，了解到支配长野县教育的反动势力的代表是处于西田哲学影响下的人们，这给他以极大的冲击。由此，他开始思考西田哲学是不是反动的意识形态问题。过去，他虽然对于西田弟子们在战争中赞助战争怀有强烈反感，但却认为西田本身与其弟子不同。现在他感到后期西田哲学的国家论就是天皇制辩护论，而且在意识形态上西田哲学发挥了反动的作用。从此他开始深入地研究西田哲学。

1950年竹内转到名古屋大学之后，发表了《西田哲学批判》(1950)一文，翌年又发表了反驳永井博反批判的《西田哲学的根本性格》一文。竹内认为，在西田哲学中，贯穿其全过程的“自我同一”的东西不是逻辑，而是“个体的生命”。然而，它不是逻辑并不是说西田哲学没有以“逻辑”为问题，“而是说西田哲学的展开不是以逻辑本身为动因；处于西田哲学根底的是某种体验。对于逻辑的强烈要求是基于想把这种本源的体验提高到‘实在’的原理这一执拗的努力”。而且“西田哲学在其‘个体的生命’中维持‘自我同一性’，这不是说明西田哲学与其是西田哲学，莫如说是西田的哲学吗？换句话说，正如我国小说文学是所谓私小说一样，西田哲学不可以说是一种私哲学吗！”竹内认为，西田哲学所具有的性质正说明它是“日本代表性的唯心论哲学”，表明日本“近代唯心论哲学的确立”。后来竹内在探讨西田后期思想的发展时，了解到“行为直观”这一概念是在马克思“实践”概念影响下提出来的，感到50年代自己的西田哲学批判是不自觉地站在唯物主义立场上进行的，是极不成熟、极不充分的，从而再一次开始了西田哲学研究。1978年出版的《西田几多郎与现代》中所收集的论文和随感就是他近年的新成果。

从50年代开始，日本大量进口西欧社会科学图书，这使竹内得以广泛阅读西方马克思主义的著作，其中最引起他强烈共鸣的是A·列菲弗尔的著作和卢卡奇的《历史与阶级意识》。为掌握唯物论，进而掌握辩证唯物论，竹内在研究列宁著作的同时，以狄德罗为中心研究了18世纪法国唯物论。1956年，他所写的《变革的哲学与解释的哲学》一文，最明显地反映了他这时的理论立场。该文从《关于费尔巴哈的提纲》中的实践概念是马克思主义哲学基础这一立场出发，认为在作为“对象性活动”的实践概念问题上，马克思扬弃了唯心主义与旧唯物主义，创立了崭新的唯物主义。实践是马克思的唯物论的基石。竹内说，“对于唯物论的这种理解是我直到今天还没有改变的基本立场”。此文发表后，竹内在列宁著作的启发下，开始站到“正统的”辩证唯物主义立场上。批判斯大林主义使他又一次受到巨大冲击，他不能不认真地领会哲学战线上批判斯大林的意义，冷静地思考自己哲学中的斯大林主义影响。1958年他发表了《为了马克思主义哲学的发展》一文，从马克思的“意识在任何时候都只能是被意识到了的存在，而人们的存在就是它的实际生活过程”这一命题出发，论述了历史唯物主义是对旧历史哲学的扬弃，强调“不是意识决定存在，而是存在决定意识”这一历史唯物主义的基本原理是建立在反映论基础上的，主张正是《资本论》的辩证方法才是认识论的反映论的完成。通过辩证统一的把握意识形态与认识论的关系，竹内试图把辩证方法作为哲学的具体的方法论确立起来，以推进现实的科学认识，同时把过去从宗派出发搞的意识形态批判提高到正确的方法论上，克服日本一些哲学研究者在批判资产阶级意识形态时存在的只攻击对方而缺乏说服力的缺陷。另外，该文通过对列宁《唯物主义和经验批判主义》和《哲学笔记》的阐释，认识到辩证唯物主义才能够全面把握认识过程中的各种因素，因为只有这种唯物论才有可能把人的活动作为感性活动和社会实践来把握，从而进一步确信马克思主义唯物论是建立在实践概念基础上的，并且进而接受了恩格斯关于留给哲学的课题是“形式逻辑与辩证法”的思想。

此后一段时间内，竹内曾倾力于葛兰西思想研究。这是由于他读了葛兰西的《现代的君主》英译本而为之感动，便自学意大利文，悉心阅读葛兰西的著作，编译了第一本日文版《葛兰西著作集》，并且发表了《葛兰西的思想与传统》等一系列研究论文，从而使其成为日本的葛兰西介绍者。葛兰西把马克思的哲学理解为“实践的哲学”，这与竹内从实践概念上来把握马克思唯物论的想法相吻合。竹内认为，葛兰西是创造性地发展马克思思想的人，但由于克罗齐的影响，在葛兰西思想中还残存唯心论的渣滓，在对“市民社会”的把握方法上也与马克思有差别；尽管葛兰西强调了实践在马克思哲学中的重要性，但却没有详细展开实践概念的内涵与意义。因此，竹内以《1844年经济学哲学手稿》、《关于费尔巴哈的提纲》和《德意志意识形态》等著作为中心，潜心研究马克思的哲学思想。这时的研究成果集中地表现在他的《马克思主义哲学中实践的概念与人的问题》一文中。该文认为，马克思的哲学是克服了黑格尔和费尔巴哈，从而克服了唯心论与旧唯物论缺陷的唯物论，是从“对象性活动”的实践总体上来把握现实的全新的哲学。此后，从马克思的“实践”立场出发，竹内又进一步关心并探讨了语言、意识、身体等问题。

竹内对现代西方哲学也有广泛的研究。他在研究了胡塞尔现象学之后，写了《现象学与马克思主义》一文，认为与胡塞尔把存在作为客体把握来比较，马克思把存在作为实践的主体来理解在哲学上显得更为优越。他还批判了阿尔都塞与广松涉的马克思论，并且写了《关于萨特的辩证法》、《法国哲学概论》和《现代哲学的趋向》等论文。

担任关西大学讲授教育哲学课程之后，竹内主要研究卢梭的教育思想，有时不得不中断哲学研究。现在，竹内虽已67岁，但依然精力充沛，潜心哲学研究，计划整理关于马克思的研究；进一步分析西田哲学的“行为直观”概念，建立起他对西田哲学的最终评价；从整体上弄清三木清的形象，以确立三木哲学在日本哲学史中的地位；整理关于斯宾诺莎和卢梭的研究等。

王　浩〔美〕

吴　允　曾

王浩(1921—　)是美籍华裔数学家、逻辑学家、计算机科学家，哲学家。1921年5月出生于中国山东省济南市，1943年西南联合大学数学系毕业，1945年清华大学研究生院哲学部毕业。1948年获哈佛大学哲学博士学位后，留校继续研究，并在该校第一次开设了证明论方面的课程。1950～1951年在瑞士联邦工学院数学研究所从事研究工作，期间曾应邀在法国巴黎大学作若干次关于集合论的讲演。后来，这些讲演稿结集用法文出版(与麦克诺顿合著)。1951～1953年任哈佛大学助理教授。1954年在英国牛津大学作第二套洛克讲座讲演，并先在剑桥大学访问几个月，以后又在牛津大学任数理哲学高级教职，讲授数理逻辑及数理哲学等课。1961年回到美国哈佛大学，任数理逻辑及应用数学讲座教授。1967年后任美国洛克菲勒大学教授，主持逻辑研究室。1985年兼任中国北京大学名誉教授，1986年兼任中国清华大学名誉教授。从1956年夏开始，以后八年间曾作几家公司和学校计算机理论方面的顾问。

王浩于50年代初被选为美国科学院院士。1970年被选为英国科学院外国院士。

王浩对数理逻辑及计算机科学应用方面曾作出过一系列重要贡献。

一、公理集合论　王浩在公理集合论方面的工作是从他对蒯因 ML 系统的修补开始的(蒯因系统包含在他1940年出版的《数理逻辑》(*Mathematicol Logic*)一书中，故简称ML)。王浩的系统是从比原来弱的公理推出了更多的定理。蒯因对之十分赞赏。王浩的系统就构成了他的博士论文。

王浩1949年还在《美国科学院院刊》上发表《论策墨罗与冯诺伊曼的集合论

公理》一文，其中包含了一种新的集合论系统，即后来文献中时常称之为Moore-kelly 集合论的那种系统。

1953年王浩发表《数论与集合论之间的关系》，这篇论文第一次明确地区分了可谓集合论与非可谓集合论，从而开拓了一个新领域——可谓集合论。在这一年里，他还开始了关于 Σ 系统的研究，这不是一个单个的集合论系统，而是一个系统的序列；一旦建立起来以后，将是无穷多个一个套一个的集合论公理系统。1959年发表的《序数与可谓集合论》就包含了这个方面的研究结果。

二、逻辑语义学　1952年王浩发表《真理性定义与一致性证明》(美国数学学会汇刊第73卷)一文，详尽地讨论了与真理性定义有关的各种概念；改进了30年代初塔尔斯基的工作，提出了更完整的理论。这是逻辑语义学方面的一篇重要文献。

三、理想计算机　从50年代前期开始，王浩对于博克斯(*A. Burkes*)等人称之为“计算机逻辑”的这一新兴领域感兴趣，他提出了一种新的理想计算机。这种机器比图灵机更接近现实的计算机。虽然它的存贮带具有只读而不能改写的特点，却可以证明：和图灵机一样，能够计算一切可计算函数。在此期间，他还和博克斯合写了《自动机的逻辑》一文。

四、数学定理机械化证明　在40年代末期，人们已经在讨论用计算机来证明数学定理的可能性。当时已经发现，就初等数学(如初等代数、初等几何)而言，可以用算法来判定其中任一给定的命题是否为一可证命题(即一条定理)。塔尔斯基发现了初等代数与初等几何的判定算法(但这一算法效率很低，无法在机器上实现)。直到50年代中期，才有人在计算机上试着证明初等几何和命题逻辑的一些简单的定理。

王浩是最早在计算机上试证数学定理的人之一。1958年暑假，王浩在美国IBM 公司短期工作。他用 IBM 704 (每秒能抄行10,000条左右指令的计算机)的机器语言编了三个证明程序，在计算机上用了九分钟的时间，证明了怀特海和罗素合著《数学原理》中的450条定理。这一结果当时在国际数学界引起了轰动。1983年，王浩因其对数学定理机械化证明作出的开创性工作，而获得第一届“数学定理机械化证明里程碑奖”。

五、判定问题　在一种数学理论中，是否存在有算法来判定其中的任一给定的命题是不是一条定理的问题，称作这一理论的判定问题。如果有算法，则说这一理论的判定问题是可解的，否则称作不可解的。数理逻辑中谓词逻辑的判定问题早已知道是不可解的。

王浩在1961年证明：具有下列形式的一阶谓词逻辑的公式：

$$(\forall x)\quad(\exists y)\quad(\forall z)\quad F(x,y,z)$$

就构成一个不可判定的公式集合。这一结果是本世纪数理逻辑发展史中一项划时代的成就。而且王浩为了解决这一问题发展了一种新的数学理论——铺砖理论。

六、铺砖理论 铺砖理论（亦名“骨牌游戏理论”）是王浩于1960年创立的一种新的算法理论，当时他利用这种理论作工具来解决 $\forall\exists\forall$ 的问题(即上面提到的判定问题)。但现在有些学者指出，这一理论有非常广泛的应用范围，甚至不限于逻辑与数学。

这一理论所研究的问题，是一种直观上非常清楚而简单的问题，即所谓“铺砖问题”。设有若干类型的花砖(每块方砖的砖面由两条对角线分成四部分，每部分着有不同的颜色)。我们可以讨论：对一定范围的面积(也可以是无穷的)而言，至少要有几种不同类型的砖才能铺满，而不违反下述条件：相邻之砖其接合面均系同色者，这类问题及其有关算法在直观上十分简单，但却变化无穷；由之建立的算法理论及与图灵机理论等价。

王浩多年来对数理哲学以至哲学基本问题饶有兴趣。50年代他曾在牛津大学讲授数理哲学。近十余年来，他以相当多的时间从事研究逻辑与数学的哲学问题。他在1974年出版了《从数学到哲学》一书。他自己称这部书中的观点为“实事求是论”，对几十年来在美国及英国学院哲学中影响甚大的分析哲学持批判态度。

《从数学到哲学》一书中有哥德尔若干未发表的哲学观点。王浩此书中的“心与机器”一章包含有哥德尔谈不完全性定理之哲学涵义的内容以及其他观点，十分珍贵。

1985年王浩又出版了《超乎分析哲学之外——论如何无负于人类已有之知识》一书，对罗素、维特根斯坦、卡尔纳普与蒯因四家哲学作缜密的分析和犀利的批判，是一本值得重视的书。

已故著名哲学家传略

R·卡尔纳普传略〔美〕

涂纪亮

美籍德裔哲学家、逻辑学家、科学哲学家鲁道夫·卡尔纳普(*Rudolf Carnap 1891～1970*),是当代分析哲学的重要代表人物，逻辑实证主义的集大成者,在西方分析哲学界与罗素、维特根斯坦齐名。蒯因说:“卡尔纳普是一个杰出的人物，我认为他是30年代之后哲学界的卓越人物,正如罗素是30年代之前的卓越人物一样。”费格尔也说:“在柏特兰·罗素之后……卡尔纳普是本世纪最伟大的逻辑学家和科学哲学家之一，这不只是他的门生们的看法。”

卡尔纳普于1891年5月18日生于德国巴尔门附近的朗斯多夫。1910～1914年间，先后在耶拿大学和弗莱堡大学学习哲学、数学和物理学。第一次大战期间在军中服役，战后回到学校,1921年在耶拿大学获得博士学位。1926—1931年，他在维也纳大学担任哲学讲师，成为维也纳学派的核心人物。1928年出版了他的头一部重要著作《世界的逻辑构造》。1931—1935年，在布拉格大学任自然哲学教授，并完成了他的另一本重要著作《语言的逻辑句法》(1934)。法西斯执政后,他于1935年迁居美国,在芝加哥大学任教，直至1952年。在此期间,他写了大量著作,如《可检验性和意义》(1936)、《逻辑和数学的基础》(1939)、《语义学导论》(1942)、《逻辑的形式化》(1943)、《意义和必然性》(1947)、《概率的逻辑基础》(1950)、《归纳方法的连续》(1952)等等。这是他一生中著述最多的时期，也是他在美国分析哲学发展中影响最大的时期。1952年转到普林斯顿高级研究所工作后，他写了《语义信息理论概要》(1952，与巴希尔合著)和《符号逻辑导论》(1953)。1954年，他转到洛杉矶加州大学任哲学系主任,1961年退休,1970年9月14日逝世，享年79岁。

在卡尔纳普一生中，对他的思想发展影响最大的，先后有弗雷格、罗素和维特根斯坦三人。可以这样说,在逻辑和语义学方面,他主要接受弗雷格的影响;在一般哲学思想方面,他主要接受罗素的影响;在经验证实理论和反形而上学方面,他主要接受维特根斯坦的影响。

卡尔纳普对语言哲学和科学哲学均作过深入的研究。粗略说来,他在20年代着重研究世界的逻辑构造,论证“可证实性原则”,并以此为依据批驳形而上学;30年代,其兴趣转向逻辑、语言以及数学的基础问题,从事语言的逻辑句法的研究,并寻找新的意义标准以取代过于严格的可证实性原则;从40年代起,他的研究转向语义学和归纳逻辑方面,特别对概率理论进行了深入研究。本文不可能全面阐述他的研究成果,只能对他的最重要的观点作一些简略评述。

一、逻辑分析、逻辑句法和语义学

与其他逻辑实证主义者一样,卡尔纳普也把哲学的任务归结为逻辑分析。在他看来,哲学不是科学或“科学的科学”,不是描述经验事实的理论体系,而是逻辑分析的活动;真正的哲学命题根本不应涉及自然或社会,而仅仅涉及语言及其运用;哲学混乱产生于滥用或误用语言,许多哲学争论,在他看来,实质上是语言问题的争论;他认为,语言是哲学研究的主要的、甚至唯一的对象,哲学的本质就是语言批判;形而上学命题根本没有认识意义,应当排除于哲学领域之外。

卡尔纳普反复声明,哲学的唯一的和固有的任务就是逻辑分析。所谓逻辑分析,就是以现代数理逻辑为手段,从逻辑的角度分析语言的形式或结构,或者更确切一点说,分析语言的逻辑形式。他说,知识是通过它的形式来陈述人们所知道的情况,人们在作出陈述时可以随便采用哪种形式。所有这些可能的陈述形式,如果它们实际上表述了同样的知识,就必须具有某种共同的东西,这种共同的东西就是它们的逻辑形式。逻辑分析就是分析这种逻辑形式。哲学的任务就是对各门科学已有的概念和命题进行逻辑分析,把没有意义的概念和命题排除掉。他说:“哲学要被科学的逻辑所取代,也就是被对于科学的概念和语句的逻辑分析所取代;因为科学的逻辑无非就是科学语言的逻辑句法。”(《语言的逻辑句法》,第13页)

卡尔纳普在20—30年代对语言的逻辑分析,主要地是分析语言的逻辑句法。对于语言的逻辑句法,他解释说:“所谓语言的逻辑句法,我指的是关于一种语言的语言形式的形式理论,也就是对这种语言中起支配作用的形式规划所作的系统陈述,以及对从这些形式规则中引出的各种结论的阐释。”(同上书,第1页)他区别开对象语言和元语言,前者是作为研究对象的语气,后者是用来谈话对象语言的句法形式的语言。在对象语言中,他又把“语言Ⅰ”和“语言Ⅱ”分开,前者指的是确定的语言,它是受限制的,只涉及某些概念的定义和某些命题的表述,后者是不确定的语言,它是非常广泛的。元语言可以表述关于对象语言的理论,元语言的理论就是元逻辑。他力图使元语言精确化,从而用以构造一个精确的逻辑句法的概念系统。在逻辑句法这种形式理论中，他还提出两种基本规则：形成规则和变形规则。形成规则规定什么样的语句可以被看成适当的语句；变形规则则是一些以句法词汇表述的逻辑演绎规则，它们详细规定了对那些经过形成规则鉴定的语句可以进行什么样的演绎。他认为，严格地按照这些规则构造出来的人工语言，可以精确地实现知识的逻辑重构。他还认为，人们可以自由地选择不同的规则系统，从而选择不同的逻辑、不同的语言，这就是所谓语言选择的宽容原则。

从40年代起，卡尔纳普转向语义学的研究。通过与塔尔斯基等人交换意见，他认识到：必须有一种与句法形式不同的谈论语言的形式，这就是用语义学这种新的元语言来谈论事实、语词以及这两者之间的关系，作出关于指称关系的陈述和关于真理的陈述。他把语义学研究分为两种：描述的语义学和纯粹的语义学。前者指描述或分析某种历史地形成的语言的语义学特征，或者是指描述或分析一切历史地形成的语言的语义学特征，它们都属于经验科学。后者只对语义系统本身进行构造和分析，它完全是分析的，不具有事实内容，这是他着重研究的对象。语义系统是由许多语义学规则（形成规则、指称规则、真理规则等等）组成的系统，语义系统的规则陈述了对象语言中语句的成真条件，从而决定了这些语句的意义。我们可以通过这些规则来解释语句，因为他认为理解一个语句，就是知道它所断定的是什么，也就是知道它在什么条件下才是真的。在真理问题上，卡尔纳普强调把逻辑真理与事实真理区别开。逻辑命题表述概念或命题之间的逻辑句法关系，只要符合逻辑句法就是逻辑真理，并不需要经验的证实，逻辑和数学中的真理就是逻辑真理。经验命题是对经验事实的记录陈述，这类命题若能获得经验的证实，就是事实真理。从逻辑真理与事实真理的区别中，他还引出逻辑句法作为纯粹的形式理论与语义学作为一种意义理论之间的区别，从而又引出未解释的形式系统和对这些系统的解释之间的区别。此外，他还用语义学概念来解释模态逻辑的概念。

卡尔纳普重视语言在哲学中的作用，重视对语言的研究，这是有合理因素的；但他把语言看作哲学研究的主要对象，以至作为唯一的对象，把全部哲学问题都归结为语言问题，则是错误的。他主张以现代数理逻辑为手段，从事逻辑分析，以便使哲学中的概念和命题明确，推理严密，克服自然语言在词汇和句法上的含糊不清，这种作法在一定范围内是可取的，并且他在这个方面的研究也取得了许多有价值的成果；但是，他把逻辑分析夸大为哲学研究的唯一任务或唯一方法，则是错误的。他对逻辑真理和事实真理的区分，这在一定范围内是能够成立的，不过，从根本上说这两种真理都是对客观现实的正确反映，逻辑真理反映的是逻辑和数学领域里的客观现实，事实真理反映的是自然科学领域里的客观现实。至于他所主张的宽容原则，那也不得不说是错误的，是约定论的一种表现，因为，尽管在语言和逻辑系统中存在着某些约定因素，但不能由此否认语言逻辑规则的客观内容。这些规则不是人们自由选择和随意约定的产物，而是客观现实及其规律在人们意识中的反映。

二、经验证实理论

卡尔纳普在他的前半生中，曾经把很大精力都用于研究经验证实理论，特别是经验意义的标准问题。他是一个经验论者，他认为，关于直接所与的知识是确定无疑的，是其他一切知识的基础。除分析命题，综合命题只有获得经验的证实才能成立。早在20年代，他就提出“可证实性原则”，即：只有当一个命题是一个表示观察或知觉的基本命题的真值函项时，或者说，只有当一个命题可以还原为一个表示观察或知觉的基本命题时，这个命题才有意义。这个观点被维也纳学派的其他成员所接受，成为逻辑实证主义的基本观点之一，他们还把这个命题概括为这样一句名言：“命题的意义在于命题的证实方法。”

可证实性原则的提出主要是为了把形而上学命题当作不可证实的命题排除出去；然而，自然科学命题大多是全称陈述，是不可能完全证实的，如果坚持原来的意义标准，就会把自然科学命题也当作没有认识意义的命题排除出去。为了克服这个缺点，逻辑实证主义者提出好几种比较灵活的意义标准。在30年代，卡尔纳普提出“可验证性原则”和“可检验性原则”。在他看来，如果观察语句能够在对某个语句的验证方面作出肯定的或否定的回答，那就可以认为这个语句是可以验证的；而一个被可能的、可观察的事件所验证的语句，如果人们能够提出一种可以随意产生这些事件的方法，那么这个语句便是可以检验的。他说：“如果我们知道检验某个语句的方法，我们便说这个语句是可以检验的；如果我们知道在什么条件下这个语句可以被验证，我们便说这个语句是可以验证的。我们就会看出，一个语句可能是可以验证的，而不是可以检验的。”(《可检验性和意义》，第425页)

可以看出，可检验性原则比可证实性原则缓和一些，而可验证性原则又比可检验性原则缓和一些。卡尔纳普倾向于采取最缓和的可验证性原则。自此以后，可证实性原则便被可验证性原则所取代。过去，他认为一个命题的意义与我们为了知道这个命题是否真实而必须具有的经验是一致的；现在，他认为只要我们可能对这个命题加以验证，那么这个命题便是有意义的。

卡尔纳普以及其他逻辑实证主义者的经验证实理论，是建立在经验论基础之上的。他们强调，一切有实际内容的科学知识都是经验知识，都需要通过经验加以证实、检验或验证。这里的关键问题在于对“经验”这个概念作何理解。如果作唯物主义理解，即把经验理解为人们在社会实践过程中产生的一种认识形式，是主体的认识对于客体的反映，那就可以说经验证实(或验证)理论是有一定根据的。我们认为，一个命题的意义取决于它是否在一定程度上反映了客观现实，由于认识是一个逐渐深化的过程，因此对现实的反映不可能一下子达到绝对准确，对反映现实的命题也不可能一下子达到完全证实，但这并不影响这类命题具有意义。至于如何检验命题的意义，则要依赖于实践，实践是检验真理的标准，也是检验命题有无意义的标准。可是，卡尔纳普等人对经验的理解基本上是唯心主义的，尽管他们有时也把观察、实验看作经验的重要内容，但他们强调经验的"中立性"，拒绝研究经验的来源，否认经验的客观内容，否认经验是客观实在的主观反映，而把经验主要理解为个人体验、感受的总和。以这种基本上是唯心主义地理解的经验为依据，不论他们怎样不断降低经验意义的标准，始终未能彻底解决他们的这个理论所碰到的困难。

三、现象主义、物理主义和科学统一

按照卡尔纳普的观点，哲学家不应当再研究传统的本体论问题，而应当研究与相应的语言形式有关的问题，特别是研究哲理探讨中应该使用现象主义语言或者物理主义语言的问题。所谓现象主义语言，他指的是那种以关于感觉材料的语句为基础的语言，例如，"目前在我的视野里有一个红色的三角形"。物理主义语言(一般简称为物理语言)，指的是以把某些可观察的特性归诸于物质事物的语句为基础的语言，例如，"这件东西是黑色的和笨重的"。

20年代，在马赫、罗素等哲学家的影响下，卡尔纳普认为现象主义语言是适合于用来对知识进行哲学分析的语言。因为，在他看来，哲学的任务在于把一切知识归结到最可靠的基础上，既然直接给与的知识是最可靠的，因此哲学家就应当采用以感觉材料为基础的语言、即现象主义语言。到30年代，在纽拉特等人的影响下，他逐渐改变了这种观点，而主张采用物理语言。他认为，物理语言的最大优点，在于这种语言的"主体间性"、即可交流性，也就是说，用这种语言描述是能够被所有用这种语言的人观察到因而是大家都可以理解的语言。

在30年代初期，卡尔纳普持一种彻底的物理主义观点，即认为科学语言中的每一个摹状词都与那些标志事物的可观察的特性的词汇有联系，因此，他要求把科学陈述还原为物理语言的观察词汇。这个物理主义论题，特别是它在心理学以及社会科学中的应用，遭到许多人的反对。于是，到30年代末，卡尔纳普对物理主义作了比较缓和的表述。他提出，用事物语言取代物理语言。他认为，事物语言是指我们谈论日常事物时所使用的语言，它既可用于定量描述，也可用于定性描述，因而它的应用范围比那只能用于定量描述的物理语言更为广泛。他主张把不同科学的语言还原为事物语言，从而把以物理语言为基础的"强的物理主义"，改为以事物语言为基础的"弱的物理主义"。前者要求把科学陈述还原为物理语言的观察谓词，后者只要求把科学陈述还原为事物语言的观察谓词。

与物理主义紧密相联的，是科学统一这个论题。这个论题的基本思想是：经验科学的各个分支仅仅是由于分工的实际需要而被分割开来，它们从根本上说是一门无所不包的统一科学的若干部分。卡尔纳普等人提出这个论题，是为了反驳当时德国哲学中流行的把自然科学和精神科学截然分开的观点。卡尔纳普在论证科学统一时，把这个论题变形为一个关于语言的论题，即：可以在物理主义的基础上构造出一种完整的、包罗一切知识的语言，而物理语言就是一种能够实现科学统一的普遍语言，借助于这种语言，就能实现科学的统一。他承认，要实现科学的统一，除了有一种普遍语言外，更重要的条件是把各门科学的规律统一起来。这一点目前还没有作到。但是他仍强调说，现在我们已经作到各门科学在语言上的统一，这是为实现规律上的统一所必需的条件。

卡尔纳普从现象主义转向物理主义，从强的物理主义转向弱的物理主义，这与他企图避免维特根斯坦主张的"方法论的唯我主义"有关，也与他当时不断降低经验意义的标准、以克服经验证实理论所碰到的困难有关。可以承认，从现象主义转向物理主义是一种进展，然而物理主义并不等于唯物主义。因为，当他谈到物理语言所描述的是物理事件，而物理事件处于一定时空座标之中时，他并没有承认那些事件处于不以人的意识为转移而独立存在的客观世界之中，他只是从物理语言这个语言系统的角度谈论物理事件，并不涉及物理事件的客观存在。至于他试图以物理语言为基础而实现科学的统一，这也是作不到的。因为科学的统一是一个十分复杂的问题，决不是仅仅依靠物理语言这种所谓普遍语言就能实现的。因此，尽管他与纽拉特等人为实现科学的统一作了大量工作，但结果仍不得不以失败告终。

四、逻辑概率理论

在卡尔纳普的后半生中，逻辑概率理论是他的主要研究对象。他着重研究概率理论，认为至少在某些方面应把概率解释为一个纯粹的逻辑概念，它是一切归纳推理的基础，因此他有时用"归纳概率"一词作为"逻辑概率"的同义语。他还认为，如果能够为逻辑概率找到一种令人满意的定义和理论，那就能为归纳推理程序提供一个清楚、合理基础，因此他把逻辑概率的理论称为"归纳逻辑"。

卡尔纳普十分强调要把逻辑概率与统计概率区别开，认为这两个概念所完成的作用是两种截然不同的东西。他认为，关于逻辑概率的陈述是分析的，它们表现出特定的证据和假说之间的逻辑关系，这种关系类似于逻辑蕴涵，不过它具有数值。这些陈述不属于科学本身，而属于用元语言表述的科学逻辑或科学方法论。相反，关于统计概率的陈述，不论是单称的或全称的，都是综合的，它们属于科学的范围。换句话说，逻辑概率指的是一种假说相对于一个证据陈述(例如观察陈述)的验证度，这是一个逻辑的、语义的概念，有关这个概念的语句不是立足于对事实的观察，而是立足于逻辑分析。统计概率指的是事件或事物的一种特性和另一种特性的相对频率，有关这种概率的语句是事实的、经验的。简言之，逻辑概率指的是验证度，统计概率指的是相对频率。他研究的是归纳逻辑，因而只分析逻辑概率。他认为，在归纳逻辑问题上他与赖欣巴赫的分歧，主要在于后者对概率这个概念作了频率的解释。

在卡尔纳普的逻辑概率理论中，“验证度”是一个核心概念。他把这个概念用作一个用以解释逻辑概率的技术名词，即根据一组给与的证据对一种假说加以验证这个观念提供精确的数量说明。他提出 $C(h, e)=r$ 这个公式，其中C表示函项，h 表示一个假说，e 表示一组给与的证据，r 表示验证度。这个公式表明，根据一组给与的证据(e)，可以测定某一假说(h)的验证度(r)。这就是说，逻辑概率是证据与假说之间的部分蕴涵关系，假说的验证度是根据证据的真值条件和假说的真值条件在何种程度上相符合来确定的。

卡尔纳普还力求把概率逻辑运用于决策论，以便为合理抉择提供依据。在他看来，逻辑概率确定语句之间的定量的验证关系类似于演绎逻辑确定语句之间的推理关系，因此，归纳逻辑可以给出相对于给定证据的合理决策，这个决策也就是证据在逻辑上蕴涵的结论。

卡尔纳普对归纳逻辑的研究是有贡献的，他在促使归纳推理的规则化和精确化方面作了许多工作。他对逻辑概率和统计概率的区分，对“验证度”这个概念的分析，以及他把概率逻辑应用于决策论的尝试，都含有或多或少的合理因素。不过，由于他只承认逻辑必然性，而否认自然界中存在着的客观必然性，否认因果联系的客观内容，因此他在研究归纳逻辑的过程中，不研究“因果联系”，“客观必然性”等等与此紧密相关的哲学概念，而把它们当作形而上学概念排除于哲学领域之外。这就使他对归纳逻辑的研究不免表现出较大的局限性。同时，又由于他在这个问题上局限于纯逻辑的研究，不注意研究人类认识发展的历史过程，以致不了解“逻辑的‘格’是在人们亿万次实践中形成和固定下来的”，不了解从感性认识到理性认识的飞跃，从而也不能解释为什么人们在归纳推理中能够根据相同事件不断重复出现而“跳跃”到一般结论，不了解从个别到一般的推理是在人类历史实践过程中形成的，是人们对客观事物发展规律的认识日益深入而取得的成果。此外，卡尔纳普的归纳逻辑理论中还存在着许多技术上的困难，因此西方逻辑学界也有不少人对他的这些设想持较多的保留态度。

卡尔纳普作为维也纳学派的一个核心人物，在维也纳学派的创建中，特别是40年代以后逻辑实证主义在美国的传播过程中，起过十分重要的作用。逻辑实证主义之所以能在美国哲学界排挤实用主义而取得主导地位，这一点是与卡尔纳普的著作和活动分不开的。他的思想不仅对同时代的逻辑实证主义者，而且对分析哲学阵营内部其他学派的哲学家，如逻辑实用主义的创始人蒯因等人，都发生过相当大的影响。他在科学哲学方面的观点，在30至50年代，在科学哲学领域内曾一度居于重要地位。他在语言哲学和归纳逻辑方面的观点也是独树一帜的，并且在相当长的时期内保持着重大的影响。可以说，在逻辑实证主义以至整个分析哲学的历史发展中，他是一个有世界性影响的重要人物。在他在世期间以及在他逝世以后，西方哲学界发表了一系列评述他的哲学思想和逻辑思想的专著和论文，直到今天为止发表的关于科学哲学、语言哲学以及数理逻辑的论著中，仍能经常看到对于他的某些观点和言论的评论。本文限于篇幅，只对他的基本观点作了一些简略评述。对于这样一位有深远影响的哲学家和逻辑学家，我希望看到中国哲学界有更多的深入的专题研究的著述出现。

主要论著

《语言的逻辑句法》(1934)
《可检验性和意义》(1936)
《逻辑和数学的基础》(1939)
《语义学导论》(1942)
《逻辑的形式化》(1943)
《意义和必然性》(1947)
《概率的逻辑基础》(1950)
《归纳方法的连续》(1952)

B · 克罗齐传略〔意〕

田时纲

贝内德托·克罗齐(*Benedetto Croce 1866～1952*)是现代意大利著名哲学家、历史学家、文艺批评家和政治活动家。克罗齐学识渊博、勤奋著述，在他长达半个多世纪的学者生涯中著有《精神哲学》4 卷，哲学及美学论文集 14卷，历史学、文学及文艺批评方面的专著 44 卷，政论、书信等 13 卷，总计 75 卷。克罗齐的主要著作被译成 25 国文字出版。

克罗齐的美学理论集唯心主义美学之大成，在西方美学界与文艺界产生了广泛而深远的影响；他在文艺批评方面的成就，无疑使他成为独树一帜的大家；他从右的方面批判黑格尔，是“新黑格尔主义”的重要代表；他坚持唯心历史观，反对历史唯物主义及客观唯心史观。从本世纪初至二次大战结束，克罗齐成了意大利思想界的主导人物。

1866年2月25日，克罗齐出生在阿奎拉的贝斯卡塞罗里的名门望族，这一家族从他祖父起就迁居意大利南方大城市那不勒斯。祖父贝内德托·克罗齐是那不勒斯大学法律系毕业生，后升至波旁王朝那不勒斯大法官。他的父亲帕斯夸莱·克罗齐是个富有的资产者，他母亲路易莎·希帕丽是个很有文化修养的妇女。克罗齐受其家庭，尤其是其母的影响很大。他在回忆自己童年生活时写道："我的家庭为我树立了和睦、井井有条和勤劳不懈的榜样：父亲整日关在书房里，处理着公文；母亲起得最早，天刚破晓就东奔西忙，帮女仆们料理家务。"克罗齐的母亲酷爱读书，非常喜欢造型艺术和古代建筑。在她的熏陶下，克罗齐自幼勤奋好学，"表现出重视和酷爱历史、文学的倾向"。他经常缠着妈妈讲故事，喜欢让妈妈领着逛书店，阅读小说成了他童年时最大的乐趣。

1875年，不足十岁的克罗齐，开始到那不勒斯由耶稣会士办的"上帝之爱"公学学习，受到他较为满意的良好的道德与宗教教育。但在这所教会学校的最后三年，克罗齐完全成了"局外人"，他的宗教信仰发生了动摇，从而到那不勒斯大学听其叔父贝尔特兰多·斯帕芬达的逻辑课程。他叔父是个叛教的神甫，当时著名的黑格尔主义者。通过叔父，克罗齐开始接触黑格尔哲学。中学时代的克罗齐还阅读了大量的德·桑克蒂斯（意大利著名文艺批评家）和卡尔杜齐（意大利诗人，文艺批评家）的作品，为其后美学及文艺批评理论的形成奠定了基础。他在16岁时，就撰写了多篇文学评论，发表在罗马的《意见》杂志的文学副刊上。

1883年6月28日，克罗齐和家人在伊斯基亚岛上的卡萨米齐奥拉度假，突发的地震夺去了他双亲和姐姐的生命，他本人也被埋在瓦砾之中，受了重伤，使腿致残。失去父母后，其叔父、著名自由派政治家西尔维奥·斯帕芬达成了克罗齐和他弟弟的保护人，克罗齐移居罗马叔父家中。到罗马的最初数月，是他一生中最痛苦、灰黯的时期。失去亲人，病痛折磨，前途未卜，郁郁寡欢，使他对生活丧失信心，常常夜晚蒙头大睡，清晨不起，甚至萌生过自杀的念头。但他很快克服了精神危机，到罗马大学法律系注册，并不专注听课，也不参加考试，而是经常去图书馆博览群书，研究自己喜欢的题目。

1884年1月，他认识了罗马大学教授安东尼奥·拉布里奥拉。当时的拉布里奥拉还是个赫尔巴特主义者，克罗齐对他讲授的赫尔巴特（德国哲学家、心理学家和教育家）的伦理学颇感兴趣。对他来说，拉布里奥拉不仅是哲学启蒙的导师，还是真诚的朋友，与他交往生活既充实又富有意义。

1886年，20岁的克罗齐回到那不勒斯定居，开始转向对历史学的研究。次年，赴德、奥、法、荷、西、葡等国考察。至1892年，完成《1799年的那不勒斯革命》、《那不勒斯的历史与传说》、《巴罗克时期的意大利》等历史学著作。但勇于探索的克罗齐对取得的成绩并不满足，他对当时在意大利盛行的斯宾塞实证主义哲学特别反感，决心粉碎"实证主义的坚冰"，同维拉里等"历史是科学"论者展开论战。通过对维柯的《新科学》的认真研读，克罗齐眼界开阔、认识深化。1893年，他在彭塔亚纳学院宣读了他的题为《艺术普遍概念下的历史》的论文，这标志着他哲学研究的开始。

克罗齐离开罗马后，与拉布里奥拉仍保持联系。在反对实证主义的斗争中，两人的关系更为密切。1890年成为马克思主义者的拉布里奥拉在罗马大学讲授历史唯物主义，尽管克罗齐渴望听讲，但因他远离罗马，不能如愿以偿。这样，当他收到拉布里奥拉的《纪念〈共产党宣言〉》手稿后，就一遍又一遍地如饥似渴地阅读，一切对他来说，都是那么新鲜：前所未见的新概念与新观点。克罗齐立即给拉布里奥拉写信，建议由他负责此书的出版，并鼓励老师继续撰写这方面的文章。拉布里奥拉欣然同意，并致谢意。1895年，由克罗齐自费印刷的《纪念〈共产党宣言〉》出版了。3月，拉布里奥拉将马克思的《神圣家族》和其他在意大利很难买到的著作寄给他，并希望他认真研究恩格斯的《反杜林论》。这年夏天，拉布里奥拉来到那不勒斯，师生俩几乎天天见面，一起热烈讨论历史唯物主义问题。但克罗齐对马克思主义的热忱只持续了数月，很快就被他的"批判精神一扫而光"，恢复了昔日的"自由传统"(克罗齐：《拾零三集》，巴里1955年，第1卷，第278页)。克罗齐在研究马克思的经济学说时，经常为法国《社会进步》杂志撰写文章，并成了索列尔的挚友。五年中他完成多篇文章，后以《历史唯物主义与马克思主义经济学》为题出版。在这本书中，克罗齐对马克思的剩余价值学说提出质疑，并污蔑马克思主义是形而上学。这是由于，在他看来，马克思用"经济"解释一切，解决一切，"经济"就成了"隐匿的上帝"。1898年，当索列尔和伯恩施坦鼓吹所谓"马克思主义危机"时，拉布里奥拉旗帜鲜明地指出："马克思主义是能够发展的，并不存在什么马克思主义的危机"，"我们应该简单明了地嘲笑那些使用这个字眼的人们"，并"祝他们一路顺风"。克罗齐与其老师截然相反，他积极配合机会主义头目，批判"马克思的历史概念与经济概念"。拉布里奥拉对此极为不满；但他却博得了索列尔和伯恩施坦的喝彩，他们都承认受过克罗齐的"有益"启发与影响。这说明克罗齐主义是修正主义的思想渊源之一。

随着时代的前进，克罗齐对马克思主义和无产阶级革命的态度越来越右。

在1930年的牛津哲学大会上，当卢那察尔斯基作报告批判资产阶级美学，赞扬马克思主义美学时，克罗齐马上起立反驳，说什么"马克思主义美学"语义矛盾，因为马克思主义只是经济学。

1950年9月，即在他去世前两年，在《今日马克思主义》这篇文章中，克罗齐活灵活现地勾画出自己与马克思主义为敌的面目："我认为反驳并否定'马克思是一位雄心勃勃的哲学家'，这种说法不仅合理，而且义不容辞。因为，依我看，他是一位软弱无力的哲学家"，"对历史的唯物主义或经济学的解释……今天任何严肃的历史学家都不屑一顾"。他庆幸自己生活在意大利："跟另一些国家享用的马克思主义生活的完美相距遥远”（克罗齐:《拾零三集》,第1卷,278—281页)。

这里,需要指出的是:在分析克罗齐对待马克思主义的态度时,不应简单化。克罗齐有着他这个人的特性,也有着一个逐渐演变的过程。

在上世纪末，克罗齐能较为客观地承认马克思“给工人和渴望工人运动成功的人们提供了实现其目的的政治手段”，称马克思是“无产阶级的马基雅弗利”。在十月革命前20年,他也曾预言:“共产主义作为波澜壮阔的社会运动,不可能无所作为就被吞没和消灭”。

1944年他对共产主义的态度也不似晚年那样偏激。尽管他反对无产阶级专政(在他看来,任何专政都会导致战争和革命)，但又肯定“共产主义作为新经济法则与新社会秩序,没有理由与人们那么珍重的自由为敌”,“至于共产党，也不能断言其本质上是不可宽恕地非自由和反自由的”（克罗齐:《政治论文及演说集》第1卷，巴里1973年版，第91—92页)。

还应指出的是:批判马克思主义的克罗齐与某些马克思主义者之间的友谊。

他始终崇敬和爱戴拉布里奥拉,就是在他俩分道扬镳后也是如此。1938年,当巴里警察局禁止再版《纪念〈共产党宣言〉》时，克罗齐提出强烈抗议。他也曾是被其称为“严肃的老马克思主义者”的威廉·李卜克内西的朋友。1900年2—3月,威廉·李卜克内西到意大利旅行，克罗齐热情接待了这位工人运动的老战士,领他游览了那不勒斯及其附近的名胜,并邀他在家做客。马克思的战友将自己的著作送克罗齐留念,后者一直珍藏着。1928年,当克罗齐去柏林时，老李卜克内西之子还特意去探望,一起回忆这段往事。

本世纪头十年是克罗齐主观唯心主义哲学体系形成时期。克罗齐把这一庞杂的哲学体系称作精神哲学，分为四个部分：美学、逻辑学、经济学和伦理学。1902年，《作为表现科学和一般语言学的美学》出版，立即在欧洲文化界产生重大影响。两年后,法译本问世；接着,德、英、西、葡、捷、匈、罗等外文译本相继出版。1908—1909年,《作为纯概念科学的逻辑学》和《实践的哲学》先后完成。

精神哲学的出现不是偶然的，它是意大利这个落后的帝国主义国家的思想产物。

1870年意大利实现了民族统一，但统一后的意大利封建残余大量保存，资产阶级不想也无力清除它们。这样,广大劳动群众——农民、手工业者和工人身受资本主义和封建主义的双重压迫。压迫愈重，反抗愈烈。仅本世纪头两年就爆发850余次农民起义、1000多次工人罢工。面对此起彼伏、蓬勃发展的工农革命运动,克罗齐的精神哲学(“一切实在皆精神,一切精神皆历史”)正好适应统治集团的需要，起着掩盖阶级矛盾与社会问题的反动作用。克罗齐在焦里蒂时代成为南方知识界、农业集团的精神领袖，盛行一时的实证主义让位给唯心主义,则是北方资产阶级向南方大地主妥协并联盟的反映。

1896年,在反对实证主义的斗争中,克罗齐结识了当时还是比萨师范学院学生的金蒂莱(意大利新黑格尔主义者)。1902年,克罗齐创办了《批判》杂志,金蒂莱是积极的合作者。《批判》是哲学、历史和文学的综合月刊,除了战时的1944年改为不定期的《批判手册》外,准时无误地发行了40年。几乎每期都刊登着克罗齐的文章,"他通过一系列短小精萃的文章,毫无学究气地传播他的世界观。在这些文章中,哲学直接以良知和常识的面貌出现,被人接受。"(葛兰西:《论文学》第136页)克罗齐主办的《批判》月刊,在使意大利文化摆脱褊狭的地方观念和闭塞状态,加强国际交流方面,作出了自己的贡献。他本人就有着广泛的国际联系,与托马斯·曼·浮士勒、爱因斯坦等建立了亲密的友谊。

克罗齐特别重视对欧洲哲学思潮的介绍和本国哲学遗产的发掘工作。在他的指导下,拉台尔札(Latreza)出版社出版了《现代哲学经典》和《现代文化书库》两大丛书。前一类主要是欧洲近代哲学,尤其是理性主义与唯心主义哲学名著。1907年,这套丛书的前三卷出版了。第一卷是由克罗齐从原文翻译并作序的黑格尔的《哲学全书》,第二卷是康德的《判断力批判》,第三卷为金蒂莱整理的《布鲁诺意大利语对话集》。

后来,克罗齐与金蒂莱的关系越来越紧张,这不仅由于哲学上的分歧:后者强调精神的统一,批评克罗齐的精神四种形式的差异是经验主义的,前者反对用精神的统一抹杀差异的区别,不赞成把全部精神活动都归结为哲学;更主要的是因为其后二人政治立场的不同:金蒂莱成了坚定的法西斯主义者,而克罗齐是个自由派。

1910年,克罗齐当选为参议员,1920—1921年,在焦里蒂内阁任教育部长。焦里蒂内阁的倒台,使他未能实现教育改革的方案。1922年10月,墨索里尼上台,由金蒂莱出任教育部长。直至1924年底,克罗齐并没有识破法西斯主义的真面目,并对它抱有幻想:"当时仿佛有一股新的年青的力量投入意大利政治生活,给被长期战争搞得贫乏衰竭的政治阶级注入新的血液。当时鲜为人知的墨索里尼,被描绘成一位暴烈的平民,但又是大公无私的爱国志士。"(P·博内蒂:《克罗齐入门》第150页)这主要因为克罗齐被十月革命后意大利方兴未艾的革命运动吓昏,从维护资本主义秩序的需要出发,认为法西斯主义是使国家摆脱无政府状态的出路;另一方面,墨索里尼初上台,还有所顾忌。第一届内阁由人民党、自由党、社会民主党、国家主义党和法西斯党联合执政,这使克罗齐大大低估了法西斯主义对民主政体的危险性。

1924年6月10日,著名社会党众议员马太奥蒂被暗杀,全国掀起愤怒的浪潮,反对党议员离开议会,组织阿文廷抵抗议会,抗议法西斯暴行。但克罗齐却多次向阿文廷运动领袖阿门多拉建议返回议会。他本人甚至在参议会对法西斯政府投了信任票。后来克罗齐承认自己误以为墨索里尼对暗杀马太奥蒂不负有责任；并轻信了法西斯党魁要恢复宪法权威的谎言。他怕分裂会激怒墨索里尼，造成对自由的危险。但即使在这一时期，也不能讲克罗齐与法西斯同流合污。当墨索里尼通过金蒂莱邀他入阁时，他断然拒绝，提出只有让焦里蒂出任总理才行，因为同法西斯党魁坐在同一张桌旁，使他感到奇耻大辱。在众议院投信任票之后，他向《意大利报》记者申明，这不是出于“赞同”，而是对个人意向的压抑，是强制履行痛苦的责任，并谴责法西斯以暴力维持政权。为此，法西斯报纸咒骂克罗齐是“行尸走肉”。

1925年初，墨索里尼施行恐怖政策，以大棒与蓖麻油迫使反对派流亡国外，出版自由被破坏，特别法庭残酷镇压反法西斯主义者。金蒂莱也越来越反动，他公然为法西斯党代表大会撰写了《法西斯知识分子宣言》。阿门多拉闻讯立即写信给克罗齐，要他针锋相对地给予反击，克罗齐欣然同意。5月1日，由克罗齐起草的《反法西斯知识分子宣言》，征集了数百名知识界著名人士的签名，在《世界报》上发表。这使墨索里尼大为恼火，为了报复，他在大庭广众之下，声言从没读过克罗齐的任何一行文字。之后，墨索里尼鉴于克罗齐的声望与作用，又想拉他，改口道：“他是我伟大的精神导师之一，我从他的书中汲取营养。”克罗齐的一位朋友受墨索里尼之命对他进行游说，遭到他的拒绝，他揶揄道：“墨索里尼说了一个真理，他没有读过我一行文字；这次他又急急忙忙地把它变为谎言。”（克罗齐：《拾零新集》第1卷90～91页）

1926年11月1日晚，法西斯匪徒闯入克罗齐在那不勒斯的住所捣乱。当克罗齐就此罪行提出抗议时，墨索里尼开脱说，这令人遗憾的事件是些不知名的家伙干的，警察难以追捕。克罗齐反唇相讥道：“对，是一阵风吹裂了阳台，造成了破坏。墨索里尼对此一无所知，毫无过错。”（同上书）

在克罗齐拒绝向法西斯当局作出某种保证后，他就被排除在学术团体和公共活动之外。警察在克罗齐住宅周围和对面院子里设岗，监视每个来访者，并对他进行跟踪。有时，克罗齐外出认出秘密警察，就主动打招呼，开玩笑。问他们为什么不随他上公共汽车，甚至把目的地告诉他们，说如果这能给他们带来好处，大可通报上司。这以后法西斯当局不时警告他，并给他带来麻烦，但他自1925年起，始终未向墨索里尼低头，而成为资产阶级自由派反法西斯的精神领袖。

克罗齐在法西斯黑暗统治时期，撰写了一些历史学、伦理学和历史哲学著作。1928年，《1871—1915年意大利史》出版，获极大成功，当年就印行三版（在墨索里尼统治时期共发行七版）。这不是偶然的，克罗齐从意大利民族统一写起，至一次大战前为止，对于显赫一时的法西斯运动不屑一顾，以示蔑视与抗议，自然会受到对法西斯暴政不满的广大读者欢迎。同时，也受到法西斯分子的仇视，他们极力主张查禁此书。墨索里尼鉴于克罗齐的国际声望，未敢查禁，只命令新闻界对此书不予评述。但法西斯报纸还是怒不可遏地发起攻击——什么“没有历史的历史”、“不合时令的果实”、“一本糟透了的书”等毒焰向克罗齐袭来。

但这一切都是徒劳的。1931年，克罗齐的《伦理学与政治》出版。一年后，《19世纪欧洲史》问世。这本书在法西斯时期印行达六版之多，同样取得不同凡响的成功。我们应当从中受到某些启示：对克罗齐的历史学著作要作科学分析，不能离开它们的时代背景，孤立地看其唯心史观的内容，而应肯定它们反法西斯的一定社会作用。

1938年，克罗齐又完成了《作为思想与行动的历史》。这部重要著作阐述了“自由的历史”，巴里警察局察觉到对当局不利的思想，决定禁止印刷。只是在克罗齐的强烈抗议下，墨索里尼才不得不同意放行。当克罗齐的朋友问他是否应感谢领袖时，他坚定地答道：“我有直言不讳、书其所思的权利，谁要阻止我这样做，那就不能期待我感谢。”

1943年7月10日，英美联军在西西里登陆，25日墨索里尼下台并被捕，德寇迅速占领意中北部大城市，意大利新政府于10月23日对德宣战。在这风云突变的历史关头，克罗齐积极投身于政治活动。7月22日，他向美军杜诺万将军建议组织意大利志愿军，协同联军与希特勒德国作战。10月14日，他应杜诺万将军之邀，起草了征集志愿军宣言。8月，克罗齐提议重建在1925年被取缔的意大利自由党，在次年6月召开的意大利自由党全国代表大会上当选为主席。克罗齐积极主张废黜国王，让王室成员流亡国外，他这种鲜明的共和主义立场遭到王室的反对。

1944年元月，克罗齐参加了在巴里召开的解放委员会第一次代表大会，并在会上作了题名为《在世界自由中的意大利自由》的报告，宣传自由高于一切，发扬意大利民族复兴运动先驱马志尼、加富尔的自由主义传统，建立资产阶级共和国。在4月组成的第一届民主内阁中，克罗齐和陶里亚蒂等担任不管部部长的职务。

1945年4月28日，墨索里尼被游击队处决，5月德国占领军投降。次年3月，意大利全国就国家政体举行公民投票，结果多数人赞成共和制，萨沃依王室流亡国外。在创建意大利共和国的历史转折时期，克罗齐更加频繁地从事政治活动。他积极参加了制宪会议，在制定宪法时，反对天民党与共产党的妥协和三党(天民党、共产党、社会党)联合政府。在国际政治方面，坚决反对战后“强加于”意大利的和约；投票支持意大利加入北大西洋公约组织。

1947年后，克罗齐把主要精力转向学术活动。他先是在那不勒斯创建意大利历史研究所，后索性辞去自由党主席职务。1948年，总统艾依纳乌迪授予他终身参议员称号。

克罗齐一向身体健康，精力充沛，每天仅睡六小时，整日勤奋工作。但从1948年起，他的身体每况愈下。1950年2月，右半边身子麻痹。克罗齐预感到剩下的日子不多了，加紧整理自已未发表的文稿，并决定将他的私人图书馆（意大利藏书最丰富的私人图书馆）捐赠给意大利历史研究所。

1952年11月20日清晨，克罗齐逝世，享年86岁。

本世纪头十年，克罗齐的精神哲学形成了。他以差异的先天综合构筑了自己的哲学体系。在他看来，精神是既相互区分又相互关联的四种形式（或四度、四阶段、四范畴）的统一体。尽管精神活动的内容千变万化，但这四种形式永恒不变。它们是：个别认识，普遍认识，个别意志，普遍意志。与其相对应的四种基本价值是：美，真，益，善。这也就是说，精神活动分为认识活动与实践活动两阶段，前者不依存后者，后者依存并包括前者；认识又分为直觉与概念两度，实践分为经济与道德两度，高度依存并包括低度，低度不依存高度，且是高度的前提条件。

克罗齐依据精神的四种形式设置了精神哲学的四个组成部分：美学，逻辑学，经济学与伦理学（合称实践哲学）。

人们通常把精神哲学称作新黑格尔主义，这不只一次地遭到他本人的反对。实际上，他虽受过黑格尔的强烈影响，但与其说主要是对黑格尔的继承，勿宁说更多的是对他的"改造"。精神哲学否定了精神现象学与逻辑学的区别，不仅否定自然哲学与历史哲学的辩证法概念，而且否定了逻辑本身的辩证法概念。他认为黑格尔逻辑学的根本错误是"用对立关系扼杀差异关系"，"把对立关系不适当地扩大到差异概念，辩证统一代替了有效的差异统一"。（克罗齐：《作为纯概念科学的逻辑学》，第135页）

通过对黑格尔"对立辩证法"的批判，精神哲学才应运而生。

精神活动的四种形式——直觉、概念、经济、道德不是对立，而是差异。此非彼，但此并不否定彼。这样，精神的一种形式和平地过渡到另一种形式。直觉生概念，概念生实践活动，实践活动又产生物质——直觉的"材料"或"内容"，又开始新的演变过程。于是，循环往复以致无穷。克罗齐所描绘的精神活动就象个封闭的环，"自给自足，无需外援"。他抱怨黑格尔"把对立扩展到精神与实在的形式，就不会产生真正的无限性——循环，而产生假的、恶无限性——无限的发展"。（同上书第66页）

克罗齐抛弃黑格尔哲学的合理内核——"对立辩证法"，就是否定矛盾的普遍性——用"差异"代替"对立"；就是否定斗争和转化——用"差异统一"代替"辩证统一"；就是否定飞跃——用"循环"代替"发展"。一句话，正如葛兰西所说，这是从黑格尔那里后退。

那么，精神哲学到底怎样界说？

如果对克罗齐的思想渊源作广泛深入的考察，就应该说：精神哲学是维柯、康德、黑格尔、赫尔巴特、德·桑克蒂斯及德国“历史主义者”哲学思想的拼凑，与新康德主义、柏格森主义、马赫主义有着相近之处，其主要特征表现为主观唯心主义、形而上学和反理性主义。鉴于克罗齐哲学思想的独特性，以叫克罗齐主义较为准确；或者采用克罗齐本人的称谓——绝对历史主义(“一切皆精神，一切皆历史”)。

克罗齐对西方影响最大的不是他精心构筑的哲学体系，而是其独特的美学思想及文艺批评理论。

克罗齐关于精神的主动性与感受的被动性的学说是其美学理论的哲学基础，直觉即艺术是其美学的出发点。克罗齐认为，艺术不是被动的感受，而是精神的“独立自主”的创造活动的产物。他把这看作美学的革命，“是向前迈出的一大步”——“在美学领域否认内容与形式之分，被表述物与表述物之分，以及直觉与表现之分。”(克罗齐：《美学论文集》，第134页。)

直觉与概念不同，它只产生特殊的个别的具体事物的意象。“因为被反映物已不复存在”，内在意象就等同于客观实在。

直觉也不是知觉。由于知觉肯定对象的真实，而直觉却不辨意象是否实在。

克罗齐认为，情感(物质)本无形式，要靠直觉赋予它以形式，才能成为意象而形象化。艺术是意象、是情感内容与直觉形式的综合(审美先验综合)。在这个意义上，艺术叫“抒情的直觉”。

直觉与表现密不可分，直觉是表现并仅是表现。成功的表现是美，甚至表现就是美，因为在克罗齐看来，不成功的表现就不是表现。

既然直觉本身就是表现，那么，直觉即直觉品，艺术构思也就成了艺术作品。至于诗人写诗，作曲家谱曲，画家作画，舞蹈家起舞……都超出了艺术活动的范围，而属于实践活动的范围。实际上，构思只是潜在的表现，完成才是实在的表现。另外，克罗齐否定艺术技巧、手段在艺术创造中的作用也不符合艺术史的实际。

克罗齐还强调艺术与语言的同一性——语言是艺术，语言学也就是美学。因为，语言与艺术都是精神活动的产物，它们的本质是表现。这一观点很发人深省：为什么文学(语言的艺术)可以转化为其他艺术形式？各种艺术语言——线条、色彩、音符、舞步、蒙太奇等除了跟语言的明显区别外，也有着共性——表现性。

他还强调艺术的整一性。各种艺术形式——诗、音乐、绘画、电影等，都具有成其为艺术的共性。无论自然美，还是艺术美，总之都是美，具有美的普遍性。

克罗齐把艺术活动看作是人皆有之的一种最基本、最普遍的活动。“人是天生的诗人。”——伟大诗人与常人只有量的差异，没有本质区别。如果天才与我们截然不同，那天才就不会被人们所理解和欣赏。在此基础上，克罗齐主张创造与欣赏、天才与鉴赏力的统一。

在《美学纲要》中，克罗齐认为：(一)艺术不是"物理事实"；(二)艺术不是功利的或经济的活动，艺术不是快感；(三)艺术不是道德行为；(四)艺术既非科学，也非哲学。

如果说美学是精神哲学的起点，那么历史学就是终点。历史成了克罗齐不断探讨的核心问题。

从一开始，他就坚决反对把历史看作科学。他认为，科学的对象是普遍，它由概念构成，研究普遍规律；而历史和艺术一样，其对象是个别，历史是单一的、个别的、不重复行动的领域，"不探寻规律，也不形成概念，不归纳也不演绎"，只叙不证，只凭借直觉。

基于这种认识，克罗齐必然与历史决定论，甚至从维柯到黑格尔的"历史哲学"格格不入。他说："如果我们真是历史家，真是这样进行思考的，我们就不会觉得有求助于外在的因果联系即历史决定论的必要，或有求助于那同样外在的超验目的即历史哲学的必要。"(克罗齐：《历史学的理论与历史》，第56页)他认为，历史须有具体性与个别性，而规律与概念则为抽象性与普遍性，因此不存在什么"历史规律"，历史哲学硬要在历史中抽绎出历史规律和历史概念，实际上是寻求超验的目的。

以后，克罗齐似乎也觉得把历史说成艺术的分支未免太荒谬，便不再重提，但在"历史总是'普遍'的历史"的公式中，充分表现了其历史唯心论的立场。

克罗齐写道："没有一个事实，不管多么微小，能不被认为(被表现和被形容为)普遍的。历史在其最简单的形式上——即，在其基本形式上——是用判断、即个别与普遍的不可分割的综合来表述的。"(同上书)这样，作为历史判断特点的东西——用具有普遍性的概念给个别历史事件下定义，也就成了历史本身的特点，难怪他毫不含糊地断言"历史就是思想"，"历史是历史判断"。于是，历史等于历史学，社会历史的实际内容被剔除了。

克罗齐还特别强调历史的主词是普遍，而不是个别。社会政治史的主词不是古希腊、古罗马，不是法国、德国，而是文化、文明、进步、自由等带普遍性的概念。这正如葛兰西所指出的那样："在恩格斯看来，历史是实践，对克罗齐来说，历史还只是思辨的概念。"(葛兰西：《历史唯物主义与贝内德托·克罗齐的哲学》第287页)

克罗齐极力反对"把历史看成僵死的和属于过去的历史、看作编年史"的历史观，主张一切真正的历史都是当代史，哪怕几千年前的历史也是当代史。因为，真正的历史必与现代生活相联系，与历史学家的个人条件与社会环境相联系，在他们分析、批判的精神活动中再现、产生。葛兰西曾一针见血地指出：这样的历史，最终说来，成为知识分子的历史，甚至就是克罗齐的思想发展史。

克罗齐谆谆告诫历史学家一定要肯定地估价事件，而不必辨别善恶，“历史从来不是执法者，而是辩护者”。历史进程不是从恶向善的转变，而是从善向更善的转变。我们将“历史无恶论”与“历史唯今论”联系起来，就会发现克罗齐主义确有令墨索里尼欣喜的东西。

批判了“历史是编年史”，肯定了“历史是当代史”，这就扫除了通向“哲学—历史同一论”道路上的最大障碍。“当编年史被还原为其固有的实用的和帮助记忆的功用时，当历史被提升为关于永恒的现在的知识时，历史就表现为与哲学是一体的，哲学原不过是关于永恒的现在的思想而已。”(克罗齐:《历史学的理论与历史》，第44页)这样，哲学与历史就不是两种形式，相反，只是一种形式，它们并不互为条件，而是合为一体。思想创造自身，也就创造历史。既不是历史在哲学之前，也不是哲学在历史之前，而是共生共存。

20余年以后，克罗齐索性把自己的哲学称作“绝对历史主义”。“生活与实在是历史并仅是历史”，即是说，生活与实在是精神，精神又是历史。精神无限，历史永恒，历史象滚雪球，越滚越大，历史又象攀高峰——越来越善，不断地上升到自由。

综上所述，我们可以得出这样的结论：克罗齐的历史观是彻头彻尾的主观唯心主义的历史观。他用对于实在的历史的反映(认识)代替了历史本身，把认识运动的规律硬套在运动本身，从而历史学失去了客观对象，也失去了其客观的真理标准。所谓“绝对历史主义”，是其主观唯心主义哲学体系的“完善”与具体化，也就是“绝对唯心主义”。

主要论著

《作为表现科学和一般语言学的美学》

《作为纯概念科学的逻辑学》

《实践的哲学——经济学与伦理学》

《历史学的理论与历史》

《美学论文集》

《维柯的哲学》

《黑格尔论丛》

《历史唯物主义与马克思主义经济学》

《新美学论文集》

《伦理学与政治》

《晚期论文集》

《诗》

《作为思想与行动的历史》
《现代哲学的特征》
《哲学讲演录》(共两卷)
《哲学与历史学》
《黑格尔研究与哲学的解释》

奥罗宾多传略〔印〕

柏 青

奥罗宾多·高士(*Aurobindo Ghose 1872～1950*)是现代印度最著名的哲学家和思想家，他在印度现代思想史上占有极为重要的地位。在印度，奥罗宾多被人尊称为“圣哲”或“大师”，他的名字常常与“圣雄”甘地和“圣诗”泰戈尔相提并论，合称为“三圣”。奥罗宾多一生的著述活动涉猎甚广，涉及到哲学、宗教、政治、历史、文学、艺术等领域，成书百余种。其思想在印度国内以及欧美各国皆有比较广泛的影响。

一、生平传略

1872年8月15日，奥罗宾多生于加尔各答市近郊的一个小镇格那卡。他的家族是当地的名门望族，祖父是个学者，外祖父是印度民族主义的先驱者，曾参加印度近代著名的社会与宗教改革团体——“梵社”。父亲克里希那达·高士是个有名的医生，早年留学英国，曾获医学博士学位。

奥罗宾多的一生经历和思想发展大致可分为三个阶段:

1．留学英国时期

他的父亲是个英国化的知识分子，不希望自己的孩子接受印度传统的教育。当奥罗宾多5岁时，父亲送他到喜玛拉雅山麓大吉岭的一所英国人开办的“爱尔兰修道院小学”就读。两年之后，他随两个哥哥被送往英国读书。起初，在曼彻斯特的一位英国教师家中学习，12岁时考入伦敦的圣保罗中学。少年时代的奥罗宾多聪慧好学，勤奋钻研，读中学时已经掌握英文、法文、拉丁文和希腊文，亦能用意大利文和德文读但丁和歌德的诗歌，自己也开始写诗。他酷爱文学和哲学，博览了大量欧洲哲学名著，深受西方古典和近代哲学的影响。

18岁时，考入剑桥大学。在校期间，曾以希腊文和拉丁文成绩优异获得高级古典文学奖学金。到了青年时代，奥罗宾多已经具有追求自由、民主、平等的强烈愿望，因此他的兴趣也逐渐转向政治斗争。他关心自己祖国的前途和命运，为祖国人民的苦难感到压抑。父亲在给他的信中经常描述英国殖民主义者欺压印度人的暴行，这使他的爱国主义思想进一步加强。在大学读书时，奥罗宾多常与印度的民族主义者接触，参加在剑桥的印度学生组织，并发表过具有爱国主义性质的演讲。1892年他参加印度文官考试，各科成绩优秀，但最终未被录取，据说是由于他拒绝参加骑术考试，其实真正原因是英国当局已经注意到他所介入的革命活动。这件事使他亲身感受到英国人对印度人的歧视，更进一步激发了他的爱国主义热情。在离开英国以前，他在伦敦参加了一个由印度爱国学生建立的秘密组织——“莲花剑社”，宣誓要为祖国的解放事业贡献一切力量。

2. 参加民族解放运动时期

1893年，21岁的奥罗宾多回到苦难的祖国。起初在巴洛达土邦政府服务，后到巴洛达大学教授法文和英文，继而被提升为副校长和代理校长等职。那时，奥罗宾多深感自己对祖国文化掌握得不足，因而努力学习梵文和孟加拉文，并且攻读印度古代的各种哲学经典，如《奥义书》、《薄伽梵歌》、《摩诃婆罗多》和《罗摩衍那》等，这为他以后的哲学创作打下了坚实的基础。

另外，在这个时期，他还积极参加反英的革命活动。1893—1894年，他写了一组题为“除旧布新”的文章，匿名发表在孟买的《印度教之光》杂志上。在这组文章中他对当时国大党的政治路线做了尖锐的批评，指出国大党的改良主义的目的是错误的，所使用的方法也不能动员广大民众。1902年，奥罗宾多首次参加国大党的年会，在会上晤见了印度民族主义运动著名领袖提拉克，对提拉克提出的“印度自治”的政治纲领表示全力支持。为了准备武装斗争，奥罗宾多还派他的弟弟巴林·高士到孟加拉建立秘密革命组织，他自己也多次到孟加拉了解秘密组织的情况。

20世纪初，印度各地的反英浪潮高涨，尤其以孟加拉和马哈拉施特拉等地最为突出。1905—1908年孟加拉人民掀起了声势浩大的“反分治”运动。1906年奥罗宾多为了投入这场斗争，毅然辞去巴洛达大学代理校长职务，来到当时斗争的中心——孟加拉，成为孟加拉反英斗争的主要领导人。在加尔各答，他最初担任国民学院院长职务，这所学院是孟加拉激进的民族主义者为实现民族教育而创办的第一所高等学校。不久，应邀参加爱国报纸《敬礼，祖国》的编辑工作，并很快成为该报的主编。

1906年国大党在加尔各答举行年会时，奥罗宾多与提拉克一起对国大党内部的温和派进行了坚决的斗争，并组织起一个与温和派相对立的新的政治派别——激进派。奥罗宾多是当时公认的民族主义激进派领袖，他在一次批评温和派政治观点的演讲中说:“我们的理想就是自治,是摆脱外国控制的绝对自治,我们要求每个国家都有按照自己的特质和理想,依靠自己能力而生存的权利。”(《罗摩克里希那教会文化学院公报》,1956年7卷2期,第39页)他号召印度人民利用一切手段,包括“以暴力对待暴力”的方法争取民族的独立。另一方面,他又把宗教与民族解放运动结合起来,试图利用人民的宗教热情来达到民族解放的目的。他宣传:民族主义就是一种“宗教”,民族解放就是“宗教祭祀”,为国捐躯就是“解脱的道路”。

1907年,奥罗宾多被捕入狱,不久被释放。翌年4月,因涉嫌亚里坡爆炸案,再度被英国当局逮捕,囚禁于阿里浦尔监狱。在狱中,他精读《薄伽梵歌》和各种奥义书,并修习瑜伽术。

1909年5月,反动当局在广大民众的抗议下,不得不将其释放。出狱后,他回到加尔各答。此时,轰轰烈烈的爱国运动已被镇压下去,整个孟加拉一片白色恐怖。在这种情况下,奥罗宾多仍独自发行英文版《业瑜伽行者》和孟加拉文版《达摩》两种周刊,继续宣传印度的自治。但是,爱国运动的失败使他的激进的政治态度发生明显的变化,他开始号召人民在殖民当局的许可下进行非暴力的斗争,并呼吁国大党两派在承认自治纲领的基础上联合起来。

3. 著书立说,宣扬“精神进化”的时期

1910年4月,奥罗宾多为了躲避英国当局的搜捕,移居到印度东南海滨的法国属地本地治里。在这里,他隐居四十年,一方面著书立说,一方面修习瑜伽,直至1950年病逝。

来到本地治里之后,他虽然在思想上仍然关心印度的前途和国际形势的发展,但是在组织上却完全脱离了民族解放运动。1908年,声势浩大的爱国运动遭到残酷镇压,对于奥罗宾多这个具有激进思想的革命者来说是个沉重的打击。因为他的思想最激进,这种打击也就最大。革命运动的失败使他满腔的希望化为泡影,使他对政治斗争、群众运动的前途发生动摇,但是,这并没有使他完全抛弃争取自由平等的理想和渴望民族独立的愿望。于是,他脱离了民族解放运动,另谋他途。他创立了精神进化学说,把希望完全寄托于自我完善、自我净化的精神进化道路上。正如他所说:“通过精神修行”,找到征服黑暗、愚昧、虚伪、死亡和痛苦的道路,“引导世界走向光明”。

1914—1921年,奥罗宾多在本地治里主编名为《雅利安》的英文月刊。在这个杂志上,经常对印度和世界上发生的各种政治事件进行评论,并发表了大量的哲学论文。例如,他的哲学代表作,阐述其“整体吠檀多”思想和“精神进化”理论的《神圣人生论》一书,最初就分章发表在1914年8月—1919年6月的《雅利安》杂志上。论述其社会进化思想的《人类循环论》发表于1916年8月—1918年7月的《雅利安》上,论述世界发展前景和未来社会模式的《人类统一的理想》发表于1915年9月—1918年7月的《雅利安》上。除此之外，最初在这个杂志上发表的著作还有：《印度文化的基础》(1918年12月—1921年6月)、《论吠陀》(1914年8月—1920年6月)、《评伊莎奥义书》(1914年8月—1919年5月)、《薄伽梵歌论集》(1916年8月—1920年7月)、《印度的复兴》(1918年8月—1918年11月)、《印度艺术的意义》(1918—1921年)、《理想与进步》(1915—1916年)、《超人》(1915年3月—1915年8月)、《思想与顿悟》(1915—1917年)、《进化》(1915—1918年)、《瑜伽的综合》(1914年8月—1921年6月)等等。后来，这些著作都以单行本形式陆续出版。

1914年法国女士米拉·里查德与奥罗宾多相遇，她对奥罗宾多的精神进化思想和瑜伽修炼方法颇感兴趣。1926年11月14日，两人合作在本地治里创建了“奥罗宾多修道院”。奥罗宾多晚年的思想，由于长期脱离民族解放斗争的实践，已经逐渐失去先进的立场。他竭力鼓吹印度教的神秘主义思想，宣扬通过直觉内省的自我净化道路来达到个人和社会的完善。他所创办的修道院就是这种思想的试验场。

二、思想概要

奥罗宾多的哲学体系被称为“整体吠檀多论”或“精神进化论”。其根本特点在于，以印度传统吠檀多不二论哲学为基础，大量吸收西方近代哲学和科学的内容，将东西方哲学、唯心主义和唯物主义、宗教神秘主义与自然科学融汇为一体。故有人称他的学说是“最著名，最有影响的印度和西方哲学传统的综合”。(R·布里甘德勒著《印度哲学基本原理》第十一章“现代印度哲学一瞥”)

1.“整体吠檀多”思想

奥罗宾多的哲学以“整体吠檀多论”著称于世。印度传统的吠檀多哲学由于对最高本体——“梵”，个体灵魂——“我”和现象世界三者关系的不同解释，而分为不二论(一元论)，限制不二论(限制一元论)和二元论等等派别。奥罗宾多认为，以往的吠檀多各派都有其片面性，或者强调“梵”的实在性而否定现象世界的真实性，或者强调现象世界的实在性而忽视它与“梵”的统一性。为了克服这些片面性，他主张把“梵”、“我”和现象世界有机地统一起来，融汇为一个不可分割的整体。因此，其哲学得名为“整体吠檀多”。

奥罗宾多承袭传统吠檀多的基本原理，断言宇宙的至高本体是一种超自然的纯粹精神实体，称之为“梵”或“宇宙精神”。它超越时间、空间、数量、质量和一切形式，是不依赖他物的自在之物。它是宇宙万物的本源、存在的基础和进化的终点。用奥罗宾多的话说，世界万物——不管是有形的，还是无形的；有生命的，还是无生命的；有理智的，还是无理智的……皆起源于“梵”，存在于“梵”，并还原于“梵”。

奥罗宾多把宇宙分为本体界和现象界。现象界包括"物质"、"生命"和"心思"。"物质"指无机界,代表一切无生命现象,如各种矿物等。"生命"指有机界,代表一切有生命的现象,如植物、动物等。"心思"指人的心理或思维活动,即代表有思维能力的人。本体界包括"梵"和"超心思"。"梵"一方面作为世界的本源,万物的起因;另一方面又是万物进化的终点,普遍与谐和极乐的理想境界。"超心思"是指一种超越人的心理活动的意识,即超然意识,它起着连接现象界和本体界的媒介作用。奥罗宾多认为,无论本体界的事物,还是现象界的事物都是"精神"的形式。"精神"的形式有高级和低级之分,"梵"是"精神"的最高形式,其次是"超心思"、"心思"、"生命"和"物质"。"物质"则被视为"精神"的最低级、最愚钝的形式。

如何把最高本体——"梵"与世界万物统一起来,连接成一个整体呢?奥罗宾多认为,宇宙的演化包括两个过程:首先是"梵"以"超心思"为媒介下降或退化到现象界的过程,然后是现象界万物以"超心思"为媒介上升或进化到"梵"的过程。下降的过程是按顺序一级一级进行的。"梵"通过"超心思"下降到"心思",由"心思"下降到"生命",再由"生命"下降到"物质"。这个过程是"梵"的自我否定,自我退化,即由纯精神状态转化为自然界万物的过程。在自然界中,它披上自己所显现的各种具体外衣,或为有外壳包裹的"潜在意识"。这种"潜在意识"隐居于万物之中,有恢复自身本来面目的要求,故推动万物向"精神"的最高等级——"梵"进化。上升的过程始于"物质",从"物质"经过"生命"、"心思"、"超心思",向"梵"一级一级地进化,最终达到一种统一、和谐、静寂和极乐的纯精神境界。通过这种下降和上升的过程,奥罗宾多便把本体界与现象界统一于一个整体之中。

奥罗宾多把整个世界的变化看作是"纯粹精神"——"梵"自我退化和自我进化的过程,也就是从"纯精神"逐级转化为物质,再由物质逐级转化为"纯精神"的过程。世界的演化构成了一个圆圈,"梵"既是演化的起点,也是演化的终点。由此我们不难发现,奥罗宾多的哲学与黑格尔的哲学颇有相似之处。在黑格尔那里,"绝对精神"从纯概念的形式外在化或异化为自然界。在自然界中"绝对精神"披上自己所建立起来的物质外衣,成为有外壳包裹的思想和概念。它隐藏于自然界的背后,操纵着自然现象的变化和发展。在奥罗宾多这里,"梵"——"宇宙精神"下降或退化到自然界。在自然界中"梵"也披上了它自己所显现的物质,生命和心思的外衣,成为有外壳包裹的"潜在意识"。它隐藏于自然万物之中,推动并主宰着万物的发展和变化。无论黑格尔的"异化",还是奥罗宾多的"退化",都是纯粹精神创造世界的过程。

奥罗宾多力图使自己的哲学成为超越唯物主义和唯心主义的"绝对真理"体系。他认为,在物质和精神的关系上,无论唯物论还是唯心论都是片面的,都是只强调一方，而否定另一方，两者各自将自己的学说引向极端，只达到“一半真理”。在他看来，唯物论者只相信物质是实在的，现实世界是唯一真实的，而忽视了人的精神作用，这种极端必然导致“精神事物的破产”。同样，他认为出世论者或禁欲论者的缺点在于一味坚持纯粹精神或灵魂是实在的，彼岸世界是唯一真实的，从而否定物质或现实世界的实在性，这种极端也将导致“生命的崩溃”。为了调和唯物论和唯心论的对立，奥罗宾多把物质和纯精神统一起来。在他的体系中，物质是纯精神的外在形式，纯精神是物质的内在本质和内容。纯精神可以通过下降过程转化为物质，物质也可以通过上升过程转化为纯精神。尽管奥罗宾多力求调和唯物论和唯心论，把物质和纯精神统一在一个整体中，但是他的哲学仍然没跳出唯心主义的圈子，只不过是客观唯心主义的一种新的表现形式。

2. 精神进化学说

奥罗宾多设计出这样一种玄妙的世界演化模式，其目的何在呢？其目的就在于说明，既然无生命的物质可以进化到有生命的植物和动物，低级动物可以进化到有思维能力的人，那么人不能就此停止，他必须进化到更高级的精神状态，即上升到“神圣的存在”。从进化的角度上说，其哲学又被称为“精神进化论”。

在他看来，既然万物都是“梵”的显现，那么人也不例外，也是“梵”的显现。“梵”以“潜在意识”的形式隐居于人的存在之中，成为人的精神本质。人与人之间虽然肉体不同，但内在的精神本质是同一的，这种本质具有统一、和谐、智慧和欢乐的性质。人之所以愚昧、自私、痛苦和分裂，是因为人的无知，没有认识和揭示出自身内在的、统一的精神本性。人的进化就是通过直觉内省、自我净化的方式，唤醒自身内在的“潜在意识”，使其统一、和谐、智慧和欢乐的本性显现出来。一个人揭示出内在的精神本性，就能使自己的生活与他人生活，乃至整个社会生活达到统一，这样的人被称为“超人”或“神圣智者”。

按照奥罗宾多的观点，人向“超人”的进化就是从心思向超心思的转化过程。此过程要经过三个阶段：心灵转化、精神转化和超心思的转化。(1)心灵转化——心灵是人的内部存在，它是“神圣者的纯粹光辉”，但它被表面的无知的肉体、生命和心思遮盖着。心灵转化过程就是要求人们通过瑜伽修炼，使心灵的作用充分发挥出来，使人的肉体、生命和心思都成为心灵的工具，处于它的控制和指挥之下。(2)精神转化——当心灵控制了人的肉体、生命和心思之后，它还必须启明和促进人的心思向更高的精神等级进化，如进化到“高等心思”、“照明心思”、“直觉心思”和“高上心思”等。(3)超心思转化——当心思达到“高上心思”时，人尚未完全摆脱无知的束缚，还必须继续进化，上升到超心思的水平。完成超心思转化的人才能达到“梵我同一”的境界，才能与整个世界相统一，才能转化为“超人”或“神圣智者”。

奥罗宾多强调指出，“超人”并不是什么新的存在，而是由普通的人转化而来的；“超人”不是生活在什么虚无飘渺的彼岸世界，而是生活在我们人世间。因此，在社会不完善，在周围无知状态尚未改变的情况下，单个“超人”的完善是没有保障的。他还必须用其无限的智慧和力量去启迪周围无知的人，帮助和促进他们的精神进化。这好比第一只火把点燃第二只，第二只再去点燃第三只，依此类推，便使整个人类精神化。到那时，人们便可以摆脱无知的束缚，认识到自己与他人在本质上是同一的，彼此之间在同一精神的基础上协调一致，平等和睦地生活，世界上就会出现一个没有痛苦和黑暗，只有欢乐和光明的、普遍和谐、尽善尽美的境界。奥罗宾多称这种境界为“神圣的人生”。他预言：这种理想“必然是我们发展的目标，我们正在走向这个目标，它或迟或早要出现在我们生命的某一阶段上”。（《神圣人生论》，加尔各答 1943 年版，第 2 卷，第 945 页）

尽管奥罗宾多的精神进化学说充满浓郁的神秘主义色彩，但是他改变了印度传统吠檀多的方向，把宗教思想中“彼岸天堂”搬到地面上来，与人民的现实生活结合起来。印度历来的宗教学说都引导人民把摆脱苦难的希望寄托于彼岸天国，而奥罗宾多打破传统观念的束缚，从理论上论述了原来可望而不可及的极乐世界可以在人世间出现，并引导人们在现实生活中建立这种“天堂”。这种思想无疑是有进步意义的。但是，他的哲学体系中最大的矛盾在于，良好的愿望和实现这种愿望的手段是极为矛盾的。他竭力宣扬超理性的直觉内省，主张通过自我完善、自我纯化的道路来实现美好的理想。这在客观上又会引导人们脱离现实的社会斗争，沉湎于瑜伽修行之中。这种学说对印度人民政治觉悟的提高又会产生消极的影响。

3. 社会进化理论

奥罗宾多的社会进化论是以其精神进化学说为理论基础的，换言之，是精神进化论在历史领域的运用和发挥。

他的历史观是以“个人”为中心的。他认为，个人是社会的基础，是组成社会的成分。国家和社会无非是无数个人所组成的集合体。从这一立场出发，他认为人是梵的显现，国家和社会也同样是梵的显现；人的内部隐居着一个支配一切的“心灵”，国家和社会的背后也肯定有一个同样的“心灵”。所以他说：“国家或社会与个人一样，也有一个躯体，一个有机的生命，一个讲道德的、爱美的气质和发展着的心思。而在这些表象和力量的背后，还有一个心灵，所有一切都是为这一心灵而存在着。”（《人类循环论》，第 39—40 页）在这里奥罗宾多所说的“心灵”就是其哲学体系中的“潜在意识”或“梵”。因此，他的结论是：人的进化是揭开表面无知的“面纱”，唤醒内部的“心灵”，使其内在的精神本性显现出来；同样，国家和社会的进化也要驱除表面的自私性，揭示背后的“心灵”，使其潜在的精神本性得以显现，以达到国家与社会的完善。

社会如何进化呢？奥罗宾多认为，社会是个人、国家和人类这三个永恒的因素所组成的，而社会的进化就是使这三种因素都能得到圆满的发展。为了促进三者的发展，他提出了一种独特的“社会发展规律”。其内容是：

对于个人来讲，“是通过内部的自由发展来完善自己的个性，同时尊重和帮助他人同样的发展，亦从中得到补益。个人的规律就是使自己的生活与社会集体的生活协调一致，并把自己作为一种增长的和完善的力量贡献给人类。”(同上书，第84页)

对于国家来说，同样是“通过其内部的自由发展来完善自身，帮助并充分利用个人的发展，而且尊重并帮助其他国家自由地发展，亦从中受到补益。国家的规律是使自身的生活与人类的生活相协调，并将自己作为一种增长的和完善的力量倾注于人类。”(同上书)

对于人类来说，“充分利用所有个人、国家和社会集团的自由发展及其成果，继续向上进化，直到发现并显现出‘人类的神圣者’。有朝一日，人类将不是在理想上，而是真正地成为一个神圣的家庭。即使人类成功地统一了自己，也还要尊重并帮助组成它的个人和集体自由地成长和活动，以便从中获得助益。”(同上书)

这种“社会发展规律”到底是什么意思呢？奥罗宾多所言的“通过内部的自由发展来完善自身”的过程，其实就是证悟“心灵”，体验“心灵”，使潜在的精神本性显现出来的过程。在他看来，社会要进化，首先是组成社会的个人和国家通过内部的发展，揭示出内在的“心灵”，力求自身的完善，然后再去帮助和促进他人和他国的完善化。当所有的个人和国家都完善了，在这个基础上人类便可以揭示出一个共同的精神本质——“人类的神圣者”。这样，个人、国家和人类才能在同一精神的基础上达到真正的统一，它们之间的生活才能相互协调，整个社会将成为一个“神圣的家庭”。

奥罗宾多考察了社会发展的全部历史，他认为社会进化有一个从低级向高级的发展过程。历史的发展虽然受到经济因素的影响，但归根结底还是由人类的理性决定的。他按照人类的思想水平，把人类历史划分为五个阶段：一、“象征时代”，二、“典型时代”，三、“约定时代”，四、“个人主义时代”，五、“精神化的时代”。

在象征时代，人们感到自己行为的背后有神的力量支配着，因而一切宗教礼拜、禁忌和社会建制都渗透着象征的精神，或者说，把一切都看作是神的象征。奥罗宾多认为，印度的吠陀时代就属于这一时期。

在典型时代，宗教的象征已不占主要地位，伦理道德观念逐渐成为人们的心理典型，作为整个社会的指导思想。譬如，象“达摩”这种道德观念在印度的典型时代就起着决定性的作用。

在约定的时代，伦理道德观念已经变成一种严格的、固定不变的制度。社会等级、宗教仪礼、民间习俗都在人们心中扎下根，固定下来，形成契约，变成绝对权威。谁要怀疑它，谁就要受到制裁。奥罗宾多认为，欧洲的中世纪属于这一时期，许多东方国家(包括印度)到20世纪初仍然属于这一时期。

在个人主义时代，人们开始打破神圣不可侵犯的东西，要求用理智、理想、欲望去观察一切，检验一切，以寻求社会生存的真正规律。在这一时期，个人主义原则作为人的自由，每个人都可以根据理智支配下的欲望去发展自己，完善生活，满足心理的要求，感情和生命的需要和肉体的生存。奥罗宾多认为，在西方，个人主义时代从16世纪宗教改革开始，到20世纪达到极点；而在东方，20世纪后才刚刚开始。

奥罗宾多预言，社会进化的下一个阶段，即最终目标是"精神化的时代"或"精神化的社会"。在他看来，社会不完善的根本原因在于人有各种自私的欲望。要克服私欲，就必须使人精神化。所谓"精神化"就是要求社会上的每个人都必须超越自私的心思，证悟到自己内在的"心灵"，使自己的存在、力量和意识与普遍的"宇宙精神"达到统一。奥罗宾多说："精神化社会，就象组成它的精神化了的个人一样，是生活在'精神'之中，而不是生活在'私我'之中，是集体的'心灵'，而不是集体的'私我'。摆脱利己主义乃是精神化社会第一位的、最显著的特征。"(同上书，第316页)他把精神化社会描绘成人类最美好的时代。在这个社会中，人与人在同一"精神"的基础上达到统一、和谐的生活。每个人都能享受"最大限度的工作愉快"和"真正富足、美好的生活"。国家与国家之间也在同一"精神"的基础上达到统一、互相尊重、互相帮助、平等互利、和睦协调，整个社会将变成一个"神圣的家庭"。

奥罗宾多的社会进化论重视人的价值，肯定现世生活的意义，强调国家与国家、民族与民族之间的自由平等观念，反映出印度新生资产阶级要求冲破封建意识的罗网，反对宗教蒙昧主义的革命愿望，也反映出他们反对殖民统治，渴望民族独立的进步要求。但是，这种学说不是在物质生产、社会经济中探索历史发展的原因，而是在人们的思想中去寻找；不是把历史发展的根本力量看作是物质力量，而是看作精神的力量；不是把人民群众看作是历史的主人，而是把某种超自然的"宇宙精神"看作历史的主宰。归根结底，它仍是一种唯心主义史观。

总之，奥罗宾多的哲学和社会进化学说是20世纪初期印度民族资产阶级的一种意识形态。这种学说既有进步的一面，又有着鲜明的阶级和历史局限性，它清楚地反映出，印度民族资产阶级的双重性格和矛盾的心理状态。

主要著作

《神圣人生论》(1939)

《人类循环论》 (1949)
《人类统一的理想》 (1919)
《印度文化的基础》 (1953)
《论吠陀》 (1956)
《八种奥义书》 (1953)
《薄伽梵歌论文集》 (1922)
《瑜伽的综合》 (1948)
《理想与进步》 (1920)
《思想与格言》 (1958)

J·卢卡西维茨传略〔波〕

王 路

卢卡西维茨（*Jan Lukasiewicz, 1878—1956*）是著名的波兰逻辑学家，出生于利沃夫。1902年毕业于利沃夫大学，获哲学博士学位。1906—1915年任利沃夫大学教授，1915—1939年任华沙大学教授，其间，一度(1918年)出任波兰教育部长，两次（1922～1923年和1931～1932年)任华沙大学校长。二次大战后，他离开华沙，先后到明斯特(民主德国)和布鲁塞尔（比利时)，1946年应爱尔兰政府的邀请到都柏林爱尔兰皇家学院任教授，直至去世。他获明斯特大学和都柏林特里尼蒂学院名誉学位，是克拉科夫的波兰科学院院士，利沃夫的文化科学学会会员，华沙的文化科学学会会员。

卢卡西维茨的主要成就在数理逻辑和逻辑史领域。他深入地研究了命题演算公理性系统；第一次建立了多值逻辑系统，独具特色地研究了模态逻辑，极大地推动了数理逻辑的发展。他以数理逻辑为工具，重新研究评价了亚里士多德逻辑，把亚里士多德的三段论公理化；他又发掘了斯多葛逻辑，论述了二者之间的关系，给逻辑史的研究带来一场革命。此外，他早期还对科学方法论进行过大量研究，他对概率计算基础的研究同样是开创性的。他发表的专著和论文不算很多，但包含着丰富的内容和创造性的思想成果，是人类知识文库中的宝贵财富。

一、对数理逻辑的重要贡献

卢卡西维茨的研究主要是命题演算，这可分为二值命题演算和多值命题演算。

1921年，他发表了论文《二值逻辑》。在这篇论文中，他把系统建立在三条公理和四个定义之上·他没有强调系统和元系统的区别，但是明确地区别了规则和公理。他使用四条推理规则，证明了40条定理。这是他的第一篇数理逻辑论文，证明简明清楚；他有意识地处理二值逻辑，使得三值逻辑以后成为二值逻辑的自然扩展；他还提出排斥概念，后来把这一概念用于亚里士多德的三段论和命题演算的各种系统中。

1924年6月，他在华沙波兰数学学会的报告中讲了自己有关二值命题演算的一些结果。他简化了怀特海和罗素在《数学原理》中给出的公理，并简化了希尔伯特的公理系统，提出自己的命题演算系统。这个系统基于蕴涵和否定，有三条公理，代入和分离两条规则。

1929年出版了《数理逻辑基础》，这是他于1928年冬季在华沙大学讲课的讲义汇编。这本书讨论的范围虽然很窄，只包括命题演算和亚里士多德的三段论两个逻辑系统，但其科学意义颇大，因为它包含着卢卡西维茨的研究成果，而且大都是第一次发表。

这部书详细解释了命题演算。卢卡西维茨使用了自己创造的一套符号。这种符号没有括号，书写简便，使用准确，使人们可以在打字机上进行定理演算，后被称为“波兰符号”。今天在全世界数理逻辑领域中已得到广泛的应用。C、N、A、K、D、E分别代表蕴涵、否定、析取、合取、不同真析取(Dpq＝CpNq)、等值，它们写在命题变元前面。卢卡西维茨用这些符号表述了他自己1924年建立的命题演算系统，三条公理是：

1. CCpqCCqrCpr
2. CCNppr
3. CpCNpq

还有四条定义，代入规则，分离规则和定义置换规则。

在这本书中，卢卡西维茨给出140条命题演算的定理和完整的形式化的证明。对有些定理，他加了评注，解释了它们的直觉意义、应用的实例以及历史源流。他还谈到怀德海、罗素、弗雷格、希尔伯特、尼科德等人的二值命题演算公理系统以及基于这些系统的初始规则和定义。这里，卢卡西维茨指出，弗雷格系统中的公理 CCpCqrCqCpr可以借助CqCpq和CCpCCqrCCpqCpr 这两条公理来证明。他还改进了怀特海和罗素系统的公理系统。此外，他还简短地谈到带量词的命题演算系统。他给出两个量词符号：“Π”表示全称，“Σ”表示存在。

在他与塔尔斯基合写的论文《命题演算研究》(1930)中，提到对弗雷格系统的进一步简化，即弗雷格系统中的公理CCpqCNqNp, CNNpp和CpNNp可用公理 CCNpNqCqp 代替。

在《二值命题演算的完全性证明》(1931)中，他给出一个新的用析取和否定表述的具有三条公理的命题演算系统。卢卡西维茨证明，这个系统与《数学原理》用析取和否定表述的系统等价。

1925 年，卢卡西维茨的学生塔尔斯基表述了单独一条蕴涵公理，即以一条公理构造逻辑系统。这以后的十多年中，卢卡西维茨也一直考虑这一问题。他寻找用蕴涵-否定表述的和用蕴涵表述的最短的单独一条公理。1930 年，他在《命题演算研究》中给出了当时以蕴涵-否定表述的命题演算的最短的单独一条公理，共 33 个字母。1936 年在《逻辑斯蒂和哲学》中，他把这条公理缩短为 23 个字母。1936 年，他发现用蕴涵表述的最短的公理，只有 13 个字母。

CCCpqrCCrpCsp

他后来在《蕴涵式公理演算的最短公理》(1948)一文中详细地发表了他的研究结果。他概述了这问题从 1925 年到 1936 年的历史。他说，他发现的这条公理是最短的，因为没有更短的表达式是单独的一条蕴涵公理。

自弗雷格创立第一个命题演算的公理系统后，不同的系统接踵而来。各种系统的区别主要在于选择不同的符号和公理。但是其发展趋势则是减少基本符号和公理的数量，减少公理所用的符号。卢卡西维茨顺应这种趋势，简化了弗雷格、怀特海-罗素、希尔伯特、尼科德等人的公理系统，建立了自己的公理系统，创造了一套符号语言。正如波兰著名逻辑学家科塔本斯基所说，卢卡西维茨的工作“使他自己成为现代世界上也许可以说是最杰出的命题演算的行家”。

卢卡西维茨对现代逻辑最重要的贡献是建立了三值逻辑和多值逻辑。根据他自己的说法，三值逻辑的产生时间为 1917 年中期。1920 年在《论三值逻辑》一文中，第一次出现了三值逻辑命题演算。1922 年在《命题理论的数学解释》一文中，出现了多值命题演算系统的概念。

命题演算系统自弗雷格以来，都是二值的，即每个命题要么是真的，要么是假的。卢卡西维茨建立三值逻辑是由模态句子的问题引起的。他认为，逻辑史上可以区别出三组模态定理，他从这三组定理中分别选择了三条(以“M”代表可能)：

Ⅰ. 如果不可能 p，则非 p——CNMpNp。

Ⅱ. 如果我们假定非 p，那么(在这一假定下)就不可能 p——CNrNMp。

Ⅲ. 对一给定的 p，可能 p 并且可能非 p——∑pKMpMNp。

从这些定理，卢卡西维茨推出一些结果。根据Ⅰ和Ⅱ得出：p, Mp, NMNp是彼此等值的。同样，Np, MNp, NMp也是等值的，因此，“可能”和“必然”的概念就成为多余的。这里最关键的东西是定理Ⅱ的符号表述。但是根据二值逻辑，似乎不可能以其它方式表述定理Ⅱ和定理Ⅲ。卢卡西维茨还证明，同时接受定理Ⅱ和定理Ⅲ则导致矛盾。由此他开始怀疑二值原则，即每个句子要么是真的要么是假的。这导致他建立三值逻辑。

卢卡西维茨说，我可以假定，我明年12月21日将在华沙这是尚未得到肯定或否定的判定的。在这个前提中，"我明年12月21日将在华沙"这个句子在今天既不能真，也不能假。如果它是真的，那么我将必然在华沙，但这与前提不一致；另一方面，如果它是假的，那么我将不可能在华沙，这与前提也是不一致的。因此这个句子在今天既不真，也不假，并且必然有一个不同于真(1)和假(0)的值。这个值可由"1/2"来确定。这恰恰是作为与真和假同时出现的第三个值"可能"。接着，他解释了这三个值的蕴涵和否定的真值表：如果表示我将在华沙的这个句子有值1/2，那么其否定必然也有值1/2。因此得到一个等式：N 1/2=1/2。此外，还需要定义五个有1/2出现的蕴涵等值式，即C 01/2，C 1/20，C 1/21/2，C 1/21和C11/2。他把二值命题演算系统中1/2不出现的等值式和值看作"N0"和"N1"……，这样他于1920年得到命题演算三值系统的表述。它由下述真值表定义：

C	0	1/2	1	N
0	1	1	1	1
1/2	1/2	1	1	1/2
1	0	1/2	1	0

在三值逻辑中，"可能"这一函子由蕴涵和否定定义。1921年，塔尔斯基简化了卢卡西维茨最初的定义，引入了定义 Mp=CNpp。如果接受这个定义，则证明所有上述模态定理在三值命题演算中都是一致的。

1938年，在一次关于数理科学的基础和方法的讨论会上，卢卡西维茨作了题为"逻辑和基础问题"的报告。在这个报告中，他提出一个完整的三值命题演算，该系统基于"M"一词，意为"可能"，并有以下4条公理：

1. CNMpCNMpNp
2. CNMNpCNMNpp
3. CMpCMpMNp
4. CCpqCCNpqCCMpqq

这个系统可作直觉解释，但是不可能对其所有可定义函项都作直觉解释。它们的数目(3^9)非常之大，以致自然语言中不能有一一相应的表达式。但是，这并不抹杀这个系统的直觉特征。对于公理1中前件为什么重复的问题，卢卡西维茨说，这里蕴涵的意义与普通逻辑中的不完全一样。

在《数理逻辑基础》一书中，卢卡西维茨简明地谈到多值逻辑："在无穷多值逻辑中，我们假定命题可以取无穷多的值，符合 $0\leq x\leq 1$ 条件的有理数 x 属于这样的值。"他定义了无穷多值逻辑的蕴涵和否定性质：假定 p和 q 是 0—1 之间的有理数，那么

如果 $p\leq q$，则 $Cpq=1$

如果 $p>q$，则 $Cpq=1-p+q$

$Np=1-p$

从上述等式得出三值逻辑给出的那种蕴涵和否定的性质。此外，这些等式表明，如果蕴涵和否定的变元在有理数 [0, 1] 之间，那么蕴涵和否定的值也在它们之间。

《命题演算研究》一文给出了卢卡西维茨关于命题演算多值系统的一些结果，比如：

定理 17，a) $L_1=S$，$L_2=L$(S=用蕴涵和否定表述的命题演算的合式公式集；L=二值系统；L_k=k 值系统)。

b) 如果 $2\leq m<s\backslash s_0$，$2\leq n<s\backslash s_0$，并且 $n-1$ 是 $m-1$ 的一个除数，那么 $L_m\subset L_n$。

c) $L_s/s_0=\prod_{1\leq n<s\backslash s_0} L_n$

定理 18，对于 $3\leq n\leq s\backslash s_0$ 而言，所有 L_n 系统都是一致的，但不是完全的。卢卡西维茨以为$L_s\backslash s_0$系统是可以公理化的，他并给出了5条公理。后来瓦茨博格(M. Wajsberg)证明他是正确的。

卢卡西维茨给出了扩展的有穷多值命题演算的真值定义。原则上说，即在带量词的 n 值命题演算系统中，将表达式"$\Pi_p\varphi(p)$"代之以 n 值表达式的合取：$\varphi(c_1),\cdots,\varphi(c_n)$。这里，$c_1,\cdots,c_n$ 是固定的命题变元，它们带有 n 值系统真值集的连续值。

卢卡西维茨认为，三值系统是二值系统的一基本部分，而无穷多值系统是三值系统的一基本部分。二值系统中最重要的而在三值和多值系统中又不是有效的定理涉及某些间接证明。然而，如果引入全称量词而扩展多值系统，则它们与二值系统的关系发生变化。扩展的命题演算多值系统的有些定理在二值系统中不是有效的。

命题演算最初是二值的，但是一旦建立了三值逻辑系统，那么建立多值的，

以至无穷值的逻辑系统显然是可能的。论述三值命题演算的第一人是卢卡西维茨。与他同时，美国逻辑学家波斯特（E. L. Post）也提出一个三值逻辑系统，但他的论文发表晚于卢卡西维茨。创造多值逻辑是卢卡西维茨最大的成就。人们称赞他以此把人类思维推进到新的时代。

卢卡西维茨对模态逻辑也有独到的研究。在《模态逻辑系统》（1953）一文中，他提出了他的新的四值模态系统。这个系统有四条公理：

1. ⊢CδpCδNpδq

2. ⊢CpΔp　　（Δp 意为：p 是可能的）

3. ⊣CΔpp　　（⊣α 意为：α 是一个被排斥的表达式）

4. ⊣Δp

推理规则是代入和分离。卢卡西维茨证明了公理的独立性，并给出了一个适合这个系统的四值真值表。L-模态系统原则上区别于以前的模态系统，它没有表示必然真的句子。后来，他又从 L-模态系统的观点出发，讨论了亚里士多德的模态逻辑。

二、对逻辑史研究的重要贡献

1910 年，卢卡西维茨发表了《论亚里士多德的矛盾律》和《论亚里士多德的排中律》。前者是他最著名的著作之一，其研究成果成为波兰逻辑学家训练的基本内容，影响甚大。他认为，在亚里士多德的表述中可以区别出三种矛盾律，本体论的："任何对象都不能同时具有并且不具有相同的性质"；逻辑的："一个句子表示一个对象有某种性质，另一个句子否定这种性质，这两个句子不能都真"；心理的："相应于两个矛盾句子的两种信念不能存在于一个人的头脑之中"。他认为本体论的矛盾律和逻辑的矛盾律是等值的，但不是等意的，而心理的矛盾律则只是概率的经验规律，与前面两条规律均不等值。矛盾律的价值不是逻辑的，实际上是应用的和伦理的，而且这种价值具有重要意义。这部著作谈到许多重要的逻辑原则，不仅引用了亚里士多德的著作，检验了亚氏的论证；而且谈到罗素关于所有不是自身分子的类的类的悖论；解释了逻辑代数；并且第一次从方法论角度对推理方法进行了分类。卢卡西维茨后来（1918 年）说："当时我已经想表述非亚里士多德逻辑，但没有成功"。但是，这部著作的结尾清楚地表明，作者为自己今后以无矛盾系统的形式建立非亚里士多德逻辑铺平了道路。他对自己这部著作似乎评价很高，1955 年起，自己译为英文。

作为逻辑史学家，卢卡西维茨的成就主要在对亚里士多德三段论和斯多亚逻辑学的研究、解释和评价方面。

他从现代逻辑观点出发，深入地研究了亚里士多德的三段论。他认为，现代符号逻辑和亚里士多德逻辑的关系相似于欧几里德几何学和欧几里德的《几何原本》的关系。他探讨能否通过改造或省略矛盾律来发展一个非亚里士多德的逻辑系统，就象通过改造第五(平行)公设而发展了非欧几何学一样。他的研究成果最早出现在《数理逻辑基础》(1929)一书中。1939年，他完成了关于亚里士多德的三段论的一部专著，不幸的是这本书在二次大战中华沙沦陷时被毁掉了。战后他重新着手整理他的研究成果，于1951年出版了名著《亚里士多德的三段论》。在他去世后的第二年，又出了修订本，增加了关于亚里士多德的模态逻辑的三章。

卢卡西维茨揭示了传统逻辑和亚里士多德逻辑中三段论的区别，指出：一个亚里士多德的三段论是一个蕴涵式，而不是一条推理规则，亚里士多德的三段论体系是一个公理系统。他批评了历史上对亚里士多德的三段论的曲解，高度评价了亚里士多德的逻辑成就，并且在二值逻辑的基础上构造了一个三段论演算的公理系统。他以传统逻辑的 A、E、I、O 作常项，以字母 a, b, c, d……作词项变元，以 K、C 和 N分别作合取符号、蕴涵符号和否定符号，以 A 和 I 为初始词项，以此定义了 E 和 O。这个系统有四条公理：

1. Aaa
2. Iaa
3. CKAmbAamAab
4. CKAmbImaIab

此外还有代入分离规则，以及14条命题演算的定理作辅助定理。在此基础上，他推出所有对当换位的定律和24个三段论的式。

除了这个公理系统外，卢卡西维茨还建立了一个排斥系统。这个系统有两条公理(即两个被排斥的式)：

1. CKAbmAamIab
2. CKNIbmNIamIab

有两条排斥规则：

1. 排斥的代入规则：如果 β 是 α 的代入并且 β 被排斥，则 α 必然被排斥。
2. 排斥的分离规则：如果 $C\alpha\beta$ 是一条定理，并且 β 被排斥，则 α 必然被排斥。

在这两条公理和两条排斥规则的基础上，可以排斥亚里士多德的三段论的四个格中所有不正确的式。

这部著作出版后，立即受到国际学术界的一致好评。卢卡西维茨因此被誉为研究亚里士多德的最高权威，唯一的既准确理解了《工具论》原著语言又掌握了最先进的现代逻辑工具的学者。他的书被称为逻辑史上划时代的著作。尽管有人对他的解释的一些细节提出质疑，对一些错误提出修正，但是他的解释具有极大的说服力，使得一些人甚至相信，亚里士多德的三段论系统恰恰就是他所解释的那样。直到70年代初期，才开始有人对他的解释从体系上提出批评。但是人们始终承认，他的书是研究亚里士多德的三段论最有价值的经典著作之一。

卢卡西维茨从20年代初开始研究斯多亚逻辑。1930年提出自己的看法，1934年发表了论文《命题逻辑史》，他认为，斯多亚逻辑和亚里士多德逻辑不同。以同一律为例，斯多亚逻辑是"如果p，则p"，这里p是命题变元，对此只能代入有意义的命题，而亚里士多德逻辑是"所有a是a"，这里a是词项变元，对此只能代入有意义的名词，因此二者不同。但是，过去所有写史的人都没有认识到这种区别，因此迄今没有命题逻辑史，对形式逻辑的历史也没有正确的描述。他指出，逻辑史必须重新撰写，并且要由掌握逻辑斯蒂的史学家来写。他的这些观点对后来写逻辑史的学者(鲍亨斯基、尼勒、布朗歇等等)影响甚大。

卢卡西维茨仔细研究了斯多亚逻辑，批评了一些史学家(特别是普兰托)对它的曲解。他指出，古代两个逻辑系统的主要区别在于：在斯多亚逻辑中，变元是命题变元，而在亚里士多德逻辑中，变元是词项变元；亚里士多德的三段论是逻辑论题，它对其中出现的变元的所有值来说都是真的，而斯多亚逻辑是含有推理规则意义的推理形式，它保证从已知的命题推出新命题。此外，斯多亚逻辑表述为推理规则，因此它不仅区别于亚里士多德的三段论，而且也区别于现代命题逻辑，因为后者是一个逻辑论题系统。卢卡西维茨认为斯多亚逻辑是逻辑史上第一个命题逻辑系统，称赞它实际上是可与亚里士多德逻辑相媲美的杰作。他通过分析例证说明，斯多亚逻辑在中世纪、特别是在"推论"学说中继续存在并且得到进一步发展。在弗雷格的《概念语言》中，"整个命题逻辑才第一次以严格的公理形式表现为一个演绎系统"。1935年，《命题逻辑史》一文又用德文发表在《认识》杂志上，从而对国际学术界产生巨大影响。

卢卡西维茨毕生从事逻辑的教学与研究，他不仅是一位学者，而且是一位良师。1907年冬季，他在利沃夫大学举办关系代数的讲座。这是波兰的第一个数理逻辑讲座。在他的指导和影响下，许多哲学家和数学家开始从事数理逻辑研究。从那时起，他培养出许多著名的逻辑学家，象塔尔斯基，瓦茨博格，等等。他是波兰数理逻辑的创立者和主要指导者，是华沙逻辑学派的创立者之一，并且是该学派的核心人物。由于他的杰出工作，波兰逻辑学界人才济济，波兰成为世界上数理逻辑研究中心之一。他的生前好友、著名逻辑学家鲍亨斯基说："卢卡西维茨是一位十分崇高的科学家，以致可以说，他是一位艺术家"。这一评价无疑是十分恰当的。

主 要 论 著

《论亚里士多德的矛盾律》 (1910)

《论亚里士多德的排中律》 (1910)

《数理逻辑基础》 (1928)
《命题演算研究》 (与塔尔斯基合著,1929)
《二值命题演算的完全性证明》 (1931)
《命题逻辑史》 (1934)
《逻辑斯蒂和哲学》 (1936)
《亚里士多德的三段论》 (1951)
《模态逻辑系统》 (1953)

Б · М · 凯德洛夫传略〔苏〕

贾 泽 林

鲍尼法基·米哈伊洛维奇·凯德洛夫 (*Бонифатий Михайлович Кедров 1903～1985*)是苏联最杰出的富有创造性的马克思主义哲学家之一。

1985年9月10日他与世长辞，由苏联党和国家领导人以及苏联著名科学家和哲学家（由M·C·戈尔巴乔夫领签)签署的讣告，对他的学术活动和学术贡献作出了高度的评价。讣告说:“在马克思列宁主义哲学、科学史和科学方法论领域中的重要研究是同Б·М·凯德洛夫的名字联系在一起的。他的著作在探讨唯物辩证法理论、科学分类和科学结构问题方面作出了极大贡献。他的著作对于巩固哲学和自然科学的联盟具有重要意义”(《真理报》1985年9月13日)。苏联重要哲学杂志(《哲学问题》、《哲学科学》)以及一些自然科学杂志(《自然科学和技术史问题》、《自然》、《科学与生活》等)也相继发表了长篇讣告,盛赞他的学术成就和为人。

从1921年开始学术活动(先是在自然科学领域，而后是在自然科学和哲学这两个领域)起到1985年,在六十多年漫长的学术生涯里,凯德洛夫给后人留下了极其丰富而宝贵的精神遗产,写下了六十多部专著，八百余篇各类文章，成为当今世界上罕见的多产哲学作家之一。他的学术兴趣极为宽广,知识极其渊博,几乎没有一个哲学领域是他不曾涉猎过的,而且在每一个这样的领域中,他都有独到的见解，堪称为该领域中的专家和权威。他主要的研究领域有：马克思主义经典作家,特别是恩格斯和列宁的哲学遗产;辩证法问题、辩证法的范畴工具,辩证法的研究和叙述方法；作为逻辑和认识论的辩证法、辩证逻辑和形式逻辑；各门科学的相互关系、科学分类和综合；化学、物理学、地质化学、地质学等的哲学和方法论问题；马克思主义的自然科学史和哲学史；科学技术革命；门德列也夫学术档案；科学技术创造问题，等等。

凯德洛夫1903年12月10日生于雅罗斯拉夫尔城。他是本世纪和俄国无产阶级革命的同龄人。他的命运同充满剧变的本世纪，同开辟了人类历史新纪元的伟大十月社会主义革命和苏联的社会主义建设，同马克思列宁主义在世界上的凯歌行进有着深刻的、不可分割的联系。

凯德洛夫生于革命世家，他父亲——M·C·凯德洛夫从青年时期起即背叛资产阶级家庭，投身革命，成为坚定而勇敢的无产阶级革命家，后来成为列宁领导下的布尔什维克党的著名活动家和列宁的亲密战友。

1912—1916年凯德洛夫一家侨居瑞士伯尔尼时，列宁曾多次到他家聆听过M·C·凯德洛夫演奏钢琴。同伟大革命导师的亲切会面，给年方10岁的小凯德洛夫留下了终生难忘的印象，对他生活道路的选择发生了决定性的影响。

1917年十月革命前后，少年凯德洛夫曾随父到各地执行革命任务。1918年，M·C·凯德洛夫按列宁指示组成"苏维埃视察团"到北方各省视察地方军工经济部门和地方苏维埃的工作，小凯德洛夫曾担任该团的机要联络员(信使)，多次往返于莫斯科和北方各省之间。小凯德洛夫1918年曾两次到《真理报》编辑部工作，给《真理报》秘书、列宁的妹妹玛丽娅·伊里奇尼娜·乌里扬诺娃当助手。1918年12月，小凯德洛夫经玛·伊·乌里扬诺娃和莫斯科市委书记B·M·扎高尔斯基的介绍，光荣地加入了俄共(布)，时年仅15岁。

1920年，凯德洛夫在斯维尔德洛夫共产主义大学六个月一期的学习班毕业后，志愿报名参加红军，曾在波兰战线作战。此后他又曾多次随父到各地执行任务。

1922年秋，凯德洛夫考入莫斯科大学物理数学系(化学专业)。这年的春季和夏季，凯德洛夫忽然萌发了对哲学的兴趣。其原因有二：第一是他同老布尔什维克、哲学家B·Φ·郭林—加尔金的结识。郭林曾有幸读过列宁《唯物主义和经验批判主义》的手稿，对列宁的哲学思想有深刻的领会。郭林给他深入浅出地讲述了列宁的哲学思想，激发了他对马克思列宁主义哲学的浓厚兴趣。第二是1922年列宁的《论战斗唯物主义的意义》一文的发表。该文对他产生了很大的影响。郭林和列宁促使他同哲学结下了不解之缘。然而凯德洛夫当时并无意于作一个专业哲学家，因为他并不认为哲学可以成为一种职业。这时他对哲学有一种极其素朴的认识：哲学是对人类思想和实践的广泛概括和荟萃。一个人如果对科学和实践的成果没有广博而深入的了解，怎么能够象哲学家那样进行概括呢?所以他决定献身于自然科学研究，把作一个化学家确定为自己的目标。

1924年1月21日，伟大无产阶级革命导师列宁逝世，凯德洛夫当时刚满20岁。他抑制住巨大的悲痛，以青年人特有的赤诚向列宁庄严宣誓，决心把自己的一生奉献给列宁开创的伟大事业，把学习、研究和宣传、维护和捍卫马克思列宁主义当作自己毕生的职责。

从1924年到1940年，在保持对哲学的浓厚兴趣的同时，凯德洛夫主要是在自然科学的一个具体领域(化学)中进行学习、实验、研究和教学。这段期间，他潜心钻研自然科学，认真思考其中的哲学问题，从而为以后从事哲学研究打下了坚实的基础。

1925年，恩格斯的《自然辩证法》在苏联首次发表，成为当时思想理论生活中的一件大事。学术界围绕《自然辩证法》的中心思想发生过以"机械论者"为一方和以"辩证论者"为另一方的激烈论战。理论界的斗争引起他的关注。他在从事自然科学研究时经常遇到许多难解的理论问题。这些都推动他去认真地钻研《自然辩证法》。从这时起直到他逝世止，《自然辩证法》及其思想一直是他的主要研究对象之一。

1929年，凯德洛夫发表了自己的第一篇学术论文(关于吉布斯佯谬)。1930年，他毕业于莫斯科大学化学系。1931年，他考取了苏联科学院普通化学和无机化学研究所的研究生。这时，他在国内战争时期染上的肺病因从事化学实验工作而猛烈发作，医生建议他放弃化学试验室工作。在此种情况下，他才决定作一个化学史家和自然科学哲学家。这是他一生中的重大转折，即开始从自然科学跨入哲学领域。1928—1930年间，他曾领导过化学系师生的自然辩证法学习小组。

1935年凯德洛夫把他研究吉布斯佯谬所获得的成果加以总结，写成题为《论吉布斯佯谬》的论文，通过答辩获得了化学副博士学位，该论文曾受到H·C·库尔纳科夫院士的高度评价。他运用列宁在分析现代物理学危机时表述的观点，运用质和量、偶然性和必然性这些辩证法和辩证逻辑的范畴，成功地从逻辑上和理论上解决了吉布斯佯谬这一著名难题。这项研究进一步把他引向对道尔顿化学原子论(1934—1937)、对肖莱马创造活动(1937—1939)和对门德列也夫周期律发现史(1939—1940)的研究。

1941年6月，第二次世界大战的战火燃烧到苏联之后，凯德洛夫毅然抛开家庭的不幸(其父和弟弟在肃反扩大化中不幸牺牲)，投笔从戎，志愿奔赴疆场。他参加了莫斯科保卫战并在战斗中负伤。战争和流血并不能完全中断一位执着的学者的科学兴趣和研究工作。在战斗的间隙和住院期间，他反复翻阅随身携带的《自然辩证法》一书，思考如何使恩格斯这部未完成的遗作在编排上更加符合恩格斯的原来的构思。与此同时，他还发表了几篇有关自然科学哲学问题的文章。

1945年5月,第二次世界大战在欧洲结束,凯德洛夫因病复员,他到苏联科学院哲学所工作,出任该所自然科学哲学问题部主任和该所副所长。1945年11月他在苏联科学院纪念恩格斯诞辰125周年大会上作了题为《恩格斯与科学分类》的报告,开始了他对《自然辩证法》的新的一轮研究,把侧重点放在恩格斯的科学分类思想上。1946年,他以《道尔顿的原子论及其哲学意义》为题进行博士论文答辩,获得哲学博士学位。

1947年6月,联共(布)中央召开了Г·Ф·亚历山大洛夫《西欧哲学史》一书的全苏讨论会。凯德洛夫积极参加了会议并在会上做了意味深长的发言。在指出《西欧哲学史》一书的缺点的同时,他特别强调首先应当解决哲学史和哲学研究的方法论问题,反对在哲学史研究中采用贴标签的简单化作法,反对把马克思主义归结为实例的总和,提出要创造性地研究马克思主义哲学,对斯大林关于德国古典哲学是对法国革命和法国唯物主义的德国贵族式的反动的错误提法进行了独特的解释,隐而不露地维护了列宁关于德国古典哲学是马克思主义的思想来源之一的论点。凯德洛夫关于创办哲学杂志的倡议得到与会哲学家们的一致支持。经联共(布)中央批准,1947年苏联历史上第一本专业性哲学杂志——《哲学问题》正式创刊。凯德洛夫被任命为该刊主编。凯德洛夫把这件事看成是他学术生涯中最鲜明和最有趣的一页。他以极大的热情投入这项工作,试图通过自己的努力,扭转苏联哲学界的沉闷局面。遗憾的是好景不长。他本着活跃学术空气和开辟新研究领域的目的,在1947年第2期杂志上发表了几篇探索性的文章,然而他却因此而遭到猛烈的攻击和毁灭性的批判。从该刊1948年第3期起,他便被撤掉主编职务。他在杂志的工作和他在1946—1949年间发表的四部著作,成了激烈攻击的对象。米丁指责他在哲学上犯有"反马克思主义"的错误,即所谓:(1)世界主义;(2)对辩证法作繁琐的、黑格尔精神的歪曲;(3)歪曲列宁的哲学遗产(这些指责,已被后来的历史发展证明完全是站不住脚的)。从1949年到1953年,他的正常研究工作实际上被停止了。

1953年,在凯德洛夫的学术生涯中,发生了又一次重大的转折,他重新登上了理论斗争的舞台。从1953年夏起到60年代末,凯德洛夫开展了广泛的学术活动,其中主要有:(1)揭露和批评个人崇拜给哲学社会科学带来的消极后果。1954年初他与Г·С·顾尔根尼泽合作撰写并发表的《为深入研究列宁哲学遗产而斗争:评亚历山大洛夫主编的〈辩证唯物主义〉一书》一文,在苏联理论界最早揭露和批评了个人崇拜和教条主义盛行时期的种种理论错误,此后,为冲破教条主义的禁锢,为恢复马克思列宁主义的本来面目,他又持续地做了许多振聋发聩的工作;(2)捍卫马克思列宁主义的哲学思想,为一度被忽视、抹煞和曲解的马克思主义哲学基本原理和辩证法基本规律(如否定的否定等)恢复名誉;(3)开展以科学分类为中心的科学学研究;(4)开展对门德列也夫周期律发展史及其哲学意义的深入研究；(5) 开展对唯物辩证法的系统研究。

由于他在理论上的巨大成就，1960年当选为苏联科学院通讯院士，1966年当选为院士。1962年，他被任命为苏联科学院科学技术史研究所所长。该所在他领导下，为在苏联开展自然科学的哲学问题的研究，为巩固哲学家与自然科学家的联盟，发挥了重要作用。

70—80年代是凯德洛夫学术研究和学术活动的鼎盛时期，他不知疲倦地忘我工作，写出了许多引人瞩目的巨著。在这些年代里，他的研究重点有所变化，摆在第一位的是对唯物辩证法理论问题的探讨；其次是对科学分类和综合、科学技术革命、科学发展前景以及科学发现心理学问题的研究；第三是对自然科学的哲学问题及科学发展历史的研究；第四是对化学和物理学的方法论及其历史问题的研究。

总的说来，凯德洛夫一生主要从事两方面的研究工作：(1) 科学发展规律问题；(2) 辩证唯物主义理论问题。

在苏联哲学家当中，凯德洛夫的自然科学功底和造诣是首屈一指的。他与那些对自然科学和技术科学仅有泛泛了解、自己从不曾在这些部门科学中从事过具体研究的哲学家们不同，他精通自然科学(特别是化学和物理学)，解决过自然科学中的许多具体问题(如热力学和统计物理学中的著名吉布斯佯谬；化学中原子—分子学说发展诸等级的从属关系原则等)。在研究吉布斯佯谬、道尔顿原子论和门德列也夫原子周期律的基础上，他从更广更高的角度出发对科学发展规律进行了研究。在这方面他取得了众所公认的巨大成就。他对科学分类、科学结构、科学史、科学创造心理学、科学技术革命等都进行过独到的研究。他的三卷巨著《科学分类》(第一卷，1961；第二卷，1965；第三卷，1985)是迄今为止科学分类研究方面最有分量的作品，受到国际科学界的好评。他在研究门德列也夫周期律发现史时，首次采用了动态复现研究法，即根据门德列也夫档案材料，把门德列也夫发现周期律那一天的思想演进过程和创造心理活动逐时逐刻地再现出来(《一个伟大发现的一天》，1958)。此后他在研究恩格斯的《自然辩证法》、列宁的《哲学笔记》及马克思、恩格斯和列宁关于辩证法的叙述方法时又多次成功地运用了动态复现研究法，写下了引人入胜的作品：《论恩格斯的〈自然辩证法〉》(1973)；《列宁思想实验室：列宁〈哲学笔记〉概论》(1972)；《论辩证法的叙述方法：三个伟大的设想》(1983)。在研究科学创造活动时采用动态复现研究法乃是他的一大创举。他在这方面取得了重要成果，开辟了一个全新的研究方向，在苏联哲学界引起了热烈的响应。

对科学发展总规律的多年研究，使他得出结论：马克思在19世纪40年代关于以往彼此孤立的各门自然科学和社会科学在将来会融合成为一门统一的科学的预言，将在2034年前后完全实现。在科学技术革命急剧发展的今天，社会科学、自然科学和技术科学之间的相互作用和相互关系正在与日俱增，科学发展这一总的趋势乃是制定马克思预言将在今后半个世纪中得以彻底实现的依据。

凯德洛夫对列宁关于哲学家要同自然科学家结成巩固联盟的光辉思想有深刻的领会，他用实际行动贯彻了列宁的这一思想，而他本人则是这一思想的具体体现者。他为使这一思想得到正确贯彻而不遗余力地奋斗过多年。他在运用马克思列宁主义哲学原理解决自然科学中的哲学问题方面所取得的成果，他对哲学在整个知识体系中应占的恰当地位和哲学同自然科学的关系正确阐明，赢得了广大自然科学家的倾心赞誉。特别值得一提的是，凯德洛夫从1925年起到1973年出版由他编纂的《弗·恩格斯论自然科学的辩证法》(即《自然辩证法》的文选本)止，他对《自然辩证法》一书进行过长达近半个世纪的研究，详尽地发掘了其中的思想精华，在这方面他所作的贡献是前无古人的。

《哲学问题》杂志在凯德洛夫逝世讣告中指出："可以毫不夸张地说，凯德洛夫的活动和创作乃是辩证唯物主义哲学发展史上的一个新阶段，把它提高到一个新的更高级的水平"。这是对凯德洛夫在辩证唯物主义领域中全部研究工作的十分中肯的评价。

1967年8月14日，苏共中央在有关理论工作的重要决议中，把制定唯物辩证法理论体系规定为苏联哲学界的主要任务。苏联哲学界为完成这项任务先后组建了几个写作集体。凯德洛夫1973年出任哲学所所长时，曾具体地谈到过哲学所两个写作集体及其写作计划，其中由他领导的那写作集体准备就辩证法理论写一部一卷本的专著，其目的在于：在历史和逻辑统一的基础上实现列宁的计划，即表明辩证法是整个人类思想史、全部科学技术史和人们全部革命实践活动史的总结；在写作方法上，采用从抽象上升到具体的辩证方法。然而凯德洛夫对辩证法理论的研究却不是从1967年或从1973年才开始的。1958年重回哲学所工作之后，他就领导了一个辩证法小组，开展了大规模的研究工作，在60年代写了一系列阐述辩证法理论的专著，他曾因这项成果而获得过苏联科学院颁发的车尔尼雪夫斯基奖金。在研究和撰写唯物辩证法理论体系的过程中，凯德洛夫就马克思主义哲学的定义、对象和结构、辩证法理论体系的叙述方法等一系列重大原则问题提出了自己的看法，在苏联哲学界引起了极大反响和激烈争论。

凯德洛夫始终不渝地坚持马克思、恩格斯和列宁对马克思主义哲学的看法，即认为：马克思主义哲学就是辩证唯物主义(或唯物主义辩证法)，它是完整而统一的，由一块整钢铸成，不能把马克思主义哲学看成是由辩证唯物主义和由同它并列而独立存在的另外七个部份(即历史唯物主义、自然科学哲学问题、哲学史、伦理学、美学、逻辑学和科学无神论)组成的。唯物辩证法是关于自然界、社会和人类思维运动和发展的普遍规律的学说。"从今天来看，马克思主义哲学的对象就是客观辩证法和主观辩证法(前者在人的意识中的反映)。而这也就是说，它的对象就是辩证法和辩证逻辑。所有其他的一切现在都已归到有关自然界、历史和人的思维的部门实证科学中去了”(Б·М·凯德洛夫:《怎样学习列宁的〈唯物主义和经验批判主义〉》，第58页)。凯德洛夫坚决反对在马克思主义哲学对象问题上存在着的“本体论主义”观点。他认为:这种错误的观点，主要来源于斯大林对马克思主义哲学的定义。

凯德洛夫认为列宁关于在研究和叙述辩证法理论体系时要采用从抽象上升到具体这一辩证方法的指示，是完全正确的和必须遵守的。他计划按照列宁的上述指示撰写一部题为《作为一门科学的辩证法》的作品。尽管这部书迄今并没有问世，但是凯德洛夫在80年代发表的许多文章中已经把他设想的作品的完整蓝图公诸于世。

凯德洛夫在研究科学史的过程中，通过对大量具体自然科学材料的分析，揭示出辩证逻辑的两个重要原理:(1)“通过规律”给科学概念下定义;(2)处于发展中的概念，其外延和内涵之间的关系是正比例关系。他的发现受到苏联理论界的普遍称道，被认为是对辩证逻辑的重大贡献。

凯德洛夫的经历丰富而曲折。他在革命的风浪中锻炼成长，在战争的烈火中经受考验，在理论斗争中饱尝挫折和打击的滋味。然而他始终信仰坚定、斗志顽强，不愧为一个大无畏的共产主义战士和马克思主义哲学家。他终生保持着昂扬的革命乐观主义精神，追求真理是他的唯一目的，不知疲倦地工作是他最大乐趣。在学术上，他思想活跃，富于创见，观点新颖，立场鲜明，作风平等，善于敏锐地抓住事物的本质，勇于尖锐地提出问题。他提出并阐述过的许多见解和问题，一针见血，切中要害，令人不能无动于衷和保持缄默。晚年他虽然体弱多病，长年卧床不起，乃至双目失明，然而这些并没有使他变得萎靡不振、保守迟钝，他的创作热情依然不减当年，以惊人的毅力，克服重重困难，写下了许多脍炙人口的作品。他寄希望于青少年，特地为他们写了一本小书:《关于辩证法的谈话》(1983)。通过父子对话形式，深入浅出、生动活泼地向青少年讲述了马克思主义哲学的基本原理。该书出版后受到苏联广大青少年的热烈欢迎。

凯德洛夫不是闭门造车的书斋学者，他从事过大规模的科学组织、教学和社会工作。他担任过苏联科学院哲学所、自然科学和技术史所的领导工作，担任过许多杂志的主编，逝世前一直担任自然科学和技术史所“科学史和逻辑部”的主任。他在苏共中央社会科学院和莫斯科大学哲学系从事过多年教学工作，培养了一大批科学研究人材，他的学生当中有副博士、博士、教授和科学院院士。他周围经常聚集着一批才华出众的青年学者。

凯德洛夫在世界哲学界享有盛名，在国际哲学舞台上有很大影响。他曾多次出席过各种国际哲学会议，从1962年到逝世止，他作为苏联科学院自然科学史、技术史和哲学苏联全国联合会的主席，在促进苏联哲学家、逻辑学家和科学史家同国际学术界的广泛交往方面起到了重大作用。

他是科学史国际科学院(从1966年起)、塞尔维亚科学院(从1965年起)、保加利亚科学院(从1973年起)、德国科学院(从1972年起)、匈牙利科学院(从1973年起)的外籍院士。

凯德洛夫在1959年末，曾经来华作过短期学术访问，给中国学术界留下了深刻而难忘的印象。

凯德洛夫是一个百科全书式的马克思列宁主义哲学家。一位苏联哲学家说得非常正确："不分析凯德洛夫的创作是难以形成有关苏联近半个世纪马克思列宁主义研究的足够完整的概念的。"(B·H·萨多夫斯基语。《哲学问题》1986年第4期第156页)

主要论著

《论自然界中的量变和质变》(1946)
《恩格斯与自然科学》(1947)
《道尔顿的原子论》(1949)
《化学中元素概念的演变》(1956)
《否定的否定》(1957)
《一个伟大发现的一天》(1958)
《对门德列也夫周期律最初作品的哲学分析》(1959)
《辩证法、逻辑和认识论的统一》(1963)
《科学分类》(第1—2—3卷，1961—1965—1985)
《自然科学的对象及相互联系》(1967)
《原子论的三方面》(第1—3卷，1969)
《列宁与20世纪自然科学中的革命》(1969)
《恩格斯论自然科学的辩证法》(1970)
《列宁与20世纪自然科学的辩证法》(1971)
《列宁思想实验室》(1972)
《论恩格斯的〈自然辩证法〉》(1973)
《论周期律的现代问题》(1974)
《门德列也夫在原子论中的预言》(第1—3卷，1977—1979)
《马克思主义的19世纪自然科学史观》(1978)
《列宁与科学革命自然科学物理学》(1980)
《列宁、科学、社会进步》(1982)
《论辩证法的叙述方法》(1983)

《关于辩证法的谈话》 (1983)
《怎样学习列宁的〈唯物主义和经验批判主义〉》 (1983 年第 4 版)
《世界科学与门德列也夫》 (1983)

世界哲学界动态

【欧美莱布尼茨哲学研究动态】1966年春，在联邦德国的汉诺威成立了“国际莱布尼茨协会”，其宗旨是“加深对莱布尼茨的活动和影响的认识，象莱布尼茨那样关心促进各门不同的科学之间的联系，并向更多的读者介绍莱布尼茨的思想遗产”。该协会的总部设在汉诺威的下萨克森州州立图书馆（那里存有莱布尼茨大量手稿档案及其他资料），其成员包括世界各国的莱布尼茨研究者。协会负责人为A·海涅康普(*Albert Heinekamp*)。除了每年举行年会外，该协会还不定期地召开国际莱布尼茨大会。第一次大会于1966年11月召开，目的是纪念莱布尼茨逝世250周年。来自世界各地的300多人参加了会议。第二次大会于1972年7月召开，会议的主题是：“17～18世纪的哲学和科学”。第三次大会于1977年11月召开，会议的主题是：“17～18世纪理论和实践的关系”。1983年11月，在汉诺威市政厅举行了第四次国际莱布尼茨大会，中心议题是“莱布尼茨的活动和影响”。会议几乎涉及莱布尼茨哲学工作和科学工作的一切领域。会议分成几个组同时进行。这几个组所讨论的议题分别是：(1) 19世纪，莱布尼茨著作的出版史；(2) 神正论问题，逻辑，数学，莱布尼茨和其他思想家；(3) 理性真理和事实真理，谢林，黑格尔，费尔巴哈，动力学；(4) 伦理学和法学，前定和谐，科学组织；(5) 19世纪，单子论，技术、医学和政治；(6) 形而上学，语义学，逻辑和认识论；(7) 现代哲学，莱布尼茨和现代，无穷小算法。会议收到论文约140篇。会议期间，还举行了大型的最近版有关莱布尼茨的图书展览，并且组织参观了汉诺威的“莱布尼茨旧居”。另外，国际莱布尼茨协会自1967年以来还举行有关莱布尼茨的各种系列讲座，而且大量出版莱布尼茨原著和有关莱布尼茨及其哲学的研究著作和论文，办有会刊《莱布尼茨研究》(*Studia Leibnitiana*)，并不定期地出版围绕不同主题的《增刊》。

民主德国作为莱布尼茨的故乡，不仅积极出版和研究莱布尼茨的著作，而且还努力促进继承莱布尼茨的人道主义传统。第二次世界大战结束后，民主德国立即恢复因大战而中断的出版《莱布尼茨著作和书信全集》的工作，加强莱布尼茨思想的研究。柏林科学院成为民主德国莱布尼茨出版中心。由莱布尼茨创建并任第一任院长的柏林科学院，在推动人民继承莱布尼茨的人道主义传统方面作了积极工作。它经常举行纪念莱布尼茨的活动，称每年的莱布尼茨生日为“莱布尼茨日”，每年还为非科学院的莱布尼茨研究者颁发奖金，1975年制造了带有莱布尼茨肖像的徽章和带有格言“理论和实践”(*Theorio cum Praxi*)的奖章。莱比锡作为莱布尼茨度过童年时代、中学时代和大学时代的地方，是民主德国继承莱布尼茨传统的又一中心，早在1883年，莱比锡大学就在校前建立了莱布尼茨塑像。1950年，民主德国邮政局还发行了具有莱布尼茨肖像的邮票。

由于莱布尼茨的著作绝大多数都用法文写成，因此法国对莱布尼茨哲学遗产的研究也特别值得重视。法国有许多研究莱布尼茨的知名学者，其中的Y·贝拉瓦尔(*Y. Belaval*)是“国际莱布尼茨协会”的领导人之一，其名著《莱布尼茨对笛卡尔的批判》倍受学术界重视；A·罗比内(*A. Robinet*)参与了柏林科学院版《莱布尼茨著作和书信全集》的主编工作；M·塞尔(*M. Serres*)的《莱布尼茨的体系及其数学模型》以其独创见解受人注目。此外如P·科斯塔贝尔(*P. Costabel*)、M·盖鲁(*M. Gueroult*)、L·普雷南(*L. Prenant*)等等都各有建树。法国近期还出版了莱布尼茨著作的许多新版本，并举行过多次纪念莱布尼茨的学术活动，如1966年曾在巴黎召开纪念莱布尼茨逝世250周年的学术讨论会，会后出了《莱布尼茨其人及其作品》的论文集；1976年在法国尚蒂伊召开了莱布尼茨在巴黎居留300周年的学术讨论会，会上的论文集为《莱布尼茨在巴黎》，共3册。

1983年10月，在英国利兹大学召开了“莱布尼茨协会”的成立大会，该协会的主旨和活动范围涉及有关莱布尼茨的一切领域，以及对莱布尼茨同时代的哲学家的研究。协会选举了G·M·罗斯(*George MacDonald Ross*)为会长，并由他主持编辑出版《莱布尼茨通讯》。会议讨论了提交的论文，并决定由罗斯代表该协会在国际莱布尼茨协会主持召开的第四届国际莱布尼茨大会上以整个组织的名义申请加入国际莱布尼茨协会，同时又继续独立活动。1984年10月，协会召开了第二次会议。

1983年12月，在美国“莱布尼茨学会”第三届会议上。N·雷歇(*Nicholas Rescher*)当选为第三任会长。在学会主办的第一次论文竞赛中，美国叙拉古斯大学的哈茨和俄勒冈大学的威尔逊夺魁；他们将在“美国哲学协会”西方和太平洋地区的莱布尼茨会议上演讲。1986年12月，“美国莱布尼茨学会”将在匹茨堡大学举行会议，议题是：“莱布尼茨哲学中的科学和形而上学”。

在欧洲其他国家，例如意大利、西班牙、匈牙利，对莱布尼茨及其哲学的研究也都占有相当重要的地位。意大利“波隆那莱布尼茨协会”的成员包括哲学家、数学家和语言研究者，一般在每年的6月和10月举行会议，每次会议分为组织行政和学术两个部分。莱布尼茨早在1878年就被介绍进西班牙，后来，西班牙陆续出现一些研究莱布尼茨的重要代表，并取得相当的研究成果，特别是近15年来，关于莱布尼茨的研究工作发展很快。而西班牙学者在莱布尼茨研究方面的最突出贡献是大量地翻译和介绍了莱布尼茨的著作。匈牙利的莱布尼茨研究分为两个主要时期：19世纪和20世纪之交为第一时期，这时研究的主题是莱布尼茨的形而上学、神学、美学等；以本世纪60年代到现在为第二时期，这时的研究主题是莱布尼茨的辩证法、数学、物理学，以及用20世纪科学的观点来看待莱布尼茨的哲学等问题。

国外莱布尼茨的原著、译著、有关研究著作和研究论文的大量出版，既反映了国外学者对莱布尼茨及其著作的浓厚兴趣，也体现了他们的实际研究成果。在这些出版物中，特别值得注意的是所谓"科学院版"的《莱布尼茨著作和书信全集》。该《全集》由民主德国的柏林科学院、联邦德国汉诺威下克萨州州立图书馆的莱布尼茨档案馆、联邦德国明斯特的韦斯特发尼亚、威廉大学的莱布尼茨研究所联合编辑出版。它们计划出版莱布尼茨的所有著作、手稿和通信，共分为7辑，每辑分若干卷，计划为40多卷。编辑出版工作开始于1901年，预计到21世纪中叶才能完成。目前每辑中已出版的有：第1辑：《一般的、政治的和历史的通信》，已出1～11卷；第2辑：《哲学通信》，已出第1卷；第3辑：《数学的、科学的和技术的通信》，已出1～2卷；第4辑：《政治作品》，已出1～2卷；第6辑：《哲学作品》，已出1～3卷和第6卷(《人类理智新论》)。

60年代以来，特别是80年代以来，随着现代科学技术和符号逻辑的发展，国外学者对莱布尼茨的研究更集中于莱布尼茨思想对现代科学的影响和意义上。莱布尼茨的认识论思想、力学思想、数学思想、语言学思想，以及莱布尼茨思想在哲学史和科学史上的地位问题，不仅经常是各种专题讨论会的中心议题，而且就此也出版了丰富的有关著作和论文。例如，"国际莱布尼茨协会"1984年年会的中心议题就是："莱布尼茨和数学"，并提交了18篇有关论文。同时，对莱布尼茨的形而上学思想和单子论的研究仍然占有很重要的地位，并且往往和莱布尼茨的科学思想结合起来研究。另外，由于比较哲学方法的日益盛行，国外学者也较多地注意比较莱布尼茨和其他哲学家的关系，例如和洛克、笛卡尔、斯宾诺莎、海德格尔等人的关系，并出了一些专著，如安德鲁·本杰明的《莱布尼茨和海德格尔》。还需要指出的是，国外学者对莱布尼茨的生平、活动、乃至居家情况都有高度的研究兴趣，其中，1985年英国的E·J·艾顿的《莱布尼茨传记》是一本吸收了莱布尼茨多方面研究成果的较好的传记。当然，对莱布尼茨思想的其他方面，如历史、宗教等也有深入的研究。

(强以华)

【美国的康德研究动态】 美国的康德研究在最近几年进入了繁荣时期。我们可以举出下列的情况说明繁荣的景象。第六届国际康德会议1985

年9月在宾夕法尼亚州立大学召开。在此会议上，与德国康德学会同等的北美康德学会宣告成立。学会主席是H·罗宾逊，其他理事还有T·尤林，G·布里登以及M·库恩。学会将定期举行会议，通常是在美国哲学联合会中部分会的年会上举行。

近年来，为纪念康德著作出版200周年和集中考察它们与当代的关系，举行了为数不少的专门会议，出版了一批著述。哲学研究理事会和国家人文科学基金会于1983年在约翰斯·霍布金斯大学由J·斯内温德和D·霍伊主持举办了讨论康德伦理思想的夏季研究班。大约有40名来自全美国的一些大学的学者参加了此研究班。他们认为，无论是对康德著作的历史研究还是将其思想运用于当今的伦理理论都是有裨益的。这个研究班还编印了论康德伦理思想的160页的小册子，它包括有关这个课题研究和教学的有详细注解的目录情报。

最近召开的几个会议产生了一些重要的论文集，例如《康德哲学中的自我和自然》(1984)；《康德论因果关系、自由和客观性》(1984)；《伊曼努尔·康德的哲学》(1985)。近些年来也有一些康德著作英语新译本出版。值得注意的是出版了L·W·贝克编辑的《康德的拉丁著作：译文、评论和注释》。

关于康德研究学术成就的总的概述有M·J·司各特—塔格特的《近来有关康德哲学的著述》(1966)，以及卡尔·阿梅芮科斯的《近来有关康德理论哲学的著述》(1982)。后一篇文章包括了从1969～1980年间的174篇主要著述的目录。

70年代初期，英国哲学家的评论有着压倒优势的影响。P·F·斯特劳逊的《意义的界限》(1966)和J·贝内特的《康德的分析》(1966)是绝大部分使用英语的学生首先参考的第二手资料。它们不仅影响了对康德的阅读理解，而且影响了盎格鲁—亚美利加哲学关于形而上学和认识论问题的一般讨论。这些书集中论述了诸如先验证明、范畴结构、因果关系以及关于外部世界的怀疑主义等问题。

70年代末期，出现了一系列标明美国哲学史学术水平的著作。其中几本论述康德理论哲学的著作极具美国的研究特色，如：R·B·皮平的《康德的形式理论》、J·伯瑞克尔的《空间与和谐》，K·阿梅芮科斯的《康德的心灵理论》、H·阿里森的《康德的先验唯心主义》、M·格拉姆的《先验转折》、R·阿奎拉的《表象的心灵》等。在这方面的研究中，最具代表性、在当今美国最有影响的是阿里森的著作。但是，仍然有为数不少的人不太注重历史的研究，这方面值得注意的有G·布里登的《康德的科学理论》、A·梅尔尼克的普遍受到好评的《康德的经验类推》以及达到哲学智辨最高水平的W·塞拉斯的《科学和形而上学》。还有一些论述康德科学和数学理论的重要著作，例如，C·波赛、C·帕森斯、P·基彻尔在《Tonoi》(1984)、《中西部哲学研究》(1983)以及《哲学论题》(1981)专辑中的文章。《哲学论题》杂志还刊载有保罗·盖尔的文章《康德先验演绎中的方法》(1981)。这些文章可与下列文章相对照：阿梅芮科斯《康德与盖尔论统觉》、E·麦卡恩《怀疑主义和康德的第二版演绎》、J·利尔《消失的我们》、A·布吕克纳《第一先验证明与第二先验证明》、R·沃克《唯心主义，康德和贝克莱》。

关于康德实践哲学的研究近来有些重要的评论著作，诸如B·奥纳的《康德的道德理论》和R·P·沃尔夫的《理性的自律》，不过，O·内尔的《根据原则的行动》对现今的美国学生来说或许是最有帮助的入门书。此书受到杜威讲座教授约翰·罗尔斯的影响。康德依然是几部重要的伦理学著作的中心，例如，T·内格尔的《无源的观点》部分地是对B·威廉斯的重要的反康德的《伦理学和哲学的限制》的回答。其他关于康德的重要著作有：S·达沃尔的《公正的理性》和A·多纳干的《道德理论》。美国哲学家对于康德社会理论的研究工作做的没有人们预想的那么多，最近这方面的主要英语著作不是由美国人写的。美国特色的文章是一些深刻的短文。

康德的历史哲学和宗教哲学并未被忘记，尽管这方面的优秀著作还未出现。到目前为止，读者可以参阅蒯因的《原罪·本恶和道德本体》、亚当斯的《有神论信仰的道德证明》、米思肯思的《满怀希望》、伍德的《康德的理性神学》。

在美学方面的主要著述有：D·格劳福特的《康德的美学理论》和保罗·盖尔的《康德和鉴赏的主张》。盖尔和T·库恩一起编辑了一本很好的选集——《康德美学论文集》。盖尔的著作涉及面非常广，人们费了很长时间才对它作出反应。与此相关的长篇书评可在《新经院哲学》上读到。我在《价值研究杂志》(1982)和《英国美学杂志》(1983)上的文章对它作了补充。

(K·阿梅芮科斯撰稿)(韩水法摘译)

【当代丹麦学者的研究课题】 目前，有22名哲学家受聘于丹麦的各个大学，在理论哲学和实践哲学以及哲学史领域内开展研究工作。

近年来，理论哲学研究的中心课题一直是时间概念。其中J·法耶(*Jan Faye*)、J·W·汉森(*Johs Witt Hansen*)、D·吕伯克(*Poul Lübcke*)以及E·克拉冯(*Erch Klawoun*)和D·法弗尔赫尔特(*Davicl Favrholat*)在这方面做出了贡献。前三人在哥本哈根大学，后两人在欧登塞大学。讨论涉及到哲学的时间概念和物理学的时间概念以及关于时间的静态观和动态观问题。此外，法耶、汉森和法弗尔赫尔特对N·波尔(*Niels Bohr*)的量子力学分析的哲学涵义也越来越感兴趣，并撰写了这方面的论文。另一些人如克拉冯一直在研究身心问题和自由意志与决定论之间的关系。

人们对科学理论和科学哲学有极大的兴趣。S·A·帕德尔森(*Stig

Andur Pedersen, 罗斯基尔德大学)专攻自然科学的分析。而其他人,特别是N·O·贝尔森(*Niels Ole Bernsen*, 欧登塞大学)和 F·科林(*Finn Collin*, 哥本哈根大学)则已分别发表了关于人文科学和社会科学的一些基本著作。U·延森(*Uffe Juul Jeusen*, 阿尔胡尤斯大学)对医学科学的哲学和伦理学问题进行了广泛研究。

在历史领域,一部四卷本的、从古代到20世纪的欧洲哲学史即将出版。该书编者有 C·F·约汉森(*Carsten Friis Jahansen*)、科克(*C. H. Koch*)和 J·哈斯(*Jorgen Hass*),前两人在哥本哈根大学,后一人在欧登塞大学。斯蒂贝(*SV. E. Stybe*, 哥本哈根大学)撰写一部中世纪的丹麦思想史,许多分册已出版。M·布莱格瓦德(*Mogens Blegvad*, 哥本哈根大学)发表了一篇关于亚当·斯密的论文,但他主要从事社会科学理论和理论伦理学的研究。在丹麦许多人研究丹麦哲学家克尔恺郭尔。目前吕伯克正在撰写一部关于克尔恺郭尔人类学观点的著作。

最近,D·凯普(*Deter Kemp*),在哥本哈根正在作艰苦的努力,试图建立一个旨在研究人文主义和技术的研究所,以求对人和现代技术发展中伦理方面作出一定的研究。

(D·福尔赫尔德〔*David Faurholdt*〕)(张敦敏译)

【丹麦的中国问题研究】 1. P·安德森(*Panl Anderson*),在哥本哈根大学东亚研究所,专攻中国道教,参加过欧洲的道藏研究计划。着重研究从文明起源到当代的中国宗教舞蹈,重点是关于不罡的道家功夫。

2. B·戈尔特尔格(*Birgitte Goldberg*),专攻太极拳的历史和哲学的背景、道引及其有关课题,特别是道家的思潮和静坐。

3. J·劳利德森(*Jens Mork Lauridsen*),文学硕士,专攻法家。现在正研究商鞅哲学中的某些持久要素。

4. B·尼尔森本特(*Bent Nielsen*),专攻易经,目前正研究易传、易纬和二三子文,主要的兴趣在哲学和宇宙论方面。

5. K·伦伯尔(*Kirstenl Ronbol*),皇家图书馆东方部学术馆员,专攻现代中国哲学,正在撰写一部题为《根据中国传统看毛泽东的辩证哲学》的著作。

6. H·瑟伦森(*Henrik Sorensen*),在哥本哈根东亚研究所,专攻东亚佛教,特别是禅宗佛教。正在从事题为《论朝鲜后裔》的著述。

(D·福尔赫尔德〔*David Faurholdt*〕)(张敦敏译)

【文化理论的哲学问题讨论会】 1984年5月29~30日,在苏联皮亚蒂戈尔斯克市举行了文化理论的哲学问题讨论会。讨论会由北高加索高等学校科学中心社会科学部、苏联哲学学会北高加索分会、皮亚蒂戈尔斯克国立外语学院和罗斯托夫国立苏斯洛夫大学等单位，根据苏联科学院"发达社会主义精神文化"跨部门委员会的协调计划组织举办。94名来自北高加索地区高等学校、莫斯科、列宁格勒、基辅、埃里温、斯维尔德洛夫斯克、乌法、萨拉托夫和其他城市高等学校及科研机构的学者参加了讨论。

会议由C·A·切克梅涅夫(皮亚蒂戈尔斯克市)主持。在全体会议上，B·E·达维多维奇(罗斯托夫)作了题为"文化是历史唯物主义的范畴"的报告。他指出，理论和实际研究成果的不断增长、众多的概念和观点的出现，不仅证明文化学问题已引起苏联研究人员的强烈关注和兴趣，而且也表明对问题的讨论具有相当高的理论水平。当务之急是对各种理论观点加以综合。报告人认为，为此首次应将文化置于历史唯物主义体系内作四个方面的综合研究。在物质运动的社会形态理论方面，文化被理解为超自然的，它与自然界相对立；在人类活动的理论方面，把文化的实质理解为人类活动的方式，这种认识完全与价值学说的结论相一致；与历史进程理论相关的文化研究认为，文化与必然和自由的辩证法有相互联系。最后，社会组织理论方面的文化研究决定了必需从个体到人类对文化主体作不同层次的研究，有经典的、社会人口学的、社会伦理学的、社会教育学的和其他方向的文化研究。

B·M·梅茹耶夫(莫斯科)在题为"作为哲学问题的文化"的报告中，把文化的特征表述为人们之间相互联系和彼此协调一致的普遍且统一的系统。他认为，不能把文化仅仅归结为社会人活动的结果；它以物的形式存在着，同时它又不是物。文化客体中包含着实现人际交往的能力。价值论方法的优点正在于可能确定下述这些性能：它们既不能归结为客体的物质内容，也不能归结为其自然内容和经济方面的性质。

M·C·卡甘(列宁格勒)的报告题目为《论文化的哲学研究特征问题》。他指出，这种特征的首要基础是由哲学研究世界的方法的独特性确定的：哲学把文化理解为人类与自然、社会和自身交往中的整体活动表现。哲学对于文化的独特观点的第二个基础在于哲学分析的语言：从整体上说，文化应由独特的哲学范畴工具予以规定，应在主客观关系的概念空间中加以研究。最后报告人认为，第三个基础是哲学所固有的对世界的科学解释和马列主义思想解释的统一，哲学反映的认识论方面和价值论方面的统一。

B·П·雅可夫列夫(罗斯托夫)在"哲学——文化的自我意识"的报告中强调指出，文化是最高、最复杂和最发达的实在现象水平。因此，对文化的认识，亦即文化的自我意识，对于哲学范畴的研究具有根本性意义。

"文化理论及其实际方面"是Э·C·马尔卡良(埃里温)的报告题目。他指出，文化的独特性质决定了文化学研究的实际方向是多种多样的。因此，必须制订严格的文化研究方法。报告人认为，选定文化现象等级差异的判断根据，就可以把文化理解为通用的社会适应机制，它与人类活动的优化过程相联系。这样就可以使所有文化现象(劳动，时尚，仪式)整体化。

乌克兰科学院通讯院士 H·B·贡恰连科的报告论及“文化动力学”范畴的内涵及其在科学研究中的运用。由于资产阶级学者对文化进步逐渐丧失信心，并且拒绝使用“进步”这一名词，因此在资产阶级的哲学、社会学、文化学中，当述及一切可能的文化变革时，他们普遍应用“文化动力学”概念。而在马克思主义理论表述中，这一概念包含文化不断发展及其矛盾发展的观点，这样就可以更加清晰地阐明文化发展的规律、动力和趋向，从而能更加可靠地预测文化发展的前景。

按照 N·C·科恩(列宁格勒)的见解，文化动力学的最重要问题之一是青少年社会化过程中文化世代相传的规律性。报告人在深入研究一系列范畴要素后，把注意力集中于教育目的和方式，以及一般文化价值观之间的依赖关系。

A·Γ·阿加耶夫（马哈奇卡拉）在报告中指出，必须把文化置于“潜在的”和“现实的”范畴中加以研究。为了使“潜在的”文化（积累起来的科学知识和技术方案，图书馆、博物馆等）获得“现实”性，必须使文化要素系统发挥积极的社会功能，把它们转变为社会财富，成为“人的现实力量”。

B·H·萨加托夫斯基(辛菲罗波尔）强调指出，必须把文化理解为价值、主体活动方式和结果中实现的生活意义的系统。文化与文明（在“文明”的范畴意义上)不同，它不仅是工艺，而且是活动的价值化工艺。

C·H·普洛特尼科夫（莫斯科）在“文化控制论和文化政策”的报告中提出了文化的理论研究与经验研究联系的发展问题。报告人指出，“文化控制论”的主要概念和方法的特征是，它们是详尽论述这种联系的一个知识领域，而这类相互联系明确地指向文化建设实践，并且是文化政策的原始科学依据。

全体会议后，分别以“文化的哲学研究特征”和“文化理论与文化史及文化建设实践”为议题进行分组讨论。属于前一组的报告有：“作为文化范畴的哲学范畴”、“社会交往形式及文化调节”、“论文化系统”、“文化的连续性和间断性问题”等。在后一组会上提交的报告有：“高等学校的文化职能”、“论人际关系文化的概念”。会议的报告和发言反映了苏联哲学家和文化学家们所研究的广泛问题和观点。

（柯礼文）

【第10届国际美学讨论会】 1984年8月14～19日在加拿大的蒙特利尔市召开了第10届国际美学讨论会。按照规定，国际美学讨论会目前每隔3年定期举行一次。出席此次会议的有来自近40个国家的300多位代表，中国美学界第一次被邀请参加讨论会。这次大会的主题是：“艺术作品和哲学的改造”。围绕着这个中心又分

12个专题小组进行讨论，它们是，虚构物体的本性；后期现代派艺术与技巧；艺术与自然的相互作用；艺术、生活与哲学；古代艺术中的表现；创作方法；艺术与价值；艺术与距离；电影美学；艺术作品的哲学性；当代美学的论战；价值与评价。另外，还分别就苏联美学、美国美学、法国美学和加拿大魁北克美学交换了意见。

"艺术与哲学的相互关系"是本届会议讨论的中心议题。从提交大会的论文和会上的发言来看，主要有以下几种意见：一是强调艺术对哲学的重要影响。荷兰代表V·D·斯高特在"艺术侵入和20世纪初的哲学"论文中说，对艺术材料的根本性的探索取代了有关形式和美的传统观念，这一倾向在20世纪初的哲学家和艺术家中普遍地存在着。"从沉思到观察"的转变看起来似乎是对哲学的反动，但只有哲学本身才这样认为，而有关哲学艺术化的思潮正体现在本世纪初艺术革命所界定的哲学之中。美国代表米提斯在题为"作为哲学变革力量的艺术"的论文中，主要通过对历史的考察强调艺术在哲学生活中具有一种变革的力量。而英格兰美学家弗里里齐在自己的论文"道德的善与美学的善，意志目的以及大脑与精神关系中的变革"中更断定说，艺术为哲学的发展指出了新的方向。另一种意见则认为，艺术与哲学是相互促进、平行发展的。美国美学家克鲁括斯基在《哲学与艺术中的存在主义》中指出，在本世纪初的分析哲学和艺术的先声之间存在着两条平行发展的历史和结构的线索，在许多艺术中，作品与理论是紧密相联系的。苏联美学家斯托洛维奇在《价值在艺术和哲学中的上升》中也说，艺术与哲学都包含认识和评价的功能，哲学通过其理论化思维来讨论价值，艺术则完全屈从其自身对价值的那种非理性态度。人们意识中的这两种方式所共同具有的价值倾向便为这两种意识方式提供了相互作用和相互影响的基础。第三种意见强调哲学对艺术的影响和作用更为重要。保加利亚美学家在"艺术与哲学"的发言中说，艺术对哲学的影响是勿庸置疑的，但是艺术史和哲学史证明了哲学对艺术所构成的一种更有力的决定性影响。这种影响不仅决定了个人的印象、构思、想象以及艺术作品的结构，而且同样决定了艺术的风格、流派和潮流。哲学给艺术带来的影响和转折，总是要比艺术对哲学带来的影响和转折更为重要也更有意义。

本届会议讨论的另一个重要问题是"什么是艺术?"，对于这个问题的回答就更加众说纷纭。从会上讨论的情况来看，大都还限于对20世纪以来西方的一些主要艺术论的评价上。例如，有的肯定科林伍德的表现论，认为它似乎要比其他的理论更有前途，同时又指出按照这个理论仍然无法从根本上回答什么是艺术。有的分析了迪基的艺术直觉论，认为它规定一件普通的物品被放入美术馆时就自然成为艺术品，这虽然使人们对艺术品的社会性有所重视，但却几乎把一切物品都当成了艺术；这既抹煞了艺术与非艺术的区别，也不利于好的艺术与坏的艺术的区分。有的欣赏丹德的看法，即认为一件普通的陈列品只有取得了在艺术史上的地位时才能变成艺术品，但又感到它仍然忽视了使普通物品成为艺术品的本质根源。有的又企图从艺术创造和娱乐活动的不同创造力上寻求艺术的特点，认为在前者中只存在归纳的创造力，而在后者中则只存在演绎的创造力。还有人在会上提出，目前西方的所谓"新绘画"运动，竭力提倡和鼓吹复制他人的艺术作品，认为这些复制品本身也是独一无二的艺术品，因为它们并不仅仅是单纯的复制，而且也提出了如何完满地回答什么是艺术的问题。也有不少人强调，艺术的问题属于认识论的范围，应当用认识论来解决这一问题，但是关于认识论本身却又存在着许多不同的理解。

在本届国际美学讨论会上，正式宣布成立了国际美学协会，并选举产生了首届国际美学协会理事会。

(孙 午)

【第1届佛教和民族文化国际会议】 由印度文化关系委员会、印度哲学研究会、印度历史研究会、印度佛教研究国家顾问委员会，以及印度社会科学研究院、文学研究院和音乐舞蹈研究院联合发起召开的"第一届佛教和民族文化国际会议"于1984年10月10～15日在印度首都新德里举行。与会代表约300余人，其中有来自印度以外的41个国家和地区的印度学家和佛学家100余人。中国学者任继愈、吴晓铃、巫白慧也被特邀参加会议。大会分为四个大组：1.佛教哲学，2.佛教文学，3.佛教与社会：4.佛教瑜伽。会议主要讨论渊源于印度古老文化的佛教在哲学、文学、社会、瑜伽这些方面的发展和影响；特别是佛教传至印度以外的国家和地区以后，在那里的意识形态领域中所起的积极作用：有的国家和地区接受佛教文化为唯一的民族文化；有的则将佛教文化和本土文化汇合，形成一种新的文化。当时的印度总理(已故的甘地夫人)亲临主持大会，并两次接见中国学者，畅叙中印两国人民历史悠久的传统友谊和文化关系。

(竺云使)

【联邦德国翻译出版亚里士多德《工具论》】 通行的亚里士多德《工具论》德文六卷本是由欧根·罗尔费斯(*Eugen Rolfes*)翻译的，1918～1922年第一版，以后又多次再版。

随着对亚里士多德逻辑研究的深入，特别是以现代数理逻辑为工具从事亚里士多德逻辑的研究之后，人们对罗尔费斯的译本越来越不满意，因为他是一位语言学家，而不是逻辑学家，他对亚里士多德的逻辑的理解存在着问题，导致他的译文很不准确。因此，重新翻译出版亚里士多德的《工具论》势在必行。

80年代初期，首先出版了浩斯特·赛德尔(*Horst Seidel*，现任荷兰阿姆斯特丹大学教授)翻译的《后分析篇》。接着1984年出版了克劳斯·奥勒(*Klaus Oehler*，现任德国明斯特大学教授)翻译的《范畴篇》。这两本译著出版后，尤其是后者，得到学术界的好评。

对比旧译本，新译本有以下几个特点：1．提供了对希腊文和德译文对照，这样便于读者在阅读重要的概念、重点段落时可以直接查看原文。2．新译本对希腊文做了认真的考证，参考了亚里士多德的其他著作，对比了拉丁文的权威译本，参照了现代注释家的翻译和注释，包括现有的德文译本，和英国牛津大学著名亚里士多德学者罗斯(Ross)主编的《工具论》英译本，及其它译本。这样在译文的准确性和可靠性上大大超过了以前的译本。3．新译本不仅有十分详细的注释，而且译者写了很长的导论。在注释中，译者对过去一些译文的不妥之处做了修正，对一些不太好译的地方提出了商榷。在导论中，译者对亚里士多德著作中的主要思想和这些思想的历史发展状况作了详细的分析和阐述。例如，奥勒在《范畴篇》的近100页的导论中，对于范畴学说的历史，对于历史上著名哲学家所做过的有关论述，对于19世纪中叶以来对亚里士多德的《范畴篇》的研究状况，对于研究中的一些主要争议问题，对于亚里士多德的范畴学说本身进行了详细的阐述和分析。这样的导论实际上是新的研究成果。

现在，《工具论》的其他著作也在翻译之中。《解释篇》正由魏德曼(*H. Weidemann*)翻译。《论辩篇》和《辨谬篇》正由格雷格(*A. Graeger*)翻译。《前分析篇》正由斯特里克(*G. Striker*)翻译。《后分析篇》正由底特勒(*W. Detel*)翻译。这些译者都是长期从事哲学史研究，特别是从事亚里士多德研究的学者。

对亚里士多德的逻辑著作的重新翻译，反映出研究亚里士多德逻辑的工作依然在继续。而且，这种现象不仅在德国，而且在英国、美国、法国、意大利等国家亦是如此。 (王　路)

【苏联东欧各国1986～1990年哲学研究的方向和学术合作问题】 1985年4月在莫斯科召开了社会主义国家科学院哲学所所长会议。会议专门讨论了1986～1990年哲学研究的现实方向和学术合作问题。与会者首先听取和讨论了苏联科学院哲学所所长斯米尔诺夫的报告：《苏联科学院哲学所1986～1990年哲学研究的现实方向以及同社会主义各国科学院哲学所合作的若干问题》。报告中着重分析了未来五年的哲学探索的发展趋向，指出研究工作要进一步向社会主义建设和意识形态斗争的主要实践任务方面转变，注意新科学知识的相互渗透。在谈到学术合作问题时，报告人认为，对马列主义理论的发展、对社会发展诸现实问题的深化这种共同创造性的工作，是扩大和加强社会主义各国合作的重要因素。报告提出了哲学探索的如下发展方向：

一、哲学、世界观与提高劳动者

劳动积极性和社会政治积极性的问题。苏联学者计划撰写《世界观及其实质和形成的途径》、《哲学在社会生活中的作用》等著作。这些著作将考察意识的世界观形式的性质、世界观形式的性质同人们生命活动的历史发展，以及群众和个人的生活立场的相互关系等有关的问题。这种探讨唯物辩证法问题的方法，必须同最广泛地研究辩证法这种实践活动的方法论直接联系起来。未来五年还拟撰写一系列著作，专门考察作为实践活动方法论的辩证法。这将由辩证唯物主义领域和历史唯物主义领域的专家进行研究。因而拟定了《对唯物辩证法及其改造功能和方法论功能问题的探讨》、《对历史唯物主义、专门科学和社会实践相互作用问题的探讨》等课题。这里要特别重视课题研究的方法论问题。苏联哲学家将注意研究不同社会集团和居民各阶层意识的作用和发展的哲学问题；提出和分析各基本类型的意识形态，这些意识形态由于价值定向、产生与变化的条件和机制不同而有所区别；分析社会集团及其活动和对居民积极性的影响程度。同时要注意的是，不是从形式上说明意识的特征，而是从内容上说明意识的特征。

二、哲学、专门科学和加速科技进步的任务。这里主要研究它们之间的相互作用问题。当代认识问题的趋势是，发展的思想越来越贯穿到自然科学和社会科学中去，这就需要从哲学上十分严谨地分析一系列最重要的发展理论问题：发展和进步的标准；发展同决定论的种种类型和方式的联系等。研究者将继续研究科学认识的认识论和逻辑、科学认识在不同科学领域的特征问题。同时，要着重研究作为认识论的唯物辩证法问题的社会文化内容，研究认识的社会性质和社会制约性。还有一个值得注意的特点，如果说从前几乎完全是哲学家研究认识，那么今天种种专门科学呈现一派生机，它们都用各自的方法研究认识活动的这些或那些方面，其中包括认识活动的世界观方面。这种情况使完整地研究认识的必要性变得更为迫切。

三、哲学、科学共产主义、社会科学的方法论和完善管理社会发展的问题。这方面的任务是，要对完善发达社会主义、苏联现阶段发展的辩证法诸问题进行考察；完成编写三卷集的《科学共产主义理论和历史》；继续研究苏联社会的社会结构发展的辩证法，研究的中心是苏联无阶级社会形成的过程，城乡差别消灭的过程。此外，居于重要地位的还有社会主义制度下的管理问题：社会主义民主的实质，民主原则在社会主义体制中，在政治体制的核心——共产党以及国家、社会组织、劳动集体的活动中的实现。要综合研究管理的社会哲学问题。如管理中客观因素和主观因素的辩证法等。还准备对社会理论和社会实践相互作用的方法论问题进行专门研究，这是由要加强整个马克思主义社会科学体系的有效性和完善发达社会主义的需要所决定的。在这方面，必须认真研究历史唯物主义原则在专门科学以及把社会认识成果用于社会实践的途径和方式的范围内加以具体化的那些机制。首要的问题是，要考察历史唯物主义在诸如社会主义政治经济学和历史科学这样一些最重要的社会科学领域中的方法论功能。

四、哲学、文化和未来文明。要积极探讨种种文化的相互影响；文化的统一性和多样性的辩证法；当代世界中的个人和文化；科技进步和文化发展；文化在维护和平中的作用。在这些方面，苏联哲学家计划集体撰写《人的世界和文化的世界》、《文化和世界命运》等著作。

五、作为科学的哲学，哲学史和哲学发展的内在逻辑，特别是马克思主义哲学在列宁阶段的发展史。过去出版的多卷本哲学史，已经不能满足需要，所以哲学家着手编写新的《世界哲学史》(预计10卷)。同时，撰写现代马克思主义哲学史也是一项重要任务。这项工作给各国马克思主义哲学家的学术合作开辟了广阔的天地。

这次会议讨论的中心，是同从哲学上认识社会主义国家的社会经济发展和精神发展、科技的最新成果、个性的和谐发展相关的一些问题。与会其他各国科学院哲学所所长在表示同意斯米尔诺夫报告中的基本论点的同时，都提到了本国哲学研究的特点。民主德国的研究方针是，研究和深化唯物辩证法。对心理学和生物学的哲学问题进行研究、对资产阶级哲学进行批判，将在哲学所的工作中居重要地位。波兰的研究人员计划研究当代哲学问题、波兰的哲学史等。蒙古的哲学研究的基本内容是，将继续综合研究和探讨蒙古社会主义建设的多方面过程、社会主义发展的辩证法诸问题。罗马尼亚研究的课题是，从当代社会发展的角度研究历史唯物主义问题；当代世界的进步标准；在技术发展下人的需求；哲学中人的问题；辩证唯物主义的本体论；等等。捷克斯洛伐克哲学领域研究的基本目的是，使研究同社会主义建设、当代意识形态斗争以及部门科学发展的方法论等现实任务紧密结合起来。要着重研究历史唯物主义问题，其中包括发达社会主义、社会继续发展的动力、非对抗性矛盾的解决、社会主义意识的形成、主观因素的作用等方面的问题。匈牙利哲学家的科研活动将集中围绕着一些与社会实践(精神生活、生活方式、社会分化等）相关的问题。保加利亚的哲学研究的主要方面是，建设发达社会主义社会、完善社会主义生活方式和培育全面发展的个性等基础哲学问题和方法论问题；理论、方法论和哲学认识的作用；哲学史和批判现代资产阶级哲学的主要流派。

与会各国多边合作的课题计划有：《现时代社会发展的辩证法、社会主义发展的辩证法和共产主义形态的形成》《唯物辩证法是认识论和科学的方法论》《科学认识的逻辑》《社会科学的方法论》等。双边合作的课题有：捷苏计划研究社会—文化方面的认识的辩证法；客观因素和主观因素在历史过程中的辩证法。保、苏将就认识的辩证法、活动和价值、俄保哲学交往史、个性形成的诸现实问题等课题展开研究。 (王淑秋)

【苏联科学院哲学所纪念卢卡奇诞辰100周年】 1985年5月，苏联科学院哲学研究所召开了一次所学术委员会会议，纪念Д·卢卡奇诞辰100周年。匈牙利科学院哲学研究所所长Й·卢卡奇院士等三人应邀出席了会议。会上的报告和发言对卢卡奇的发展道路作了批判分析。

苏联科学院哲学研究所学术委员会主席、所长Г·Л·斯米尔诺夫在开幕词中指出，卢卡奇在莫斯科生活和工作了15年，在这期间他是苏联哲学所的合作者，撰写出一部颇有影响的著作《青年黑格尔和资本主义社会的问题》，并以此通过了博士论文答辩。

Й·卢卡奇的发言着重分析卢卡奇的类本质概念。他说，这个概念对于卢卡奇来说不仅是一个理论问题，而且也是一个实践问题。他在上了年纪的时候经常说，历史过程的内容就是使人变成人，即表现人的类本质。每一个人，不管他是否意识到，都是这一普遍历史过程的积极因素。卢卡奇在其《论社会存在的本体论》著作中对人的类本质的内容作出了类似马克思的回答，他说，社会存在的基本内容实际上是人通过劳动重建自己本身。卢卡奇认为，在历史的进程中，使人变成人的现实可能性（即人表现自己的类本质）首先出现在社会主义条件下，表现在人开展自觉活动的过程中。发言最后说，卢卡奇的全部活动都在寻求解决时代与个人冲突的道路，这本身就有许多迄今值得重视的、有价值的思想和方法。

M·A·赫韦希(苏)在报告中分析了卢卡奇对西欧部分知识分子产生影响的原因。报告说，在20～30年代初，由于第一次世界大战和十月革命引起了资本主义的危机。左倾激进的知识分子对资本主义开始持批判态度，对马克思主义逐渐产生兴趣，同时他们迫切需要对20年代许多欧洲国家革命失败的原因作出解释，在这种情况下，卢卡奇的《历史与阶级意识》引起了他们的极大重视。在50～60年代，一部分左倾激进知识分子因革命的失败而感到苦闷；在一系列欧洲国家实行根本社会变革的希望未能兑现；一些人对资本主义的批判经常采取启示录的腔调，这一切使他们再次对卢卡奇和他的《历史与阶级意识》感到极大的兴趣。从70年代中期开始，西方对卢卡奇的态度有所转变，这与整个资产阶级意识的重新定向、与新保守主义的广泛推行有密切关系。报告认为，资产阶级哲学对卢卡奇的评价是不正确的，对卢卡奇的全部活动进行严肃的、马克思主义的批判认识的时候已经到来。

И·С·纳尔斯基(苏)的发言很有趣。他说，卢卡奇是20世纪继列宁之后首先提出异化的作用这个问题的人。如果说他在《历史与阶级意识》这部著作中在许多方面对异化作出的是唯心主义解释并继黑格尔之后把异化与对象化和物化混为一谈的话，那么在《青年黑格尔》中他已突破了黑格尔的刻板公式。在《论社会存在的本体论》这部著作中，他认为把异化看成是社会发展当中唯一的冲突内容是错误的，异化只是许多社会冲突当中的一种。

其他发言分别谈到卢卡奇在莫斯科时期的生活和工作；他与苏联哲学家和美学家的关系；1946年他以唯一的马克思主义者的身份出席第一届国际哲学和社会学大会的情况。

斯米尔诺夫在闭幕词中指出，卢卡奇的出现不是历史上的一个偶然事件，他的全部活动与我们今天的现实也有着十分紧密的关系。这应该受到哲学史学家的重视。为了对卢卡奇的哲学和美学遗产进行严肃的科学研究，苏联哲学界将出版他的著作。

（林玉清）

【关于哲学史研究的迫切问题的讨论会】 1985年5月6～7日，在莫斯科召开了“马克思主义哲学史研究的迫切的世界观和方法论问题”学术讨论会，这次会议是由苏联哲学协会莫斯科分会、苏联科学院哲学研究所、莫斯科大学和全苏知识协会共同组织的。苏联哲学协会主席Φ·康斯坦丁诺夫院士、苏联哲学协会副主席B·马利宁以及来自5个加盟共和国与12个城市的学者出席了会议。

在全体会上发言的有：苏联哲学协会莫斯科分会哲学史组主任H·普里戈达（关于现代哲学历史科学的几个问题）、B·马利宁（哲学历史科学的迫切问题）、Б·麦耶罗夫斯基（唯心主义哲学批判的列宁主义传统）、Я·福格列尔（关于德意志联邦共和国马克思主义哲学研究的几个特点）。

普里戈达着重指出了创立一种特殊的哲学理论的必要性，这种理论能够提供关于马克思列宁主义哲学的现代发展水平的综合概念。这项工作可以在按问题和专题编纂的哲学术语词典的基础上开始进行。这样的词典可能是一种独特的、哲学家和哲学流派的“比较单位”。普里戈达说这项工作已经在着手进行。他还指出，在哲学定义问题上，我们有时把哲学称为世界观，却忘记更准确地说，哲学只是世界观的理论基础。哲学基本问题有时用“思维”和“存在”两个范畴来表述，但事实上用物质和意识范畴能更正确地表述它。在用“什么是第一性的”表述哲学基本问题的第一方面时，我们往往忘记了恩格斯所作的“归根到底”这一极其重要的说明。这一说明表明，在物质对意识的关系范围内即哲学基本问题范围内，物质是第一性的。在用“认识是否可能”表述哲学基本问题的第二方面时，我们经常并未注意到这样一种情况：对于用这种方式表达出来的问题给以肯定回答的既有辩证唯物主义也有客观唯心主义和主观唯心主义。只有对辩证唯物主义和唯心主义贯注于这种回答的实际内容进行比较，才能明白在这个问题上两种回答的本质区别。

马利宁在报告中反对片面地理解哲学史，即或者把它理解为体系史，或者把它理解为问题史。他还建议把哲学史解释为整个社会思想史的最抽象层次。

麦耶罗夫斯基在报告中强调了创造性地发展哲学唯心主义批判的马列主义传统的重要性和必要性。

福格列尔强调，当前在分析现代资产阶级哲学时必须考虑到马克思主义哲学在意识形态斗争中的作用。

讨论会通过了两项决议：1. 1986年11月苏联哲学协会莫斯科分会哲学史组和苏联哲学协会主席团哲学史组、苏联科学院哲学研究所、莫斯科大学、全苏知识协会联合举行“马克思主义哲学历史过程理论的世界观和方法论问题”学术讨论会。2. 摆在苏联哲学协会主席团面前的问题是建立全苏术语词典实验室，借助于这种词典能够实际完成创立哲学历史过程理论的准备工作。 (林玉清)

【日本《新岩波讲座·哲学》大型丛刊开始发行】 1985年5月9日，日本岩波书店开始发行由该书店编辑出版的《新岩波讲座·哲学》的第一辑《现在的哲学是什么》。这是该书店邀集百余名哲学家、历时两年编写的大型丛刊16辑中的第一本。预计每月出一辑，在两年内出齐。

岩波书店共出版过三次哲学讲座丛刊。这次哲学讲座丛刊的出版，也和过去一样，从一开始就是一个引人注目的出版动向，同时也是日本哲学研究向何处去的一个重要动向。它引起了各方面的关注，一些报刊也发表评价文章，褒贬不一。有的称这一讲座的出版，是“为了追求人和世界的根本观点的努力”，打破了“许久以来感叹哲学无力之声不绝于耳”的局面。有的说这是“再一次转向哲学”，是“面对21世纪的哲学”；是担负着“解剖今日日本的现在这一艰巨事业的重任的开端”；也有的说，大肆宣传，讲的虽然动听，然而离开或排斥马克思主义哲学的经院哲学，最终是不能解决现代社会中任何重要问题的。

这一哲学丛书设有11人组成的编辑委员会。他们在“发刊词”和“编者的话”中都阐明了发刊宗旨：即这一讲座是应现时代的要求而编辑出版的。“发刊词”中有这样的话：“在20世纪末叶的今天，各门科学的发展和技术进步令人惊叹不已，而反观人类居住的地球范围内的社会难题则堆积成山，如核战争危机，贫富极端悬殊，不断发生的公害和环境污染，教育危机等等，在这种情况下，从本世纪以来，哲学面貌已发生巨大变化。现在的哲学，应对人生和世界的根本问题(通过各具体科学并超越它们)提供观点，在把传统问题作为与永恒命题有关的问题加以把握的同时，也到了应该积极探索其真正的价值的时候了。”

该丛书11位编委为了体现发刊宗旨，还以个人的体会，对现今哲学所追求的问题作出正面回答，并在第一辑《现在哲学是什么》一书中分别执笔撰文。如中村雄二郎写了“通达知识，灵活运用”；藤则令夫写了“哲学的基本课题和现实课题”；竹市弘明写了“哲学的主张”；大森庄藏写了“以往的作品”；泷浦静雄写了“哲学和语言”；加藤尚武写了“哲学的语词和自己的关系”；坂本贤三写了《现代日本从事哲学研究的意义》，等等。

该丛刊第2～4辑的题目是：《经验·言语·认识》、《记号·逻辑·隐喻》和《世界与意义》。这三辑就经验和认识问题作了研究，分析了作为这二者的基础的言语和记号；探讨了意义和关系的存在之根据。在认识论和本体论这一所谓哲学的传统领域内吸取了世界上新知识，从现代的意识的角度作了编选。第5～8辑的题目是：《自然和宇宙》、《物质·生命·人》、《灯·时间·空间》、《技术·魔术·科学》。这四辑根据自然科学的令人惊异的新发展，提出了是否要改变我们的自然观问题。从物质、生命、时间、空间和科学技术所包含的内容，提出近代的意义，对现代自然科学提出新的组合观。第9～13辑的题目是：《身体·感觉·精神》、《行为·他我·自由》、《社会和历史》、《文化的动态》、《超越和创造》。这五辑对所谓心身、行为、自由以及社会、历史，乃至文化、宗教和创造等等都进行了哲学分析。第14～15辑这两辑都是哲学史的内容。一个题目是《哲学的原型和发展》，讲的是希腊哲学史；一个题目是《哲学的展开》，讲的是从文艺复兴到马克思、弗洛伊德、尼采。最后，16辑的题目为《现代哲学诸问题》，把当代各流派的哲学作了一番归纳，如“走向现代哲学的序”、“逻辑与科学”、“意识和现实”、“存在主义与超越”、“生与自然”、“世界和解释学”、“意义和构造”、“社会和历史”、“行为和伦理”，以及总的“回顾和考察”。 (祝 民)

【澳大利亚现象学和社会哲学会议】 1985年澳大利亚现象学和社会哲学会议于1985年5月18～19日在悉尼大学圣约翰学院举行。这次会议的主要题目是：“哲学和心理学”，附加题目：“尼采”。

会上提交的论文如下：马克斯·多伊彻(麦夸里大学)：“轶事、意象、主题”；理查德·坎贝尔(澳大利亚国立大学)：“人类的自我设定”；奈杰尔·麦凯(伍伦贡大学)：“弗洛伊德和说明的哲学”；拉塞尔·格里格(拉特罗毕大学)：“我是另一个：精神分析的主体”；比尔·多尼拉(纽卡斯尔大学)：“感情的原动力和理论的内容：保罗·蒂利希的调查”；露西娜·奥德耶(麦夸里大学)：“与心理学有关的胡塞尔现象学”；保罗·瑞安托(麦夸里大学)：“与弗洛伊德的‘无意识’有关的胡塞尔现象学”；诺埃尔·托英顿(麦夸里大学)：“作为一种本质的现象的准备”；佩特·吉尔菲德(澳大利亚国立大学)：“自我反驳，自我反思：一种反对尼采的实例”；迈克尔·雅诺维尔(莫纳什大学)：“关于尼采观点的两种看法”。

根据“南北轮换的原则”，新的执委会由罗宾·斯莫尔(莫纳什大学，会长),达米安·穆尔斯(墨尔本大学,秘书长),拉塞尔·格里格(拉特罗毕大学,司库)担任。1986年哲学联合会将在墨尔本举行,主要题目是“这是对形而上学的质疑吗?”,附加题目:“艺术”。 (李 菱)

【新西兰哲学会议】 第32届澳大利亚哲学联合会新西兰分会于1985年5月18～23日在怀卡托大学举行。

主要发言的有:汤姆·贝斯特(梅西大学):“语言行为和人工智能”;德里克·布朗(坎特伯雷大学):“论善的差异性”;丹尼斯·鲁宾逊(奥克兰大学):“物质、运动和本体”;希尔德·海恩(霍利克罗斯大学和维多利亚大学):“女权运动与现代科学的批判”;简·克罗思韦特和克里斯廷·斯旺顿(奥克兰大学):“论性烦恼的本质”;E·V·克里斯纳默特赛(怀卡托大学):“组合逻辑及纲要”;丹尼斯·达顿(坎特伯雷大学):“为什么意向主义不会消失”;戴维·诺维茨(坎特伯雷大学):“来自虚构的隐喻”;杰克·科普兰(坎特伯雷大学):“对某些英语时态逻辑的初步研究”;罗伊·佩罗特(奥塔戈大学):“托尔斯泰,死亡和生命的意义”;斯图尔特·坎德利什(西澳大利亚大学):“行动理论中的复兴论”;马克斯·克雷斯韦尔(维多利亚大学):“亚里斯多德的斐多篇”;肯尼思·珀斯齐克(维多利亚大学):“论文5.54—5.422”;保罗·布雷布纳(怀卡托大学):“范例的数量化样式的一种趋向”;理查德·麦克多诺(新加坡大学):“维特根斯坦论文中关于思想的观念”;安德森·穆尔(坎特伯雷大学):“核威慑和理性”;罗恩·史密斯(怀卡托大学):“核威慑的道德形象”;斯坦·萨梅(奥克兰大学):“从黑格尔逻辑学中引申出的一种逻辑”;格雷厄姆·奥迪(奥塔戈大学):“复旧的原因”;杰伊·肖(维多利亚大学):“对心理派及其同时代哲学的描述”;斯蒂夫森·戴维斯(奥克兰大学):“论音乐演奏和录音广播的真实性”;马丁·特威达尔(奥克兰大学):“自然法则和对奥卡姆主义的驳斥”;休·梅勒(剑桥大学和奥克兰大学):“导致非决定论的原因”。

会上,戴维·拉姆斯登(怀卡托大学)当选为本届澳大利亚哲学联合会新西兰分会的会长。 (李 菱)

【第10届国际维特根斯坦讨论会】 1985年8月18～25日在奥地利的基尔希堡、维克塞尔召开了第10届国际维特根斯坦讨论会。此次年会的主题是当代哲学的任务。其主要议题有:1.维特根斯坦;2.哲学作为科学和人文学科的基础和方法论;3.哲学作为语言的逻辑和批判;4.我们对人类和环境的道义上的责任:(1)在科学和技术方面;(2)在经济和政治方面;5.当代形而上学问题;6.哲学是宗教信仰和世界观的替代物吗? (李 虎)

【第18届苏联和东欧国家哲学和社会学杂志编辑会议】 1985年10

月7～11日在匈牙利布达佩斯召开了第18届社会主义国家哲学和社会学杂志编辑会议，会议的主题是“社会主义在人类发展中的历史地位”。保、匈、民主德国、波、罗、苏、捷、越等国代表出席会议。匈牙利科学院院士F·托肯作主要报告，会议结束时发布了公报。

F·托肯的主要报告题为:“从历史的和哲学的角度看社会主义社会的地位”。托肯说，自从历史提出了克服有阶级社会这个任务并创造了取代生产资料私有制的可能性以来，分析所有制概念和研究所有制形式的历史变化过程就成了社会科学和历史哲学思想的中心问题之一。关于所有制的认识对马克思的整个社会历史理论具有奠基意义。今天我们之所以仍然对马克思关于所有制的理解感到极大的兴趣，就是因为所有制的理论问题同社会主义制度的建立和发挥作用的实践是紧密交织在一起的。

报告列举了马克思著作中有关所有制的一系列表述，得出这样一个结论，即马克思认为所有制不是生产关系的要素之一，而是一个普遍范畴，是社会生产方式的基本决定因素，它制约着生产方式的完整性。

报告在考察了马克思对亚细亚、古希腊和德国公社所有制形式的分析之后得出结论说，马克思认为这些形式只是同一种类型的变种。这种类型所有制的最突出特点是单个个人与共同体之间的间接关系。报告认为，马克思使用的这个术语并不单指共同体，而是社会机体在其中赖以生存的社会形式，是一种组织。

那么在社会机体赖以生存的各种前资本主义形式解体之后又是一种什么样的共同体，在资本主义的所有制形式之下又出现了什么样的间接形式、什么样的组织呢？马克思认为，一切旧的所有制形式的破坏者——商品交换，确切地说是商品交换的手段——货币在这里充当了社会的媒介。“一方的雇佣劳动和另一方的资本，都只不过是发达的交换价值和作为交换价值化身的货币的另一些形式。所以，货币直接是现实的共同体，因为它是一切人赖以生存的一般实体；同时又是一切人的共同产物。”按照马克思的看法，货币是资本主义所有制形态的共同体。与此相反，共产主义是一种集体主义的社会，它不是建立在商品生产基础上的社会。生产资料与每个生产者之间的间接联系形式不是商品交换或者货币，而是一种集体，是被理解为人们的自由联合体的集体。

报告强调应该完全按照马克思的方法和理论来探讨现实社会主义的问题和向共产主义过渡的可能性，同时要对当代资本主义的运动和发展给予关注。应该提高对社会主义发展问题的认识，不应该只把它们看成是某一个国家的国民经济问题，而应该从社会主义在当今世界上所履行的那些职能的角度，尤其是从当代社会主义的经济再生产与资本主义世界市场的联系方面来研究社会主义的发展问题。

各种历史事件和历史变化得出的一个关键性教训是，应该首先把那种国际性运动以及那种将导致推翻资本主义制度的全世界规模的斗争称之为社会主义或者共产主义，目前的社会主义国家只是这种斗争的组成部分。

会议以托肯的报告为基础，围绕四个方面进行了讨论：1．既作为理论又作为现实实践的社会主义；社会主义条件下以及在其他社会经济形态条件下的各种所有制形式；所有制与政权的辩证法；作为一个完整社会机体的社会主义(总体性)，社会主义同社会的资本主义发展阶段相比的本质复杂性。2．发达社会主义及其在历史进程中的作用。3．在社会主义友好大家庭国家，其中包括在那些超越了资本主义发展阶段的国家里解决社会主义建设迫切问题的途径和手段。4．社会主义条件下的矛盾问题以及从内容和形式的辩证性角度对这些矛盾的分析。

与会者对提高编辑会议的有效性并使它更富有内容提出了五点建议：1．把这一会议变成联系各杂志编辑部的、经常起作用的机构是适宜的，它负责说明会议的共同活动计划等。2．会议参加者除了举行双边会晤之外，在会议范围内或者在会议范围之外召开国际性的“圆桌会议”也是一项重要任务。3．会议认为，许多参加者提出的关于创立哲学和社会学年刊的提案是适宜的。除罗马尼亚代表之外的所有与会者均同意向本国科学院提出有关具体建议。4．各杂志编辑部将努力改进相互的情报交流，尤其是关于哲学和社会学新书的信息交流。5．下一届即第19届会议将于1987年在波兰举行，会议的主题是：“从马克思主义的历史进程观出发看和平和和平共处问题”。（林玉清）

【印度哲学大会60周年纪念会】

印度哲学大会是印度全国哲学工作者的组织，1925年成立于加尔各答，尔后每年开会一次，到1985年，整整满60周年。因此，1985年12月19～23日在南印度海德拉巴邦大学举行的会议既是它的年会，也是它诞生60周年的纪念会。这次年会由印度总理拉吉夫·甘地亲临主持开幕式。应邀参加会议的代表，除了印度本国哲学工作者300余人外，还有美国、加拿大、民主德国、丹麦、新西兰、孟加拉国、斯里兰卡等国家的哲学家。中国印度学家巫白慧也应邀参加纪念会。大会分五个大组对印度一年来的哲学研究成果进行全面的总结。五个大组是：1．认识论和形而上学；2．逻辑和科学方法；3．哲学史；4．宗教；5．伦理学和社会哲学。大会共收到论文163篇，它们基本上反映着当前印度哲学研究和发展趋势：渊源于《奥义书》的哲学流派(吠檀多)在当前和今后一段相当长的时间内仍然是印度哲学思潮中的主要流派；与此同时，其他哲学派别，特别是西方哲学和马克思主义哲学已在印度土地上扎根，并且正在对印度思想界产生影响。（竺云使）

【苏联哲学界讨论高校马列主义哲学新大纲草案】 苏联目前对社会科学各门课程的结构、内容正在积极进行改革。他们认为，学校的理论教育必须联系社会主义和共产主义建设的实际，说明现时代不断涌现的新问题，为学生牢固树立共产主义信念作出贡献。现有的教材已经不能适应这种情况。1985年末苏联《哲学科学》等杂志刊载了有关制定高校马列主义哲学新大纲草案的文章，重点介绍莫斯科大学教师进修学院提出的哲学新大纲草案，以及讨论中的不同意见。这个草案不仅表明高校哲学课程结构的变动，而且表明整个哲学体系将发生的变化。不少苏联学者和教师认为，迫切需要编写马列主义学说的统一教材，以免课题的重复。看来这是一种趋向。

近年来，莫斯科大学教师进修学院哲学教研室积极致力于总结马列主义哲学教学的先进经验，其中包括对教学课程及其各篇章结构、内容的完善。1985年2～6月进修学院的一些教师和学员在哲学教研室主任B·巴鲁林的领导下制定了高校马列主义哲学课程大纲草案。草案中提出了以下哲学课程结构(供讨论)：

导言

人类精神文化中的哲学(题目1)。

第一篇 哲学史

奴隶占有制形态的哲学(题目2)；

封建主义形态的哲学(题目3)；

资本主义形态的资产阶级哲学(题目4)；

马列主义哲学的产生、基本阶段、实质和结构(题目5)。

第二篇 辩证唯物主义

辩证唯物主义的对象。辩证唯物主义中哲学的基本问题(题目6)；

物质，它的实质、存在的基本形式(题目7)；

意识，它的实质、起源、发展的基本阶段(题目8)；

唯物辩证法——关于普遍联系和发展的学说(题目9)；

唯物辩证法的基本规律(题目10)；

唯物辩证法的基本范畴(题目11)；

辩证唯物主义关于世界可知性的学说(题目12)；

认识现实的方式方法的多样性(题目13)。

第三篇 历史唯物主义

历史唯物主义的对象。历史唯物主义中哲学的基本问题(题目14)；

社会的物质—经济生活(题目15)；

社会的社会生活(题目16)；

社会的政治生活(题目17)；

社会的精神生活(题目18)；

社会的结构及其规律性(题目19)；

社会的历史发展及其规律性(题目20)；

社会的动力(题目21)。

第四篇 当代世界的马克思列宁主义哲学

人——社会——自然(题目22);

人——社会——文化(题目23);

现时代战争与和平的哲学问题(题目24);

现代意识形态斗争中的马列主义哲学(题目25);

发达社会主义社会的哲学问题(题目26);

马列主义哲学——共产党和进步力量认识和革命改造当代现实的方法论基础(题目27)。

1985年6月,由进修学院同苏联高教部、苏联哲学协会、《哲学科学》杂志编委会在莫斯科大学共同召开了"作为科学和作为教学对象的马列主义哲学"科学实践会议,专门讨论上述哲学课程大纲草案。巴鲁林在会上作了"关于完善高等学校马列主义哲学课程大纲"的报告。报告中指出,苏共中央四月全会(1985)提出了在科技进步取得成就的基础上加速国民经济发展的任务,强调指出了人的因素的特殊作用。苏联的马列主义哲学教学历来是千百万苏联人形成共产主义世界观的基础。因此,不断完善哲学教学大纲,是由解决党所规定的现实任务决定的。巴鲁林在论证他们提出的大纲结构时指出,第一题的导言,是由于有必要揭示哲学的社会意义,哲学的存在、发展、作用等丰富多彩的形式,哲学对社会生活影响的多样化。第一篇的目的是加强大学生的哲学史修养。同时,对哲学史各个题目的论述,要同揭示社会发展的世界—历史过程紧密相连。在分析马列主义哲学的产生时,也要合理地说明马列主义哲学的实质和结构,指明马列主义哲学各组成部分,首先是辩证唯物主义和历史唯物主义的不可分割的统一性。第二篇基本上再现了现行大纲相应部分的结构。第三篇与以往的大纲有本质区别。第14题的目的在于强调历史唯物主义的哲学实质。第15—18题专门揭示社会生活各基本领域的一般规律。第19—20题的目的是,从总体上,即从结构、历史—认识论和活动这三个方面来揭示社会的规律。这些题目是经过大量科研工作后制定的,它使人们能够更概括地揭示社会认识的特征和一般逻辑。这个大纲的第四篇与现行大纲没有类似的地方。它的任务是,揭示马列主义哲学的现实-实践的规定性和方法论-世界观的规律性;在对待与现时代有关的任务方面保证有一定的机动和自由。正因为如此,这一篇的各个题目不是以体系严谨见长,而是以内容广泛为特点。草案的其他制定者对新大纲的个别题目和篇章作了进一步论证。Π·莱多说明,把《人类精神文化中的哲学》作为导言列入新大纲草案,取决于哲学多方面的社会作用:"哲学知识—哲学世界观—哲学意识—哲学文化"序列再现出精神文化范围内普遍范畴的现实运动。知识和意识、世界观和文化的辩证法提供一个蓝本,使整个哲学教程根据从抽象上升到具体、历史与逻辑统一的原则而得到扩展。B·斯莫林认为,"历史唯物主义"这一篇更全面、更接近于把历史唯物主义理解为关于社会这个完整系统的构成、运行和发展以及它的各个领域、方面和层次相互作用的一般规律的科学。这种观点使现代诸问题可以在历史唯物主义课程中得到反映。B·奥夫恰连科指出，大纲草案的第四篇是新的结构要素，它专门论述一整套现实哲学问题。从所选定的多维的概念看来，这一篇可以也应当具有一定的特色，以便从哲学上对理论问题和实践问题作出说明。

与会学者和专家对新大纲的制定工作给予了很高评价，一致肯定了这项工作的积极意义，同时也指出了一些不足的地方和值得注意的问题。米丁院士认为，草案和现行大纲比起来，是前进了一步，它的特点是对我们这个时代特有的社会生活和认识世界的那些新现象切实地进行哲学分析。B·戈特指出，采用这个大纲时的主要困难是，在实践中怎样把课程增加的容量与现在的课时定额协调起来。还应当特别注意哲学的方法论功能和概念功能、认真考虑哲学同基础科学和部门科学的联系。为了实现这些任务，提高教师的业务水平、扩展专业知识、善于根据高校专业的特点讲授哲学等具有首要意义。Ю·普列特尼科夫指出了更深入论证辩证唯物主义和历史唯物主义统一原则的重要性，必须克服业已形成的观念，即历史唯物主义是从辩证唯物主义立场出发考察社会生活的结果。苏联哲学协会副主席B·马利宁着重说明了迫切需要制定这样的哲学教材，就是不把辩证唯物主义和历史唯物主义分成两个唯物主义，因为这往往会使马克思主义哲学与辩证唯物主义混为一谈，从而贬低历史唯物主义。B·库普佐夫认为，草案的第四篇能够克服现行大纲及相应教材中仅仅把哲学作为科学而产生的因循保守和泛泛而论的弊病。在新大纲中，哲学既应作为科学，又应作为世界观、作为社会意识而出现。E·阿努夫里耶夫指出，马列主义哲学，是马克思主义的组成部分。但这种地位在新大纲中没有被反映出来。这是严重的缺陷。应当考虑到高校社会科学各科教学的连贯性及它们之间的联系。B·叶菲莫夫同意对教师进修学院哲学教研室首倡精神的肯定评价，但他认为，大纲草案没有起到从本质上改造现行教程的作用。为此，必须解决下列理论和方法论方面的问题：1.编写马列主义学说的统一教材，这才能够克服社会科学不同教学科目中课题和问题重复的现象；2.辩证唯物主义和历史唯物主义统一的原则，在新大纲、教科书和参考书中都要得到论证和体现。

（王淑秋）

【联合国教科文组织哲学处主持出版的哲学书目（1967～1985年）】

《科学与综合》（联合国教科文组织纪念爱因斯坦和德日进逝世10周年、广义相对论诞生50周年讨论会论文集）

1967巴黎（384页），1971柏林、海德堡、纽约，1969布加勒斯特，1979东京。（法、德、英、罗马尼亚、日文版）

《四海之内皆兄弟》(圣雄·甘地的生平与思想及言论录)

1969巴黎(196页),1971教科文,1973马德里,1969土耳其,1971意大利。(法、英、西、土、意文版)

《真理与非暴力》(教科文甘地专题讨论会)

1972巴黎(385页),1970新德里,1975马德里。(法、英、西文版)

《科学思想》(某些概念、步骤与方法)

1978巴黎(252页),1972巴黎。(法、英文版)

《科学与文化多样性》

1974巴黎(252页),1976马德里。(法、西文版)

《文化与时代》(文化交叉点丛书)

1975巴黎(276页),1976教科文,1979萨拉门加。(法、英、西文版)

《时间与科学》

1975教科文(256页)。(法文版)

《理性主义的赌注》(科学与技术同文化的冲突)

1977巴黎(219页),1974教科文,1978萨拉门加,1978意大利,1979巴西。(法、英、西、意、葡文版)

《生物学与伦理学》(布罗诺·李伯斯主持的教科文讨论会文集)

1978教科文(180页)。(法、英、西文版)

《新发展的哲学》(弗朗索瓦、皮鲁主编,M·A·西纳瑟作序)

1981巴黎(285页),1983伦敦、堪培拉,1984巴塞罗纳,1983贝鲁特。(法、英、西、阿拉伯文版)

《伊斯兰·哲学与科学》(1980年教科文组织的四个公开讲演)

1981教科文,1983教科文。(法、英、阿拉伯文版)

《多学科综合与社会科学》

1983教科文(343页)。(法、西、罗马尼亚文版)

《非洲的哲学研究与教学》

1984教科文(287页)。(英、西、阿拉伯文版)

《现代的伊斯兰主义》

1985教科文。(法文版)

《人类正义的哲学基础》

1985教科文。(英、西文版)

《为人的权力》

1985教科文(588页),1984教科文(600页)。(法、西文版)

(渊 明 译)

世界哲学组织与机构

国际哲学团体联合会（International Federation of Philosophical Socities, FISP） 世界各国哲学团体最大联合组织，1900年成立于巴黎。第二次世界大战结束后不久，在联合国教科文组织，国际哲学学会的赞助下，于1948年重新恢复活动。会址设于瑞士弗赖堡大学（CH-1700）。现任会长〔加〕V·柯希（*Venant Cauchy*），名誉会长为前任会长〔联邦德国〕A·第墨尔（*Alwin Diemer*）。它的宗旨是促进各国哲学团体的国际合作，搜集并向会员提供学术资料，组织世界哲学大会，赞助和推动哲学事业的发展。

联合会的会员限于各国的哲学会、哲学协会和哲学研究所、研究中心以及国际性的哲学团体。

目前该联合会已有45个国家的79个哲学团体和24个国际性哲学团体及三个合作组织参加，共103个团体会员。联合会每五年召开一次代表大会，同时召开世界哲学会议（*World Congress of Philosophy*）。理事会由39名理事组成，每五年召开两次会议。执行委员会由会长、名誉会长(即前任会长)、副会长(二名)、名誉副会长、秘书长、司库组成，每年召开一次会议。该联合会出版学术专集，出版有《世界哲学大会会议录》、《国际哲学书目提要》。

该联合会最近一次世界哲学大会是在1983年8月21日～27日于加拿大蒙特利尔市召开的第17届世界哲学大会，主题为《哲学与文化》。

（祝　民）

附：国际哲学团体联合会会员名单

各国会员：（共79个）

德国哲学学会(联邦德国)
　主席：O·马尔加特
德国现象学学会(联邦德国)
　主席：E·奥兹
康德学会(联邦德国)
　主席：G·冯克
民主德国中央哲学研究所
　所长：A·柯辛
阿根廷分析哲学学会
阿根廷天主教哲学学会
　主席：A·卡图罗里
澳大利亚哲学联合会
　主席：A·唐森德
比利时逻辑与科学哲学学会
　主席：M·梅耶
比利时哲学学会
　主席：L·古卢巴里蒂斯
布鲁塞尔哲学学会(比利时)
　主席：G·奥多瓦
卢汶哲学学会(法语)(比利时)
　主席：J·拉德利耶
卢汶哲学学会(弗拉芒语)(比利时)
　主席：S·伊瑟林
巴西哲学研究所

主席：M·里亚勒
巴西天主教哲学学会
主席：T·巴蒂拉
保加利亚科学院
保加利亚哲学会
主席：S·加诺夫斯基
蒙特利尔哲学会(加拿大)
主席：L·布瓦桑
魁北克哲学会(加拿大)
主席：M·加里昂
加拿大哲学联合会
主席：N·考夫曼
中国社会科学院哲学研究所
所长：邢贲思
塞浦路斯哲学会
主席：C·米查尔德斯
朝鲜全国哲学联合会(朝鲜民主主义人民共和国)
主席：李蒙洪
朝鲜哲学联合会(南朝鲜)
主席：韩仲灿
古巴哲学研究会
主席：T·方戈
丹麦哲学与心理学协会
主席：J·里斯—弗罗
埃及哲学会
主席：A·伊尔·塔夫特
西班牙哲学会
主席：R·罗梅罗
拉丁美洲哲学研究会(西班牙)
主席：G·乌斯卡德斯戈
美国天主教哲学联合会
主席：C·狄拉尼
美国哲学联合会
主席：K·拜尔
查理·皮尔士哲学研究会(美国)
主席：P·哈尔
亚洲哲学和比较哲学学会(美国)
秘书长：R·麦克德蒙特
美国哲学促进会
主席 J·库因罗克
马克思主义哲学研究会(美国)
主席：J·萨门维尔
美国美学会
秘书长：A·伯林特
美国创造哲学基金会
秘书长：L·库柏
美国形而上学学会
主席：G·克莱纳
芬兰哲学会
主席：I·尼因路多
法国哲学会
主席：J·董特
英国科学院第七分会
秘书长：P·布朗
英国皇家哲学研究所
所长：E·哈斯巴利
雅典学院哲学研究中心(希腊)
主席：C·萨特索斯
新希腊化哲学研究出版与研究中心(希腊)
主席：E·穆索布罗斯
希腊哲学会
主席：E·穆索布罗斯
古希腊哲学研究会(希腊)
主席：E·穆索布罗斯
匈牙利全国哲学会
主席：J·卢卡斯
印度哲学大会
主席：M·萨西达南达
印度尼西亚哲学联合会
主席：S·阿里斯加巴纳
爱尔兰皇家哲学全国委员会
主席：J·伊文斯
以色列哲学联合会
主席：A·卡普兰
耶路撒冷哲学会(以色列)

主席：N·罗登斯特里奇
语言哲学联合会(意大利)
主席：D·科弗兰西斯科
伽利略哲学研究中心(意大利)
秘书长：D·亨利奇
罗马加斯特利哲学研究所(意大利)
所长：M·奥里威蒂
意大利哲学会
主席：ε·佩尔蒂
意大利哲学宗教研究会
主席：L·维雷纳
日本哲学联合会
主席：春木楠山
肯尼亚哲学联合会
主席：H·奥德拉·奥乌卡
摩洛哥哲学会
主席：M·拉巴比
墨西哥哲学联合会
主席：J·冈萨雷斯
墨西哥哲学会
主席：J·本菲尔德
墨西哥科学哲学研究院
主席：D·哥尔达利·埃利
蒙古哲学会
主席：S·诺伏桑布
尼日利亚哲学联合会
主席：T·努瓦拉
巴基斯坦哲学大会
主席：C·齐亚蒂尔
荷兰哲学总联合会
主席：M·亚格尔
加尔文研究联合会(荷兰)
主席：H·盖尔兹玛
秘鲁哲学研究所
所长：L·圣地斯德巴
罗马尼亚社会主义共和国国家哲学大会
主席：D·吉斯
瑞士哲学会
主席：A·伏埃克
中国哲学会(中国台北)
捷克斯洛伐克哲学会
主席：V·罗梅尔
土耳其哲学会
主席：I·库古拉蒂
苏联科学院哲学研究所
所长：G·斯米尔诺夫
法哲学研究中心(委内瑞拉)
主席：J·德尔加多－奥康多
委内瑞拉哲学会
主席：ε·瓦斯盖斯
金沙萨哲学会(扎伊尔)
主席：K·穆图扎

国际组织委员：(共24个)

国际科学科学学院
主席：ε·阿伽希(瑞士)
国际亚非哲学联合会
主席：M·瓦尔巴(埃及)
泛美天主教哲学联合会
主席：S·拉杜尚斯(巴西)
国际法语哲学团体联合会
主席：V·柯希(加拿大)
国际哲学学院
主席：J·彼尔克(波兰)
国际法哲学与社会哲学联合会
主席：A·阿尔尼奥(芬兰)
国际胡塞尔与现象学研究会
主席：A·提曼尼卡(美国)
国际哲学与现象学协会
主席：R·齐硕姆(美国)
国际中国哲学协会
主席：A·库阿(美国)
国际形而上学协会
主席：I·里克利克(美国)
国际哲学协会
主席：B·威斯豪特(瑞士)
国际黑格尔协会

主席：W·拜耶(奥地利)
国际黑格尔联合会
主席：D·亨利希(联邦德国)
泛美哲学会
主席：L·泽阿(墨西哥)
北美社会哲学协会
主席：P·克里格顿(美国)
国际叔本华协会
主席：R·马尔特(联邦德国)
国际莱布尼茨协会
秘书长：I·尼德萨斯(联邦德国)
国际辩证法哲学会
主席：H·赫尔兹(瑞士)
国际中世纪哲学研究会
主席：J·穆尔多赫(美国)
国际南部非洲哲学协会
主席：L·舒斯曼(南非)
天主教哲学国际联盟
主席：J·拉德里耶(比利时)

合作组织：(共3个)

国际哲学与人文科学理事会
秘书长：多尔梅松(法国)
国际科学史与科学哲学联盟
秘书长：J·科亨(英国)
联合国教科文组织哲学处
主任：西纳瑟(法国)

国际哲学和人文科学理事会(International Council for Philosophy and Humanistics Studies, ICPHS) 哲学和人文科学领域的科学院、学会的联合组织，国际哲学和人文科学研究方面的协调和代表机构，在联合国科教文组织的协助下，1949年1月19日在比利时布鲁塞尔创立。会长〔英〕S·阿斯顿(*Sanley Aston*)、秘书长〔法〕J·de·奥尔梅松(*Jean d'Ormesson*)。会址设于巴黎，(*1 Rue Miollis, Paris XV. France*)。

它的宗旨是，通过文化比较研究，提倡尊重文化的自主权，以增进人类的知识，促进国际的了解，发展哲学、人文科学以及有关学科的国际合作，鼓励建立国际学术组织，协调国际间学术信息传播，资助学术团体。现由13个国际学术团体和组织组成：国际科学院联合会(*UAI*)、国际宗教史协会(*IAHR*)、国际历史科学委员会(*CISH*)、国际艺术史委员会(*CIHA*)、国际非洲学家大会(*ICA*)、国际近代语言和文学联合会(*FILLM*)、国际哲学学会联合会(*FISP*)、国际古典研究学会联合会(*IFSCS*)、国际语言学家常设委员会(*CIPL*)、国际音乐研究学会(*IMS*)、国际人类学和民族学会联合会(*UISAF*)、国际东方和亚洲研究联合会(*UIEOA*)、国际史前史和原始史科学联合会(*UISPP*)。这些组织代表143个国家和地区的会员组织。

大会和学术会议每两年召开一次。1984年曾于泰国曼谷召开第17届大会和学术会议。出版物有《情况汇编》(英、法文)、《第欧根尼》(美、法、西班牙、日、印地文版，季刊)。

(祝　民)

国际哲学学院(International Institute of Philosophy) 国际性的哲学学术研究团体。创立于1937年。现任会长为〔法〕P·里科尔(*P. Ricaeur*)。会址设在法国巴黎(*173*

Boulevard Saint-Germain Paris Vi-France)。其宗旨是促进各国哲学教授进行学术交流，资助在各国举行的定期年会，与其它哲学学会联合组织年度性哲学会议和学术演讲。目前已有来自37个国家的110名会员。出版物有：《哲学书目提要》、《年会会议录汇编》、《哲学评传》、《哲学和世界共同体》、《中世纪中期哲学》和《当代哲学》。 （祝 民）

国际法哲学和社会哲学协会(International Association for Philosophy of Law and Social Philosophy) 世界性专门研究法哲学和社会哲学的学术团体。1909年创立，现任会长为A·阿尔尼奥(*Aulis Aarnio*)。会址设于瑞士巴赛尔大学(*University of Basle, Institute of Sociology, Parkwey, 12, 4051, Basle, Switzerland*)。其宗旨是在法哲学和社会哲学领域内进行国际水平和囊括各种思潮的科学探讨。

该协会吸收对法哲学和社会哲学有专业兴趣的会员。每2年召开一次世界学术大会，并举行本专业的学术会议。它的出版物有《法哲学和社会哲学文献》(季刊)和《会议记录编》。

（祝 民）

国际黑格尔学会(Internationale Hegel Gesellschaft, IHGEV) 世界性专门研究黑格尔哲学的学术团体。1953年创立，原名德国黑格尔学会。会长为贝耶尔教授(*Wilhelm Raimnnd Byer*)。会址设在奥地利萨尔茨堡(*A5020 Salzburg Richard Sorele Str 16 Salzburg Anstria*)。该学会宗旨是，研究黑格尔哲学思想，以及与黑格尔密切相关的辩证法的现实主义，提倡各国黑格尔研究者之间的个人接触，加强同其它专题研究的哲学家之间的合作。该学会每2年举行一次国际黑格尔大会，并举办有关的学术会议。出版有关书刊。每届大会后出版《黑格尔年鉴》(德文)。

（祝 民）

国际费希特学会(International Society of Ficht) 国际研究费希特哲学和著作的学术组织，1977年创立于澳大利亚。会长为〔联邦德国〕R·劳特(*Reinhard Lauth*)。会址设立于联邦德国慕尼黑。它的宗旨是，推动世界各国学者研究费希特哲学和著作，出版有关的出版物。1979年出版的纪念劳特诞生60周年论文集(集中27位费希特研究者研究费希特的论文)和1981年出版的《1977年国际费希特学会纪录》，是当前费希特研究的重要成果。目前成员除联邦德国24人以外，尚有民主德国、法国、瑞士、意大利、西班牙、澳大利亚、波兰、挪威、加拿大、美国、日本等国学者，共80余人。 （祝 民）

国际人道主义者和伦理学家联合会(International Humanist and Ethical Union) 世界性的伦理学家和人道主义者研究伦理学的学术团

体。1952年创立，现任会长为E·布拉凯尔(*Dr. Ernst Von Brakel*)。会址设于荷兰乌德勒支(*Oudegracht, 152, Vtrecht, Holand*)。联合会的宗旨是，联合一切关心伦理学和人道主义发展的人士，与国际有关的代表和权威共同从事于增进人类幸福，提高人类文化与教育的事业。目前有50多个国家的团体会员和个人会员。每4年召开一次国际人道主义者和伦理学家联合大会，并不定期地举办各种学术讨论会。它的出版物有：《国际人道主义者》，《人道主义书目》。

(祝　民)

国际美学委员会(**International Comittee for Esthetics, ICE**) 世界性美学研究团体。1965年创立。秘书长为〔比〕P·曼盖(*Prof Philippe Minguet*)。会址设在比利时列日(*Secrataise General Pref Philippe Mingnet rue Charles Magnatle 2. B. 4000. Leege Belgium*)。该委员会的宗旨是：促进美学研究，召开国际美学会议。现有24个国家和地区的个人会员。年会大会每四年召开一次。第九届大会于1980年8月于南斯拉夫杜布罗尼克召开。出版物有《国际美学通报》，《大会纪录汇编》。

(祝　民)

国际黑格尔协会(**International Hegel Association**) 欧洲几个国家间的黑格尔哲学研究组织，1962年创立。会址设在联邦德国德尔堡。其宗旨为推动黑格尔哲学的研究工作。目前在德意志联邦共和国、法国、意大利等国有个人会员200名。每两年召开一次大会。出版《黑格尔研究》(德文，2年出版一期)。

(祝　民)

国际现象学学会(**Intennational Phenomenological Society, IPS**) 世界性的现象学研究组织。1939年12月成立，设在美国普罗维登斯。现任会长为R·齐硕姆(*Roderick M. Chisholm*)。宗旨为鼓励对德国的胡塞尔哲学的研究和发展。现有73个国家的个人会员，每年召开一次大会。出版《哲学与现象学研究》(英文，季刊)。

(祝　民)

国际中世纪哲学研究学会(**International Society for the Study of Medieval Philosophy**) 世界性的研究中世纪哲学的学术组织。1958年9月3日创立。会址设在比利时新卢汶。其宗旨为促进中世纪哲学的研究和情报文献的交流。现有46个国家约500名个人会员。每5年召开一次国际性中世纪哲学大会。第七届会议于1982年8月在比利时卢汶召开。出版《中世纪哲学通报》，(英、法、德、西班牙文，年刊)。

(祝　民)

国际莱布尼茨学会(**International Society Gottfried Wilhelm Leibniz**) 世界性的研究莱布尼茨的著作、思想的学术组织。创立于1966年5月，会址设在联邦德国汉诺威。宗旨□深入研究并广为宣传莱布尼茨的□作，组织讨论会和国际大会。现有□个团体和250名个人会员。每五年召开一次国际大会。出版《莱布尼茨研究》(德文)以及《国际大会记录汇编》。(祝 民)

世界天主教哲学学会联合会(World Union of Cathelic Philosophical Societies) 世界研究天主教哲学的学术组织。1948年创立，会址设在美国华盛顿。其宗旨为促进与天主教哲学有关的国际团体的联系。现有20个国家的1500名会员，每2～3年召开一次天主教哲学学会联合会会议。第6届会议于1979年在意大利罗马举行。出版《会议通讯》(英、法、意大利文，2至3年出版一次)。(祝 民)

国际科学史和科学哲学协会(International union of the History and Philosophy of Science, IUHPS) 国际性的科学哲学家的学术组织。1956年由国际科学史协会与国际逻辑学、方法论和哲学协会合并而成。原科学史协会与原逻辑学、方法论和科学哲学协会，仍分别为这一协会组织的两个分会，并保持各自的独立性。其宗旨是建立上述这些学科的研究团体和学者之间的学术联系，出版有关刊物和资料、召开国际大会和有关专题学术讨论会。截止到1984年，已有30多个国家的有关学术机构参加了该协会的组织和学术活动。它的定期刊物是《国际科学史档案》(季刊，法文)和《符号逻辑杂志》(季刊，英文)。现任协会负责人由科学史分会负责人〔法〕R·塔顿(R. Taton)和科学哲学分会会长〔美〕E·希伯特(E. Hielbert)共同担任。会址设在巴黎(*12 Rue Colbert. Paris,* II, *France*)。(祝 民)

国际法语哲学协会联合会(Association des Sociétés de Philosophie de Langue Française, ASPLF) 该联合会由加斯东·贝尔热(*Gaston Berger*)于1937年创立于巴黎。它的宗旨是加强世界各法语国家哲学家和哲学团体之间的联系和交流。它目前包括10个国家的31个团体会员。领导机构有主席、名誉主席、秘书长和三个副主席组成。现任主席是加拿大蒙特利尔大学的柯希教授(*Venant Cauchy*)，副主席中有国际著名哲学家保罗·利科(*Paul Ricoeur*)。该联合会每2年召开一次大会，定期出版《联合会通讯》。第20届大会于1984年8月在加拿大三河城召开，主题为“创造”。第21届大会于1986年7月在希腊雅典举行，主题为“未来”。

国际中国哲学学会(International Society for Chinese Philosophy) 创立于1975年。主席为成中英。会址设在火奴鲁鲁哈瓦伊大学。其宗旨为举办中国哲学学术讨论会，赞助并编辑出版中国哲学杂志，赞助并举办研究中国哲学的研究班，专家讨论会以及有关中国哲学的学术活动。每2年召开一次专题讨论会，现有会员150人。

（祝 民）

附　　录

1983～1984年美国、加拿大各大学哲学博士论文题目

亚尔培特大学

R·雅各布森:《直觉与判断》

亚利桑那大学

S·科恩:《证明与真理》

P·佩弗:《马克思主义、元伦理学和道德》

T·格兰姆斯:《解释与日常职责》

波士顿学院

D·布罗德里克:《客观性——托马斯·阿奎那与卡尔·波普尔》

P·洛克:《黑格尔论建筑——美学史讲演录中的结构与隐喻》

布朗德斯大学

H·雷文:《布勃与黑格尔论宗教及社会》

不列颠哥伦比亚大学

B·刘易斯·斯特里克林:《情感、客体与证明》

布朗大学

J·卡森:《自我主义与实践理性的结构》

C·托利弗:《二元论的形式根据》

R·弗里德里克:《部分整体论与统一性》

C·瓦齐:《胡塞尔关于意义与关联的理论》

加利福尼亚大学伯克利分校

G·厄尔斯:《哲学上的不可知论和原初信仰》

P·特里尔:《个人主义的道德观》

加利福尼亚大学戴维斯分校

T·罗奇:《亚里士多德的善》

加利福尼亚大学拉尤勒分校

M·利斯顿:《实用主义观念的一种方式》

J·沃德:《亚里士多德论幻想》

加利福尼亚大学洛杉矶分校

J·伯格:《符号学和关于信仰的语义学》

M·亨尼格:《中世纪后期关于联系范畴联系的一些理论》

J·克拉格:《道德的性质：道德形而上学的基础》

C·斯蒂芬·莱曼:《公理:"信仰的意愿"以及信奉上帝》

D·沙丁:《亚里士多德〈范畴篇〉和

‹形而上学›Z卷中关于实体和本质的理论»

加利福尼亚大学滨河分校

P·格里斯沃德:«维特根斯坦哲学中的一些隐喻»

加利福尼亚大学圣巴巴拉分校

R·高尔文:«道德理论中的行为种类和个性化»

美国天主教大学

M·克莱尔·亚当斯:«柏拉图‹蒂迈欧篇›中思辨伦理学的研究»

芝加哥大学

T·格拉西:«自由与正义——对罗尔斯的响应»

J·古特曼:«逻辑恒量与逻辑对象»

C·卡勒:«两种表现论——皮尔斯的符号学和维特根斯坦的图论»

T·莫里斯:«马克思主义关于当代资本主义状况的理论——一种解释与辩护»

G·米伦伯格:«一种关于事件的单一理论»

C·罗维安:«形而上学以及意义理论中的主体与客体»

M·斯特拉瑟:«约翰·斯图亚特·穆勒论正义和个人权利保护»

S·沃尔特·«作为一种技术变革理论的历史唯物主义»

克莱蒙特研究生院

N·阿金特:«知觉与要素»

J·切恩:«治疗学幻觉»

T·马西斯:«约翰·希克思想体系中末世论证明的地位»

H·内特兰德:«神学对超然存在、知觉意义以及上帝的讨论»

科罗拉多大学博尔德分校

J·斯通:«一致性与可辨析性»

J·图蒂欧:«现象学、科学和技术——关于理性的一种新范例»

哥伦比亚大学

E·艾莱瓦:«西德尼·莫肯贝塞的工人阶级自我管理说辩护»

E·朱里斯特:«黑格尔的认可概念»

B·肯特:«亚里士多德与弗兰西斯肯斯:杰拉尔德·奥德尼斯对尼古曼金伦理学的评论»

C·梅尼金:«格森内茨的逻辑——节选教义分析»(附«正确的三段论法»删节版及译文)

康奈尔大学

J·惠廷:«亚里士多德哲学的个体形式»

蒂保罗大学

E·埃蒂克:«艾格洛形而上学的介绍»

杜克大学

M·贝尔泽:«按照适用于必要及许可命题的一种语言规则的推理变化»

C·古尔德:«道德教育——对科·科尔伯格与艾姆·李普曼道德教育理论的分析»

杜肯大学

M·布雷德利:《康德与理性的困境》
S·凯里:《萨特与社会调节》
Q·科尔根:《立足于事物本质的海德格尔》
R·利利:《尼采哲学中语言、艺术以及虚无主义的地位》
W·罗:《黑格尔〈逻辑学〉中自我联系和自我否定概念的同一性问题》
R·塔夫脱:《艺术与哲学的联系——对黑格尔、布莱克、尼采及海德格尔的一个检验》

埃默里大学

M·贝拉松奇:《约翰·杜威的政治国家哲学》
J·基尔斯基:《约翰·杜威哲学中的认识和评价》
D·马丁:《莱布尼兹的点的分析概念及其与数学哲学间关系问题的联系》
D·斯诺:《早期谢林哲学中的自我和绝对》

弗罗里达大学

T·库什纳:《艺术剖析——艺术作品的描述与评价问题》
S·奥尔森:《毕达戈拉斯派的柏拉图及黄金分割——对推理的研究》

弗罗里达州立大学

C·哈维:《作为一种科学哲学的现象学》
J·琼斯:《亚里士多德哲学中易明的客体》
J·麦考尔:《康德从基于自然科学的形而上学向物理学的转变》
E·麦格拉思:《詹姆森真理论的一种修正》
I·穆尔:《教育——一种相互作用的方式》

福德汉大学

J·伯朗内特:《奥古斯丁在厄瑞根那教义学说中的地位》
M·夸克:《柏拉图〈巴门尼德斯篇〉当代析评:一种批评术》
T·里根:《怀特海的世界意识概念——社会伦理学进程的基础》

乔治敦大学

A·埃文斯:《健康、治愈和治疗者:一种哲学和神学的探究》
R·莫斯利:《动物的权利——关于动物权利主要论据的一种分析》
M·西奇尔:《三位当代理论家迈克尔·沃尔兹、保罗·拉姆齐与威廉·V·奥布莱恩对核战争及核威慑的正义战争原则的应用》

圭尔夫大学(加)

B·博勒阿:《虚幻的情绪,信仰与想象》
J·米彻尔林:《第二太阳的形象——柏拉图对诗歌的批评》

伊利诺斯大学芝加哥分校

B·阿门特:《理性决定论——因果决定论的基础》

J·休斯:《意象、陈述与心理学解释》

伊利诺斯大学厄巴纳——尚佩恩分校

J·戴维斯:《马克思关于资本主义社会中伦理学地位思想的形成》

C·菲利瑟:《能动作用与自我》

D·弗莱彻:《生命医学中人类主体研究的道德方面》

D·哈尼:《思考的意识》

G·普卢默:《现在》

约翰斯·霍普金斯大学

J·凯什:《皮埃尔·伽桑迪对约翰·洛克物质世界理论的影响》

拉瓦尔大学(加)

M·吉罗克斯:《自然、基础以及行使法律的权力》

R·亨尼西:《质量与实在》

Y·毕卡德:《哲学与心理学上的梦与梦的预感》

I·孔登斯:《拟人化或个人》

D·里奥克斯:《诗与审慎》

芝加哥洛尤拉大学

J·马拉那:《威廉·詹姆森与现象学》

G·希普利:《对R·G·科林伍德哲学极其重视的范畴与对立面的一种形而上学探究》

马凯特大学

R·博马迪:《经验科学与临床心理学的基础》

R·布提吉哥:《〈皮特·隆巴德命题评注〉一书中人类灵魂的定义》

W·库尼:《人类论证与人类参与——加布里埃尔·马塞尔的非视觉哲学》

P·多伊尔:《1285年—1300年弗朗西卡学派神学解释论的分裂》

L·赫姆斯:《萨特〈存在与虚无〉与〈辩证理性批判〉中的人类关联理论》

M·帕默:《名词修正——〈克拉底鲁篇〉中柏拉图自己的命题'自然'》

M·谢尔斯顿:《莱布尼茨形而上学中的自由与必然》

马萨诸塞大学

L·霍姆:《自由、预知及过去的必然性》

J·约德:《关于心身问题的一种新观点》

麻省理工学院

T·阿培尔特:《出发于逻辑的心理主义——某些命题考察》

R·麦克朗罗克:《意向与认知主义》

L·韦策尔:《论数》

麦吉尔大学

D·康特尔:《理性与义务》

J·霍索恩:《说谎者与真理理论》

麦克马斯特大学

G·卡恩:《认识论上的怀疑主义与科学知识》

R·莫:《一种动因——参照的语义学理论》

迈阿密大学

R·拉里丹:《财产的权力:其起源与限度》

密执根大学

R·卡特勒:《理智的责任与公正性》

S·马可维茨:《美学的专制与艺术》

J·门多拉:《最佳行为》

S·沙尔克斯基:《道德形而上学——对必然性基础的研究》

明尼苏达大学

J·佩普:《柏拉图形式理论中的一种矛盾心理》

M·里德:《心身问题的理论基础与概念合理性》

D·夏皮罗:《一种权力理论中的形式与内容》

密苏里大学哥伦比亚分校

D·戴伊:《信仰、必然与无可更改的基本原则——对帕内约特·布彻瓦罗姆〈知识概念〉的考察》

A·胡克:《主人与奴隶——主体间性理论研究》

L·豪:《柏格森哲学中渗透的理念》

L·伊萨克森:《关于人类自由的对话——萨特与一致性或稳定性理论》

R·麦卡蒂:《美感经验与价值》

S·里夫斯:《尼采的无穷循环学说——所有可能前提中最科学的》

蒙特利尔大学(加)

N·博宾:《旋律的结构和音乐的语言》

P·比雷姆瑞:《亚里士多德哲学名词的语义学》

M·布雷斯:《现存无限概念的合理性》

D·布莱尔:《诗歌的实用主义》

J·莱罗克斯:《物理理论的语义学》

D·皮斯塔诺:《康德及其愉悦经验》

M·雷恩威利:《梅洛-庞蒂第一部作品中经验的本体论范围》

J·塞里恩:《一种关于能力的哲学理论引论——能力的三个象征》

内布拉斯加大学林肯分校

M·卡恩:《约翰·杜威道德理论中的理解力与上帝》

新墨西哥大学

B·诺曼:《方法论、暂存性和思考——对马丁·海德格尔〈存在与时间〉中的解释学派的批评性考察》

R·里夫斯:《迈斯特·埃克哈特对上帝和神性的区分——一种解释和评价》

社会研究新学院

K·希特:《如何理解笛卡儿〈关于方法论的讨论〉》

纽约州立大学奥尔巴尼分校

M·安多里那:《行动的解释——唐纳德·戴维森理论的批评分析》

W·乌德基卡:《原因与行动——三种类型的人类行动理论的批评分析》

E·萨尔茨:《约翰·杜威哲学与文化观》

纽约州立大学布法罗分校

C·古尔德:《柏拉图形式中项理论中的命名和同类项》

J·格里菲斯:《看见与感知——威尔弗里德·塞勒的知觉理论》

纽约州立大学石溪分校

R·哈特:《文学理论——一种比较的形而上学的研究》

F·基钦:《情绪的发展——感情与价值的一种现象学》

L·库珀斯:《一种交流的符号学理论》

E·佩普:《罗尔斯公正原则论的一种哲学影响》

J·威廉:《身体的解释学:一种原初意识和意义的现象学》

北卡罗莱那大学查珀尔希尔分校

W·米特尔曼:《道德与隔离》

西 北 大 学

J·巴拉德:《基于圣托马斯·阿奎那哲学的一种达到积极信念之方法:赞同》

圣母大学(加)

C·费希尔:《理性的权利》

D·科尔布:《康德关于自然观念的系统整体》

K·门泽尔:《数学的实在论与某种集合论》

K·米尼斯特:《詹姆斯/布雷德利·德巴特研究》

S·斯莫利:《情感的理性——对心理学和宗教发现逻辑的探究》

D·萨默菲尔德:《回归,法则和表现——维特根斯坦哲学难点》

俄亥俄州立大学

D·约翰逊一格莱比:《霍姆斯的法律理论》

J·凯利:《机能主义——关于精神的唯物论或关于脑的心灵论》

D·克兰:《统治与财富:卡尔·马克思商品法则理论批评分析》

J·鲁比诺:《艺术家的意图与艺术作品的描述和解释的关联》

I·尤德尔:《资本主义、社会主义以及民主——一种新评价》

俄克拉荷马大学

D·雷科尔:《科学的功能——介绍一种历时的实在论》

安大略教育研究学院(加)

S·贝林:《非凡境地之企及——创造力的一种哲学研究》

A·布莱尔:《对立道德观点要点的集中争论——公立中学道德教育的基本道德原则》

B·格里菲斯:《科林伍德论理论与实践:民主时代的教育学》

D·贾丁:《我们在世界上的地位问

题——对让·皮亚杰发生认识论的现象学批评》

俄勒冈大学

T·诺斯:《事实与情感》

渥太华大学(加)

G·阿格伊蒙:《海德格尔哲学中的历史性概念》

S·布朗:《记忆的可靠性》

F·埃西蒂:《约翰·杜威教育哲学中按照自由的发展》

R·赫德森:《海德格尔在马堡——写作‹存在与时间›时对科学哲学的设想》

J·普里德尔:《基础主义及其对神学信仰确实性的挑战》

宾夕法尼亚州立大学

D·安德森:《创造力和C·S·佩尔斯的哲学》

R·菲格尔:《自由主义与空想》

P·希利:《哲学真理及其与经验科学的联系》

D·莱克特曼:《数学、方法和形而上学——勾划初期当代哲学谱系的尝试》

J·文森若:《尼采与海德格尔——虚无主义的真理》

匹兹堡大学

C·韦勒:《古代描述知觉能力的两位研究者:柏拉图与亚里士多德》

普林斯顿大学

P·本森:《自由与批评——一种关于自由行动的描述》

E·埃米尔森:《普洛丁论知觉能力——一种哲学的历史的研究》

M·约翰森:《特殊与固执》

D·莫里森:《亚里士多德形而上学中关于本体的三种准则》

三河城魁北克大学(加)

G·商赛尔:《语言行为中的心理活动》

S·勒布朗:《基本陈述方法的逻辑意义及背景》

A·墨菲:《列宁的‹国家与革命›:盖然判断性的由来与起源说》

奎因斯大学

D·纳格瑞安:《绘画艺术的解释可能性——对门罗·比尔兹利的回答》

R·尼科尔斯:《完美的进程——根据尼采著作追溯其价值论观念的发展》

莱斯大学

M·凯格瑞斯:《隐私权》

罗切斯特大学

J·尼莱尔:《和谐与某种常识——康德“第三批判”对鉴赏的判断》

K·马奇:《康德哲学中的领域和方面》

新泽西州拉特格斯分校

M·乔丹:《邓斯·司科特论形式的区别》

K·兰伯特:《历史客观性与概念的框架——对康德黑格尔的一种批判研究》

K·拉姆斯兰德:《直接参与:克尔凯郭尔与心理治疗法实践的间接交流》

圣路易斯大学

R·奥马拉:《对科学和哲学中理性与推理力作用的怀特海式批评》

南加利福尼亚大学

B·帕勒:《科学理论的认识进程和认识状况》

J·雷德姆:《凡·弗里森论建议的态度》

南伊利诺斯大学卡本代尔分校

E·鲁宾逊:《科学说明与推理力方式的联系》

R·波茨:《宇宙与‹巴门尼得斯篇›的作者》

斯坦福大学

C·克兰格:《词汇意义的一种统计上的探讨》

W·埃文斯:《短暂的显示》

P·坎纳瓦:《自我传播的研究——记忆的整体理论》

J·金那斯泰:《解释的范围——理论与说明》

H·尼森鲍姆:《情绪及其集中点》

J·赖弗伦:《关于原因的非认识论和认识论概念》

B·肖特:《新古典主义经济学与科学的整体》

锡拉丘兹大学

R·达斯:《休谟与萨特安带卡哲学中的自我和因果关系》

D·塞德劳克:《反实在论与先验论的转向——康德评论》

坦普尔大学

J·卡特达尔:《哲学与知识的体制——一种康德主义观点》

J·修拉:《工作与善》

M·雷恩:《伪造与真实性》

田纳西大学

D·麦克唐纳:《健康保护期限与共同的职责》

德克萨斯大学奥斯汀分校

P·比奇洛:《拓扑学的存在诗论》

L·麦凯:《关于艾德瓦特·维登塔的思考——高德帕特‹karika›一书探讨,附萨凯拉评注》

E·汤普森:《从真理论到方法论以及回复》

多伦多大学(加)

T·安斯罗:《基于圣托马斯·阿奎那哲学作为特定的形而上学样式的理智》

D·克里斯托弗:《格外鲍姆的格律因

袭主义》

A·吉勒:《论宗教哲学的可能性》

R·霍尔:《乔纳森·艾德渥斯思想中的团体观念——源于诺森普顿所忽视的题目》

P·赫德格林:《作为理论的实体的一般概念》

K·贾斯帕:《意志的弱点》

J·卡尼茨:《知觉、理性和原因》

A·克诺亨:《自主的一元论——"心理表现理论的趋势"》

R·科恩盖:《休谟论同一性》

C·夏普:《晚期监护的道德根据》

W·斯特拉顿:《黑格尔论法律》

L·史密斯:《经验哲学和化学中概念构架的逻辑,从洛克和拉瓦锡到约翰·斯图尔特·穆勒》

A·斯蒂宾斯基:《阿奎那论创造的可传授性——〈手稿〉以及〈决断的自由〉》

C·范柯克:《康德的形而上学科学》

M·沃隆别尔:《有条件的义务》

塔雷因大学

J·克拉姆莱:《可能性、证实与认识的推理力》

D·德威特:《F·H·布雷德利关于自我的理论》

J·梅佐尔:《威廉·詹姆森哲学中知觉变换概念的转化》

F·沙勒:《暂存性和实践理性——海德格尔对康德的现象学批判再考察》

A·塔鲁:《笛卡儿的自然哲学》

范德比特大学

K·阿贝尔:《爱与必然性——哲学的经验》

A·康罗斯:《卡尔·马克思与赫伯特·曼库斯的劳动力理论》

D·亨特:《本体论种种》

S·萨尔诺夫:《一种柏格森主义的行为描述——作为理解道德责任的基础》

弗吉尼亚大学

R·弗里德曼:《亚里士多德的逻辑学、特理学与生物学著作中的物质和必然性》

F·考夫曼:《精神的不可改造及因果关系论》

华盛顿大学

K·梅金:《方法性行为》

P·弗莱明:《人类行为的主题及其解释学:保罗·利科尔著作探讨之一》

华盛顿州立大学

D·亚当斯:《权力的结构——霍菲尔德主义理论的一种批判研究》

B·托宾:《一种心理疗法中语词干预论的发展中模仿理论和转换语法的作用(对 Bandler 和 Grinder 的魔法结构的批判分析)》

滑铁卢大学

W·卡拉瑟斯:《黑格尔〈逻辑学〉中所限定的思辨哲学领域》

M·霍恩亚斯基:《萨特早期价值理论

的范围和相关性》

A·约翰斯通:《笛卡儿的唯我论——一种分析或现象学的反驳》

G·彭德尔顿:《直觉与类推方式——关于塞勒斯与康德的研究》

G·鲍尔斯:《分类、定义和兴趣》

韦恩大学

P·赫尔希:《家长式作风——从定义到忽视》

西安大略大学(加)

A·巴萨勒曼尼:《科学的战略》

J·科利尔:《科学革命中的进展》

K·古德曼森:《斯金纳实践行为理论的出现与发展——科学史及科学哲学状况研究》

K·哈勒维格:《科学的进展——一种体系探讨》

P·伊普:《认识的决断与杜衡问题》

G·欧文:《本体论的理解与进展的状态模式》

S·曼:《统一与解释》

威斯康辛大学麦迪逊分校

J·贝拉米:《派别的相似性与扩展不足问题》

M·戴利:《人性道德——人际关系的一种研究》

H·霍尔库姆第三:《减少与生态学》

W·沙勒:《善与道德法则——对康德伦理学中善与道德价值的一种分析》

耶鲁大学

C·布朗:《道德理论与感情》

J·巴特勒:《重获与创造——黑格尔、克亚威·霍帕莱特以及萨特哲学中关于欲望的研究》

R·德尔蒂特:《德国19世纪末期的激烈论战——赫尔曼、奥斯瓦尔德及其批评家》

F·法雷尔:《语义学理论的隐喻》

T·杰克逊:《怀疑论、信仰和道德哲学》

R·兰沃西:《信仰的必然——维特根斯坦的〈论必然〉和基督教的辩护》

B·莱夫脱:《简明与永恒》

R·马尼尔:《反结构与存在——雅克道里塔作品介绍》

T·马修斯:《维特根斯坦以及伦理学探讨的界限》

R·肖特:《认识的愿望——对康德范例的一种批评》

(瞿灿译自《The Review of Metaphisics》Vo1.38)

1984～1985年美国、加拿大各大学哲学博士论文题目

美国大学

H·卡尔:《美学的伦理蕴意》

D·洛:《马克思和梅洛-庞蒂的存在辩证法》

F·米尔斯:《论康德伦理学中的义务概念和分裂的自我》

T·莫里斯:《布勃的宗教哲学——作

为对克尔凯郭尔的回答》

波士顿学院

P·鲍恩:《哈纳·阿伦特思想中的出生率这一论题》

M·伊奇扎瓦:《论克尔凯郭尔关于自我克制的思想》

波士顿大学

J·博曼:《对语言的社会论证的批判》

P·科贝特:《黑格尔哲学中的个体概念》

R·金:《伦理学中的具体情境论——关于道德判断的理论》

R·萨绍尔:《是什么使经济学获得科学性?政治经济学中的方法论变革及其实际后果》

J·扬:《仅是在语言范围之内的真实——保卫反实在论》

布朗大学

B·阿尔特:《存在的神秘深渊——道德哲人的生活根基》

J·卡森:《利己主义与实践推理的结构》

P·古尔德:《对隐秘本质的信仰——可能或实际上可归于克尔凯郭尔的论题》

Y·金:《保卫关于事件的无事件论——对事件—归纳方法论及其应用的探讨》

L·帕斯奎里拉:《布伦塔诺的内在价值论》

M·斯托伊普:《直接和间接地显明的东西》

布林马尔学院

J·阿尔奇:《逻各斯与美德:在柏拉图的〈拉该斯篇〉中探讨善的苏格拉底方法》

E·勒夫特:《黑格尔的宗教哲学和赫尔曼·欣里克斯对它的解释》

加利福尼亚大学戴维斯分校

K·达尔凯特:《黑格尔论意义和指称》

加利福尼亚大学洛杉矶分校

G·马尔:《说谎者、真理裂痕和真理——比较对语义学诗论的形式解答与哲学解答》

D·佩雷波姆:《康德论概念和直观》

G·史密斯:《堕胎与一项重要的生活权利》

M·史密斯:《尼采与道德》

加利福尼亚大学圣迭戈分校

D·康韦:《尼采对伦理美德的间接促进——对〈查拉图士特拉如是说〉的哲学解释》

J·金:《关于某种演说首语重复法的形式语义学》

D·斯科奇亚:《自主、需要的满足和关于正义的自由主义理论》

D·斯特恩:《实体和主体——论黑格尔的主观性概念》

E·维拉蒂:《莱布尼茨论自然述语》

加利福尼亚大学圣巴巴拉分校

R·利本多福:《规则、标准和真理的条件——语言哲学中的一种尝试》

P·福吉:《柏拉图的形而上学和人类的第三次退化——作为认识的本质的形式》

美国天主教大学

F·亨特:《莱布尼茨的个体存在体系》

L·兰顿:《托马斯·阿奎那与自然实体的物力论》

T·奎因:《美学与历史——对莱辛、卢梭、康德和席勒的研究》

R·塔拉斯卡:《作为一个体系的霍布斯哲学——他的政治哲学与自然哲学的关系》

辛辛那提大学

K·鲁宾逊:《形而上学实在论和认识论》

克莱尔蒙特研究生院

M·麦克马汉:《法兰克福学派的主观性》

科罗拉多大学博尔德分校

C·菲尔德:《说明感觉——对当今生态学和道德认识主义方法的评价》

E·赫廷格:《保卫哲学实在论,反对希拉里·普特南和理查德·罗蒂的反实在论》

哥伦比亚大学

G·布雷卡斯:《亚里士多德论一般概念》

C·卡什:《休谟哲学的发展》

P·斯莱扎克:《思想和行为中的自我》

康涅狄格大学

I·纽曼:《虚构和发现——想象的文学与知识的增长》

康奈尔大学

D·布林克:《道德实在论:一种辩护》

蒂保罗大学

E·伊德:《对伊波人的形而上学的研究》

J·盖因:《无在老子哲学中的作用》

M·库兹:《法律推理:对英美法理学和尼日利亚法理学的比较研究》

J·沃德:《对两位论述自由解放的思想家的比较:拉丁美洲的恩里克·达塞尔和美国的迈克尔·诺瓦克》

杜克大学

D·吉尔摩:《必然性的幻觉和幻觉的必然性》

杜肯大学

J·伯基:《胡塞尔与笛卡儿:在胡塞尔现象学中对笛卡儿主义的批判、同化以及影响》

Q·科尔根:《海德格尔——论事物的本性》

K·福布斯:《黑格尔论需要和欲望——一种动机心理学(有关教育哲学和学习心理学)》

C·弗里兰:《左乔治·巴达依的“反神学大全”中侵犯的主权与辩证法和禁忌》

U·科文达:《作为不合时宜的教育家的哲学家——研究柏拉图和尼采对哲学家——教育家的任务的论述》

R·利利:《语言的位置:艺术与尼采和海德格尔的虚无主义》

I·梅克霍尔:《艾夫洛斯哲学中的唯物主义》

J·奥贝恩:《约翰·杜威的哲学——一种现象学的解释》

R·塔夫脱:《艺术与哲学的关系——对黑格尔、布雷克、尼采和海德格尔的考察》

佛罗里达州立大学

M·汉德:《在英国中的对立面——试论游戏论语义学》

J·米尔斯:《在神的概念中显示出的有限方面》

L·泰勒:《对罗曼·因加尔登关于文学艺术作品的现象学的批判研究》

W·理查德斯:《在南方浸礼教习俗中社交不活跃的神学根源》

D·德普:《考察戴利达对胡塞尔论几何学起源的文章的介绍》

J·金梅:《苔藓学批判》

福德汉大学

J·法图拉:《分配的公正原则与给丧失劳动能力老人的追加资金的分配》

B·伯恩:《风险评估的概念基础——对成本效益结构的批判》

乔治敦大学

T·戴维斯:《胡塞尔现象学中的主体间性问题》

S·弗赖伊:《保护隐私权——寻求原则的司法决策》

D·马瑟斯:《防止伤害和尊重自由权利——胎儿治疗的伦理和法律意义》

J·帕尔莫尔:《古老的善与恶——关于人类发展的心理学、伦理学和政治学的哲学基础》

佐治亚大学

G·韦斯:《胡塞尔用以达到现象学还原的笛卡儿方式和本体论方式在功能上的相互依赖》

哈佛大学

J·艾德勒:《良心的促动——一种关于惩罚的理论》

J·卡里罗:《笛卡儿与人类理智的自主》

夏威夷大学梅诺分校

M·赫尔:《无常:日本人对暂时性的理解与抗争》

S·那加托莫:《身——心问题比较研究》

伊利诺斯大学芝加哥分校

M·布兰德:《艺术与习俗》

K·丹德雷德：《职业伦理学的基础》
J·道尔德：《弗洛伊德的超心理学——关于功能结构的理论》
J·哈尔平：《非决定论的语义学结构》
R·蒙哥马利：《认知心理学中的记忆曲线》
A·纳尔逊：《把经济学从哲学中拯救出来》

衣阿华大学

W·希尔德：《快乐概念与享乐主义问题》

约翰·霍普金斯大学

D·汉密尔顿：《宽恕伦理学——对巴特勒的回答》
G·牿齐斯：《对理性的需要——试论康德伦理学中的证明》
M·威拉德：《伦理内在论——批判的考察》
W·朱尔克：《休谟对"原因"的界说》

堪萨斯大学

L·丹宁：《维特根斯坦，逻辑必然性与怀疑论》
E·希尔蒂：《法的规范理论》
D·米勒：《蒯因与替代性原则》
D·威尔逊：《整体论的三个教条》

芝加哥洛尤拉大学

C·汉考克：《普洛丁（九章集）中的"活力"》

马凯特大学

J·伯金：《在威廉·詹姆士思想中作为神学起点的"经验"》
L·赫尔：《古德曼与艺术的符号学理论》
R·麦高恩：《圣托马斯关于女性的学说中对女性弱点的论述》
J·普拉特：《西蒙娜·韦尔——对科学批判的贡献》

马里兰大学

C·米洛德：《关于内在关系的学说》

马萨诸塞大学

D·阿比什：《对于变体动词的语义学》
D·奥斯汀：《对论证的信仰的困惑》
T·里克曼：《专有名称、信念与明确的描述》
C·伍尔夫：《麦克泰加、达米特与时间》

麻理省工学院

J·科贝托：《指称与信念——一些难题和理论》

麦克马斯特大学

M·托马斯：《休谟的科学判断理论》

密执根大学

T·艾西尔：《维特根斯坦的规范自然主义》
H·本森：《柏拉图——实在论与独立的心理学》

密执根州立大学

K·豪:《对医学伦理学教学的评价》
D·博尔斯马:《建构主义与指称》
S·沃恩:《论关于工作和闲暇的彻底的人道主义》

明尼苏达大学

S·门森:《罪恶问题——对传统的和当代的神正论的批判考察》

密苏里大学

G·戈夫斯坦:《自我的起源和本性》
T·马丁:《陀斯妥耶夫斯基的民族概念》
E·麦卡尔门:《人际关系心理分析——一门可靠的社会科学》

蒙特利尔大学

F·吉鲁:《在自然等级或黑格尔的等级和政治、经济联系中的社会不公正》
C·古里耶:《所知与所能》
J·吉伯特:《萨特的错误信仰的观念》
S·勒博:《加布里埃·马塞尔哲学中的超验性》
A·朱诺:《社会、政治与侵犯性本能》
J·帕特里:《针对现存社会次序的集体水平的哲学教育的对象》
G·佩兰德:《对20世纪的精神分析思想及哲学思想焦点的研究》

内布拉斯加大学林肯分校

D·亨斯利:《本体论与分析》

新墨西哥大学

J·贝尔彻:《反省的预言与人类社会行为的法则》
A·斯托弗:《爱奥尼亚前苏格拉底时期对水和土的看法与古代近东神话之间的联系》
R·里夫斯:《麦斯特·埃克哈特对神与神性的区分——解释和评价》

纽约州立大学奥尔巴尼分校

W·奥德科克:《动机与行为:对三种不同类型的人类行为理论的批判考察》
E·苏里茨:《约翰·杜威论哲学与文化》
J·温:《“社会学”——一个有重大争议的概念》

纽约州立大学布法罗分校

S·卡恩:《关于同意的认识论》
T·多诺霍:《罗德里克·齐泽姆哲学中的自我问题》

纽约州立大学石溪分校

A·马苏宾:《探究完满的事物——约翰·杜威关于经验的形而上学的难题》
P·韦斯:《尼采的视界——他关于神话复兴的规划》

北卡罗来纳大学查珀尔希尔分校

K·多兰:《G·E·摩尔与怀疑论问题》
R·努南:《经济合理性与道德理论

——作为权利原则基础的社会契约》

西北大学

C·汉普登:《在〈斐利布篇〉23C—31A中柏拉图关于形式的理论》

圣母大学

K·肯普:《正义战争论与对无可置疑的义务的判别》

俄克拉荷马大学

E·鲁莎第三:《人类之爱》

I·谢弗:《无限的循环——在黑格尔、荣格和赫塞思想中千年幸福王国的幽灵——着重论述在赫塞〈玻璃球游戏〉一书中黑格尔和荣格的影响》

安大略教育研究学院

A·弗利科夫斯基:《道德与价值——一种哲学评价》

J·格兰特:《柯林伍德的艺术原理》

渥太华大学

D·切帕:《费尔巴哈与创造性问题——面对上帝的相异性确认的同一哲学》

F·埃西特:《约翰·杜威教育哲学中作为自由权利的成长》

G·鲁兴格南:《关于扩展亚里士多德范畴的方法论功能的建议》

J·马戈特:《笛卡儿论理性与虚构》

万·德·尼古安:《让——雅克·卢梭的人类学》

宾夕法尼亚大学

E·德卢蒂:《使人类经验客观化:恩斯特·卡西勒对符号功能思想的解释》

J·沃尔普:《论认识论上的怀疑主义的本质》

J·凯恩:《相对同一性》

宾夕法尼亚州立大学

E·布莱特纳:《康德历史哲学中的类似物与原型》

S·加德纳:《黑格尔的知识概念和真理概念中的伦理因素》

C·贾洛:《费希特对康德的解释和批判与1794年的〈基础〉》

匹兹堡大学

W·埃德尔伯格:《意向性的同一性》

R·霍尔森:《自我欺骗、理性和虚构》

D·巴克斯特:《同一性:休谟和英国唯心主义者》

W·比尔兹利:《笛卡儿关于想象的理论》

C·高科:《反驳内在论:试论意向性》

P·瓦伦泰恩:《目的论——义务论的特征》

S·特拉格:《休谟关于自我的理论》

H·福尔克:《关于民事拘禁令的一种理论》

B·布劳尔:《私人语言论辩》

普林斯顿大学

S·弗维达奇斯:《先验论证、先验唯心主义和怀疑论》

E·劳埃德:《研究进化论结构的语义学方法》

D·爱德华兹:《理论选择的确定性》

M·格文:《因果性、推动力、说明——自由意志和罪恶问题概观》

普度大学

L·施米特:《想象的时刻——在意义系统中规则的使用、规则的破坏和规则的创造》

三河城魁北克大学

F·杜瓦尼耶:《科学的社会确定问题研究》

莱斯大学

E·凯斯:《未来几代人的问题》

罗切斯特大学

B·布朗:《表现语义学》

B·甘:《情感研究中的询问传统及其说明的范围》

K·弗格森:《有条件的排中律》

新泽西州立大学拉特格斯分校

D·斯奈德:《约翰·洛克政治哲学中的自然法和同意——洛克思想的宗教根源》

L·德贝卢:《关于自由意志的争论》

南加利福尼亚大学

J·弗利特伍德:《道德分类法》

D·汉森:《休谟的形而上学信仰主义》

J·莫兰:《性质和性质实例的本体论地位——一种实在论的辩护》

南伊利诺斯大学卡本代尔分校

J·卡彭特:《黑格尔哲学中作为绝对否定性的精神》

M·科瓦留斯基:《论物质形态差异的一些本体论和语言学问题》

M·萨恩斯:《有条件与无条件问题——马克思和哈贝马斯对自由所作的哲学论证》

T·威尔逊:《康德的语言哲学》

锡拉丘兹大学

G·哈茨:《物质的固有本性问题》

M·赫勒:《汉克斯——物质客体的本体论》

C·马西森:《科学实在论重要吗?》

坦普尔大学

C·坎普:《对常识的改造——约翰·杜威的哲学》

E·米克:《接触实在——对迈克尔·波拉尼著作中的实在论的考察》

田纳西大学

M·洛弗尔:《约翰·罗尔斯,社会正义与医药保健制度》

D·麦克唐纳:《集体责任心与保健队》

M·亚布罗:《社会、个人与非治疗的医学探索》

得克萨斯大学奥斯汀分校

H·柯泽:《亚里士多德与幸福的特性》

F·兰伯特:《对自我的两种看法与心理疗法的概念基础》

N·莫尔:《变形与魔法——试论神话实体的本性》

M·罗德里克:《哈贝马斯社会理论中对批判的论证——对社会批判理论的假定前提的考察》

凯勒·季·罗斯:《在超验功能中价值的起源》

多伦多大学

C·J·伯恩:《亚里士多德自然哲学中的物质与运动》

S·库格伯:《休谟论空间与时间——一种辩护》

S·希尔米:《维特根斯坦后期著作中的哲学方法——从他后期思想的产生所引出的论题》

B·杰克逊:《埃德蒙特·胡塞尔的理性唯心主义》

C·米尔斯:《马克思和恩格斯思想中的意识形态概念》

M·沃德霍:《亚里士多德在〈论灵魂〉中对感觉和理解的作用的论述》

塔雷因大学

B·鲍德杰那那:《萨特的异化理论》

范德比特大学

R·伯特:《让—保罗·萨特后期哲学中的异化观》

G·康内尔:《一物之为一物》

E·莫罗斯—鲁亚诺:《恩里克·D·达塞尔关于解放的哲学:马克思主义在拉丁美洲的替代物》

M·普林西普:《历史中的自然:——马克思关于人与自然关系的观点的发展》

E·斯奈德:《亚里士多德论慎思与实践三段论法》

弗吉尼亚大学

J·怀特:《知识,怀疑论与现象论的认识论》

华盛顿大学

T·安蒙:《对话形式在哲学上的重要性——对柏拉图〈斐德罗篇〉和休谟的对话体著作的分析》

D·查伦:《道德责任心与商业实体》

M·迈耶:《艾雷斯特论与期望效益论的公理》

T·拉丁:《具体的自足的演算》

H·林登:《康德的伦理学与社会主义》

华盛顿州立大学

H·霍:《哈茨霍恩的新古典一神论——说明与一神论方面的评价》

C·肖尔斯:《陈述态度与思维的语言》

滑铁卢大学

A·李:《圣安瑟伦的本体论论证——再考察与辩护》

韦恩州立大学

P·赫尔希:《家长制——从限定到漠视》

P·弗兰肯:《非因果性联系与事件的

本性》

西安大略大学

M·福斯特:《或然论的因果关系与现代科学的基础》

G·格里纳:《论对科学的社会控制》

威斯康星大学麦迪逊分校

W·阿谢尔:《实在论、指称和说明——指称理论对不可比问题的影响》

G·格拉泽:《感知觉与认识》

J·刘易斯:《神与时间——永恒概念与时态的现实》

P·洛辛:《关于对神的体验的认识论》

L·卢斯:《数之所能是——论数学真理是自然的法则》

K·波辛:《陈述内容的消失与重出》

J·拉姆齐:《康德的性格理论》

A·弗拉斯波:《弗雷格与康德——对反心理主义和客观性的研究》

C·沃尔夫:《逃避实在论——从笛卡儿到贝克莱的关于视觉的哲学理论》

耶 鲁 大 学

K·福巴斯:《诺瓦里斯的语言论——形而上学背景与在美学上的影响》

M·巴伯:《在艾尔弗雷德·舒茨现象学中知识社会学的地位》

H·巴克斯特:《批判理论与社会的合理化》

G·贝恩:《相对主义与实在论——自然与认识论相对性的范围》

(魏建平译自《The Review of Metaphisics》Vo1.39No.1)

Main Contents

Congratulations from our Honorable Consultants

Professor V. Cauchy's "avant—propos"
Professor K. Murty's letter to Professor Wu Bai-hui
Professor Yoshichi Takeuchi's Congratulation on Chinese Annual of the World Philosophy
Professor He Lin's Warm Congratulations
Professor Hong Qian's Expectations

Monograph

The Annual of the World Philosophy is a Window for Philosophy facing the world .... Xing Feng-si
Take Vigorous Actions to Study the Philosophy in Soveit Union And Other European Socialist Countries........... Jia Ze-lin
Have a Deep Understanding and a Thorough Study on Contemporary Western Philosophy .... Yao Jie-huo

Special Articles from Abroad

On Pluralism .... V. Cauchy
Recent Trend of Thoughts of Scientific Epistemology in France .... Li Pei-lin
A survey of Researches on Wittgenstein .... Zhao Dun-hua

Philosophy Research Situation and Progress in the World

Philosophical Theory and Tendency

Recent Researches on Dialectical Materialism in Soveit Union
Recent Researches on socialist Dialectics in Soveit Union
Researches done by Soviet Philosophers on Controdictions in Socialist Society
Recnet Researches done by the philosophers of the German Democratic Republic on Controdictions in Socialist Society
Present Researches on Materialism in Japan
Researches on Marxism in the Federal Republic of Germany
Recent Researches on Structuralism in France
Researches on New Positivist Marxism in Italy
Recent Progress of the Phenomenological Movement in United States of America
New Scholastic Philosophy in Japan
Existential Marxism
Issue on realism and anti-realism at present
Reccnt Researches on Meaning
Researches on Interntionality
Recent Researches on Conditional Clauses
Recent Researches on Proper Name
Recent Researches on the Possible Worlds
Philosophy in Natural Sciences
Progress of Researches on Sciencology in Soviet Union
Recent Philosophical Researches on Technical Revolution in Soviet Union
Researches on Global Issues in United States of America in 80's
Researches on Futurology in United States of America in 80's
Researches on Philosophy of Biology in Soviet Union
History of philosophy
Recent Status and Progress of Researches on Kantian Philosophy in United States of America
Researches on the Early Ideas of Hegol in Europe
A Survey of Discussions on Objects of Philosophical History in Soviet Union
Researches on Chinese Confucianism in Finland
Recent Researches on Chinese New-Confucianism in Japan

Recent Researches on Shiaoikoi Ando in Japan
Researches on the Philosophy of Pears in United States of America
Recent Researches on Contemporary Western Philosophy in Soviet Union
A Brief Introduction to the Education of Arabian Philosophy
Logics · Ethics · Aethelics ·
Researches on Modern Formal Logic in Soviet Union in 80's
Researches on Dialectic Logic in Soviet Union
A Survey of Researches on Ethics in Soviet Union
Researches on Aethelics in Soviet Union in 80's
Surveys of Philosophical Researches in Different Countries
A Survey of Indian Philosophy Researches
Recent Progress of Greek Philosophy Researches
Recent Progress of Swedish Philosophy Researches
A Survey of Finnish Philosophy Researches
Recent Progress of Dannish Philosophy Researches
A Survey of Mexican Philosophy Researches
A Brief Introduction to Argintinean Philosophy Researches

An Introduction to New Researches Subjects

A Survey of Researches on Hermeneutics
Recent Progress of Researches on Non-consistent Logic
Rising and Present Situation of Reception Theory
A Survey of Meta-filmotoy
A Survey of Ideas of Action Utilitarianism

Book Reviews (46 Books)
Thesis Reviews (25 Articles)

Introduction to Contemporary Philosophers

Althusser, L. .... Li Qin-yi
Agazzi, E. .... Hou Ming
Ayer, A. .... Hu Jian
Cohen, R. .... Wu Zhong

Fedeceyv, P. .... Jia Ze-lin
Feyerabend, P. .... Tian Yun-guang
Gadamer, H—G. .... Zhang Ru-lun
Kripk. S. .... Tu Ji-liang
Murty, K. .... Zhu Ming-zhong
Opshenickov .... Tu Wu-sheng
Sehemidt, A. .... Ou Li-tong
Simelenov .... Wang Ke-qian
Yashichi Fakeuchi .... Bian Chong-dao
Wang Hao .... Wu Yun-zen

Brief Biographies of Late Important Philosophers

Carnap, R. .... Tu Ji-liang
Croce, B. .... Tian Shi-gang
Ghose, A. .... Bai Qing
Lukasiewicz, J. .... Wang Lu
Kadelov .... Jia Ze-lin

Activities of Philosophers in the World

Organizations and Institutions of Philosophy in the World

Appendix

The Annual of the World Philosophy (1986)

责任编辑　杨承练
　　　　　王建平
封面装帧　范一辛

世界哲学年鉴
1986
中国社会科学院哲学研究所编
上海人民出版社出版、发行
（上海绍兴路54号）
新华书店上海发行所经销　吴县光福印刷厂印刷
开本 850×1156　1/32　印张 14.5　插页 4　字数 522,000
1988年5月第1版　1988年5月第1次印刷
印数 1—5,500

ISBN7-208-00369-6/B·72
定价 4.80元